基金项目

国家社会科学基金后期资助项目,项目批准号:20FFXB003

中德代理法律制度比较研究

Agency Law–the Chinese and the German System Compared

迟 颖 著

中国政法大学出版社

2025·北京

声　明	1. 版权所有，侵权必究。
	2. 如有缺页、倒装问题，由出版社负责退换。

图书在版编目（CIP）数据

中德代理法律制度比较研究 / 迟颖著. -- 北京：中国政法大学出版社, 2025. 4. -- ISBN 978-7-5764-2066-1

Ⅰ. D923.04；D951.651

中国国家版本馆 CIP 数据核字第 20253BV740 号

出　版　者	中国政法大学出版社
地　　　址	北京市海淀区西土城路 25 号
邮寄地址	北京 100088 信箱 8034 分箱　邮编 100088
网　　　址	http://www.cuplpress.com（网络实名：中国政法大学出版社）
电　　　话	010-58908586(编辑部) 58908334(邮购部)
编辑邮箱	zhengfadch@126.com
承　　　印	固安华明印业有限公司
开　　　本	720mm×960mm　1/16
印　　　张	27.75
字　　　数	460 千字
版　　　次	2025 年 4 月第 1 版
印　　　次	2025 年 4 月第 1 次印刷
定　　　价	108.00 元

序 言

代理的萌芽虽可追溯至罗马法，但现代意义的代理制度肇始于17世纪的欧洲大陆，是商业发展和社会分工的产物，更是19世纪德国民法理论抽象的成果。19世纪的《普鲁士普通邦法》《法国民法典》和《奥地利民法典》等受自然法影响的法典均规定了代理，但在这些法律规范中，代理是委托合同的组成部分，并不独立于委托合同。直至1866年，德国学者拉邦德在《依〈德国普通商法典〉缔结法律行为时的代理》一文中，提出了被誉为"法学三大发现之一"的代理权抽象性原则，代理与委托始得分离，代理作为独立的法律制度得以产生。以代理权抽象性原则为基础的《德国民法典》代理制度，在立法设计上体系清晰，逻辑性强，充分实现了尊重被代理人私法自治和维护交易安全的制度功能；司法裁判亦在长期实践中发展出补充和完善立法不足的重要配套规则，典型如禁止代理权滥用规则；而法学理论对代理制度的研究更达至面面俱到、穷极其有的翔实程度。

如洛克所言，"凡包括在关系项下的那些观念都依靠于比较作用"，①对法律制度进行比较、追溯、评价和借鉴是法学研究的重要方法。我国自清末改制以来，继受德国民法一百余年，德国民法的概念体系已成为我国法的重要组成部分，构成我国民事立法、司法和理论研究的基础，代理制度亦不例外。我国民法制定法自《民法通则》起，至《民法总则》及至《民法典》，均详细规定了有关代理的内容，相关规则亦扩展适用于《公司法》等商事法律。本书追本溯源，综合运用功能比较和微观比较等比较研究方法，在充分阐释并合理借鉴德国代理法相关制度的基础上，对我国代理法的具体制度进行批判性的分析和评价，尝试在法律行为理论框架中深入讨论代理制度的核心问题。其中，反思并解构

---

① ［英］洛克：《人类理解论》（上册），关文运译，商务印书馆1959年版，第123页。

"表见代理"制度,建构以代理权抽象性为基本原则、以无权代理责任为核心的代理制度体系,是贯穿全书的核心线索。

在借鉴德国法的过程中,本书主要"以德为师",不仅对德国立法和学理展开深入广泛的研究,而且密切关注德国司法实践中为克服法律的严苛或填补法律漏洞所形成的相关配套制度,同时在我国法律文化背景下将移植于德国的法学理论予以本土化,使其能更好地为我国立法和司法实践服务。本书通过对德国法律文化中特有的概念进行抽象化的处理,使之摆脱"民族文化"的局限性和制度形成过程中受制于观念、语言等因素而形成的"前见",从繁杂的理论规则中提取出可以不考虑法律文化的公理性理论并进行演绎,将其适用于我国代理法相关制度的解释和续造。此外,本书不局限于中德代理法律制度的简单比较,而是以具体法律问题为导向,将丰富的理论观点和谨慎的论证相结合,以德国缜密的理论及丰富的立法和司法经验为镜鉴,从全新的比较法视角,为解决我国立法、司法和理论研究所面临的疑难问题提出具有可操作性的具体建议。

作为科研专著,本书在观照体系性的同时采纳主题论证模式,全书共分为四编:代理制度基本理论、意定代理、法定代理、商事领域之特别代理。第一编致力于澄清代理的性质和价值内涵、代理的类型、代理与相关法律制度的比较、有效代理的要件和法律后果、代理权与基础法律关系的分离与抽象、禁止代理权滥用和禁止自我行为规则等代理制度的基本理论问题,为后三编的展开奠定扎实的理论基础。第二编主要针对意定代理权的产生和消灭、表见代理的解构、无权代理行为的效力和无权代理责任的承担以及复代理的特殊问题具体展开。第三编重点论证未成年人和无行为能力和限制行为能力的成年人的监护人的法定代理问题,围绕法定代理权的范围、法定代理权的限制、维护被代理人最佳利益和尊重被代理人真实意愿之间的关系等问题具体展开。第四编立足于民商合一理念,借鉴德国商法上的经理权和代办权制度,对我国《民法典》第170条的职务代理予以类型化分析;以《德国民法典》第26条的机关代理为比较对象,结合我国《公司法》第15条,对法定代表人制度予以分析和解释;结合《公司法》第182条关于禁止董事自我行为的规定,厘清其与关联交易的关系,从商法视角明确禁止董事自我行为在实体法上和程序法上的适用前提和法律后果。

尹田教授在其《民法典总则之理论与立法研究》序言中写道:"尽管对于立法模式的选择和具体规则的确定,学者永远不可能拥有控制权和决策权，但提出具有理论支撑的立法方案，是学者不可推卸的责任。"现《民法典》已经颁布施行，学术研究重心已从"立法论"转到"解释论"。然而，其正确解释和适用仍需以成熟的思想和科学的理论为保障，故本书从微观比较的视角针对具体法律问题对代理制度展开深入细致的分析，致力于为司法实践对现行法代理相关规则的解释和适用提供德国法上的立法和司法实践经验，亦为丰富我国代理相关理论研究略尽绵薄之力。囿于笔者学力之限，虽力求精准，但难免存在错误遗漏之处，敬请各位读者批评指正。

简 目

序　言 ··· 001

◇ 第一编　代理制度基本理论 ◇

第一章　法律行为理论中的代理 ································· 003
第二章　有效代理的要件和法律后果 ··························· 045
第三章　代理权与基础法律关系的分离与抽象 ··············· 067
第四章　禁止代理权滥用 ·· 099
第五章　禁止自我行为 ··· 119

◇ 第二编　意定代理 ◇

第六章　意定代理权的产生与失效 ······························ 145
第七章　表见代理 ··· 178
第八章　无权代理 ··· 221
第九章　复代理 ·· 260

◇ 第三编　法定代理 ◇

第十章　法定代理的主体和客体范围 ··························· 278
第十一章　法定代理权的法定限制 ······························ 300
第十二章　违反监护职责的法定代理行为 ····················· 313

◈ 第四编　商事领域之特别代理 ◈

第十三章　商事领域之特别意定代理——职务代理 ………… 325

第十四章　商事领域之特别法定代理——法定代表人制度 ……… 362

第十五章　商事代理权之特别限制——董事自我行为之禁止 …… 385

参考文献 ……………………………………………………… 406

后　　记 ……………………………………………………… 425

详 目

序　言 ……………………………………………………………… 001

◈ 第一编　代理制度基本理论 ◈

第一章　法律行为理论中的代理 …………………………… 003
第一节　代理的本质与价值内涵 ……………………………… 005
　一、代理的本质 ………………………………………………… 005
　二、代理的价值内涵——私法自治 …………………………… 009
第二节　代理的类型 …………………………………………… 011
　一、意定代理与法定代理 ……………………………………… 011
　二、概括代理与特别代理 ……………………………………… 021
　三、本代理与复代理 …………………………………………… 021
　四、积极代理与消极代理 ……………………………………… 023
　五、单独代理与共同代理 ……………………………………… 023
第三节　代理与相关法律制度的比较 ………………………… 025
　一、事实行为 …………………………………………………… 025
　二、间接代理 …………………………………………………… 026
　三、行纪 ………………………………………………………… 031
　四、处分授权 …………………………………………………… 034
　五、传达 ………………………………………………………… 035
　六、诉讼代理 …………………………………………………… 040
　七、中介 ………………………………………………………… 040
　八、履行辅助人、事务辅助人与占有辅助人 ………………… 041

本章小结 ·· 044

第二章　有效代理的要件和法律后果 ·· 045

第一节　有效代理的要件 ·· 045

　　一、法律行为的可代理性 ·· 045

　　二、代理人至少具备限制行为能力 ·· 046

　　三、代理人独立为意思表示或受领意思表示 ··································· 048

　　四、显名性 ·· 049

　　五、代理权 ·· 055

第二节　有效代理的法律后果 ·· 058

　　一、对被代理人的法律后果 ··· 058

　　二、对代理人的法律后果 ·· 059

　　三、代理人意思表示瑕疵的法律后果 ··· 061

　　四、代理人知道特定情事的法律后果 ··· 064

　　本章小结 ·· 065

第三章　代理权与基础法律关系的分离与抽象 ································ 067

第一节　代理权与基础法律关系的分离 ··· 067

　　一、代理权独立于基础法律关系 ··· 067

　　二、意定代理权与基础法律关系之间关系的三种模式 ······················ 069

第二节　代理权的抽象性 ·· 071

　　一、代理权抽象性的概念内涵 ·· 071

　　二、代理权抽象性是代理法的基本原则 ··· 073

　　三、代理权抽象性在私法自治原则下保护交易安全 ·························· 075

　　四、代理行为的效力原则上不因代理权的滥用而受到影响 ················ 076

　　五、代理行为的效力因违反禁止代理权滥用规则而受到影响 ············· 078

第三节　我国法采纳代理权抽象性原则的必要性和可行性 ················ 079

　　一、代理权抽象性之理论争议评析 ·· 079

　　二、我国法采纳代理权抽象性原则的必要性 ··································· 087

　　三、我国法采纳代理权抽象性原则的可行性 ··································· 090

　　本章小结 ·· 098

第四章　禁止代理权滥用 …………………………………… 099

第一节　禁止代理权滥用规则概述 …………………………… 100
一、禁止代理权滥用理论的缘起 ………………………………… 100
二、禁止代理权滥用的概念和类型 ……………………………… 102

第二节　禁止代理权滥用规则的适用前提 …………………… 104
一、恶意串通型禁止代理权滥用的适用前提 …………………… 105
二、明知显见型禁止代理权滥用的适用前提 …………………… 106

第三节　违反禁止代理权滥用规则的法律后果 ……………… 112
一、违反禁止代理权滥用规则所实施代理行为的效力 ………… 112
二、损害赔偿责任 ………………………………………………… 115

本章小结 …………………………………………………………… 117

第五章　禁止自我行为 ………………………………………… 119

第一节　禁止自我行为规则的性质和适用 …………………… 120
一、禁止自我行为规则是对代理权的法定限制 ………………… 120
二、禁止自我行为规则的适用 …………………………………… 122

第二节　禁止自我行为规则的适用前提和法律后果 ………… 133
一、禁止自我行为规则的适用前提 ……………………………… 133
二、违反禁止自我行为规则所实施代理行为的效力 …………… 137

本章小结 …………………………………………………………… 140

◇ 第二编　意定代理 ◇

第六章　意定代理权的产生与失效 …………………………… 145

第一节　意定代理权的产生 …………………………………… 145
一、意定代理授权行为的性质 …………………………………… 145
二、意定代理授权的方式 ………………………………………… 147
三、意定代理授权不明 …………………………………………… 155
四、意定代理授权意思表示瑕疵的可撤销性 …………………… 157

第二节　意定代理权的失效 …………………………………… 161
一、意定代理权因被撤回而失效 ………………………………… 161

二、意定代理权因基础法律关系的消灭而失效 …………………… 165

三、意定代理权因期限届满或代理事务完成而失效 ……………… 171

四、意定代理权因代理人放弃代理权而失效 ……………………… 171

五、意定代理权不因被代理人丧失行为能力而失效 ……………… 172

六、意定代理权失效后授权书的返还与宣告无效 ………………… 173

七、外部授予之意定代理权的有效期 ……………………………… 174

本章小结 ……………………………………………………………… 176

第七章 表见代理 … 178

第一节 表见代理之争 … 178

一、德国法抽象性原则之下的表见代理之争 ……………………… 178

二、我国法有因性原则下的表见代理之争 ………………………… 186

第二节 表见代理之弊 … 201

一、被代理人授予代理权 …………………………………………… 201

二、被代理人未授予代理权 ………………………………………… 203

第三节 表见代理之解构 … 205

一、表见代理解构之必要性 ………………………………………… 205

二、表见代理解构之可行性 ………………………………………… 207

本章小结 ……………………………………………………………… 219

第八章 无权代理 … 221

第一节 无权代理行为的效力 … 222

一、无权代理人所实施单方法律行为的效力 ……………………… 222

二、无权代理人所订立合同的效力 ………………………………… 224

第二节 无权代理责任之性质 … 231

一、关于无权代理责任性质的争议 ………………………………… 231

二、无权代理责任是无过失责任 …………………………………… 233

第三节 无权代理责任之产生与免除 … 235

一、无权代理责任之产生 …………………………………………… 236

二、无权代理责任之免除 …………………………………………… 237

第四节 无权代理责任的范围 … 244

一、德国法上无权代理责任的范围 …………………………………… 244
　二、我国法上无权代理责任的范围 …………………………………… 245
　本章小结 …………………………………………………………………… 258

第九章　复代理 …………………………………………………………… 260

第一节　复代理概述 …………………………………………………… 260
　一、复代理之概念界定 ………………………………………………… 260
　二、复代理与转委托的区别 …………………………………………… 263

第二节　复任权 ………………………………………………………… 265
　一、德国法上的复任权 ………………………………………………… 265
　二、我国法上的复任权 ………………………………………………… 266

第三节　复代理之无权代理 …………………………………………… 269
　一、复代理无权代理的认定 …………………………………………… 269
　二、复代理无权代理行为的效力 ……………………………………… 270
　三、复代理无权代理的责任承担 ……………………………………… 271
　本章小结 …………………………………………………………………… 274

◈ 第三编　法定代理 ◈

第十章　法定代理的主体和客体范围 …………………………………… 278

第一节　未成年法定代理的主体和客体范围 ………………………… 278
　一、主体范围 …………………………………………………………… 278
　二、客体范围 …………………………………………………………… 279

第二节　成年法定代理的主体和客体范围 …………………………… 284
　一、成年法定代理的正当性基础 ……………………………………… 285
　二、成年法定代理的主体范围 ………………………………………… 286
　三、成年法定代理的客体范围 ………………………………………… 292
　本章小结 …………………………………………………………………… 298

第十一章　法定代理权的法定限制 ……………………………………… 300

第一节　法定限制之目的及其实现路径 ……………………………… 300
　一、法定限制之目的 …………………………………………………… 300

二、法定限制目的之实现路径 ………………………………………… 301
第二节 禁止法定代理的行为 ………………………………………… 304
一、禁止法定代理的行为类型 ………………………………………… 304
二、法定代理人实施禁止法定代理的行为的效力和责任 …………… 306
第三节 须经法院批准的法定代理行为 ………………………………… 307
一、须经法院批准的法定代理行为类型 ……………………………… 308
二、未经法院批准的法定代理行为的效力与责任 …………………… 310
本章小结 …………………………………………………………………… 312

第十二章 违反监护职责的法定代理行为 …………………………… 313
第一节 监护人履行监护职责的原则 …………………………………… 313
一、未成年人的监护人履行监护职责的原则 ………………………… 313
二、成年人的监护人履行监护职责的原则 …………………………… 314
第二节 违背监护职责的法定代理行为之效力 ………………………… 319
一、监护职责是对法定代理人的内部限制 …………………………… 320
二、违背监护职责的法定代理行为原则上有效 ……………………… 321
本章小结 …………………………………………………………………… 322

◇ 第四编 商事领域之特别代理 ◇

第十三章 商事领域之特别意定代理——职务代理 …………………… 325
第一节 职务代理的概念、性质和类型 ………………………………… 326
一、职务代理的概念 …………………………………………………… 326
二、职务代理的性质 …………………………………………………… 327
三、职务代理的类型 …………………………………………………… 330
第二节 职务代理权的产生 ……………………………………………… 335
一、职务代理权的授权人和被授权人 ………………………………… 336
二、职务代理权的授予 ………………………………………………… 338
三、职务代理权的行使以"显名性"为必要 ………………………… 342
第三节 逾越职务代理权范围之代理行为的效力和法律责任 ………… 342
一、逾越职务代理权范围的代理行为的效力 ………………………… 344

二、逾越职务代理权范围的法律责任 ……………………………… 351
　第四节　违反职权限制的职务代理行为之效力和法律责任 ……………… 352
　　一、职权与职务代理权的区分 …………………………………… 353
　　二、违反职权限制的职务代理行为的效力 ………………………… 354
　　三、违反职权限制的法律责任 …………………………………… 358
　本章小结 ……………………………………………………………… 359

第十四章　商事领域之特别法定代理——法定代表人制度 ……… 362
　第一节　法定代表人制度之"代理"属性 ……………………………… 363
　　一、我国法上的代表说与代理说之辨 …………………………… 363
　　二、德国法上的"机关代理" …………………………………… 364
　　三、本书观点 ……………………………………………………… 365
　第二节　代表权的法定限制与法定代表人职权的限制 ………………… 365
　　一、代表权的法定限制 …………………………………………… 367
　　二、法定代表人职权之限制 ……………………………………… 374
　本章小结 ……………………………………………………………… 383

第十五章　商事代理权之特别限制——董事自我行为之禁止 …… 385
　第一节　董事自我行为与关联交易辨析 ………………………………… 386
　　一、董事自我行为与关联交易之混淆 …………………………… 386
　　二、董事自我行为与关联交易之区别 …………………………… 387
　第二节　禁止董事自我行为规则之适用与例外 ………………………… 390
　　一、禁止董事自我行为规则的适用范围 ………………………… 390
　　二、禁止董事自我行为的例外 …………………………………… 393
　第三节　董事违反禁止自我行为规定的法律后果 ……………………… 401
　　一、董事自我行为的法律效力 …………………………………… 402
　　二、董事自我行为的责任承担 …………………………………… 404
　本章小结 ……………………………………………………………… 404

参考文献 ……………………………………………………………………… 406
后　记 ………………………………………………………………………… 425

第一编
代理制度基本理论

第一章

法律行为理论中的代理

罗马法普遍适用"只能为自己设定义务"的原则,①并未形成现代法上的"以他人名义为他人设定义务的"直接代理制度。②首先,家父通常可以通过"机关"(例如家子和奴隶)的行为直接取得权利或负担义务,或通过自由人的间接代理来取得权利或负担义务,即间接代理人以自己的名义实施行为,再将该行为的法律效果移转给被代理人。③其次,与家子或奴隶实施行为的相对人,可以基于裁判官法上的附加之诉(actiones adiecticiae qualitatis)要求家父承担补充责任,特别是可以通过船东之诉(actio exercitoria)要求船东对船长的行为承担责任或通过营业负责人之诉(actio institoria)要求经营者对营业负责人的行为承担责任。④最后,罗马法监护和保佐中的信托制度,⑤以及处分授权等制度,⑥同样能够满足为他人实施法律行为的需求。

代理人在代理权限内以被代理人的名义实施法律行为,其法律后果直接归属于被代理人的直接代理,是对商事交往和社会分工需求的回应。⑦随着意大利北部城邦商业的繁荣发展,人们为满足商事交易需求而

---

① D 45, 1, 38, 17: „ *alteri stipulari nemo potest* ".
② Vgl. MüKoBGB/Schubert, 9. Aufl. 2021, BGB § 164 Rn. 6.
③ 参见[德]马克斯·卡泽尔、罗尔夫·克努特尔:《罗马私法》,田士永译,法律出版社2018年版,第143~146页。
④ 参见[德]马克斯·卡泽尔、罗尔夫·克努特尔:《罗马私法》,田士永译,法律出版社2018年版,第524、528页。
⑤ 参见[德]马克斯·卡泽尔、罗尔夫·克努特尔:《罗马私法》,田士永译,法律出版社2018年版,第658页。
⑥ 参见[德]马克斯·卡泽尔、罗尔夫·克努特尔:《罗马私法》,田士永译,法律出版社2018年版,第490页。
⑦ Vgl. MüKoBGB/Schubert, 9. Aufl. 2021, BGB § 164 Rn. 6.

制定法律规则，允许具有独立法律地位的人为他人实施行为。①《普鲁士普通邦法》（§ 5 I 13）、《奥地利民法典》（§1002）和《法国民法典》（§1984）均规定了代理制度，但将代理与委托融为一体，代理基于委托而产生，随委托的消灭而消灭，两者几乎被等同视之。②例如，《法国民法典》第 1984 条规定："委任或代理，为一方授权他方以委任人名义为委任人处理事务的行为。"在这种委托与代理的一体论之下，代理基于委托合同产生并依附委托合同而存在，受托人依委托合同而成为代理人，其以委托人名义与相对人实施法律行为，是对其依委托合同所负担义务的履行，该法律行为的后果基于委托合同的"外部效力"而直接归属于委托人。

作为独立的法律制度，直接代理是 19 世纪德国抽象立法技术的产物。③代理法的基本原则如"代理权抽象性"原则（Abstraktheit der Vertretungsmacht）和"显名性"原则（Offenkundigkeitsprinzip）均起源于 19 世纪的德国。首先以立法形式确立直接代理（经理权、代办权和店员权等商事代理权）和"显名性"原则的是《德国普通商法典》（ADHGB）。④拉邦德以该法典的规定为基础，于 1866 年提出了意定代理权抽象于基础法律关系的代理权抽象性理论。⑤该理论被誉为法学上的三大发现之一，为代理权抽象性原则奠定了教义学基础，⑥并使得代理制度独立于委托合同，最终成为独立的法律制度。⑦不仅《德国民法典》第 164 条以下关于代理的规则以代理权抽象性原则为基础制定，而且《瑞士债法》（1911 年）、《瑞典合同法》（1915 年）、《希腊民法典》（1940 年）、《意大利民法典》（1942 年）、《葡萄牙民法典》（1966 年）和《荷兰民法典》（1992 年）也纷纷效仿德国法，采纳了代理权抽象性原则。⑧

《德国民法典》的立法者在区分代理与委托的基础上，将代理作为独立的法律制度，规定在总则编的第三章"法律行为"之第五节"代理

---

① Vgl. MüKoBGB/Schubert, 9. Aufl. 2021, BGB § 164 Rn. 7.
② Vgl. Kötz, Europäisches Vertragsrecht, 2. Aufl., 2015, S. 434.
③ 参见［德］马克斯·卡泽尔、罗尔夫·克努特尔：《罗马私法》，田士永译，法律出版社 2018 年版，第 143 页。
④ Vgl. MüKoBGB/Schubert, 9. Aufl. 2021, BGB § 164 Rn. 9.
⑤ Vgl. MüKoBGB/Schubert, 9. Aufl. 2021, BGB § 164 Rn. 9.
⑥ Vgl. Dölle, Juristische Entdeckungen, Festvortrag am 42. Deutsche Juristentag, JZ 1957, S. 725.
⑦ 参见［德］维尔纳·弗卢梅：《法律行为论》，迟颖译，法律出版社 2013 年版，第 939 页。
⑧ Vgl. Kötz, Europäisches Vertragsrecht, 2. Aufl., 2015, S. 434.

和意定代理"之中,代理是法律行为制度不可分割的组成部分。按照《德国民法典》第164条第1款第1句的规定,代理人在代理权限内以被代理人的名义作出的意思表示,直接对被代理人发生有利或不利的效力;该条第3款规定,需受领的意思表示向受领人的代理人作出的,准用该条第1款的规定。可见,代理是法律行为的代理。鉴于此,本章下述将追本溯源,在法律行为理论的框架下澄清代理的本质与价值内涵、代理的类型以及代理与相关法律制度的区别。

第一节 代理的本质与价值内涵

据《德国民法典立法理由书》的记载,为满足交易之需求,原则上允许代理他人实施法律行为。[1]然而,法律行为是实现私法自治的工具。[2]原则上,行为人只能通过实施法律行为为自己创设法律关系。而在代理中,代理人却是为他人实施法律行为,使该他人成为法律行为的当事人并直接承担基于该法律行为产生的义务,似乎有悖私法自治原则。事实上,早在19世纪之前,受罗马法影响,德国学界对代理的正当性基础问题就存在争议。当时占主导地位的"意思说"将法律行为的法律效果直接与意思相联系,即意思表示只能对表意人本人发生效力,而不能对他人发生效力。例如,有学者认为,任何人均不得代理他人的"意思"订立合同,使他人直接获得权利,"意思代理"无法想象;[3]另有学者则认为,委托人不能因受托人[4]的意思而向相对人承担义务,而只能因受托人将其所取得的权利转让给自己而取得权利。[5]为解决代理的正当性问题,尤其是厘清被代理人的意思和代理人的意思与代理人所实施法律行为之间关系的问题,德国学界一直致力于论证代理的本质,相应形成"本人行为说""共同行为说"和"代理人行为说"等学说。

一、代理的本质

对代理本质的辨析是理解、评价和完善代理法律规则的前提和基础。

---

[1] Vgl. Motiv I, S. 223.
[2] Vgl. Dernburg, Pandekten, Bd. I, 1884, S. 208.
[3] Vgl. Thöl, Handelsrecht, Bd. I, 6. Aufl., 1879, §70, S. 236 ff, S. 334 ff.
[4] 在委托与代理一体论下,学者们在术语使用上也未明确区分"委托"与"代理"。
[5] Vgl. Puchta, Vorlesungen über das heutige römische Recht, Bd. I, 6 Aufl., 1862, §52, S. 273.

（一）本人行为说

在罗马法中，处于家父权之下的家子或奴隶可以直接为家父或主人取得权利。萨维尼以该罗马法教义为基础，提出"本人行为说（Geschäfsherrntheorie）"。①"本人行为说"认为，被代理人②是法律行为中唯一的行为人，代理人仅为被代理人意思的载体，被代理人自己是代理行为中的表意人。③"本人行为说"的追随者又提出"现代本人行为说（Moderne Geschäfsherrntheorie）"。根据该学说，代理人作为被代理人的"表示辅助人（Erklärungshelfer）"，在与被代理人的内部关系中，于法律上的前一秒借用了被代理人的声音，即刻于法律上的下一秒在被代理人与相对人之间的外部关系中向相对人发出被代理人的声音，即代理人发出的音波并未直接抵达相对人，而是经由被代理人这一中间人（Zwischenperson）抵达相对人，这相当于被代理人在法律世界中（in der Welt des Rechts）亲临现场以自己的喉舌自行作出意思表示，故代理人在代理权限范围内的行为应归于被代理人。④

在平等观念刚刚萌芽的19世纪，萨维尼的"本人行为说"遭到猛烈批评，当时盛行的自主决定观念不允许将一个人视为另一个人的"工具"，且人们不希望代理制度陷入一种由奴隶或家子为家父获取权利的不平等关系之中。⑤此外，这种将实际上由代理人作出的意思表示归于被代理人的"意思代理"理论也遭到诸多批评。例如，有学者认为，虽然"意思代理"与意思理论保持了一致，但有悖意思表示由代理人作出的事实；⑥另有学者认为，"意思代理"不免"故弄玄虚（Mystizismus）"，代理实际上并非"意思代理"，而是法律行为的代理；⑦还有学者认为，正如无法将头颅搬到他人身上那样，意思也不能被转移给他人并与他人之意思融合，"意思代理"根本不可行。⑧

（二）共同行为说

"共同行为说（Vermittlungstheorie）"认为，代理行为并非仅由代理

---

① Vgl. Savigny, Das Obligationenrecht als Teil des heutigen römischen Rechts, Bd. II, 1853, § 57.
② "被代理人"，也称"本人"，本书在同一意义上使用此两术语。
③ Vgl. Savigny, Das Obligationenrecht als Teil des heutigen römischen Rechts, Bd. II, 1853, § 57.
④ Vgl. Klingbeil, Stellvertretung als allgemeines Rechtsinstitut-Zu Theorie, Dogmatik und Reichweite des Repräsentationsprinzips, ZfPW 2020, S. 150.
⑤ Vgl. Pawlowski, Die gewillkürte Stellvertretung, JZ 1996, S. 126.
⑥ Vgl. Mitteis, Lehr von der Stellvertretung, 1885, S. 99.
⑦ 参见［德］维尔纳·弗卢梅：《法律行为论》，迟颖译，法律出版社2013年版，第901页。
⑧ Vgl. Rehberg, Das Rechtfertigungsprinzip, 2014, S. 779.

人或被代理人单独完成，而是由代理人和被代理人真正从法律上共同完成，代理人和被代理人是代理行为的共同缔造者。①授权行为是代理行为的有机组成部分，代理行为的效力是授权行为与代理行为各自效力的"化学结合"，只有同时考虑授权行为和代理行为，代理制度才符合私法自治原则。②该学说有待商榷。首先，它将代理授权行为与代理人与相对人所实施的代理行为混为一谈，导致代理行为的效力直接受到代理授权行为效力的影响，不利于维护交易安全；其次，被代理人或因其自身能力的限制或为扩大其私法自治而授予代理权，并赋予代理人充分的自主决定空间，被代理人并未实际参与代理行为；最后，该学说无法解释法定代理，法定代理权基于法律而非授权产生，且不具有行为能力的被代理人根本不能有效实施法律行为，如何与代理人共同完成代理行为？③

（三）代理人行为说或代表说

"代理人行为说"认为，代理行为的意思并非基于被代理人的意思形成，而是源于代理人的意思。④该学说将代理人的意思表示视为被代理人的意思表示，通过拟制与意思理论达成一致。⑤代理人扮演、代表被代理人所实施的法律行为直接对被代理人生效，故"代理人行为说"又被称为"代表说（Repräsentationstheorie）"。⑥《德国民法典》的立法者采纳了"代表说"并以其为基础制定了代理规则。立法者认为，在代理中，意思表示虽由代理人作出，但有利或不利的效力相对于被代理人产生，这种原因与效力的分离缘于制定法的认可而获得正当性。⑦但弗卢梅不满足于"代表说"基于实证法的规定而获得正当性的说法，主张通过区分"法律行为之行为"与"法律行为之规则"来认识代理的本质，并为"代表说"提供正当性基础。

---

① Vgl. Mitteis, Lehr von der Stellvertretung, 1885, S. 110.
② Vgl. Mitteis, Lehr von der Stellvertretung, 1885, S. 110; Müller-Freienfels, Die Vertretung beim Rechtsgeschäft, 1955, S. 8, 14, 71, 209 ff; Lenel, Stellvertretung und Vollmacht, Jher. Jb. 36, 1 ff.; Thiele, Die Zustimmungen in der Lehre vom Rechtsgeschäft, 1966, 58 ff. 我国亦有学者赞同该观点。参见王浩：《论代理的本质 以代理权授予时的意思瑕疵问题为契机》，载《中外法学》2018 年第 3 期，第 623 页。
③ Vgl. Bork, Allgemeiner Teil des Bürgerlichen Gesetzbuchs, 4. Aufl., 2016; Petersen, Unmittelbare und mittelbare Stellvertretung, Jura 2003, S. 744-745.
④ Vgl. Windscheid, Lehrbuch des Pandektenrechts, Band I, 5. Aufl. 1879, § 73.
⑤ Vgl. Windscheid, Lehrbuch des Pandektenrechts, Band I, 5. Aufl. 1879, § 73; Buchka, Die Lehre von der Stellvertretung, S. 27.
⑥ Vgl. Lorenz, Grundlagen Stellvertretung, JuS 2010, S. 382.
⑦ Vgl. Mot. I, 225 (Mugdan I, 477), Prot. I, 290 ff. (Mugdan I, 739).

弗卢梅认为，为进一步理解、评论和发展代理法律规则，有必要通过区分作为行为的"法律行为之行为"和作为结果的"法律行为之规则"来认识代理的本质及其在法律秩序中的定位。①作为行为之法律行为是"过程"，而作为规则之法律行为是"结果"；正如我们将法律与立法活动区别开来那样，我们应当对作为法律行为结果之"规则"与作为法律行为过程之"行为"予以区别。②例如，缔约的过程是法律行为之行为，缔约的内容是规则的制定，缔约的结果是法律行为之规则，即所订立的合同。由于意思理论将法律行为的效果直接与法律行为的意思联系起来，无法有效解释代理，故《德国民法典立法理由书》所持的"意思代理"理论属于"故弄玄虚"，代理实际上并非"意思代理"，而是法律行为的代理。③在代理中，代理人基于代理权而以被代理人的名义实施法律行为，虽然代理人是实施法律行为之人，但作为代理行为结果之法律行为规则归属于被代理人，法律行为之主（dominus negotii）是被代理人，而非代理人。④例如，代理人以被代理人名义订立买卖合同的，代理人是法律行为之行为人，即买卖合同由代理人订立；而作为法律行为之结果的规则并不归属于代理人，而是归属于被代理人，即被代理人成为买卖合同的当事人。

综上所述，"本人行为说"虽然符合意思理论，但有违代理行为确实是由代理人作出的事实，有其天然弊端；"共同行为说"将代理授权行为和代理行为混为一谈，且与代理行为仅由代理人一人作出的事实不符，有其局限性；"代表说"成为当今德国通说。⑤为进一步论证其正当性，弗卢梅摆脱意思理论的束缚，将代理认定为法律行为的代理，基于"法律行为之行为"与"法律行为之规则"的区分，将其纳入法律行为理论框架之中。代理人只要在实施法律行为时声明自己基于代理权而为被代理人实施代理行为之行为，该代理行为之结果（代理行为所制定的规则）就归属于被代理人，仅对被代理人发生效力，而与代理人无关。可见，弗卢梅适用法律行为理论充分论证了"代表说"的正当性问题，

---

① 参见［德］维尔纳·弗卢梅：《法律行为论》，迟颖译，法律出版社2013年版，第899页。
② 参见［德］维尔纳·弗卢梅：《法律行为论》，迟颖译，法律出版社2013年版，第91~92页。
③ 参见［德］维尔纳·弗卢梅：《法律行为论》，迟颖译，法律出版社2013年版，第899、901页。
④ 参见［德］维尔纳·弗卢梅：《法律行为论》，迟颖译，法律出版社2013年版，第900页。
⑤ Vgl. Petersen, Unmittelbare und mittelbare Stellvertretung, Jura 2003, S. 745.

值得赞同。

二、代理的价值内涵——私法自治

如前所述，法律行为是实现私法自治的工具，作为法律行为实施的特殊规则，代理亦是实现私法自治的重要手段，亦应像法律行为那样贯彻私法自治原则。① 法律行为对私法自治原则的贯彻有两个面向：一是行为人对自己基于意思自治实施的法律行为后果承担责任；二是任何人未经他人同意不得为其设定义务。② 代理制度的特殊性即在于，法律允许代理人在经被代理人授权的情况下通过法律行为为被代理人创设法律关系。换言之，实施法律行为的代理人并未实现自己的私法自治，其所实现的是被代理人的私法自治，这似乎有违"自主决定、责任自负"的私法自治原则，需具备特殊的正当性。进言之，为使代理行为的法律后果归属于被代理人，代理人必须依据被代理人的授权并以被代理人的名义实施代理行为。③ 可见，作为以他人名义实施法律行为并将该法律行为的后果归属于他人的代理，同样以实现私法自治为目的，它与行为人为自己实施法律行为的不同之处仅仅在于，代理人基于被代理人的授权为实现被代理人的私法自治而实施代理行为。就法定代理而言，法定代理权虽然并非基于授权产生，而是基于法律的规定产生，但法定代理人在实施代理行为时原则上亦应在不同程度上尊重被代理人的意愿，尽可能实现被代理人的私法自治。④

（一）代理立法体例对私法自治原则的贯彻

为确保代理充分贯彻私法自治原则，在立法体例上，合乎内在逻辑和外部体系的做法是将代理规定在"法律行为"章中。如前所述，德国法将代理作为法律行为的组成部分规定在《德国民法典》总则编第三章"法律行为"的第五节"代理和意定代理"之中。该第五节仅规定关于代理的特殊规则，如代理权和代理的显名性，关于代理所涉及法律行为效力的一般性规则，如意定代理授权行为的效力、代理人所实施法律行为的效

---

① 参见尹飞：《论我国民法典中代理制度的类型与体系地位》，载《法学杂志》2015年第9期，第15页。

② Vgl. Löhnig, Einführung in das Zivilrecht, 21. Aufl., 2023, S. 389.

③ Vgl. Neuner, Allgemeiner Teil des Bürgerlichen Rechts, 13. Aufl., 2023, S. 604.

④ 参见迟颖：《成年法定监护中被监护人的真实意愿——〈民法典〉第35条第3款解释论》，载《清华法学》2023年第2期，第94~95页；迟颖：《未成年人监护人违反法定限制之法定代理的效力——〈民法典〉第35条第1款解释论》，载《法学》2022年第9期，第137页。

力等，均适用第三章关于法律行为效力的规定。《日本民法典》遵从德国法的体例编排，将代理规定在"法律行为"一章中。这种立法体例强调代理是法律行为的代理，代理应以私法自治为基本原则。

在我国《民法典》①的起草过程中，为澄清代理的私法自治价值及其与法律行为之间的密切关系，诸多学者建议在立法体例上将代理作为法律行为制度的重要组成部分置于总则编第六章"民事法律行为"一章。②但立法者并未采纳该建议，而是在《民法典》总则编第七章中单独规定了"代理"。这种立法体例一定程度上破坏了法律行为制度体系的完整性，割裂了代理与法律行为的关联性，削弱了代理对私法自治原则的贯彻，片面强调了对相对人信赖的保护，尤其直接导致司法实践中表见代理的泛用。为限制表见代理的适用，学界和司法实践作出诸多努力，但收效甚微。本书认为，尽管我国《民法典》从外在形式上割裂了代理与法律行为的关系，但从《民法典》第 161 条第 1 款③和第 162 条④的规定中可以看出，代理本质上是法律行为的代理，这与德国法并无不同。为确保代理制度功能的发挥，在解释和适用代理制度时，有必要借鉴德国代理理论，强调代理的私法自治价值内涵及其与法律行为之间的内在关联性，以私法自治为主导性原则，妥善解决私法自治与信赖保护价值之间的冲突。⑤

（二）代理权抽象性原则对私法自治原则的贯彻

代理权是代理行为之法律后果归属于被代理人的依据，而代理权抽象性原则可以有效贯彻"自主决定、责任自负"之私法自治原则，在私法自治的框架下维护交易安全，平衡被代理人的私法自治利益和相对人的信赖利益，确保代理制度功能的有效发挥。⑥在代理权抽象性原则下，

---

① 《民法典》，即《中华人民共和国民法典》。为表述方便，本书中涉及我国法律，均使用简称，省去"中华人民共和国"字样，全书统一，后不赘述。

② 参见陈华彬：《论我国民法总则法律行为制度的构建——兼议〈民法总则草案〉（征求意见稿）的相关规定》，载《政治与法律》2016 年第 7 期，第 90 页；马新彦：《民法总则代理立法研究》，载《法学家》2016 年第 5 期，第 121~124 页；尹飞：《论我国民法典中代理制度的类型与体系地位》，载《法学杂志》2015 年第 9 期，第 23 页。

③ 《民法典》第 161 条第 1 款规定："民事主体可以通过代理人实施民事法律行为。"

④ 《民法典》第 162 条规定："代理人在代理权限内，以被代理人名义实施的民事法律行为，对被代理人发生效力。"

⑤ 参见谢鸿飞：《代理部分立法的基本理念和重要制度》，载《华东政法大学学报》2016 年第 5 期，第 65 页；徐涤宇：《代理制度如何贯彻私法自治——〈民法总则〉代理制度评述》，载《中外法学》2017 年第 3 期，第 686、701 页。

⑥ 参见迟颖：《意定代理授权行为无因性解析》，载《法学》2017 年第 1 期，第 25 页。

一方面，被代理人为实现自己的私法自治利益经由代理人实施法律行为，原则上应承担代理人违反基础法律关系的义务实施代理行为的后果；另一方面，相对人在与代理人实施法律行为时仅需审查代理权的存续和范围，而无需关注代理人是否违反基础法律关系的义务。质言之，只要代理人是在代理权限范围内实施代理行为，相对人原则上就可以向被代理人主张代理行为的效力。被代理人必须对自己基于自主决定授予的代理权承担责任，原则上不能通过主张代理人违反基础法律关系的限制来否定代理行为的效力。①在例外情况下，为避免恶意相对人受到保护，代理权抽象性原则受到禁止代理权滥用规则的限制。②进言之，在相对人与代理人恶意串通、相对人明知代理人违反基础法律关系的限制、代理人违反基础法律关系的限制具有客观显见性等情形下，被代理人可以通过主张代理行为违反禁止代理权滥用规则来拒绝承担代理的法律后果。③在这些违反禁止代理权滥用规则的情形中，相较于恶意相对人，更值得受到保护的是被代理人的私法自治。

第二节 代理的类型

一、意定代理与法定代理

德国通说按照代理权产生方式之不同，将代理划分为意定代理（Vollmacht）和法定代理（gesetzliche Vertretung）。意定代理权基于授权人的代理权授予行为而产生，以"自治"为基础；而法定代理权基于法律规定直接产生，属于"他治"。尽管代理权产生的方式有所不同，但它们的共同之处均在于被代理人自己并未实施法律行为，而是由代理人为其实施法律行为。④意定代理与法定代理的这一共性，使得二者能够被统一规范。对于法定代理的特殊性，则可通过特别法予以专门规范。我国《民法典》第163条第1款明确规定"代理包括委托代理和法定代

---

① Vgl. Neuner, Allgemeiner Teil des Bürgerlichen Rechts, 13. Aufl., 2023, S. 633.
② Vgl. Brox/Walker, Allgemeiner Teil des BGB, 47. Aufl., 2023, S. 278-280.
③ 参见迟颖：《德国法上的禁止代理权滥用理论及其对我国代理法的启示——兼评〈民法典〉第164条》，载《河北法学》2020年第11期，第75页。
④ Vgl. MüKoBGB/Schubert, 9. Aufl. 2021, BGB § 164 Rn. 24. 持不同观点的学者认为，法定代理属于"他治"，应被作为独立的类型予以规范。Vgl. Müller-Freienfels, Die Vertretung beim Rechtsgeschäft, 1955, 335 ff.; Thiele, Die Zustimmungen in der Lehre vom Rechtsgeschäft, 1966, 58 ff.

理",学界对此并无争议。①

（一）意定代理

德国法采纳代理权抽象性理论，明确区分"意定代理"（Vollmacht）与"委托"（Auftrag）。由于采纳民商分立的立法体例，德国法在《德国民法典》中规定了民事意定代理，而在《德国商法典》中规定了经理权、代办权和店员权等商事意定代理。除《德国民法典》第164条以下各条规定的民事意定代理之外，《德国民法典》第1820条所规定的"预防性意定代理"（Vorsorgevollmacht）亦属于意定代理。②按照《德国民法典》第166条第2款第1半句的规定，以法律行为授予之代理权为意定代理权。

我国《民法典》第165条以下使用了"委托代理"的概念。学界一般认为，委托代理是指依被代理人的授权行为所产生的代理。③从概念内涵上来看，"委托代理"与德国法上的"意定代理"并无不同。有学者认为，"委托代理"的称谓并不准确，应以"意定代理"取而代之。④该观点值得赞同，因为它更能凸显代理授权行为的独立性，并为我国法采纳代理权抽象性原则，贯彻私法自治原则铺平道路。此外，由于我国法采纳的是民商合一的立法体例，民事意定代理和商事意定代理均规定在《民法典》第165条以下，其中《民法典》第170条关于职务代理的规定属于商事意定代理。⑤而就民事意定代理而言，除《民法典》第165条以下的规定之外，《民法典》第33条所规定的意定监护中的代理亦属于民事意定代理。⑥关于意定代理，详见本书第二编的具体展开。

---

① 参见王利明：《民法总则新论》，法律出版社2023年版，第547页。
② Vgl. Jauernig/Budzikiewicz, in: Jauernig, Bürgerliches Gesetzbuch, 19. Aufl. 2023, BGB §§ 1814-1820 Rn. 18.
③ 参见王利明：《民法总则新论》，法律出版社2023年版，第547页；杨代雄：《法律行为论》，北京大学出版社2021年版，第501页；汪渊智：《代理法论》，北京大学出版社2015年版，第63页。
④ 参见朱庆育：《民法总论》（第2版），北京大学出版社2016年版，第329页；汪渊智：《代理法立法研究》，知识产权出版社2020年版，第237页。持不同观点的学者认为，代理主要基于委托授权而产生，委托代理的概念更为确切，因为它揭示了代理权产生的根本原因。参见王利明：《民法总则新论》，法律出版社2023年版，第547页。
⑤ 参见王利明：《民法总则新论》，法律出版社2023年版，第548页。
⑥ 参见李霞：《意定监护制度论纲》，载《法学》2011年第4期，第122页；李欣：《意定监护的中国实践与制度完善》，载《现代法学》2021年第2期，第32页；万方：《我国意定监护制度的体系设计》，载《法律适用》2023年第4期，第82页；刘征峰：《意定监护中的基础关系与授权关系》，载《法商研究》2022年第5期，第190页。亦有学者将意定监护人称为意定代理人。参见刘得宽：《成年"监护"法之检讨与改革》，载《政大法学评论》1999年第62期，第239~240页。

（二）法定代理

法定代理通常为没有能力自行实施法律行为者所设。①德国学界一般认为，法定代理具体包括父母基于父母照护（elterliche Sorge）对未成年子女的代理、②监护人基于监护权对未成年人的代理、③照管人在照管范围内对成年被照管人的代理、④夫妻日常家事代理⑤和夫妻临时医疗事务之代理、⑥依职权管理财产的行为等。⑦此外，社团法人的董事会也具有法定代理人的地位。⑧

我国学界通说一般认为，法定代理具体包括监护人的法定代理、夫妻日常家事代理和依职权管理财产的法定代理。⑨本书认为，除上述几种法定代理之外，我国法还应将法定代表行为纳入法定代理的范畴。

1. 监护人的法定代理

按照《民法典》第19条至第23条的规定，无民事行为能力、限制民事行为能力的未成年人和成年人的监护人是其法定代理人，代理实施其依法不能独立实施的法律行为。

（1）未成年人的监护人之法定代理

法律行为的核心是意思自治，只有行为人具备一定的辨识和判断能力，即具备自主决定能力时，法律行为始生效力。未成年人心智不成熟，缺乏足够的理性，欠缺社会经验，为保护未成年人的利益不受损害，法律原则上不允许未成年人参与法律交往，未成年人所实施的法律行为原则上不生效力。然而，作为权利主体，未成年人享有权利能力，具有参与法律交往的需求。法律为弥补未成年人行为能力欠缺所带来的不便，

---

① Vgl. Neuner, Allgemeiner Teil des Bürgerlichen Rechts, 13. Aufl., 2023, S. 609.
② 《德国民法典》第1629条规定，父母照护包括对子女的代理。
③ 《德国民法典》第1789条第2款第1句规定，监护人代理未成年人。
④ 《德国民法典》第1823条规定，照管人在其职责范围内，在裁判上和裁判外代理被照管人。
⑤ 《德国民法典》第1357条第1款第1句规定，夫妻一方为满足日常家务之需所为之法律行为，对夫妻另一方生效。
⑥ Vgl. Neuner, Allgemeiner Teil des Bürgerlichen Rechts, 13. Aufl., 2023, S. 609. 《德国民法典》第1358条第1款规定，夫妻一方因丧失意识或疾患而无法自行处理与其医疗事务相关的法律事务的，夫妻另一方有权代理该方处理与其医疗相关的特定法律事务。
⑦ 例如，《德国破产法》第80条第1款规定的破产管理人、《德国民法典》第1985条规定的遗产管理人和第2205条规定的遗嘱执行人等依职权管理财产的行为。Vgl. Schmidt, Handelsrecht, 6. Aufl., 2014, S. 563-565.
⑧ Vgl. Neuner, Allgemeiner Teil des Bürgerlichen Rechts, 13. Aufl., 2023, S. 609. 《德国民法典》第26条第1款第2句后半句规定，董事会具有法定代理人的地位。
⑨ 参见王利明：《民法总则新论》，法律出版社2023年版，第548~549页。

规定了未成年法定代理制度，即由未成年人的监护人作为法定代理人在监护范围内以未成年人的名义作出或受领意思表示，该意思表示直接对未成年人发生效力。

根据《民法典》第 27 条第 1 款的规定，父母是未成年子女的第一顺位监护人；根据该条第 2 款的规定，未成年人的父母死亡或没有监护能力的，依次由具有监护能力的祖父母、外祖父母、兄、姐以及经未成年人住所地的居委会、村委会或民政部门同意的其他愿意担任监护人的个人或组织担任监护人。由此可见，未成年人的父母是其法定代理人，父母死亡或丧失监护能力的，由父母之外的监护人担任未成年人的法定代理人。根据《民法典》第 20 条的规定，未满 8 周岁的未成年人为无民事行为能力人，由其法定代理人代理实施民事法律行为；而根据《民法典》第 19 条的规定，8 周岁以上的未成年人为限制民事行为能力人，除其可以独立实施的民事法律行为（使其纯获利益的民事法律行为和与其年龄、智力相适应的民事法律行为）之外，实施民事法律行为均应由其法定代理人代理或经其法定代理人同意、追认。

（2）成年人的监护人之法定代理

按照《民法典》第 21 条至第 24 条的规定，不能辨认或不能完全辨认自己行为的成年人为无民事行为能力人或限制民事行为能力人，由其监护人作为法定代理人代理实施民事法律行为；法定代理的启动以成年人被法院通过特别程序宣告为无民事行为能力人或限制民事行为能力人为必要。与《民法通则》①将成年法定代理限于精神病人的规定相比，《民法典》的上述规定扩大了成年被代理人的范围，值得肯定，但那些未经法院作无民事行为能力或限制民事行为能力宣告的、不能自行处理事务的成年人，仍无法获得法定代理的支持，有待理论上和制度上的进一步发展。

此外，《民法通则》采纳成年监护的替代决策模式，被监护人一旦处于法定代理之下，其民事行为能力就会被剥夺或限制，几乎陷入法定代理人的"他治"之下，由法定代理人全面代理其实施各类民事法律行为，甚至包括那些一般不得代理的具有高度人身性质的民事法律行为。②与之相比，《民法典》第 35 条第 3 款在一定程度上采纳了成年监护的协助决策模式，值得肯定。根据该规定，法定代理以有限代理为原则，法

---

① 《民法典》自 2021 年 1 月 1 日起施行后，《民法通则》《民法总则》《合同法》等同时废止，此处予以说明，后文不再赘述。
② 参见李霞：《成年监护制度的现代转向》，载《中国法学》2015 年第 2 期，第 204 页。

定代理人不得代理被监护人实施其能够自主实施的民事法律行为；对于那些与被监护人智力、精神健康状况相适应的民事法律行为，法定代理人应保障并协助其实施，而不得径行代理。

2. 夫妻日常家事代理

夫妻日常家事代理，是指夫妻一方为日常家事所实施的法律行为原则上对夫妻双方生效的法律制度，它在德国法上被称为"锁匙权（Schlüss-elgewalt）"。

（1）德国法上的争议

按照《德国民法典》第1357条第1款第1句的规定，夫妻一方为满足日常家务之需所为之法律行为，对夫妻另一方生效，即所谓的"锁匙权"，也曾被称为"夫妻之间为满足家庭生活之需而实施法律行为之代理权（Vertretungsmacht der Ehegatten für Geschäft zur Deckung des Familienbedarfs）"。①但是，当今德国主流观点认为，《德国民法典》第1357条规定的是一种"法定负担授权（gesetzliche Verpflichtungsermächtigung）"，②实施法律行为的夫妻一方除自行负担履行义务之外，还会使另一方负担从属性（Akzessorisch）履行义务，③其与代理的不同之处在于，行为人既没有为他人实施法律行为的意思，也没有向相对人公开其为他人实施法律行为之意思。④对于相对人而言，他无论如何均可以向实施法律行为的夫妻一方主张权利，至于他还可依据《德国民法典》第1357条的规定额外向夫妻另一方主张权利，仅是法律秩序对其的"馈赠（'Zugabe' der Rechtsordnung）"，在法政策上不无疑问。⑤由此可见，当前德国主流观点认为《德国民法典》第1357条的规定不属于法定代理。⑥

（2）我国法上的争议

我国《民法典》第1060条⑦允许夫妻一方为日常生活需要独立实施

---

① Vgl. Lüke, Grundsätzliche Veränderungen im Familienrecht durch das 1. EheRG, in: AcP 178 (1978), S. 1 ff., 18.
② Vgl. Schwab, Familienrecht, 30. Aufl., 2022, S. 73.
③ Vgl. MüKoBGB/Roth, 9. Aufl. 2022, BGB § 1357 Rn. 10.
④ Vgl. Schwab, Familienrecht, 30. Aufl., 2022, S. 73.
⑤ Vgl. Medicus/Petersen, Allgemeiner Teil des BGB, 11. Aufl., 2016, S. 390.
⑥ Vgl. Schwab, Familienrecht, 30. Aufl., 2022, S. 73; Petersen, Das Offenkundigkeitsprinzip bei der Stellvertretung, Jura 2010, S. 189; Medicus/Petersen, Allgemeiner Teil des BGB, 11. Aufl., 2016, S. 390.
⑦ 《民法典》第1060条第1款规定："夫妻一方因家庭日常生活需要而实施的民事法律行为，对夫妻双方发生效力，但是夫妻一方与相对人另有约定的除外。"

对夫妻双方生效的民事法律行为。①关于该规定，我国学界存在争议。在否定《民法典》第1060条独立存在价值的学者中，有观点认为，该制度忽视夫妻一方的自主决定、违背婚姻的平等协商精神、破坏家庭自治；②另有观点认为，该制度的最初使命是解决夫妻共同债务问题，完全可以其他方式解决夫妻共同债务的认定问题，而没有必要采纳日常家事代理。③上述观点有待商榷。一方面，日常家事代理的范围仅限于日常家事，并不包括日常家事之外的事宜，如不动产的转让、经营性行为、对外提供担保等，④夫妻双方就这些重大事宜仍可平等协商、自主决定；另一方面，日常家事代理的制度目的在于便利家庭生活，而不是解决夫妻共同债务问题，日常家事代理的结果虽然是形成夫妻共同债务，但不宜以"可以通过其他方式认定夫妻共同债务"作为否定日常家事代理独立存在价值的依据。

在肯定《民法典》第1060条独立存在价值的学者中，有观点认为，日常家事代理是夫妻之间互为代理、代理权基于夫妻身份而非授权产生、代理权的范围限于日常家事、代理权行使不以显名为必要且夫妻双方就代理行为承担连带责任，故日常家事代理既非意定代理，亦非法定代理，而是一种特殊类型的代理。⑤该观点有待进一步澄清。首先，夫妻之间互为代理并不违背代理的原则，在某些情况下，丈夫可以代理妻子实施法律行为；在另一些情况下，妻子亦可以代理丈夫实施法律行为。其次，并不是所有的代理行为都必须遵守"显名性"原则，意定代理权的行使一般需遵循"显名性"原则，而法定代理权的行使一般无需遵循"显名性"原则。最后，夫妻双方承担连带责任亦可以由法律明确规定，在建

---

① 参见黄薇主编：《中华人民共和国民法典婚姻家庭编释义》，法律出版社2020年版，第68~69页；最高人民法院民法典贯彻实施工作领导小组主编：《中华人民共和国民法典婚姻家庭编继承编理解与适用》，人民法院出版社2020年版，第138~139页；贺剑：《〈民法典〉第1060条（日常家事代理）评注》，载《南京大学学报（哲学·人文科学·社会科学）》2021年第4期，第102~103页；王利明：《民法总则新论》，法律出版社2023年版，第549页。
② 参见王战涛：《日常家事代理之批判》，载《法学家》2019年第3期，第143~144, 152~153页。
③ 参见李洪祥：《论日常家事代理权视角下的夫妻共同债务构成》，载《当代法学》2020年第5期，第18, 22~24页。
④ 参见王利明：《民法总则新论》，法律出版社2023年版，第549页。
⑤ 参见薛宁兰、谢鸿飞主编：《民法典评注：婚姻家庭编》，中国法制出版社2020年版，第153~154页；杨晋玲：《夫妻日常家务代理权探析》，载《现代法学》2001年第2期，第149页；史浩明：《论夫妻日常家事代理权》，载《政治与法律》2005年第3期，第49页。

构上可以认为丈夫代理妻子所实施的法律行为对妻子生效，丈夫同时也以自己的名义实施该法律行为，故夫妻须就其共同行为承担连带责任，这与代理规则并不矛盾。鉴于此，本书支持我国学界主流观点，认为日常家事代理权依据《民法典》第 1060 条第 1 款的规定而产生，属于法定代理。①该规定赋予夫妻之间就日常家事互为代理的资格。按照该规定，为便利家庭日常生活之需，夫妻一方可以无需征得另一方的同意，直接代理另一方实施法律行为，该法律行为对夫妻双方生效。②

3. 依职权管理财产的行为

依职权管理财产的行为（Verwaltung durch Parteien kraft Armtes），主要包括破产管理人、遗产管理人和遗嘱执行人在其权限范围内所进行的财产管理行为。③德国学界和司法实践关于是否应将依职权管理财产的行为纳入法定代理的范畴存在争议。持"职权说（Amstheorie）"的学者认为，依职权管理财产的人以自己的名义实施对权利人生效的法律行为，权利人既不能对其作出指示也不能撤回其代理权，故依职权管理财产的行为属于独特的职权行为；④且清算人和遗产管理人在管理财产时不仅需要维护财产所有人的利益，还必须顾及第三方的利益，例如债权人的利益，遗嘱执行人通常尚需尊重被继承人的遗愿，这与旨在维护被代理人利益的法定代理有所不同，故不宜将依职权管理财产的行为纳入法定

---

① 参见王利明：《民法总则新论》，法律出版社 2023 年版，第 549 页；杨代雄：《法律行为论》，北京大学出版社 2021 年版，第 501~502 页；尹田：《民法典总则之理论与立法研究》（第 2 版），法律出版社 2018 年版，第 606 页；蒋月：《夫妻的权利与义务》，法律出版社 2001 年版，第 63 页；余延满：《亲属法原论》，法律出版社 2007 年版，第 249 页；熊玉梅：《论交易安全视野下的夫妻日常家事代理权》，载《法学杂志》2011 年第 3 期，第 90 页；马忆南、杨朝：《日常家事代理权研究》，载《法学家》2000 年第 4 期，第 29 页。持不同观点的学者认为，日常家事代理属于特殊代理，参见薛宁兰、谢鸿飞主编：《民法典评注：婚姻家庭编》，中国法制出版社 2020 年版，第 153~154 页；杨晋玲：《夫妻日常家务代理权探析》，载《现代法学》2001 年第 2 期，第 149 页；史浩明：《论夫妻日常家事代理权》，载《政治与法律》2005 年第 3 期，第 49 页。

② 参见黄薇主编：《中华人民共和国民法典婚姻家庭编释义》，法律出版社 2020 年版，第 68~69 页；最高人民法院民法典贯彻实施工作领导小组主编：《中华人民共和国民法典婚姻家庭编继承编理解与适用》，人民法院出版社 2020 年版，第 138~139 页；贺剑：《〈民法典〉第 1060 条（日常家事代理）评注》，载《南京大学学报（哲学·人文科学·社会科学）》2021 年第 4 期，第 102~103 页；王利明：《民法总则新论》，法律出版社 2023 年版，第 549 页。

③ 参见［德］迪特尔·梅迪库斯：《德国民法总论》，邵建东译，法律出版社 2000 年版，第 706 页。

④ Vgl. Neuner, Allgemeiner Teil des Bürgerlichen Rechts, 13. Aufl., 2023, S. 609.

理的范畴。①持"代理说（Vertretertheorie）"的学者认为，虽然财产管理人需要顾及第三方的利益，但其依职权管理财产所实施的法律行为对权利人生效，这与代理人所实施的法律行为对被代理人生效并无不同，故应将依职权管理财产的行为纳入法定代理的范畴，对其适用代理规则。②即便持"职权说"的学者亦多认为代理法的某些规则可以准用于依职权管理财产的行为，上述理论上的区分并无实益。③

我国《企业破产法》第22条以下规定的（破产）管理人、《民法典》第1133条第1款规定的遗嘱执行人和第1145条规定的遗产管理人，均属依职权管理财产的人。学界一般将这些依职权管理财产的行为认定为法定代理。④该观点值得赞同。首先，依职权管理财产的行为与代理行为均属对他人生效的法律行为；其次，维护被代理人的利益并非代理行为的本质属性，故不能仅因依职权管理财产的行为尚需考虑第三方利益就将其排除于法定代理之外；最后，鉴于我国法鲜有关于依职权管理财产行为的特别规定，实有必要将此类行为纳入法定代理的范畴，对其适用代理规则。

4. 机关代理制度与法定代表人制度

法人无法亲自实施法律行为，需要法人机关来为其实施法律行为。关于法人机关的性质，理论上存在两种学说，即"代表说"和"代理说"。前者以法人"实在说"⑤为基础，后者则以法人"拟制说"⑥为依据。"代表说"认为，法人机关与法人具有人格上的同一性，法人机关的代表权或依据法律规定产生，或依据法人的章程产生，法人机关以法

---

① Vgl. BGHZ 51, 209 (214 f.) = NJW 1969, 841; § 181 analog auf Testamentsvollstrecker; BGH NJW 2007, 458 Rn. 21.

② Vgl. Medicus/Petersen, Allgemeiner Teil des BGB, 11. Aufl., 2016, S. 405-406; Schmidt, Handelsrecht, 6. Aufl., 2014, S. 563-564, S. 565.

③ Vgl. Neuner, Allgemeiner Teil des Bürgerlichen Rechts, 13. Aufl., 2023, S. 610.

④ 参见王利明：《民法总则新论》，法律出版社2023年版，第549页；尹田：《民法典总则之理论与立法研究》（第2版），法律出版社2018年版，第602页；陈华彬：《民法总则》，中国政法大学出版社2017年版，第619页。

⑤ 法人"实在说"认为，法人是客观存在的主体，不是法律的拟制。法人"实在说"又可分为"有机体说"和"组织体说"。"有机体说"认为，民事主体资格与意思能力联系在一起，法人具有团体意思，法律赋予该实际存在的社会有机体独立的人格，使之成为法人；"组织体说"认为，法人的本质不是社会有机体，而是具有区别于其团体成员利益的、表达和实现自己意志并使其成为权利主体的组织机构。我国通说采法人"实在说"中的"组织体说"。

⑥ 法人"拟制说"认为，只有自然人才具有法律上的人格，法人的法律人格是法律拟制的结果，主张该说的代表人物为萨维尼。

人名义实施的法律行为在法律上被视为法人自身的行为,其法律后果当然归属于法人。①"代理说"则认为,法人并不具有行为能力。正如欠缺行为能力的自然人那样,法人也必须通过代理人来实施法律行为,法人机关是法人的代理人,应当对其适用代理规则。对于法人机关的行为,德国法称为机关代理行为,而我国法的则称为法定代表行为。

(1) 德国法上的机关代理制度

德国法一般将法人机关的行为称为机关代理(organschaftliche Vertretung),法人机关的行为即为法人自身的行为。机关代理权产生的基础是法律的规定以及法人机关的任命,机关代理属于特殊的法定代理。②机关代理的特殊性在于,它不仅涵盖代理(即意思表示的效力归属),而且包括那些应承担损害赔偿义务之行为的责任归属(《德国民法典》第31条③)。④《德国民法典》的立法者并未明确采纳法人"拟制说"或法人"实在说",⑤但却特别强调了法人机关代理与法定代理的相似性。例如,《德国民法典》第26条第1款第2句第1分句规定,社团董事会在裁判上和裁判外代理(vertreten)社团;该条第1款第2句第2分句进一步规定,社团董事会⑥的法律地位相当于"法定代理人",对于其以社团名义作出的意思表示,应适用代理规则。⑦

(2) 我国法上的法定代表人制度

依《民法典》第61条第1款,法定代表人是根据法律或法人章程的规定代表法人从事民事活动的负责人。我国《民法典》采纳法人"实在说",⑧学界通说因采纳法人"实在说"中的"组织体说"⑨而支持法人

---

① 参见梁慧星主编:《中国民法典草案建议稿附理由:总则编》,法律出版社2013年版,第137页;邹海林:《公司代表越权担保的制度逻辑解析———以公司法第16条第1款为中心》,载《法学研究》2019年第5期,第66页。

② Vgl. Medicus/Petersen, Allgemeiner Teil des BGB, 11. Aufl., 2016, S. 406; Lorenz, Grundlagen Stellvertretung, JuS 2010, S. 383.

③ 《德国民法典》第31条规定,对于社团的董事会、董事会成员或其他依章程选任的代理人在其职权范围内执行事务时给第三人造成的损害,社团法人应承担损害赔偿责任。

④ Vgl. Medicus/Petersen, Allgemeiner Teil des BGB, 11. Aufl., 2016, S. 406, 388.

⑤ Vgl. MüKoBGB/Leuschner, 9. Aufl. 2021, BGB § 26 Rn. 4.

⑥ 此处的社团"董事会"相当于我国法上法人的"法定代表人"。

⑦ Vgl. Neuner, Allgemeiner Teil des Bürgerlichen Rechts, 13. Aufl., 2023, S. 609.

⑧ 《民法典》第57条规定,法人是具有民事权利能力和民事行为能力,依法独立享有民事权利和承担民事义务的组织。

⑨ 参见梁慧星主编:《中国民法典草案建议稿附理由:总则编》,法律出版社2013年版,第128页;王利明:《民法总则新论》,法律出版社2023年版,第271页。

机关"代表说"。在法定代表人制度与代理制度的关系上，有观点认为，法定代表人制度与代理制度本质上不同，既然有法定代表人制度予以规范，就无需进入代理的范畴。①该观点存在两个方面的问题：一方面，它夸大了代表和代理的区别；②另一方面，它忽视了我国法缺乏体系化的代表制度规则，亟须借助代理规则来规范法定代表人与法人之间关系的现实需求。事实上，在法律行为领域，从代表所面临的问题和解决方案来看，其与代理并无实质差别。③

按照我国《民法典》第61条第1款的规定，法定代表人为"代表法人从事民事活动"之负责人。该规定虽然未如上述《德国民法典》第26条那样，明确授予董事会在裁判上和裁判外代理社团之代理权，但从解释上宜将其理解为法律授予法定代表人全权代表法人实施包括法律行为在内的所有民事活动的代表权，同样属于法定授权，④故法定代表行为在我国法上应被定性为法定代理。⑤此外，按照我国《民法典》第61条第2款的规定，法定代表人以法人名义从事的民事活动，其法律后果由法人承受。就构成要件来看，法定代表人需以法人名义实施法律行为，这与代理人需以被代理人名义实施法律行为的要件相同；从法律效果归属上看，法定代表人所实施的法律行为归属于法人，与代理人所实施的法律行为归属于被代理人的制度设计并无本质区别。⑥有学者甚至认为，法定代表人制度事实上是一种特别的，适用于法人（公司）领域的代理制度。⑦最高人民法院亦认为："法定代表人制度是代理在商事企业法人领域的特别规定，在无明确规定时，可以适用代理的一般规定。"⑧即使认为代理与代表在性质上有所不同，但由于两者的功能十分类似，有关代

---

① 参见王利明：《民法总则新论》，法律出版社2023年版，第545页；陈甦主编：《民法总则评注》（上册），法律出版社2017年版，第423页（徐涤宇执笔）。
② 参见江帆：《代理法律制度研究》，中国法制出版社2000年版，第60页；邹海林：《公司代表越权担保的制度逻辑解析———以公司法第16条第1款为中心》，载《法学研究》2019年第5期，第73页。邹海林进一步认为，公司代表的法律地位已经决定，不论相对人是否知道其越权行为，公司均应当对其行为承担责任，这种法人与法人机关之间固有的法秩序，是有效阻止类推适用代理的制度结构及其私法效果于公司代表越权行为的内生性因素。
③ 参见殷秋实：《法定代表人的内涵界定与制度定位》，载《法学》2017年第2期，第27页。
④ 参见刘俊海：《现代公司法》（第3版），法律出版社2015年版，第612页。
⑤ 参见朱庆育：《民法总论》（第2版），北京大学出版社2016年版，第330页。
⑥ 参见朱广新：《法定代表人的越权代表行为》，载《中外法学》2012年第3期，第502页。
⑦ 参见殷秋实：《法定代表人的内涵界定与制度定位》，载《法学》2017年第2期，第27页。
⑧ 参见最高人民法院［2012］民提字第208号民事判决书。

理的规定可以类推适用于代表。①

综上所述，无论采纳法人"实在说"还是法人"拟制说"，均应将法定代表行为定性为代理，又由于法定代表人的代表权限源于法律的直接规定，且从构成要件和法律效果归属上来看，法定代表行为与法定代理并无本质区别，适用代理规则规范法定代表行为，有助于推动法定代表人制度的有效运行。②

二、概括代理与特别代理

学理上，代理可以按照代理权的范围是否受到特别限定而被划分为特别代理和概括代理。③代理权范围无特别限定的代理，为概括代理，又称一般代理（Generalvollmacht）；代理权范围有特别限定的代理，为限定代理，又称特别代理。特别代理又可以被进一步区分为仅针对某一事项的个别代理（Spezilvollmacht）和针对某一类事项的种类代理（Gattungsvollmacht）。区分概括代理与特别代理的主要目的是为代理权范围的确定提供依据。一般而言，法定代理多为概括代理，而意定代理既有概括代理又有特别代理。为避免授权人不可挽回地丧失其自主决定自由，一般不允许授予不可撤回的概括意定代理权。④

我国《民法典》总则编第 161 条以下各条没有关于概括代理与特别代理的规定。《民法典》合同编第 920 条规定了特别委托和概括委托。按照该规定，委托人既可以特别委托受托人处理一项或者数项事务，也可以概括委托受托人处理一切事务。事实上，基于合同自由原则，委托合同的内容可以由当事人自行约定，似无必要以法律区分概括委托和特别委托。

三、本代理与复代理

学理上，代理因代理授权主体之不同而可区分为本代理和复代理。本代理（Hauptvollmact）是指基于法律的规定或本人的授权而产生的代

---

① 参见朱广新：《代理制度中自我交易规则的适用范围》，载《法学》2022 年第 9 期，第 133 页；汪渊智：《代理法论》，北京大学出版社 2015 年版，第 54 页；聂卫锋：《职权代理的规范理路与法律表达——〈民法总则〉第 170 条评析》，载《北方法学》2018 年第 2 期，第 57~58 页；杨代雄：《〈民法总则〉中的代理制度重大争议问题》，载《学术月刊》2017 年第 12 期，第 7 页。
② 参见蔡立东：《论法定代表人的法律地位》，载《法学论坛》2017 年第 4 期，第 14、20 页。
③ 参见王利明：《民法总则新论》，法律出版社 2023 年版，第 564 页；梁慧星：《民法总论》（第 6 版），法律出版社 2021 年版，第 233 页。
④ Vgl. Neuner, Allgemeiner Teil des Bürgerlichen Rechts, 13. Aufl., 2023, S. 641.

理，复代理（Untervollmacht）是指由代理人为被代理人选任代理人，授予其行使全部或者部分代理权而形成的代理。①

《德国民法典》没有关于复代理的特别规定。德国联邦最高法院曾经将复代理区分为直接复代理和间接复代理两类，②但现今其通说已放弃上述区分，认为复代理仅包括代理人以被代理人的名义授予他人复代理权，使该他人以被代理人的名义并为被代理人实施法律行为的情形。③由于法定代理权和机关代理权为概括代理权，代理人时常因时间、精力和专业能力的限制而无法亲自代理，原则上允许复代理。④然而，关于意定代理人是否具有复任权（Befugnis zur Unterbevollmächtigung）的问题，德国法经历了从禁止到原则上允许的过程。德国现今司法实践和学界通说一致认为，被代理人对代理人亲自实施代理行为不具有特别利益的，可推定代理人具有复任权，但被代理人基于代理人的特殊专业知识或特殊信赖关系授予其代理权的除外。⑤由于德国商法上的经理权基于特殊信赖关系而授予，《德国商法典》第52条第2款明确禁止经理人授权复代理。⑥

我国《民法典》第169条使用了"转委托代理"之概念，若将此处的"委托代理"理解为"意定代理"，则该条所规定的应当为复代理。按照《民法典》第169条的规定，代理人一般应亲自实施代理行为，只有在事先征得被代理人的同意或事后得到追认，或情况紧急不能亲自处理代理事务且不授权复代理将损害被代理人的利益时，始得授权复代理。据此，未经被代理人授权且情况并非紧急的，代理人一般不具有复任权。如此严格的规定未必有利于被代理人，有待斟酌。⑦特别是在法定代理中，具有概括代理权的代理人无法事事亲力亲为，应当允许复代理。⑧即

---

① 参见迟颖：《代理授权无因性视角下的复代理——兼评〈民法典〉第169条》，载《法学》2020年第11期，第104页。
② Vgl. BGHZ 32, 250; 68, 391; BGH BB 1963, 1193.
③ Vgl. Müko BGB/Schubert, 9. Aufl. 2021, BGB § 167 Rn. 82.
④ Vgl. Neuner, Allgemeiner Teil des Bürgerlichen Rechts, 13. Aufl., 2023, S. 639.
⑤ Vgl. Müko BGB/Schubert, 9. Aufl. 2021, BGB § 167 Rn. 80 ff; Neuner, Allgemeiner Teil des Bürgerlichen Rechts, 13. Aufl., 2023, S. 639; Brox/Walker, Allgemeiner Teil des BGB, 47. Aufl., 2023, S. 263.
⑥ Vgl. Neuner, Allgemeiner Teil des Bürgerlichen Rechts, 13. Aufl., 2023, S. 639.
⑦ 参见杨代雄：《法律行为论》，北京大学出版社2021年版，第517页。
⑧ 参见杨代雄：《法律行为论》，北京大学出版社2021年版，第516页；迟颖：《代理授权无因性视角下的复代理——兼评〈民法典〉第169条》，载《法学》2020年第11期，第98~99页。持不同观点的学者认为，法定代理中，被代理人通常无法对代理人授权，故法定代理原则上不得适用复代理，紧急情况的除外。参见王利明：《民法总则新论》，法律出版社2023年版，第576页。

使在意定代理中，为更好地维护被代理人的利益，代理人原则上也应具有复任权，但被代理人因对代理人的专业能力和品格的特别信任而授予代理权并对代理人亲自履行具有特别利益的除外。①

四、积极代理与消极代理

依代理人代理被代理人作出意思表示还是受领意思表示，代理可以区分为积极代理与消极代理。②积极代理（aktive Stellvertretung）是指代理人代理作出意思表示的代理；消极代理（passive Stellvertretung）是指代理人代理受领相对人所作出的意思表示的代理。③

一般而言，代理人同时具备积极代理权与消极代理权。例如，在代理缔结合同时，代理人不仅有作出要约或承诺的积极代理权，而且有受领要约或承诺的消极代理权。④区分积极代理与消极代理的意义主要体现在共同代理之中：在积极代理中，共同代理人原则上需共同作出意思表示；而在消极代理中，共同代理人之一受领意思表示的，意思表示即有效到达。⑤

五、单独代理与共同代理

按照代理权行使方式之不同，代理可以区分为单独代理和共同代理。⑥单独代理（Einzelvollmacht）是指由一名代理人单独行使代理权的代理；而共同代理（Gesamtvollmacht）是指数名代理人共同行使代理权的代理。共同代理的目的是通过各代理人互相监督、互相协力，防止代理人违背诚信或不合理地行使代理权。⑦共同代理本质上是为维护被代理人的利益而对代理权所作的限制。共同代理权既可以基于授权人的授权而产生，也可以基于法律的规定而产生。德国法上，亲属法和商法中普遍适用共

---

① 持不同观点的学者认为，意定代理人原则上没有复任权。参见王利明：《民法总则新论》，法律出版社 2023 年版，第 577 页。
② 参见王利明：《民法总则新论》，法律出版社 2023 年版，第 554 页。
③ Vgl. Lorenz, Grundlagen Stellvertretung, JuS 2010, S. 382.
④ 参见郑冠宇：《民法总则》，瑞兴图书股份有限公司 2018 年版，第 456 页。
⑤ Vgl. Neuner, Allgemeiner Teil des Bürgerlichen Rechts, 13. Aufl., 2023, S. 611-612；王利明：《民法总则新论》，法律出版社 2023 年版，第 554 页；杨立新：《中国民法总则研究》（下卷），中国人民大学出版社 2017 年版，第 874 页。
⑥ Vgl. Neuner, Allgemeiner Teil des Bürgerlichen Rechts, 13. Aufl., 2023, S. 611.
⑦ Vgl. MüKoBGB/Schubert, 9. Aufl. 2021, BGB § 164 Rn. 207. 杨仁寿：《法律行为论》，北京大学出版社 2021 年版，第 511 页；汪渊智：《代理法论》，北京大学出版社 2015 年版，第 243 页；尹田：《民法典总则之理论与立法研究》（第 2 版），法律出版社 2018 年版，第 637 页。

同代理，如父母应共同代理子女；有两名以上监护人或照管人的，亦应共同代理被监护人或被照管人；商事代理中的法人机关代理权、经理权和代办权的行使均以共同代理为原则。①例如，《德国商法典》第 48 条第 2 款明确规定，经理权必须共同实施，因此经理权又被称为共同经理权（Gesamtprokura）。②我国《民法典》第 166 条关于共同代理的规定虽然仅针对意定代理作出，但学界一般认为，该规定同样可以被适用于法定代理。③该观点值得赞同，父母应共同为法定代理。此外，为维护商主体的利益，商事代理，特别是职务代理，亦应以共同代理为原则。④

有原则必有例外。虽然《德国民法典》第 1629 条第 1 款第 2 句明确要求父母应共同代理子女，但在例外情况下，父母一方可以单独代理子女。例如，父母离婚或分居时，子女向父母另一方主张抚养费的，与子女共同生活的父母一方可依据《德国民法典》第 1629 条第 2 款第 2 句⑤的规定单独代理子女，否则子女无法向父母另一方主张抚养费，因为应支付抚养费的父母一方一般不会代理子女向其自己主张抚养费。再如，《德国民法典》第 1687 条第 1 款第 1 句和第 2 句⑥规定，父母长期分居的，与子女共同生活的父母一方就日常生活事务可以单独代理子女，但在实施对子女具有重大影响的法律行为时父母仍需共同代理。此外，《德国民法典》第 1628 条第 1 句进一步规定，父母就某项或某类将会对子女

---

① Vgl. MüKoBGB/Schubert, 9. Aufl. 2021, BGB § 164 Rn. 208；Medicus/Petersen, Allgemeiner Teil des BGB, 11. Aufl., 2016, S. 408；Neuner, Allgemeiner Teil des Bürgerlichen Rechts, 13. Aufl., 2023, S. 611. ［德］维尔纳·弗卢梅：《法律行为论》，迟颖译，法律出版社 2013 年版，第 932 页。

② Vgl. Brox/Walker, Allgemeiner Teil des BGB, 47. Aufl., 2023, S. 263.

③ 参见薛宁兰、谢鸿飞主编：《民法典评注：婚姻家庭编》，中国法制出版社 2020 年版，第 135 页；马新彦：《民法总则代理立法研究》，载《法学家》2016 年第 5 期，第 127 页；朱庆育：《民法总论》（第 2 版），北京大学出版社 2016 年版，第 347 页；王利明：《民法总则新论》，法律出版社 2023 年版，第 553~554 页；杨代雄：《法律行为论》，北京大学出版社 2021 年版，第 512 页；迟颖：《未成年人监护人违反法定限制之法定代理的效力——〈民法典〉第 35 条第 1 款解释论》，载《法学》2022 年第 9 期，第 142~143 页。

④ 参见杨代雄：《法律行为论》，北京大学出版社 2021 年版，第 512 页；迟颖：《职务代理权的类型化研究——〈民法典〉第 170 条解释论》，载《法商研究》2023 年第 1 期，第 152 页。

⑤ 《德国民法典》第 1629 条第 2 款第 2 句规定，父母有权共同对子女进行父母照护的，照护子女的父母一方可以对另一方主张抚养请求权。

⑥ 《德国民法典》第 1687 条第 1 款第 1 句和第 2 句规定，有权共同进行父母照护的父母不仅是暂时分居的，必须就对子女有重大意义事项的处置达成一致。子女经父母另一方允许或基于法院裁判而惯常与之同住的父母一方，可以在日常生活事务中单独作出决定。

产生重大影响的代理无法达成一致的，法院应根据父母一方的申请将该事项授权父母一方单独代理。由此可见，为保护未成年子女的利益，德国法严格遵循共同代理原则，父母仅在法律规定的例外情形中可以单独代理子女。

关于共同代理的具体操作，我国《民法典》第 166 条规定，共同代理人应当共同行使代理权，但是当事人另有约定的除外。有观点认为，该规定中的"共同行使"要求共同代理人同时行使代理权。[1]该观点需进一步澄清。为维护被代理人的利益，共同代理虽然要求各代理人达成一致意见，但并不要求其同时行使代理权。同样被允许的，还有各代理人基于已经达成的共识先后实施代理行为，[2]以及在达成共识后由一名代理人独自实施代理行为。[3]按照最高人民法院《关于适用〈中华人民共和国民法典〉总则编若干问题的解释》（以下简称《民法典总则编解释》）第 25 条的规定，共同代理人之一人或数人未与其他共同代理人协商，擅自行使代理权的，构成无权代理，可以由其他共同代理人或被代理人依据《民法典》第 171 条的规定予以追认，未被追认的，则应由无权代理的共同代理人之一或数人承担无权代理责任。[4]

上述关于共同代理的规定仅适用于积极代理，并不适用于消极代理。在消极代理中，意思表示到达共同代理人之一时即生效力。[5]

第三节　代理与相关法律制度的比较

一、事实行为

根据《德国民法典》第 164 条的规定，代理人为被代理人作出或受

---

[1] 参见陈甦主编：《民法总则评注》（下册），法律出版社 2017 年版，第 1178 页（方新军执笔）。
[2] 参见［德］维尔纳·弗卢梅：《法律行为论》，迟颖译，法律出版社 2013 年版，第 932 页；汪渊智：《代理法论》，北京大学出版社 2015 年版，第 243~244 页；杨代雄：《法律行为论》，北京大学出版社 2021 年版，第 512 页。
[3] 参见杨代雄：《法律行为论》，北京大学出版社 2021 年版，第 512 页。
[4] 参见尹田：《民法典总则之理论与立法研究》（第 2 版），法律出版社 2018 年版，第 637 页；杨代雄：《法律行为论》，北京大学出版社 2021 年版，第 513 页。
[5] 参见杨代雄：《法律行为论》，北京大学出版社 2021 年版，第 513 页；朱庆育：《民法总论》（第 2 版），北京大学出版社 2016 年版，第 347 页。

领意思表示，代理是法律行为的代理。事实行为（Realakt）不得代理。①例如，在处分行为中，所有权移转的物权合意属于法律行为，可以代理；而动产交付属于事实行为，不能代理。为解决交付不得代理的问题，德国法适用占有辅助人制度，即代理人与被代理人约定代理人作为占有辅助人来受领交付。②详见下述关于占有辅助人的分析。

按照我国《民法典》第161条第1款③和第162条④的规定，代理仅限于民事法律行为的代理。学界亦普遍认为，代理是法律行为的代理，即代理人或为被代理人作出意思表示，或为被代理人受领意思表示。对于以他人名义提供纳税、法人登记、专利申请、商标注册等服务的事实行为不构成代理，仅可委托。⑤

二、间接代理

一般认为，间接代理（mittelbare Stellvertretung）可以被追溯至罗马法，是指行为人以自己的名义为他人之利益和计算所实施的法律行为。⑥《德国民法典》并未规定间接代理，其第164条以下所规定的代理仅指直接代理（unmittelbare Stellvertretung）。⑦间接代理主要适用于商法，⑧典型的间接代理如《德国商法典》第383条第1款所规定的行纪和《德国商法典》第454条第3款所规定的运输代理。⑨我国学界对间接代理是否应被作为代理的类型之一纳入代理存在争议。持肯定说的学者认为，代理可以被划分为直接代理与间接代理，《民法典》第925条和第926条是关

---

① Vgl. Brox/Walker, Allgemeiner Teil des BGB, 47. Aufl., 2023, S. 247.
② Vgl. Brox/Walker, Allgemeiner Teil des BGB, 47. Aufl., 2023, S. 247.
③ 《民法典》第161条第1款规定："民事主体可以通过代理人实施民事法律行为。"
④ 《民法典》第162条规定："代理人在代理权限内，以被代理人名义实施的民事法律行为，对被代理人发生效力。"
⑤ 参见尹飞：《论我国民法典中代理制度的类型与体系地位》，载《法学杂志》2015年第9期，第22页。
⑥ 参见王利明：《民法总则新论》，法律出版社2023年版，第551页；耿林、崔建远：《未来民法总则如何对待间接代理》，载《吉林大学社会科学学报》2016年第3期，第21页；尹飞：《论我国民法典中代理制度的类型与体系地位》，载《法学杂志》2015年第9期，第13页；Vgl. Brox/Walker, Allgemeiner Teil des BGB, 47. Aufl., 2023, S. 247; Petersen, Unmittelbare und mittelbare Stellvertretung, Jura 2003, S. 744.
⑦ Vgl. Lorenz, Grundlagen Stellvertretung, JuS 2010, S. 382.
⑧ Vgl. Petersen, Unmittelbare und mittelbare Stellvertretung, Jura 2003, S. 744.
⑨ Vgl. Neuner, Allgemeiner Teil des Bürgerlichen Rechts, 13. Aufl., 2023, S. 615.

于间接代理的规定。①持否定说的学者未将间接代理纳入代理的范畴。②本书赞同否定说,认为间接代理不属于代理,它与直接代理具有本质区别,详见下述。

（一）间接代理与直接代理的区别

间接代理与直接代理虽然均属于为他人之经济利益而实施的法律行为,但两者之间的主要区别在于,间接代理人以自己的名义实施法律行为,法律行为的当事人是间接代理人而不是"交易之主（Hintermann）","交易之主"与相对人之间不存在法律关系。③法律行为对间接代理人生效,法律后果由间接代理人自行承担,间接代理人需通过债权让与、债务承担或债务免除等方式将法律后果移转给"交易之主"。④

虽然《德国民法典》未规定间接代理,但依据私法自治原则,当事人可以自行约定间接代理。⑤例如,委托合同中的委托人如以自己的名义实施法律行为,则可能构成间接代理。⑥为使委托人承担间接代理人以自己名义所实施行为的法律后果,间接代理人必须依据其与"交易之主"之间的委托合同,按照《德国民法典》第667条的规定⑦将相应法律后果转移给"交易之主",而"交易之主"则应当依据《德国民法典》第670条的规定⑧偿还间接代理人为执行委托事务所支出的必要费用。⑨

尽管如此,不宜将间接代理等同于委托合同,因为委托人通常会授予受托人意定代理权。⑩受托人作为意定代理人对外以被代理人名义实施法律行为的,构成直接代理。所谓"直接",意味着代理的效力直接基

---

① 参见王利明:《民法总则新论》,法律出版社2023年版,第550页;梁慧星:《民法总论》（第6版）,法律出版社2021年版,第232~233页。

② 参见耿林、崔建远:《未来民法总则如何对待间接代理》,载《吉林大学社会科学学报》2016年第3期,第26页;朱庆育:《民法总论》（第2版）,北京大学出版社2016年版,第329页;杨代雄:《法律行为论》,北京大学出版社2021年版,第501~504页。

③ Vgl. Förster, Stellvertretung-Grundstruktur und neuere Entwicklungen, Jura 2010, S. 353.

④ Vgl. Medicus/Petersen, Allgemeiner Teil des BGB, 11. Aufl., 2016, S. 385.

⑤ Vgl. Neuner, Allgemeiner Teil des Bürgerlichen Rechts, 13. Aufl., 2023, S. 615; Petersen, Unmittelbare und mittelbare Stellvertretung, Jura 2003, S. 744.

⑥ Vgl. Medicus/Petersen, Allgemeiner Teil des BGB, 11. Aufl., 2016, S. 385.

⑦ 《德国民法典》第667条规定,受托人应将其为执行委托而获得的一切和因处理事务而取得的一切,转移给委托人。

⑧ 《德国民法典》第670条规定,委托人应偿还受托人为执行委托事务而支出的必要费用。

⑨ Vgl. Brox/Walker, Allgemeiner Teil des BGB, 47. Aufl. 2023, S. 247; Medicus/Petersen, Allgemeiner Teil des BGB, 11. Aufl. 2016, S. 385.

⑩ Vgl. Medicus/Petersen, Allgemeiner Teil des BGB, 11. Aufl., 2016, S. 385.

于代理行为产生，被代理人直接成为代理行为的当事人，直接基于代理行为享有权利并承担义务，无需代理人的进一步行为。就买卖合同而言，在直接代理中，物交付给被代理人或被代理人基于代理人作为占有辅助人而取得占有之后，被代理人直接取得所有权，无需代理人进行所有权移转；而在间接代理中，行为人取得物之所有权后，必须通过所有权移转之物权合意和交付将物之所有权移转给"交易之主"，"交易之主"才能取得所有权。物之所有权移转给"交易之主"之前，行为人破产的，物仍为行为人所有，属于破产财产。

由此可见，在直接代理中，代理人以被代理人的名义所实施的法律行为"直接"对被代理人生效，被代理人直接成为法律行为的当事人，直接取得权利并承担义务；而在间接代理中，间接代理人以自己的名义实施法律行为，成为该法律行为的当事人，据此取得权利并承担义务，后续再依据双方之间的约定将其所取得的权利移转给所谓的被代理人。

（二）《民法典》第925条和第926条不是关于间接代理的规定

在我国法上，关于《合同法》第402条和第403条是否属于代理规则的问题，学界争议不断。在《民法典》的起草过程中，该两条规定曾被纳入《民法总则草案（一审稿）》第142条，但由于争议太大，[1]立法者并未将其纳入《民法典》总则编，而是延续《合同法》的体例安排，将其纳入《民法典》合同编"委托合同"一章中的第925条和第926条。《民法典》的立法者未将所谓的间接代理纳入《民法典》总则编第161条以下各条的做法值得赞同，间接代理不属于总则编所规定的代理类型。[2]

《民法典》颁布后，学界关于该法典第925条（《合同法》第402条）和第926条（《合同法》第403条）是否规定的是间接代理，仍存在争议。有观点认为，该两条均规定了间接代理；[3]另有观点认为，仅《民法典》第926条规定的是间接代理，而第925条规定的是英美法上的隐名代理；[4]也有观点认为，《民法典》第925条是英美法上的"隐名代

---

[1] 有学者认为，间接代理是商法上的特别制度，没有必要将其纳入《民法典》总则编之中。参见耿林、崔建远：《未来民法总则如何对待间接代理》，载《吉林大学社会科学学报》2016年第3期，第26页；另有学者主张，《民法典》总则编应当规定间接代理。参见马新彦：《民法总则代理立法研究》，载《法学家》2016年第5期，第135页；汪渊智：《代理法立法研究》，知识产权出版社2020年版，第23~24页。
[2] 参见朱庆育：《民法总论》（第2版），北京大学出版社2016年版，第335~336页。
[3] 参见王利明：《民法总则新论》，法律出版社2023年版，第550页。
[4] 参见胡东海：《〈民法典〉第926条（间接代理）评注》，载《苏州大学学报（法学版）》2021年第2期，第98页。

理"规则，而第 926 条源于英美法上的不披露本人的代理，委托人行使介入权或选择权后，受托人的行为后果直接由委托人承担，构成直接代理；①还有观点认为，仅《民法典》第 926 条是间接代理规则，而第 925 条是"默示的显名代理"规则，在性质上属于直接代理，②即委托人以自己的名义实施法律行为而相对人明知或应知委托关系的，构成默示授权的显名代理，并在《民法典》的起草过程中曾经建议废弃《合同法》第 402 条的规定，通过对《民法典》第 162 条进行扩张解释来涵盖《合同法》第 402 条的内容；③亦有观点认为，在间接代理中，应以委托人和受托人之间的基础法律关系作为代理权的来源。④上述争议产生的根源在于缺乏对间接代理与直接代理本质区别的深刻认识，有待进一步澄清。

首先，认为间接代理权产生于委托人与受托人之间基础法律关系的观点，从根本上忽视了间接代理与直接代理的本质区别。一方面，在间接代理中，行为人并未获得代理权，而只能以自己的名义实施法律行为；而在直接代理中，被代理人授予代理人以其名义实施法律行为的代理权，代理人应以被代理人的名义实施法律行为。另一方面，在直接代理中，代理人所实施法律行为的后果直接归属于被代理人；而在间接代理中，行为人所实施法律行为的后果由行为人自行承担，行为人负有向委托人移转其所取得权利的义务。

其次，不宜将《民法典》第 925 条认定为"隐名代理"规则。从大陆法系关于代理制度的规则来看，为确保法律关系的清晰性和维护交易安全，代理以"显名性"为原则，即行为人必须以他人名义实施法律行为或基于事实情形可以推定行为人以他人名义实施法律行为。在所谓的"隐名代理"中，行为人亦应以他人名义实施法律行为，被代理人一旦确定或被披露身份，代理关系便成立，被代理人应承担代理的法律后果。而在《民法典》第 925 条所规定的情形中，行为人并未以他人名义实施法律行为，如若将此视为"隐名代理"，则意味着所谓的被代理人仅因

---

① 参见尹飞：《论我国民法典中代理制度的类型与体系地位》，载《法学杂志》2015 年第 9 期，第 13~14，17 页。

② 参见杨代雄主编：《袖珍民法典评注》，中国民主法制出版社 2022 年版，第 790 页（任我行执笔）；胡东海：《〈民法典〉第 926 条（间接代理）评注》，载《苏州大学学报（法学版）》2021 年第 2 期，第 98 页；徐涤宇：《代理制度如何贯彻私法自治——〈民法总则〉代理制度评述》，载《中外法学》2017 年第 3 期，第 687 页。

③ 参见杨代雄：《〈民法总则〉中的代理制度重大争议问题》，载《学术月刊》2017 年第 12 期，第 7 页。

④ 参见尹飞：《体系化视角下的意定代理权来源》，载《法学研究》2016 年第 6 期，第 69 页。

相对人知道所谓的代理关系而必须承担代理的法律后果,有违私法自治。由此可见,不能将《民法典》第 925 条认定为"隐名代理"规则。

最后,不宜将《民法典》第 925 条认定为"默示显名代理"规则。尽管代理的"显名性"并不要求行为人必须明确以他人名义实施法律行为,事实情形表明行为人以他人名义实施法律行为的,亦满足"显名性"的要求,但是此处所谓的"事实情形",也仅限于那些依据法律行为实施的环境(在营业场所)、利益相关性以及所涉及业务领域等因素可以推定行为人所实施的法律行为与企业的经营业务相关的情形,主要是指行为人与作为被代理人的企业之间存在劳动关系或雇佣关系等情形。在这些情形中,适用《民法典》第 170 条关于职务代理的规则即可,不必援引《民法典》第 925 条的规定。这是因为,在《民法典》第 925 条所规定的情形中,行为人与委托人之间存在委托关系,在行为人仅以自己的名义实施法律行为的情况下,相对人通常不能基于委托关系的存在而推定行为人与委托人之间存在代理关系。行为人仅以自己的名义实施法律行为的,即使行为人与委托人之间确实存在代理关系,相对人也不能以自己明知或应知代理关系的存在而要求委托人承担法律行为的后果,否则将在两个层面违背私法自治:一方面,若行为人在有代理权的情况下有意识地以自己的名义实施法律行为并希望承担其后果,但该行为的效力却会因相对人明知代理关系之存在而被归属于所谓的"被代理人",则不免意味着作为他人代理人的行为人无法为自己创设法律关系,岂不剥夺了代理人的私法自治?另一方面,根据私法自治原则的要求,行为人未以他人名义实施法律行为的,自然不存在将该行为的法律后果归属于该他人的正当性基础。由此可见,《民法典》第 925 条的规定不宜被认定为"默示显名代理"规则。

事实上,《民法典》第 925 条和第 926 条均是特殊历史时期针对外贸关系中的特殊情况所制定的,不具有普遍适用性。①《民法典》第 925 条旨在保护相对人的交易安全,而《民法典》第 926 条为解决受托人与相对人之间所订立合同之违约救济的特殊问题突破合同相对性原则,赋予相对人直接向非合同当事人的委托人进行追索的权利,同时赋予非合同当事人的委托人直接向相对人进行追索的权利。从法理上看,其所涉及

---

① 参见耿林、崔建远:《未来民法总则如何对待间接代理》,载《吉林大学社会科学学报》2016 年第 3 期,第 26~28 页。

的更多是债权让与①或债务承担②的问题，并不涉及代理问题。所谓的间接代理，实质上是行为人自己的行为，仅对行为人本人发生效力，法律并无必要从代理法的层面对其予以规定。例如，在受托人按照委托合同的约定与相对人订立买卖合同的情形中，受托人与相对人之间的买卖合同受《民法典》第595条以下关于买卖合同规定的规范，而受托人与委托人之间的关系则应适用《民法典》第919条以下关于委托合同的规定。申言之，受托人应按照《民法典》第927条的规定，将其基于买卖合同所取得的财产移转给委托人。

综上，间接代理并非代理。《民法典》第925条和第926条的规定属于特殊规定，不具有普遍适用性。

三、行纪

一般认为，行纪人以自己的名义与相对人实施法律行为，其法律后果直接归属于行纪人，之后行纪人再通过债权让与、债务承担或债务免除等方式将其所获得之利益移转给委托人。③由此可见，行纪是典型的间接代理。正如间接代理不属于代理那样，行纪亦不构成代理，它与代理的相似之处仅在于为他人之计算而实施法律行为。④

（一）德国法上的行纪

在德国法上，行纪（Kommissiongeschäft）是特殊的间接代理。⑤《德国商法典》第383条以下各条规定了行纪。按照《德国商法典》第383条

---

① 参见胡东海：《〈民法典〉第926条（间接代理）评注》，载《苏州大学学报（法学版）》2021年第2期，第103页。

② 参见方新军：《民法典编纂视野下合同法第402条、第403条的存废》，载《法学研究》2019年第1期，第83页。

③ 参见梅仲协：《民法要义》，中国政法大学出版社1998年版，第130页；王泽鉴：《债法原理》（第2版重排版），北京大学出版社2022年版，第254页；尹飞：《论我国民法典中代理制度的类型与体系地位》，载《法学杂志》2015年第9期，第17页；林诚二：《民法债编各论》（中），中国人民大学出版社2007年版，第225页；龙卫球：《民法总论》（第2版），中国法制出版社2002年版，第598、599页；耿林、崔建远：《未来民法总则如何对待间接代理》，载《吉林大学社会科学学报》2016年第3期，第21页；徐海燕：《间接代理制度法理阐释与规则解释》，载《社会科学》2021年第4期，第98页。

④ 参见张俊浩主编：《民法学原理》（修订第3版·上册），中国政法大学出版社2000年版，第311页。

⑤ Vgl. Petersen, Unmittelbare und mittelbare Stellvertretung, Jura 2003, S. 746；参见[德]卡尔·拉伦茨：《德国民法通论》（下册），王晓晔等译，法律出版社2013年版，第820页；[德]汉斯·布洛克斯、沃尔夫·迪特里希·瓦尔克：《德国民法总论》（第41版），张艳译，杨大可校，冯楚奇补译，中国人民大学出版社2019年版，第260页。

第 1 款的规定，行纪人是指以自己的名义为行纪委托人购买或销售商品、有价证券，并以此为职业的人。按照《德国商法典》第 392 条第 1 款的规定，行纪仅在行纪人与相对人之间形成法律关系，行纪委托人与相对人之间并不存在法律关系。①为进一步理解行纪，德国学界对行纪所涉及的三种行为予以区分：第一种是行纪人与行纪委托人之间的行纪行为（Kommissionsgeschäft），在性质上属于《德国民法典》第 675 条第 1 款规定的有偿事务处理合同（Geschäftsbesorgungsvertrag）；②第二种是行纪人与相对人之间基于商品或有价证券买卖而进行的实行行为（Ausführungsgeschäft）；第三种是行纪人通过债权让与、债务承担或债务免除等方式，将其从相对人处所取得的商品或有价证券转移给行纪委托人所实施的清算行为（Abwicklungsgeschäft）。③由此可见，与直接代理中代理人与相对人实施的法律行为直接对被代理人生效、被代理人与相对人之间形成合同关系有所不同的是，行纪仅在行纪人与相对人之间形成法律关系，相对人与行纪委托人之间不形成法律关系。

在与相对人的法律关系中，行纪人是合同当事人，享有向相对人主张交付或支付的债权。根据《德国商法典》第 392 条第 1 款的规定，只有行纪人将债权让与给行纪委托人后，行纪委托人才能向相对人主张债权。为保护行纪委托人的利益，《德国商法典》第 392 条第 2 款和《德国支付不能法》第 47 条对行纪委托人作出特别保护性规定。④按照《德国商法典》第 392 条第 2 款的规定，行纪人将其所取得的债权让与行纪委托人之前，在与行纪人或其债权人形成的法律关系中，该债权被视为行纪委托人的债权。该规定的重要意义在于，行纪人的债权人主张扣押债权的，行纪委托人可以依据《德国民事诉讼法》第 771 条提起第三人异议诉讼，并在行纪人财产支付不能程序中依《德国支付不能法》第 47 条主张取回权。⑤

（二）我国法上的行纪

按照《民法典》第 951 条的规定，行纪合同是行纪人以自己的名义

---

① 《德国商法典》第 392 条第 1 款规定，行纪人所实施法律行为产生的债权，只有被让与给行纪委托人的，行纪委托人才可以向债务人主张该债权。
② 按照《德国民法典》第 675 条第 1 款的规定，有偿事务处理合同是以事务处理为标的的雇佣合同或承揽合同，准用无偿委托合同的相关规定。
③ 参见［德］C. W. 卡纳里斯：《德国商法》，杨继译，法律出版社 2006 年版，第 704 页。
④ Vgl. Petersen, Unmittelbare und mittelbare Stellvertretung, Jura 2003, S. 748.
⑤ 参见［德］C. W. 卡纳里斯：《德国商法》，杨继译，法律出版社 2006 年版，第 714 页。

为委托人从事贸易活动，委托人支付报酬的合同。《民法典》第958条第1款进一步规定，行纪人与第三人订立合同的，行纪人对该合同直接享有权利、承担义务。此外，《民法典》第960条规定，"行纪合同"一章没有规定的，参照适用委托合同的有关规定。从我国实证法的规定可以看出，行纪属于商事合同。① 然而，关于行纪的性质，学界存在争议。有观点认为，行纪合同实质上是委托合同的一种；② 另有观点认为，行纪是典型的间接代理。③

本书认为，行纪不能被简单地等同于委托合同，委托关系仅是行纪所涉及的法律关系之一。行纪人依据其与行纪委托人之间的委托合同，以自己的名义为行纪委托人的计算与相对人实施法律行为，行纪人基于该法律行为与相对人形成法律关系，而行纪委托人与相对人之间并不产生法律关系，④ 故行纪不仅涉及行纪人与行纪委托人之间的委托关系，而且涉及行纪人为履行委托合同而以自己的名义与相对人之间形成的合同关系和行纪人为向行纪委托人移转其从相对人处所取得的权利而与行纪委托人之间形成的清算关系。此外，委托人（授权人）除可以与受托人约定由受托人以受托人自己的名义与相对人实施法律行为（行纪）之外，还可以通过授予受托人意定代理权的方式允许受托人作为其代理人进行直接代理，委托人（被代理人）基于受托人（意定代理人）与相对人以其名义所实施的法律行为直接与相对人形成法律关系。⑤ 有鉴于此，行纪不应被等同于委托合同。

---

① 参见谢鸿飞、朱广新主编：《民法典评注：合同编·典型合同与准合同》(4)，中国法制出版社2020年版，第352页（夏小雄执笔）。

② 参见尹田：《民法典总则之理论与立法研究》（第2版），法律出版社2018年版，第583页。持类似观点的学者认为，行纪是由行纪人与委托人之间的委托合同关系和行纪人与第三人之间的交易关系等两个合同构成的整体。参见徐海燕：《间接代理制度法理阐释与规则解释》，载《社会科学》2021年第4期，第98页；其木提：《论行纪合同委托人的取回权》，载《环球法律评论》2005年第1期，第111页。

③ 参见梁慧星：《民法总论》（第6版），法律出版社2021年版，第230页；耿林、崔建远：《未来民法总则如何对待间接代理》，载《吉林大学社会科学学报》2016年第3期，第21页；施启扬：《民法总则》（修订第8版），中国法制出版社2010年版，第278页；梅仲协：《民法要义》，中国政法大学出版社1998年版，第130页；王泽鉴：《债法原理》（第2版重排版），北京大学出版社2022年版，第254页。

④ 参见尹田：《民法典总则之理论与立法研究》（第2版），法律出版社2018年版，第583~584页；谢鸿飞、朱广新主编：《民法典评注：合同编·典型合同与准合同》(4)，中国法制出版社2020年版，第352页（夏小雄执笔）。

⑤ Vgl. Medicus/Petersen, Allgemeiner Teil des BGB, 11. Aufl., 2016, S. 385.

如前所述,《民法典》第 925 条和第 926 条不是间接代理的规定。如若抛开该两条规定导致的学界对间接代理制度理解的误差,①在充分认识间接代理与直接代理本质区别的基础上将间接代理理解为行为人以自己的名义为他人之利益和计算所实施的法律行为,②不难看出,行纪本质上是间接代理,属于特殊的商事法律制度。

四、处分授权

处分授权(Ermächtigung)是指针对某物而授予的行使权利或主张权利的法律权限,特别是进行处分的法律权限。③处分是指直接移转、变更、消灭权利,或者在权利上设定负担的法律行为。④处分行为以处分人享有处分权为生效要件。处分权是基于法律行为移转、变更、消灭权利,或者在权利上设定负担的权限。一般而言,处分权由权利人所有;但例外地,经权利人授权者,亦可以对权利人之物享有处分权。依据私法自治原则,权利人可以通过法律行为将其所享有的处分权授予他人,使他人可以自己的名义有效处分权利人之权利。⑤处分授权属于《德国民法典》第 182 条以下所规定的"同意"(Zustimmung)之中的一种特殊情形,即权利人同意非权利人以非权利人自己的名义对权利人的权利进行处分。⑥"同意"既可以在处分之前作出,即《德国民法典》第 185 条第 1 款规定的事先允许(Einwilligung);也可以在处分之后作出,即《德国民法典》第 185 条第 2 款第 1 句第 1 种情形所规定的事后追认(Genehmigung)。⑦此外,按照《德国民法典》第 185 条第 2 款第 1 句第 2 种情形和第 3 种情形的规定,权利人未授予同意的,在处分人取得标的或权利人继承处分人的遗产并对遗产债务负无限责任这两种情形中,处分行为

---

① 参见谢鸿飞、朱广新主编:《民法典评注:合同编·典型合同与准合同》(4),中国法制出版社 2020 年版,第 392 页(夏小雄执笔)。
② 参见王利明:《民法总则新论》,法律出版社 2023 年版,第 551 页;耿林、崔建远:《未来民法总则如何对待间接代理》,载《吉林大学社会科学学报》2016 年第 3 期,第 21 页;尹飞:《论我国民法典中代理制度的类型与体系地位》,载《法学杂志》2015 年第 9 期,第 13 页;Vgl. Brox/Walker, Allgemeiner Teil des BGB, 47. Aufl., 2023, S. 247; Petersen, Unmittelbare und mittelbare Stellvertretung, Jura 2003, S. 744.
③ 参见[德]维尔纳·弗卢梅:《法律行为论》,迟颖译,法律出版社 2013 年版,第 1079 页。
④ 参见[德]维尔纳·弗卢梅:《法律行为论》,迟颖译,法律出版社 2013 年版,第 165 页。
⑤ 参见[德]维尔纳·弗卢梅:《法律行为论》,迟颖译,法律出版社 2013 年版,第 168 页。
⑥ 参见[德]维尔纳·弗卢梅:《法律行为论》,迟颖译,法律出版社 2013 年版,第 1081 页。
⑦ Vgl. Brox/Walker, Allgemeiner Teil des BGB, 47. Aufl., 2023, S. 243.

亦为有效。①

处分授权和意定代理授权均属于授权人为扩大其私法自治的范围，基于法律行为对被授权人作出的授权，但两者之间的具体区别如下：第一，意定代理授权赋予被授权人为授权人实施法律行为的权限，而处分授权直接形成对处分标的予以处分的权限；第二，处分授权针对物而授予，而意定代理授权针对人而授予；第三，意定代理人应以授权人之名义实施法律行为，授权人直接成为法律行为的当事人，而处分人应以自己的名义实施处分行为，处分人而非授权人成为处分行为的当事人；第四，意定代理授权人既可以授权被授权人实施处分行为，也可以授权其实施负担行为，但处分授权中的处分人只能实施处分行为，不得实施负担行为。②由此可见，在处分授权中，处分人针对权利的处分获得权利人的授权，且处分人自己成为处分行为的当事人，处分人可以自己的名义有效处分权利人的权利，而不必如意定代理人那样须以他人名义实施法律行为。③授予他人处分权的权利人虽然未出现在处分行为之中，但处分行为的法律后果却直接对其生效，这是权利人授予行为人处分权的后果，它不同于代理中意思表示的效力归属于被代理人的后果。④

实践中，权利人既可以通过授予意定代理权也可以通过授予处分权来处分某物。例如，乙应处分甲的自行车。为此，甲可以授予乙意定代理权，乙可以甲的名义订立买卖合同，并以甲的名义就自行车所有权的移转与丙达成物权合意，此时甲仍为处分权人。另外，甲还可以对乙进行处分授权，由乙作为非所有权人对自行车进行处分，乙以自己的名义与丙达成物权合意并完成交付，丙取得自行车的所有权。在后一种情形中，乙以自己的名义与丙订立买卖合同，甲并未出现。⑤由此可见，处分授权与代理的主要区别在于，被授予处分权的人可以自己的名义为处分，且处分行为的法律后果直接对授予处分权的权利人生效。

五、传达

传达（Botschaft）是由传达人向相对人传递表意人所作意思表示

---

① Vgl. Brox/Walker, Allgemeiner Teil des BGB, 47. Aufl., 2023, S. 243.
② 参见［德］维尔纳·弗卢梅：《法律行为论》，迟颖译，法律出版社2013年版，第168、1081~1083页。
③ Vgl. BeckOK BGB/Bub, 61. Ed. 2022, BGB § 185 Rn. 1.
④ Vgl. Neuner, Allgemeiner Teil des Bürgerlichen Rechts, 13. Aufl., 2023, S. 618.
⑤ Vgl. Neuner, Allgemeiner Teil des Bürgerlichen Rechts, 13. Aufl., 2023, S. 618.

的行为。与代理中代理人所作意思表示之法律后果由被代理人承担一样，在传达中，传达人所传递的意思表示之法律后果亦归属于表意人，而非由传达人承担。然而，传达与代理有所不同。

（一）传达与代理的区别

传达与代理的主要区别在于，传达人仅负责传递表意人已经作出的意思表示，而代理人需自行作出意思表示。两者的具体区别如下：

1. 行为能力要求之不同

由于传达人仅传递表意人已经作出的意思表示，自己并不作出意思表示，无行为能力人亦可为传达人；与之不同，代理人需自行作出法律行为之意思表示，无行为能力人不能有效实施任何法律行为，故代理人至少应为限制行为能力人。按照《德国民法典》第165条的规定，代理人至少应具备限制行为能力。①该规定不能被类推适用于传达人。②据此，无行为能力人可为传达人，但不能为代理人，代理人至少应为限制行为能力人。③

2. 自主决定空间有无之不同

一般而言，传达人仅传达表意人已经作出的意思表示，没有任何自主决定的空间，而代理人通常可以在所获授权范围内，根据自己的判断决定是否作出意思表示并确定意思表示的内容，而不是机械地执行被代理人的意思。④例如在买卖合同中，代理人通常可以按照自己的判断来选择缔约相对人，与其磋商，并最终确定买卖合同的内容。

3. 意思表示受领生效时间之不同

在消极代理和受领传达的情形中，意思表示的生效时间有所不同。在消极代理中，意思表示到达代理人时即生效。⑤而在传达中，意思表示的到达因传达人是表意传达人还是受领传达人而有所不同：在表意传达人的情形中，意思表示到达受领人领域且受领人有知悉可能性时生效，意思表示未被传递或迟延传递的风险由表意人承担。⑥在受领传达人的情形中，传达人身处受领人居所或办公场所之内的，意思表示到达传达人时立即生效；传达人身处受领人居所或办公场所之外的，意思表示于传

---

① Vgl. Brox/Walker, Allgemeiner Teil des BGB, 47. Aufl., 2023, S. 250.
② Vgl. Medicus/Petersen, Allgemeiner Teil des BGB, 11. Aufl., 2016, S. 386.
③ 参见杨代雄：《法律行为论》，北京大学出版社2021年版，第493~494页。
④ Vgl. Neuner, Allgemeiner Teil des Bürgerlichen Rechts, 13. Aufl., 2023, S. 606.
⑤ Vgl. Brox/Walker, Allgemeiner Teil des BGB, 47. Aufl., 2023, S. 251.
⑥ Vgl. MüKoBGB/Schubert, 9. Aufl. 2021, BGB § 164 Rn. 92.

达人将其传递给受领人时生效，意思表示未被传递或迟延传递的风险原则上由受领人承担。①

4. 受领意思表示解释之不同

向消极代理人作出的意思表示，应依据代理人的理解进行解释；而向受领传达人作出的意思表示，则应依据作为受领人的被传达人的理解进行解释。②

5. 意思表示的瑕疵与知情归属判断主体之不同

在传达中，意思表示由表意人作出，意思表示的瑕疵与知情归属，应以表意人为准。③而在代理中，意思表示由代理人作出，意思表示是否存在瑕疵以代理人为准；对特定情事是否知情，原则上亦应以代理人为准。④

6. 意思表示形式要件之不同

意思表示需具备形式要件的，传达与代理亦有所区别。在传达中，表意人的意思表示必须具备形式要件，传达人仅需传递符合形式要件的意思表示；而在代理中，代理人的意思表示必须具备形式要件。⑤

此外，在区分传达与代理时，主要以意思表示受领人的理解为准，至于委托人希望行为人为传达还是代理则在所不问，同样无需考量的是行为人主观上是希望为传达抑或代理。⑥此外，行为人与委托人之间的社会关系以及行为人的资历等亦应被纳入考量范围。⑦

（二）传达错误

1. 德国法上的传达错误

《德国民法典》第 120 条规定，为传达而使用的人或机构不实传达的意思表示，可以按照该法典第 119 条的规定予以撤销。按照《德国民法典立法理由书》的记载："传达人在法律行为实施的过程中所发挥的作

---

① Vgl. MüKoBGB/Schubert, 9. Aufl. 2021, BGB § 164 Rn. 93.
② Vgl. Neuner, Allgemeiner Teil des Bürgerlichen Rechts, 13. Aufl., 2023, S. 607；杨代雄：《法律行为论》，北京大学出版社 2021 年版，第 494 页。
③ Vgl. Neuner, Allgemeiner Teil des Bürgerlichen Rechts, 13. Aufl., 2023, S. 606；杨代雄：《法律行为论》，北京大学出版社 2021 年版，第 494~495 页。
④ Vgl. Brox/Walker, Allgemeiner Teil des BGB, 47. Aufl., 2023, S. 251；杨代雄：《法律行为论》，北京大学出版社 2021 年版，第 494~495 页。
⑤ Vgl. Neuner, Allgemeiner Teil des Bürgerlichen Rechts, 13. Aufl., 2023, S. 606；Brox/Walker, Allgemeiner Teil des BGB, 47. Aufl., 2023, S. 250.
⑥ Vgl. Neuner, Allgemeiner Teil des Bürgerlichen Rechts, 13. Aufl., 2023, S. 606.
⑦ Vgl. Brox/Walker, Allgemeiner Teil des BGB, 47. Aufl., 2023, S. 250.

用仅仅是受一方当事人的委托将其意思表示传递给另一方当事人。"① 为维护交易安全，错误传达的风险原则上应由表意人承担，错误传达的意思表示先是对表意人生效，表意人可以依据《德国民法典》第 120 条的规定撤销错误传达的意思表示，使其私法自治在使用传达人时如其自己作出意思表示一样受到保护。关于该规定是否适用于传达人故意误传的情形，德国学界存在争议。否定说认为，表意人原则上不承担传达人故意误传的风险，但表意人在选任和监督传达人时违反注意义务的除外；② 传达人故意误传表意人之意思表示的，该意思表示对表意人不生效力，表意人无需依据《德国民法典》第 120 条的规定撤销，但受领人因信赖意思表示而遭受损害的，其既可以类推适用《德国民法典》第 179 条关于无权代理的规定向传达人主张赔偿，也可以类推适用《德国民法典》第 122 条关于意思表示被撤销后损害赔偿责任的规定向表意人主张赔偿。③ 肯定说认为，故意误传的风险由表意人所引发，表意人应承担相应风险，意思表示对表意人生效，但表意人可以依据《德国民法典》第 120 条的规定撤销意思表示，而不能类推适用《德国民法典》第 177 条以下关于无权代理的规定，意思表示受领人因信赖意思表示而遭受损害的，可以依据《德国民法典》第 122 条的规定向表意人主张赔偿。④ 由此可见，在德国法上，无论根据肯定说还是否定说，意思表示受领人均可以依据《德国民法典》第 122 条的规定向表意人主张损害赔偿。

此外，《德国民法典》第 120 条的规定仅适用于表意传达人错误传达的情形，而不适用于受领传达人错误传达的情形。受领传达人错误传达的，应当区别两种情形：传达人没有听明白口头意思表示的，意思表示因未到达而不生效；除此之外，意思表示到达传达人的，即到达受领人，即使受领人出于各种原因未能知悉意思表示，意思表示也对其生效。⑤

2. 我国法上的传达错误

我国《民法典》没有关于传达的规定，但《民法典总则编解释》第 20 条规定，传达错误的，表意人可以依据重大误解的法律规定撤销错误传达的意思表示。学界一般认为，表意人可以基于重大误解撤销错误传

---

① Mot. I, S. 223（Mugdan I, 475）.
② Vgl. MüKoBGB/Schubert, 9. Aufl., 2021, BGB § 164 Rn. 89.
③ Vgl. Brox/Walker, Allgemeiner Teil des BGB, 47. Aufl., 2023, S. 199-200.
④ Vgl. Neuner, Allgemeiner Teil des Bürgerlichen Rechts, 13. Aufl., 2023, S. 606; Medicus/Petersen, Bürgerliches Recht, 28. Aufl., 2021, S. 38.
⑤ Vgl. Medicus/Petersen, Bürgerliches Recht, 28. Aufl., 2021, S. 38.

达的意思表示。①但是，关于表意人是否可以撤销传达人故意误传之意思表示的问题，学者们存在分歧。第一种观点认为，故意误传的意思表示并非由表意人作出，不能归属于表意人，表意人无需撤销，可类推适用关于无权代理的规定。②第二种观点认为，故意误传的意思表示是否应当归属于表意人，取决于表意人是否具有可归责性。表意人不具有可归责性的，意思表示不应归属于表意人；表意人在选任传达人时存在过错的，意思表示应归属于表意人，但表意人可以基于重大误解而撤销。③第三种观点认为，故意误传的意思表示应被认定为表意人故意作出错误的意思表示，属于表意人的真意保留，对表意人生效，不适用重大误解规则；只有当相对人知道或者应当知道该意思表示被故意误传时，表意人才可以对抗相对人。④该观点有待商榷，故意误传者为传达人而非表意人，不宜将故意误传视为表意人的真意保留，否则不利于表意人的私法自治。第四种观点认为，表意人通过传达人传递意思表示，应当预见到可能发生的风险，并且由于表意人相对于受领人更易于控制这种风险，故意误传的风险应归责于表意人，故意传达的意思表示构成表意人的意思表示，表意人对传达人的选任是否具有过错在所不问。⑤

　　本书赞同第四种观点。传达人故意误传的风险应由表意人承担。传达与代理不同，代理人故意违背被代理人的指示滥用代理权的，构成无权代理，被代理人未予追认的，应由代理人承担无权代理责任；而在传达中，表意人使用传达人传递意思表示时，与自己基于表示错误作出意思表示的情形相类似，应自行承担传达人故意误传的风险，而不能将该风险转嫁给相对人，因此故意误传的意思表示应对表意人生效，但正如可以撤销自己作出的错误意思表示，表意人也可以依据《民法典》第147条的规定基于重大误解请求人民法院或仲裁机构撤销传达人故意误传的意思表示，表意人就选任和监督传达人有过错的，应依据《民法

---

① 参见王利明：《民法总则新论》，法律出版社2023年版，第499页；贺荣主编，最高人民法院民法典贯彻实施工作领导小组编著：《最高人民法院民法典总则编司法解释理解与适用》，人民法院出版社2022年版，第311页；陈甦主编：《民法总则评注》（下册），法律出版社2017年版，第1056页（韩世远执笔）。

② 参见朱庆育：《民法总论》（第2版），北京大学出版社2016年版，第277页。

③ 参见杨代雄：《法律行为论》，北京大学出版社2021年版，第291页。

④ 参见贺荣主编，最高人民法院民法典贯彻实施工作领导小组编著：《最高人民法院民法典总则编司法解释理解与适用》，人民法院出版社2022年版，第314页。

⑤ 参见纪海龙：《走下神坛的"意思"论意思表示与风险归责》，载《中外法学》2016年第3期，第664页。

典》第157条的规定赔偿相对人的损失。

六、诉讼代理

诉讼代理人（Prozessbevollmächtigte）代表当事人与法院、对方当事人等诉讼参与方进行交涉、提出诉讼请求、进行辩护等。诉讼代理（Prozessvertretung）与代理的共同之处在于，代理人均以被代理人的名义进行行为，代理行为的后果均由被代理人承担。但诉讼代理与代理存在本质区别。诉讼代理是公法行为，①它主要涉及法律程序和司法权力的运作，目的在于维护诉讼被代理人在诉讼中的权益，确保其合法权益得到法律保护。

德国法原则上采纳强制律师代理制度，在州（地区）法院及其以上法院诉讼的，当事人必须委托律师代理；如果当事人没有经济能力承担委托律师的费用，在考察有胜诉可能的前提下，法官会为当事人指定一名代理律师，此时律师的费用由国库支出。②此外，德国法还采纳了旨在保护无诉讼行为能力被告的特别诉讼代理制度，法院一般会在诉讼前选任特别代理人来代表无诉讼行为能力人进行诉讼。③我国法并未采纳强制律师代理制度，普通公民亦可担任诉讼代理人。学界和司法实践关于是否应采纳强制律师代理制度、废除公民诉讼代理制度存在很大争议。④我国法目前尚无保护未成年人的特别诉讼代理制度，为保障无法定代理人的未成年人的权益，学界呼吁为其指定特别诉讼代理人。⑤

七、中介

中介人（Vermittler）接受委托、为委托人处理事务。就此而言，中

---

① 参见张卫平：《民事诉讼法》（第6版），法律出版社2023年版，第186页。
② 参见丁启明：《德国民事诉讼中的强制律师代理制度评析》，载《司法改革论评》2015年第1期，第320页。
③ 参见［德］罗森贝克、施瓦布、戈特瓦尔德：《德国民事诉讼法》，李大雪译，中国法制出版社2007年版，第355页。
④ 参见苏志强：《民事诉讼律师强制代理：当事人主义诉讼模式的一种修正机制》，载《政治与法律》2019年第12期，第20页；赵秀举：《家事审判方式改革的方向与路径》，载《当代法学》2017年第4期，第136页；范愉：《当代中国法律职业化路径选择——一个比较法社会学的研究》，载《北方法学》2007年第2期，第92页；许尚豪：《公民代理民事诉讼的法理反思及制度完善》，载《法学论坛》2017年第4期，第61～63页。
⑤ 参见王福华：《指定特别诉讼代理人制度的实践理性》，载《法学论坛》2014年第6期，第68～69页；徐桂芹：《完善流浪儿童民事诉讼代理人制度的构想》，载《法学论坛》2012年第6期，第149～151页。

介制度与代理制度有相似之处。但两者存在本质区别：代理人可以被代理人的名义作出意思表示，为被代理人订立合同；而中介人仅是通过报告订约机会或提供媒介服务，协助委托人订立合同，中介人自己并不作出订立合同的意思表示，故中介不属于代理。①《德国民法典》第652条以下规定了"民事中介（Zivilmakler）"，《德国商法典》第93条以下规定了"商事中介（Handelsmakler）"。②

我国《民法典》第961条规定，中介合同是中介人向委托人报告订立合同的机会或者提供订立合同的媒介服务，委托人支付报酬的合同。我国学界一般认为，中介人仅为委托人提供订约机会或通过调查、咨询、为谈判做准备等行为来促使双方订立合同，中介人自己并不作出意思表示或受领意思表示，因此不是代理人。③

八、履行辅助人、事务辅助人与占有辅助人

关于履行辅助人、事务辅助人与占有辅助人的规则，与代理规则同属归属性规范（Zurechnungsnormen）。两类规范的主要区别在于：代理规则是法律行为之归属规范，而辅助人规则是法律行为之外的其他行为之归属规范。④

（一）履行辅助人和事务辅助人

1. 德国法上的履行辅助人和事务辅助人

在德国法上，履行辅助人（Erfüllungsgehilfe）与事务辅助人（Verrichtungsgehilfe）均涉及行为责任之归属和承担，但前者涉及违约责任之承担，而后者则关乎侵权责任之承担。⑤履行辅助人是指依照债务人之意思，在履行债务过程中作为其辅助人而从事活动之人，既包括非独立的辅助人（如公司职员），也包括被聘任之独立经营者。⑥债务人既免于亲力亲为，享受被辅助之利益，则自应对其履行辅助人在履行债务过程中

---

① Vgl. Brox/Walker, Allgemeiner Teil des BGB, 47. Aufl., 2023, S. 247; Neuner, Allgemeiner Teil des Bürgerlichen Rechts, 13. Aufl., 2023, S. 607.

② Vgl. Neuner, Allgemeiner Teil des Bürgerlichen Rechts, 13. Aufl., 2023, S. 608.

③ 参见王利明：《民法总则新论》，法律出版社2023年版，第546页；朱庆育：《民法总论》（第2版），北京大学出版社2016年版，第330页。

④ 参见［德］本德·吕特斯、阿斯特丽德·施塔德勒：《德国民法总论》（第18版），于馨淼、张姝译，法律出版社2017年版，第494~495页。

⑤ Vgl. Ott, Wissenszurechnung im Zivilrecht, JA 2021, S. 10.

⑥ 参见［德］迪尔克·罗歇尔德斯：《德国债法总论》（第7版），沈小军、张金海译，沈小军校，中国人民大学出版社2014年版，第192页。

之行为承担责任。如公司聘用的司机在送货途中不慎毁损货物，依照《德国民法典》第 278 条第 1 句①之规定，公司应对此承担违约责任。如前所述，代理与传达均涉及意思表示之效力归属问题，行为人或者是代理人或者为传达人，不可能同时为代理人和传达人。与之不同的是，履行辅助人规则所涉及的是违约责任承担问题，因此履行辅助人身份可与代理人身份重叠，如百货公司的售货员可以同时是代理人和履行辅助人。在涉及意思表示效力归属，即判断买卖合同的效力时，应以售货员的代理人身份为准，关于意思表示是否到达或存在瑕疵等问题，均应依代理规则判断；而在涉及违约责任承担，即判断百货公司是否应为售货员的过错承担违约责任时，则应以售货员的履行辅助人身份为准，依履行辅助人规则判断。

事务辅助人是接受委任为他人处理事务者，此处的事务是指为他人实施的任何行为，既可以是法律行为也可以是事实行为。②《德国民法典》第 831 条第 1 款规定了事务辅助人的责任。根据该规定，使用事务辅助人者，应当对其侵权行为承担损害赔偿义务，但可以证明其在选任和监督事务辅助人时已尽到交易上之必要注意的除外。③由此可见，在德国法上，使用事务辅助人者仅需对其选任和监督事务辅助人的过错承担责任，而使用履行辅助人者没有免责事由，对履行辅助人的违约行为一律负责。与履行辅助人相同，代理人与事务辅助人的身份也可以重叠，故应依代理规则来判断意思表示效力的归属，而应依事务辅助人规则来判断侵权责任的承担。

2. 我国法上的履行辅助人和事务辅助人

履行辅助人是指依债务人的意思在履行债务过程中作为其辅助人从事活动的人。④履行辅助人的过错归属于债务人，等同于债务人自己的过错，债务人应当承担违约责任。⑤而事务辅助人是辅助他人完成一定事务

---

① 《德国民法典》第 278 条第 1 句规定，债务人对其法定代理人和履行辅助人的过错承担责任。
② 参见［德］埃尔温·多伊奇、汉斯-于尔根·阿伦斯：《德国侵权法：侵权行为、损害赔偿及痛苦抚慰金》（第 6 版），叶名怡、温大军译，刘志阳校，傅宇校译，中国人民大学出版社 2022 年版，第 160 页。
③ 《德国民法典》第 831 条第 1 款规定，使用事务执行人者，就其在事务执行过程中的侵权行为承担损害赔偿义务。使用人在选任和监督事务执行人时已尽到交易上之必要注意，或纵然加以注意仍会发生损害的，无需承担损害赔偿义务。
④ 参见杨代雄：《民法总论》，北京大学出版社 2022 年版，第 425 页。
⑤ 参见杨代雄主编：《袖珍民法典评注》，中国民主法制出版社 2022 年版，第 562 页（叶锋、杨代雄执笔）。

之人。① 事务辅助人的责任是指用人单位或用人者就被使用人执行事务过程中对第三人的致害行为所承担的侵权责任。② 由此可见，履行辅助人涉及违约责任的归属问题，而事务辅助人则涉及侵权责任的归属问题。③

我国《民法典》第523条④规定了履行辅助人，第1191条⑤规定了事务辅助人，事实上区分了履行辅助人和事务辅助人，但并未像德国法那样规定使用人对其事务辅助人侵权行为的免责事由。根据《民法典》第1191条第1款第1句的规定，用人单位对其工作人员因执行工作任务造成的他人损害一律承担侵权责任。因此，我国法区分履行辅助人和事务辅助人的意义并不大。履行辅助人和事务辅助人同时为代理人的，判断行为人意思表示效力的归属时，应适用代理规则；而在判断责任承担时，则应适用《民法典》第523条或第1191条的规定。⑥

（二）占有辅助人

《德国民法典》第855条⑦规定的占有辅助人（Besitzdiener）是指依他人有关其物之指示，而对该物为事实上之管领者。占有辅助人与代理人的身份亦可能发生重叠。⑧ 例如，百货公司的售货员既可以是代理人，也可以是商品的占有辅助人。在动产所有权移转的情形中，代理规则与占有辅助规则可互为补充。依《德国民法典》第929条第1句的规定，移转动产所有权须满足物权合意与交付两项要件。在德国法上，物权合意属于法律行为，可以代理，故应以代理规则来判断意思表示效力的归属；而对于交付（占有之移转）而言，由于其原则上应以事实行为完成（例外以法律行为完成，如《德国民法典》第854条第2款⑨），不得代理，因此不能适用代理规则，而应以占有辅助规则来判断被代理人是否

---

① 参见叶金强：《旅游纠纷中的连带责任——以"焦建军与中山国旅等旅游侵权纠纷案"为参照》，载《法学》2015年第2期，第107页。

② 参见韩世远：《合同法总论》（第4版），法律出版社2018年版，第755页。

③ 参见李永军：《民法典总则论》，中国法制出版社2022年版，第831页。

④ 《民法典》第523条规定："当事人约定由第三人向债权人履行债务，第三人不履行债务或者履行债务不符合约定的，债务人应当向债权人承担违约责任。"

⑤ 《民法典》第1191条第1款第1句规定："用人单位的工作人员因执行工作任务造成他人损害的，由用人单位承担侵权责任。"

⑥ 参见李永军：《民法典总则论》，中国法制出版社2022年版，第831~832页。

⑦ 《德国民法典》第855条规定，在家务、营业或类似关系中，依他人有关某物之指示，对该物为事实之管领者，唯该他人为占有人。

⑧ 参见［德］迪特尔·梅迪库斯：《德国民法总论》，邵建东译，法律出版社2000年版，第678页。

⑨ 《德国民法典》第854条第2款规定，已经管领物者，可以通过与原占有人之合意而取得占有。

实际取得占有，完成交付。①具言之，代理人以被代理人之名义与出让人就动产所有权的移转达成合意的同时，作为占有辅助人实现对物的事实上的管领，使被代理人获得占有，即满足《德国民法典》第929条第1句所要求的物权合意和交付两项要件，动产所有权移转给被代理人。

本章小结

代理制度起源于商法，是19世纪德国抽象立法技术的产物。拉邦德于1866年提出的代理权抽象于基础法律关系的代理权抽象性理论，为代理权与基础法律关系的分离和抽象奠定了教义学基础，促成代理制度作为独立法律制度的产生。《德国民法典》的立法者采纳了拉邦德的代理权抽象性理论，在区分代理与委托的基础上，将代理作为独立的法律制度纳入该法典第164条以下各条，我国《民法典》从之。弗卢梅将代理纳入法律行为理论框架之中，基于"法律行为之行为"与"法律行为之规则"的区分，论证了"代表说"的正当性。作为法律行为的代理，代理承载着法律行为固有之私法自治价值。代理权抽象性原则可以确保"自主决定、责任自负"之私法自治原则的贯彻。依据不同标准，代理可以被分别划分为意定代理和法定代理、概括代理和特别代理、积极代理和消极代理、本代理和复代理、单独代理和共同代理。

代理与其他法律制度的区别在于：代理是法律行为的代理，是代理人以他人名义实施的法律行为效力归属于该他人的归属性规范。而行为人以自己名义实施的法律行为，如所谓的间接代理、行纪和处分授权，不构成代理。行为人虽以他人名义行动但未为法律行为的，如事实行为、传达、诉讼代理和中介，亦不属于代理。行为的后果虽然归属于他人，但不涉及法律行为效力之归属的，如履行辅助人的违约责任归属于使用人、事务辅助人的侵权责任归属于使用人、占有辅助人对物的事实管领归属于占有人，亦有别于代理。

---

① 参见［德］赫尔穆特·科勒：《德国民法总论》（第44版），刘洋译，北京大学出版社2022年版，第251页。

第二章

有效代理的要件和法律后果

如前文所述,代理制度之核心在于:代理人以被代理人的名义在代理权限内所实施的法律行为对被代理人发生效力。本章分别针对代理的有效要件和法律后果具体展开论述。

第一节 有效代理的要件

有效代理的要件包括法律行为的可代理性、代理人至少具备限制行为能力、代理人作出或受领意思表示、显名性、代理权。下分述之。

一、法律行为的可代理性

并非所有法律行为均可由代理人实施,行为人以他人名义所实施的不可代理的法律行为无效,故法律行为的可代理性(Zulässigkeit)是有效代理的要件之一。

《德国民法典》第164条以下并未明确规定不可代理的法律行为,但据《德国民法典立法理由书》的记载:高度人身性法律行为涉及当事人的人身权,应由当事人亲自实施,不得由他人代理,代理主要是财产性法律行为的代理。[1]学界一般认为,亲属法和继承法上的具有高度人身性质的法律行为不得代理。[2]例如,《德国民法典》第1311条规定,结婚当事人双方必须亲自缔结婚姻;第2064条规定,被继承人必须亲自立遗嘱;第1750条第3款规定,收养中各方主体须向家事法院所为之同意表示,均不得通过代理人为之。

就我国法而言,《民法通则》第63条规定:"公民、法人可以通过

---

[1] Mot. I, S. 224(Mugdan I, 476).
[2] Vgl. Brox/Walker, Allgemeiner Teil des BGB, 47. Aufl., 2023, S. 249.

代理人实施民事法律行为……依照法律规定或者按照双方当事人约定，应当由本人实施的民事法律行为，不得代理。"当时学界通说认为，该条所规定的"应当由本人实施的民事法律行为"尚包括结婚、离婚、收养、遗嘱、遗赠、继承的承认和抛弃等具有高度人身性质之法律行为。①《民法典》立法者采纳了这一通说观点，于第 161 条第 2 款规定："依照法律规定、当事人约定或者民事法律行为的性质，应当由本人亲自实施的民事法律行为，不得代理。"此外，《民法典》第 1049 条第 1 句规定："要求结婚的男女双方应当亲自到婚姻登记机关申请结婚登记。"《民法典》第 1134 条规定："自书遗嘱由遗嘱人亲笔书写，签名，注明年、月、日。"关于收养是否可代理的问题，《民法典》第 1105 条第 1 款第 1 句仅规定，收养"应当"登记，并未明确收养是否应该"亲自"登记。但通说认为，收养应当属于《民法典》第 161 条第 2 款禁止代理的具有高度人身性质的法律行为。②可见，在我国法上，婚姻的缔结、遗嘱的设立和收养等具有高度人身性质的法律行为不得代理，行为人以他人名义实施的不可代理的法律行为无效，不能被追认。当事人若希望其生效，应自行为之。

二、代理人至少具备限制行为能力

行为人具备相应的行为能力是法律行为的生效要件。在代理中，代理人是否亦需如同一般法律行为的行为人那样具备相应的行为能力呢？关于这一问题，《德国民法典》第 165 条明确规定，代理人所为或所受领之意思表示，其效力不因代理人为限制行为能力人而受到影响。按照该规定，限制行为能力人可以有效为代理行为。这是因为，代理人在代理权限范围内以被代理人的名义作出或受领意思表示的，代理行为的法律后果无需由代理人承担，而是由被代理人承担；构成无权代理的，限制行为能力人还额外受到《德国民法典》第 179 条第 3 款第 2 句的保护，

---

① 参见王利明：《民法总则新论》，法律出版社 2023 年版，第 542 页；朱庆育：《民法总论》（第 2 版），北京大学出版社 2016 年版，第 333 页。此外，在《民法典》的起草过程中，有学者曾建议通过列举的方式明确规定依法律行为的性质不宜代理的行为："设立遗嘱、结婚、收养等民事法律行为应由本人实施"，参见马新彦：《民法总则代理立法研究》，载《法学家》2016 年第 5 期，第 125 页。
② 参见黄薇主编：《中华人民共和国民法典总则编释义》，法律出版社 2020 年版，第 426 页；李宇：《民法总则要义：规范释论与判解集注》，法律出版社 2017 年版，第 767 页；陈甦主编：《民法总则评注》（下册），法律出版社 2017 年版，第 1136 页（方新军执笔）；梁慧星：《民法总论》（第 6 版），法律出版社 2021 年版，第 235 页。

无须承担无权代理责任。依此，被代理人授权限制行为能力人为其代理人的，应自行承担限制行为能力人实施于其不利的法律行为的风险。①

我国《民法典》没有类似《德国民法典》第165条的规定。按照我国《民法典》第173条第3项的规定，代理人应为完全民事行为能力人。②但学界通说认为，我国法应当借鉴《德国民法典》第165条的规定，允许限制行为能力人作为代理人实施法律行为。③具体理由有三：第一，代理授权行为仅赋予代理人以被代理人名义为法律行为的资格，代理人并不因被授予代理权而享有权利或承担义务，故授权人可以有效授予限制行为能力人代理权，不必征得其法定代理人的同意；第二，代理行为的法律后果由被代理人承担，代理行为既不会给限制行为能力人带来法律上的利益，也不会为其带来法律上的不利益，对于限制行为能力人而言，代理行为属于"中性行为"；第三，若被代理人希望授权限制行为能力人为其代理人，并愿意承担该限制行为能力人所实施的代理行为的法律后果，法律应予尊重而无需特别干预。④具体从解释论上，首先可以将《民法典》第22条规定的限制民事行为能力人可以独立实施的"纯获利益的民事法律行为"予以扩大解释，使其涵盖对于限制民事行为能力人而言属于"中性行为"的代理行为；其次可以对《民法典》第173条第3项予以限缩解释，即意定代理权于代理人完全丧失民事行为能力时消灭。⑤最后可以借鉴《德国民法典》第179条第3款第2句的规定，⑥原则上排除限制民事行为能力人的无权代理责任。

---

① Vgl. Brox/Walker, Allgemeiner Teil des BGB, 47. Aufl., 2023, S. 249; Lorenz, Grundlagen Stellvertretung, JuS 2010, S. 382. 持不同观点的德国学者认为，《德国民法典》第165条禁止无行为能力人为代理人的规定在法政策上不无疑问，建议对其进行目的论限缩，在特定情形中允许无行为能力人为代理人。Vgl. Neuner, Allgemeiner Teil des Bürgerlichen Rechts, 13. Aufl., 2023, S. 607; Medicus/Petersen, Allgemeiner Teil des BGB, 11. Aufl., 2016, S. 386.
② 根据《民法典》第173条第3项的规定，代理人丧失民事行为能力的，委托代理终止。
③ 参见王利明：《民法总则新论》，法律出版社2023年版，第587~588页；李永军主编：《中国民法典总则编草案建议稿及理由》（中国政法大学版），中国政法大学出版社2016年版，第304页（迟颖执笔）；杨代雄：《法律行为论》，北京大学出版社2021年版，第494、538页；朱庆育：《民法总论》（第2版），北京大学出版社2016年版，第361页。
④ 参见朱庆育：《民法总论》（第2版），北京大学出版社2016年版，第334页。
⑤ 参见杨代雄：《法律行为论》，北京大学出版社2021年版，第538页。
⑥ 《德国民法典》第179条第3款第2句规定，代理人是限制行为能力人的，不负责任，但代理人经其法定代理人同意而实施行为的除外。

需要特别说明的是，法定代理人必须是完全行为能力人。①《德国民法典》第 1673 条第 2 款②和第 1781 条③明确禁止限制行为能力人为法定代理。我国《民法典》第 175 条第 2 项亦规定，代理人丧失民事行为能力的，法定代理终止。此外，按照我国《民法典》第 23 条的规定，法定代理人亦应是完全民事行为能力人，否则无法有效代理被监护人实施民事法律行为。

三、代理人独立为意思表示或受领意思表示

如前所述，与传达人仅传递他人已经作出的意思表示不同，代理以代理人自行作出意思表示或受领意思表示为必要。换言之，代理人可以按照自己的判断作出意思表示，具有一定的自主决定空间。但代理人是否具有某种程度的自主决定空间，并非代理的有效要件。例如，百货公司的售货员应按照管理层所确定的价格订立合同，且通常不得拒绝客户订立合同的要约，几乎不可自主决定，但其行为仍构成代理。④首先，从《德国民法典》第 166 条第 2 款第 1 句后半句的规定⑤可以看出，代理人可以按照被代理人的指示实施代理行为，自主决定空间并非代理的必要条件。⑥其次，虽然商品价格由百货公司的管理层确定，但在具体交易中，管理层并未作出意思表示，意思表示由售货员作出。⑦最后，基于交易安全和效率的考量，相对人没有义务探究代理人是否可以自主决定，只要相对人有理由相信代理人能自行作出意思表示，代理人的行为就构成代理，尽管代理人实际上仅是按照被代理人的指示作出具有特定内容的意思表示。⑧由此可见，代理人自行作出意思表示是代理的有效要件之一，代理人是否具有自主决定空间则在所不问。

---

① Vgl. Brox/Walker, Allgemeiner Teil des BGB, 47. Aufl., 2023, S. 256；杨代雄：《法律行为论》，北京大学出版社 2021 年版，第 494 页。
② 《德国民法典》第 1673 条第 2 款规定，父母一方为限制行为能力人的，不得代理子女。
③ 《德国民法典》第 1781 条规定，未成年人不得担任监护人。
④ Vgl. Medicus/Petersen, Allgemeiner Teil des BGB, 11. Aufl., 2016, S. 386; Lorenz, Grundwissen-Zivilrecht: Die Vollmacht, JuS 2010, S. 772.
⑤ 《德国民法典》第 166 条第 1 款第 1 句后半句规定，代理人按照授权人的特定指示进行行为的，授权人就自己所知道的情事，不得援引代理人之不知情。
⑥ Vgl. Medicus/Petersen, Allgemeiner Teil des BGB, 11. Aufl., 2016, S. 386.
⑦ Vgl. Neuner, Allgemeiner Teil des Bürgerlichen Rechts, 13. Aufl., 2023, S. 607.
⑧ Vgl. Neuner, Allgemeiner Teil des Bürgerlichen Rechts, 13. Aufl., 2023, S. 607.

四、显名性

"显名性"是指代理人以被代理人的名义实施法律行为,并表明其行为的法律后果由被代理人承担,它是代理制度最为显著的特征,也是代理制度得以产生的基础。①"显名性"具有两方面的功能:一是保护相对人的利益,使相对人可以在明确知道法律行为对方当事人的情况下决定是否订立合同,并知道在合同订立后应向何者主张权利和履行义务;二是维护代理人的利益,代理人通过明确告知相对人自己正以被代理人的名义与其实施法律行为,来避免自己成为该法律行为的当事人。②《德国民法典》第164条和我国《民法典》第162条均要求"显名性",即代理人应以被代理人之名义实施法律行为。

(一)"显名"的必要性

关于"显名性"是否为代理效力归属的要件之一,我国学界存在争议。否定说认为,代理人是否以被代理人名义为代理行为,并不影响代理行为对被代理人生效;③肯定说则认为,"显名性"是代理行为的效果直接归属于被代理人的逻辑前提之一。④本书赞同肯定说的观点。一方面,仅于相对人明知被代理人有直接承受代理行为后果的意思时,代理行为才能直接对被代理人生效。其次,只有当相对人在明知被代理人才是法律行为的当事人,且愿意与其实施法律行为时,代理行为才能在相对人与被代理人之间发生效力。⑤最后,"显名性"具有公示作用,代理人对被代理人身份的公开,易于相对人识别对方当事人,有助于预防交易风险。⑥

---

① Vgl. MüKoBGB/Schubert, 9. Aufl. 2021, BGB § 164 Rn. 17; Lorenz, Grundlagen Stellvertretung, JuS 2010, S. 382.
② 参见[德]保尔·拉邦德:《依〈德国普通商法典〉缔结法律行为时的代理》,刘洋译,柯伟才校,载《苏州大学学报(法学版)》2021年第4期,第149页。
③ 参见尹飞:《代理:体系整合与概念梳理——以公开原则为中心》,载《法学家》2011年第2期,第70页。
④ 参见谢鸿飞:《代理部分立法的基本理念和重要制度》,载《华东政法大学学报》2016年第5期,第66页;尹田:《民事代理之显名主义及其发展》,载《清华法学》2010年第4期,第19、21页;徐涤宇:《代理制度如何贯彻私法自治——〈民法总则〉代理制度评述》,载《中外法学》2017年第3期,第687页;方新军:《〈民法总则〉第162条的体系意义和规范意义》,载《法治研究》2017年第3期,第72页。
⑤ 参见谢鸿飞:《代理部分立法的基本理念和重要制度》,载《华东政法大学学报》2016年第5期,第72页。
⑥ 参见汪渊智:《代理法论》,北京大学出版社2015年版,第71页。

(二)"显名"意思表示的错误

行为人的本意是"以他人名义"实施法律行为,但却未将该意思表示出来的,行为人能否因错误而撤销?《德国民法典》第164条第2款明确规定,行为人所为之意思表示未明显显示是以他人的名义为之者,应认为是行为人以自己之名义所为。根据该规定,行为人欲以他人名义作出意思表示,但因错误而没有表示出"以他人名义"的意思,且相对人也无法根据事实情形推定行为人以他人名义实施法律行为的,不得依据《德国民法典》第119条的规定因错误而撤销该意思表示。①该规定的立法目的在于避免混淆间接代理和直接代理。②据《德国民法典立法理由书》的记载,如若允许行为人因未显名之错误而撤销,则"在经常发生的所谓间接代理的情形中,人们将会面临各种非难和争议"。③

根据《德国民法典》第164条第1款第1句的规定,代理人未遵循"显名性"原则的,应当自行承担法律行为的后果,自不待言。然而,为避免承担该行为的法律后果,代理人一般可以依据《德国民法典》第119条第1款的规定因内容错误或表示错误而撤销该法律行为。尽管如此,《德国民法典》第164条第2款禁止代理人行使撤销权。按照该规定:"以自己名义实施法律行为的错误不予考虑。"换言之,代理人未按照"显名性"之要求明确表示以他人名义实施法律行为,相对人亦无法根据事实情形推定行为人以他人名义实施法律行为的,不构成代理,而是代理人自己的行为,由代理人承担该法律行为的效力。④可见,《德国民法典》第164条第2款禁止行为人撤销"以自己名义实施法律行为"之错误意思表示的做法,有利于保护相对人对法律行为对方当事人身份之信赖和交易安全,确保相对人自始即明确知道对方当事人。

我国《民法典》没有类似《德国民法典》第164条第2款的规定。关于行为人是否可因重大误解而撤销的问题,学界存在争议。持肯定说的学者认为,行为人发生当事人同一性错误,并无充分理由排除其撤销权;⑤而持否定说的学者认为,无法判断行为人是以他人之名义还是以自己之

---

① Vgl. Medicus/Petersen, Allgemeiner Teil des BGB, 11. Aufl., 2016, S. 403.
② 参见 [德] 维尔纳·弗卢梅:《法律行为论》,迟颖译,法律出版社2013年版,第956页。
③ Vgl. Mot. I, 226 (Mugdan I, 477).
④ Vgl. Brox/Walker, Allgemeiner Teil des BGB, 47. Aufl., 2023, S. 259; Medicus/Petersen, Bürgerliches Recht, 28. Aufl., 2021, S. 403; Petersen, Das Offenkundigkeitsprinzip bei der Stellvertretung, Jura 2010, S. 188.
⑤ 参见杨代雄:《法律行为论》,北京大学出版社2021年版,第507页。

名义实施法律行为的，不构成代理。①否定说值得赞同。按照"显名性"的要求，行为人因"重大误解"未明确表示"以他人之名义为法律行为"的，不能以"重大误解"为由予以撤销。唯其如此，才能清晰界分直接代理与所谓的间接代理。最高人民法院未来可以作出下述司法解释：行为人未表示欲以他人名义实施法律行为的，其所实施的行为不构成代理，是行为人自己的行为。

（三）"显名性"之例外

关于"显名性"，德国学界和司法实践允许如下例外：行为人虽未明确以他人名义实施法律行为，但相对人可以基于事实情形推定行为人是以他人名义实施法律行为；代理人以匿名或尚待确定的被代理人之名义实施法律行为；日常即时清结的法律行为；法定代理；冒名行为等。详见下述。

1. 基于事实情形的推定

《德国民法典》第164条第1款第2句明确承认相对人可以基于事实情形推定行为人为他人实施法律行为的，即满足"显名性"的要求。关于特定"事实情形"是否存在，应根据《德国民法典》第133条和第157条关于意思表示解释的规则通过解释予以确定。②对此需要考量的因素主要包括交易习惯、利益状况、社会地位、之前的行为方式、作出意思表示的时间和地点等。③例如，德国司法实践一般认为，若既没有其他明确表示，也无法作出其他推定，则于经营场所内向相对人发出的意思表示构成以企业名义作出的意思表示，满足代理"显名性"的要求。④特别是在商事交易中，若通过意思表示解释可以认为，能够对外代理经营者的职员，以为经营者创设权利义务为目的，于经营场所内作出意思表示的，即使未以经营者的名义，也构成代理。⑤

我国《民法典》没有类似《德国民法典》第164条第1款第2句的规定。但学界一般认为，行为人虽未明确以他人名义实施法律行为，但根据交易习惯或诚实信用原则可以推定行为人是在为他人实施法律行为

---

① 参见谢鸿飞：《代理部分立法的基本理念和重要制度》，载《华东政法大学学报》2016年第5期，第72页；李永军主编：《中国民法典总则编草案建议稿及理由》（中国政法大学版），中国政法大学出版社2016年版，第304页（迟颖执笔）。

② Vgl. Petersen, Das Offenkundigkeitsprinzip bei der Stellvertretung, Jura 2010, S. 188.

③ Vgl. Neuner, Allgemeiner Teil des Bürgerlichen Rechts, 13. Aufl., 2023, S. 612.

④ Vgl. BGH NJW 2020, 387 Rn. 21; 2008, 1214; WM 2007, 833; NJW 2000, 2984; 1998, 2897; OLG Rostock NJW 2003, 1676.

⑤ Vgl. MüKoBGB/Schubert, 9. Aufl. 2021, BGB § 164 Rn. 131-132.

的，其行为构成代理。①司法实践中，法院倾向于认为建筑工程中施工方的项目经理为施工方的代理人。②最高人民法院可以作出如下司法解释：若根据行为实施的环境、利益相关性以及所涉及业务领域等因素可以推定行为人所实施的行为与企业的经营业务相关，则其行为构成代理。

2. 以匿名或尚待确定的被代理人之名义实施代理行为

"显名性"旨在维护交易安全和法律之安定性，相对人因不介意合同对方当事人而主动放弃"显名性"要件保护的，法律亦不必要求代理人遵循"显名性"原则。③进言之，"显名性"既不要求代理人在实施代理行为时即披露被代理人的身份，也不要求被代理人在代理行为实施之时即已确定。④只要代理人向相对人表示自己正以他人名义实施法律行为，即使未披露相关人的身份（offenes Geschäft）⑤甚或相关人尚未确定（verdecktes Geschäft），⑥也满足"显名性"之要件，该两类情形统称为"为相关人实施法律行为"（Geschäft für den, den es angeht）。⑦在这两类情形中，只要代理人具有代理他人实施法律行为的意思，即使他未以被代理人的名义作出意思表示，该代理行为也对被代理人生效。

代理人最终披露被代理人身份，例如在拍卖结束后披露作为买家的被代理人的身份的，被代理人在代理行为实施时即成为当事人。代理人以尚待确定的被代理人之名义实施法律行为的，代理行为于被代理人确定之时起生效。代理人拒绝披露被代理人的身份或被代理人最终未确定的，相对人只能向代理人主张无权代理责任；而代理人最终未披露被代理人的身份或以尚未确定的被代理人之名义实施代理行为的，亦已知道

---

① 参见谢鸿飞：《代理部分立法的基本理念和重要制度》，载《华东政法大学学报》2016年第5期，第66~67页；杨代雄：《法律行为论》，北京大学出版社2021年版，第498页；徐涤宇：《代理制度如何贯彻私法自治〈民法总则〉代理制度评述》，载《中外法学》2017年第3期，第687~688页。
② 参见尹飞：《体系化视角下的意定代理权来源》，载《法学研究》2016年第6期，第65页。
③ Vgl. MüKoBGB/Schubert, 9. Aufl. 2021, BGB § 164 Rn. 145.
④ Medicus/Petersen, Bürgerliches Recht, 28. Aufl., 2021, S. 402; Petersen, Das Offenkundigkeitsprinzip bei der Stellvertretung, Jura 2010, S. 188.
⑤ 例如艺术品拍卖中买家希望保持匿名的情形。Vgl. Neuner, Allgemeiner Teil des Bürgerlichen Rechts, 13. Aufl., 2023, S. 613.
⑥ 例如有多名买家，商人先以代理人的身份买入特定商品之后再确定其中一名为被代理人的情形。Vgl. Neuner, Allgemeiner Teil des Bürgerlichen Rechts, 13. Aufl., 2023, S. 613.
⑦ Vgl. Förster, Stellvertretung-Grundstruktur und neuere Entwicklungen, Jura 2010, S. 352; Neuner, Allgemeiner Teil des Bürgerlichen Rechts, 13. Aufl., 2023, S. 612. 参见［德］维尔纳·弗卢梅：《法律行为论》，迟颖译，法律出版社2013年版，第914页。

自己可能面临无权代理的风险，不值得受到保护，①对此可以类推适用《德国民法典》第 179 条关于无权代理的规定，由代理人向相对人承担无权代理责任。②

3. 法定代理无需"显名"

"显名性"并非法定代理的有效要件。法秩序既然已将概括性的财产管理权限赋予法定代理人，至少对被代理人而言，法定代理是否显名其实在效果上并无不同。③换言之，即使法定代理人未以被代理人的名义实施法律行为，亦应认可其代理属性。在德国法上，除处分未成年人所属物品时必须以未成年人的名义实施法律行为之外，法定代理人还可以自己的名义代理未成年人实施代理行为。④由此可见，为确保法定代理立法目的之实现，避免法定代理的效力因违反"显名性"而不能被归属于被代理人，法定代理无需以"显名性"为有效要件。

4. 冒名行为

冒名行为（Handeln unter fremden Namen）是指行为人在实施法律行为时不使用自己的姓名，而使用他人的姓名。在冒名行为中，行为人不一定是为其所冒名之人实施法律行为，也可能是为自己实施法律行为。由于行为人并未以他人名义实施法律行为，欠缺代理行为的"显名"要件，该行为不能直接被认定为代理，应通过解释予以确定。⑤冒名人没有代理权的，应从相对人的视角，通过客观解释来确定冒名行为是否构成代理，即相对人根据诚实信用原则和交易习惯，应将冒名行为理解为被冒名人的行为还是行为人本人的行为。⑥若经客观解释可以认为，相对人并不介意合同对方当事人为何者，如日常生活中的现金买卖、当面即时清结交易以及其他无需考虑对方当事人资信情况的交易，则可以认为相对人希望与行为人实施法律行为，冒名行为仅对行为人生效，与被冒名

---

① Vgl. MüKoBGB/Schubert, 9. Aufl. 2021, BGB § 164 Rn. 139.
② Vgl. Neuner, Allgemeiner Teil des Bürgerlichen Rechts, 13. Aufl., 2023, S. 613.
③ 参见解亘：《论监护关系中不当财产管理行为的救济——兼论"利益相反"之概念的必要性》，载《比较法研究》2017 年第 1 期，第 138 页；夏昊晗：《父母以其未成年子女房产设定抵押行为的效力——最高人民法院相关判决评析》，载《法学评论》2018 年第 5 期，第 192 页。
④ 参见［德］迪特尔·施瓦布：《德国家庭法》，王葆莳译，法律出版社 2010 年版，第 325 页。
⑤ Vgl. BGHZ 45, 193.
⑥ Vgl. MüKoBGB/Schubert, 9. Aufl. 2021, BGB § 164 Rn. 150; Förster, Stellvertretung–Grundstruktur und neuere Entwicklungen, Jura 2010, S. 352.

人无关；①若行为人所冒充的是相对人所知道或对其具有特殊印象的人，则涉及合同对方当事人身份的冒充，特别是被冒名人的资信会对相对人的订约决定产生实质性影响的情形，如涉及信贷合同或继续性合同，冒名行为不能对冒名人生效，而是构成被冒名人的法律行为。只有当被冒名人事先授予冒名人代理权，或明知冒名人以其名义实施法律行为而未作反对表示，或事后追认冒名行为的，该冒名行为才能对被冒名人生效，否则相对人只能向冒名人追究无权代理责任。②

对于非面对面订立的合同或以电子方式订立的合同，姓名或名称是唯一识别标识且相对人介意其合同对方当事人的，属于身份冒充行为。若经客观解释可以认为相对人希望与被冒名人订立合同，则被冒名人可以被视为行为人所代理之人。在这类情形中，尽管突破"显名性"，但并不影响该行为被认定为代理行为，因为相对人知道其合同对方当事人的身份，只是不知道"代理人"的行为。③例如，在网购中，行为人使用他人的账号订购商品，卖方只能识别账号的所有人，而无法识别行为人，故合同对方当事人只能是账号的所有人，而非实际使用账号者。同样地，只有被冒名人事先授予冒名人代理权或事后追认冒名行为，该冒名行为才能对被冒名人生效，否则相对人只能向冒名人追究无权代理责任，被冒名人有过错的，相对人可以向被冒名人主张缔约过失责任。④

5. 日常生活中即时清结的代理行为

对于日常生活中即时清结的行为（Bargeschäfte des täglichen Lebens），由于相对人一般不会介意合同对方当事人是代理人还是被代理人，故无需满足"显名性"之要求。⑤换言之，只要代理人具有代理他人实施法律行为的意思，即使他未以被代理人的名义作出意思表示，该代理行

---

① Vgl. Brox/Walker, Allgemeiner Teil des BGB, 47. Aufl. 2023, S. 253; Medicus/Petersen, Bürgerliches Recht, 28. Aufl., 2021, S. 39; Förster, Stellvertretung-Grundstruktur und neuere Entwicklungen, Jura 2010, S. 352-353.

② Vgl. Brox/Walker, Allgemeiner Teil des BGB, 47. Aufl., 2023, S. 253; Neuner, Allgemeiner Teil des Bürgerlichen Rechts, 13. Aufl., 2023, S. 615; Medicus/Petersen, Bürgerliches Recht, 28. Aufl. 2021, S. 399; Förster, Stellvertretung-Grundstruktur und neuere Entwicklungen, Jura 2010, S. 353; Petersen, Das Offenkundigkeitsprinzip bei der Stellvertretung, Jura 2010, S. 189.

③ Vgl. MüKoBGB/Schubert, 9. Aufl. 2021, BGB § 164 Rn. 155.

④ Vgl. Medicus/Petersen, Bürgerliches Recht, 28. Aufl., 2021, S. 399; Förster, Stellvertretung-Grundstruktur und neuere Entwicklungen, Jura 2010, S. 353; Lorenz, Grundlagen Stellvertretung, JuS 2010, S. 383.

⑤ Vgl. MüKoBGB/Schubert, 9. Aufl. 2021, BGB § 164 Rn. 145.

为也对被代理人生效。如上所述,"显名性"旨在维护交易安全和法律之安定性,既然相对人都不介意其合同对方当事人为何者,法律亦无需要求代理人必须以被代理人的名义实施法律行为。

综上所述,"显名性"是代理有效的特殊要件。它一方面明确将所谓的间接代理排除在代理法之外;另一方面维护相对人的交易安全,使相对人明确知道自己的交易伙伴,不必为辨识交易伙伴而额外支出成本。"显名性"并不要求代理人明确表示以他人名义实施法律行为,相对人基于事实情形可以推定代理人以他人名义实施法律行为的,亦满足"显名性"的要求。此外,"显名性"也不以代理人在实施代理行为时披露被代理人的姓名或身份为必要,代理人甚至还可以不特定的他人之名义实施法律行为。行为人旨在"以他人名义"实施法律行为但却未将该意思表示出来,且相对人无法基于事实情形推定其以他人名义实施法律行为的,行为人不能因未显名之错误而撤销其法律行为。

五、代理权

根据自主决定原则,只有经被代理人的同意,代理行为的法律后果才能对被代理人生效,[①]故《德国民法典》第 164 条和我国《民法典》第 162 条均要求代理人在代理权限内实施法律行为。代理权是代理人可以有效为被代理人实施法律行为之法律资格,它是代理作为独立法律制度得以产生的基础,是代理关系的核心。[②]在私法自治的框架下,代理行为的法律后果归属于被代理人的正当性基础是代理权(Vertretungsmacht)。[③]代理权作为代理行为效力之归属要件,旨在维护被代理人的利益,避免其承受他人未经其授权而以其名义实施的法律行为之后果。

无论积极代理还是消极代理,代理权均为有效代理的要件之一。关于消极代理,《德国民法典》第 164 条第 3 款明确规定,需受领的意思表示向受领人的代理人作出的,准用该条第 1 款的规定;而《德国民法典》第 164 条第 1 款是关于积极代理有效要件的规定,要件之一即为代理权。据此,在消极代理中,代理人应具备受领意思表示的代理权。[④]受领人无

[①] Vgl. Medicus/Petersen, Bürgerliches Recht, 28. Aufl., 2021, S. 405.
[②] 参见陈华彬:《论意定代理权的授予行为》,载《比较法研究》2017 年第 2 期,第 190 页;徐涤宇:《代理制度如何贯彻私法自治 〈民法总则〉代理制度评述》,载《中外法学》2017 年第 3 期,第 690 页。
[③] Vgl. Förster, Stellvertretung–Grundstruktur und neuere Entwicklungen, Jura 2010, S. 353.
[④] Vgl. Neuner, Allgemeiner Teil des Bürgerlichen Rechts, 13. Aufl., 2023, S. 608.

权代理的，意思表示不能有效到达。关于我国法上消极代理人是否应有代理权的问题，①我国《民法典》虽然没有类似《德国民法典》第164条第3款的明确规定，但从解释上可以认为，我国《民法典》第162条关于有效代理要件的规定，同样适用于消极代理，消极代理人亦需具有代理权。

(一) 代理权的性质

关于代理权的性质，德国曾有学者认为，代理权是主观权利，是一种形成权。②但是，该观点不值赞同。主观权利以实现权利人的私法自治为目的，而代理权一般并不为代理人的自身利益，而是为扩大被代理人的私法自治范围或维护被代理人的利益而设定，故代理权不是主观权利；代理人实施代理行为并不是代理权的行使，代理权仅使代理行为对被代理人产生法律效力，故代理权不是形成权。③代理人所实施法律行为的法律后果由被代理人承担，代理人不因拥有代理权而享有特定利益，代理权仅是一种可以为被代理人创设对其生效的法律行为规则之资格，这一资格对于代理人而言不具有任何实质性意义，故代理权不能被与物权、债权或形成权一同置于权利概念体系之下。④拉邦德在区分意定代理权与委托合同时，亦强调代理权仅是一种资格。⑤当今德国通说认为，代理权是一项独特的法律制度，它是代理人以被代理人之名义实施法律行为，为被代理人创设效力归属于其的法律行为规则的一种资格（Legitimation）。⑥

关于代理权的性质，我国学界存在不同观点。持"权利说"的学者认为，代理权是一般民事权利；⑦而持"权力说"的学者认为，代理权是一种法律上之力，得直接改变被代理人与相对人之间的法律关系；⑧持

---

① 有学者认为，消极代理中代理人受领意思表示无需特别授权。参见王利明：《民法总则新论》，法律出版社2023年版，第554页。
② Vgl. Enneccerus/Nipperdey, Allgemeiner Teil des Bürgerlichen Rechts, 15. Aufl., 1960, §184 I.
③ Vgl. MüKoBGB/Schubert, 9. Aufl. 2021, BGB §164 Rn. 193.
④ 参见[德]维尔纳·弗卢梅：《法律行为论》，迟颖译，法律出版社2013年版，第936页。
⑤ Vgl. Laband, Die Stellvertretung bei dem Abschluß von Rechtsgeschäften nach dem allgemeinen Deutschen Handelsgesetzbuch, ZHR 10 (1866), S. 240. 拉邦德认为："基于意定代理权和委托合同的分离，代理权与委托人和受委托人之间的委托法律关系相区别，从而使代理权可以作为交易资格独立存在。"
⑥ Vgl. MüKoBGB/Schubert, 9. Aufl. 2021, BGB §164 Rn. 193; Neuner, Allgemeiner Teil des Bürgerlichen Rechts, 13. Aufl., 2023, S. 610.
⑦ 参见江帆：《代理法律制度研究》，中国法制出版社2000年版，第100页。
⑧ 参见梁慧星：《民法总论》（第6版），法律出版社2021年版，第240~241页。

"资格说"的学者则认为，代理权是代理人以被代理人之名义实施法律行为的一种地位或资格，属于"资格性权利"。①将代理权视为独立于基础法律关系的资格，使得意定代理与法定代理共同规则的提取成为可能。②本书赞同"资格说"。代理权不是权利，它仅是代理行为的效力归属于被代理人的要件之一。

（二）代理权的产生

代理权既可依授权人的授权而产生，也可依法律的规定而产生。如前所述，依授权人之授权产生的代理权为意定代理权（Vollmacht）；依法律之规定产生的代理权为法定代理权（gesetzliche Vertretungsmacht）。在德国法上，法定代理权主要包括《德国民法典》第1629条规定的父母对子女的法定代理权、第1789条第2款第1句规定的监护人对未成年被监护人的法定代理权、第1823条规定的照管人对被照管人的法定代理权以及第1358条规定的夫妻医疗救治事宜之代理权。③此外，根据《德国民法典》第26条第1款第2句的规定，社团法人的董事会具有法定代理人的地位，可以对其适用代理规则。④我国学界一般亦认为，意定代理是依被代理人的授权行为所产生的代理，而法定代理是依据法律规定直接产生的代理。⑤而依《民法典》第163条第2款似乎亦可推出，意定代理权基于被代理人的授权而产生，而法定代理权依据法律的规定而产生。

（三）代理权的范围

意定代理权的范围一般由授权人依据私法自治原则自行决定，既可以授予概括代理权，也可以授予特别代理权。为维护交易安全，法律对特定商事代理权的范围予以限制。例如，《德国商法典》第49条对经理权（Prokura）的范围予以明确规定和限制。⑥按照该规定，经理人可以实施

---

① 参见尹田：《民法典总则之理论与立法研究》（第2版），法律出版社2018年版，第594页；王利明：《民法总则新论》，法律出版社2023年版，第556页；杨代雄：《法律行为论》，北京大学出版社2021年版，第510页。

② 参见尹田：《民法典总则之理论与立法研究》（第2版），法律出版社2018年版，第570页。

③ Vgl. Neuner, Allgemeiner Teil des Bürgerlichen Rechts, 13. Aufl., 2023, S. 609.

④ Vgl. Medicus/Petersen, Bürgerliches Recht, 28. Aufl., 2021, S. 38；Brox/Walker, Allgemeiner Teil des BGB, 47. Aufl., 2023, S. 255.

⑤ 参见王利明：《民法总则新论》，法律出版社2023年版，第547~549页；杨代雄：《法律行为论》，北京大学出版社2021年版，第501页；尹田：《民法典总则之理论与立法研究》（第2版），法律出版社2018年版，第598~600页。

⑥ Vgl. Brox/Walker, Allgemeiner Teil des BGB, 47. Aufl., 2023, S. 263；Lorenz, Grundwissen-Zivilrecht: Die Vollmacht, JuS 2010, S. 772.

一切与企业经营有关的法律行为，但实施不动产的让与和设定负担的行为须经特别授权。进言之，经理权只能受到《德国商法典》第49条的法定限制，授权人对经理权的限制不生效力，相对人可以信赖经理权的法定范围。[①]与《德国商法典》第49条的规定相类似，我国最高人民法院《关于适用〈中华人民共和国民法典〉合同编通则若干问题的解释》（以下简称《民法典合同编通则解释》）第21条第2款对职务代理人的职权范围作出如下法定限制，职务代理人不得代理法人或非法人组织实施下列民事法律行为：依法应当由法人、非法人组织的权力机构或者决策机构决议的事项；依法应当由法人、非法人组织的执行机构决定的事项；依法应当由法定代表人、负责人代表法人、非法人组织实施的事项；不属于通常情形下依其职权可以处理的事项。

法定代理权的范围由法律规定，一般为概括代理权，法定代理人原则上可以全面处理被代理人的事务。例如，我国《民法典》第19条至第22条规定了无民事行为能力人和限制民事行为能力人的法定代理人的代理权，而第1060条规定了夫妻日常家事代理权的范围，即"因家庭日常生活需要"而实施的民事法律行为。

综上所述，具有高度人身性质的法律行为不得代理；限制行为能力人可以为意定代理人，但不得为法定代理人；基于私法自治原则，被代理人仅受代理人在代理权限范围内（"代理权"之要件）以其名义（"显名性"之要件）所实施的法律行为（"代理人独立为法律行为"之要件）之拘束。

第二节　有效代理的法律后果

满足上述代理有效要件的代理行为，直接对被代理人生效，符合"自主决定、责任自负"之私法自治原则。然而，代理行为的效力可能会因代理人的意思表示存在瑕疵或对特定情事的知情而受到影响。

一、对被代理人的法律后果

（一）代理行为对被代理人生效

我国《民法典》第162条明确规定，代理人在代理权限范围内，以被代理人名义实施的民事法律行为，对被代理人发生效力。《德国民法

---

① Vgl. Lorenz, Grundwissen-Zivilrecht: Die Vollmacht, JuS 2010, S. 772.

典》第 164 条亦有类似规定。代理行为有效的，被代理人成为代理人所订立合同的当事人；代理人作出的单方法律行为视为由被代理人作出；到达消极代理人的单方法律行为之意思表示视为到达被代理人，被代理人直接依该法律行为所形成的法律行为规则享有权利并承担义务。例如，代理人所订立的买卖合同对被代理人生效，被代理人成为买卖合同的买方，有权依据《民法典》第 595 条前半句请求卖方移转标的物之所有权，同时依据该条后半句负有向卖方支付价款的义务。再如，代理人代理被代理人作出的解除合同的单方法律行为对被代理人生效，被代理人有权依据《民法典》第 566 条第 1 款的规定向相对人主张恢复原状或采取其他补救措施。在消极代理的情形中，意思表示到达受领代理人的，视为到达被代理人，即刻对被代理人生效。有效代理的法律后果由被代理人独自承担，与代理人无关，被代理人如自行实施法律行为那样独自承担代理的法律后果。①

（二）被代理人的缔约过失责任

作为被代理人的履行辅助人，代理人以被代理人的名义进行磋商存在缔约过失的，在德国法中应当适用《德国民法典》第 278 条关于履行辅助人责任归属的规定，由被代理人对代理人的缔约过失承担损害赔偿责任，相对人有过失的，被代理人可以依据《德国民法典》第 254 条的规定要求减轻责任。②在我国法中，代理人在缔约过程中如若恶意磋商、故意隐瞒与合同订立相关的重要事实或提供虚假情况，或实施其他违反诚实信用的行为，被代理人应当对代理人违反《民法典》第 500 条关于缔约过失责任的规定向相对人承担责任；③相对人对损失的发生有过错的，被代理人可以依据《民法典》第 592 条第 2 款的规定主张减轻责任。

二、对代理人的法律后果

如上所述，代理行为生效后，被代理人成为法律行为的当事人，代理人原则上对相对人既不享有权利，亦不承担义务。如若要求代理人对相对人承担义务，例如保证被代理人履行合同义务，则会不当加重代理人的负担，致使无人愿意担任代理人，代理制度的功能亦将无从实现。④

---

① Vgl. Brox/Walker, Allgemeiner Teil des BGB, 47. Aufl., 2023, S. 256.
② Vgl. Larenz/Wolf, Allgemeiner Teil des Bürgerlichen Rechts, 9. Aufl., 2004, S. 868; Medicus/Petersen, Allgemeiner Teil des BGB, 11. Aufl., 2016, S. 424.
③ 参见杨代雄：《法律行为论》，北京大学出版社 2021 年版，第 505 页。
④ Vgl. Neuner, Allgemeiner Teil des Bürgerlichen Rechts, 13. Aufl., 2023, S. 623.

但是，在下述例外情形中，代理人应当承担代理行为的法律后果。

（一）代理行为对代理人生效

代理人在代理被代理人实施法律行为的同时亦以自己的名义实施法律行为的，该法律行为既对被代理人生效，也对代理人生效。①例如，代理人同时以其朋友的名义和自己的名义共同作为承租人与出租人订立租赁合同，代理人与被代理人均成为该租赁合同的当事人。再如，在日常家事代理中，夫妻一方以自己的名义实施的民事法律行为，根据我国《民法典》第1060条的规定对夫妻双方发生效力。

在责任财产难以确定的情形中，代理人可能依据法律的特别规定承担代理行为的效力。例如，《德国民法典》第54条第2句规定，行为人以无权利能力社团的名义所实施的法律行为由行为人承担法律后果。再如，《德国有限责任公司法》第11条第2款和《德国股份公司法》第41条第1款第2句亦规定，设立人对公司商业登记之前所实施的行为负责。②我国《民法典》第75条第1款亦规定，法人未成立的，设立人应对其以未来成立的法人之名义所实施的民事法律行为（代理行为）承担法律后果。

（二）代理人对相对人的缔约过失责任

在德国法上，代理人自身对合同的订立具有经济利益或引发相对人对其本人产生特殊信赖的，应依据《德国民法典》第280条第1款、第241条第2款和第311条第3款的规定自行承担缔约过失责任。③

在我国法上，最高人民法院《关于适用〈中华人民共和国民法典〉合同编通则部分的解释（征求意见稿）》第6条第2款曾规定，合同基于对第三人的特别信赖或者依赖于第三人提供的知识、经验、信息等订立的，第三人应当对自己的缔约过失承担法律责任。但遗憾的是，最终颁布的《民法典合同编通则解释》删除了上述征求意见稿的规定。本书认为，代理人在缔约过程中引发缔约另一方当事人的特别信赖或自身对合同的订立具有经济利益的，亦应承担缔约过失责任。④

（三）代理人对被代理人的损害赔偿责任

依据抽象性原则，代理行为不因代理人违反基础法律关系的义务而

---

① Vgl. Brox/Walker, Allgemeiner Teil des BGB, 47. Aufl., 2023, S. 256.
② Vgl. Neuner, Allgemeiner Teil des Bürgerlichen Rechts, 13. Aufl., 2023, S. 623–624.
③ Vgl. Brox/Walker, Allgemeiner Teil des BGB, 47. Aufl., 2023, S. 256; Neuner, Allgemeiner Teil des Bürgerlichen Rechts, 13. Aufl., 2023, S. 624.
④ 参见杨代雄：《法律行为论》，北京大学出版社2021年版，第505页。

受到影响。尽管如此，被代理人因向相对人履行代理人违反基础法律关系的义务所实施的代理行为而遭受损失的，可以依据基础法律关系的约定或法律的规定向代理人主张损害赔偿。例如，授权人授予被授权人购买二手宝马车的代理权，但并未在授权书中限定最高买价，而仅于委托合同（基础法律关系）中约定最高买价为 8 万元，代理人违反该约定与相对人订立价金为 10 万元的二手宝马车买卖合同。根据抽象性原则，买卖合同对被代理人生效，被代理人向相对人支付 10 万元后，就其多支付的 2 万元，可以依据《民法典》第 929 条的规定向违反委托合同的代理人主张损害赔偿。

三、代理人意思表示瑕疵的法律后果

在传达中，意思表示由表意人作出，故原则上应以表意人的意思表示是否存在瑕疵来判断意思表示的效力。在代理中，被代理人一般因不知道具体的法律行为而未形成自己的意思或因行为能力的欠缺而无法形成自己的意思（如法定代理中无行为能力的被代理人），意思表示完全由代理人作出，故应以代理人为准作出相应判断。[1]被代理人的意思表示存在瑕疵最多只能导致意定代理权的撤销。[2]为此，《德国民法典》第 166 条第 1 款第 1 种情形明确规定，代理行为之意思表示的效力因意思表示存在瑕疵而受到影响的，应以代理人为准作出判断。[3]例外地，若代理行为的实施受到被代理人的决定性影响，则应当将被代理人的意思表示瑕疵纳入考虑范围。[4]

我国法没有类似《德国民法典》第 166 条第 1 款第 1 种情形的规定。学界通说主张以代理人为准判断意思表示瑕疵，[5]但持"共同行为说"的学者认为，由于被代理人与代理人共同参与意定代理，被代理人在代理

---

[1] Vgl. Mot. I 227；MüKoBGB/Schubert, 9. Aufl. 2021, BGB § 166 Rn. 1；Brox/Walker, Allgemeiner Teil des BGB, 47. Aufl., 2023, S. 257–259；Medicus/Petersen, Bürgerliches Recht, 28. Aufl., 2021, S. 391；Förster, Stellvertretung – Grundstruktur und neuere Entwicklungen, Jura 2010, S. 357.

[2] Vgl. Medicus/Petersen, Bürgerliches Recht, 28. Aufl., 2021, S. 391.

[3] Vgl. Neuner, Allgemeiner Teil des Bürgerlichen Rechts, 13. Aufl., 2023, S. 619.

[4] Vgl. Medicus/Petersen, Bürgerliches Recht, 28. Aufl., 2021, S. 392.

[5] 参见王利明：《民法总则新论》，法律出版社 2023 年版，第 590 页；朱庆育：《民法总论》（第 2 版），北京大学出版社 2016 年版，第 338 页；杨代雄：《法律行为论》，北京大学出版社 2021 年版，第 506~508 页。

权授予时产生的意思表示瑕疵同样会对代理行为的效力产生影响。①本书赞同通说观点。首先，意思表示由代理人作出，意思表示的瑕疵理应以代理人为准作出判断，而无需考虑未参与实施代理行为的被代理人的意思。其次，被代理人因使用代理人扩大其私法自治的范围而获益，理应独自承担代理行为代理人意思表示瑕疵的风险，不能将该风险转嫁给相对人。最后，相对人应受到保护，不致因与代理人实施法律行为而面临更高风险。

（一）代理人的意思表示存在瑕疵

为维护表意人的意思自治，其意思表示有瑕疵的，法律行为可撤销。

1. 重大误解

如上所述，在法律行为因重大误解而可撤销时，原则上应以代理人在作出意思表示时存在重大误解为必要。但问题是，在判断误解是否重大时，是应以代理行为对代理人的影响还是对被代理人的影响为准呢？由于代理行为对被代理人生效，似乎应以误解对被代理人的影响是否重大为判断标准。但若如此，将导致重大误解判断标准的分裂：误解的判断以代理人为准，但误解的重大性却以被代理人为准。按照《民法典总则编解释》第19条第1款的规定，重大误解是指行为人通常情况下如若不发生错误认识就不会作出相应意思表示的情形。据此，在代理的情形中，原则上亦应以实施代理行为的行为人为准作出判断，即以"代理人若不发生错误认识就不会作出相应意思表示"来判断误解的重要性。但是，当代理人对人的资格或物的性质发生重大误解，但被代理人却并未就此发生重大误解时，根据诚实信用原则，被代理人不得主张撤销，否则此时被代理人的法律地位将会优于其自行实施法律行为时的地位。②

仅代理人以被代理人的名义作出意思表示时发生重大误解的，代理行为始得撤销。若代理人基于对代理授权之内容的重大误解而实施代理行为，则不构成代理行为可撤销的事由，因为这属于被代理人授权他人实施法律行为的固有风险，理应由被代理人自行承担。

2. 受欺诈或受胁迫

代理人在实施代理行为时受到欺诈或胁迫的，被代理人可以依据《民法典》第148条至第150条的规定请求撤销代理行为。反之，代理人对相对人实施欺诈或胁迫的，由于被代理人本人并未实施欺诈或胁迫行

---

① 参见王浩：《论代理的本质 以代理权授予时的意思瑕疵问题为契机》，载《中外法学》2018年第3期，第624~625页。

② Vgl. MüKoBGB/Schubert, 9. Aufl. 2021, BGB § 166 Rn. 34.

为，代理人在自己与相对人实施的法律行为中亦不属于第三人，其欺诈或胁迫不构成第三人欺诈或胁迫，相对人不得以第三人欺诈向被代理人主张撤销。但这显然对相对人过于严苛，被代理人通过使用代理人扩大其私法自治的范围而获益，理应承担代理人欺诈或胁迫相对人的风险。①换言之，相对人可以向被代理人主张撤销其因受代理人的欺诈或胁迫所为之法律行为。

代理行为的当事人是被代理人，被代理人实施欺诈或胁迫的，相对人可以直接依据《民法典》第148条或第150条的规定向被代理人主张撤销。但第三人欺诈的情形比较特殊，根据《民法典》第149条的规定，受欺诈的表意人只有在相对人知道或应当知道第三人欺诈的，才可以主张撤销。在代理的情形中，是应以代理人为准还是以被代理人为准判断是否"知道或应当知道该欺诈"呢？本书认为，为充分维护相对人的自主决定，可以对《民法典》第149条所规定的"对方"进行扩大解释，涵盖代理人和被代理人。毕竟，在代理中，代理人是表意人的相对人，而被代理人是代理行为的当事人，两者均属于"对方"。鉴于此，只要代理人或被代理人中有一方知道或应当知道第三人欺诈的，相对人就可以主张撤销。②

3. 显失公平

在判断代理行为是否显失公平时，原则上应以代理人为准。代理人处于危困状态或缺乏判断力，相对人利用这一情况，致使民事法律行为成立时显失公平的，被代理人可以依据《民法典》第151条的规定请求撤销民事法律行为；反之，代理人利用相对人的危困状态或缺乏判断力的，相对人可以按照《民法典》第151条的规定请求撤销民事法律行为。例外地，被代理人知道相对人的危困状态或缺乏判断力并指示不知情的代理人与相对人实施法律行为的，该法律行为因被代理人的知情而构成显失公平的法律行为，相对人可以依据《民法典》第151条的规定向被代理人主张撤销。

(二) 被代理人为撤销权人

撤销权属于形成权，撤销权人一般为因撤销权的行使权利受影响者。在代理关系中，代理人并非法律行为的当事人，意思表示的撤销并不影响代理人的权利，而被代理人是法律行为的当事人，其权利因法律行为

---

① Vgl. MüKoBGB/Schubert, 9. Aufl. 2021, BGB § 166 Rn. 36.
② Vgl. MüKoBGB/Schubert, 9. Aufl. 2021, BGB § 166 Rn. 36.

的撤销而消灭，故被代理人是撤销权人。①被代理人可以根据具体事实情形决定是否行使撤销权。被代理人决定行使撤销权的，既可以自行向相对人主张撤销，也可以授权代理人行使撤销权。法律行为因被撤销而无效的，被代理人应依据《民法典》第157条的规定向相对人承担损害赔偿责任。

综上，我国立法并未明确规定代理行为之意思表示瑕疵应以代理人为准作出判断，为填补该法律漏洞，最高人民法院可以借鉴《德国民法典》第166条的规定作出如下司法解释：代理人实施代理行为时发生重大误解、受到欺诈或胁迫或者代理行为显失公平的，被代理人可以依据《民法典》第147条至第151条的规定请求人民法院或仲裁机构撤销代理行为。相对人因受代理人欺诈或胁迫而与代理人实施法律行为或其危难被乘致法律行为显失公平的，可以向被代理人主张撤销法律行为。

四、代理人知道特定情事的法律后果

关于特定情事之知情归属问题，我国《民法典》未作明文规定。在代理中，意思的形成和表示的作出均由代理人完成，因劳动分工而获益的被代理人理应承担代理人知道特定情事的法律后果，而不能通过主张自己的不知情来否定代理行为的效力。②为此，《德国民法典》第166条第1款第2种情形明确规定，代理行为之意思表示的效力因知道特定情事而受到影响的，原则上应以代理人为准进行判断。③就共同代理而言，共同代理人授权其中一名代理人独自磋商并作出意思表示的，其他共同代理人对特定情事的知情，一般不应归属于被代理人，然而，若知道特定情事的共同代理人本来能够就其所知道的情事告知独自实施法律行为的代理人但却未告知的，该共同代理人的知情应当归属于被代理人。④

有疑问的是，因知道特定情事而不能自行有效实施法律行为者，是否可以指示不知情的代理人来代理其实施法律行为呢？《德国民法典》第166条第2款对此予以明确禁止。⑤根据该规定，代理人按照被代理人的具体指示实施代理行为的，被代理人就自己所知道的特定情事，不

---

① Vgl. Brox/Walker, Allgemeiner Teil des BGB, 47. Aufl., 2023, S. 256.
② Vgl. Ott, Wissenszurechnung im Zivilrecht, JA 2021, S. 11.
③ Vgl. Lorenz, Grundlagen Stellvertretung, JuS 2010, S. 384.
④ Vgl. MüKoBGB/Schubert, 9. Aufl. 2021, BGB § 166 Rn. 16.
⑤ 《德国民法典》第166条第2款规定，意定代理中，代理人按照被代理人的指示实施法律行为的，被代理人就自己所知道的情事，不得主张代理人之不知情。

得主张代理人不知情。代理人按照被代理人的特定指示实施代理行为时，只是以其外部表示表达出被代理人已足够成熟的内心效果意思（Geschäftswillen）。①为防止被代理人恶意规避法律，利用善意代理人实施其自身无法有效实施的法律行为，此时应以被代理人是否知情为准作出判断。②但需注意的是，由于被代理人并不负有调查确认义务，被代理人仅知道代理人可能实施特定法律行为但并未对代理人施加影响的，尚不能以被代理人的知情为准。只有被代理人有意识地引导代理人实施代理行为，或被代理人明知代理人将实施自己因知道特定情事而不能实施的法律行为却未加阻止的，才能以被代理人是否知情为准来判断代理行为的效力。③尤其是代理人在被代理人在场的情况下实施法律行为，而被代理人未加阻止的，被代理人不得以自己不知情为由主张代理行为的效力。④

本章小结

代理的有效要件包括法律行为的可代理性、代理人至少为限制行为能力人，代理人应以被代理人的名义在代理权限范围内实施法律行为。据此，无行为能力人以他人名义所实施的法律行为无效，代理人实施的不具有可代理性的法律行为无效；行为人未以被代理人的名义实施法律行为的，不构成代理，属于行为人自己的行为；代理人无代理权或超越代理权仍实施代理行为的，构成无权代理。

至少具备限制行为能力的代理人在代理权限内以被代理人的名义实施的具有可代理性的法律行为，对被代理人生效，被代理人成为该法律行为的当事人，与代理人无关。对于作为履行辅助人的代理人的缔约过

---

① Vgl. Neuner, Allgemeiner Teil des Bürgerlichen Rechts, 13. Aufl., 2023, S. 622.
② Vgl. Förster, Stellvertretung-Grundstruktur und neuere Entwicklungen, Jura 2010, S. 357; Medicus/Petersen, Allgemeiner Teil des BGB, 11. Aufl., 2016, S. 392-393; Brox/Walker, Allgemeiner Teil des BGB, 47. Aufl., 2023, S. 258-259; Lorenz, Grundlagen Stellvertretung, JuS 2010, S. 384; Beuthien, Zur Wissenszurechnung nach § 166 BGB-§ 166 II BGB ausweiten-§ 166 I BGB klarer ordnen, NJW1999, S. 3586.
③ Vgl. MüKoBGB/Schubert, 9. Aufl. 2021, BGB § 166 Rn. 126; Neuner, Allgemeiner Teil des Bürgerlichen Rechts, 13. Aufl., 2023, S. 623; Lorenz, Grundlagen Stellvertretung, JuS 2010, S. 385; BGHZ 38, 65 (§ 8) = NJW 1962, 2251 = LM § 3 AnfG Nr. 7 m. w. Nachw; BGHZ 50, 364 (368) = NJW 1969, 37 = LM § 166 BGB Nr. 13; BayObLG, NJW-RR 1989, 910.
④ Vgl. BGHZ 51, 141 (145) = NJW 1969, 925 = LM § 123 BGB Nr. 40.

失责任，原则上应由被代理人承担，但自身对合同的订立有经济上的利益或引发相对人特殊信赖的代理人亦应承担。代理行为的效力因意思表示存在瑕疵而受到影响的，应以代理人为准进行判断。代理行为的效力因当事人知道特定情事而受到影响的，原则上应以代理人的知情为准，但被代理人在知道特定情事的情况下指示不知情的代理人实施法律行为的，则应以被代理人的知情为准。唯其如此，被代理人的法律地位才不致因其使用代理人而较之自行实施法律行为更优或更劣。

第三章

代理权与基础法律关系的分离与抽象

代理制度的复杂性即在于其涉及利益诉求各不相同的三方当事人:被代理人的利益在于实现私法自治;相对人的利益在于追求交易的安全与效率;代理人的利益在于避免承担无权代理责任。为平衡这三方当事人的不同利益诉求,有必要区分代理人与被代理人之间的基础法律关系(内部权利义务关系)、授权人与被授权人之间的授权关系(代理权之产生)、被代理人与相对人作为代理行为当事人之间的关系(代理行为后果之归属)这三方法律关系,特别是应厘清代理权与基础法律关系之间的界限,避免基础法律关系的效力和范围影响代理权的效力和范围。

第一节 代理权与基础法律关系的分离

一、代理权独立于基础法律关系

(一) 德国法

在《德国普通商法典》颁行之前,德国法理论和实践均未区分委托与意定代理权。在学界,被代理人有时被称作代理授权人,有时则被称为委任人;而代理人有时被称作被授权人,有时则被称为受任人或受托人;《普鲁士普通邦法》第一编第 13 章第 1 节的标题所使用的便是"意定代理权之委托"(Vollmachtsaufträge)的概念,意定代理权与委托相杂糅,该章第 5 节的定义更是将两者混淆:"向他人授予为自己并替代自己实施法律行为权限的意思表示,是为委任或意定代理授权之意思表示。"

委托与意定代理权的区分源于《德国普通商法典》,该法典第 298 条规定了商事行为的意定代理权、代理授权人和被授权人之权利和义务;

而第 323 条规定了委托的授予、委托人和委托的承担。①自此，代理与委托开始被区分。基于法律直接规定所产生的代理，如股份公司的股东、代理船主或船长基于自己的法律行为而直接使他人取得权利、承担义务时，一般被称为代理（Vertretung）；而基于被代理人和代理人之间的法律行为所形成的代理，一般被称为意定代理（Vollmacht），所使用的术语包括意定代理授权（bevollmächtigen）、意定代理授权人（Vollmachtgeber）、意定代理被授权人（Bevollmächtigter）等。②上述表述均未涉及"委托"，充分体现了代理与委托的区分。此外，代理与委托的区分亦体现在《德国普通商法典》关于两者权限范围的规定之中，即代理权不受限制，但被委托的职权范围却并非没有边界。③具体而言，《德国普通商法典》第 230 条和第 231 条规定，在相对于第三人的对外关系上，股份公司董事会的代理权不受限制；而在相对于公司的对内关系上，该法典第 241 条第 2 款规定，董事会成员超出其被委托的职权范围实施法律行为的，须为由此而产生的损害负个人责任。基于《德国普通商法典》对代理和委托的区分，拉邦德提出，意定代理权独立于代理人与被代理人之间的具体法律关系，它基于授权人与被授权人之间所订立的授权合同而产生，该授权合同独立于委托人与受托人之间的委托合同，且两者在内容上和效力上均不相同。④

《德国民法典》的立法者坚持了代理与基础法律关系的区分，不仅在总则编中规定代理，也在债编中规定委托合同、承揽合同、雇佣合同等基础法律关系。依据《德国民法典》第 166 条第 2 款第 1 句前半句和第 167 条第 1 款的规定，意定代理权基于代理权授予之意思表示产生，与基础法律关系无关，亦可授予孤立代理权。⑤

（二）我国法

在立法体例上，我国《民法典》借鉴了《德国民法典》关于代理权与基础法律关系相分离的立法体例，在总则编中规定了代理，而在合同

---

① 参见［德］保尔·拉邦德：《依〈德国普通商法典〉缔结法律行为时的代理》，刘洋译，柯伟才校，载《苏州大学学报（法学版）》2021 年第 4 期，第 147 页。
② 参见［德］保尔·拉邦德：《依〈德国普通商法典〉缔结法律行为时的代理》，刘洋译，柯伟才校，载《苏州大学学报（法学版）》2021 年第 4 期，第 147 页。
③ 参见［德］保尔·拉邦德：《依〈德国普通商法典〉缔结法律行为时的代理》，刘洋译，柯伟才校，载《苏州大学学报（法学版）》2021 年第 4 期，第 147 页。
④ 参见［德］保尔·拉邦德：《依〈德国普通商法典〉缔结法律行为时的代理》，刘洋译，柯伟才校，载《苏州大学学报（法学版）》2021 年第 4 期，第 146 页。
⑤ Vgl. Brox/Walker, Allgemeiner Teil des BGB, 47. Aufl., 2023, S. 266.

编中规定了委托合同和承揽合同等基础法律关系。我国学界主流观点亦承认代理权与基础法律关系的分离，①仅有个别学者质疑孤立授权，并认为在所谓的孤立授权中，即便当事人未订立书面委托合同，也应当推定当事人之间存在默示的委托合同关系。②

从概念术语上来看，我国《民法典》第165条所使用的是"授权委托书"，但从其内容上来看，该规定仅要求"授权委托书"应包括代理人的信息和代理权的内容，并不涉及代理人与被代理人之间的权利与义务；而从效力上来看，它仅需由被代理人签字或盖章。可见，此处所谓的"授权委托书"并非委托合同。③如前所述，我国代理理论和实践常以"委托代理"来指代"意定代理"，故可认为该规定中的"授权委托书"即指"意定代理授权书"。可见，在我国法上，意定代理权同样基于被代理人的授权行为而产生，独立于作为基础法律关系的委托合同或承揽合同。

二、意定代理权与基础法律关系之间关系的三种模式

代理权是代理人以被代理人的名义实施效力归属于被代理人的法律行为的资格（Können），代理人并不因此负担实施该法律行为的义务；代理人必须实施代理行为的义务（Müssen）源于基础法律关系。④意定代理的基础法律关系可以是《德国民法典》第662条规定的委托合同、第675条规定的事务处理合同和第611条规定的雇佣合同或劳动合同等；而法定代理中的基础法律关系是法律关于父母照护义务、监护人监护义务和照管人照管义务的规定。一般认为，代理权与基础法律关系之间的关系存在三种模式：一种是有基础法律关系，但不存在代理权；第二种是仅有代理权，而无基础法律关系，即所谓的孤立授权；第三种是既有基础法律关系，也有授权关系。下述仅以意定代理为例来分析代理权与基础法律关系之间的关系。

---

① 参见叶金强：《论代理权授予行为的有因构造》，载《政法论坛》2010年第1期，第109~110页；尹飞：《论我国民法典中代理制度的类型与体系地位》，载《法学杂志》2015年第9期，第21页；王利明：《论民法典代理制度中的授权行为》，载《甘肃政法大学学报》2020年第5期，第4页。

② 参见许德风：《意思与信赖之间的代理授权行为》，载《清华法学》2020年第3期，第36页。

③ 参见陈华彬：《论意定代理权的授予行为》，载《比较法研究》2017年第2期，第193页。

④ Vgl. Lorenz, Grundwissen-Zivilrecht: Die Vollmacht, JuS 2010, S. 772.

（一）有基础法律关系而无意定代理权

基础法律关系基于双方法律行为或多方法律行为产生，可以是委托合同、雇佣合同、劳动合同、承揽合同或合伙协议等，其所规范的是合同当事人之间的权利义务关系，如委托人与受托人之间、用人单位与劳动者之间的权利义务关系，因此又被称为内部关系。在我国法上，以委托合同为例，受托人的义务包括：按照委托人的指示处理委托事务（《民法典》第922条）、亲自处理委托事务（《民法典》第923条）、向委托人报告结果（《民法典》第924条）、财产转交委托人（《民法典》第927条）和赔偿损失（《民法典》第929条）；而委托人的主要义务是向受托人支付报酬（《民法典》第928条）。在仅有委托合同而无意定代理权的情形中，受托人只能先以自己的名义实施法律行为，再依据委托合同的约定或《民法典》第927条的规定①将所取得的物或权利移转给委托人；受托人若以委托人的名义实施法律行为，该法律行为构成无权代理。委托人追认的，法律行为对委托人生效；委托人拒绝追认的，由受托人向相对人承担无权代理责任。

（二）有意定代理权而无基础法律关系——孤立授权

意定代理权基于授权行为产生，它赋予被授权人以授权人的名义与第三人实施法律行为的资格。在不存在基础法律关系仅有意定代理权的情况下，即孤立代理权的情况下，代理人应当依据法律的相关规定或诚实信用原则实施代理行为。代理行为损害被代理人合法利益的，被代理人可以依据我国《民法典》第164条的规定向代理人主张损害赔偿。

（三）基础法律关系与意定代理权并存

意定代理权与基础法律关系并存时，代理人可以依据意定代理权为被代理人实施效力归属于被代理人的法律行为，同时应当履行其依据基础法律关系承担的义务，代理人一般不得违背被代理人的利益或违反被代理人的指示实施代理行为。②例如，基础法律关系为委托合同的，代理人（受托人）应依据我国《民法典》第922条的规定按照被代理人（委托人）的指示实施代理行为。不无疑问的是，代理人在代理权限范围内实施代理行为时违反我国《民法典》第922条的规定，未按照被代理人的指示实施代理行为的，该代理行为是否因代理人违反基础法律关系的限制而构成无权代理？依有因性理论，违反基础法律关系的代理行为构

---

① 《民法典》第927条规定："受托人处理委托事务取得的财产，应当转交给委托人。"
② Vgl. Lorenz, Grundwissen-Zivilrecht: Die Vollmacht, JuS 2010, S. 772.

成无权代理，满足表见代理构成要件的，代理行为的效力归属于被代理人。由此可见，代理权与基础法律关系的分离并不必然意味着代理权的效力和范围不受基础法律关系的影响。为避免相对人在与代理人实施法律行为时因无从知悉基础法律关系对代理人的限制而面临过高的无权代理风险，有必要确保代理权与基础法律关系的独立性，使代理权抽象于基础法律关系，且在效力和范围上均独立于基础法律关系，不受基础法律关系效力和范围的影响。

第二节　代理权的抽象性

被代理人如欲对代理权作出限制，则应在代理授权中予以明确。被代理人未限制代理权的范围，而仅在基础法律关系中对代理人进行限制的，代理权的范围不受影响。就此而言，德国通说认为，代理权不仅独立于基础法律关系，而且相对于基础法律关系具有抽象性。[①]代理权抽象性原则是《德国民法典》中代理法的基本原则，它作为意定代理与法定代理的"公因式"，推动了代理作为独立法律制度的产生。

一、代理权抽象性的概念内涵

在德国法上，代理权抽象性是指，基础法律关系的效力和范围不影响代理权的效力和范围，代理权是"抽象的"。[②]代理权的抽象性不仅包括效力上的抽象性，而且包括范围上的抽象性。[③]

（一）效力上的抽象性

效力上的抽象性是指，代理权的效力原则上不受基础法律关系存续

---

① Vgl. Leenen/Häublein, BGB Allgemeiner Teil, 3. Aufl., 2021, S. 363; Neuner, Allgemeiner Teil des Bürgerlichen Rechts, 13. Aufl., 2023, S. 633; Förster, Stellvertretung – Grundstruktur und neuere Entwicklungen, Jura 2010, S. 357; Medicus/Petersen, Allgemeiner Teil des BGB, 11. Aufl., 2016, S. 414; Brox/Walker, Allgemeiner Teil des BGB, 47. Aufl., 2023, S. 265-266; Lieder, Missbrauch der Vertretungsmacht und Kollusion, JuS 2014, S. 681; Himmen, Der stellvertretungsrechtliche Abstraktionsgrundsatz, JA 2016, S. 1345; a. A. Beuthien Vgl. Beuthien, Gilt im Stellvertretungsrecht ein Abstraktionsgrundsatz? Zum Verhältnis von Auftrag, Amt und Vollmacht, Festgabe aus der Wissenschaft-50 Jahre BGH, Band 1 2000, S. 81, 108.

② Vgl. MüKoBGB/Schubert, 9. Aufl. 2021, BGB § 164 Rn. 15; Lorenz, Grundwissen-Zivilrecht: Die Vollmacht, JuS 2010, S. 772; Lieder, Missbrauch der Vertretungsmacht und Kollusion, JuS 2014, S. 682.

③ Vgl. Brox/Walker, Allgemeiner Teil des BGB, 47. Aufl., 2023, S. 266; Lieder, Trennung und Abstraktion im Recht der Stellvertretung, JuS 2014, S. 394-395.

的影响,即代理权的存续不因基础法律关系的无效、被撤销、不成立而受到影响。①虽然《德国民法典》第168条第1句规定"意定代理权随基础法律关系之消灭而消灭",但该规定以代理权效力抽象性为基础而制定,作为代理权效力抽象性的例外而存在,②不具有强制效力,它仅适用于导致基础法律关系消灭的原因同样引起代理权消灭的情形。③

(二) 范围上的抽象性

一般认为,代理权抽象性原则源于拉邦德所提出的意定代理权抽象于基础法律关系的理论。④拉邦德认为,代理权的范围不受基础法律关系的限制,代理人违背委任或指示等基础法律关系所实施的代理行为属有权代理,仅由代理人向被代理人承担损害赔偿责任。⑤尽管拉邦德没有明确使用代理权抽象性的术语,但却特别强调了代理权的范围不受基础法律关系范围的影响,其理论的核心是代理权范围的抽象性。⑥

代理权范围抽象性的意涵是,代理权的范围不因基础法律关系对代理人的限制而受到影响,即基础法律关系对代理人的限制原则上不影响代理权的范围。⑦代理权所规范的是代理人"可以(Können)"实施代理行为的范围,而基础法律关系所明确的是代理人"应当(Dürfen)"如何实施代理行为。⑧概言之,代理权赋予代理人以被代理人名义实施法律行为的资格,而基础法律关系使代理人负担以特定方式实施代理行为的义务。⑨代理人在代理权限内"可以"实施其依据基础法律关系本不"应

---

① Vgl. Lieder, Trennung und Abstraktion im Recht der Stellvertretung, JuS 2014, S. 395.
② Vgl. MüKoBGB/Schubert, 9. Aufl. 2021, BGB § 164 Rn. 15; Medicus/Petersen, Allgemeiner Teil des BGB, 11. Aufl., 2016, S. 414.
③ Vgl. Larenz/Wolf, Allgemeiner Teil des Bürgerlichen Rechts, 9. Aufl., 2004, S. 885, 870.
④ Vgl. MüKoBGB/Schubert, 9. Aufl., 2021, BGB § 164 Rn. 9; Medicus/Petersen, Allgemeiner Teil des BGB, 11. Aufl., 2016, S. 414; Lieder, Trennung und Abstraktion im Recht der Stellvertretung, JuS 2014, S. 394.
⑤ 参见[德] 保尔·拉邦德:《依〈德国普通商法典〉缔结法律行为时的代理》,刘洋译,柯伟才校,载《苏州大学学报(法学版)》2021年第4期,第146、151页。
⑥ 鉴于我国学界对代理权抽象性的理解局限于效力上的抽象性,有学者甚至认为拉邦德的理论仅以"代理权与基础法律关系相区分"为主要内涵,授权行为抽象性的问题有赖于后续德国学者们的阐发。参见刘骏:《再论意定代理权授予之无因性》,载《交大法学》2020年第2期,第98页。该观点事实上并未意识到拉邦德关于代理权范围不受委托或指示等内部关系限制的内涵,即代理权范围上的抽象性。
⑦ Vgl. Lieder, Trennung und Abstraktion im Recht der Stellvertretung, JuS 2014, S. 395.
⑧ Vgl. Neuner, Allgemeiner Teil des Bürgerlichen Rechts, 13. Aufl., 2023, S. 625; Lorenz, Grundwissen-Zivilrecht: Die Vollmacht, JuS 2010, S. 772.
⑨ Vgl. Lieder, Trennung und Abstraktion im Recht der Stellvertretung, JuS 2014, S. 394.

当"实施的代理行为,即代理人在代理权限内实施的代理行为违反了基础法律关系,原则上不影响代理行为的效力,被代理人原则上不得以代理人违反基础法律关系为由主张无权代理,代理行为违反禁止代理权滥用规则的除外。①这不仅可以减少信息采集和纠纷解决成本,而且有利于维护交易安全,相对人仅需依据代理授权的内容来确定代理权的范围,原则上无需审查被代理人是否通过基础法律关系对代理人作出限制。②代理人在代理权限范围内实施代理行为时违反基础法律关系的限制的,代理行为原则上对被代理人生效,被代理人可以依据《德国民法典》第 280 条第 1 款的规定向违反基础法律关系义务的代理人主张损害赔偿,而不能以代理人违反基础法律关系的限制为由向相对人主张无权代理。③此外,代理人实施代理行为时无意识地超越基础法律关系的,亦不必向相对人承担无权代理责任。④

综上,代理权在效力和范围两个层面上具有抽象性。

二、代理权抽象性是代理法的基本原则

(一)《德国民法典》代理法以代理权抽象性为原则

如前所述,代理权抽象性原则是德国私法秩序的重要原则之一。⑤《德国民法典立法理由书》针对《德国民法典》第 168 条的记载如下:"意定代理权并非抽象,它始终依赖于其他法律关系而存在。"⑥关于这一记载,德国学界存在不同解读,有观点认为其蕴含着不区分代理和委托的传统理论残余;⑦也有观点认为,其仅涉及意定代理授权人"可能"希望意定代理权在基础法律关系的有效期内存续。⑧但无论如何也不能因此得出德国法未采纳抽象性原则的论断。

事实上,《德国民法典》第 167 条第 1 款第 1 种情形和第 168 条体现

---

① Vgl. Neuner, Allgemeiner Teil des Bürgerlichen Rechts, 13. Aufl., 2023, S. 625; Lieder, Missbrauch der Vertretungsmacht und Kollusion, JuS 2014, S. 682.
② Vgl. Lorenz, Grundwissen-Zivilrecht: Die Vollmacht, JuS 2010, S. 772; Lieder, Missbrauch der Vertretungsmacht und Kollusion, JuS 2014, S. 682.
③ Vgl. Lieder, Missbrauch der Vertretungsmacht und Kollusion, JuS 2014, S. 682.
④ Vgl. Lieder, Missbrauch der Vertretungsmacht und Kollusion, JuS 2014, S. 682.
⑤ Vgl. Lieder, Trennung und Abstraktion im Recht der Stellvertretung, JuS 2014, S. 393.
⑥ Vgl. Prot. I, 299 (Mugdan I, 742).
⑦ Vgl. Staudinger/Coing, 1978, § 168 Rn. 1.
⑧ Vgl. Enneccerus/Nipperdey, Allgemeiner Teil des Bürgerlichen Rechts, 15. Aufl., 1960, § 184 III 2.

了意定代理权与基础法律关系的独立性和抽象性。首先，按照《德国民法典》第167条第1款第1种情形的规定，意定代理权基于意定代理授权行为而非基础法律关系产生；其次，《德国民法典》第168条第2句规定，意定代理权在基础法律关系存续期间原则上可以被撤回，体现了意定代理权的独立性；①最后，《德国民法典》第168条第1句关于代理权随基础法律关系的消灭而消灭的规定，作为抽象性原则的法定例外，恰恰证实了制定法对抽象性原则的采纳。②

在抽象性原则的适用上，部分德国学者主张区分内部授权和外部授权。例如，有学者认为，在外部授权及内部授权外部通知的情形中，应采纳抽象性原则；而在内部授权中，代理权应依据《德国民法典》第168条的规定随着基础法律关系的消灭而消灭。③弗卢梅虽然亦认为抽象性原则在外部授权与内部授权的适用上应有所不同，但他在内部授权的情形中同样坚持意定代理权与基础法律关系的区分，只是强调在内部授权的情形中应特别关注意代理权与基础法律关系之间以及代理授权行为与创设该基础法律关系的法律行为之间千丝万缕的联系。④当今德国司法实践和学界通说一致认为，为维护交易安全和保护代理人，不论内部授权还是外部授权，均应坚持抽象性原则。⑤原因有两方面：一方面，依据《德国民法典》第167条的规定，无论内部代理权抑或外部代理权，均基于代理权授予的单方法律行为产生；⑥另一方面，不论内部代理权还是外部代理权，均需保护交易安全和控制交易成本并使代理人免于承

---

① Vgl. Himmen, Der stellvertretungsrechtliche Abstraktionsgrundsatz, JA 2016, S. 1348.

② Vgl. MüKoBGB/Schubert, 9. Aufl. 2021, BGB § 164 Rn. 15; Lorenz, Grundwissen–Zivilrecht: Die Vollmacht, JuS 2010, S. 773; Lieder, Missbrauch der Vertretungsmacht und Kollusion, JuS 2014, S. 682; Himmen, Der stellvertretungsrechtliche Abstraktionsgrundsatz, JA 2016, S. 1346; Lieder, Trennung und Abstraktion im Recht der Stellvertretung, JuS 2014, S. 395.

③ Vgl. Medicus/Petersen, Allgemeiner Teil des BGB, 11. Aufl., 2016, S. 414; Beuthien, Gilt im Stellvertretungsrecht ein Abstraktionsgrundsatz? Zum Verhältnis von Auftrag, Amt und Vollmacht, Festgabe aus der Wissenschaft–50 Jahre BGH, Band 1 2000, S. 81, 108; Frotz, Verkehrsschutz im Vertretungsrecht (1972), S. 329, 331.

④ 参见［德］维尔纳·弗卢梅：《法律行为论》，迟颖译，法律出版社2013年版，第1003~1008页。

⑤ Vgl. MüKoBGB/Schubert, 9. Aufl. 2021, BGB § 164 Rn. 15, OLG Hamm NJW 1992, 1174, 1175; Leenen/Häublein, BGB Allgemeiner Teil, 3. Aufl., 2021, S. 363; Neuner, Allgemeiner Teil des Bürgerlichen Rechts, 13. Aufl., 2023, S. 625–627; Himmen, Der stellvertretungsrechtliche Abstraktionsgrundsatz, JA 2016, S. 1346–1347; Lieder, Trennung und Abstraktion im Recht der Stellvertretung, JuS 2014, S. 395.

⑥ Vgl. Himmen, Der stellvertretungsrechtliche Abstraktionsgrundsatz, JA 2016, S. 1347.

担无权代理责任。①

综上,代理权抽象性原则是德国代理法的基本原则。

(二) 代理权抽象性是意定代理和法定代理的"公因式"

代理权抽象性原则是意定代理与法定代理的"公因式",它奠定了《德国民法典》中代理法的基础,不仅适用于意定代理,而且适用于法定代理。②在意定代理中,基础法律关系通常为意定之债,如委托合同、承揽合同、劳动合同、雇佣合同或合伙协议等。此类合同或协议的内容主要涉及代理人与被代理人相互之间的权利义务关系,如代理人的报酬或费用补偿请求权和诚实勤勉义务。在法定代理中,基础法律关系通常为法定之债。如父母对子女、监护人对被监护人进行照顾或监护时,应依据《德国民法典》第1664条以下各条的规定履行法定义务,并可以依据《德国民法典》第1648条等规定请求费用补偿。③但不论在意定代理还是法定代理中,代理权均脱离基础法律关系而独立存在。

除代理权产生的方式不同之外,法定代理与意定代理在法律性质和法律效果上并无不同,两者均为代理人以被代理人的名义实施的法律行为对被代理人生效的法律制度。就需要平衡的利益来看,法定代理和意定代理亦无区别,两者均需平衡被代理人、代理人和相对人之间的利益,特别是必须考虑交易安全的问题。由此,代理权抽象性原则同样适用于法定代理。

综上,不论意定代理权还是法定代理权,原则上均不会因基础法律关系的消灭而消灭,也不会因基础法律关系的限制而受到限制。

三、代理权抽象性在私法自治原则下保护交易安全

被代理人因代理行为的实施扩大其私法自治的范围,理应承担代理人违反基础法律关系限制的风险。抽象性原则有利于维护交易安全和节约交易成本,相对人没有义务探究基础法律关系的效力和范围,只需确认代理权本身的效力和范围。④代理权赋予代理人对外实施效力归属于被代理人的代理行为的资格,代理人与被代理人的基础法律关系要求代理人对外实施代理行为时履行相应义务,例如尊重被代理人的意愿并谋求

---

① Vgl. Lieder, Trennung und Abstraktion im Recht der Stellvertretung, JuS 2014, S. 395.
② Vgl. Neuner, Allgemeiner Teil des Bürgerlichen Rechts, 13. Aufl., 2023, S. 624; Schilken, Aktuelle Fragen zum Missbrauch der Vertretungsmacht, FS Becker-Eberhard, 2022, S. 501.
③ Vgl. Neuner, Allgemeiner Teil des Bürgerlichen Rechts, 13. Aufl., 2023, S. 624.
④ Vgl. Himmen, Der stellvertretungsrechtliche Abstraktionsgrundsatz, JA 2016, S. 1350; Lieder, Trennung und Abstraktion im Recht der Stellvertretung, JuS 2014, S. 394-395.

被代理人的利益。但由于相对人通常无法判断代理行为是否符合被代理人的利益或意愿，亦无法判断代理人在实施代理行为时是否履行其依据基础法律关系需向被代理人承担的义务或职责，代理权的范围不应受基础法律关系范围的影响，相对人仅需依据授权内容或法律的规定来确定代理权的内容与范围，无需审查基础法律关系的效力和范围。①唯其如此，交易安全才能得到保障。

代理权抽象性原则在私法自治的框架下保护交易安全，体现了"自主决定、责任自负"之私法自治内涵，具有天然正当性。为维护交易安全，被代理人必须对其基于私法自治原则授予的代理权承担责任，即必须承认代理人以其名义在代理权限范围内所实施代理行为的效力，而不得以代理人违反基础法律关系的限制为由主张无权代理。倘若不承认抽象性，代理权将因基础法律关系的无效或被限缩而全部或部分消灭，被代理人就可以基础法律关系的无效或受限为由主张无权代理，否定代理行为的效力，相对人须举证表见代理成立来维护其利益。可见，在抽象性原则下，交易安全保护原则上优先于被代理人的利益保护。②

综上，代理权抽象性原则在私法自治的框架下维护交易安全，它是代理作为独立的法律制度得以产生的基础，亦是代理制度不可或缺的基本原则。代理权的抽象性包括代理权效力上和范围上的抽象性两个层面。作为代理制度的"公因式"，代理权抽象性原则不仅适用于意定代理，而且适用于法定代理。根据这一原则，代理行为的效力原则上不因代理人违反基础法律关系的限制而受到影响，代理人违反禁止代理权滥用规则的除外。

四、代理行为的效力原则上不因代理权的滥用而受到影响

代理权滥用是指代理人在代理权限范围内违反基础法律关系的义务而实施代理行为。

（一）代理权滥用风险的产生

代理权滥用的风险源于代理人对外"可以"行使的代理权宽于其对内"应当"对被代理人承担的义务。被代理人如欲规避代理权滥用之风险，可以在代理授权中明确限制代理人的代理权。例如，为确保代理人

---

① Vgl. Neuner, Allgemeiner Teil des Bürgerlichen Rechts, 13. Aufl., 2023, S. 624; Brox/Walker, Allgemeiner Teil des BGB, 47. Aufl., 2023, S. 279; Medicus/Petersen, Allgemeiner Teil des BGB, 11. Aufl., 2016, S. 417.

② Vgl. Lieder, Trennung und Abstraktion im Recht der Stellvertretung, JuS 2014, S. 396.

能够按照被代理人的意思为实现被代理人的利益而实施代理行为，被代理人可以在代理授权中明确限定代理人对外"可以"如何实施代理行为，如代理授权明确规定代理人只能订立金额在5万元以下的采购合同。但在实践中，被代理人为保障代理人的自主决定空间，便利代理人与相对人缔约，通常会授予代理人较为宽泛的代理权，而只在基础法律关系中约定代理人应负的义务。例如，为便利代理人与相对人订立采购合同，被代理人授予代理人没有金额限制的代理权，但在基础法律关系中却约定，代理人只能订立金额在5万元以下的采购合同。代理人违反基础法律关系的限制订立金额为6万元的采购合同时，被代理人是否可以代理人滥用代理权为由对抗相对人的主张？换言之，代理权滥用的风险应由被代理人还是相对人承担？

（二）代理权滥用的风险原则上应由被代理人承担

《德国民法典》原则上并未将代理权的边界设定为代理人在基础法律关系范围内实施代理行为，而是采纳代理权抽象性原则，将代理权滥用的风险原则上分配给被代理人。[1]首先，从私法自治的层面来看，被代理人依据意思自治原则授予代理权，只要代理人在代理权限范围内实施代理行为，被代理人就应当承认该代理行为的效力，而不能通过否定代理行为的效力将代理权滥用的风险转嫁给相对人，这是"自主决定、责任自负"之私法自治原则的必然要求。其次，从体系化的要求来看，不论基于可归责性原则还是风险分配原则，善意相对人的信赖均值得保护。[2]根据可归责性原则，代理权滥用的风险因被代理人授予宽泛的代理权而起，被代理人具有可归责性；根据风险分配原则，风险应由引发并可以控制该风险者承担，授予宽泛代理权的被代理人是代理权滥用风险的引发者，且被代理人可以通过监督代理人来控制风险，故被代理人原则上应当承担代理权滥用的风险。最后，从经济分析的层面来看，被代理人可以较低的费用避免代理权滥用的风险，例如，他可以审慎选择代理人，也可以抽查监督代理人的行为，还可以基于现有的经验判断代理人未来的行为；而相对人一般无从判断被代理人所追求的利益，也无从判断代理行为是否符合被代理人的利益。换言之，对于相对人而言，如

---

[1] Vgl. MüKoBGB/Schubert, 9. Aufl. 2021, BGB § 164 Rn. 221; Neuner, Allgemeiner Teil des Bürgerlichen Rechts, 13. Aufl., 2023, S. 625; Brox/Walker, Allgemeiner Teil des BGB, 47. Aufl., 2023, S. 279; Medicus/Petersen, Allgemeiner Teil des BGB, 11. Aufl., 2016, S. 417.

[2] Vgl. Vedder, Missbrauch der Vertretungsmacht, 2007, S. 63.

欲规避代理权滥用之风险，通常需要支付高昂的成本。①可见，无论从经济分析的层面还是体系化的要求来看，被代理人因代理行为的实施而获益，故原则上应承担代理权滥用之风险。

（三）代理人滥用代理权的损害赔偿责任

根据代理权抽象性原则，代理人在代理权限范围内滥用代理权所实施的代理行为原则上对被代理人生效，相对人可以向被代理人主张代理行为的效力。被代理人因向相对人履行代理人违反基础法律关系所实施的代理行为而遭受损失的，可以依据基础法律关系的约定或法律的规定追究代理人的法律责任。

综上所述，依据代理权抽象性原则，交易安全保护原则上优先于被代理人的利益保护，故代理权滥用的风险原则上由被代理人承担。代理人在代理权限内实施代理行为时违反基础法律关系的限制的，其对外实施的代理行为的效力原则上不受影响，被代理人只能向代理人主张损害赔偿。

五、代理行为的效力因违反禁止代理权滥用规则而受到影响

尽管代理人原则上应承担代理权滥用的风险，但当相对人明知代理权滥用或代理权滥用具有客观显见性（Evidenz）时，相对人有义务向被代理人进行确认。相对人未予确认的，应突破代理权抽象性原则，转向维护被代理人的利益，②此时应当适用禁止代理权滥用规则。禁止代理权滥用是德国法院为克服代理权抽象性原则的弊端而在长期实践中所形成的规则。③按照该规则，相对人明知代理权滥用或代理权的滥用具有客观显见性的，尤其是相对人与代理人恶意串通损害被代理人利益的，代理权应被视为不存在，代理行为应被视为无权代理。④在上述情形中，假若仍以代理权抽象性原则维护交易安全，允许相对人向被代理人主张代理行为的效力，则有违诚实信用原则。⑤作为抽象性原则的配套制度，禁止代理权滥用规则禁止不值得保护的相对人依抽象性原则向被代理人

---

① Vgl. Vedder, Missbrauch der Vertretungsmacht, 2007, S. 62.
② Vgl. Lieder, Trennung und Abstraktion im Recht der Stellvertretung, JuS 2014, S. 396.
③ Vgl. MüKoBGB/Schubert, 9. Aufl. 2021, BGB § 164 Rn. 15; Neuner, Allgemeiner Teil des Bürgerlichen Rechts, 13. Aufl., 2023, S. 624; Brox/Walker, Allgemeiner Teil des BGB, 47. Aufl., 2023, S. 279; Medicus/Petersen, Allgemeiner Teil des BGB, 11. Aufl., 2016, S. 417.
④ 参见［德］维尔纳·弗卢梅：《法律行为论》，迟颖译，法律出版社2013年版，第941页；Vgl. Neuner, Allgemeiner Teil des Bürgerlichen Rechts, 13. Aufl., 2023, S. 624.
⑤ Vgl. Lieder, Missbrauch der Vertretungsmacht und Kollusion, JuS 2014, S. 682.

主张代理行为的效力。

综上所述，代理制度为实现被代理人的利益而设，为平衡各方利益并确保代理制度功能的发挥，应优先保护交易安全。代理权抽象性原则确保代理权与基础法律关系的独立性，在私法自治的框架下充分保护交易安全，避免代理人承担无权代理责任，可以有效平衡被代理人、相对人和代理人三方之间的利益。相对人在与代理人实施法律行为时，仅需确认代理权的效力和范围，而无需核实基础法律关系的效力和范围。只要代理人是在代理权限内实施法律行为，相对人原则上就可以直接向被代理人主张有权代理，仅在代理行为违反禁止代理权滥用规则的例外情形中，始应为维护被代理人的利益而突破抽象性原则。代理权抽象性原则使相对人可以安心地与代理人实施法律行为，而不致因担心无权代理而坚持直接与被代理人实施法律行为，以此确保代理制度功能的发挥。

第三节 我国法采纳代理权抽象性原则的必要性和可行性

代理权抽象性原则是德国代理法的基本原则，是德国抽象立法技术运用的结果。我国学界一般认为，我国法采纳了代理授权行为与基础法律关系相分离的原则，但并未采纳代理权抽象性原则。针对我国法是否应采纳代理权抽象性原则的问题，学界存在诸多争议。本节将在分析评述这些理论争议的基础上，论证我国采纳代理权抽象性原则的必要性和可行性。

一、代理权抽象性之理论争议评析

关于代理权与基础法律关系之间的关系问题，我国学界主要有"无因说"和"有因说"两种学说。持"有因说"的学者认为，代理授权行为与基础法律关系在效力上具有牵连性，基础法律关系的效力瑕疵导致代理授权行为无效。[1]而持"无因说"的学者则主张，基础法律关系的效力瑕疵不影响授权行为的效力，不妨害代理人基于代理权所实施法律行为的效力。[2]不难看出，不论持"有因说"还是"无因说"的学者，均以代理权的效力是否受基础法律关系效力的影响为基础，很少有学者关

---

[1] 参见冉克平：《代理授权行为无因性的反思与建构》，载《比较法研究》2014年第5期，第86页。

[2] 参见尹田：《论代理制度的独立性——从一种法技术运用的角度》，载《北方法学》2010年第5期，第48页。

注代理权的范围是否受基础法律关系范围的影响。①这在很大程度上决定了我国法使用"意定代理授权行为无因性"的概念,而未采纳德国法上的"代理权抽象性"的概念。②"意定代理授权行为无因性"的概念存在两方面的局限:一是它仅限于意定代理授权行为与基础法律关系在效力上的独立性,不能体现两者在范围上的独立性,而代理权范围的抽象性才是代理制度发挥实效的关键所在,亟须在概念上予以体现;二是它仅适用于意定代理,而不适用于法定代理,无法体现其作为意定代理和法定代理"公因式"之功能。③为克服"意定代理授权行为无因性"之概念的局限性,本书采用"代理权抽象性"的概念,使其能兼具效力抽象和范围抽象之内涵,并充分发挥其作为意定代理和法定代理"公因式"之功能。在确定"代理权抽象性"的概念内涵后,下述将针对我国法是否应采纳抽象性原则的理论争议具体展开分析论证。

(一)肯定说

持肯定说的学者多强调代理权的效力抽象性,即认为代理权的效力不受基础法律关系效力的影响,④而鲜有论及代理权范围抽象性的。⑤此外,持肯定说的学者,一般仅认识到对相对人与代理人恶意串通的行为应予禁止,⑥而鲜有认识到禁止代理权滥用规则对抽象性原则的限制功能的。⑦

---

① 持"有因性"观点的学者在否定意定代理授权行为效力抽象性的同时肯定了代理权范围上的抽象性。例如,朱庆育:《民法总论》(第2版),北京大学出版社2016年版,第346页。学者陈自强认识到有因性不仅涉及效力上的有因性代理而且涉及范围上的有因性:基础法律关系消灭的,代理权消灭,基础法律关系消灭后代理人所实施的代理行为构成无权代理;基础法律关系的范围即为代理权的范围,对基础法律关系的违反即构成对代理权的超越,代理行为构成无权代理,必须借助以权利外观理论为依托的表见代理规则来维护交易安全。参见陈自强:《代理权与经理权之间——民商合一与民商分立》,北京大学出版社2008年版,第93页。
② 有学者认为,意定代理授权行为的无因性也被称为意定代理授权行为的抽象性。参见陈华彬:《论意定代理权的授予行为》,载《比较法研究》2017年第2期,第197页。
③ 参见尹田:《论代理制度的独立性——从一种法技术运用的角度》,载《北方法学》2010年第5期,第49页。
④ 参见范李瑛:《论代理权授予行为的独立性和无因性》,载《烟台大学学报(哲学社会科学版)》2003年第2期,第166页;汪渊智:《代理法论》,北京大学出版社2015年版,第130页。
⑤ 参见王利明:《论民法典代理制度中的授权行为》,载《甘肃政法大学学报》2020年第5期,第5页;迟颖:《意定代理授权行为无因性解析》,载《法学》2017年第1期,第33页。
⑥ 参见范李瑛:《论代理权授予行为的独立性和无因性》,载《烟台大学学报(哲学社会科学版)》2003年第2期,第166页。
⑦ 参见迟颖:《意定代理授权行为无因性解析》,载《法学》2017年第1期,第29~33页。

由于缺乏对代理权范围抽象性和禁止代理权滥用规则对抽象性原则限制功能的认识，多数支持抽象性原则的学者对抽象性原则之交易安全保护功能未能充分认识，在主张采纳抽象性原则的同时仍坚持以表见代理制度来维护交易安全。①

（二）折中说

1. 折中观点之一

折中观点之一认为，外部授权应采抽象性原则，而内部授权应采有因性原则，同时适用表见代理制度来保护交易安全。②如此一来，代理授权人会为维护自身利益而倾向于采用内部授权方式，而相对人则会为维护自身利益而倾向于要求授权人采用外部授权方式。相对人坚持外部授权而授权人因时间或空间的限制无法外部授权的，代理制度的功能将无从发挥。例如，《不动产登记暂行条例实施细则》第12条第3款规定："自然人处分不动产，委托代理人申请登记的，应当与代理人共同到不动产登记机构现场签订授权委托书，但授权委托书经公证的除外。"为确保不动产登记簿的准确性和维护交易安全，该规定明确要求代理权的外部授予或公证授予。按照该规定，授权人必须亲自到不动产登记机构授予代理权，无异于要求其本人自行完成登记。如若授权人由于时间或空间的限制无法亲自到不动产登记机构授予代理权，则其只能以公证形式授予代理权，而公证处一般亦要求授权人亲临现场，对于因时间或空间的限制无法亲自到公证处授权者，同样意味着不能通过代理人完成不动产登记。从该规定关于授权委托书公证的要求中可以看出，立法者致力于排除基础法律关系对代理权效力的影响。倘使在内部授权的情形中采纳抽象性原则，就不必要求将授权委托书做成公证书，亦不必要求授权人亲自到不动产登记机构进行外部授权，代理的制度功能才得以发挥。可见，为维护交易安全，确保代理制度功能的发挥，应借鉴现今德国通说观点，对于内部授权和外部授权，均采纳抽象性原则。

2. 折中观点之二

折中观点之二认为，代理权抽象性原则仅适用于商事代理，而不适用于民事代理。在民事代理中，授权行为和基础法律关系的范围和效力紧密关联，可适用表见代理规则来解决善意相对人保护的问题；而在商事代理中，适用表见代理规则来解释经理权等概括代理权存在疑问，故

---

① 参见范李瑛：《论代理权授予行为的独立性和无因性》，载《烟台大学学报（哲学社会科学版）》2003年第2期，第166页。
② 参见杨代雄：《法律行为论》，北京大学出版社2021年版，第528页。

有必要适用抽象性理论。①该观点有待商榷。

首先，虽然抽象性原则滥觞于商事习惯，但这并不意味着民事代理中就不需要该原则。商事代理虽因商主体和商业模式而具有特殊性，但总体上与民事代理的共性大于个性。②事实上，许多商事实践中发展出来的制度和规则，越来越多地被民法所吸纳，甚至被称为"民法商法化"。③若将商事代理比作冰川，则抽象性理论正是融化的那部分，其可以被民法所吸收，成为民法中代理制度的基石。④

其次，持折中说的学者在否定民事代理权抽象性时采纳了法国法的代理与委托一体论，混淆了代理与委托。根据该观点，授权行为和基础法律关系密切相关，代理人接受授权即意味着双方委托法律关系的设立，授权是委托合同的核心要素，是委托合同的具体履行，而抽象性所演绎的"孤立代理权之说"不能成立。⑤可见，该观点与我国法严格区分代理与委托的立法模式背道而驰。

最后，在我国法上，授权是指授权人为扩大其私法自治的范围而授予被授权人以授权人名义实施法律行为的资格；而委托合同仅规范委托人与受托人之间的权利义务关系，原则上不具有对外效力。尽管拉邦德在提出抽象性理论时认为意定代理权基于授权合同而产生，但同时坚持认为授权合同与委托合同在效力和范围上有所不同，授权合同仅包括被授权人以授权人名义所实施的法律行为应被视为授权人自行实施之法律行为的内容。⑥我国学界一般认为，授权行为是单方法律行为。⑦即

---

① 参见刘骏：《再论意定代理权授予之无因性》，载《交大法学》2020年第2期，第95页。

② 参见徐海燕：《表见代理构成要件的再思考：兼顾交易安全和意思自治的平衡视角》，载《法学论坛》2022年第3期，第47页。

③ 参见纪海龙：《现代商法的特征与中国民法典的编纂》，载王洪亮等主编：《中德私法研究（15）：民商合一与分立》，北京大学出版社2017年版，第3~41页。

④ 应当注意的是，商事登记、经理权不受意定限制等部分，则构成冰川"不能融化"的部分。

⑤ 参见刘骏：《再论意定代理权授予之无因性》，载《交大法学》2020年第2期，第95、103页。

⑥ 参见［德］保尔·拉邦德：《依〈德国普通商法典〉缔结法律行为时的代理》，刘洋译，柯伟才校，载《苏州大学学报（法学版）》2021年第4期，第146页。

⑦ 参见尹田：《论代理制度的独立性——从一种法技术运用的角度》，载《北方法学》2010年第5期，第47页；范李瑛：《论代理权授予行为的独立性和无因性》，载《烟台大学学报（哲学社会科学版）》2003年第2期，第163页；汪渊智：《论代理权的授予行为》，载《山西大学学报（哲学社会科学版）》2015年第6期，第119页；叶金强：《论代理权授予行为的有因构造》，载《政法论坛》2010年第1期，第111页；陈华彬：《论意定代理权的授予行为》，载《比较法研究》2017年第2期，第192页；王利明：《论民法典代理制度中的授权行为》，载《甘肃政法大学学报》2020年第5期，第3页。

使承认授权人可以合同的方式授予代理权，该合同也仅为授权合同，而非委托合同，故不宜将两者相混淆。

综上，民事代理与商事代理并无不同，均涉及交易安全保护的问题，认为抽象性原则仅适用于商事代理，但不适用于民事代理的折中观点有待商榷。

（三）否定说

否定说认为，代理授权之目的在于实现基础法律关系，故基础法律关系消灭，代理权亦消灭，基础法律关系消灭后代理人所实施的代理行为构成无权代理；基础法律关系的范围即为代理权的范围，对基础法律关系的违反即构成对代理权的超越，代理行为构成无权代理。[①]该观点对授权行为的目的有所误解。如前所述，代理授权的目的不是实现基础法律关系，而是授予代理人与相对人实施法律行为并将该行为的效力归属于被代理人的资格。而被代理人在基础法律关系中为代理人设定的义务，主要是为确保代理人按照被代理人的意愿为实现被代理人的利益而实施代理行为。代理人违反该义务的，仅需依据基础法律关系的约定向被代理人承担损害赔偿责任，其所实施的代理行为的效力并不受影响。此外，否定说还存在下述问题。

1. 未意识到代理权范围的抽象性

否定说认为，拉邦德的理论仅涉及基础法律关系与代理权的分离，而不涉及代理权范围的抽象性。[②]可见，与大多数持肯定说的学者一样，持否定说的学者亦未意识到代理权范围之抽象性。事实上，拉邦德虽未明确使用抽象性的概念，但却致力于确保代理权与基础法律关系的独立性，使相对人在与代理人实施法律行为时可以信赖代理权本身的效力和范围，而无需关注基础法律关系是否对代理人作出限制。

2. 未意识到禁止代理权滥用规则对抽象性原则的突破

否定说认为，在抽象性原则下，恶意相对人会受到保护。[③]该观点没有意识到禁止代理权滥用规则对抽象性原则的突破。如前所述，代理行为违反禁止代理权滥用规则的，恶意相对人不值得受到保护，应转而保

---

① 参见陈自强：《代理权与经理权之间——民商合一与民商分立》，北京大学出版社 2008 年版，第 93 页。
② 参见叶金强：《论代理权授予行为的有因构造》，载《政法论坛》2010 年第 1 期，第 112 页。
③ 参见冉克平：《代理授权行为无因性的反思与建构》，载《比较法研究》2014 年第 5 期，第 93 页；刘骏：《再论意定代理权授予之无因性》，载《交大法学》2020 年第 2 期，第 109 页。

护被代理人。进言之，被代理人可以通过主张代理行为违反禁止代理权滥用规则来否定代理行为的效力。可见，抽象性原则并不保护恶意相对人。

3. 未意识到抽象性原则确保法律关系清晰性的功能

持否定说的学者认为，抽象性原则满足于概念演绎和逻辑推导，割裂了社会事实和法律规范，人为地使法律关系复杂化。①事实上，代理权抽象性原则有助于厘清代理中不同法律行为之间的关系，并逐一判断各法律行为的效力，从而确保法律关系的清晰性。②反之，代理权与基础法律关系不加区分会导致代理法律关系模糊不清，势必增加无权代理之风险。

4. 将代理权抽象性与物权行为无因性予以不当比较

持否定说的学者将代理权抽象性与物权行为无因性这两种不具有可比性的理论③加以比较，并以我国法未采纳物权行为无因性为由来否定代理权抽象性的价值。④该做法有待商榷。首先，如前所述，授权行为独立于基础法律关系是客观事实，并非仅存在于学者的观念之中。其次，代理权抽象性原则下，被代理人并非无法获得救济。⑤事实上，被代理人不仅可以通过撤回代理权来避免代理人继续实施不利于其的代理行为，而且在代理行为构成禁止代理权滥用的情形中，被代理人还可以通过否定代理行为的效力来避免承担有权代理的法律后果；代理行为未违反禁止代理权滥用规则的，被代理人可以依据基础法律关系的约定或法律的规定向代理人主张损害赔偿。最后，抽象性原则在私法自治框架下直接对相对人予以充分保护，相对人无需举证表见代理成立。

5. 混淆代理权与基础法律关系

否定说认为代理权与基础法律关系之间存在着天然联系，⑥基础法律

---

① 参见刘骏：《再论意定代理权授予之无因性》，载《交大法学》2020 年第 2 期，第 109 页。
② 参见邓海峰：《代理授权行为法律地位辨析》，载《法律科学（西北政法学院学报）》2002 年第 5 期，第 87 页；迟颖：《意定代理授权行为无因性解析》，载《法学》2017 年第 1 期，第 25 页。
③ 参见邓海峰：《代理授权行为法律地位辨析》，载《法学》2002 年第 8 期，第 56 页。
④ 参见朱庆育：《民法总论》（第 2 版），北京大学出版社 2016 年版，第 344~346 页；冉克平：《代理授权行为无因性的反思与建构》，载《比较法研究》2014 年第 5 期，第 91~92 页；类似观点见陈自强：《代理权与经理权之间——民商合一与民商分立》，北京大学出版社 2008 年版，第 68~72 页。
⑤ 参见冉克平：《代理授权行为无因性的反思与建构》，载《比较法研究》2014 年第 5 期，第 92 页。
⑥ 参见叶金强：《论代理权授予行为的有因构造》，载《政法论坛》2010 年第 1 期，第 113 页。

关系的范围即为代理权的范围，违背被代理人的利益或内部约定等基础法律关系义务的代理行为构成无权代理。①代理权通常基于授权的单方法律行为而产生，而基础法律关系通常基于合同订立的双方法律行为而产生；基础法律关系旨在规范代理人与被代理人之间的内部关系，而代理授权行为旨在授予代理人以被代理人名义实施法律行为的资格。授权行为与基础法律关系不仅性质不同，而且效果意思不同，故不具有"天然联系"。

（1）代理法律关系模糊不清

代理权与基础法律关系相混淆，势必导致基础法律关系的内部效力外部化。司法实践中，法官常常在审查代理授权行为的效力时，要求代理人提供委托合同。为确保代理权的独立性，有必要坚持代理权与基础法律关系的独立性。②代理行为是否可以被归属于被代理人，仅取决于代理权的效力和范围，而不涉及基础法律关系，明晰代理法律关系有利于维护交易安全与效率。

（2）过度保护被代理人

代理权与基础法律关系相混淆，为被代理人推卸责任敞开方便之门，被代理人因自身原因不愿承担有权代理之法律后果的，可以基础法律关系存在瑕疵为由否定代理行为的效力，③有过度保护被代理人之嫌。在代理关系中，被代理人因使用代理人而扩大其私法自治的范围，如若再允许其以基础法律关系的效力瑕疵否认代理人在代理权限范围内所实施法律行为的效力，则意味着被代理人可以不承担其依据私法自治原则本应承担的法律后果，有违私法自治之"责任自负"的要求。

（3）不利于维护交易安全与效率

代理权与基础法律关系的混淆，致使代理权因基础法律关系的瑕疵而受到影响，代理行为的效力不仅受到代理权的效力和范围的影响，而

---

① 参见陈自强：《代理权与经理权之间——民商合一与民商分立》，北京大学出版社2008年版，第91页。

② 参见尹田：《论代理制度的独立性——从一种法技术运用的角度》，载《北方法学》2010年第5期，第48页；尹田：《民法典总则之理论与立法研究》（第2版），法律出版社2018年版，第568页；陈华彬：《论意定代理权的授予行为》，载《比较法研究》2017年第2期，第196~199页；陈甦主编：《民法总则评注》（下册），法律出版社2017年版，第1239页（方新军执笔）；范李瑛：《论代理权授予行为的独立性和无因性》，载《烟台大学学报（哲学社会科学版）》2003年第2期，第166页；邓海峰：《代理授权行为法律地位辨析》，载《法学》2002年第8期，第56页。

③ 参见邓海峰：《代理授权行为法律地位辨析》，载《法学》2002年第8期，第54页。

且受到基础法律关系的效力和范围的影响，相对人的法律地位极不确定，面临相当高的无权代理风险。进言之，相对人为确保代理行为的效力，不仅需要确认代理权的效力与范围，而且还必须投入大量时间和成本调查其难以知悉的内部基础法律关系的效力和范围，①如代理行为是否符合被代理人的利益，是否违背规范代理人与被代理人之基础法律关系的约定。代理行为构成无权代理的，相对人只有举证表见代理成立才能向被代理人主张其效力。②但表见代理的成立需要特定的前提条件且其正当性不无疑问。由此可见，代理权与基础法律关系的混淆不利于维护交易安全和效率。

（4）代理人须承担较高的无权代理责任风险

一般而言，代理人不希望因代理行为的实施而成为合同当事人或向相对人承担无权代理责任。代理权与基础法律关系的混淆意味着，劳动合同或委托合同等基础法律关系无效或对劳动者和受托人作出限制的，代理权随之消灭或受到限制，代理行为构成无权代理，由代理人向相对人承担无权代理责任。根据《民法典》第171条的规定，作为劳动者或受托人的代理人或被要求履行其以被代理人名义订立的合同，而如此之高的风险势必降低人们担任代理人的意愿，从而影响代理制度功能的发挥。因此，为控制代理人的无权代理风险，有必要坚持代理权与基础法律关系的独立性，不论基础法律关系是否存续或受到限制，代理人在代理权限内所实施的代理行为均为有权代理，原则上对被代理人生效。③

综上所述，否定说的主要弊端在于过度保护被代理人的利益、忽视相对人和代理人的利益，导致代理关系三方当事人之间的利益明显失衡。为纠正这种利益失衡的状态，持否定说的学者不得不借助表见代理制度来维护交易安全。但是，在以私法自治为原则的代理制度中，表见代理的正当性不无疑问，即便承认表见代理，相对人也会面临举证不能的风险，无权代理的风险仍然很高。面临如此之高的无权代理风险，相对人可能会倾向于直接与被代理人实施法律行为，而人们担任代理人的意愿势必大大降低，代理制度的功能则无从发挥。

---

① 参见邓海峰：《代理授权行为法律地位辨析》，载《法学》2002年第8期，第54页。
② 参见尹田：《论代理制度的独立性——从一种法技术运用的角度》，载《北方法学》2010年第5期，第51页；
③ 参见范李瑛：《论代理权授予行为的独立性和无因性》，载《烟台大学学报（哲学社会科学版）》2003年第2期，第166页；尹田：《论代理制度的独立性——从一种法技术运用的角度》，载《北方法学》2010年第5期，第51页。

二、我国法采纳代理权抽象性原则的必要性

为平衡代理关系中被代理人、相对人和代理人三方当事人的利益并合理分配风险,确保代理制度功能的发挥,我国法有必要采纳代理权抽象性原则。

(一) 代理权抽象性以私法自治为理论基础充分保护交易安全

1. 代理关系中交易安全保护之优先性

有观点认为,在价值位阶上,交易安全并不优于被代理人的利益。① 本书持不同观点。在代理关系中,从利益冲突的衡量原则来看,交易安全保护的价值原则上应高于被代理人的利益保护。② 这是因为,代理制度一般是为实现被代理人扩大其私法自治范围之目的而设,为实现被代理人的利益,必须优先保护交易安全,如此才能确保代理制度发挥实效。如若为维护被代理人的利益而采取"有因说",③ 允许被代理人通过主张基础法律关系的瑕疵来否认代理人在代理权限范围内所实施代理行为的效力,则相对人将面临极高的无权代理风险。基于风险规避的考量,相对人很可能会拒绝与代理人实施法律行为,而更倾向于选择与被代理人本人实施法律行为。如此一来,代理制度的功能将无从发挥。

2. 以私法自治保护交易安全之正当性

如若不采纳抽象性原则,则需要借助表见代理制度来维护相对人的交易安全。表见代理以信赖保护为理论基础,在以私法自治为原则的民法中,其正当性基础需要额外论证,尤其对于私法自治原则尚未得到充分贯彻的我国法而言,信赖保护原则的适用需要谨慎。作为例外原则的信赖保护原则,一旦被作为普适性原则予以泛化,私法自治原则的适用空间将会被进一步限缩。事实上,表见代理在我国法上的普遍适用已经严重侵蚀"被代理人"的私法自治,根本未授予他人代理权的"被代理人",会因行为人举证表见代理成立而被迫承认行为人以其名义所实施的"代理行为"的效力。可见,表见代理的适用,意味着将作为"例外"的信赖保护上升为"原则",严重危及私法自治,有待商榷。

---

① 参见冉克平:《代理授权行为无因性的反思与建构》,载《比较法研究》2014年第5期,第93页。
② 参见尹田:《论代理制度的独立性——从一种法技术运用的角度》,载《北方法学》2010年第5期,第50页。
③ 参见陈自强:《代理权与经理权之间——民商合一与民商分立》,北京大学出版社2008年版,第81页。

抽象性原则在私法自治框架下维护交易安全，其正当性毋庸置疑。根据该原则，被代理人仅需对其所授予的代理权承担责任，承认代理人在代理权限范围内以其名义所实施代理行为的效力。而未授予代理权的"被代理人"，无需承认行为人以其名义所实施法律行为的效力，即使"被代理人"因过错致使相对人信赖代理权的效力，也仅需承担缔约过失责任。由此可见，以私法自治为理论基础的抽象性原则，充分尊重私法自治，更值采纳。

3. 以私法自治之"责任自负"来保护交易安全

在代理关系中，授权人通过授权他人为自己实施代理行为来扩大其私法自治的范围，理应承担代理人违背其利益和意愿实施代理行为的风险，而不能以规范代理人与被代理人内部关系之基础法律关系的瑕疵来推卸责任。换言之，只要代理人是在代理权限内实施法律行为，该法律行为的后果就应及于被代理人，这是私法自治之"责任自负"的应有之义。由此可见，授予他人代理权的授权人必须为自己的授权行为承担责任的抽象性原则，符合私法自治之"自主决定、责任自负"的要求。

综上，允许被代理人通过授予他人代理权来扩大其私法自治的范围，就应优先保护交易安全。交易安全是代理制度功能得以充分发挥的切实保障，在代理关系中处于核心地位。抽象性原则可以在私法自治的框架下直接维护交易安全，相对人无需援引以信赖保护为理论基础的表见代理来维护自身利益，在理论上更具正当性和融贯性。

（二）代理权抽象性下被代理人利益的保护

在抽象性原则下，即便基础法律关系已经消灭或者代理人违反基础法律关系的限制，被代理人也必须承认代理人在代理权限范围内所实施的代理行为的效力，这看起来似乎不利于被代理人，故有学者诟病代理权抽象性原则过度注重交易安全保护而完全忽略被代理人的利益。[①]如上所述，为发挥代理制度的功能，交易安全应受到优先保护，被代理人通过授权他人为自己实施代理行为来扩大其私法自治的范围，理应承担代理人违背其利益和意愿实施代理行为的风险，但这也并不意味着被代理人的利益任何时候都不受到保护。事实上，被代理人可以通过审慎选择和监督代理人来避免代理人违反基础法律关系实施代理行为。此外，被代理人还可以通过撤回或撤销代理权、追究代理人的违约责任等措施来

---

① 参见冉克平：《代理授权行为无因性的反思与建构》，载《比较法研究》2014 年第 5 期，第 94 页；殷秋实：《论代理权授予与基础行为的联系》，载《现代法学》2016 年第 1 期，第 86 页。

维护自身利益。代理行为违反禁止代理权滥用规则的，被代理人还可以通过向相对人主张无权代理来否定代理行为的效力。详见本书第四章关于禁止代理权滥用部分的分析论证。

1. 代理权可撤回

有观点认为，在抽象性原则下，由于代理权的效力完全不受基础法律关系效力的影响，代理权将无条件存续下去。①该观点有待商榷。事实上，代理关系以信任为基础，被代理人不再信任代理人的，原则上可以随时撤回代理权，②代理权并不会无条件地存续下去。详见本书第六章关于意定代理权撤回部分的分析论证。

另有观点认为，在代理权抽象性原则下，基础法律关系消灭后代理权存续的，并不符合授权人可推断的意思，违背被代理人的私法自治。③事实上，在代理权抽象性原则下，基础法律关系因瑕疵而被撤销或无效的，代理权的效力虽然不受影响，但授权人一般可以随时按照自己的意愿撤回代理权，这并不会违背其私法自治。

2. 代理权可撤销

基础法律关系因意思表示瑕疵而被撤销或无效的，虽然不影响代理权的效力和范围，但若授权行为本身也存在意思表示瑕疵或无效事由，授权人同样可以通过撤销授权或主张授权无效来免于承担有权代理之法律后果。授权行为因意思表示瑕疵被撤销或基于其他原因而无效的，相对人可依《民法典》第157条关于民事法律行为无效的规定向被代理人主张损害赔偿。详见本书第六章关于意定代理权撤销部分的分析论证。

3. 被代理人对代理人的追偿

有观点认为，根据代理权抽象性原则，违反被代理人意愿（基础法律关系）的代理权继续存在，被代理人难以向代理人求偿，特别是不存在基础法律关系时，被代理人无法获得法律救济。④事实上，被代理人因履行代理人违反基础法律关系所实施的代理行为而遭受损失的，可向代理人追偿。基础法律关系因被撤销而无效或基于其他事由而无效的，被

---

① 参见冉克平：《代理授权行为无因性的反思与建构》，载《比较法研究》2014年第5期，第94页。

② 参见尹田：《论代理制度的独立性——从一种法技术运用的角度》，载《北方法学》2010年第5期，第50页；王利明：《论民法典代理制度中的授权行为》，载《甘肃政法大学学报》2020年第5期，第5页。

③ 参见朱庆育：《民法总论》（第2版），北京大学出版社2016年版，第345页。

④ 参见殷秋实：《论代理权授予与基础行为的联系》，载《现代法学》2016年第1期，第86、92页。

代理人可以依据《民法典》第157条关于合同无效的规定向代理人主张损害赔偿；基础法律关系因被解除而无效的，被代理人可以依据基础法律关系的约定或法律的相关规定向代理人主张损害赔偿；在孤立授权的情况下，被代理人可以依据《民法典》第164条的规定向违背其利益或意愿的代理人主张损害赔偿。①由此可见，被代理人可依基础法律关系的约定或法律的规定向代理人主张损害赔偿来弥补其因履行代理行为所遭受的损失。

4. 基于禁止代理权滥用否定代理行为的效力

对抽象性原则最严重的诟病莫过于认为其不加区分地保护恶意相对人，②若以禁止代理权滥用规则突破抽象性原则，不再坚持代理权和基础法律关系的区分，则又回到了有因性的方案。③上述观点有待商榷。如前所述，为避免恶意相对人受到抽象性原则的保护，被代理人可以代理行为违反禁止代理权滥用规则来否定其效力。

综上所述，为确保代理制度功能的发挥，应在私法自治的框架下优先保护交易安全，但也不能完全置被代理人之利益于不顾。事实上，被代理人对代理人失去信任的，可以随时撤回代理权；授权行为存在意思表示瑕疵或有其他无效事由的，被代理人还可以主张撤销授权行为或主张授权行为无效来免于承担有权代理的法律后果；代理人违反基础法律关系的，被代理人可以依据基础法律关系的约定或法律的规定追究代理人的损害赔偿责任；代理行为违反禁止代理权滥用规则的，被代理人还可以主张代理行为无效。可见，代理权抽象性原则可以在私法自治的框架下维护交易安全，兼顾被代理人的利益，我国法有必要予以采纳。

三、我国法采纳代理权抽象性原则的可行性

如上所述，代理权的抽象性不仅包括效力上的抽象性，而且包括范围上的抽象性，即基础法律关系的限制不影响代理权的范围。我国学界主要从效力抽象性的层面来理解代理权抽象性原则，也主要从效力抽象性的层面来否定该原则。而对于代理权范围的抽象性，少数学者似乎持肯定态度。例如，有学者认为，"基础法律关系对代理人的限制不得对抗

---

① 参见王利明：《民法总则新论》，法律出版社2023年版，第592页。
② 参见叶金强：《论代理权授予行为的有因构造》，载《政法论坛》2010年第1期，第109页；殷秋实：《论代理权授予与基础行为的联系》，载《现代法学》2016年第1期，第86页。
③ 参见殷秋实：《论代理人和相对人恶意串通》，载《法商研究》2020年第3期，第104页。

善意相对人"体现了代理权的独立性。①该观点实际上蕴含了代理权范围抽象性的内容。从立法上看，《民法典》第 170 条第 2 款和第 164 条第 1 款均在一定程度上体现了代理权范围的抽象性。司法实践中，最高人民法院在个别判决中采纳"被代理人对代理人的内部限制不得对抗善意第三人"的立场，尤其是 2023 年颁布的《民法典合同编通则解释》第 21 条明显采纳了代理权范围抽象性原则。详见下述。

（一）学理基础

我国学界主流观点虽拒绝采纳代理权抽象性原则，但确有学者赞同代理权范围的抽象性并主张采纳禁止代理权滥用规则。

1. 学界对代理权范围抽象性原则的采纳

首先，我国学界由于尚未充分认识到代理权的抽象性还包括范围的抽象性，故对代理权范围抽象性原则并未进行否定，而是予以肯定。例如，有观点认为基础法律关系的限制不影响代理权的范围；②另有观点认为，代理人在代理权限范围内实施的代理行为虽然违反内部指示，但仍为有权代理。③还有观点认为，代理人是否依据法定或约定的义务行使代理权，属于基础法律关系所规范的内容，不属于代理制度的范畴；《民法典》第 164 条第 1 款的规范宗旨和全部规范含义是代理人违反基础法律关系的义务拘束滥用代理权时应向被代理人承担损害赔偿责任，代理人滥用其代理权所实施的代理行为的效力不受影响。④上述观点实际上以代理权抽象性原则为前提，即代理人违反基础法律关系的义务所实施的代理行为是有权代理，并不构成越权代理，代理人仅需依据《民法典》第 164 条第 1 款的规定向被代理人承担损害赔偿责任。例如，在意定代理中，代理人依据基础法律关系的约定只能订立金额为 5 万元以下的采购合同，但却违反该约定订立金额为 6 万元的采购合同的，应依据基础法律关系的约定或《民法典》第 164 条第 1 款向被代理人承担损害赔偿责

---

① 参见朱广新：《职务代理权行使超越职权限制的效果归属》，载《环球法律评论》2024 年第 4 期，第 82~83 页。

② 参见王浩：《"有理由相信行为人有代理权"之重构》，载《华东政法大学学报》2020 年第 4 期，第 178 页；朱庆育：《民法总论》（第 2 版），北京大学出版社 2016 年版，第 346~347 页；杨代雄：《民法总论》，北京大学出版社 2022 年版，第 448 页。

③ 参见徐深澄：《〈民法总则〉职务代理规则的体系化阐释——以契合团体自治兼顾交易安全为轴心》，载《法学家》2019 年第 2 期，第 109 页。

④ 参见徐涤宇：《代理制度如何贯彻私法自治〈民法总则〉代理制度评述》，载《中外法学》2017 年第 3 期，第 693 页；马新彦：《民法总则代理立法研究》，载《法学家》2016 年第 5 期，第 133 页。

任。而在法定代理中，代理人违背被代理人的利益或违反被代理人的真实意愿实施代理行为的，应依据《民法典》第164条第1款向被代理人承担损害赔偿责任。

其次，有学者在论及表见代理之交易安全保护功能时事实上适用了抽象性理论。例如，该学者从弗卢梅的法律行为理论出发，建议将表见代理限定在"代理权通知"的类型，①其所谓的"代理权通知"，可以被视为代理权授予之意思表示，即法律行为，而非表见代理。事实上，表见代理以信赖保护为原则，法律行为理论对其不具有解释力。又如，该学者认为，在"代理权通知"型的表见代理中，相对人原则上无需核实代理人与被代理人之间的基础法律关系，例外情形除外。②不难发现，该观点已经超出表见代理的理论范畴，进入代理权抽象性原则和禁止代理权滥用规则的理论范畴。再如，该学者认为，"表见代理的初衷旨在保证外部的代理权通知与实际内部关系的一致，杜绝本人作出通知后又以内部关系对抗相对人"。③这更像是抽象性理论保护交易安全之目的，而非表见代理之"初衷"。事实上，表见代理以"代理权有因性"原则为适用前提，是对该原则的修正。根据有因性原则，被代理人可以内部关系对抗相对人，代理人违反内部关系所实施的代理行为构成无权代理，只有相对人举证表见代理成立的，被代理人才需承认代理行为的效力。可见，上述观点以"代理权范围抽象性原则和禁止代理权滥用规则"解构了表见代理。

最后，有学者在论证真公章效力抗辩事由时，虽然以表见代理理论为依据，但事实上适用了代理权范围抽象性原则和禁止代理权滥用规则。根据该观点，真公章效力抗辩事由包括如下：其一，行为人无权或越权使用公章；其二，相对人明知或应知行为人无权或越权使用公章；其三，在认定相对人明知与应知行为人无权或越权使用公章时，应以显见性为标准，即行为人职务与合同标的根据通常社会经验与行业惯例明显不相称，且相对人根据自身经验与能力及其与被代理人曾经交易的经验，能够明显感知这种显著不相称；其四，只要行为人存在使用公章的事实，

---

① 参见王浩：《"有理由相信行为人有代理权"之重构》，载《华东政法大学学报》2020年第4期，第182页。
② 参见王浩：《"有理由相信行为人有代理权"之重构》，载《华东政法大学学报》2020年第4期，第183页。
③ 王浩：《"有理由相信行为人有代理权"之重构》，载《华东政法大学学报》2020年第4期，第178页。

相对人即有理由相信存在代理权外观，相对人无需举证其有理由相信行为人有代理权，由被代理人举证相对人知道或应当知道行为人无权或越权使用公章。①根据上述建构：第一，只要行为人使用公章，相对人就无需举证自己有理由相信行为人的代理权，这实质上是承认行为人的行为构成有权代理，即公章的使用即为代理权的行使；第二，行为人未经内部授权或超越内部授权使用公章的，不影响其使用公章所实施的代理行为的效力，此即为代理权的抽象性；第三，被代理人欲以行为人无权或越权使用公章来否定代理行为的效力的，需要证明行为人无权或越权使用公章的行为与其职务明显不相称，相对人明知或不可能不知道这种不相称，此即为举证使用公章的有权代理行为违反禁止代理权滥用规则；第四，有权代理违反禁止代理权滥用规则的举证责任由被代理人承担。不难看出，上述理论建构并不符合表见代理的事实构成与举证责任，而与抽象性原则和禁止代理权滥用规则的事实构成和举证责任更契合。

综上，上述学者或是主张采纳代理权范围抽象性原则，或是以范围抽象性为基础主张适用禁止代理权滥用规则，或是以"代理权范围抽象性原则和禁止代理权滥用规则"解构表见代理，均在不同程度上承认了代理权范围的抽象性。

2. 禁止代理权滥用规则是抽象性原则的必要补充

在代理权有因性原则下，基础法律关系的范围即为代理权的范围，代理人违反基础法律关系所实施的代理行为即构成无权代理，相对人主张表见代理成立的，代理行为生效；相对人未能举证的，无权代理行为因被代理人拒绝追认而无效，根本不存在代理权滥用的问题。反之，在代理权抽象性原则下，代理人违反基础法律关系所实施的代理行为构成有权代理，仅于代理行为违反禁止代理权滥用规则时，相对人才不值得受到保护，始需以禁止代理权滥用规则突破抽象性原则，故禁止代理权滥用规则是抽象性原则的例外规则，是抽象性原则的必要补充，其适用以抽象性原则为基础。换言之，只有在承认代理权范围抽象性原则的前提下，才有适用禁止代理权滥用规则的空间。

然而，我国学界在未明确承认代理权范围抽象性原则的情况下，主张适用禁止代理权滥用规则。例如，第一种观点认为，《民法典》第170条第2款的规定以代理权独立性为法理基础，同时蕴含着禁止代理权滥

---

① 参见陈甦：《公章抗辩的类型与处理》，载《法学研究》2020年第3期，第50、52页。

用对代理权独立性的限制之义；①第二种观点认为，相对人对代理权的滥用为善意的，代理行为的效力不受影响，被代理人仅可依据内部约定向代理人主张损害赔偿；相对人为恶意的，应当适用无权代理规则；②第三种观点认为，相对人因参与串通而丧失信赖保护之必要的，法律应以禁止代理权滥用规则突破代理权之独立性；为保护被代理人的利益，代理人违反基础法律关系的义务，在特定情形下不仅产生基础法律关系层面的法律效果，而且还将发生代理关系层面的法律效果；③第四种观点主张切断代理权与基础法律关系的联系，代理人在行使代理权时应遵循的法定义务或约定义务属于基础法律关系的内容，不属于代理法的内容；代理人在代理权限范围内实施代理行为时违反约定义务或法定义务的，代理行为的效力不受影响，代理人仅需依据基础法律关系向被代理人承担损害赔偿责任；只有在代理行为违反禁止代理权滥用规则时，代理行为的效力才会受到影响。④可见，上述观点虽然未明确承认代理权范围抽象性原则，但均在一定程度上认为，违反基础法律关系限制所实施的代理行为原则上有效，构成禁止代理权滥用的除外。学者们对禁止代理权滥用规则的认同恰恰证明其事实上承认了代理权范围的抽象性，否则根本没有适用禁止代理权滥用规则的必要。

综上，从学理上看，我国法有着采纳代理权范围抽象性原则的理论基础。尽管主流观点从代理权效力的抽象性层面否定代理权抽象性原则，但部分学者在一定程度上支持代理权范围的抽象性。

（二）司法实践基础

1. 司法裁判

最高人民法院的部分判决肯定了代理权范围抽象性原则。例如，最高人民法院在一则案例中认为，被代理人甲公司与代理人乙公司就封盘期间、收款权限、签章权限等事项作出的若干约定，均系被代理人与代理人之间的内部约定，并未对外予以公示，相对人苏某并不知道该内部

---

① 参见朱广新：《职务代理权行使超越职权限制的效果归属》，载《环球法律评论》2024年第4期，第83页。

② 参见谢鸿飞：《代理部分立法的基本理念和重要制度》，载《华东政法大学学报》2016年第5期，第69页。

③ 参见胡东海：《论恶意串通型代理权滥用》，载《法商研究》2019年第5期，第140、144页。

④ 参见徐涤宇：《代理制度如何贯彻私法自治〈民法总则〉代理制度评述》，载《中外法学》2017年第3期，第693页；马新彦：《民法总则代理立法研究》，载《法学家》2016年第5期，第133页。

约定对代理人乙公司在代理销售商品房时的限制，该限制不能对抗作为善意相对人的苏某，乙公司以甲公司名义与善意相对人苏某签署出售商铺的合同为有权代理，遂驳回被代理人提出的表见代理因相对人苏某的过失而不成立的主张。①该案中，最高人民法院虽然没有援引法律规定，也没有就判决的法理依据予以说明，但却适用了代理权范围抽象性原则。此外，最高人民法院在涉及法定代表人违反法人内部限制实施代表行为的案件中，亦适用代理权范围抽象性原则作出判决。例如，最高人民法院在甲公司与乙公司等合同纠纷再审案中认为，法定代表人从事正常的经营活动时，法人章程对法定代表人的内部限制不具有对抗外部相对人的效力。②

2. 司法解释

值得肯定的是，最高人民法院将上述司法实践经验纳入《民法典合同编通则解释》第20条和第21条的规定之中。在判断职务代理人越权代理所实施法律行为的效力时，《民法典合同编通则解释》第21条对违反代理权的法定限制和内部限制的行为作出不同解释。根据该条第1款的规定，职务代理人违反法定限制所实施的法律行为原则上无效；而根据该条第3款的规定，职务代理人违反内部限制所实施的法律行为原则上有效，法人能够举证相对人知道或应当知道职务代理人或法定代表人违反该内部限制的除外。《民法典合同编通则解释》第21条第3款蕴含了代理权范围抽象性理论。进言之，法人对职务代理人的内部限制属于基础法律关系的限制，相对人原则上没有义务审查职务代理人是否受到内部限制，职务代理人在代理权限范围内实施代理行为时，即使违反内部限制，其代理行为的效力原则上也不会受到影响。此外，《民法典合同编通则解释》第20条关于法定代表人越权代表所实施代表行为效力的司法解释同样蕴含着代理权范围抽象性理论。

（三）立法依据

从立法上看，《民法典》第170条第2款和第164条第1款体现了代理权范围的抽象性原则。

1. 《民法典》第170条第2款

《民法典》第170条第2款规定："法人或者非法人组织对执行其工作任务的人员职权范围的限制，不得对抗善意相对人。"关于该规定的法律

---

① 参见最高人民法院［2012］民抗字第24号民事判决书。
② 参见最高人民法院［2012］民提字第208号民事判决书。

性质，学界存在争议。第一种观点认为它是关于表见职务代理的规定，①第二种观点认为它是关于表见代理的特殊规定，②第三种观点认为它是关于越权职务代理法律后果的规定，③第四种观点认为它体现了代理权与基础法律关系相分离的原则，④第五种观点认为它本质上是职务代理权滥用规则，⑤第六种观点认为它本质上不同于《民法典》第 172 条以权利外观为法理基础的表见代理，体现了代理权独立性原则和禁止代理权滥用规则。⑥上述第三种观点、第四种观点和第五种观点均从某一侧面强调了《民法典》第 170 条第 2 款的本质，第六种观点较为准确地指出了该规定的本质，但仍需进一步澄清。本书下述通过对《民法典》第 170 条第 1 款和第 2 款进行比较来分析论证第 2 款的性质。

  《民法典》第 170 条第 1 款要求职务代理人在职权范围内实施代理行为。据此，代理人在职权范围内实施的代理行为对被代理人生效。按照《民法典合同编通则解释》第 21 条第 1 款和第 2 款的解释，《民法典》第 170 条第 1 款所规定的"职权范围"应当为"职务代理权的范围"。据此，职务代理人在代理权范围内所实施的职务代理行为对被代理人生效。而《民法典》第 170 条第 2 款规定，法人或非法人组织对职务代理人的职权范围的限制，不得对抗善意相对人。按照《民法典合同编通则解释》第 21 条第 3 款的解释，《民法典》第 170 条第 2 款应当属于对职务代理人的内部限制，代理人违反该内部限制所实施的代理行为原则上有效，体现了代理权范围抽象性原则。换言之，代理人在代理权限范围内违反内部限制所实施的代理行为原则上对被代理人生效。由此可见，《民法典》第 170 条所蕴含的恰恰是代理权范围抽象性原则。

---

① 参见徐涤宇、张家勇主编：《〈中华人民共和国民法典〉评注》（精要版），中国人民大学出版社 2022 年版，第 170 页（胡东海执笔）。
② 参见王利明主编：《中国民法典释评·合同编·通则》，中国人民大学出版社 2020 年版，第 421 页（朱虎执笔）。
③ 参见最高人民法院民法典贯彻实施工作领导小组主编：《中华人民共和国民法典总则编理解与适用》（下），人民法院出版社 2020 年版，第 851 页。
④ 参见陈甦主编：《民法总则评注》（下册），法律出版社 2017 年版，第 1207 页（方新军执笔）。
⑤ 参见徐深澄：《〈民法总则〉职务代理规则的体系化阐释——以契合团体自治兼顾交易安全为轴心》，载《法学家》2019 年第 2 期，第 109 页。
⑥ 参见朱广新：《职务代理权行使超越职权限制的效果归属》，载《环球法律评论》2024 年第 4 期，第 78~84 页。

2. 《民法典》第 164 条第 1 款

《民法典》第 164 条第 1 款规定，代理人不履行或者不完全履行职责，造成被代理人损害的，应当承担民事责任。在我国《民法典》的起草过程中，有学者曾经质疑过该规定存在的必要性。[1]事实上，在采纳抽象性原则的德国法中，确实没有类似我国《民法典》第 164 条第 1 款的规定。这是因为，按照抽象性原则，代理人在代理权限内违反基础法律关系的限制所实施的代理行为原则上有效，被代理人应当向相对人履行有效的法律行为。被代理人因履行该代理行为而遭受损失的，可以依据《德国民法典》第 280 条第 1 款关于债务不履行的规定向代理人主张损害赔偿。

有观点认为《民法典》第 164 条第 1 款属于禁止代理权滥用的规定。[2]该观点需要进一步澄清。事实上，《民法典》第 164 条第 1 款是代理人违反内部限制时应向被代理人承担损害赔偿责任的法律依据，它以承认代理权的抽象性为适用前提。如若不承认代理权的抽象性，代理人违反内部限制的代理行为构成无权代理，被代理人认为代理行为对其有利而予以追认的，被代理人未遭受损害，并不产生代理人的损害赔偿义务；被代理人认为代理行为于其不利而未予追认的，代理行为无效，被代理人亦未遭受损害，代理人亦没有损害赔偿义务。反之，在抽象性原则下，若代理人仅违反内部限制，代理行为并未违反禁止代理权滥用规则的，[3]代理行为有效，被代理人因向相对人履行代理行为而遭受损害的，可以依据《民法典》第 164 条第 1 款的规定向代理人主张损害赔偿。可见，只有承认代理权抽象性原则，《民法典》第 164 条第 1 款才有意义。

综上所述，我国《民法典》第 170 条第 2 款和第 164 条第 1 款蕴含了代理权范围的抽象性。

---

[1] 参见马新彦：《民法总则代理立法研究》，载《法学家》2016 年第 5 期，第 133 页。

[2] 参见徐涤宇：《代理制度如何贯彻私法自治〈民法总则〉代理制度评述》，载《中外法学》2017 年第 3 期，第 693 页；胡东海：《论职责违反型代理权滥用——以〈民法总则〉第 164 条第 1 款的解释为中心》，载《环球法律评论》2019 年第 2 期，第 118 页；胡东海：《论恶意串通型代理权滥用》，载《法商研究》2019 年第 5 期，第 141 页。

[3] 关于"代理权滥用"和"禁止代理权滥用"之间的区别，详见本书第四章关于"禁止代理权滥用"的分析论证。

本章小结

为维护交易安全，代理的外部关系与内部关系相分离，代理权具备抽象性。代理权抽象性原则是代理法的核心与基础，是意定代理和法定代理得以统一规范的"公因式"。代理权抽象性原则的主旨是在私法自治的框架下维护相对人的交易安全，相对人原则上不负担审查代理人与被代理人之间基础法律关系的义务，代理人只要是在被代理人基于私法自治所授予的代理权限内实施代理行为，即使代理行为的实施违背基础法律关系的义务，为维护相对人的利益，被代理人原则上也必须基于私法自治的"责任自负"原则使该代理行为对自己生效，而不得以代理人违背基础法律关系为由否定该代理行为的效力，代理权滥用的风险原则上由被代理人承担。为避免代理人滥用代理权，被代理人应严格监管代理人，并在基础法律关系无效或被撤销后及时撤回代理权。代理人滥用代理权的，被代理人在向相对人履行之后，可以依据《民法典》第164条第1款的规定向代理人追偿。代理行为违反禁止代理权滥用规则的，被代理人可以否定代理行为的效力。

代理权的抽象性不仅包括代理权效力上的抽象性，而且包括代理权范围上的抽象性，采纳代理权抽象性原则有助于在私法自治的框架下最大限度地维护交易安全。我国法具备采纳代理权抽象性原则的理论和实践基础。从立法上看，《民法典》第170条第2款和第164条第1款蕴含了代理权范围的抽象性；从司法实践上看，最高人民法院将其以代理权范围抽象性原则为理论依据作出判决的司法实践经验纳入了《民法典合同编通则解释》第20条和第21条；从学理上看，部分学者虽未明确采纳代理权抽象性原则，但却在一定程度上承认了代理权范围抽象性原则，并在论证表见代理和禁止代理权滥用的问题时，有意无意地以代理权范围抽象性原则为前提和基础。

第四章

禁止代理权滥用

在私法自治原则下,授权人一般得以自行决定代理权的范围,为防止代理人违背其利益实施代理行为,授权人完全可以直接限制代理权的范围,如授权代理人只能订立金额在20万元以下的买卖合同。此时,若代理人订立金额超过20万元的买卖合同,则构成无权代理,并不涉及代理权滥用的问题。但是,授权人为便利代理人与相对人交易,宁愿承担代理权滥用的风险,授予代理人宽泛的代理权,而仅在基础法律关系中对代理人作出限制(例如将订约金额限定在20万元)。[1]如此一来,代理权的范围一般大于基础法律关系的范围,遂产生代理权滥用的风险。如前所述,在代理权抽象性原则下,代理人在代理权限范围内违反基础法律关系之限制所实施的代理行为属于有权代理,对被代理人生效,代理权滥用的风险原则上由被代理人承担。例如,代理人违反委托合同"只能订立金额20万元以下的买卖合同"的限制,与相对人订立金额为25万元的买卖合同,构成有权代理,对被代理人生效。[2]然而,当相对人不值得受到保护时,若仍要求被代理人承担代理权滥用的风险,则不免有违诚实信用原则,故德国司法实践普遍适用禁止代理权滥用规则来突破代理权抽象性原则。

我国多数学者尚未认识到禁止代理权滥用规则对代理权抽象性原则的限制功能。例如,有观点认为,滥用代理权的行为表面上属于代理,故代理权抽象性原则对其无能为力,必须求助于有因性理论和表

---

[1] Vgl. Vedder, Neues zum Missbrauch der Vertretungsmacht-Vorsatzerfordernis, Anfechtbarkeit, negatives Interesse, JZ 2008, S. 1077.

[2] Vgl. Lieder, Missbrauch der Vertretungsmacht und Kollusion, JuS 2014, S. 682; Neuner, Allgemeiner Teil des Bürgerlichen Rechts, 13. Aufl., 2023, S. 624; Brox/Walker, Allgemeiner Teil des BGB, 47. Aufl., 2023, S. 279; Medicus/Petersen, Allgemeiner Teil des BGB, 11. Aufl., 2016, S. 417.

见代理制度。①该观点虽然在一定程度上采纳代理权抽象性原则，承认滥用代理权的行为属于有权代理，但却未能完全摆脱"有因性"观念的束缚，建议适用有因性理论和表见代理制度来解决代理权滥用的问题，有待商榷。事实上，在"有因性"模式下，代理人违反基础法律关系滥用代理权所实施的代理行为构成无权代理，相对人主张表见代理成立的，代理行为对被代理人生效；相对人未能举证表见代理成立的，代理行为因被代理人拒绝追认而无效，由代理人承担无权代理责任，不涉及代理权滥用的问题。再如，有观点认为，代理权抽象性原则与禁止代理权滥用规则相互矛盾。②若将代理权滥用视为代理权范围抽象性原则下特有的问题，充分认识到禁止代理权滥用规则与代理权抽象性原则之间的原则与例外之关系，则不会认为两者之间存在矛盾。为厘清禁止代理权滥用规则对代理权抽象性原则的限制功能，本章以代理权抽象性原则为逻辑起点，追本溯源，借鉴德国理论成果和司法实践经验，尝试在我国现行法体系下建构禁止代理权滥用规则。

第一节 禁止代理权滥用规则概述

一、禁止代理权滥用理论的缘起

德国法严格区分代理权滥用和须禁止的代理权滥用（本书简称其为"禁止代理权滥用"）。代理权滥用（Missbrauch der Vertretungsmacht）是指一切代理人在代理权限内违反基础法律关系的义务实施代理行为的情形之统称。依代理权抽象性原则，为保护相对人的信赖，代理行为的效力原则上不因代理人违反基础法律关系的义务而受到影响；被代理人因向相对人履行代理行为而遭受损失的，可以向违反基础法律关系的义务的代理人主张损害赔偿。③可见，代理权滥用一般并不产生代理关系层面

---

① 参见殷秋实：《论代理权授予与基础行为的联系》，载《现代法学》2016年第1期，第93页。
② 参见谢鸿飞：《代理部分立法的基本理念和重要制度》，载《华东政法大学学报》2016年第5期，第68~69页。
③ Vgl. Förster, Stellvertretung-Grundstruktur und neuere Entwicklungen, Jura 2010, S. 357; Medicus/Petersen, Allgemeiner Teil des BGB, 11. Aufl., 2016, S. 420-421; Brox/Walker, Allgemeiner Teil des BGB, 47. Aufl., 2023, S. 278-279; Scholz, Missbrauch der Vertretungsmacht, Insichgeschäft und Erfüllung einer Verbindlichkeit Zum Verhältnis von Missbrauch der Vertretungsmacht und § 181 BGB, ZfPW 2019, S. 299.

上的法律效果，而仅产生基础法律关系层面上的法律后果。与之不同的是禁止代理权滥用（Verbot der Missbrauch der Vertretungsmacht）。德国学界一般认为，代理人在代理权限范围内实施代理行为时违反基础法律关系的限制，相对人对此明知或其客观上如此明显以致相对人不可能不知道的，属于应予禁止的代理权滥用，①本书简称其为"禁止代理权滥用规则"。

禁止代理权滥用规则是在德国长期司法实践中形成的规则，其目的在于限制代理权抽象性原则的适用，维护被代理人的利益，避免恶意相对人受到保护。②最初，德国帝国法院主要以行为人违反诚实信用③、违反善良风俗④或恶意抗辩⑤等为理论依据，对代理人与相对人恶意串通、相对人明知代理人违背被代理人的意思或违反被代理人的利益而滥用代理权的案件作出判决。例如，在一则案例中，被代理人明确表示其既不愿意退出公司，也不愿意注销公司，但被授予概括代理权的代理人却违背被代理人的意愿实施了相关代理行为。对此，德国帝国法院认为，虽然从形式上看，概括代理权赋予代理人实施代理行为的资格，但不论从"意定代理权"的字面含义，还是依交易习惯按照诚实信用原则对概括代理权作出的解释，均不能认为授予概括代理权的被代理人允许代理人违背自己的意愿实施代理行为，遂作出禁止明知代理行为违背被代理人意愿的相对人向被代理人主张权利的判决。⑥在另一则案例中，德国帝国法院认为，相对人认识到代理行为明显违背被代理人的利益的，被代理人可以提出"恶意抗辩"对抗相对人的主张。⑦其后，有德国学者提出，法院不宜诉诸民法基本原则作出判决，而应回归代理法框架解决代理权滥用的问题，即相对人不值得受到保护的，应限制代理权抽象性原则的适用，遂提出"禁止代理权滥用规则"。⑧该规则已为当前德国通说所采

---

① Vgl. Förster, Stellvertretung-Grundstruktur und neuere Entwicklungen, Jura 2010, S. 357.
② Vgl. MüKoBGB/Schubert, 9. Aufl. 2021, BGB § 164 Rn. 15；Neuner, Allgemeiner Teil des Bürgerlichen Rechts, 13. Aufl., 2023, S. 625.
③ Vgl. RG 52, 96 ff.
④ Vgl. RG. JW. 1916, 114 Nr. 1；RG. 79, 279 ff.；BGH NJW 1989, 26；BGH NJW 2000, 2896.
⑤ Vgl. RGZ 136, 356, 359；145, 311；BGHZ 50, 112, 114 = NJW 1968, 1379；BGH WM 1976, 658, 659；1981, 66, 67.
⑥ Vgl. RG 52, 96 ff.
⑦ Vgl. RG 71, 219 ff.
⑧ Vgl. Kipp, Lehre von der Vertretung ohne Vertretungsmacht, Reichsgerichts-Festschrift, Bd. II, S. 287.

纳,其基本内涵为:在相对人与代理人恶意串通、相对人明知代理权滥用或代理权滥用具有客观显见性的情形中,代理权消灭,代理行为应被视为无权代理。①

二、禁止代理权滥用的概念和类型

(一)禁止代理权滥用的概念厘清

1. 禁止代理权滥用与代理权滥用

我国学界普遍适用代理权滥用的概念来囊括所有代理人违背被代理人利益或意思的代理行为。代表性的观点主要有:代理人违背被代理人利益行使代理权之行为,构成代理权滥用;②代理权滥用是指违背代理权设定宗旨和代理行为的基本准则,有损被代理人利益行使代理权的行为;③所谓代理权滥用,是指代理人虽在代理权范围内实施法律行为,但其代理行为违背诚信、善良风俗或者内部关系上的义务,给被代理人造成了损害;④代理权滥用,系针对代理人而言,代理人在代理权的范围内行事,但违反内部指示的,仍为有权代理;⑤相对人知道或者应当知道代理权之行使违背内部限制或本人利益时,构成代理权滥用;⑥代理权滥用是指代理人在代理权限内实施的代理行为虽然在形式上属于有权代理,但实质上却是违背被代理人的利益,给被代理人造成损害的行为。⑦上述观点并未区分"代理权滥用"和"禁止代理权滥用"。本书认为,在代理权抽象性原则下,有必要借鉴德国法的经验,明确区分"代理权滥用"和"禁止代理权滥用"。对于一般性的代理权滥用,代理行为的效力不受影响;仅在相对人与代理人恶意串通、相对人明知代理权滥用或代理权滥用具有客观显见性等违反禁止代理权滥用规则的情形中,才可以突

---

① 参见[德]维尔纳·弗卢梅:《法律行为论》,迟颖译,法律出版社2013年版,第941页;Vgl. Neuner, Allgemeiner Teil des Bürgerlichen Rechts, 13. Aufl., 2023, S. 626; MüKoBGB/Schubert, 9. Aufl. 2021, BGB § 164 Rn. 239; Lieder, Missbrauch der Vertretungsmacht und Kollusion, JuS 2014, S. 684.

② 参见梁慧星:《民法总论》(第6版),法律出版社2021年版,第246页;尹田:《民法典总则之理论与立法研究》(第2版),法律出版社2018年版,第627页。

③ 参见马俊驹、余延满:《民法原论》(第4版),法律出版社2010年版,第231页。

④ 参见杨代雄:《民法总论》,北京大学出版社2022年版,第454页。

⑤ 参见徐深澄:《〈民法总则〉职务代理规则的体系化阐释——以契合团体自治兼顾交易安全为轴心》,载《法学家》2019年第2期,第109页。

⑥ 参见刘骏:《再论意定代理权授予之无因性》,载《交大法学》2020年第2期,第99页。

⑦ 胡东海:《论职责违反型代理权滥用——以〈民法总则〉第164条第1款的解释为中心》,载《环球法律评论》2019年第2期,第118页。

破代理权抽象性原则。

2. 禁止代理权滥用与无权代理

违反禁止代理权滥用规则的代理行为本质上是有权代理,它不同于无权代理。在禁止代理权滥用的情形中,代理人在代理权限范围内故意违反基础法律关系的义务实施代理行为,而无权代理则是指行为人没有代理权而以他人名义实施法律行为。无权代理制度的目的在于维护被代理人的利益,使其不受行为人无代理权所实施的法律行为的约束;禁止代理权滥用规则是对代理权抽象性原则的例外突破,在相对人不值得受到保护的情形中,例外地允许被代理人通过突破代理权抽象性原则来否定代理人有权代理的效力,其目的在于避免被代理人因代理行为违反禁止代理权滥用规则而遭受损害。

(二)禁止代理权滥用的类型

如前所述,德国学界一般认为,禁止代理权滥用包括代理人与相对人恶意串通、相对人明知代理权滥用、代理权滥用具有客观显见性相对人不可能不知道代理权滥用等三种类型。①

在我国法上,一般认为代理人与相对人恶意串通损害被代理人利益的代理行为属于典型的禁止代理权滥用;但从上述学界关于禁止代理权滥用概念的不同界定上来看,禁止代理权滥用不仅限于代理人与相对人恶意串通的类型,还包括非串通型禁止代理权滥用。关于非串通型禁止代理权滥用,有学者认为应以《民法典》第164条第1款为制定法基础建构"职责违反型代理权滥用",②而另有学者建议以《民法典》第149条所规定的"第三人欺诈"的立法思想为基础建构代理人违反忠实义务故意损害被代理人利益的代理权滥用类型。③

---

① Vgl. Scholz, Missbrauch der Vertretungsmacht, Insichgeschäft und Erfüllung einer Verbindlichkeit Zum Verhältnis von Missbrauch der Vertretungsmacht und § 181 BGB, ZfPW 2019, S. 299. 参见[德]迪特尔·梅迪库斯:《德国民法总论》,邵建东译,法律出版社2000年版,第728~730页;[德]维尔纳·弗卢梅:《法律行为论》,迟颖译,法律出版社2013年版,第940~941页。也有学者将其分为两类,即把"相对人明知代理权滥用"和"代理权滥用具有客观显见性相对人不可能不知道代理权滥用"合并为一种类型。参见[德]汉斯·布洛克斯、沃尔夫·迪特里希·瓦尔克:《德国民法总论》(第41版),张艳译,杨大可校,冯凯奇补译,中国人民大学出版社2019年版,第259页;[德]本德·吕特斯、阿斯特丽德·施塔德勒:《德国民法总论》(第18版),于馨淼、张姝译,法律出版社2017年版,第536~537页。

② 参见胡东海:《论职责违反型代理权滥用——以〈民法总则〉第164条第1款的解释为中心》,载《环球法律评论》2019年第2期,第118页。

③ 参见王浩:《论"代理权滥用法理"之滥用》,载《南京大学学报(哲学·人文科学·社会科学)》2021年第3期,第133页。

本书认为，"职责违反型代理权滥用"未能体现相对人的主观故意，似乎仅代理人客观上违反职责即可构成禁止代理权滥用，亟须进一步澄清。而"代理人违反忠实义务故意损害被代理人利益的代理权滥用类型"存在两方面的问题。一方面，该观点将代理权滥用行为限于代理人违反忠实义务的情形，而将代理人违反基础法律关系义务的代理行为认定为无权代理，通过适用表见代理规则来维护相对人的交易安全。①对此，本书认为，代理人违反基础法律关系义务的行为是其违反忠实义务的具体体现，不宜将两者区别对待。此外，在代理权抽象性原则下，代理人实施客观上违反基础法律关系的义务而相对人知道的代理行为，视为无权代理；由于相对人非为善意，不可能成立表见代理，故上述观点以表见代理规则维护交易安全的设想不值得赞同。另一方面，该观点以第三人欺诈为理论基础，认为代理人滥用了被代理人对自己诚实行使代理权的信赖，与第三人欺诈在利益状况上高度相似。②本书认为，在代理中，代理行为的法律后果虽然归属于被代理人，但代理行为确由代理人与相对人实施，对于其自己所实施的代理行为，代理人并不属于第三人。鉴于此，"代理人违反忠实义务故意损害被代理人利益的代理权滥用类型"难以成立。

本书认为，禁止代理权滥用包括两种类型：一是恶意串通型；二是明知显见型，包括明知型（相对人明知代理权滥用）和显见型（代理权滥用显而易见以致相对人不可能不知道）。

第二节 禁止代理权滥用规则的适用前提

如前所述，被代理人通过授权代理人为其实施法律行为，可以克服其时间、空间和专业技能上的限制而有所获利，原则上应承担代理权滥用的风险；但在相对人不值得受到保护的例外情况下，被代理人可以通过主张禁止代理权滥用来否定代理行为的效力。作为例外规则，禁止代理权滥用规则的适用应满足严格的适用前提，始不致过度危及交易安全。下述分别论证恶意串通型和明知显见型两类禁止代理权滥用的适用前提。

---

① 参见王浩：《论"代理权滥用法理"之滥用》，载《南京大学学报（哲学·人文科学·社会科学）》2021年第3期，第128页。
② 参见王浩：《论"代理权滥用法理"之滥用》，载《南京大学学报（哲学·人文科学·社会科学）》2021年第3期，第133页。

一、恶意串通型禁止代理权滥用的适用前提

德国学界一般认为，恶意串通（Kollusion）是指代理人与相对人合谋欺骗被代理人并损害其利益。[①]我国学界一般认为，恶意串通是指代理人与相对人在明知意思表示或法律行为会损害被代理人合法利益的情况下相互沟通和配合，积极追求该结果的发生。[②]关于恶意串通型禁止代理权滥用的适用前提，《民法典》第164条第2款并未明确规定。实践中，法院多适用《民法典》第154条关于恶意串通的规定予以判决，因此下述主要参考该条规定来确定恶意串通型禁止代理权滥用的适用前提。

（一）代理人与相对人恶意串通

为避免对当事人私法自治的过度干预，致使一般"串通"行为被纳入规范之中，应以"恶意"为构成要件。关于"恶意"的认定，有"观念主义""意思主义"和"获利主义"三种理论。我国法原则上采纳"观念主义"，要求行为人认识到相对人实施了足以危害他人的行为。[③]"串通"是指当事人事先通谋为共同行为，包括一方当事人作出意思表示、对方当事人明知其危害他人之目的而仍默示接受的情形。[④]由于当事人的主观状态一般难以证明，在司法实践中，最高人民法院通常根据合同约定的价格及是否实际支付、当事人的关联关系等客观情事综合判定当事人的行为是否构成恶意串通。例如，最高人民法院在指导案例33号中指出："债务人将主要财产以明显不合理低价转让给其关联公司，关联公司在明知债务人欠债的情况下，未实际支付对价的，可以认定债务人与其关联公司恶意串通。"[⑤]

（二）被代理人遭受损害

关于被代理人实际遭受损害是否属于恶意串通型禁止代理权滥用的适用前提的问题，我国学界有肯定说和否定说之分。持肯定说的观点认

[①] Vgl. Neuner, Allgemeiner Teil des Bürgerlichen Rechts, 13. Aufl., 2023, S. 627.
[②] 参见朱广新：《恶意串通行为无效规定的体系地位与规范构造》，载《法学》2018年第7期，第138页；茅少伟：《民法典的规则供给与规范配置 基于〈民法总则〉的观察与批评》，载《中外法学》2018年第1期，第181页。
[③] 参见张平华：《恶意串通法律规范的合理性》，载《中国法学》2017年第4期，第212页。
[④] 参见茅少伟：《民法典的规则供给与规范配置 基于〈民法总则〉的观察与批评》，载《中外法学》2018年第1期，第181页。
[⑤] 吴光侠、高晓力：《〈瑞士嘉吉国际公司诉福建金石制油有限公司等确认合同无效纠纷案〉的理解与参照——恶意串通逃债的行为无效》，载《人民司法》2015年第18期，第8页。

为，应以被代理人的利益遭受损害①或有可能遭受损害②为必要；而持否定说的观点认为，在恶意串通中，相对人因与代理人串通而丧失信赖保护利益，故无需以被代理人实际遭受损害为必要。③本书认为，是否要求"损害"要件应视被代理人之主张内容而定。申言之，在恶意串通型禁止代理权滥用中，代理行为不利于被代理人的，被代理人维护自己利益的最佳方式是否定该代理行为的效力，如若要求被代理人在主张代理行为不对自己生效时必须举证自己实际遭受损害，则不利于被代理人，因此法院在依据《民法典》第154条判定恶意串通代理行为的效力时，应将该规定中的"损害他人合法权益"解释为可能损害被代理人利益，而不宜以现实损害后果的发生为必要；反之，被代理人损害赔偿请求权的成立以其实际遭受损害为前提，法院在依据《民法典》第164条第2款判定代理人和相对人向被代理人承担损害赔偿责任时，应将该规定中的"损害被代理人合法权益"解释为被代理人实际遭受损害。④

二、明知显见型禁止代理权滥用的适用前提

德国当前学界和司法实践一致认为，代理人客观上违反义务和相对人明知代理权滥用或代理权滥用具有客观显见性相对人不可能不知道为禁止代理权滥用的适用前提。⑤由于禁止代理权滥用规则旨在解决的是相对人对代理权的信赖是否值得受保护的问题，而不是代理人与被代理人之间关系的问题，故其适用不应以代理人对义务违反有主观故意为前

---

① 参见王利明：《体系化视角下的恶意串通规则》，载《法律科学（西北政法大学学报）》2024年第1期，第7~8页；王利明：《民法总则新论》，法律出版社2023年版，第586页；茅少伟：《民法典的规则供给与规范配置 基于〈民法总则〉的观察与批评》，载《中外法学》2018年第1期，第181页；最高人民法院民法典贯彻实施工作领导小组主编：《中华人民共和国民法典总则编理解与适用》（上），人民法院出版社2020年版，第822页；陈甦主编：《民法总则评注》（下册），法律出版社2017年版，第1164、1165页（方新军执笔）；黄薇主编：《中华人民共和国民法典总则编解读》，中国法制出版社2020年版，第536页。

② 参见朱广新：《恶意串通行为无效规定的体系地位与规范构造》，载《法学》2018年第7期，第138~140页。

③ 参见胡东海：《论恶意串通型代理权滥用》，载《法商研究》2019年第5期，第141页；徐涤宇、张家勇主编：《〈中华人民共和国民法典〉评注》（精要版），中国人民大学出版社2022年版，第163页（胡东海执笔）。

④ 参见张平华：《恶意串通法律规范的合理性》，载《中国法学》2017年第4期，第224页。

⑤ 参见［德］维尔纳·弗卢梅：《法律行为论》，迟颖译，法律出版社2013年版，第941页；Vgl. BGH Betr. 1984, 661; BGH NJW 1988, 2241; Neuner, Allgemeiner Teil des Bürgerlichen Rechts, 13. Aufl., 2023, S. 626; Teichmann, Handelsrecht, 4. Aufl., 2023, S. 264; Schmidt, Handelsrecht, 6. Aufl., 2014, S. 587.

提。①我国学界对于是否应以代理人的主观故意作为禁止代理权滥用适用前提尚未达成一致。持肯定说的学者认为，禁止代理权滥用应以代理人主观上故意违反基础法律关系的限制为适用前提。②而持否定说的学者认为，代理人的主观故意不构成禁止代理权滥用的适用前提。③本书赞同否定说，在判断违反禁止代理权滥用规则的代理行为是否应在相对人与被代理人之间生效的问题上，无需考虑代理人是否故意违反禁止代理权滥用规则。

（一）代理人客观上违反基础法律关系的义务

我国学界主流观点认为，代理人客观上违反基础法律关系的义务是禁止代理权滥用的适用前提之一，④但关于如何判断代理人违反基础法律

---

① Vgl. RGZ 134, 67, 71 f; BGH, NJW 1966, 1911; BGHZ 50, 112; BGH ZIP 2006, 1391; MüKoBGB/Schubert, 9. Aufl. 2021, BGB § 164 Rn. 235; Frotz, Verkehrsschutz im Vertretungsrecht (1972), S. 588 ff; Tank, Der Missbrauch von Vertretungsmacht und Verfügungsbefugnis, NJW 1969 Heft 1/2, S. 9; Fischer, Der Missbrauch der Vertretungsmacht, auch unter Berücksichtigung der Handelsgesellschaften, FS Schilling (1973), S. 17; Scholz, Missbrauch der Vertretungsmacht, Insichgeschäft und Erfüllung einer Verbindlichkeit Zum Verhältnis von Missbrauch der Vertretungsmacht und § 181 BGB, ZfPW 2019, S. 299; Neuner, Allgemeiner Teil des Bürgerlichen Rechts, 13. Aufl., 2023, S. 626; Medicus/Petersen, Allgemeiner Teil des BGB, 11. Aufl., 2016, S. 421; Brox/Walker, Allgemeiner Teil des BGB, 47. Aufl., 2023, S. 280; Schmidt, Handelsrecht, 6. Aufl., 2014, S. 587; [德] 维尔纳·弗卢梅：《法律行为论》，迟颖译，法律出版社2013年版，第944页。持不同观点的学者和法院判决认为，被代理人为利用代理人的专业能力而授予其代理权，理应承担代理人因自身弱点（包括疏忽大意）所产生的风险，而不能轻易将该风险转嫁给相对人，故只有当代理人故意违反义务，实施有损被代理人利益的行为时，被代理人才能主张代理行为违反禁止代理权滥用规则。Vgl. BGHZ 50, 114; BGH DB 1976, 1278; BGH NJW 1990, 384, 385; Vedder, Neues zum Missbrauch der Vertretungsmacht-Vorsatzerfordernis, Anfechtbarkeit, negatives Interesse, JZ 2008, S. 1078-1079.

② 参见王浩：《论"代理权滥用法理"之滥用》，载《南京大学学报（哲学·人文科学·社会科学）》2021年第3期，第128页。需要注意的是，该观点将禁止代理权滥用仅限于代理人违反忠实义务损害被代理人利益的情形，并认为代理人客观上违反内部义务或内部限制所实施的代理行为构成越权代理，应对其适用表见代理规则，而不是禁止代理权滥用规则。

③ 参见胡东海：《论职责违反型代理权滥用——以〈民法总则〉第164条第1款的解释为中心》，载《环球法律评论》2019年第2期，第124页。

④ 参见马俊驹、余延满：《民法原论》（第4版），法律出版社2010年版，第231页；谢鸿飞：《代理部分立法的基本理念和重要制度》，载《华东政法大学学报》2016年第5期，第69页；胡东海：《论职责违反型代理权滥用——以〈民法总则〉第164条第1款的解释为中心》，载《环球法律评论》2019年第2期，第118~124页；胡东海：《论恶意串通型代理权滥用》，载《法商研究》2019年第5期，第141页。持不同观点的学者认为，代理人违背指示的代理行为应被纳入越权代理的范畴，不应适用代理权滥用法理，而应适用表见代理规则保护交易安全。参见王浩：《论"代理权滥用法理"之滥用》，载《南京大学学报（哲学·人文科学·社会科学）》2021年第3期，第128页。该观点受日本法"越权型表见代理"的影响，主张通过表见代理维护交易安全，增加了相对人举证表见代理的负担，不利于维护交易安全。

关系义务的问题，学界存在争议。第一种观点认为，客观上有损被代理人利益的代理行为构成义务违反；①第二种观点认为，违背被代理人意思的代理行为原则上构成义务违反；②第三种观点认为，违背被代理人意思和损害被代理人利益的代理行为，均可能构成义务违反。③第一种和第三种观点有待商榷。代理人虽然原则上应当为被代理人的利益实施代理行为，但违背被代理人的利益并不必然违反义务。例如，即使有利于被代理人的行为也可能因违背被代理人的意思（如违反不得向特定国家出口的指示）而构成义务违反；不利于被代理人的行为也可能因符合被代理人的意思（如为维持长期战略合作伙伴关系而以低于成本的价格与客户订立合同）不构成义务违反。换言之，即使被代理人的明确指示与其利益相冲突，代理人原则上也应按被代理人的指示行使代理权，但代理人若可以认为假设被代理人在场亦会同意其为实现被代理人的利益而违背其明确指示的除外。现今德国通说不以代理行为是否违反被代理人的利益作为判断代理行为是否违反义务的标准，而仅以代理行为是否违反被代理人的指示或违背被代理人的可推定意思为标准。④

上述第二种观点值得赞同，即原则上应以代理行为是否违背被代理人的意思来判断代理行为是否违反义务。被代理人应当可以期待代理人尊重其意愿，尤其是被代理人事前已明确将自己的意思告知代理人。早在1902年的一则案例中，德国帝国法院就基于意定代理权的概念和性质提出，代理人原则上不能违背其所知道的被代理人的意思实施代理行为，相对人明知代理人违背被代理人的意思实施代理行为的，不得向被代理人主张代理行为的效力。⑤就我国法而言，在肖某与刘某等委托合同纠纷上诉案⑥中，代理人肖某明知被代理人刘某公证《委托书》的目的在于借款担保而非出售房屋，却在未告知刘某的情况下出售其房屋，违反了

---

① 参见马俊驹、余延满：《民法原论》（第4版），法律出版社2010年版，第231页；谢鸿飞：《代理部分立法的基本理念和重要制度》，载《华东政法大学学报》2016年第5期，第69页；杨代雄：《民法总论》，北京大学出版社2022年版，第454页。

② 参见梁慧星：《民法总论》（第6版），法律出版社2021年版，第246页。

③ 参见胡东海：《论职责违反型代理权滥用——以〈民法总则〉第164条第1款的解释为中心》，载《环球法律评论》2019年第2期，第121页；殷秋实：《论代理人和相对人恶意串通》，载《法商研究》2020年第3期，第103页。

④ Vgl. Roth, Missbrauch der Vertretungsmacht durch den GmbH-Geschäftsführer, ZGR 2/1985, S. 274-275; Schmidt, Handelsrecht, 6. Aufl., 2014, S. 587; Teichmann, Handelsrecht, 4. Aufl., 2023, S. 264.

⑤ Vgl. RG 52, 96 ff.

⑥ 参见湖北省武汉市中级人民法院［2017］鄂01民终597号民事判决书。

被代理人的真实意愿，构成义务违反。

代理人对被代理人的义务还可以依据基础法律关系产生。基础法律关系既可以是意定之债也可以是法定之债。①在意定代理中，委托合同、劳动合同、承揽合同等基础法律关系一般会约定代理人在实施代理行为时应履行的义务。在法定代理中，基础法律关系依法产生，例如监护人法定代理的基础法律关系被规定在《民法典》第34条第1款和第35条。根据该两条规定，法定代理人在实施代理行为时应谋求被代理人的最佳利益并尊重被代理人的真实意愿。被代理人明确表示其真实意愿，或法定代理人基于被代理人之前的行为或所掌握的其他信息可以推定出被代理人的真实意愿的，法定代理人原则上应依据《民法典》第35条第2款和第3款的规定按照被代理人的真实意愿实施代理行为。只有当被代理人既未明确表示其意思，代理人也无法推知其意思的，法定代理人才应当为谋求被代理人的最佳利益实施代理行为。被代理人的真实意愿与其利益相冲突的，法定代理人原则上应按照被代理人的真实意愿实施代理行为，但尊重被代理人的意思会损害其重大人身或财产利益的除外。

（二）相对人明知代理权滥用或代理权滥用具有客观显见性

代理法中，代理权欠缺的风险原则上由相对人承担，而代理权滥用的风险原则上由被代理人承担，只有相对人明知代理权滥用或代理权滥用具有客观显见性以致相对人不可能不知道的，才可能构成禁止代理权滥用。在允许被代理人向相对人主张恶意抗辩的案件中，德国帝国法院最初以相对人"明知"为要件，②后来以代理人的义务违反具有"显见性"为前提。③

1. 相对人明知代理权滥用

德国学界一般认为，相对人明知代理权滥用仍与代理人实施法律行为的，违反禁止代理权滥用规则，④因禁止代理权滥用的法理基础是诚实信用原则，从法教义学上来看，相对人的过失或重大过失不足以限定代理权的边界。⑤我国有学者认为，相对人知晓或应该知晓代理权滥用的，

---

① 参见胡东海：《论恶意串通型代理权滥用》，载《法商研究》2019年第5期，第140页。
② Vgl. RG 52, 96 ff.
③ Vgl. RG 71, 219 ff.
④ Vgl. MüKoBGB/Schubert, 9. Aufl. 2021, BGB § 164 Rn. 236; Teichmann, Handelsrecht, 4. Aufl., 2023, S. 263; Schmidt, Handelsrecht, 6. Aufl., 2014, S. 588.
⑤ Vgl. Schmidt, Handelsrecht, 6. Aufl., 2014, S. 588; Teichmann, Handelsrecht, 4. Aufl., 2023, S. 265-266.

构成禁止代理权滥用。①该观点有待商榷,因为"应知"作为主观的评价性概念,以相对人负有审查代理人与被代理人之间的基础法律关系的注意义务为前提,即相对人因违反注意义务而有过失。②但如前所述,为维护交易安全,代理关系中的相对人一般没有义务确认代理人是否违反基础法律关系,代理权滥用的风险通常由被代理人承担;倘若要求相对人查证代理人在实施代理行为时是否违反其对被代理人承担的义务,那么拉邦德所"发现"的代理权抽象性原则的主要功能即被消解。③鉴于此,相对人仅因过失而不知代理权滥用的,不构成禁止代理权滥用。

2. 代理权滥用具有客观显见性

实践中,被代理人一般难以举证相对人"明知"代理权滥用,因此德国法一般以代理权滥用的客观显见性为判断标准。④该观点值得借鉴,相对人若明知代理人滥用代理权,或虽未明知滥用行为但依当时情境属显而易见,该相对人没有值得受到保护的信赖,此为应予禁止的代理权滥用情形。⑤作为客观的事实性概念,"滥用的显见性(Evidenz des Missbrauchs)"不考虑相对人是否具有主观过失,而仅以代理人的行为对于理性第三人而言是否构成代理权滥用为准。⑥德国当今通说认为,基础法律关系对代理权的限制显而易见的,应认为相对人知道该限制。⑦德国联邦最高法院

---

① 参见殷秋实:《论代理人和相对人恶意串通》,载《法商研究》2020年第3期,第108页。
② 参见胡东海:《论职责违反型代理权滥用——以〈民法总则〉第164条第1款的解释为中心》,载《环球法律评论》2019年第2期,第123页。
③ 参见[德]维尔纳·弗卢梅:《法律行为论》,迟颖译,法律出版社2013年版,第942页。
④ Vgl. MüKoBGB/Schubert, 9. Aufl. 2021, BGB § 164 Rn. 237; Neuner, Allgemeiner Teil des Bürgerlichen Rechts, 13. Aufl., 2023, S. 626; Lieder, Missbrauch der Vertretungsmacht und Kollusion, JuS 2014, S. 683; Schmidt, Handelsrecht, 6. Aufl., 2014, S. 588; Teichmann, Handelsrecht, 4. Aufl., 2023, S. 266; [德] 维尔纳·弗卢梅:《法律行为论》,迟颖译,法律出版社2013年版,第941页;[德] 赫尔穆特·科勒:《德国民法总论》(第44版),刘洋译,北京大学出版社2022年版,第288页。
⑤ 参见朱庆育:《民法总论》(第2版),北京大学出版社2016年版,第352页;胡东海:《论职责违反型代理权滥用——以〈民法总则〉第164条第1款的解释为中心》,载《环球法律评论》2019年第2期,第117~124页。
⑥ 参见[德]维尔纳·弗卢梅:《法律行为论》,迟颖译,法律出版社2013年版,第941页;Lieder, Missbrauch der Vertretungsmacht und Kollusion, JuS 2014, S. 683; Schmidt, Handelsrecht, 6. Aufl., 2014, S. 588; Teichmann, Handelsrecht, 4. Aufl., 2023, S. 266.
⑦ Vgl. MüKoBGB/Schubert, 9. Aufl. 2021, BGB § 164 Rn. 237; Förster, Stellvertretung-Grundstruktur und neuere Entwicklungen, Jura 2010, S. 357; Medicus/Petersen, Allgemeiner Teil des BGB, 11. Aufl., 2016, S. 421; Brox/Walker, Allgemeiner Teil des BGB, 47. Aufl., 2023, S. 279; Neuner, Allgemeiner Teil des Bürgerlichen Rechts, 13. Aufl., 2023, S. 626.

的判决亦有类似表述:"若代理人以显属有疑的方式行使代理权,以致相对人非产生疑虑不可,即可以怀疑代理行为违背诚实信用,则相对人应询问被代理人或至少应要求代理人提供更为详尽的信息。"①

代理权滥用的客观显见性足以排除代理权的有效性。②德国联邦最高法院认为:"若相对人明知,或者除非他熟视无睹就不可能不知道,事务执行人正在滥用代理权损害公司的利益",则代理权相对于该相对人不应发生效力。③关于客观显见性的判断标准,有观点认为,若"理性人"意识到代理权的滥用,或"理性人"因代理人的行为疑窦丛生而不会与其实施行为,则代理权的滥用具有显见性。④换言之,只有相对人无需进一步查证就能意识到代理权滥用的,才满足代理权滥用客观显见性的标准,⑤即代理人行使代理权的行为明显违背被代理人的利益或违反行业惯例,相对人不得不怀疑代理人具有滥用代理权之嫌疑的,相对人始有义务向被代理人询问并请求被代理人确认代理人的行为。⑥例如,保险代理人以保险公司的名义与相对人订立保险合同,并约定相对人暂时无需缴付保费。众所周知,保险公司不会免费为客户提供保险服务,保险代理人的行为显然构成代理权滥用,相对人不可能不知道保险公司将反对合同的订立,因此可以适用显见性原则判决该代理行为构成禁止代理权滥用。⑦再如,在上述肖某与刘某等委托合同纠纷上诉案中,肖某故意违背被代理人的意思以低于评估的价格出售被代理人刘某房屋的代理行为,对于任何理性第三人而言均具有代理权滥用的客观显见性,故构成禁止代理权滥用。由此可见,以客观显见性标准取代主观的应知标准,具有重要的理论和实践意义。⑧

---

① Vgl. BGH NJW 1966, 1911; NJW 1994, 2082, 2083; BGH NJW 1995, 250; BGH WM 1996, 491; BGH NJW 1996, 1961; NJW 1999, 2883; BGH NJW 2002, 1497.
② 参见[德]维尔纳·弗卢梅:《法律行为论》,迟颖译,法律出版社2013年版,第941页。
③ Vgl. BGH Betr. 1984, 661; BGH NJW 1988, 2241.
④ 参见[德]维尔纳·弗卢梅:《法律行为论》,迟颖译,法律出版社2013年版,第942页。
⑤ Vgl. Neuner, Allgemeiner Teil des Bürgerlichen Rechts, 13. Aufl., 2023, S. 626; Medicus/Petersen, Allgemeiner Teil des BGB, 11. Aufl., 2016, S. 421.
⑥ Vgl. BGH NJW 2008, 69 Rn. 69; VersR 2008, 765; OLG München DNotZ 2007, 41 m. Anm. Menzig/Wilsch NZM 2007, 909; BGHZ 176, 281, 286 f. = NJW 2008, 2245.
⑦ Vgl. OLG Karlsruhe VersR, 1996, 45.
⑧ 参见胡东海:《论职责违反型代理权滥用——以〈民法总则〉第164条第1款的解释为中心》,载《环球法律评论》2019年第2期,第121~123页;朱庆育:《民法总论》(第2版),北京大学出版社2016年版,第351~352页;谢鸿飞:《代理部分立法的基本理念和重要制度》,载《华东政法大学学报》2016年第5期,第70页。

尽管如此，在适用禁止代理权滥用规则时，还应对具体案例的所有事实情形进行整体评价。①被代理人因疏于对代理人的管控而导致代理权被滥用，但该滥用缺乏客观显见性的，并不违反禁止代理权滥用规则。换言之，被代理人应自行承担代理权滥用的风险，而不能将自己疏于管理代理人的风险转嫁给相对人。

综上所述，明知显见型禁止代理权滥用的适用前提为：代理人客观上违反基础法律关系的义务拘束；相对人明知代理权滥用或代理权滥用的客观显见性足以使相对人知道代理权滥用。

第三节 违反禁止代理权滥用规则的法律后果

如前所述，代理权抽象性原则旨在保护交易安全，代理人在代理权限范围内违反基础法律关系所实施的代理行为原则上对被代理人生效。然而，代理行为满足上述禁止代理权滥用适用前提的，相对人不值得保护，排除代理权抽象性原则的适用。②

一、违反禁止代理权滥用规则所实施代理行为的效力

（一）串通型禁止代理权滥用

在德国法上，关于代理人与相对人恶意串通所实施代理行为的效力问题存在争议。持"无效说"的观点认为，恶意串通代理行为因违反善良风俗而依据《德国民法典》第138条的规定无效；③而持"效力待定说"的观点则认为，应当在代理法的框架下，类推适用《德国民法典》第177条以下关于无权代理的规定，由被代理人决定是否追认。④在《民法典》施行之前，我国法院多判定代理人与相对人恶意串通的代理行为

---

① BGHZ 50, 112, 117 = NJW 1968, 1379 (Kontovollmacht).
② 参见杨代雄：《法律行为论》，北京大学出版社2021年版，第534页；胡东海：《论恶意串通型代理权滥用》，载《法商研究》2019年第5期，第144页。
③ Vgl. Medicus/Petersen, Allgemeiner Teil des BGB, 11. Aufl., 2016, S. 420; BGH NJW 1989, 26; BGH NJW 2000, 2896; Förster, Stellvertretung–Grundstruktur und neuere Entwicklungen, Jura 2010, S. 357; Brox/Walker, Allgemeiner Teil des BGB, 47. Aufl., 2023, S. 279; Lorenz, Grundlagen Stellvertretung, JuS 2010, S. 384.
④ Vgl. Kipp, Lehre von der Vertretung ohne Vertretungsmacht, Reichsgerichts-Festschrift, Bd. II, S. 287; Neuner, Allgemeiner Teil des Bürgerlichen Rechts, 13. Aufl., 2023, S. 627; Lieder, Missbrauch der Vertretungsmacht und Kollusion, JuS 2014, S. 685–686; Schmidt, Handelsrecht, 6. Aufl., 2014, S. 588.

无效。①鉴于《民法典》第164条并未规定代理人与相对人恶意串通的代理行为的效力，法院依然倾向于按照《民法典》第154条的规定作出无效判决。②学界关于恶意串通代理行为的效力存在争议，主要存在有效说③、无效说④和效力待定说⑤等三种学说。

本书支持效力待定说。首先，《民法典》第164条第2款的立法目的在于保护被代理人的合法利益。⑥按照"仅为保护个人利益而发生有效或无效的法律效力，不得强加于受益人"这一起源于古典罗马法时期的法律原则，⑦不宜通过法律规定迫使被代理人接受无效的法律后果。其次，被代理人是自身利益的最佳判断者，立法者和司法者不应越俎代庖。⑧尽管恶意串通的行为通常不利于被代理人，但若恶意串通给被代理人造成的损害并不严重，或代理人与相对人所预期的损害实际上有利于被代理人，或被代理人并不介意得失且主观上希望法律行为生效，自应给予被

---

① 因代理人与相对人恶意串通损害被代理人利益的代理行为被判无效的案例见：北京市第二中级人民法院［2012］二中民终字第14892号民事判决书；新疆维吾尔自治区高级人民法院伊犁哈萨克自治州分院［2016］新40民终580号民事判决书；江苏省昆山市人民法院［2014］苏中民终字第03287号民事判决书。
② 参见北京市第三中级人民法院［2022］京03民终2175号民事判决书；辽宁省沈阳市中级人民法院［2022］辽01民终17225号民事判决书；北京市西城区人民法院［2022］京0102民初34670号民事判决书；北京市海淀区人民法院［2021］京0108民初17591号民事判决书；甘肃省酒泉市肃州区人民法院［2023］甘0902民初6403号民事判决书；宁夏回族自治区银川市兴庆区人民法院［2022］宁0104民初15767号民事判决书。
③ 参见朱建农：《论民法上恶意串通行为之效力》，载《当代法学》2007年第6期，第92页。
④ 参见徐涤宇：《代理制度如何贯彻私法自治〈民法总则〉代理制度评述》，载《中外法学》2017年第3期，第693页；马新彦：《民法总则代理立法研究》，载《法学家》2016年第5期，第133页；朱广新：《恶意串通行为无效规定的体系地位与规范构造》，载《法学》2018年第7期，第142页；杨代雄：《法律行为论》，北京大学出版社2021年版，第535页。
⑤ 参见殷秋实：《论代理人和相对人恶意串通》，载《法商研究》2020年第3期，第102页；胡东海：《论恶意串通型代理权滥用》，载《法商研究》2019年第5期，第144页；王利明：《体系化视角下的恶意串通规则》，载《法律科学（西北政法大学学报）》2024年第1期，第11页；茅少伟：《民法典的规则供给与规范配置 基于〈民法总则〉的观察与批评》，载《中外法学》2018年第1期，第181页；刘贵祥：《关于金融民商事审判工作中的理念、机制和法律适用问题》，载《法律适用》2023年第1期，第21页。
⑥ 参见石宏主编：《中华人民共和国民法总则条文说明、立法理由及相关规定》，北京大学出版社2017年版，第389页。
⑦ Vgl. Insbesondere Paulus D. 50, 17, 69: "*Invito beneficium non datur*"，历史沿革参见Altmeppen, Disponibilität des Rechtsscheins, 1993, S. 4 ff.
⑧ 参见殷秋实：《论代理人和相对人恶意串通》，载《法商研究》2020年第3期，第103页。

代理人选择的机会,允许其予以追认。①例如,买方的代理人与相对人在房市走低时恶意串通以较高的价格订立购房合同之后,房市大涨,购房合同有利于被代理人,被代理人可以追认购房合同的效力。再如,被代理人曾要求代理人只能聘任具有某市户籍的工作人员,代理人以被代理人的名义与非本市户籍的应聘者恶意串通缔结劳动合同,但该雇员表现出色,被代理人知道该雇员不具有某市户籍后,仍希望维持劳动合同效力的,可以追认。最后,禁止代理权滥用规则是对代理权抽象性原则的突破,相对人不值得受到代理权抽象性原则保护的,视为代理权不存在,故应在代理法的制度框架下,以无权代理来解决法律行为之效力问题更合乎体系性要求,同时赋予当事人更为多样的救济手段和更大的回旋余地,效率更高。②

(二) 明知显见型禁止代理权滥用

在德国法上,通说认为,明知显见型禁止代理权滥用中,代理权应被视为消灭,代理行为应被视为无权代理,应对其类推适用关于无权代理的规定。③我国现行法就此未予规定。学者多认为,在明知显见型禁止代理权滥用的情形中,代理行为效力待定,取决于被代理人的追认。④该

---

① Vgl. Neuner, Allgemeiner Teil des Bürgerlichen Rechts, 13. Aufl., 2023, S. 627; Lieder, Missbrauch der Vertretungsmacht und Kollusion, JuS 2014, S. 685.

② 参见胡东海:《论职责违反型代理权滥用——以〈民法总则〉第 164 条第 1 款的解释为中心》,载《环球法律评论》2019 年第 2 期,第 129 页;尹田:《民法典总则之理论与立法研究》,法律出版社 2010 年版,第 702 页;张平华:《恶意串通法律规范的合理性》,载《中国法学》2017 年第 4 期,第 221 页;朱庆育:《民法总论》(第 2 版),北京大学出版社 2016 年版,第 352 页。Vgl. Lieder, Missbrauch der Vertretungsmacht und Kollusion, JuS 2014, S. 686.

③ 参见 [德] 维尔纳·弗卢梅:《法律行为论》,迟颖译,法律出版社 2013 年版,第 941 页;Vgl. Neuner, Allgemeiner Teil des Bürgerlichen Rechts, 13. Aufl., 2023, S. 626; Förster, Stellvertretung-Grundstruktur und neuere Entwicklungen, Jura 2010, S. 357; Medicus/Petersen, Allgemeiner Teil des BGB, 11. Aufl., 2016, S. 421; Brox/Walker, Allgemeiner Teil des BGB, 47. Aufl., 2023, S. 279; Kipp, Lehre von der Vertretung ohne Vertretungsmacht, Reichsgerichts-Festschrift, Bd. II, S. 273 ff; Lieder, Missbrauch der Vertretungsmacht und Kollusion, JuS 2014, S. 682.

④ 参见谢鸿飞:《代理部分立法的基本理念和重要制度》,载《华东政法大学学报》2016 年第 5 期,第 68 页;杨代雄:《法律行为论》,北京大学出版社 2021 年版,第 535 页;徐涤宇:《代理制度如何贯彻私法自治〈民法总则〉代理制度评述》,载《中外法学》2017 年第 3 期,第 694 页;刘骏:《法国新债法的代理制度与我国民法总则代理之比较》,载《交大法学》2017 年第 2 期,第 76 页;吴香香:《滥用代理权所订契约之效力》,载王洪亮等主编:《中德私法研究 (15):民商合一与分立》,北京大学出版社 2017 年版,第 242~244 页。

观点值得赞同。在此类禁止代理权滥用的情形中，明知代理权滥用或代理权滥用如此显见不可能不知道代理权滥用的相对人不值得受保护，法律无需坚持代理权抽象性原则，应视代理权不复存在。①与恶意串通之情形相类似的是，明知显见型禁止代理权滥用中，相对人并未对代理行为的有效性产生信赖，故应当突破代理权抽象性原则，优先保护被代理人的利益，由被代理人决定是否通过追认使代理行为对其生效。在肖某与刘某等委托合同纠纷上诉案②中，代理人肖某故意违反委托合同义务贱卖被代理人刘某的房屋，其损害被代理人利益的行为构成代理权滥用，该代理权滥用对于相对人而言具有显见性，故满足禁止代理权滥用的全部构成要件，肖某与相对人签订房屋买卖合同构成无权代理，被代理人可以拒绝追认买卖合同并要求买受人返还房屋，而不应像法院所判决的那样仅可以向代理人肖某主张返还实际售房款。

二、损害赔偿责任

（一）串通型禁止代理权滥用中的损害赔偿责任

在德国法上，被代理人因代理人和相对人恶意串通而遭受损害的，可以依据《德国民法典》第826条、第840条第1款③的规定向相对人和代理人主张连带损害赔偿责任。④我国《民法典》第164条第2款明确规定了恶意串通型禁止代理权滥用中代理人与相对人的连带损害赔偿责任。关于该规定的性质，我国学界存在争议。有观点认为该规定不具有独立意义，可以被侵权法的规则所涵盖；⑤另有观点认为，该规定在性质上属于代理权滥用责任，在适用前提和责任内容上完全不同于共同侵权责任。⑥事实上，我国侵权责任法保护的范围比较宽泛，⑦并非如持该规定不属于侵权责任观点的学者所认为的那样仅限于固有利益的保护，因

---

① 参见胡东海：《论职责违反型代理权滥用——以〈民法总则〉第164条第1款的解释为中心》，载《环球法律评论》2019年第2期，第127页。
② 参见湖北省武汉市中级人民法院［2017］鄂01民终597号民事判决书。
③ 《德国民法典》第826条规定："以违反善良风俗的方式故意加损害于他人的，有义务向该他人赔偿损害。"第840条第1款规定："二人以上共同对因侵权行为而发生的损害负责任的，作为连带债务人负责任。"
④ Vgl. Brox/Walker, Allgemeiner Teil des BGB, 47. Aufl., 2023, S. 279.
⑤ 参见殷秋实：《论代理人和相对人恶意串通》，载《法商研究》2020年第3期，第112页。
⑥ 参见胡东海：《论恶意串通型代理权滥用》，载《法商研究》2019年第5期，第145页。
⑦ 关于《民法典》第164条第2款规定的"合法权益"，在解释上应当与《侵权责任法》第2条规定的民事权益范围一致。参见最高人民法院民法典贯彻实施工作领导小组主编：《中华人民共和国民法典总则编理解与适用》（上），人民法院出版社2020年版，第822页。

此将《民法典》第164条第2款要求代理人与相对人承担连带责任的规定定性为侵权责任并无不妥。①本书认为，既然立法已经明确规定，那么法院不妨将其作为侵权责任的特殊规定直接予以适用，判决恶意串通型禁止代理权滥用中的代理人与相对人向被代理人承担连带损害赔偿责任。

（二）明知显见型禁止代理权滥用中的损害赔偿责任

1. 代理人对被代理人的损害赔偿责任

在德国法上，代理人违背禁止代理权滥用规则的，应当基于其与被代理人之间的基础法律关系，依据《德国民法典》债权编第280条第1款的规定向被代理人承担义务不履行的损害赔偿责任。②由于基础法律关系属于代理人与被代理人之间的内部关系，并不涉及代理之外部关系，《德国民法典》总则编第164条以下各条并无类似我国《民法典》第164条第1款的规定。

关于《民法典》第164条第1款的规定，我国学界存在争议。有学者通过客观解释将该规则定性为代理关系层面的"职责违反型代理权滥用"规则，尝试将《民法典》第164条第1款解释为具有重要体系价值的独立规范。③学者致力于从实证法中寻找禁止代理权滥用法律依据的努力值得肯定，但其似乎也意识到了《民法典》第164条第1款是关于违约责任的重复规定。事实上，依历史解释，《民法典》第164条第1款延续了《民法通则》第66条第2款的规定，④在《民法通则》的时代，该规定尚有存在必要，但在《民法典》明确区分代理和基础法律关系的立法体例下，《民法典》第164条第1款的规定颇显冗余，有学者批评将该规定置于代理法之中的体系安排，体现了立法者对代理制度的整合、提炼程度的不足，⑤在《民法典》生效之前甚至有学者建议删除该规定。⑥此外，代理人违反基础法律关系的义务实施代理行为的，所违反的是代理人与被代理人的内部关系，例如，在基础法律关系为委托合同的情况

---

① 参见王利明：《体系化视角下的恶意串通规则》，载《法律科学（西北政法大学学报）》2024年第1期，第13页。
② Vgl. Lieder, Missbrauch der Vertretungsmacht und Kollusion, JuS 2014, S. 684.
③ 参见胡东海：《论职责违反型代理权滥用——以〈民法总则〉第164条第1款的解释为中心》，载《环球法律评论》2019年第2期，第131页。
④ 《民法通则》第66条第2款规定："代理人不履行职责而给被代理人造成损害的，应当承担民事责任。"
⑤ 参见徐涤宇：《代理制度如何贯彻私法自治〈民法总则〉代理制度评述》，载《中外法学》2017年第3期，第701页。
⑥ 参见马新彦：《民法总则代理立法研究》，载《法学家》2016年第5期，第133页。

下，被代理人可以依据《民法典》第 929 条的规定追究代理人的损害赔偿责任，并无必要诉诸《民法典》第 164 条第 1 款的规定。尽管如此，为方便法院适用法律，在代理人违反基础法律关系实施代理行为时，或在被代理人仅授予代理人代理权而双方之间不存在基础法律关系的情形中，法院可以将《民法典》第 164 条第 1 款作为判决代理人向被代理人承担损害赔偿责任的法律依据。在上述肖某与刘某等委托合同纠纷上诉案中，代理人肖某应依据《民法典》第 164 条第 1 款的规定赔偿被代理人刘某因房屋被贱卖所遭受的损失。

2. 代理人与相对人之间的损害赔偿责任

关于代理人是否应像无权代理中的行为人那样向相对人承担损害赔偿责任的问题，德国通说认为，禁止代理权滥用情形中的相对人不值得受保护，代理人无需向其承担损害赔偿责任。[①]我国法律对此没有明确规定，本书认为，德国通说值得赞同。在无权代理中，相对人对代理权的信赖值得保护，而在代理行为违反禁止代理权滥用规则的情形中，相对人在没有理由信赖代理行为有效的情形下与代理人实施法律行为，不满足《民法典》第 171 条第 3 款所规定的"善意相对人"要件，故代理人无需向相对人承担无权代理责任。[②]代理行为未经被代理人追认而无效的，对于故意违反禁止代理权滥用规则的代理人与明知代理权滥用或代理权滥用如此显见不可能不知道的相对人之间的损害赔偿问题，可以依据《民法典》第 500 条关于缔约过失责任的规定或《民法典》第 1165 条第 1 款关于侵权责任的规定予以解决。[③]

本章小结

在有因性原则下，代理人违反基础法律关系滥用代理权所实施的代理行为构成无权代理，相对人成功主张表见代理成立的，代理行为生效；相对人未能举证表见代理成立的，代理行为因被代理人拒绝追认而无效，根本不存在代理权滥用的问题。代理权滥用是抽象性原则下特有的问题，

---

① Vgl. Staudinger/Schilken, 2019, § 167 Rn. 103; Lieder, Missbrauch der Vertretungsmacht und Kollusion, JuS 2014, S. 685.
② 参见胡东海：《论职责违反型代理权滥用——以〈民法总则〉第 164 条第 1 款的解释为中心》，载《环球法律评论》2019 年第 2 期，第 128 页。
③ 参见胡东海：《论职责违反型代理权滥用——以〈民法总则〉第 164 条第 1 款的解释为中心》，载《环球法律评论》2019 年第 2 期，第 128~129 页。

而禁止代理权滥用规则是对抽象性原则的突破，它与抽象性原则并不矛盾，无需借助有因性理论和表见代理制度来解决代理权滥用的问题。代理人与相对人恶意串通损害被代理人利益的、相对人明知代理人违反义务实施代理行为的、代理人违反义务的行为如此明显相对人不可能不知道的，构成禁止代理权滥用。在禁止代理权滥用中，相对人为恶意，不值受到保护，应为维护被代理人的利益而突破代理权抽象性原则，允许被代理人以代理行为违反禁止代理权滥用规则为由否定代理人在代理权限内所实施的代理行为的效力，代理行为应被视为无权代理。被代理人追认的，代理行为对被代理人生效。被代理人拒绝追认的，代理行为无效，产生损害赔偿责任。在串通型禁止代理权滥用中，代理人与相对人应向被代理人承担连带损害赔偿责任；在明知显见型代理权滥用中，代理人应向被代理人承担损害赔偿责任，并依缔约过失责任或侵权责任的规定向相对人承担损害赔偿责任。

第五章

禁止自我行为

为避免代理人与被代理人之间的利益冲突风险,法律通常禁止代理人实施自我行为。在德国法上,自我行为(Insichgeschäft)是指代理人以被代理人的名义与自己实施法律行为。其中以自己的名义实施者,为自我缔约(Selbstkontrahieren);以第三人的名义实施者,为多方代理(Mehrvertretung)。①《德国民法典》第181条规定:"未经允许,代理人不得以被代理人的名义与自己实施法律行为,亦不得同时作为被代理人的代理人与第三人的代理人实施法律行为,专为履行义务的除外。"该规定既适用于意定代理,也适用于法定代理。②

我国法上禁止自我行为的规定可以追溯到《经济合同法》(已失效)第7条③关于禁止自己代理和双方代理的规定。《合同法》没有类似规定。《民法典》第168条规定:"代理人不得以被代理人的名义与自己实施民事法律行为,但是被代理人同意或者追认的除外。代理人不得以被代理人的名义与自己同时代理的其他人实施民事法律行为,但是被代理的双方同意或者追认的除外。"该条虽然并未使用"自我行为"的术语,

---

① 参见[德]卡尔·拉伦茨:《德国民法通论》(下册),王晓晔等译,法律出版社2003年版,第829页;[德]迪特尔·梅迪库斯:《德国民法总论》,邵建东译,法律出版社2000年版,第723页。

② 参见[德]维尔纳·弗卢梅:《法律行为论》,迟颖译,法律出版社2013年版,第968~969页;[德]迪特尔·梅迪库斯:《德国民法总论》,邵建东译,法律出版社2000年版,第722页;[德]本德·吕特斯、阿斯特丽德·施塔德勒:《德国民法总论》(第18版),于馨淼、张姝译,法律出版社2017年版,第531页。

③ 《经济合同法》(已失效)第7条第1款规定:"下列经济合同为无效……三、代理人……以被代理人的名义同自己或者同自己所代理的其他人签订的合同。"

但学者多建议采纳该术语,①本书从之。《民法典》第 168 条虽然针对意定代理作出,但同样可以适用于法定代理,②故本书在体例上将禁止自我行为规则纳入第一编关于代理制度基本理论的阐述之中。本章下述将具体分为两节展开分析论证:第一节将明确禁止自我行为规则的性质和具体适用,第二节将重点分析论证禁止自我行为规则的适用前提和法律后果。

第一节 禁止自我行为规则的性质和适用

一、禁止自我行为规则是对代理权的法定限制

一般而言,授予他人代理权者,均希望代理人为其最大利益与第三人实施代理行为,而并不希望代理人本人成为该代理行为的相对人。然而,由于授权人在授权时通常并不会意识到代理人实施自我行为的风险,也就不会明确禁止代理人实施自我行为。因此,代理人为谋求更多个人利益,很可能会以授权人的名义与自己或自己所代理的第三人实施代理

---

① 参见迟颖:《自我行为中的利益冲突及其规制——〈民法总则〉第 168 条解释论》,载《河北法学》2019 年第 10 期,第 86 页;杨代雄:《民法总论》,北京大学出版社 2022 年版,第 450 页;朱庆育:《民法总论》(第 2 版),北京大学出版社 2016 年版,第 350 页;[德]维尔纳·弗卢梅:《法律行为论》,迟颖译,法律出版社 2013 年版,第 965 页;[德]迪特尔·梅迪库斯:《德国民法总则》,邵建东译,法律出版社 2000 年版,第 723 页;[德]赫尔穆特·科勒:《德国民法总论》(第 44 版),北京大学出版社 2022 年版,第 291 页;陈甦主编:《民法总则评注》(下册),法律出版社 2017 年版,第 1192 页(方新军执笔);汪渊智:《代理法论》,北京大学出版社 2015 年版,第 226 页以下。于程远将德国法上的"Insichgeschäft"翻译为"自我交易"。参见于程远:《从风险规避到实质保护——目的论视角下对自我交易规则的重新建构》,载《政法论坛》2018 年第 2 期,第 41 页。朱广新采纳于程远的观点。参见朱广新:《代理制度中自我交易规则的适用范围》,载《法学》2022 年第 9 期,第 122 页以下。本书认为,"自我交易"难以融入"法律行为"的民法概念体系之下,与德文"Rechtsgeschäft"相对应的中译文是"法律行为",且一系列与其相关概念中的"Geschäft"都已被译为"行为",例如"Verpflichtungsgeschäft"被译为"负担行为","Verfügungsgeschäft"被译为"处分行为",从体系化的视角看,将"Insichgeschäft"翻译为"自我行为"为宜。

② 参见朱广新:《代理制度中自我交易规则的适用范围》,载《法学》2022 年第 9 期,第 126 页;于程远:《从风险规避到实质保护——目的论视角下对自我交易规则的重新建构》,载《政法论坛》2018 年第 2 期,第 50 页;杨代雄:《法律行为论》,北京大学出版社 2021 年版,第 530 页;解亘:《论监护关系中不当财产管理行为的救济——兼论"利益相反"之概念的必要性》,载《比较法研究》2017 年第 1 期,第 153~155 页。

第五章 禁止自我行为

行为，损害授权人的利益。为避免这种利益冲突的风险，《德国民法典》第 181 条原则上禁止代理人实施自我行为。① 该规定构成对外部代理权的法定限制，② 本质上有别于仅关涉代理人与被代理人之间关系的禁止代理权滥用规则。③

我国学界关于《民法典》第 168 条规定的性质存在争议。有观点认为，该规定属于对代理权的法定限制。④ 另有观点认为该规定属于禁止代理权滥用的情形之一。⑤ 本书认为，《民法典》第 168 条有别于禁止代理权滥用规则，属于对代理权的法定限制。首先，禁止代理权滥用是对代理权抽象性原则的限制，其旨在于相对人对代理权的信赖不值得保护时，转而保护被代理人的利益；而禁止自我行为规则的目的在于规避抽象的利益冲突风险。⑥ 其次，禁止代理权滥用规则所涉及的是代理人在代理权限内实施的代理行为违反基础法律关系的限制，且相对人不值得保护时，构成无权代理；而《民法典》第 168 条剥夺了代理人实施自我

---

① Vgl. Prot. I, 353 (Mugdan I, 759); Neuner, Allgemeiner Teil des Bürgerlichen Rechts, 13. Aufl., 2023, S. 627; Medicus/Petersen, Allgemeiner Teil des BGB, 11. Aufl., 2016, S. 416; Brox/Walker, Allgemeiner Teil des BGB, 47. Aufl., 2023, S. 281.

② Vgl. Medicus/Petersen, Allgemeiner Teil des BGB, 11. Aufl., 2016, S. 416; Neuner, Allgemeiner Teil des Bürgerlichen Rechts, 13. Aufl., 2023, S. 627; Lorenz, Grundlagen Stellvertretung, JuS 2010, S. 383; Schilken, Aktuelle Fragen zum Missbrauch der Vertretungsmacht, FS Becker-Eberhard, 2022, S. 501; Brox/Walker, Allgemeiner Teil des BGB, 47. Aufl., 2023, S. 281.

③ Vgl. Schilken, Aktuelle Fragen zum Missbrauch der Vertretungsmacht, FS Becker-Eberhard, 2022, S. 503; Scholz, Missbrauch der Vertretungsmacht, Insichgeschäft und Erfüllung einer Verbindlichkeit Zum Verhältnis von Missbrauch der Vertretungsmacht und § 181 BGB, ZfPW 2019, S. 300; 参见 [德] 汉斯·布洛克斯、沃尔夫·迪特里希·瓦尔克：《德国民法总论》（第 41 版），张艳译，杨大可校，冯楚奇补译，中国人民大学出版社 2019 年版，第 258、260 页；[德] 维尔纳·弗卢梅：《法律行为论》，迟颖译，法律出版社 2013 年版，第 940、967 页。

④ 参见谢鸿飞：《代理部分立法的基本理念和重要制度》，载《华东政法大学学报》2016 年第 5 期，第 69 页；朱庆育：《民法总论》（第 2 版），北京大学出版社 2016 年版，第 350~351 页；杨代雄：《法律行为论》，北京大学出版社 2021 年版，第 533 页；杨代雄主编：《袖珍民法典评注》，中国民主法制出版社 2022 年版，第 145 页（杨代雄执笔）；朱广新：《代理制度中自我交易规则的适用范围》，载《法学》2022 年第 9 期，第 124 页；迟颖：《自我行为中的利益冲突及其规制——〈民法总则〉第 168 条解释论》，载《河北法学》2019 年第 10 期，第 86 页。

⑤ 参见王利明：《民法总则新论》，法律出版社 2023 年版，第 580 页；马新彦：《民法总则代理立法研究》，载《法学家》2016 年第 5 期，第 133 页；胡东海：《论职责违反型代理权滥用——以〈民法总则〉第 164 条第 1 款的解释为中心》，载《环球法律评论》2019 年第 2 期，第 118 页。

⑥ Vgl. Scholz, Missbrauch der Vertretungsmacht, Insichgeschäft und Erfüllung einer Verbindlichkeit Zum Verhältnis von Missbrauch der Vertretungsmacht und § 181 BGB, ZfPW 2019, S. 308.

行为的代理权,除经被代理人事先允许外,代理人违反该规则所实施的代理行为构成无权代理。最后,代理人获得被代理人的授权可以对外实施自我行为的,并不意味着代理人违反基础法律关系的限制所实施的代理行为不会违反禁止代理权滥用规则。①由是观之,《民法典》第168条在性质上属于对代理权的法定限制,本质上不同于禁止代理权滥用规则。

二、禁止自我行为规则的适用

(一) 禁止自我行为规则的适用范围

1. 意定代理和法定代理

我国《民法典》第168条针对意定代理而设定,它不仅适用于民事意定代理,而且适用于商事意定代理,如职务代理,对此详见本书最后一章关于董事自我行为的分析论证。法定代理多为概括代理,法定代理人一般缺乏监督和控制代理行为的能力,利益冲突的风险较之于意定代理更为显著,同样有必要禁止法定代理人实施自我行为,因此《民法典》第168条亦应适用于法定代理人以及具有法定代理人法律地位的法定代表人实施的自我行为。②

2. 多方法律行为和单方法律行为

《民法典》第168条可以适用于单方法律行为和多方法律行为。就单方法律行为而言,仅适用于需受领之单方法律行为,如终止、撤销、意定代理授权、同意等,不适用于不存在相对人的无需受领之单方法律行为。代理人以自己的名义同时代理他人作为法律行为的同一方当事人实施代理行为的,例如代理人以被代理人的名义同时以自己的名义作为承租人与出租人订立租赁合同的,不构成自我行为,不适用《民法典》第168条的规定。

(二) 禁止自我行为规则的目的性解释

自我行为的核心问题是利益冲突的风险。每一个体均趋向于追求自身利益的最大化。在自我行为中,除代理人之外,没有其他表意人,代理人为自身利益或第三人的利益损害被代理人利益的风险较高。在自己

---

① Vgl. Scholz, Missbrauch der Vertretungsmacht, Insichgeschäft und Erfüllung einer Verbindlichkeit Zum Verhältnis von Missbrauch der Vertretungsmacht und § 181 BGB, ZfPW 2019, S. 304.
② 参见朱广新:《代理制度中自我交易规则的适用范围》,载《法学》2022年第9期,第124页;于程远:《从风险规避到实质保护——目的论视角下对自我交易规则的重新建构》,载《政法论坛》2018年第2期,第50页。

代理时，代理人难免会为自身利益而牺牲被代理人的利益；在多方代理时，代理人可能会为其中一方被代理人的利益而牺牲其他被代理人的利益。鉴于此，《德国民法典》第181条①和我国《民法典》第168条②关于禁止自我行为规定的立法目的均在于防止利益冲突之风险，维护被代理人的利益。

《德国民法典》第181条明确排除两种一般不存在利益冲突风险情形的适用：其一是经被代理人同意的自我行为；其二是专为履行债务的自我行为，例如父母为履行其对未成年子女的抚养义务而支付抚养费时可以实施自我行为。③此外，为充分实现《德国民法典》第181条避免利益冲突风险的立法目的，德国司法实践中对第181条进行目的论限缩或类推适用。④进言之，对于不涉及利益冲突风险的自我行为，德国法院通过目的论限缩来排除《德国民法典》第181条的适用；而对于代理人为规避身份同一性而与其为被代理人指定的复代理人或其为自己指定的代理人实施的代理行为，德国法院为避免利益冲突风险而类推适用《德国民法典》第181条的规定。

1. 禁止自我行为之目的论限缩

《德国民法典》颁行之初，除构成第181条所规定的"专为履行债务"的情形外，德国联邦最高法院严格按照该法典第181条的文义作出判决，自我行为皆属禁止之列，是否存在利益冲突风险在所不问。⑤这固然有利于维护法律的稳定性和安定性，但同时也将客观上不可能存在利益冲突风险的自我行为纳入禁止之列，徒增交易成本，降低交易效率。为避免禁止自我行为沦为纯粹的秩序性规则，德国联邦最高法院逐步摆脱了概念法学的局限，不再坚持严格适用第181条，允许代理人实施不

---

① Vgl. Prot. I, 353 (Mugdan I, 759); Neuner, Allgemeiner Teil des Bürgerlichen Rechts, 13. Aufl., 2023, S. 627; Brox/Walker, Allgemeiner Teil des BGB, 47. Aufl., 2023, S. 281.

② 参见李适时主编：《中华人民共和国民法总则释义》，法律出版社2017年版，第520页；杨代雄：《民法总论》，北京大学出版社2022年版，第451页。

③ Vgl. Brox/Walker, Allgemeiner Teil des BGB, 47. Aufl., 2023, S. 281; Medicus/Petersen, Allgemeiner Teil des BGB, 11. Aufl., 2016, S. 417-418; Neuner, Allgemeiner Teil des Bürgerlichen Rechts, 13. Aufl., 2023, S. 628.

④ Vgl. MüKoBGB/Schubert, 9. Aufl. 2021, BGB § 181 Rn. 5; Neuner, Allgemeiner Teil des Bürgerlichen Rechts, 13. Aufl., 2023, S. 628-629; Brox/Walker, Allgemeiner Teil des BGB, 47. Aufl., 2023, S. 282-283; Medicus/Petersen, Allgemeiner Teil des BGB, 11. Aufl., 2016, S. 417-419.

⑤ Vgl. BGHZ 21, 230; BGHZ 50, 8, 11.

存在利益冲突风险的"使被代理人纯获法律上利益"的自我行为。①例如，德国联邦最高法院判决，"在整体的、界限确定的法律领域中……，根据在该法律领域典型存在的法律状态和利益态势，第181条旨在规避的利益冲突风险不可能出现"的情形中，不再适用第181条。②

我国《民法典》第168条仅允许代理人实施经被代理人事先同意的自我行为。但在《民法典》的起草过程中，《民法典（草案征求意见稿）》曾建议将"纯粹为被代理人利益的自我行为"和"纯粹为履行债务的自我行为"排除在自我行为的禁止之外。③遗憾的是，该建议并未被立法者所采纳。本书认为，为避免一刀切地将不存在利益冲突风险的自我行为纳入禁止之列，我国法应借鉴德国的立法和司法经验，通过目的论限缩，将上述立法建议中所提及的"专为履行债务"和"使被代理人纯获法律上利益"的自我行为排除在《民法典》第168条的适用之外。④

(1) 专为履行债务的自我行为

我国有学者以债务履行是事实行为、不能被代理为由认为代理人不能为履行债务而实施自我行为。⑤该观点有待商榷。

(a) 债务履行行为的可代理性

以对方当事人受领给付为必要的债务履行构成处分行为，⑥属于法律行为，可以进行代理。在专为履行债务的自我行为中，被代理人为债务人的，代理人以被代理人的名义向自己进行给付，同时以自己的名

---

① Vgl. Larenz, Methodenlehre der Rechtswissenschaft, 6. Aufl., 1990, S. 370; Brox/Walker, Allgemeiner Teil des BGB, 47. Aufl., 2023, S. 282; Medicus/Petersen, Allgemeiner Teil des BGB, 11. Aufl., 2016, S. 419; Blomeyer, Die teleologische Korrektur des § 181 BGB, AcP 172, S. 13; Neuner, Allgemeiner Teil des Bürgerlichen Rechts, 13. Aufl., 2023, S. 628-629; Festner, Interessenkonflikte im deutschen und englischen Vertretungsrecht, 2006, S. 130; Honsell, Das Insichgeschäft nach § 181 BGB: Grundfragen und Anwendungsbereich, JA 1977, S. 58; Lorenz, Grundlagen Stellvertretung, JuS 2010, S. 383.

② Vgl. BGH 56, 97, 102.

③ 参见《民法总则立法背景与观点全集》编写组：《民法总则立法背景与观点全集》，法律出版社2017年版，第341、412页。

④ 参见王利明：《民法总则新论》，法律出版社2023年版，第583~584页；杨代雄主编：《袖珍民法典评注》，中国民主法制出版社2022年版，第145页（杨代雄执笔）；王利明主编：《中国民法典释评·合同编·通则》，中国人民大学出版社2020年版，第834~835页（朱虎执笔）；最高人民法院民法典贯彻实施工作领导小组主编：《中华人民共和国民法典总则编理解与适用》（上），人民法院出版社2020年版，第841页；陈甦主编：《民法总则评注》（下册），法律出版社2017年版，第1191~1192页（方新军执笔）。

⑤ 参见马新彦：《民法总则代理立法研究》，载《法学家》2016年第5期，第128页。

⑥ 参见［德］维尔纳·弗卢梅：《法律行为论》，迟颖译，法律出版社2013年版，第170页。

义受领被代理人的给付；被代理人为债权人的，代理人以自己的名义向被代理人进行给付，同时以被代理人的名义受领给付。即使不将债务履行认定为法律行为，债务履行行为原则上也可以进行自己代理。①

（b）债务履行行为不存在利益冲突之风险

债务的履行不涉及利益冲突的问题，履行的内容既已确定，代理人无需作出利益权衡，一般不存在利益冲突风险。②在专为履行债务而实施自我行为的情形中，被代理人所承担的不利后果本属其所应履行的义务，即使代理人不履行该义务，被代理人自己或者由其授权的另外一名代理人也必须履行该义务，并不存在利益冲突风险的可能，故立法并无必要对被代理人施以特殊保护。③

（c）可通过自我行为完成的债务履行行为

待履行的债务既可以是意定之债，也可以是法定之债。鉴于被代理人不应因债务履行而丧失诉讼时效届满或履行期限尚未届至的期限利益，④专为履行债务的自我行为生效的前提如下：其一，待履行债务须已届清偿期。其二，被代理人的债务须具有可实现性，即不存在抗辩权，被代理人的债务已过诉讼时效的，不能进行清偿，因为诉讼时效届满的抗辩因履行而消灭，不利于被代理人。其三，待履行的被代理人债务须为已经成立的债务，不得为尚需通过履行方可成立的债务，例如《民法典》第490条第1款⑤和第2款⑥所规定的合同因履行而成立的情形。在该两款所规定的情形中，债务在履行前尚未产生，仅于履行后始产生，此类行为不属于专为履行债务的行为。此外，由于行使抵销权的行为与

---

① 参见尹田：《民法典总则之理论与立法研究》（第2版），法律出版社2018年版，第629页。
② Vgl. Neuner, Allgemeiner Teil des Bürgerlichen Rechts, 13. Aufl., 2023, S. 628；参见尹田：《民法典总则之理论与立法研究》（第2版），法律出版社2018年版，第629页；孙建：《对代理法中若干问题的探讨》，载《南开学报》2000年第1期，第69页。
③ Vgl. Medicus/Petersen, Allgemeiner Teil des BGB, 11. Aufl., 2016, S. 418；Brox/Walker, Allgemeiner Teil des BGB, 47. Aufl., 2023, S. 282；杨代雄：《法律行为论》，北京大学出版社2021年版，第532~533页；陈华彬：《民法总则》，中国政法大学出版社2017年版，第602页。
④ Vgl. Staudinger/Schilken, 2019, §181, Rn. 61.
⑤ 《民法典》第490条第1款规定："当事人采用合同书形式订立合同的，自当事人均签名、盖章或者按指印时合同成立。在签名、盖章或者按指印之前，当事人一方已经履行主要义务，对方接受时，该合同成立。"
⑥ 《民法典》第490条第2款规定："法律、行政法规规定或者当事人约定合同应当采用书面形式订立，当事人未采用书面形式但是一方已经履行主要义务，对方接受时，该合同成立。"

履行的法律效果相同，抵销权的行使亦可通过自我行为来完成。①

综上，"专为履行债务"的自我行为不存在利益冲突之风险，我国法可以通过对《民法典》第 168 条进行目的论限缩解释，不再将之适用于"专为履行债务"的自我行为。②

(2) 使被代理人纯获利益的自我行为

(a) "纯获利益"是指"纯获法律上的利益"

在德国法上，一般通过对《德国民法典》第 181 条作目的论限缩，允许代理人实施使被代理人纯获法律上利益的行为，例如代理人对被代理人的赠与。③我国有学者主张借鉴德国法的经验，通过作目的论限缩，将"使被代理人纯获利益"之自我行为排除在《民法典》第 168 条的适用范围之外。④然而，"纯获利益"是一个需要严格界定的概念，将判断法律行为经济效益的任务强加于法官的做法既不现实、亦不可行，还会由于经济利益的不确定性而影响法律的安定性，⑤故德国联邦最高法院通常以是否"纯获法律上的利益"这一抽象标准为依据来判断自我行为是否存在利益冲突的风险。⑥该司法实践经验值得借鉴，我国法亦应以"纯获法律上利益"来判断自我行为的效力。⑦

(b) 作为抽象标准的"纯获法律上利益"

所谓"纯获法律上利益"，是指权利不因法律行为的实施而减损，义务不因法律行为的实施而增加。⑧代理人为谋求私利而实施的自我行为，虽然在经济上有利于被代理人，但却可能是为投机或创造抵销机会

---

① 参见 [德] 维尔纳·弗卢梅：《法律行为论》，迟颖译，法律出版社 2013 年版，第 978 页；尹田：《民法典总则之理论与立法研究》（第 2 版），法律出版社 2018 年版，第 630 页。
② 参见曾大鹏：《民法典编纂中商事代理的制度构造》，载《法学》2017 年第 8 期，第 93 页。
③ Vgl. Larenz, Methodenlehre der Rechtswissenschaft, 6. Aufl., 1990, S. 370; Medicus/Petersen, Allgemeiner Teil des BGB, 11. Aufl., 2016, S. 419; Brox/Walker, Allgemeiner Teil des BGB, 47. Aufl., 2023, S. 282; Neuner, Allgemeiner Teil des Bürgerlichen Rechts, 13. Aufl., 2023, S. 628; Blomeyer, Die teleologische Korrektur des § 181 BGB, AcP 172, S. 13; [德] 赫尔穆特·科勒：《德国民法总论》（第 44 版），刘洋译，北京大学出版社 2022 年版，第 291~292 页。
④ 参见杨代雄：《法律行为论》，北京大学出版社 2021 年版，第 532 页；马新彦：《民法总则代理立法研究》，载《法学家》2016 年第 5 期，第 129 页；张新宝：《〈中华人民共和国民法总则〉释义》，中国人民大学出版社 2017 年版，第 363 页。
⑤ 参见孙建：《对代理法中若干问题的探讨》，载《南开学报》2000 年第 1 期，第 69 页。
⑥ Vgl. BGHZ 56, 97, 102.
⑦ 参见陈甦主编：《民法总则评注》（上册），法律出版社 2017 年版，第 133 页（朱广新执笔）。
⑧ Vgl. Larenz/Wolf, Allgemeiner Teil des Bürgerlichen Rechts, 9. Aufl., 2004, S. 451–452.

而为。倘若从"纯获经济上利益"的角度来判断,此类自我行为自然有效。但是,经济上有利于被代理人的自我行为若使被代理人负担法律义务,例如代理人为创造抵销机会而实施自我行为的,被代理人负有抵销义务,则此类自我行为并不必然有利于被代理人,也不是被代理人所希望的。若以"纯获法律上利益"为标准来判断此类自我行为,其将因增加被代理人的义务而构成被禁止的自我行为。可见,"纯获法律上利益"属于抽象标准,而法官在判案时,仅需判断被代理人的权利是否减损或义务是否增加,无需对被代理人是否获得经济上利益作出判断,这一做法既有可操作性,又有利于维护法律的安定性。

在我国法上,对"纯获利益"进行目的论限缩的实证法基础是《民法典》第19条。按照该规定,未成年人可以独立实施使其"纯获利益"的法律行为。其立法目的在于避免未成年人因欠缺判断力而实施不利于己的法律行为。而仅给未成年人带来法律上利益的法律行为不会危及未成年人的利益,故无需对其进行特殊保护。《民法典》第19条的"纯获利益"应被限缩为"纯获法律上的利益"。同理,就自我行为而言,代理人的判断力因自身成为法律行为的一方当事人而受到不当影响,法律为维护被代理人的利益而禁止代理人的自我行为,但在使被代理人纯获法律上利益的自我行为中,被代理人的利益并不会受到损害,无需对其进行特殊保护。

(c) 纯获法律上利益的自我行为的典型案例

纯获法律上利益的自我行为的典型例子是监护人作为法定代理人向无行为能力的被代理人实施赠与。[1]按照《民法典》第144条的规定,无民事行为能力人所实施的法律行为无效。据此,无行为能力人既不能有效受领其监护人作出的赠与意思表示,也不能有效授予他人代为受领赠与意思表示的代理权。同时,依据《民法典》第168条的规定,作为法定代理人的监护人不得实施自我行为,即监护人不得一方面作为赠与人作出赠与的意思表示,另一方面又代理被监护人作出受领该赠与的意思表示。另外,作为无行为能力人的被监护人,既不具备授予法定代理人实施自我行为的行为能力,又不具备追认法定代理人所实施自我行为的行为能力。倘若不允许法定代理人实施"使被代理人纯获法律上利益的"自我行为,则法定代理人将无法向无行为能力的被代理人有效实施

---

[1] 参见陈甦主编:《民法总则评注》(下册),法律出版社2017年版,第1191页(方新军执笔)。

赠与，这于被代理人十分不利。值得注意的是，纯获法律上利益的自我行为仅限于自己代理，不适用于多方代理。在多方代理中，代理人不可能同时使各方被代理人均获法律上的利益，一方被代理人获益，其他被代理人必然会遭受损失。

（3）拍卖和有价证券市场交易中的自我行为

在拍卖中，最终成交价为最高出价；在有价证券交易中，价格由证券交易市场当天的价格所决定，即使代理人实施自我行为，被代理人的利益也不致受损，此类自我行为自当允许。

综上所述，在适用《民法典》第168条时，不仅应考虑法律行为成立的方式，而且应虑及其避免利益冲突风险的立法目的，允许专为履行债务、使被代理人纯获法律上利益的自我行为。

2. 禁止自我行为规则之类推适用

我国学界和司法实践一般将《民法典》第168条类推适用于形式上虽不构成自我行为，但实质上存在利益冲突风险的情形。例如，有观点认为，应当对自我行为中的"自我"进行目的论扩张，使其涵盖与代理人具有经济一体性的两类主体：一是代理人在其中享有特殊利益的主体，例如代理人是其大股东的公司、代理人是其唯一股东的一人公司；二是与代理人具有特殊关系的主体，例如代理人的配偶或其他近亲属、代理人的子公司或关联公司。①司法实践中，也有法院认为代理人以被代理人名义与其亲属实施的法律行为，构成自己代理或变相的自己代理。②这种将《民法典》第168条类推适用于所有存在利益冲突风险但形式上不构成自我行为的情形的做法，无疑将其泛化为禁止利益冲突的规则。③而在代理关系中，面对众多难以为外界所知的利益冲突，不仅应考虑到被代理人的利益，而且应当虑及交易安全，故在类推适用《民法典》第168条时应以与自我行为同等程度的行为的类型化与抽象性为前提，而不宜不加区分地将法律关于禁止自我行为的规定类推适用于所有存在利益冲突风险的代理行为。在德国法上，《德国民法典》第181条并未被一般性

---

① 参见陈甦主编：《民法总则评注》（下册），法律出版社2017年版，第1189页（方新军执笔）。
② 例如，在刘甲诉刘乙等确认合同无效纠纷案中，法院认为，代理人代理被代理人与其儿子签订房产转让合同的行为，系变相的自己代理行为，参见乌鲁木齐市沙依巴克区人民法院[2014]沙民三初字第858号民事判决书。类似的还有广东省深圳市中级人民法院[2010]深中法民五再字第29号民事判决书。
③ 参见于程远：《从风险规避到实质保护——目的论视角下对自我交易规则的重新建构》，载《政法论坛》2018年第2期，第51页。

地类推适用于所有存在利益冲突风险的情形,而是仅限于特定案例类型,即代理人为规避《德国民法典》第 181 条的身份同一性之要件而进行的不当安排。①为避免单纯以利益冲突为标准的类推适用过度扩大《民法典》第 168 条的适用范围而危及交易安全,有必要借鉴德国的司法实践经验,区分可予类推适用和不得类推适用的情形。

(1) 可以类推适用的代理行为

《德国民法典》第 181 条不仅适用于形式上由代理人一人作出意思表示的情形,而且被类推适用于虽然形式上由两方当事人作出但实质上却是基于代理人一方的意思作出的法律行为。②进言之,代理人为规避《德国民法典》第 181 条的身份同一性而引入第三人,并以被代理人的名义与该第三人实施法律行为的,虽然该法律行为在形式上不构成自我行为,但第三人一般是按照代理人的意思实施法律行为,该法律行为属于在代理人的控制下实施,代理人实质是该法律行为的双方当事人,同样存在禁止自我行为旨在防范的利益冲突风险。③鉴于此,为避免此类利益冲突的风险,德国司法实践将《德国民法典》第 181 条类推适用于以下两种情形:一是代理人以自己的名义与其为被代理人所指定的复代理人实施的法律行为;二是代理人以被代理人的名义与其为自己所指定的代理人实施的法律行为。④

在我国司法实践中,有法院判决禁止代理人通过指定复代理人来与自己实施代理行为。例如,在余某一与余某二等房屋买卖合同纠纷上诉案中,代理人为避免自我行为,委托复代理人与代理人作为股东的甲公司订立《房屋买卖合同》,法院将其认定为自我行为。⑤该判决值得赞同。该案中,虽然代理人委托复代理人实施法律行为,形式上代理人未作为两方当事人实施法律行为,但鉴于复代理人是按照代理人的指示订立合

---

① Vgl. Neuner, Allgemeiner Teil des Bürgerlichen Rechts, 13. Aufl., 2023, S. 628; BGHZ 91, 334, 337; Medicus/Petersen, Allgemeiner Teil des BGB, 11. Aufl., 2016, S. 419; Brox/Walker, Allgemeiner Teil des BGB, 47. Aufl., 2023, S. 283; BGH NJW 1991, 982, 983; BGH NJW 2005, 664 (667); NJW 1984, 2085; RGZ 108, 407; 157, 31.
② Vgl. Neuner, Allgemeiner Teil des Bürgerlichen Rechts, 13. Aufl., 2023, S. 629; Harder, Das Selbstkontrahieren mit Hilfe eines Untervertreters, AcP 170, S. 299.
③ 参见[德]维尔纳·弗卢梅:《法律行为论》,迟颖译,法律出版社 2013 年版,第 976~977 页。
④ Vgl. BGH 64, 72; BGH 56, 102; Hübner, Interessenkonflikt und Vertretungsmacht, 1977, S. 175 ff.
⑤ 参见四川省成都市中级人民法院[2014]成民终字第 3139 号民事判决书。

同，代理人事实上为法律行为的双方当事人，实质上构成自我行为。为防止代理人轻易规避《民法典》第 168 条的适用，最高人民法院可以借鉴上述德国司法实践经验，通过司法解释将《民法典》第 168 条类推适用于代理人有意识地为规避身份同一性而为自己指定代理人或为被代理人指定复代理人的情形。①

（a）代理人以自己的名义与复代理人实施法律行为

代理人可以通过为被代理人指定复代理人并以自己的名义与复代理人实施代理行为的方式来规避禁止自我行为法律规定的适用。德国联邦最高法院认为，鉴于任何人不得让与大于自己所享有的权利，不得进行自我行为的代理人亦不能通过指定复代理人来扩大自己的代理权。②代理人为被代理人指定的复代理人，通常会按照复代理权的授权人，即代理人的指示实施代理行为，他并不完全独立于代理人，代理人通过复代理人这一"傀儡"实质成为该法律行为的双方当事人，满足"身份同一性"之要件，应当对其类推适用关于禁止自我行为的法律规定。③诚然，若代理人为被代理人指定的复代理人直接受被代理人的指示，则该复代理人与代理人实施的代理行为因不具备实质上的身份同一性而不构成自我行为。④

（b）代理人代理被代理人与其为自己所指定的代理人实施法律行为

为规避《民法典》第 168 条的身份同一性，代理人还可能通过为自己指定代理人，并代理被代理人与该代理人实施法律行为。从形式上来看，意思表示的合意在代理人与其所指定的代理人两方之间达成，并不满足《民法典》第 168 条所要求的"身份同一性"要件。但事实上，代理人所指定的代理人实施的法律行为对代理人本人生效，代理人实质是该法律行为的双方当事人。⑤此外，代理人为谋求自身利益通常不会为被代理人的利益进行代理，且代理人为自己所指定的代理人会按照代理

---

① 参见杨代雄主编：《袖珍民法典评注》，中国民主法制出版社 2022 年版，第 145 页（杨代雄执笔）；陈甦主编：《民法总则评注》（下册），法律出版社 2017 年版，第 1191 页（方新军执笔）。

② Vgl. BGHZ 64, 72, 74.

③ Vgl. Harder, Das Selbstkontrahieren mit Hilfe eines Untervertreters, AcP 170, S. 299; Neuner, Allgemeiner Teil des Bürgerlichen Rechts, 13. Aufl., 2023, S. 629.

④ 参见陈甦主编：《民法总则评注》（下册），法律出版社 2017 年版，第 1191 页（方新军执笔）。

⑤ 参见［德］维尔纳·弗卢梅：《法律行为论》，迟颖译，法律出版社 2013 年版，第 976～977 页。

的指示为维护代理人的利益而实施代理行为，被代理人的利益势必受损。①可见，应当将《民法典》第168条的规定类推适用于代理人代理被代理人与其为自己所指定的代理人实施的法律行为。②

综上所述，代理人为规避"身份同一性"而为被代理人指定复代理人或为自己指定代理人的，从形式上看，代理行为不构成自我行为，但该代理行为事实上却为代理人所控制，按照代理人的意思实施，代理人实质是该法律行为的双方当事人，即法律行为基于代理人一方的意思作出并直接对被代理人发生效力，它与自我行为中的利益冲突风险并无不同。又由于此时法律行为的当事人仅为代理人和被代理人，并不存在值得保护的第三人，因此类推适用《民法典》第168条并不至于危及交易安全。

（2）不得类推适用的代理行为

《德国民法典》第181条对自我行为的一般性禁止规定主要禁止代理人成为法律行为的双方当事人，若仅以利益冲突为由对其予以类推适用，势必会导致"法律价值权衡的松动"。③鉴于此，关于禁止自我行为的规定不得被类推适用于代理人为谋求自身利益而与其利益共同体实施的代理行为以及代理人为自己的利益而与第三人实施的代理行为，此时应适用构成要件更为严格的禁止代理权滥用规则，即以代理权滥用具有客观显见性为必要。④

（a）代理人与其利益共同体实施的代理行为

如前所述，我国学界和司法实践均主张将《民法典》第168条的规定类推适用于代理人为谋求自己的利益而代理被代理人与其具有经济同一性的主体实施代理行为的情形。本书持不同观点。理由是，类推适用的前提是类似性。具言之，为确保法律的安定性，《民法典》第168条的适用要求满足"身份同一性"要件，即代理人实质上在与自己实施代理行为，而在代理人与其利益共同体实施代理行为的情形中，代理人仍然是与第三人实施代理行为，缺乏身份上的同一性，不符合类推适用的前提，故不宜类推适用《民法典》第168条的规定。事实上，代理人为谋

---

① Vgl. Blomeyer, Die teleologische Korrektur des § 181 BGB, AcP 172, S. 17.
② 参见杨代雄：《法律行为论》，北京大学出版社2021年版，第531页。
③ 参见［德］维尔纳·弗卢梅：《法律行为论》，迟颖译，法律出版社2013年版，第978页。
④ Vgl. Neuner, Allgemeiner Teil des Bürgerlichen Rechts, 13. Aufl., 2023, S. 630; Medicus/Petersen, Allgemeiner Teil des BGB, 11. Aufl., 2016, S. 420; Brox/Walker, Allgemeiner Teil des BGB, 47. Aufl., 2023, S. 283.

求自身利益而与其利益共同体实施的代理行为损害被代理人利益的,可以适用禁止代理权滥用规则,而不是类推适用《民法典》第168条。

(b) 代理人为谋求自身利益与第三人实施的代理行为

对于代理人单纯为谋求自身利益而代理被代理人与第三人实施有损被代理人利益的代理行为,不得类推适用《民法典》第168条关于禁止自我行为的规定,而应当适用禁止代理权滥用规则。这是因为,此时代理行为虽然不利于被代理人,但代理人并不具备规避身份同一性的意图,且代理行为亦非如上述可类推适用的情形那样构成实质上的自我行为。当相对人明知代理人滥用代理权或代理权滥用如此显见相对人不可能不知道时,即满足禁止代理权滥用规则之适用前提,代理人为谋求自身利益而与第三人实施的代理行为因构成禁止代理权滥用而可类推适用《民法典》第171条关于无权代理的规定。例如,代理人以为自己的债务提供保证为目的而以被代理人的名义,与作为债权人的相对人订立保证合同的,尽管代理人和被代理人之间发生利益冲突,但代理人并未有意识地规避身份上的同一性,故不构成自我行为,而应当适用禁止代理权滥用规则。①禁止代理权滥用规则的适用前提比禁止自我行为规定的适用前提更为严格,它要求相对人明知代理人有损害被代理人利益的意图或代理人损害被代理人的意图如此明显以致相对人不可能不知道。

在司法实践中,法院以各种理由否定代理人为担保自己的债务所订立担保合同的效力。例如,有法院以行为人未经授权为自身借款担保的行为不构成职务代理为由否定其行为效力,②也有法院以代理人自己在合同上盖章的行为构成越权代理为由否定代理行为的效力。③上述判决虽然从结果上值得肯定,但判决理由有待商榷。例如,在甲公司等与吕某股权转让纠纷上诉案中,法院虽然认识到《民法典》第168条所规定的自我行为以存在"身份上同一性"为要件,但最终却以代理人自己在合同上盖章的行为构成越权代理为由来否定代理行为的效力,④判决理由欠缺说服力。这是因为,相对人难以获知合同上的公章由代理人私自所盖。事实上,代理人为担保自身债务而以被代理人的名义订立担保合同的行为显然不利于被代理人,此时相对人有义务向被代理人进行确认,否则

---

① Vgl. Neuner, Allgemeiner Teil des Bürgerlichen Rechts, 13. Aufl., 2023, S. 630.
② 参见江苏省泰州市中级人民法院[2017]苏12民终2517号民事判决书。
③ 参见浙江省绍兴市中级人民法院[2013]浙绍商终字第1012号民事判决书。
④ 参见浙江省绍兴市中级人民法院[2013]浙绍商终字第1012号民事判决书。

代理行为之效力可能会因违反禁止代理权滥用规则而受到影响。可见，禁止代理权滥用规则可以更为令人信服地否定代理人为担保自己的债务而与相对人订立担保合同的效力。鉴于此，为维护交易安全，代理人单纯为谋求自身利益但并未以规避身份同一性为目的与第三人实施的有损被代理人利益的代理行为，应适用禁止代理权滥用规则，而不宜类推适用《民法典》第168条。

综上所述，由于利益冲突本身的高度不确定性，为维护法律的安定性，不宜仅以存在利益冲突为由，径行否定代理行为的效力。只有代理人为规避身份同一性而为被代理人指定复代理人或为自己指定代理人并与其实施代理行为时，才可类推适用《民法典》第168条。为维护交易安全，对于代理人实施的虽有损被代理人的利益，但却未规避身份同一性的代理行为，应适用禁止代理权滥用规则。

第二节 禁止自我行为规则的适用前提和法律后果

在我国《民法典》施行之前，由于实证法并未就禁止自我行为予以一般性规定，法院无法可依，只能依据《民法通则》第4条诚实信用原则、第58条关于民事行为无效的规定、《合同法》第48条关于无权代理的规定以及《合同法》第52条关于合同无效的法律规定作出判决。由于法院判决依据的不统一，判决理由规范性和体系性的缺乏，同案不同判的现象屡见不鲜。《民法典》施行后，《民法典》第168条成为裁判依据，但由于该规定过于原则，缺乏可操作性，法院在适用时仍然面临着困境，亟须进一步澄清。

一、禁止自我行为规则的适用前提

作为代理权的法定限制，《民法典》第168条的适用以代理人具有代理权为前提。代理人没有代理权而实施自我行为的，应当直接适用《民法典》第171条关于无权代理的规定，并不涉及自我行为的问题。

（一）代理人实施自我行为

在德国法上，禁止自我行为的适用前提是代理人形式上实施了自我行为，是否实际存在利益冲突在所不问。通说一般认为，基于维护交易安全的考量，不应以利益冲突的存在作为判断自我行为效力的标准，即使自我行为给被代理人带来经济效益，也不宜排除《德国民法典》第

181条的适用。①

在我国法上,《民法典》生效之前,我国司法实务和学界通说曾以是否存在利益冲突来判断是否构成自我行为。②例如,在安徽某公司诉江苏某公司债务转让、商品房预售合同纠纷案中,最高人民法院判决认为,身为华侨公司副总经理的丁某某代理安徽某公司表示以其房产为华侨公司偿债,明显损害安徽某公司的利益,构成自我行为。③在甲公司与乙公司代理买卖金融债券合同纠纷再审案中,最高人民法院判决认为,自己代理并不必然侵害被代理人的利益,该行为并不必然无效。④

《民法典》第168条仅以代理人实施自我行为作为禁止自我行为的适用前提,值得肯定。但在司法实践中,仍有法院延续之前的判决经验,将被代理人的利益是否受到损害作为构成自我行为的要件。例如,在某公司与蔡某某民间借贷纠纷案中,法院认为代理人的自我行为并没有加重被代理人的债务负担,在无其他证据的情况下,代理人的行为不构成自我行为。⑤在关于《民法典》第168条的评注中,学者多从利益冲突角度论证自我行为应被禁止,⑥并未发现有学者明确将被代理人利益受损作为禁止自我行为的适用前提。事实上,代理人与自己实施法律行为本身即存在损害被代理人利益的风险,被代理人利益受损的概率较高,为切实保护被代理人的利益,不应将其利益实际受损作为构成自我行为的要件。⑦此外,为维护被代理人的意思自治,自我行为即使不违背被代理人的利益甚至经济上有利于被代理人,也不能将其效力直接强加于被代理

---

① Vgl. Medicus/Petersen, Allgemeiner Teil des BGB, 11. Aufl., 2016, S. 417; BGHZ, 91, 334, 337; BGH NJW 1991, 982, 983; Festner, Interessenkonflikte im deutschen und englischen Vertretungsrecht, 2006, S. 159; Blomeyer, Die teleologische Korrektur des § 181 BGB, AcP 172, S. 14; Schubert, Die Einschränkung des Anwendungsbereichs des § 181 BGB bei Insichgeschäften, WM 1978, S. 290.
② 参见梁慧星:《民法总论》(第5版),法律出版社2017年版,第240页。
③ 参见最高人民法院[2002]民一终字第7号民事判决书。
④ 参见最高人民法院民事判决书(2015年12月26日)。
⑤ 参见北京市高级人民法院[2022]京民终602号民事判决书。
⑥ 杨代雄主编:《袖珍民法典评注》,中国民主法制出版社2022年版,第145页(杨代雄执笔);王利明主编:《中国民法典释评·合同编·通则》,中国人民大学出版社2020年版,第972页(朱虎执笔);最高人民法院民法典贯彻实施工作领导小组主编:《中华人民共和国民法典总则编理解与适用》(上),人民法院出版社2020年版,第840页。
⑦ 参见朱广新:《代理制度中自我交易规则的适用范围》,载《法学》2022年第9期,第124页。

人，而应由被代理人选择是否追认。①进言之，为维护交易安全，判断是否构成自我行为时必须以不可辩驳的、客观的、抽象的标准为依据，而不宜以难以判断的、隐蔽的、不确定的利益冲突为标准。据此，被代理人主张自我行为时，仅需举证代理人实施了自我行为，而无需像在以利益受损为前提的构造中那样举证利益遭受损害。由此可见，除例外情形之外，只要代理人实施了自我行为，无论是否实际存在利益冲突，均构成《民法典》第168条所禁止的自我行为。

（二）未经被代理人事先同意或事后追认

依据私法自治原则，任何权利主体都有权自行实施或授权他人实施可能于己不利的法律行为，从而放弃法律旨在避免利益冲突风险的保护规则。据此，被代理人愿意承担利益冲突的风险的，可以允许代理人实施自我行为，扩大代理权的范围，从而放弃法律为其提供的保护。②按照《德国民法典》第181条的规定，代理人经允许的，可以实施自我行为。③相较于《德国民法典》第181条的规定，我国《民法典》第168条更为明确地规定，被代理人既可以通过事先同意也可以通过事后追认的方式允许代理人实施自我行为，值得肯定。事实上，在追认的情形中，被代理人一般已经知道法律行为的内容，几乎不存在利益冲突的风险。

1. 事先同意

（1）明示许可

如前所述，《民法典》第168条的性质是对代理权的法定限制。为排除该规定的适用，授权人在授予代理权时应通过单方需受领的意思表示授予代理人实施自我行为的代理权。例如，在赵某某、尤某某等中介合同纠纷案中，被代理人赵某某委托代理人某服务部出售房屋，并授权代理人收取超出协议净落价以上的部分作为代理人的佣金，后代理人与相对人尤某某订立房屋买卖合同时为被代理人设定向自己支付佣金的义务，法院认为该行为不构成自我行为。④尽管如此，代理人自己不能代理被代理人授予自己实施自我行为的代理权。在双方代理或多方代理中，需双

---

① 参见陈甦主编：《民法总则评注》（下册），法律出版社2017年版，第1191页（方新军执笔）。

② 参见孙建：《对代理法中若干问题的探讨》，载《南开学报》2000年第1期，第69页。

③ Vgl. Medicus/Petersen, Allgemeiner Teil des BGB, 11. Aufl., 2016, S. 417-418; Neuner, Allgemeiner Teil des Bürgerlichen Rechts, 13. Aufl., 2023, S. 628; Brox/Walker, Allgemeiner Teil des BGB, 47. Aufl., 2023, S. 282.

④ 参见新疆维吾尔自治区乌鲁木齐市中级人民法院［2023］新01民终787号民事判决书。

方或多方被代理人均授予代理人实施自我行为的代理权。①此外，概括授权仅针对代理人行使代理权的范围作出，并不涉及实施代理行为的主体范围，②故概括授权并不必然包括授权人同意代理人实施自我行为的意思表示，拥有概括代理权的代理人同样需要获得授权人的授权后才能取得实施自我行为的代理权。

（2）默示许可

授权人可以默示方式授权代理人实施自我行为，但为避免背离禁止自我行为的规范意旨，应审慎判断授权人是否确实以默示方式作出授权。③德国法一般允许依某些交易习惯推断出默示授予自我行为的代理权，如收银员与自己换钱、邮局工作人员为自己寄信、剧院收银员为自己购票、会计为自己发工资等情形，因为它们承载着代理人可以进行此类"交易上经常发生的"自我行为的法律信仰。④此外，授权人授予内容十分确定的代理权的，可以视为默示授予代理人实施自我行为的代理权。⑤此时代理人除需确定代理行为的相对人之外，无需自主决定其他事项，不存在利益冲突的风险，自当允许。

2. 事后追认

《民法典》第 168 条明确允许被代理人通过事后追认的方式来承认自我行为的效力，司法实践中也不乏此类判决。例如，在某公司诉孔某等保险纠纷案中，代理人在代理权限内为自己订立人寿保险合同，被代理人认为其行为构成自己代理，拒绝承认保险合同的效力，法院认为被代理人在电子投保确认书中审查签章、在保险单中加盖公章的行为即构成对代理人自我行为的追认。⑥在多方代理中，自我行为须经所有被代理人

---

① 参见四川省成都市中级人民法院［2018］川 01 民终 5140 号民事判决书：法院认为甲公司总经理在委托书上作为审查人签名，说明甲公司对高某的代理行为是同意的，方某在明知高某系甲公司员工的情况下，仍然在委托书中签名，说明其也是同意高某代理的，双方都对高某的双方代理行为予以同意，该行为有效。

② Vgl. Harder, Das Selbstkontrahieren mit Hilfe eines Untervertreters, AcP 170, S. 303.

③ 参见［德］维尔纳·弗卢梅：《法律行为论》，迟颖译，法律出版社 2013 年版，第 979 页。

④ 参见［德］维尔纳·弗卢梅：《法律行为论》，迟颖译，法律出版社 2013 年版，第 980~981 页。

⑤ Vgl. Hübner, Interessenkonflikt und Vertretungsmacht, S. 120；《荷兰民法典》第 3：68 条甚至明确规定："除另有规定外，代理人仅在所拟实施的与本人之间的法律行为的内容十分确定，足以排除双方之间的利益冲突时，方可与本人实施此种法律行为。"

⑥ 参见山东省德州市中级人民法院［2017］鲁 14 民终 2562 号民事判决书；类似的还有河北省遵化市人民法院［2016］冀 0281 民初 1805 号民事判决书：法院认可了代理人的双方代理行为。

追认。被代理人原则上没有追认自我行为的义务，基础法律关系另有约定的除外。①

在德国法上，在对自我行为进行追认的情形中，只有当被代理人知道代理行为未经其追认将不会生效或代理行为的效力取决于其追认时，追认才能使自我行为生效。②该规则有利于维护被代理人的意思自治，被代理人追认自我行为的意思表示之生效应以其知道该追认的法律后果为必要。本书建议我国法采纳该规则，即追认意思表示的生效以被代理人知道自我行为的实施且该自我行为因其追认而对其生效为必要。反之，被代理人根本不知道自我行为的，不构成追认。例如，在余某等诉彭某等买卖合同纠纷案中，法院认为，被代理人在不知道代理人实施自我行为的情况下，对房屋处置价款及清偿所欠甲公司款项的事实未提出异议，应视为对委托办理结果的追认。③该判决有待商榷。该案中，法院不应将被代理人在根本不知道自我行为的情况下未对代理事实提出异议的不作为认定为追认。事实上，被代理人在知道代理人的自我行为之后，会拒绝承认其效力。

复代理人虽然由代理人指定，但代理人无法取代被代理人来判断复代理人的自我行为是否符合被代理人的利益，因此关于复代理人所实施的自我行为是否可由代理人追认的问题，取决于代理人是否获得实施自我行为的授权。④代理人可以实施自我行为的，代理人有权追认复代理人的自我行为；代理人不可以实施自我行为的，代理人不能追认复代理人的自我行为，既然代理人自己不能实施自我行为，那么他同样不能授权复代理人实施自我行为，更不能以被代理人的名义追认复代理人的复代理行为。

综上所述，《民法典》第168条的适用前提是代理人实施自我行为、自我行为未经被代理人事先同意或事后追认，其适用原则上与自我行为是否实际损害被代理人的利益无关。

二、违反禁止自我行为规则所实施代理行为的效力

《德国民法典》第181条并未明确规定代理人违反该规定所实施自我

---

① 参见［德］维尔纳·弗卢梅：《法律行为论》，迟颖译，法律出版社2013年版，第968页，脚注11。
② Vgl. Larenz/Wolf, Allgemeiner Teil des Bürgerlichen Rechts, 9. Aufl., 2004, S. 902.
③ 参见成都市武侯区人民法院［2013］武侯民初字第4880号民事判决书。
④ Vgl. Harder, Das Selbstkontrahieren mit Hilfe eines Untervertreters, AcP 170, S. 303.

行为的效力。根据《德国民法典》立法资料的记载，民法典第二起草委员会的多数成员认为："违反第 126a 条（现行《德国民法典》第 181 条）禁止性规定所实施的自我行为绝对无效。"①与此相反，当今德国通说认为代理人违反该规定所实施的自我行为构成无权代理，自我行为的效力待定，由被代理人决定是否通过追认来承认其效力。②

在我国法上，《经济合同法》（已失效）第 7 条第 1 款第 3 项规定自我行为无效。《经济合同法》于 1999 年被废止后，我国法在很长的一段时间里没有关于禁止自我行为的规则，彼时法院通常基于自我行为的理论，依据诚实信用原则、无效法律行为的规定或无权代理的规定作出判决。学界关于自我行为的效力存在可撤销说、无效说和效力待定说等三种学说。在《民法典》的起草过程中，立法者就自我行为的法律效力问题存在争议。有观点认为自我行为应属无效，有观点认为自我行为的效力待定。③

（一）可撤销说

将禁止自我行为认定为法律禁止性规定的学者认为，禁止性规定的目的在于保护相对人的合法利益，违反该禁止性规定的行为应属可撤销，受保护的相对人享有撤销权。④该观点有待商榷。首先，禁止自我行为的立法目的在于避免被代理人遭受利益冲突的风险，而根据可撤销说，自我行为在被撤销之前有效，被代理人为维护自身利益，必须在除斥期间通过诉讼或仲裁主张撤销，这对被代理人十分不利。其次，在法律性质上，禁止自我行为属于对代理权的限制而不属于法律的禁止性规定，代

---

① Prot. II, 1747 (Mugdan II, 777).
② Vgl. Neuner, Allgemeiner Teil des Bürgerlichen Rechts, 13. Aufl., 2023, S. 628. 参见 ［德］汉斯·布洛克斯、沃尔夫·迪特里希·瓦尔克：《德国民法总论》（第 41 版），张艳译，杨大可校，冯楚石补译，中国人民大学出版社 2019 年版，第 261 页；［德］本德·吕特斯、阿斯特丽德·施塔德勒：《德国民法总论》（第 18 版），于馨淼、张姝译，法律出版社 2017 年版，第 532 页；［德］赫尔穆特·科勒：《德国民法总论》（第 44 版），刘洋译，北京大学出版社 2022 年版，第 291 页。
③ 参见《民法总则立法背景与观点全集》编写组编：《民法总则立法背景与观点全集》，法律出版社 2017 年版，第 341、412 页。
④ 梁慧星在其主编的《中国民法典草案建议稿附理由：总则编》中以第 170 条第 1 款基于可撤销说提出立法建议："代理人实施自己代理或者实施双方代理行为的，被代理人有权撤销代理行为。"参见梁慧星主编：《中国民法典草案建议稿附理由：总则编》，法律出版社 2013 年版，第 325 页；谢鸿飞：《代理部分立法的基本理念和重要制度》，载《华东政法大学学报》2016 年第 5 期，第 70 页；耿林、崔建远：《民法总则应当如何设计代理制度》，载《法律适用》2016 年第 5 期，第 59 页。

理人违反该规定实施的自我行为构成无权代理，如若采纳可撤销说将自我行为认定为有权代理，势必引起体系上的混乱。①最后，按照《民法典》第168条的规定，自我行为可以被追认，追认以法律行为效力待定为前提，而可撤销的法律行为在被撤销之前有效，无需追认。由此可见，可撤销说显然背离现行法的规定，不值采纳。

（二）无效说

持无效说的学者认为，自我行为不仅违背代理制度设立的宗旨，而且可能有损被代理人的利益，原则上无效。②与可撤销说类似，无效说不恰当地将禁止自我行为规则定性为法律的禁止性规定，有待商榷。首先，无效是法律对法律行为最为严厉的否定性评价，通常为保护公共利益或公共秩序而设。而代理人违反《民法典》第168条实施的自我行为并不涉及公共利益，仅涉及被代理人的个人利益，不宜被直接认定为无效。③其次，无效说直接认定自我行为无效，排除被代理人根据自己的判断承认于其有利的自我行为效力的可能性，剥夺了被代理人的意思自治。④最后，《民法典》第168条明确规定了自我行为的可追认性，而无效的法律行为无法被追认。可见，无效说无法被纳入现行法体系之下。

（三）效力待定说

持效力待定说的学者认为，自我行为构成无权代理，效力待定，是否生效取决于被代理人的追认。⑤司法实践中，也有法院判决代理人的自我行为在被代理人既未事先同意也未事后追认的情况下，对被代理人不发生效力。⑥本书赞同该观点。尽管《民法典》第168条未明确规定自我

---

① 参见于程远：《从风险规避到实质保护——目的论视角下对自我交易规则的重新建构》，载《政法论坛》2018年第2期，第49页。

② 参见杨立新主编：《中华人民共和国民法总则要义与案例解读》，中国法制出版社2017年版，第621页。

③ 参见朱庆育：《民法总论》（第2版），北京大学出版社2016年版，第350页。

④ 参见尹田：《民法典总则之理论与立法研究》（第2版），法律出版社2018年版，第626页。

⑤ 参见王利明：《民法总则新论》，法律出版社2023年版，第582～585页；杨代雄：《法律行为论》，北京大学出版社2021年版，第532页；尹田：《民法典总则之理论与立法研究》（第2版），法律出版社2018年版，第626～627页；朱广新：《代理制度中自我交易规则的适用范围》，载《法学》2022年第9期，第124页。有学者虽然认为自我行为效力待定，但将自我行为纳入禁止代理权滥用范畴，认为实施自我行为的代理人违反的是代理人与被代理人之间的基础法律关系，有待商榷。参见胡东海：《论职责违反型代理权滥用——以〈民法总则〉第164条第1款的解释为中心》，载《环球法律评论》2019年第2期，第130页。

⑥ 参见山西省晋城市中级人民法院［2021］晋05民终149号民事裁判书。

行为的效力，但却允许对自我行为的追认，即表明立法者并未否定自我行为的法律效力，而是将其规定为效力待定的法律行为。①此外，禁止自我行为在性质上构成代理权的法定限制，超越该法定限制所实施的自我行为构成无权代理，原则上效力待定，被代理人可以依据《民法典》第171条的规定，自行决定是否通过追认承认自我行为的效力。

由于《民法典》第168条旨在保护被代理人而不是相对人的利益，因此仅被代理人可以决定自我行为的效力，在被代理人行使追认权之前，相对人不得撤回有利于被代理人的自我行为。相对人虽然无法撤回自我行为，但却可以依据《民法典》第171条第2款第1句的规定催告被代理人追认。被代理人在收到通知之日起30日内未予追认的，视为拒绝追认，无权代理行为确定不生效力。自我行为是单方法律行为的，直接无效，被代理人不得追认。②

综上所述，为避免利益冲突风险，代理人原则上不具备实施自我行为的代理权，《民法典》第168条属于对代理权的法定限制，代理人超越该限制所实施的自我行为构成无权代理，效力待定，由被代理人依据《民法典》第168条和第171条的规定予以追认。被代理人拒绝追认的，代理行为不生效力。

本章小结

《民法典》第168条构成代理权的法定限制，其立法目的在于维护被代理人的利益，避免利益冲突的抽象风险。代理人违反该规定实施自我行为的，构成无权代理，效力待定，由被代理人决定是否追认。从文义上来看，《民法典》第168条将代理人实施自我行为作为适用前提，这使

---

① 参见杨代雄：《法律行为论》，北京大学出版社2021年版，第533页；殷秋实：《论代理人和相对人恶意串通》，载《法商研究》2020年第3期，第104页；徐涤宇、张家勇主编：《〈中华人民共和国民法典〉评注》（精要版），中国人民大学出版社2022年版，第165、167页（胡东海执笔）；杨代雄主编：《袖珍民法典评注》，中国民主法制出版社2022年版，第146页（杨代雄执笔）；王利明主编：《中国民法典释评·合同编·通则》，中国人民大学出版社2020年版，第833页（朱虎执笔）；最高人民法院民法典贯彻实施工作领导小组主编：《中华人民共和国民法典总则编理解与适用》（上），人民法院出版社2020年版，第168页；陈甦主编：《民法总则评注》（下册），法律出版社2017年版，第1190页（方新军执笔）。
② 参见迟颖：《〈民法总则〉无权代理法律责任体系研究》，载《清华法学》2017年第3期，第118页；王利明主编：《中国民法典释评·合同编·通则》，中国人民大学出版社2020年版，第834页（朱虎执笔）。

得基于法律行为的实施方式直接判断代理行为是否构成自我行为成为可能，有利于维护交易安全并确保法律关系的清晰性。然而，法院不宜严格按照文义对《民法典》第 168 条进行解释适用，而应以是否存在利益冲突风险为标准，对其进行类型化的目的论限缩解释和类推适用。在专为履行债务和使被代理人纯获法律上利益的自我行为中，一般不存在利益冲突风险，故应通过目的论限缩解释承认其效力。而在形式上虽不构成自我行为但实质上违反《民法典》第 168 条立法目的的情形中，若完全依文义而不考虑立法目的，则《民法典》第 168 条会被轻易规避，故应考虑《民法典》第 168 条的类推适用。但在类推适用时，又不能仅以利益冲突的现实存在为标准，而应以代理人有意识地规避"身份同一性"为必要。在虽存在利益冲突但不满足"身份同一性"且代理人没有规避"身份同一性"意图的情形中，不得类推适用《民法典》第 168 条，而应适用以代理权滥用具有显见性为必要的禁止代理权滥用规则。《民法典》第 168 条虽未明确规定违反禁止自我行为规则所实施代理行为的效力，但却允许被代理人事后追认自我行为，故可以认为自我行为应属效力待定的法律行为。

第二编
意定代理

意定代理是指授权人以法律行为授予被授权人代理权的代理。意定代理权是代理行为的法律效力归属于被代理人的正当性基础，它基于代理权授予的单方法律行为而产生。该代理授权行为（Bevollmächtigung）在授权人（Vollmachtgeber）与被授权人（Bevollmächtigter）之间形成代理授权关系。作为代理行为生效的要件之一，意定代理权仅赋予被授权人以授权人的名义在代理权限内实施法律行为的法律资格（rechtliche Befügnis），并不使代理人负担以被代理人的名义实施法律行为的义务。被授权人以授权人的名义与第三人实施法律行为的，授权人与被授权人之间形成代理关系（Vertretung），此时授权人成为被代理人（Vertretener），而被授权人成为代理人（Vertreter）；其与第三人实施的法律行为被称为代理行为（Vertretergeschäft），该代理行为在被代理人与第三人之间生效，此时第三人被称为相对人（Geschäftsgegner）。

被授权人以授权人名义实施法律行为的义务通常依委托合同（Auftrag）或劳动合同（Arbeitsvertrag）等基础法律关系而产生。根据代理权抽象性原则，基础法律关系与意定代理权应严格区分，意定代理权具有抽象性。基础法律关系涉及的是授权人与被授权人之间权利义务的内部关系（Innenverhältnis），而意定代理权涉及的是授权人与第三人之间的外部关系（Außenverhältnis）。外部关系仅关涉代理人以被代理人名义所实施的法律行为是否对被代理人生效的问题，该法律行为的效力取决于意定代理权的有效性，而与内部基础法律关系的效力和范围无关，故孤立的意定代理权也是有效的。意定代理权与基础法律关系的分离与抽象，使代理权的效力和范围原则上不受基础法律关系效力和范围的影响，这不仅有利于维护交易安全与效率，而且使代理人免于承担无权代理责任。

本编首先分析意定代理权的产生与消灭；其次以法律行为理论和抽象性原则来解构表见代理；再次分析无权代理行为的效力和无权代理责任的范围；最后针对复代理的特殊问题具体展开论证。

第六章

意定代理权的产生与失效

《德国民法典》第 166 条第 2 款规定,意定代理权(Vollmacht)是指以法律行为授予的代理权。①我国《民法典》第 161 条以下所使用的是"委托代理"的术语。如前所述,为严格区分"委托"与"代理",本书建议以"意定代理"取代"委托代理"。意定代理权是意定代理行为效力归属于被代理人的依据,意定代理权的失效是无权代理责任产生的前提,故本章将重点分析意定代理权的产生与失效。

第一节 意定代理权的产生

意定代理权基于意定代理授权行为而产生,故厘清意定代理授权行为的性质、授权方式、授权不明、授权行为的可撤销性等问题,是判断意定代理权效力和范围的前提与基础。

一、意定代理授权行为的性质

拉邦德在提出代理权抽象于基础法律关系的理论时认为,意定代理权基于授权合同而产生,授权行为是双方法律行为。②现今德国通说一般认为,授权行为是单方法律行为,无需征得被授权人的同意,但依据私法自治原则,当然允许授权人和被授权人以双方法律行为达成代理授权之

---

① 德国学者亦以 Vollmacht 表示"意定代理授权行为(Vollmachtserteilung, Bevollmächtigung)"或"意定代理授权书(Vollmachtsurkunde)"。参见[德]维尔纳·弗卢梅:《法律行为论》,迟颖译,法律出版社 2013 年版,第 981 页;Vgl. Neuner, Allgemeiner Teil des Bürgerlichen Rechts, 13. Aufl., 2023, S. 632.

② 参见[德]保尔·拉邦德:《依〈德国普通商法典〉缔结法律行为时的代理》,刘洋译,柯伟才校,载《苏州大学学报(法学版)》2021 年第 4 期,第 146 页。

合意。①我国学界关于授权行为的性质存在双方法律行为说和单方法律行为说之争。

(一) 双方法律行为说

持双方法律行为说的学者认为，意定代理授权行为是双方法律行为，是附随债权契约的一种无名契约。②该观点有待商榷。首先，它未能彻底厘清代理与基础法律关系的区别；③其次，将授权行为视为契约并无实际意义；④最后，意定代理权是被授权人可以授权人的名义为其实施法律行为的资格，被授权人既不因获得授权而享有权利也不会因此而承担义务，故意定代理权的授予无需被授权人的同意。

(二) 单方法律行为说

我国学界通说认为，授权行为属于需受领的单方法律行为，仅凭授权人一方的意思表示即可生效，被授权人是否同意在所不问。⑤该说以意

---

① Vgl. Neuner, Allgemeiner Teil des Bürgerlichen Rechts, 13. Aufl., 2023, S. 634; Leenen/Häublein, BGB Allgemeiner Teil, 3. Aufl., 2021, S. 362; Förster, Stellvertretung-Grundstruktur und neuere Entwicklungen, Jura 2010, S. 353; Lorenz, Grundwissen-Zivilrecht: Die Vollmacht, JuS 2010, S. 771; 参见 [德] 汉斯·布洛克斯、沃尔夫·迪特里希·瓦尔克：《德国民法总论》（第 41 版），张艳译，杨大可校，冯楚奇补译，中国人民大学出版社 2019 年版，第 247 页；[德] 本德·吕特斯、阿斯特丽德·施塔德勒：《德国民法总论》（第 18 版），于馨淼、张姝译，法律出版社 2017 年版，第 505 页；[德] 维尔纳·弗卢梅：《法律行为论》，迟颖译，法律出版社 2013 年版，第 982 页。

② 参见史尚宽：《民法总论》，中国政法大学出版社 2000 年版，第 530 页。

③ 参见汪渊智：《代理法立法研究》，知识产权出版社 2020 年版，第 51 页。

④ 参见尹田：《民法典总则之理论与立法研究》（第 2 版），法律出版社 2018 年版，第 614 页。

⑤ 参见尹田：《论代理制度的独立性——从一种法技术运用的角度》，载《北方法学》2010 年第 5 期，第 47 页；范李瑛：《论代理权授予行为的独立性和无因性》，载《烟台大学学报（哲学社会科学版）》2003 年第 2 期，第 163 页；汪渊智：《论代理权的授予行为》，载《山西大学学报（哲学社会科学版）》2015 年第 6 期，第 119 页；叶金强：《论代理权授予行为的有因构造》，载《政法论坛》2010 年第 1 期，第 111 页；陈华彬：《论意定代理权的授予行为》，载《比较法研究》2017 年第 2 期，第 192 页；王利明：《论民法典代理制度中的授权行为》，载《甘肃政法大学学报》2020 年第 5 期，第 3 页；陈甦主编：《民法总则评注》（下册），法律出版社 2017 年版，第 1168 页（方新军执笔）；杨代雄：《法律行为论》，北京大学出版社 2021 年版，第 518 页；尹田：《民法典总则之理论与立法研究》（第 2 版），法律出版社 2018 年版，第 575 页；谢鸿飞：《代理部分立法的基本理念和重要制度》，载《华东政法大学学报》2016 年第 5 期，第 67 页；殷秋实：《论代理权授予与基础行为的联系》，载《现代法学》2016 年第 1 期，第 87 页。持不同观点的学者基于《民法典》第 163 条第 2 款第 1 句的规定（委托代理人按照被代理人的委托行使代理权）认为授权行为属于委托合同的范畴，参见刘骏：《再论意定代理权授予之无因性》，载《交大法学》2020 年第 2 期，第 108 页。该观点有待商榷，如前所述，我国立法在概念术语上通常以"委托代理"

定代理权是以他人名义为他人创设法律行为规则的资格为理论基础，即意定代理权既非权利、亦非义务，意定代理授权行为仅决定代理人所实施法律行为的效力是否可以被归属于被代理人，故仅需以被代理人单方意思表示为之，而无需代理人的同意。《民法典》第 165 条规定，意定代理授权书需由被代理人签名或盖章，但并未要求代理人签名或盖章，即采纳了单方法律行为说。[①] 单方法律行为说更符合意定代理权的性质，意定代理权于代理授权之意思表示到达被授权人（内部授权）或相对人（外部授权）时即已产生，无需被授权人的同意，故亦可向限制行为能力人授予，且不必考虑被授权人意思表示瑕疵的问题，这有助于确保意定代理权效力的确定性，避免无权代理。[②] 诚然，依据私法自治原则，依授权人单方法律行为即可产生的意定代理权，也可依授权人与被授权人之间的意定代理授权合同而产生。[③]

二、意定代理授权的方式

（一）明示授权与默示授权

在德国法上，一般认为，意定代理权既可以明示作出，也可以基于可推定行为默示作出，但经理权（Prokura）依《德国商法典》第 48 条第 1 款必须明示授予。[④] 在我国法上，授权行为作为意思表示，依《民法典》第 140 条第 1 款的规定，既可以明示方式作出，也可以默示方式作出。[⑤]

（接上页）来指代"意定代理"，形成与"法定代理"相对应的概念，因此《民法典》第 163 条第 2 款第 1 句所规定的被代理人的"委托"应当是指"授权"，而非"委托合同"。

[①] 参见尹田：《论代理制度的独立性——从一种法技术运用的角度》，载《北方法学》2010 年第 5 期，第 50 页。

[②] 参见汪渊智：《论代理权的授予行为》，载《山西大学学报（哲学社会科学版）》2015 年第 6 期，第 119 页；陈华彬：《论意定代理权的授予行为》，载《比较法研究》2017 年第 2 期，第 192 页；王利明：《论民法典代理制度中的授权行为》，载《甘肃政法大学学报》2020 年第 5 期，第 3 页。

[③] 参见谢鸿飞：《代理部分立法的基本理念和重要制度》，载《华东政法大学学报》2016 年第 5 期，第 67 页；叶金强：《论代理权授予行为的有因构造》，载《政法论坛》2010 年第 1 期，第 111 页。

[④] Vgl. Leenen/Häublein, BGB Allgemeiner Teil, 3. Aufl., 2021, S. 364; Brox/Walker, Allgemeiner Teil des BGB, 47. Aufl., 2023, S. 261; Medicus/Petersen, Allgemeiner Teil des BGB, 11. Aufl., 2016, S. 407; Förster, Stellvertretung – Grundstruktur und neuere Entwicklungen, Jura 2010, S. 353.

[⑤] 参见杨代雄：《法律行为论》，北京大学出版社 2021 年版，第 519 页。

1. 明示授权

(1) 原则上为非要式法律行为

关于授权行为是否应具备代理行为本身所需具备特定形式要件的问题，《德国民法典》第 167 条第 2 款明确规定，授予意定代理权的意思表示无需满足代理人被授权实施之代理行为本身须具备的形式要件。德国学界一般认为，代理权的授予并不意味着代理行为的实施，授权人可以随时撤回代理权，故授权行为原则上无需具备拟实施代理行为的形式要件；但代理权不可撤回或是为进行担保而授权的，授权行为应具备拟实施代理行为的形式要件。①此外，法律也明确规定特定意定代理授权行为应具备形式要件。例如，《德国民法典》第 1820 条第 2 款②明确规定，同意采取医疗措施或接受住院治疗的预防性意定代理权之授权行为应采取书面形式；《德国民法典》第 492 条第 4 款第 1 句规定，授权代理消费者订立消费信贷合同的授权行为应采取书面形式；《德国民法典》第 1945 条第 3 款要求放弃遗产继承的意定代理授权应以公证形式作出。

我国《民法典》第 165 条仅规定了授权行为采用书面形式时应当包括的内容，并未明确规定授权行为是否必须采取书面形式。我国学界就此存在争议，有学者认为，授权行为既可以书面形式作出，也可以口头或其他形式作出，且无需具备代理行为所须具备的形式要件。③另有学者认为，授权行为与一般的法律行为并无区别，凡依法应以书面形式实施的法律行为，授权行为亦应以书面形式作出。④本书认为，基于授权行为效力的明确性和对交易安全的考虑，授权行为原则上为非要式法律行为，

---

① Vgl. Brox/Walker, Allgemeiner Teil des BGB, 47. Aufl., 2023, S. 261; Leenen/Häublein, BGB Allgemeiner Teil, 3. Aufl., 2021, S. 367-368; Medicus/Petersen, Allgemeiner Teil des BGB, 11. Aufl., 2016, S. 407-408; Neuner, Allgemeiner Teil des Bürgerlichen Rechts, 13. Aufl., 2023, S. 635-636; Förster, Stellvertretung-Grundstruktur und neuere Entwicklungen, Jura 2010, S. 353-354; Lorenz, Grundwissen-Zivilrecht: Die Vollmacht, JuS 2010, S. 771.

② 德国法为贯彻国际公约所倡导的"法律能力人人平等原则"和成年人保护的协助决策模式，对其成年照管制度进行了大规模的改革，2023 年 1 月 1 日修订生效的《德国民法典》将改革的成果予以法典化。本书所援引的法条均为 2023 年 1 月 1 日经修订后生效的《德国民法典》法条。

③ 参见汪渊智：《论代理权的授予行为》，载《山西大学学报（哲学社会科学版）》2015 年第 6 期，第 120~121 页；杨代雄：《法律行为论》，北京大学出版社 2021 年版，第 520 页。

④ 参见陈华彬：《论意定代理权的授予行为》，载《比较法研究》2017 年第 2 期，第 193 页；马新彦：《民法总则代理立法研究》，载《法学家》2016 年第 5 期，第 126 页；谢鸿飞：《代理部分立法的基本理念和重要制度》，载《华东政法大学学报》2016 年第 5 期，第 67~68 页。

但授予对授权人权利影响较大的不可撤回代理权、为进行担保而授予代理权或放弃遗产继承代理权的授权行为应采取书面形式。此外，为维护交易安全，实践中许多银行等金融机构、大型国有企业以及跨国企业等在进行交易时均要求以书面形式授予代理权。

（2）授权通知与授权书

授权书是指授权人签名或盖章后授予被授权人代理权的证书。在德国法上，授权人以授权书授予意定代理权的，应当向被授权人"签发"（包括"签署"和"发送"）授权书。一方面，授权书必须由授权人实际签署，伪造或变造的文书不具有授权效力。①另一方面，授权人必须将经签署的授权书有意识地"发送"（Aushändigung）给被授权人，即授权人在发送授权书时须具备行为意思。②若授权书遗失或被盗，则不满足上述"发送"之要件，拾得或盗窃该授权书之"代理人"所实施的代理行为对"被代理人"不生效力。③由此可见，在德国法上，伪造、变造、拾得、盗窃的授权书不具备授权书生效之"签发"要件，不构成代理授权，相对人即使对其产生信赖，也不能基于《德国民法典》第172条的规定受到保护。进言之，该规定的适用以有效授权书的存在为前提，其所保护的也仅是对有效授权书在被收回或宣告无效之前的效力的信赖，而非对伪造、变造、拾得、盗窃的授权书的信赖。

关于授权通知与授权书是否构成意定代理授权意思表示的问题，德国学界存在争议。通说认为，依据《德国民法典》第171条和第172条所发出的授权通知和出具的授权书产生的意定代理权并非基于授权行为产生，而是源于对"外部事实构成"的信赖，基于"权利外观"而产生。④但也有学者持不同意见，如弗卢梅认为"权利外观"理论根本上误读了上述两条规定，意定代理权并非主观权利，而仅为以他人名义实施法律行为的资格，因此可以基于授权通知或授权书而产生；立法者正确地将授权通知和授权书作为独立的基于法律行为授予代理权的行为，等同于按照《德国民法典》第167条的规定作出的意定代理授权意思表示，通过发出授权通知和出具授权书所作出的授权并非"权利外观"，

---

① Vgl. MüKoBGB/Schubert, 9. Aufl. 2021, BGB § 172 Rn. 16.
② Vgl. MüKoBGB/Schubert, 9. Aufl. 2021, BGB § 172 Rn. 17.
③ Vgl. MüKoBGB/Schubert, 9. Aufl. 2021, BGB § 172 Rn. 18.
④ Vgl. Neuner, Allgemeiner Teil des Bürgerlichen Rechts, 13. Aufl., 2023, S. 635, 647; Brox/Walker, Allgemeiner Teil des BGB, 47. Aufl., 2023, S. 261, 268; Wellspacher, Das Vertrauen auf äußere Tatbestände im bürgerlichen Recht, 1906, S. 79 ff.

而是意定代理外部授权之意思表示，它旨在明确相对于第三人授予代理权，授权人表示他正在授予代理权与表示他已经授予代理权，并无本质不同。①

在我国法上，不论授权书是否有效签发，均属于表见代理的保护范围。一方面，授权书即使被有效签发，被代理人也可以自己并未实际作出授权的意思表示为由否定代理行为的效力，相对人只能通过举证"权利外观"的存在向被代理人主张表见代理，②这种制度安排存在过度保护被代理人的意思而不利于保障交易安全的问题。另一方面，行为人使用伪造、变造、拾得、盗窃的授权书实施代理行为的，有理由信赖该"权利外观"的相对人，可以向根本未予授权的被代理人主张表见代理，这又不免存在过度保护交易安全而不利于被代理人的私法自治的问题。本书赞同弗卢梅的观点，承认基于授权通知和授权书所作出的授权行为的效力，以私法自治为价值基础，在法律行为的框架下，全面直接地维护交易安全，无需像"权利外观"理论那样，突破私法自治，借助表见代理制度为相对人提供间接保护。

(3) 空白授权

空白授权书是指授权人向被授权人签发的不具有任何具体内容的授权书。在德国法上，空白授权属于概括授权，行为人不按授权人的授权如实填写授权书的风险原则上应由授权人承担，不应转嫁给相对人，即授权人原则上应承认代理人依不实填写的授权书所实施代理行为的效力，但违反禁止代理权滥用规则的除外。③在我国法上，关于空白授权的效力存在争议。有观点认为，空白授权属于授权不明，应适用意思表示解释的规则予以解释；④另有观点认为，不论是否获得授权，授权书的持有人不当补全空白授权书的，均应适用表见代理规则，由被代理人承担有权

---

① 参见［德］维尔纳·弗卢梅：《法律行为论》，迟颖译，法律出版社2013年版，第984~985页。
② 参见陈华彬：《论意定代理权的授予行为》，载《比较法研究》2017年第2期，第194页。
③ 参见［德］维尔纳·弗卢梅：《法律行为论》，迟颖译，法律出版社2013年版，第988页；当今德国通说亦认为空白文书的出具人应承担其不实填写的风险，但却以权利外观理论来处理这一问题，并适用被其认定为表见代理规则的《德国民法典》第172条关于授权书效力的规定（弗卢梅将该规定认定为代理授权行为规则，值得赞同），例如Medicus/Petersen, Allgemeiner Teil des BGB, 11. Aufl., 2016, S. 401; MüKoBGB/Schubert, 9. Aufl. 2021, BGB §172 Rn. 4.
④ 参见范李瑛：《论代理权授予行为的独立性和无因性》，载《烟台大学学报（哲学社会科学版）》2003年第2期，第165页；王利明：《论民法典代理制度中的授权行为》，载《甘肃政法大学学报》2020年第5期，第10页。

代理的法律后果。①上述观点有待商榷。就前一观点而言，空白授权不构成授权不明，尽管《民法典》第 165 条要求授权书应具备特定内容，但该规定非属强行性规定，故应允许授权人空白授权，并将其视为概括授权。而后一观点以表见代理规则来保护交易安全存在两方面的问题。一方面，空白授权书的持有人即使基于授权而取得该授权书，相对人也需举证表见代理成立始可向授权人主张有权代理，不利于维护交易安全；另一方面，空白授权书被未经授权的第三人获得的，即授权人并未向持有空白授权书的第三人"发送"授权书的，该第三人亦可通过举证表见代理成立向被代理人主张有权代理，不利于维护被代理人的利益。本书认为，授权人向被授权人"发出"空白授权书的，构成以法律行为授予代理权的行为，相对人可以直接向授权人主张代理行为的效力，而无需适用表见代理规则来维护交易安全；授权人未予授权，第三人以其他方式获取空白授权书的，不构成代理授权，相对人不得基于表见代理规则主张法律行为的效力，而只能依据缔约过失责任的规定向有过错的被代理人主张信赖利益的损害赔偿。②授权人的空白授权属于以明示方式授予的概括代理权，空白授权书被不当填写的风险原则上由授权人承担，违反禁止代理权滥用规则的除外。

同样地，将公司公章或合同章、盖有公司公章或合同章的合同书授予他人的，亦构成代理权的明示概括授予。

2. 默示授权

默示授权是指授权人以可推定行为授予代理权的法律行为。《德国民法典》虽然没有明文规定默示授权，但德国司法实践和学理均承认默示授权。在《德国民法典》生效之前，德国帝国高等商事法院③和德国帝国法院④的诸多判例已经承认默示授权，并认为允许他人作为代理人实施行为而一般性地形成代理地位者，必须承认基于该代理地位所宣示的代理权。持法律行为理论的德国学者亦认为，容忍代理是典型的默示授权，是授权人通过可推定行为作出的代理权授予之意思表示，授权人或是有意识地赋予代理人依交易习惯具有代理权的特定职位，或是有意识地允许代理人实施法律行为，它与《德国民法典》第 171 条所规定的意

---

① 参见杨代雄：《法律行为论》，北京大学出版社 2021 年版，第 583~584 页。
② 有学者运用表见代理理论对此予以论证。参见王浩：《"有理由相信行为人有代理权"之重构》，载《华东政法大学学报》2020 年第 4 期，第 190~191 页。
③ Vgl. ROHG 8, 314 ff. u. Zit. ; 10, 142 ff. ; 12, 277 ff.
④ Vgl. RG 1, 8 ff.

定代理授权通知一样，同属于外部授权之意思表示。①

关于具有特定身份的人员或在特定情形下签署合同的性质问题，如银行员工出示给相对人的授权书、银行印制的宣传手册、银行的陈述或声明、银行营业场所、银行职员的统一着装和佩戴的标牌工号等是否具有授权效力的问题，我国学者存在争议，有学者认为可依交易习惯认定为默示授权，②而另有学者倾向于将其认定为"代理权外观"。③本书赞同前者的观点，为保护交易安全，不应仅将上述情形认定为"代理权外观"，要求相对人通过举证表见代理成立向被代理人主张有权代理，而是应将其认定为默示授权，允许相对人直接向被代理人主张有权代理。《民法典》第135条关于"法律行为可以其他形式作出"的规定可以作为我国法承认默示授权的制定法依据。而《民法典总则编解释》第18条关于《民法典》第135条规定中的"其他形式"的司法解释可以作为承认默示授权的司法实践依据。根据该司法解释，"其他形式"是指行为人实施的行为本身表明已经作出相应意思表示且符合法律行为成立条件的形式。我国学界亦有学者承认默示授权，认为代理权默示授予是指通过授权人的行为或某种事实推断出的授予代理权的意思，具体包括职业授权、习惯授权和附带授权等。④本书认为，默示授权除包括上述依交易习惯或具有特定身份和在特定场景中以可推定行为作出授权的情形外，还包括容忍代理的情形。在容忍代理中，被代理人明知他人以自己的名义实施法律行为而不提出异议，即以其"不作为"表明允许他人作为自己的代理人实施法律行为，亦属于基于可推定行为作出的默示授权，而不属于表见代理。

综上所述，意定代理权既可明示授予也可默示授予。明示授权的，授权表示既可以向代理人作出，也可以向旨在与其实施代理行为的相对

---

① 参见［德］维尔纳·弗卢梅：《法律行为论》，迟颖译，法律出版社2013年版，第988页；梅迪库斯持不同观点，认为容忍代理不能被视为默示授权，而是相当于内部授权的外部告知，但在因错误而可撤销的问题上，可以按外部授权处理。Vgl. Medicus/Petersen, Allgemeiner Teil des BGB, 11. Aufl., 2016, S. 408.

② 参见尹飞：《体系化视角下的意定代理权来源》，载《法学研究》2016年第6期，第65页。

③ 参见徐海燕：《表见代理构成要件的再思考：兼顾交易安全和意思自治的平衡视角》，载《法学论坛》2022年第3期，第49页。

④ 参见陈华彬：《论意定代理权的授予行为》，载《比较法研究》2017年第2期，第193页；汪渊智：《论代理权的授予行为》，载《山西大学学报（哲学社会科学版）》2015年第6期，第120页；汪渊智：《代理法论》，北京大学出版社2015年版，第135页；王利明：《论民法典代理制度中的授权行为》，载《甘肃政法大学学报》2020年第5期，第8页。

人作出，原则上无需具备拟实施代理行为本身须具备的形式要件。

(二) 内部授权与外部授权

意定代理授权属于单方需受领的意思表示，既可以向被授权人作出，也可以向相对人作出。①《德国民法典》第 167 条规定："授予代理权的意思表示既可以向被授权人也可以向代理人对之为法律行为的相对人作出。"据此，代理权的授予因授权对象不同，而被区分为内部授权（Innenvollmacht）和外部授权（Außenvollmacht）。②梁慧星主编的《中国民法典草案建议稿附理由：总则编》第 162 条言："被代理人向代理人授予代理权，应当向代理人或者与代理人实施法律行为的相对人，以意思表示为之。"③李永军主编的《中国民法典总则编草案建议稿及理由》第 154 条第 2 款谓："授予意定代理权的意思表示既可以向被授权人作出，也可以向旨在与其实施代理行为的相对人作出。"④但遗憾的是，《民法典》的立法者并未采纳上述专家建议。但学者多认为，意定代理权既可以内部授予（向代理人授予），也可以外部授予（向代理人旨在与之为代理行为的第三人授予）。⑤

1. 内部授权

内部授权是指授权人通过向被授权人发出意思表示的方式授予代理权。由于内部授予之意定代理权的内容由基础法律关系所决定，一般不会产生"可以（Können）"与"应当（Dürfen）"之间的区别，但即便如此，仍应坚持拉邦德的理论，在法律上对内部授权与基础法律关系予

---

① Vgl. Brox/Walker, Allgemeiner Teil des BGB, 47. Aufl., 2023, S. 261; Förster, Stellvertretung-Grundstruktur und neuere Entwicklungen, Jura 2010, S. 353.

② Vgl. Neuner, Allgemeiner Teil des Bürgerlichen Rechts, 13. Aufl., 2023, S. 634–635; Lorenz, Grundwissen-Zivilrecht: Die Vollmacht, JuS 2010, S. 771.

③ 梁慧星主编：《中国民法典草案建议稿附理由：总则编》，法律出版社 2013 年版，第 311~312 页。

④ 李永军主编：《中国民法典总则编草案建议稿及理由》（中国政法大学版），中国政法大学出版社 2016 年版，第 308~309 页。

⑤ 参见陈华彬：《论意定代理权的授予行为》，载《比较法研究》2017 年第 2 期，第 192 页；杨代雄：《法律行为论》，北京大学出版社 2021 年版，第 518~519 页；谢鸿飞：《代理部分立法的基本理念和重要制度》，载《华东政法大学学报》2016 年第 5 期，第 68 页；殷秋实：《论代理权授予与基础行为的联系》，载《现代法学》2016 年第 1 期，第 87 页；汪渊智：《论代理权的授予行为》，载《山西大学学报（哲学社会科学版）》2015 年第 6 期，第 119 页。

以区别，且应时刻注意两者之间千丝万缕的联系。①

2. 外部授权

外部授权是指授权人向代理人拟与其实施代理行为的相对人作出的授权。②外部授权可以向特定人群作出（如向公司所有客户发送代理授权信函），也可以向不特定人群作出（如刊登报纸广告或在营业场所张贴公告）。③存在争议的是：授权人进行内部授权后，以发送邮件或刊登广告的方式将代理权已授予的事实公之于众，当该内部授权由于某种原因无效时，该外部通知是否同样构成外部授权之意思表示。有观点认为，该外部通知不构成意思表示，仅创设权利外观；④另有观点认为，授权人发送通知的目的在于授予代理权，故外部通知不只是单纯的宣示或告知，而是独立的代理授权意思表示；⑤授权人给予被授权人授权书且被授权人向相对人出示该授权书的，同样构成独立的意定代理授权意思表示，内部授权无效的，意定代理授权书具有独立的授权效力。⑥

关于我国法是否承认外部授权的问题，学界存在争议。主张采纳抽象性原则的学者一般认为，我国法承认代理权的外部授予并无障碍，只要授权行为符合法律行为的生效要件，意定代理权即可产生。⑦而主张有因说的学者一般不承认外部授权，将外部授权视为代理授权外观，主张通过适用表见代理规则来维护交易安全。⑧本书认为，将外部授权视为代

---

① 参见［德］维尔纳·弗卢梅：《法律行为论》，迟颖译，法律出版社 2013 年版，第 1005~1006 页。
② Vgl. Neuner, Allgemeiner Teil des Bürgerlichen Rechts, 13. Aufl., 2023, S. 635；参见［德］维尔纳·弗卢梅：《法律行为论》，迟颖译，法律出版社 2013 年版，第 1006 页。
③ Vgl. Neuner, Allgemeiner Teil des Bürgerlichen Rechts, 13. Aufl., 2023, S. 635.
④ Vgl. Neuner, Allgemeiner Teil des Bürgerlichen Rechts, 13. Aufl., 2023, S. 635, 647; Brox/Walker, Allgemeiner Teil des BGB, 47. Aufl., 2023, S. 261, 268.
⑤ 参见［德］维尔纳·弗卢梅：《法律行为论》，迟颖译，法律出版社 2013 年版，第 982~983 页。梅迪库斯虽然坚持内部授权外部通知不属于意思表示，但在外部通知存在错误时，又赞同弗卢梅的观点，认为外部通知可以被视为外部授权，可以被基于意思表示错误撤销。Vgl. Medicus/Petersen, Allgemeiner Teil des BGB, 11. Aufl., 2016, S. 407, 414;
⑥ 参见［德］维尔纳·弗卢梅：《法律行为论》，迟颖译，法律出版社 2013 年版，第 983 页；Vgl. Medicus/Petersen, Allgemeiner Teil des BGB, 11. Aufl., 2016, S. 413.
⑦ 参见陈甦主编：《民法总则评注》（下册），法律出版社 2017 年版，第 1169 页（方新军执笔）；王利明：《论民法典代理制度中的授权行为》，载《甘肃政法大学学报》2020 年第 5 期，第 3 页；范李瑛：《论代理权授予行为的独立性和无因性》，载《烟台大学学报（哲学社会科学版）》2003 年第 2 期，第 163 页。
⑧ 参见刘骏：《再论意定代理权授予之无因性》，载《交大法学》2020 年第 2 期，第 113 页；梁慧星：《民法总论》（第 6 版），法律出版社 2021 年版，第 242 页。

理授权外观并以表见代理规则保护相对人的做法不利于维护交易安全，相对人可能会因举证不能而无法依表见代理规则向被代理人主张代理行为的效力；而在承认外部授权的情形下，相对人可以直接向被代理人主张有权代理，无需举证表见代理成立。具体而言，首先，代理授权行为是单方法律行为，无需被授权人的同意即可生效；其次，代理权仅是以他人名义实施法律行为的资格，并不为被授权人创设主观权利，而授权人授予代理权的目的亦仅在于允许被授权人与相对人实施代理行为，这一目的既可以通过向被授权人授予代理权来实现，也可以通过向相对人授予代理权来实现，甚至向相对人表示授予代理权更能引起相对人对代理权的信赖；最后，为维护交易安全，确保不动产登记簿的准确性，我国《不动产登记暂行条例实施细则》第 12 条第 3 款承认了代理权的外部授予。按照该规定，自然人处分不动产，委托代理人申请登记的，应当与代理人共同到不动产登记机构现场签订授权委托书，但授权委托书经公证的除外。由此可见，为提高交易效率，最大限度地发挥代理的制度功能，我国法应承认外部授权。从立法上看，《民法典》第 165 条关于授权委托书的规定可以作为我国法承认外部授权的制定法基础。此外，内部授权外部通知和代理人向相对人出示授权书的，均属于外部授权的意思表示，无需借助表见代理规则保护相对人的信赖。

三、意定代理授权不明

意定代理授权不明是指授权之意思表示存在歧义，需要通过解释予以确定。授权不明的问题是典型的意思表示解释问题，应当对其适用意思表示解释的一般规则，而无需在代理法中特别规范。《德国民法典》第 164 条以下关于代理的相关规定未对意定代理授权不明的问题作出特别明确。德国学界关于这一问题的讨论也主要以代理权抽象性原则为基础，通过对授权行为进行解释来明确代理权的范围。[①]例如，德国学者认为，意定代理权的范围由授权人确定，有疑义时，应根据《德国民法典》第 133 条和第 157 条关于意思表示的规则，从受领人的视角依据诚实信用原则并考虑交易习惯对授权行为本身展开客观解释；至于基础法律关系之目的，则仅具有参考价值。申言之，内部授权时，应以被授权人的客观理解为准；外部授权时，应以理性第三人处在相对人的位置对授权

---

① 参见［德］本德·吕特斯、阿斯特丽德·施塔德勒：《德国民法总论》（第 18 版），于馨淼、张姝译，法律出版社 2017 年版，第 511 页；［德］卡尔·拉伦茨：《德国民法通论》（下册），王晓晔等译，法律出版社 2003 年版，第 856 页。

内容的客观理解为准。①

从立法史上看，我国法关于"授权不明"的规定可以追溯到《民法通则》第65条第3款所规定的"委托书授权不明的，被代理人应当向第三人承担民事责任，代理人负连带责任"。关于该规定，有学者认为，被代理人在授权书中未明确说明对代理权的限制，而善意相对人不知道代理权的限制而与代理人为法律行为的，构成表见代理。②或许是受到该观点的影响，现在仍有部分学者认为，"授权不明"经解释被认定为无权代理时，相对人有理由相信代理人有代理权的，仍可能成立表见代理。③《民法典》没有专门就授权不明的问题予以规范，但当今学界通说认为，授权不明仅涉及意思表示解释的一般性问题，并不属于代理法的特殊问题，法官应依据意思表示的客观解释规则，从代理人或相对人的视角来认定授权人是否有效授予代理权，并相应认定代理行为是有权代理抑或无权代理。④

上述前一种观点有待商榷，若依意思表示的解释已经认定不能将"授权不明"理解为代理人有代理权，代理行为为何还能因相对人的信赖而成为有权代理呢？进言之，在内部授权的情形中，代理人都因"授权不明"而不能理解自己是有权代理的，缘何相对人还能够有理由相信代理人有代理权呢？在外部授权的情形中，相对人自己因"授权不明"而认为代理权不存在，为何还能成立表见代理呢？持该观点的学者莫非是以代理权的有因性为出发点，在代理权因自身"授权不明"而不存在的情况下仍依授权人与被授权人之间的基础法律关系而认为有理由相信代理人有代理权？若果真如此，被代理人将因相对人有理由相信代理人有代理权而被迫承认代理人以其名义实施的无权代理行为的效力，被代

---

① Vgl. Neuner, Allgemeiner Teil des Bürgerlichen Rechts, 13. Aufl., 2023, S. 634-635, 638. 参见[德]本德·吕特斯、阿斯特丽德·施塔德勒：《德国民法总论》（第18版），于馨淼、张姝译，法律出版社2017年版，第511页。
② 参见李文柱：《论表见代理》，载《甘肃政法学院学报》1998年第1期，第8页；章戈：《表见代理及其适用》，载《法学研究》1987年第6期，第10页。
③ 参见徐涤宇：《代理制度如何贯彻私法自治〈民法总则〉代理制度评述》，载《中外法学》2017年第3期，第691~692页；王利明：《论民法典代理制度中的授权行为》，载《甘肃政法大学学报》2020年第5期，第11页。
④ 参见葛云松：《委托代理授权不明问题研究——评民法通则第65条第3款》，载《法学》2001年第12期，第48~49页；谢鸿飞：《代理部分立法的基本理念和重要制度》，载《华东政法大学学报》2016年第5期，第69页；汪渊智：《论代理权的授予行为》，载《山西大学学报（哲学社会科学版）》2015年第6期，第119页。

理人的私法自治完全被忽视；但事实上，该学者并未采纳有因性原则，而是采纳代理权抽象性原则，认为授权行为和基础法律关系中所约定的代理权范围不一致的，应以授权行为载明的代理权为准。①倘若一以贯之地适用抽象性原则，代理权一旦因"授权不明"而被解释为不存在，代理行为就构成无权代理，不能因相对人对基础法律关系的信赖而构成表见代理。

本书赞同上述后一种观点。授权不明通常因授权人意思表示不明确所致，该风险原则上应由授权人承担，不宜将其转嫁给代理人或相对人，②代理人或相对人对代理权的授予或范围存在疑义的除外。具体而言，在对授权行为予以解释时，对于内部授权，应仅以代理人的理解为准，而不考虑相对人是否应知；③按照代理人的理解，代理权存续的，代理行为构成有权代理，由授权人承担有权代理的法律后果；有疑义时，代理人应当向授权人确认，未确认而径行实施代理行为的，代理行为构成无权代理，被代理人拒绝追认的，由代理人向相对人承担无权代理责任；在外部授权或内部授权外部通知的情形中，应以相对人的理解为准，④按照相对人的理解，代理权存续的，代理行为构成有权代理；有疑义时，相对人应向授权人确认，未经确认径行与代理人实施法律行为的，或相对人明知代理权不存在仍与行为人实施法律行为的，不值得保护，代理人免于承担无权代理责任。

四、意定代理授权意思表示瑕疵的可撤销性

授权人在作出代理授权行为时存在意思表示瑕疵的，是否可以否定代理权及代理行为的效力？代理行为尚未实施的，授权人既可以选择撤回也可以选择撤销授权行为来否定代理权的效力，自无疑问；代理行为已经实施的，授权人只能选择撤销，因为代理权的撤回仅对未来发生效力（ex nunc），并不能否定撤回之前已经实施的代理行为的效力。⑤

---

① 参见徐涤宇：《代理制度如何贯彻私法自治〈民法总则〉代理制度评述》，载《中外法学》2017年第3期，第692页。

② 参见陈华彬：《论意定代理权的授予行为》，载《比较法研究》2017年第2期，第194页。

③ Vgl. Neuner, Allgemeiner Teil des Bürgerlichen Rechts, 13. Aufl., 2023, S. 634. 持不同观点的学者认为，在内部授权时，因为不涉及第三人，所以应采纳主观解释的立场，尊重被代理人的意愿，参见王利明：《论民法典代理制度中的授权行为》，载《甘肃政法大学学报》2020年第5期，第4页。

④ Vgl. Neuner, Allgemeiner Teil des Bürgerlichen Rechts, 13. Aufl., 2023, S. 635.

⑤ Vgl. Brox/Walker, Allgemeiner Teil des BGB, 47. Aufl., 2023, S. 273.

授权人在代理行为实施后行使撤销权的主要目的是否定代理行为的效力，因此需要解决的问题是：其一，撤销的对象应当是授权行为还是代理行为？其二，撤销的相对人应当是代理人还是相对人？其三，撤销后相对人可寻求何种救济，是可依据表见代理规则向被代理人主张有权代理，还是仅可依据法律行为被撤销的相关规定向被代理人主张信赖利益的损害赔偿，抑或向代理人主张无权代理责任，又或向代理人和被代理人主张连带赔偿责任？这些问题在德国法和我国法中均不无争议。

（一）授权行为可撤销

关于授权行为的撤销问题，存在不同观点。第一种观点认为，授权行为原则上可撤销，授权行为被撤销后，被代理人和代理人应向相对人承担连带责任，即被代理人类推适用《德国民法典》第122条关于法律行为被撤销的相关规定向相对人承担信赖利益的损害赔偿责任，而代理人依据《德国民法典》第179条的规定承担无权代理责任。[①]问题是，代理行为本身并不存在瑕疵，也并未被撤销，相对人类推适用《德国民法典》第122条的规定直接向被代理人主张法律行为被撤销的信赖利益的损害赔偿之正当性基础何在？

第二种观点认为，代理行为虽因授权行为被撤销而构成无权代理，但仍可能因存在代理权的表象而成立表见代理。[②]该观点有待商榷。被代理人撤销瑕疵授权行为之目的在于否定违背其真实意思的代理行为。如若授权行为被撤销后，相对人仍可依表见代理规则向被代理人主张代理行为的法律效力，则意味着被代理人将无法摆脱与其真实意思不相符的代理行为的拘束，法律行为可撤销制度旨在维护表意人私法自治之目的势必落空。

第三种观点认为，授权行为因意思表示瑕疵被撤销后，代理行为构成无权代理，相对人只能依据《德国民法典》第179条的规定向无权代理人主张无权代理责任，而不能类推适用《德国民法典》第122条的规

---

① Vgl. Larenz/Wolf, Allgemeiner Teil des Bürgerlichen Rechts, 9. Aufl., 2004, S. 877-878; Leenen/Häublein, BGB Allgemeiner Teil, 3. Aufl., 2021, S. 370-371；[德]赫尔穆特·科勒：《德国民法总论》（第44版），刘洋译，北京大学出版社2022年版，第265页。

② 参见尚连杰：《意定代理权授予错误的效果论》，载《比较法研究》2021年第3期，第130页；朱虎：《表见代理中的被代理人可归责性》，载《法学研究》2017年第2期，第71页；汪渊智：《论代理权的授予行为》，载《山西大学学报（哲学社会科学版）》2015年第6期，第122页；杨代雄：《法律行为制度中的积极信赖保护 兼谈我国民法典总则制定中的几个问题》，载《中外法学》2015年第5期，第1166页。

定向被代理人主张法律行为被撤销后的信赖利益的损害赔偿。①该观点以实证法规定为依据提出，《德国民法典》的立法者从授权行为与代理行为分别为各自独立的法律行为出发，规定授权行为的意思表示瑕疵不影响代理行为的效力，授权行为因意思表示瑕疵被撤销的，与无权代理行为应分别适用不同的法律规定。授权行为因意思表示瑕疵而被撤销的，适用《德国民法典》第119条或第123条关于意思表示瑕疵的规定；而关于无权代理责任的承担，应适用《德国民法典》第179条的规定。代理人在向相对人承担无权代理责任后，可以依据《德国民法典》第122条的规定向被代理人主张因授权行为被撤销而遭受的信赖利益的损失。②根据该观点，相对人不能直接向被代理人主张信赖利益的损害赔偿，而只能向无权代理人主张无权代理责任，无权代理人破产的风险由相对人承担。

上述观点在严格区分授权行为和代理行为的基础上，认为仅授权行为可撤销，而代理行为不可撤销，有待商榷。事实上，代理行为基于授权行为而实施，基于两者之间的关联性，被代理人可以直接基于授权行为的意思表示瑕疵撤销代理行为，详见下述。

（二）代理行为可撤销

关于代理行为可撤销的理论基础，学界存在争议。持"共同行为说"的学者认为，授权行为是代理行为的有机组成部分，授权行为存在意思表示瑕疵的，包括授权行为在内的整个代理行为可撤销，相对人可以基于代理行为的撤销直接向被代理人主张损害赔偿。③该观点从结果上值得赞同，但将授权行为与代理行为拟制为一个整体的"共同行为说"有待商榷，它有悖授权行为和代理行为分属两类不同法律行为的事实。另有学者以《德国民法典》第166条第2款的立法思想为依据，认为凡

---

① Vgl. Stüßer, Die Anfechtung der Vollmacht nach bürgerlichem Recht und Handelsrecht, 1986, S. 47. Medicus/Petersen, Allgemeiner Teil des BGB, 11. Aufl., 2016, S. 413；有学者认为，内部授权被撤销的，相对人只能依据《德国民法典》第179条向代理人主张无权代理责任，应承担代理人破产的风险；而外部授权被撤销的，相对人可以依据《德国民法典》第122条的规定向被代理人主张信赖利益的损害赔偿，同时也可以依据《德国民法典》第179条向代理人主张无权代理责任。Vgl. Metzing, Das Erlöschen von rechtsgeschäftlicher Vertretungsmacht und Rechtsscheinvollmacht, JA 2018, S. 417; Lorenz, Grundwissen–Zivilrecht: Die Vollmacht, JuS 2010, S. 773.

② Vgl. Motiv I, S. 226.

③ 参见王浩：《论代理的本质 以代理权授予时的意思瑕疵问题为契机》，载《中外法学》2018年第3期，第625页。

是与代理行为相关并对代理行为产生影响的被代理人的意思表示瑕疵，均使得代理行为可撤销；被代理人在授权时意思表示发生错误，若他亲自与相对人实施法律行为也会发生同样的错误，则被代理人可以撤销代理行为。①该观点从结果上值得赞同，但《德国民法典》第166条第2款构成该条第1款的例外情形，以法律的例外规定作为代理行为因授权行为意思表示瑕疵而可撤销的理论基础欠缺说服力。

弗卢梅基于法律行为之行为与法律行为之规则相区分的理论认为，虽然授权行为与代理行为相互独立，但在代理行为实施之后，授权行为与代理行为之间便产生关联性，同时虑及被代理人主张撤销的主要目的在于否认代理行为的效力，而且作为法律行为之行为的代理行为虽然由代理人实施，但作为法律行为之规则的代理行为却对被代理人生效，故被代理人可直接撤销代理行为，并依据《德国民法典》第122条的规定向相对人承担损害赔偿责任，而无需先行撤销授权行为；此外，善意代理人无需承担无权代理责任，仅明知或应知授权行为之意思表示瑕疵的代理人应与被代理人承担连带责任。②

本书赞同代理行为可撤销的观点。由于代理人是依据被代理人的授权意思表示实施代理行为且该代理行为的法律后果归属于被代理人，被代理人可以基于授权行为与代理行为之间的此种关联性直接撤销存在意思表示瑕疵的代理行为，③并依《民法典》第157条的规定赔偿相对人信赖利益的损失。这种制度设计既充分保护了被代理人的私法自治（直接撤销代理行为），也有效维护了交易安全（相对人无需承担代理人破产的风险），还避免了善意代理人的无权代理责任，从而有效平衡了被代理人、代理人和相对人三方之间的利益。代理人非为善意的，即明知或应知授权行为之意思表示瑕疵，在可以预见到被代理人可能会因授权意思表示瑕疵而撤销代理行为的情况下仍与相对人实施代理行为的，不值受到保护，应与被代理人共同承担连带责任。

---

① Vgl. Brox/Walker, Allgemeiner Teil des BGB, 47. Aufl., 2023, S. 275.
② 参见［德］维尔纳·弗卢梅：《法律行为论》，迟颖译，法律出版社2013年版，第1043~1045页；Vgl. Neuner, Allgemeiner Teil des Bürgerlichen Rechts, 13. Aufl., 2023, S. 638. 我国亦有学者持类似观点。参见朱庆育：《民法总论》（第2版），北京大学出版社2016年版，第354~355页。
③ 参见［德］维尔纳·弗卢梅：《法律行为论》，迟颖译，法律出版社2013年版，第1043~1045页。

第二节 意定代理权的失效

一、意定代理权因被撤回而失效

意定代理权因被撤回而失效。意定代理权的撤回是指意定代理权授予后，授权人通过撤回的单方意思表示来使之失效，撤回表示不具有溯及力，只向未来生效，撤回之前所实施代理行为的效力不因意定代理权被撤回而受到影响。①《德国民法典》第168条第2句明确规定，基础法律关系存续期间，意定代理权可随时被撤回，基础法律关系另有约定的除外。德国通说认为，在私法自治原则下，任何人均不能负担完全按照他人意思为其创设法律关系的义务，亦不能赋予他人违背其意思实施代理行为的资格，故意定代理权在基础法律关系存续期间原则上可被撤回。②就孤立授权而言，由于不存在限制授权人任意撤回代理权的基础法律关系的约定，授权人可随时撤回；而概括授权使得被授权人可以全面掌控授权人的权利和法益，亦可被随时撤回。③由此可见，意定代理权原则上可以被撤回，尤其是孤立授权和概括授权可被任意撤回。

此外，作为意定代理权的商事代理权，经理权原则上亦可被随时撤回。④授权人可随时无理由撤回经理权，既不以对经理人实际上丧失信赖

---

① Vgl. Leenen/Häublein, BGB Allgemeiner Teil, 3. Aufl., 2021, S. 372；Lorenz, Grundwissen-Zivilrecht: Die Vollmacht, JuS 2010, S. 773；参见［德］本维·吕特斯、阿斯特丽德·施塔德勒：《德国民法总论》（第18版），于馨淼、张姝译，法律出版社2017年版，第516～517页；汪渊智：《论代理权的撤回》，载《山西大学学报〈哲学社会科学版〉》2019年第1期，第89页。

② Vgl. Neuner, Allgemeiner Teil des Bürgerlichen Rechts, 13. Aufl., 2023, S. 641；Leenen/Häublein, BGB Allgemeiner Teil, 3. Aufl., 2021, S. 373；Medicus/Petersen, Allgemeiner Teil des BGB, 11. Aufl., 2016, S. 412；Metzing, Das Erlöschen von rechtsgeschäftlicher Vertretungsmacht und Rechtsscheinvollmacht, JA 2018, S. 416；参见［德］维尔纳·弗卢梅：《法律行为论》，迟颖译，法律出版社2012年版，第1009页、第1052页；［德］赫尔穆特·科勒：《德国民法总论》（第44版），刘洋译，北京大学出版社2022年版，第268页；［德］汉斯·布洛克斯、沃尔夫·迪特里希·瓦尔克：《德国民法总论》（第41版），张艳译，杨大可校，冯楚奇补译，中国人民大学出版社2019年版，第248页。

③ Vgl. Leenen/Häublein, BGB Allgemeiner Teil, 3. Aufl., 2021, S. 373；Metzing, Das Erlöschen von rechtsgeschäftlicher Vertretungsmacht und Rechtsscheinvollmacht, JA 2018, S. 417.

④ Vgl. Schmidt, Handelsrecht, 6. Auflage, 2014, S. 589；Teichmann, Handelsrecht, 4. Aufl., 2023, S. 274；Oetker, Handelsrecht, 7. Aufl., 2015, S. 130. 《德国商法典》第52条第1款规定："无论基于何种法律关系授予，经理权可以随时被撤回，但约定的报酬不会受到影响。"

为必要,也无需说明任何主客观理由,甚至不以经理人行为不当为必要。①经理权的撤回不影响作为基础法律关系的雇佣关系的存续,亦不以雇佣关系的终止为前提。②经理权撤回的意思表示可以向经理人本人或公众作出,特别是可在商业登记证上登记和公布。③为维护交易安全和效率,经理权的撤回不得附条件或附期限,相对人无需进一步核查确认经理权的存续。④经理权于撤回意思表示时失效,经理权撤回登记仅指对经理权的消灭予以登记并公示,登记公示仅具有对抗效力,经理权的撤回未经登记的,不得对抗不知情的相对人。⑤

（一）意定代理权原则上可撤回

我国法没有明确规定意定代理权的可撤回性,但学者多主张意定代理权具有可撤回性。⑥授权人为实现自己的利益而基于对意定代理人的信任授予意定代理权,信任关系不复存在时,授权人原则上可以通过撤回意定代理权来阻止意定代理人继续实施损害其利益的意定代理行为。⑦尽管我国《民法典》没有类似规定,但似乎可以通过对《民法典》总则编第七章"代理"第三节"代理终止"之下第173条第2项第1种情形进行解释得出意定代理权具有可撤回性。根据该规定,被代理人"取消委托"的,"委托代理"终止。关于该规定的性质,我国学界存在争议。有观点认为,被代理人按照《民法典》第173条第2项第1种情形的规

---

① Vgl. Münchener Kommentar zum HGB, 4. Aufl., 2016, §52 Rn. 2; Teichmann, Handelsrecht, 4. Aufl., 2023, S. 274.
② Vgl. Teichmann, Handelsrecht, 4. Aufl., 2023, S. 274.
③ Vgl. Münchener Kommentar zum HGB, 4. Aufl., 2016, §52 Rn. 14; Brox/Henssler, Handelsrecht, 23. Aufl., 2020, S. 126.
④ Vgl. Münchener Kommentar zum HGB, 4. Aufl., 2016, §52 Rn. 15.
⑤ Vgl. Münchener Kommentar zum HGB, 4. Aufl., 2016, §52 Rn. 16, 17.
⑥ 参见崔拴林:《论意定代理授权行为的取消——兼释〈民法总则〉第173条第2项前半句》,载《法学家》2019年第2期,第73页;胡东海:《论职责违反型代理权滥用——以〈民法总则〉第164条第1款的解释为中心》,载《环球法律评论》2019年第2期,第119页;谢鸿飞:《代理部分立法的基本理念和重要制度》,载《华东政法大学学报》2016年第5期,第68页;徐涤宇、张家勇主编:《〈中华人民共和国民法典〉评注》(精要版),中国人民大学出版社2022年版,第173页(胡东海执笔);王利明主编:《中华人民共和国民法总则详解:法条内容/法条释义/历史沿革与比较法/其他相关问题/典型案例》,中国法制出版社2017年版,第794~796页;李宇:《民法总则要义:规范释论与判解集注》,法律出版社2017年版,第837页;汪渊智:《代理法论》,北京大学出版社2015年版,第136、149页。
⑦ 参见范李瑛:《论代理权授予行为的独立性和无因性》,载《烟台大学学报(哲学社会科学版)》2003年第2期,第167页;尹田:《论代理制度的独立性——从一种法技术运用的角度》,载《北方法学》2010年第5期,第50页。

定取消委托的,若基础法律关系同时包含授权,则应认为被代理人在消灭基础法律关系的同时撤回意定代理权,无需单独作出撤回意定代理权的意思表示,基础法律关系另有约定的除外;①另有观点认为,该规定是关于"委托代理权"撤回的规定。②本书赞同后者的观点。

首先,委托合同仅是意定代理的基础法律关系之一,若将上述规定解释为意定代理权随着委托合同的解除而失效,则劳动合同、合伙合同或承揽合同等其他基础法律关系的解除是否也能导致意定代理权失效呢?③其次,前者的观点混淆了代理与委托,违背我国法区分委托与代理的立法体例。④事实上,在区分委托与代理的体例下,《民法典》第173条第2项第1种情形所规定的"取消委托"应当被解释为意定代理权的撤回,因为委托合同的解除已经由《民法典》合同编第933条所规范。倘若认为立法者旨在以《民法典》第173条第2项第1种情形再次强调委托合同解除权,似乎也应当明确使用"解除委托合同"的表述,而不该使用"取消委托"的表述,毕竟"取消"有单方决定之意思,其所针对的只可能是某种资格或权利,而不应当是合同。⑤最后,由于我国实证法通常以"委托代理"指代"意定代理",故《民法典》第173条第2项第1种情形所规定的"取消委托"被解释为"撤回意定代理权"更合乎体系。

综上,意定代理权原则上可依《民法典》第173条第2项第1种情形的规定被撤回。

(二)意定代理权例外情况下不可撤回

基于私法自治原则,意定代理权不仅可以为授权人的利益而授予,也可以例外地为被授权人的利益而授予。此时,为确保被授权人利益的实现,可以授予不可撤回的意定代理权。⑥不可撤回之意定代理权赋予代理人自主权,使其可以违背授权人的意思,根据自己的意思为授权人创

---

① 参见杨代雄:《法律行为论》,北京大学出版社2021年版,第537页;陈甦主编:《民法总则评注》(下册),法律出版社2017年版,第1238~1239,1244页(方新军执笔)。
② 参见黄薇主编:《中华人民共和国民法典总则编释义》,法律出版社2020年版,第470页。
③ 参见崔拴林:《论意定代理授权行为的取消——兼释〈民法总则〉第173条第2项前半句》,载《法学家》2019年第2期,第73页。
④ 参见汪渊智:《论代理权的撤回》,载《山西大学学报〈哲学社会科学版〉》2019年第1期,第95页。
⑤ 参见朱庆育:《民法总论》(第2版),北京大学出版社2016年版,第357页。
⑥ Vgl. Metzing, Das Erlöschen von rechtsgeschäftlicher Vertretungsmacht und Rechtsscheinvollmacht, JA 2018, S. 416.

设法律行为规则。①例如,"为履行"或"为担保"而授予的意定代理权不可撤回。②"为履行"而授予的不可撤回之意定代理权是一种特殊的履行行为,代理人通过意定代理行为履行授权人对自己所负担的义务,典型的例子是为实施处分行为所授予的不可撤回之意定代理权。而"为担保"所授予的不可撤回之意定代理权赋予意定代理人自行履行义务的权限,意定代理人通过收回债权而使自己对授权人负担的债务获得清偿,其旨在确保意定代理人在授权人不履行义务时可以自行履行。③

不可撤回之意定代理权通常会使授权人过度依赖被授权人,故私法自治原则不允许授予过度限制授权人以致使其完全陷入他治的不可撤回之意定代理权。④首先,不得过度限制授权人的经济自主权,如涉及授权人的不动产、全部或大部分资产或长期约束授权人。⑤其次,正如持续性法律关系可以基于重大事由被终止那样,不可撤回之意定代理权对授权人过于严苛的,授权人亦可基于重大事由撤回。⑥最后,被授权人严重辜负授权人的信任而滥用代理权的,授权人亦可撤回。⑦

(三)意定代理权撤回的方式

我国法未规定意定代理权的撤回方式。在德国法上,根据《德国民法典》第168条第3句的规定,意定代理权的撤回应采纳意定代理权的授予方式。据此,撤回意定代理权的意思表示为单方需受领的意思表示,既可以明示也可以默示作出,既可以向意定代理人也可以向相对人作出。⑧在

---

① 参见[德]维尔纳·弗卢梅:《法律行为论》,迟颖译,法律出版社2013年版,第1048页。
② 参见汪渊智:《论代理权的撤回》,载《山西大学学报〈哲学社会科学版〉》2019年第1期,第91页。
③ Vgl. Neuner, Allgemeiner Teil des Bürgerlichen Rechts, 13. Aufl., 2023, S. 642; 参见[德]维尔纳·弗卢梅:《法律行为论》,迟颖译,法律出版社2013年版,第1050页。
④ Vgl. Neuner, Allgemeiner Teil des Bürgerlichen Rechts, 13. Aufl., 2023, S. 641; Brox/Walker, Allgemeiner Teil des BGB, 47. Aufl., 2023, S. 267; Medicus/Petersen, Allgemeiner Teil des BGB, 11. Aufl., 2016, S. 411.
⑤ Vgl. MüKoBGB/Schubert, 9. Aufl. 2021, BGB § 168 Rn. 22.
⑥ Vgl. Neuner, Allgemeiner Teil des Bürgerlichen Rechts, 13. Aufl., 2023, S. 641; Brox/Walker, Allgemeiner Teil des BGB, 47. Aufl., 2023, S. 275; Leenen/Häublein, BGB Allgemeiner Teil, 3. Aufl., 2021, S. 373; Medicus/Petersen, Allgemeiner Teil des BGB, 11. Aufl., 2016, S. 411-412.
⑦ Vgl. MüKoBGB/Schubert, 9. Aufl. 2021, BGB § 168 Rn. 30; Neuner, Allgemeiner Teil des Bürgerlichen Rechts, 13. Aufl., 2023, S. 641.
⑧ Vgl. Metzing, Das Erlöschen von rechtsgeschäftlicher Vertretungsmacht und Rechtsscheinvollmacht, JA 2018, S. 416; Lorenz, Grundwissen-Zivilrecht: Die Vollmacht, JuS 2010, S. 773; Brox/Walker, Allgemeiner Teil des BGB, 47. Aufl., 2023, S. 275; Medicus/Petersen, Allgemeiner Teil des BGB, 11. Aufl., 2016, S. 411.

复代理中，复代理人直接代理被代理人，是被代理人的意定代理人，而不是代理人的意定代理人，故撤回复代理权的意思表示应由被代理人而不是代理人作出。①意定代理权原则上自被撤回时起失效，但外部授权或授权人曾经向相对人或不特定第三人告知代理权授予的情形的，授权人在撤回代理权后，应及时通知并收回代理权证书或其他代理权证明文件，否则意定代理权并不失效，授权人应承担有权代理的法律后果。②由此可见，在内部授权的情况下，代理权撤回的意思表示到达代理人时生效；而在外部授权或内部授权外部通知的情形下，代理权只能于撤回之意思表示到达相对人时失效，否则代理权仍然存续，但被代理人举证相对人知道或应当知道代理权被撤回的除外。③

综上所述，基于对《民法典》第 173 条第 2 项第 1 种情形的解释可以认为，授权人原则上可以基于私法自治原则任意撤回为自己利益所设定的意定代理权，但对于为被授权人的利益而授予的意定代理权，授权人原则上不得任意撤回。意定代理权因被撤回而失效。

二、意定代理权因基础法律关系的消灭而失效

在德国法上，代理权除因被撤回而失效之外，还可能依《德国民法典》第 168 条第 1 句的规定因基础法律关系的消灭而失效。按照该规定，基础法律关系因期限届满或所附解除条件成就而终止、因存在意思表示瑕疵而被撤销、因法定或约定解除事由被解除或因履行而消灭的，代理权随之失效。④尽管如此，在以代理权抽象性原则为基本原则的德国法中，第 168 条第 1 句的规定不具有强制效力，⑤一般适用于导致基础法律关系消灭的原因同样导致代理权失效的情形，如授权人或意定代理人死亡、丧失行为能力或破产等情形。⑥

---

① Vgl. MüKoBGB/Schubert, 9. Aufl. 2021, BGB § 168 Rn. 18.
② 参见王利明：《论民法典代理制度中的授权行为》，载《甘肃政法大学学报》2020 年第 5 期，第 4 页。
③ 参见汪渊智：《论代理权的授予行为》，载《山西大学学报（哲学社会科学版）》2015 年第 6 期，第 119 页。
④ Vgl. Metzing, Das Erlöschen von rechtsgeschäftlicher Vertretungsmacht und Rechtsscheinvollmacht, JA 2018, S. 414.
⑤ Vgl. Larenz/Wolf, Allgemeiner Teil des Bürgerlichen Rechts, 9, Aufl., 2004, S. 885, 870. 德国学界一般认为，代理权随基础法律关系的消灭而失效，Vgl. Brox/Walker, Allgemeiner Teil des BGB, 47. Aufl., 2023, S. 266.
⑥ Vgl. Medicus/Petersen, Allgemeiner Teil des BGB, 11. Aufl., 2016, S. 412；参见［德］维尔纳·弗卢梅：《法律行为论》，迟颖译，法律出版社 2013 年版，第 1011 页。

我国法没有明确规定代理权因基础法律关系的消灭而失效。《民法典》第173条第3项、第4项和第5项仅规定，委托代理因代理人丧失民事行为能力、代理人或被代理人死亡、作为代理人或被代理人的法人、非法人组织终止而终止。而《民法典》第934条关于委托合同的终止亦有类似规定，即委托人死亡、终止或受托人死亡、丧失民事行为能力、终止的，委托合同终止。可见，在我国法上，只有在代理人（受托人）丧失民事行为能力、死亡或终止，被代理人（委托人）死亡或终止的情况下，代理权与委托合同才同时失效。

（一）代理人死亡、丧失行为能力或者作为代理人的法人或非法人组织终止

1. 代理人死亡

按照《德国民法典》第673条和第168条的规定，代理权原则上因代理人的死亡而失效，[①]但事情紧急的，在被代理人另行作出安排之前，代理人的继承人必须继续处理代理事务，在此限度内，委托视为存续，代理权亦应视为存续。该规定有利于维护被代理人的利益，使其不至于因代理人突然死亡而陷入无人代理的不利状况。为维护委托人的利益，我国《民法典》第936条第2句规定，受托人死亡致使委托合同终止的，受托人的继承人有义务采取必要措施。然而，依据《民法典》第173条第4项第1种情形的规定，代理人死亡的，代理权失效。据此，受托人的继承人在依据《民法典》第936条第2句的规定采取必要措施时所实施的代理行为构成无权代理，效力待定，有待被代理人追认，被代理人拒绝追认的，代理人的继承人需承担无权代理责任。这势必导致继承人因顾虑到可能承担无权代理责任而拒绝实施代理行为，《民法典》第936条第2句的立法目的亦将落空。因此，本书认为，为实现《民法典》第936条第2句的立法目的，维护被代理人的利益，我国法可以借鉴《德国民法典》第673条第2句的规定，对《民法典》第936条第2句的规定予以具体化解释，即受托人死亡的，其继承人在紧急情况下应当于委托人另行作出安排之前继续处理委托事务，在此限度内视委托关系存续；相应地，应当对《民法典》第173条第4项第1种情形的规定作出目的论限缩解释，代理人死亡后，情况紧急的，代理权视为存续，在被代理人另行作出安排之前，代理权由代理人的继承人继续行使。

[①] Vgl. Neuner, Allgemeiner Teil des Bürgerlichen Rechts, 13. Aufl., 2023, S. 644; Medicus/Petersen, Allgemeiner Teil des BGB, 11. Aufl., 2016, S. 412.

此外，德国通说认为，代理权为代理人的利益而授予的，不因代理人的死亡而失效。①例如，授权人与代理人签署不动产买卖合同后，为履行该买卖合同，②授权人授予代理人自行作出不动产所有权移转意思表示的代理权应于代理人死亡时存续，代理人的继承人可以代替代理人来代理授权人作出不动产所有权移转的意思表示。我国亦有学者认为，代理权仅为履行被代理人对代理人所负担的义务而授予的，代理人的死亡并不导致代理权的失效，代理人的继承人可以代为行使代理权。③该观点值得赞同，为维护代理人的利益，主要是在为代理人的利益而授予不可撤回代理权的情形下，亦应对《民法典》第173条第4项第1种情形的规定作出目的论限缩解释，代理权不因代理人的死亡而失效，可由代理人的继承人继承。

综上所述，我国《民法典》第173条第4项第1种情形关于代理权因代理人的死亡而失效的规定过于宽泛，在解释上应作目的论限缩。情况紧急或代理权仅为代理人利益而授予的，代理权不因代理人的死亡而失效，可由代理人的继承人行使。

2. 代理人丧失行为能力

在德国法上，代理人成为无行为能力人的，代理权失效；④而按照我国《民法典》第173条第3项的规定，意定代理人丧失行为能力的，代理权失效。本书认为，在意定代理的情形中，"丧失行为能力"仅指代理人因完全丧失行为能力而成为无行为能力人，因为代理行为对于限制行为能力人而言属于中性行为，限制行为能力人可以为代理人。为维护交易安全，代理人因丧失行为能力而成为限制行为能力人的，不影响代理权的存续。被代理人不希望代理人在成为限制行为能力人后继续为代理行为的，可以随时撤回代理权。鉴于此，在意定代理中，应对《民法典》第173条第3项的规定予以限缩解释，使其仅限于意定代理人完全

---

① Vgl. MüKoBGB/Schubert, 9. Aufl. 2021, BGB §168 Rn. 9; Neuner, Allgemeiner Teil des Bürgerlichen Rechts, 13. Aufl., 2023, S. 644-645; Medicus/Petersen, Allgemeiner Teil des BGB, 11. Aufl., 2016, S. 412; Metzing, Das Erlöschen von rechtsgeschäftlicher Vertretungsmacht und Rechtsscheinvollmacht, JA 2018, S. 414.

② 依据物权行为无因性原则，不动产买卖合同订立之后，卖方负有与买方达成不动产所有权移转合意的义务，因此不动产所有权移转物权合意的达成是对买卖合同的履行。

③ 参见汪渊智：《代理法论》，北京大学出版社2015年版，第158页。

④ MüKoBGB/Schubert, 9. Aufl. 2021, BGB §168 Rn. 7; Medicus/Petersen, Allgemeiner Teil des BGB, 11. Aufl., 2016, S. 412; Metzing, Das Erlöschen von rechtsgeschäftlicher Vertretungsmacht und Rechtsscheinvollmacht, JA 2018, S. 415.

丧失行为能力而成为无行为能力人的情形。①

3. 作为代理人的法人或非法人组织终止

《民法典》第 173 条第 5 项第 1 种情形规定，作为代理人的法人、非法人组织终止，代理权失效。有学者认为，鉴于法人、非法人组织不存在继承问题，法人或非法人组织终止的，代理权失效。②该观点值得赞同，作为代理人的法人或非法人组织终止的，即丧失行为能力，作为无行为能力人，其所实施的一切法律行为皆为无效，自然不能有效实施代理行为，代理权自然应当失效。问题是，如果作为法人、非法人组织的代理人仅仅进入破产清算程序，并未终止，代理权是否失效呢？有学者认为，代理人破产的，信用基础已丧失，为维护被代理人的利益，代理权应当失效；③也有学者建议将《民法典》第 173 条第 5 项中的"终止"提前至"清算开始之时"。④德国现今通说认为，作为被授权人的公司或法人进入破产清算程序的，基础法律关系和代理权并不必然失效，但进入破产清算程序后，公司或法人的目的变更为停止业务经营和进行资产分配，可能会导致基础法律关系消灭的，代理权亦应失效。⑤该观点值得赞同。由于代理人所实施代理行为的法律后果由被代理人承担，原则上不会影响破产财产，因此作为代理人的公司或法人进入破产清算程序后，代理权并不必然失效。该规定具有灵活性，既考虑到被代理人的私法自治，又可以避免代理人因进入破产清算程序后丧失代理权而承担无权代理责任，值得我国法借鉴。因此，本书认为，对《民法典》第 173 条第 5 项第 1 种情形应严格按照其文义予以解释，只有当作为代理人的法人、

---

① 参见汪渊智：《代理法论》，北京大学出版社 2015 年版，第 158 页；不同观点主张：代理人成为限制行为能力人的，代理权原则上失效，除非代理事项对意思能力的要求不高，限制行为能力的代理人足以应对。参见杨代雄：《法律行为论》，北京大学出版社 2021 年版，第 537 页。本书认为，该观点不利于交易安全保护，相对人一般无法判断代理人是否变为限制行为能力人，也无法判断限制行为能力的代理人能否应对代理事项，故要求相对人承担代理人成为限制行为能力人的风险于其而言过于苛责。相对而言，被代理人对代理人的情况更为了解，一旦发现代理人成为限制行为能力人，被代理人即可通过撤回代理权的方式来维护自己的利益。

② 参见陈甦主编：《民法总则评注》（下册），法律出版社 2017 年版，第 1243 页（方新军执笔）。

③ 参见胡长清：《中国民法总论》，中国政法大学出版社 1997 年版，第 315 页。

④ 参见陈甦主编：《民法总则评注》（下册），法律出版社 2017 年版，第 1243 页（方新军执笔）。

⑤ Vgl. MüKoBGB/Schubert, 9. Aufl. 2021, BGB § 168 Rn. 10; Metzing, Das Erlöschen von rechtsgeschäftlicher Vertretungsmacht und Rechtsscheinvollmacht, JA 2018, S. 417.

非法人组织终止时，代理权始失效。质言之，代理权原则上不因法人或非法人组织进入破产清算程序而当然失效，但是，法人或非法人组织停止经营并进行资产分配致使基础法律关系消灭的除外。

（二）被代理人死亡或者作为被代理人的法人或非法人组织终止

1. 被代理人死亡

《德国民法典》第168条和第672条①规定，有疑义时，代理权不因授权人死亡或丧失行为能力而失效。据此，授权人死亡原则上不影响代理权的存续，该规定的立法目的在于持续性地保护授权人及其继承人的财产利益。②代理权在授权人死亡后存续的，代理人可以为授权人的继承人创设法律行为规则，该继承人成为代理行为的当事人。③一般而言，该规定有利于维护继承人的利益，但若继承人与被继承人所指定的代理人之间不存在信赖关系，或者继承人不希望代理人实施被继承人指示其实施的行为，则继承人可以撤回该代理权，但代理权不可撤回的除外。④此外，为被授权人利益而授予的代理权原则上不因授权人的死亡而失效，但若基于解释可以认为代理事项仅于授权人生存时具有意义，代理权则因授权人的死亡而失效。⑤

在我国法上，被代理人死亡的，代理权原则上失效（《民法典》第173条第4项第2种情形），但有下列情形之一的除外（《民法典》第174条第1款）：第一，代理人不知道且不应当知道被代理人死亡；第二，被代理人的继承人予以承认；第三，授权中明确代理权在代理事务完成时终止；第四，被代理人死亡前已经实施，为了被代理人的继承人的利益应继续代理。由此可见，在我国法上，被代理人死亡并不必然导致代理权的失效。《民法典》第174条第1款所规定的例外情形充分虑及代理人和被代理人的利益并尊重其私法自治，亦符合《民法典》第935条的规

---

① 《德国民法典》第672条规定，有疑义时，委托不因委托人死亡或丧失行为能力而消灭。委托消灭的，如延缓会引起危险，则受托人必须继续处理委托事务，直到委托人的继承人或法定代理人能够另行安排为止，委托视为存续。

② Vgl. MüKoBGB/Schubert, 9. Aufl. 2021, BGB § 168 Rn. 15; Neuner, Allgemeiner Teil des Bürgerlichen Rechts, 13. Aufl., 2023, S.645; Metzing, Das Erlöschen von rechtsgeschäftlicher Vertretungsmacht und Rechtsscheinvollmacht, JA 2018, S. 414; 参见［德］维尔纳·弗卢梅：《法律行为论》，迟颖译，法律出版社2013年版，第1012页。

③ 参见［德］维尔纳·弗卢梅：《法律行为论》，迟颖译，法律出版社2013年版，第1012页。

④ Vgl. Metzing, Das Erlöschen von rechtsgeschäftlicher Vertretungsmacht und Rechtsscheinvollmacht, JA 2018, S. 414-415; 参见［德］维尔纳·弗卢梅：《法律行为论》，迟颖译，法律出版社2013年版，第1016页。

⑤ Vgl. MüKoBGB/Schubert, 9. Aufl. 2021, BGB § 168 Rn. 15.

定（受托人于委托人死亡后应为维护委托人的利益继续处理委托事务），值得赞同。尽管如此，代理权毕竟是基于人身信赖关系而产生，且代理行为对继承人发生效力，使继承人成为法律行为的当事人，因此应考虑继承人的意思。如若被代理人的继承人不信任代理人，或不希望代理人继续实施被代理人生前所授权的代理行为，即使在《民法典》第174条第1款所规定的代理权不失效的四种情形中，原则上也应当允许继承人撤回代理权，代理权不可撤回的除外。

2. 作为被代理人的法人或非法人组织终止

《民法典》第173条第5项第2种情形规定，作为被代理人的法人、非法人组织终止，代理权失效。关于该规定，有学者认为，法人、非法人组织不存在继承的问题，故作为法人或非法人组织的被代理人终止的，代理权原则上失效，但不要求被代理人完全终止，只要解散程序开启依法进行清算，代理权即失效。①本书认为，该观点背离立法原意，且未充分尊重授权人的意思自治，有待商榷。在德国法上，代理权不因授权人进入破产清算程序而失效，只有在清算结束法人终止后被代理人才丧失民事主体地位，代理权才归于失效，但清算人或公司股东可以视具体情况，通过终止基础法律关系的方式使代理权失效。②这一立法安排不仅充分尊重被代理人的私法自治，也能避免代理人在被代理人清算期间因丧失代理权而承担无权代理责任。因此，应严格按照《民法典》第173条第5项第2种情形的字面意思进行解释，即作为被代理人的法人、非法人组织终止的，代理权失效；被代理人仅进入破产清算程序，代理权尚不失效，但清算人或公司股东可依据具体情况撤回代理权。

此外，我国《民法典》第174条第2款规定，作为被代理人的法人、非法人组织终止的，参照适用该法典第174条第1款的规定，即代理人在不知道且不应当知道作为被代理人的法人或非法人组织终止，或授权中明确代理权在代理事务完成时终止的，作为法人或非法人组织的被代理人终止后，代理人实施的代理行为有效。本书认为，该参照适用的规定有待商榷。事实上，《民法典》第174条第2款的主要目的是维护交易安全，同时避免代理人承担无权代理责任。但是，作为法人或非法人组织的被代理人"终止"后，意味着被代理人已经不具备主体资格，

---

① 参见陈甦主编：《民法总则评注》（下册），法律出版社2017年版，第1243页（方新军执笔）。

② Vgl. MüKoBGB/Schubert, 9. Aufl. 2021, BGB § 168 Rn. 16; Metzing, Das Erlöschen von rechtsgeschäftlicher Vertretungsmacht und Rechtsscheinvollmacht, JA 2018, S. 416.

代理权尽管存续，但被代理人却因为不具备主体资格而无法成为代理人所实施的法律行为的当事人，无法基于该法律行为享有权利或承担义务，根本无法实现《民法典》第 174 条第 2 款维护交易安全的立法目的，故《民法典》第 174 条第 1 款不能被适用于作为法人或非法人组织的被代理人终止的情形。

三、意定代理权因期限届满或代理事务完成而失效

代理权的失效通常由意定代理权本身的内容所决定。授权人可以对意定代理权附终期或解除条件。①根据《民法典》第 173 条第 1 项第 1 种情形的规定，意定代理授权书中载明有效期的，有效期届满，意定代理权失效。该规定相当于附期限授予的意定代理权因期限届满而失效。此外，根据《民法典》第 173 条第 1 项第 2 种情形的规定，代理事务完成的，意定代理权失效。该规定涉及附解除条件的意定代理权因条件的成就而失效，即意定代理权为完成特定事项而授予的，该事项完成时或基于各种原因根本无法完成时，意定代理权失效。特定代理事务完成后，代理权授予的目的即已实现，代理权不复有存续的意义。与代理事务已完成的情形相类似的，还有代理事务无法完成以及因情事变更而没有必要完成两种情形，此时意定代理权亦应失效，故对于《民法典》关于代理事务完成后代理权失效的规定应作扩张解释，使之涵盖代理事务客观上无法完成或因情事变更而无必要完成的情形。总结而言，代理权因期限届满、解除条件成就、代理事务完成、代理目的无法实现而失效。

四、意定代理权因代理人放弃代理权而失效

依据私法自治原则，代理人有权放弃代理权，拒绝为授权人实施法律行为。《德国民法典》没有明确规定代理人是否可以放弃代理权的问题。德国早期对于代理人是否可以放弃代理权的问题存在争议，持不得放弃代理权观点的学者认为，由于代理权基于授权人的意思产生，故其只能按照授权人的意思失效，代理人不得放弃代理权。②但是，按照私法自治原则，任何人不得强迫他人接受其不愿享有的代理资格，故授权人不得将代理资格强加于被授权人。因此，当今德国学界就这一问题不再

---

① Vgl. Neuner, Allgemeiner Teil des Bürgerlichen Rechts, 13. Aufl., 2023, S. 643；参见［德］维尔纳·弗卢梅：《法律行为论》，迟颖译，法律出版社 2013 年版，第 1009 页。
② Vgl. Hupka, Die Vollmacht：eine civilistische Untersuchung mit besonderer Berücksichtigung des deutschen bürgerlichen Gesetzbuchs, 1900, S. 390.

有争议，一致赞同代理人可以放弃代理权。①代理人若因放弃代理权而无法履行其依基础法律关系应履行的义务，则需向被代理人承担损害赔偿责任。②为使授权人能够及时选任其他代理人，被授权人应就代理权的放弃通知授权人。③较为特殊的是外部授权的情形，依据《德国民法典》第170条和第173条的规定，代理权仅于放弃代理权之表示以与外部授权同样的方式作出时方才失效，相对人知道或应当知道代理权失效的除外。

我国《民法典》第173条第2项第2种情形规定，代理人辞去委托的，意定代理权失效。如前所述，此处的代理人"辞去委托"应被解释为代理人放弃代理权，而不应被解释为代理人"解除委托合同"。④被授权人可以放弃代理权。⑤鉴于授权行为独立于基础法律关系，被授权人放弃代理权的，基础法律关系的效力不受影响。被授权人放弃代理权可能同时意味着被授权人无法履行其依据基础法律关系应向授权人承担的义务，给授权人造成损害的，被授权人需要根据基础法律关系的约定或依《民法典》第933条第2句等法律的规定，向授权人承担损害赔偿责任。由此可见，代理人可以在基础法律关系存续的情况下放弃代理权，代理权因被放弃而失效。

五、意定代理权不因被代理人丧失行为能力而失效

德国实证法和学界通说一致认为，除非授权人作出不同规定，授权人丧失行为能力不影响代理权的效力，但授权人的法定代理人有权撤回代理权。⑥我国有学者认为，除当事人另有约定或法律另有规定外，授权人丧失行为能力原则上致使代理权失效，以法定代理制度取而代之。⑦然

---

① Vgl. Neuner, Allgemeiner Teil des Bürgerlichen Rechts, 13. Aufl., 2023, S. 643; Metzing, Das Erlöschen von rechtsgeschäftlicher Vertretungsmacht und Rechtsscheinvollmacht, JA 2018, S. 417.

② Vgl. Metzing, Das Erlöschen von rechtsgeschäftlicher Vertretungsmacht und Rechtsscheinvollmacht, JA 2018, S. 417.

③ Vgl. Neuner, Allgemeiner Teil des Bürgerlichen Rechts, 13. Aufl., 2023, S. 643；参见［德］维尔纳·弗卢梅：《法律行为论》，迟颖译，法律出版社2013年版，第1010页。

④ 受托人解除委托合同的法律依据应当是《民法典》第933条第1句的规定。杨代雄认为《民法典》第173条第2项第2种情形应包括代理人放弃代理权和代理人解除委托合同，参见杨代雄：《法律行为论》，北京大学出版社2021年版，第538页。

⑤ 参见汪渊智：《代理法论》，北京大学出版社2015年版，第160页。

⑥ Vgl. MüKoBGB/Schubert, 9. Aufl. 2021, BGB §168 Rn. 11; Neuner, Allgemeiner Teil des Bürgerlichen Rechts, 13. Aufl., 2023, S. 645；参见［德］维尔纳·弗卢梅：《法律行为论》，迟颖译，法律出版社2013年版，第1017~1018页。

⑦ 参见汪渊智：《代理法论》，北京大学出版社2015年版，第153页。

而，我国实证法的规定与德国法的规定相同，并未将授权人丧失行为能力作为代理权失效的原因，值得赞同。理由是，这一制度安排可以更充分地维护被代理人的利益，避免被代理人丧失行为能力后，由法定代理人代理之前，在紧急情况下因无人代理而陷于不利；同时也避免代理人因不知道也不应当知道被代理人丧失行为能力而承担无权代理责任。就维护授权人利益而言，授权人死亡和丧失行为能力的情形并无不同，在授权人的法定代理人能够实施代理行为之前，代理权继续有效。

六、意定代理权失效后授权书的返还与宣告无效

（一）授权书的返还

代理权失效后，授权书应予返还。《德国民法典》第175条明确规定："意定代理权失效后，被授权人必须将授权书返还给授权人；被授权人不享有留置权。"根据《德国民法典》第172条意定代理权有效期的规定，[①]意定代理权失效后，如果被授权人仍然持有授权书，则对于善意相对人而言，代理权并不失效。为及时去除意定代理权存续的权利外观，《德国民法典》第175条赋予授权人收回授权书的请求权。该规定值得我国法借鉴。[②]事实上，在《民法典》的起草过程中，李永军主编的《中国民法典总则编草案建议稿及理由》第157条第2款即建议我国法规定：授权书在被返还给授权人或被宣告无效之前持续有效，但第三人在实施法律行为时知道或者应当知道代理权已经失效的除外。[③]但遗憾的是，《民法典》的立法者未采纳该建议。

（二）授权书的宣告无效

我国法没有关于代理授权书宣告无效制度的规定。《德国民法典》第176条明确规定，授权人可以通过法定程序以公告方式宣告授权书无效，代理权不可撤回的除外。被授权人不愿返还授权书，或无法联系到被授权人，或授权书无处可觅的，授权人可以通过法定程序以公告方式宣告授权书失效，以排除意定代理权存续的外观，避免授权书滥用之风险。[④]授权人可以向法院提出宣告授权书无效的申请，法院无需审查代理权是否

---

① 德国学界关于《德国民法典》第172条的性质存在争议，有学者认为该规定所涉及的是表见代理责任，Vgl. Stöhr, Rechtsscheinhaftung nach § 172 Abs. 1 BGB, JuS 2009, S. 106 ff.

② 参见汪渊智：《代理法立法研究》，知识产权出版社2020年版，第71页。

③ 参见李永军主编：《中国民法典总则编草案建议稿及理由》（中国政法大学版），中国政法大学出版社2016年版，第310页（迟颖执笔）。

④ Vgl. MüKoBGB/Schubert, 9. Aufl. 2021, BGB § 176 Rn. 1.

真正失效即可直接以公告方式宣告授权书无效。按照《德国民法典》第176条第1款的规定，无效宣告最后一次在报刊上刊登届满一个月后，授权书失去效力，无论相对人是否知道授权书已经被宣告无效。①尽管按照《德国民法典》第176条第3款的规定，授权书宣告无效制度不适用于不可撤回之意定代理权，但基于重大事由撤回不可撤回之意定代理权的可能性依然存在。因此，只有不存在重大事由时，《德国民法典》第176条第3款始得适用，即对于不可撤回之意定代理权，原则上不得以公告方式宣告无效，但存在重大事由的除外。德国法的上述规定可资借鉴。被授权人不愿返还授权书，或无法联系到被授权人，或授权书找不到的，原则上应允许授权人通过法定程序以公告形式宣告授权书无效，以避免出现无权代理。

综上，代理权失效后，代理人不再具有代理被代理人的资格，但外部授予之意定代理权的效力原则上持续至代理权失效通知到达相对人时止。

七、外部授予之意定代理权的有效期

为维护交易安全，保护相对人对代理权的信赖，《德国民法典》第170条至第173条规定，在外部授权、内部授权外部通知或公告、代理人向相对人出示授权书等情形中，意定代理权的效力原则上持续至代理权失效的通知到达相对人时止，相对人在实施法律行为时知道或应当知道代理权已经失效的除外。关于上述规定的性质，德国学者存在分歧。持权利外观理论的学者认为，上述规定是法律对意定代理权效力的拟制，在性质上属于表见代理的规定。②该观点违背《德国民法典》第170条至第173条的文义。③而持法律行为理论的学者则认为，上述规定既不属于法律的拟制也不属于表见代理规则，而是法律关于意定代理权有效期间的规定，④即意定代理权的效力原则上持续至相对人收到代理权失效的通

---

① Vgl. MüKoBGB/Schubert, 9. Aufl. 2021, BGB § 176 Rn. 7.
② Vgl. Neuner, Allgemeiner Teil des Bürgerlichen Rechts, 13. Aufl., 2023, S. 645–650; Metzing, Das Erlöschen von rechtsgeschäftlicher Vertretungsmacht und Rechtsscheinvollmacht, JA 2018, S. 418; Stöhr, Rechtsscheinhaftung nach § 172 Abs. 1 BGB, JuS 2009, S. 106 ff; Brox/Walker, Allgemeiner Teil des BGB, 47. Aufl., 2023, S. 268.
③ Vgl. Himmen, Der stellvertretungsrechtliche Abstraktionsgrundsatz, JA 2016, S. 1346.
④ 参见［德］维尔纳·弗卢梅：《法律行为论》，迟颖译，法律出版社2013年版，第1017~1018页。

知时止。①该观点在法律行为理论框架下保护相对人对代理权的信赖，在外部授权、内部授权外部通知以及通过授权书授权的情形，代理权失效的，授权人必须告知相对人或收回授权书，否则代理权继续存续。进言之，外部授予的代理权在授权人通知相对人意定代理权失效之前持续有效，相对人在实施法律行为时知道或应当知道代理权已经失效的除外；代理权的授予以特别方式通知相对人或公告的，代理权被以相同方式撤回之前持续有效；代理人向相对人出示授权书的，包括被代理人所签发的由代理人填写的空白授权书，代理权在授权书被返还给授权人或被宣告无效之前持续有效。②

一般而言，授权人不负有通知相对人代理权失效的义务，也不负有收回授权书的义务，代理权失效的通知或授权书的收回对于授权人而言属于不真正义务，授权人未为通知或未收回授权书的，需承担不利后果，即代理权持续有效。③授权人在代理权失效后对相对人的通知属于准法律行为，可以类推适用关于意思表示的规则，通知到达相对人之前代理权存续。④代理权存续意味着代理权确实存续，只要相对人不知道也不应当知道代理权已经失效，相对人就有权向被代理人主张代理行为的效力。⑤由此可见，知道或应当知道代理权已经失效或未曾授予的相对人不值得保护，其与代理人实施的法律行为构成无权代理，被代理人未予追认的，被代理人和代理人均无需承担责任。⑥此处的"应当知道"应限于相对人因重大过失而不知道的情形。⑦授权书明显有瑕疵或代理行为的实施使得相对人有理由怀疑代理权存在瑕疵的，相对人有义务核实代理权的存续，相对人未核实的，即构成重大过失，符合"应当知道"的要件。

我国法没有类似《德国民法典》第170条至第173条的规定，学界一般认为，代理权失效后，应适用表见代理规则来保护相对人对代理权

---

① Vgl. Leenen/Häublein, BGB Allgemeiner Teil, 3. Aufl., 2021, S. 374; MüKoBGB/Schubert, 9. Aufl. 2021, BGB § 170 Rn. 1. Himmen, Der stellvertretungsrechtliche Abstraktionsgrundsatz, JA 2016, S. 1346.

② Vgl. MüKoBGB/Schubert, 9. Aufl. 2021, BGB § 172 Rn. 1; Himmen, Der stellvertretungsrechtliche Abstraktionsgrundsatz, JA 2016, S. 1346.

③ Vgl. MüKoBGB/Schubert, 9. Aufl. 2021, BGB § 170 Rn. 12.

④ Vgl. MüKoBGB/Schubert, 9. Aufl. 2021, BGB § 170 Rn. 11.

⑤ Vgl. MüKoBGB/Schubert, 9. Aufl. 2021, BGB § 170 Rn. 14.

⑥ Vgl. MüKoBGB/Schubert, 9. Aufl. 2021, BGB § 173 Rn. 1.

⑦ Vgl. MüKoBGB/Schubert, 9. Aufl. 2021, BGB § 173 Rn. 4.

外观的信赖。①本书不赞同该观点,对此详见下一章关于表见代理的分析论证。

本章小结

代理授权行为属于需受领的单方法律行为,仅凭授权人一方的意思表示即可生效,无需被授权人的同意。意定代理权既可以明示授予,也可以基于可推定行为默示授予。意定代理授权不明是典型的意思表示解释问题,应当对其适用意思表示解释的规则,无需在代理法中对其予以特别规范。意定代理权以明示方式授予的,授予意定代理权的意思表示既可以向代理人作出(内部授权),也可以向代理行为的相对人作出(外部授权),原则上无需具备拟实施代理行为本身须具备的形式要件。我国法承认外部授权并无障碍,只要授权行为符合法律行为的生效要件,意定代理权即可产生。为维护交易安全并使代理人免于承担无权代理责任,代理人在代理权限内实施代理行为后,被代理人不能因授权意思表示存在瑕疵而撤销授权行为。尽管如此,由于代理人是依被代理人的授权实施代理行为且该代理行为对被代理人生效,被代理人可以撤销存在意思表示瑕疵的代理行为,并依《民法典》第157条的规定向相对人赔偿信赖利益的损失。

授权人原则上可以基于私法自治原则任意撤回为自己利益所设定的意定代理权,但为被授权人的利益授权的,授权人原则上不得任意撤回。意定代理权因被撤回而失效。代理人可以在基础法律关系存续期间放弃代理权,代理权因代理人的放弃而失效,代理人因放弃代理权而无法履行其依基础法律关系应履行的义务而给被代理人造成损失的,需承担损害赔偿责任。此外,代理权还可能因期限届满、解除条件成就、代理事务完成、代理目的无法实现而失效。被代理人死亡或丧失行为能力的,代理权原则上并不失效,代理人应继续代理被代理人,直至被代理人的法定代理人可以为代理时止。代理人死亡或完全丧失行为能力的,代理权原则上失效,但情况紧急或代理权仅为代理人利益而授予的除外。只有在代理人(受托人)丧失行为能力、死亡或终止,被代理人(委托人)死亡或终止等既导致基础法律关系消灭,也导致代理权失效的情形

---

① 参见叶金强:《论代理权授予行为的有因构造》,载《政法论坛》2010年第1期,第113页;殷秋实:《论代理权授予与基础行为的联系》,载《现代法学》2016年第1期,第93页。

中，代理权才会与基础法律关系同时失效。外部授权、以内部授权外部通知或公告或向相对人出具代理授权书的方式授予的意定代理权，其效力原则上持续至代理权失效通知到达相对人时止。

第七章

表见代理

《德国民法典》并未如我国《民法典》第172条对表见代理予以概括性规定。代理关系中的交易安全保护主要由代理权抽象性原则来实现，表见代理的适用空间十分有限。在德国学界，关于《德国民法典》第170条至第173条是否为表见代理的规则、容忍代理的理论基础为何、是否应承认表象代理等问题，争议不断。

我国法采有因性原则，为维护交易安全，《民法典》第172条[①]规定了表见代理制度。由于该条规定了宽泛的构成要件，不论被代理人是否授予代理权，代理行为均可能被法院认定为表见代理，表见代理出现泛用。最高人民法院尝试通过司法解释来解决表见代理在司法适用上的困境，但尚未成功。在学界，表见代理可谓最具争议性的问题之一，关于其概念、类型、法理基础、构成要件和举证责任，均存在争议。为彻底解决表见代理的司法适用困境，本章将在梳理表见代理各学理争议的基础上，深入剖析表见代理之弊端，尝试以抽象性原则取代有因性原则，以法律行为理论解构表见代理，捍卫私法自治原则。

第一节 表见代理之争

一、德国法抽象性原则之下的表见代理之争

如前所述，为最大限度维护交易安全，平衡被代理人、相对人和代理人三方之间的利益，德国法采纳代理权抽象性原则，尤其是明确代理权范围之抽象性确保基础法律关系的限制不影响代理权的范围，相对人

---

① 《民法典》第172条规定："行为人没有代理权、超越代理权或者代理权终止后，仍然实施代理行为，相对人有理由相信行为人有代理权的，代理行为有效。"

在与代理人实施法律行为时仅需确认代理权的范围，无需审查基础法律关系的内容。换言之，在抽象性原则下，代理人在代理权限范围内实施代理行为时违反基础法律关系的限制的，代理行为原则上构成有权代理，没有必要适用表见代理规则来维护交易安全。

《德国民法典》并未明确规定表见代理（Rechtsscheinvollmacht）。表见代理产生于司法实践和学说理论，首先由坚持权利外观理论的学者依《德国民法典》第170条至第173条提出：引起意定代理权存续表象者，在相对人合理信赖的情况下，应承担有权代理的法律后果。①之后，在德国联邦最高法院的法律续造中，该规则被类推适用于容忍代理（Duldulungsvollmacht）②和表象代理（Anscheinsvollmacht）③。一般认为，表见代理主要包括权限延续型表见代理和授权型表见代理（《德国民法典》第170条至第173条）、容忍代理和表象代理。④但也有学者持不同观点。例如，弗卢梅完全不承认表见代理，他从法律行为理论出发，认为《德国民法典》第170条至第173条所规定的是外部授权的效力问题，并不涉及权利外观；⑤容忍代理属于默示授权，即基于法律行为授权所产生的代理权；⑥而所谓的表象代理则属于缔约过失责任的范畴，与代理无关。⑦即便持权利外观理论的学者也承认，《德国民法典》第170条至第173条的适用以授权人实际授权或宣称授权为前提，其规定本质上也不同于容忍代理和被代理人未曾授权也未曾宣称授权的表象代理。⑧可见，关于《德

---

① Vgl. Brox/Walker, Allgemeiner Teil des BGB, 47. Aufl., 2023, S. 270; Neuner, Allgemeiner Teil des Bürgerlichen Rechts, 13. Aufl., 2023, S. 645.
② Vgl. LM § 167 BGB Nr. 10.
③ Vgl. LM § 167 BGB Nr. 4.
④ Vgl. Brox/Walker, Allgemeiner Teil des BGB, 47. Aufl., 2023, S. 270; Larenz/Wolf, Allgemeiner Teil des Bürgerlichen Rechts, 9. Aufl., 2004, S. 888 - 896; Metzing, Das Erlöschen von rechtsgeschäftlicher Vertretungsmacht und Rechtsscheinvollmacht, JA 2018, S. 418; Kneisel, Rechtsscheinhaftung im BGB und HGB-mehr Schein als Sein, JA 2010, S. 337 ff; Lorenz, Grundwissen-Zivilrecht: Die Vollmacht, JuS 2010, S. 773-774; [德] 赫尔穆特·科勒：《德国民法总论》（第44版），刘洋译，北京大学出版社2022年版，第270~273页。
⑤ 参见 [德] 维尔纳·弗卢梅：《法律行为论》，迟颖译，法律出版社2013年版，第1024~1026页；持类似观点的还有，Vgl. Bader, Duldungs- und Anscheinsvollmacht, 1979, S. 147; Himmen, Der stellvertretungsrechtliche Abstraktionsgrundsatz, JA 2016, S. 1346.
⑥ 参见 [德] 维尔纳·弗卢梅：《法律行为论》，迟颖译，法律出版社2013年版，第994页。
⑦ 参见 [德] 维尔纳·弗卢梅：《法律行为论》，迟颖译，法律出版社2013年版，第997页。
⑧ Vgl. Neuner, Allgemeiner Teil des Bürgerlichen Rechts, 13. Aufl., 2023, S. 645-650; MüKoBGB/Schubert, 9. Aufl. 2021, BGB § 170 Rn. 1; Brox/Walker, Allgemeiner Teil des BGB, 47. Aufl., 2023, S. 270.

国民法典》第 170 条至第 173 条的规定是否应被定性为表见代理以及是否应被类推适用于表象代理的问题，德国学界不乏争议；容忍代理虽然得到学界普遍认可，但学者关于其理论基础究竟是"权利外观"抑或"法律行为"存在分歧；而关于表象代理的适用问题，争议最大。

（一）《德国民法典》第 170 条至第 173 条的规定

如前所述，《德国民法典》第 170 条和第 173 条规定，在外部授权的情形中，外部授予的意定代理权被撤回或因基础法律关系的消灭而失效的，在授权人通知第三人之前，意定代理权相对于善意第三人持续有效。该法典第 171 条第 2 款和第 173 条又规定，以对第三人的特别通知或以公告发出授予他人代理权的通知的，在授权通知以其发出时的方式被撤回之前，意定代理权相对于善意第三人持续有效。《德国民法典》第 172 条第 2 款和第 173 条还规定，代理人向第三人出示授权书的，在授权书返还给授权人或被宣告无效之前，意定代理权相对于善意第三人持续有效。

针对上述规定，德国学界存在不同解读。第一种观点认为，《德国民法典》第 170 条至第 173 条是抽象性原则的具体体现。①该观点有待商榷。事实上，代理权抽象性原则主要涉及的是基础法律关系与代理权之间的关系问题，并不能回答代理权消灭后的问题。第二种观点认为，代理权虽然已经失效，但相对于善意第三人而言被视为继续有效，《德国民法典》第 170 条至第 173 条是以表见代理来保护第三人对已经失效的意定代理权存续的信赖。②该观点忽视被代理人曾予授权的事实，超出私法自治的范畴，以拟制的方式保护相对人的信赖。第三种观点认为，《德国民法典》第 171 条第 1 款和第 172 条第 1 款均属于基于法律行为的授权，且该法典第 170 条至第 173 条所涉及的并非"自身"已经失效的代理权"被视为"继续有效，而是基于法律行为授予的代理权相对于善意第三人实际上继续有效。③尤其是弗卢梅在法律行为理论框架之下，坚持以私

---

① 参见［德］迪特尔·梅迪库斯：《德国民法总论》，邵建东译，法律出版社 2000 年版，第 719 页。

② Vgl. Stöhr, Rechtsscheinhaftung nach § 172 Abs. 1 BGB, JuS 2009, S. 106 ff；Neuner, Allgemeiner Teil des Bürgerlichen Rechts, 13. Aufl., 2023, S. 645；Canaris, Die Vertrauenshaftung im deutschen Privatrecht, 1971, S. 48 ff., S. 191 ff；Wellspacher, Das Vertrauen auf äußere Tatbestände im bürgerlichen Recht, 1906, S. 87.

③ Vgl. Bader, Duldungs- und Anscheinsvollmacht, 1979, S. 147；Leenen/Häublein, BGB Allgemeiner Teil, 3. Aufl., 2021, S. 256-258.

法自治为理论基础对《德国民法典》第170条至第173条作出解释。①

弗卢梅认为，《德国民法典》外部授权与内部授权外部通知的情形均属于代理授权行为，二者并无不同；向代理人颁发授权书的行为同样构成代理授权行为，其外部效力产生于代理人向相对人出示授权书时，尤其是授权书向"敬启者"颁发时，其与作出授权的意思表示并无区别。②在法律行为理论下，不仅交易安全在私法自治的框架下得到更为直接的保护，而且可以避免信赖保护原则取代私法自治原则上升为普适性原则，避免以《德国民法典》第170条至第173条的规定为制定法基础形成的表见代理规则被扩大适用于被代理人根本未曾授权的表象代理。

（二）容忍代理

在《德国民法典》生效之前，德国帝国高等商事法院③和德国帝国法院④的诸多判例已经承认，允许他人作为代理人实施行为而一般性地形成代理地位者，必须承认其基于该代理地位所宣示的代理权。例如，德国帝国法院在下列判决中均认为，允许他人以其名义实施法律行为者，一般性地授予该他人代理权：某大银行设立储蓄所并任命该储蓄所主任经营日常业务，一般性地授予该储蓄所主任代理权；⑤允许其雇员处理商务信函并签署者，⑥一般性地授予该雇员代理权，不能因该雇员违背指示签署商务信函而否定该雇员的代理权；允许企业成员对票据背书者，一般性地授予该企业成员签署票据的代理权。⑦《德国民法典》虽然没有明文规定容忍代理，但司法实践和学界一般认为，被代理人明知他人以自己的名义实施法律行为而不作否认表示的，可以类推适用《德国民法典》第171条第1款、第172条第1款的相关规定，认定该他人实施的法律行为为有权代理，产生代理的法律后果。⑧

关于容忍代理的理论基础，德国学界存在争议。有观点认为，容忍

---

① 参见［德］维尔纳·弗卢梅：《法律行为论》，迟颖译，法律出版社2013年版，第1024~1026页。
② 参见［德］维尔纳·弗卢梅：《法律行为论》，迟颖译，法律出版社2013年版，第985~986页。
③ Vgl. ROHG 8, 314 ff. u. Zit.; 10, 142 ff.; 12, 277 ff.
④ Vgl. RG 1, 8 ff.
⑤ Vgl. RG 118, 234 ff.
⑥ Vgl. RG 1, 8 ff.; 100, 48 ff.; 106, 200 ff.
⑦ Vgl. RG 117, 164 ff.
⑧ Vgl. Medicus/Petersen, Allgemeiner Teil des BGB, 11. Aufl., 2016, S. 422; Neuner, Allgemeiner Teil des Bürgerlichen Rechts, 13. Aufl., 2023, S. 650.

代理的法理基础是权利外观理论，它指被代理人明知他人以自己的名义实施法律行为而对其予以容忍的"表见代理"，即被代理人的容忍致使相对人误以为被代理人已经确认代理权。①另有观点认为，没有必要清晰界定容忍代理与默示授权，因为其法律后果均归属于被代理人。②还有观点认为，容忍代理属于基于可推定行为作出的意思表示，即默示授权，它构成被代理人有意识的授权行为，被代理人或是有意识地赋予代理人特定具有代理权的职位，或是有意识地允许代理人实施法律行为并以此对外宣示代理人具有代理权。③事实上，容忍代理与"权利外观"无关，允许他人作为代理人实施法律行为，并不是"表象"，而是"事实"，即被代理人通过允许代理人为其实施代理行为来宣示代理人具有代理权，类似于代理权的外部授予，而不构成表见代理。④容忍代理经常发生在商事领域，被代理人经常有意识地允许他人在某一商事领域以其名义实施代理行为的，该人在此领域获得代理权；而在民事领域，人们一般不会经常性地允许他人以自己的名义实施法律行为，发生容忍代理的概率相对较低。⑤

一直以来，德国联邦最高法院的司法实践以权利外观理论为基础，类推适用《德国民法典》第170条至第172条的规定来保护相对人对代理权的信赖。例如，德国联邦最高法院在认定容忍代理时认为，被代理人明知他人以其名义实施法律行为而听之任之的，创设了代理权授予的外观，相对人因此信赖行为人具有代理权的，法律行为的后果归属于被代理人。⑥然而，德国联邦最高法院在2005年的判决中⑦背离此前的一贯做法，在法律行为理论框架内，将容忍代理视为基于可推定行为默示授予的代理权，⑧要求被代理人具备表示意识（Erklärungsbewusstsein），即

---

① Vgl. Neuner, Allgemeiner Teil des Bürgerlichen Rechts, 13. Aufl., 2023, S. 650.
② Vgl. Brox/Walker, Allgemeiner Teil des BGB, 47. Aufl., 2023, S. 271.
③ 参见［德］维尔纳·弗卢梅：《法律行为论》，迟颖译，法律出版社2013年版，第994页；Leenen/Häublein, BGB Allgemeiner Teil, 3. Aufl., 2021, S. 259, 364; Förster, Stellvertretung-Grundstruktur und neuere Entwicklungen, Jura 2010, S. 356.
④ 参见［德］维尔纳·弗卢梅：《法律行为论》，迟颖译，法律出版社2013年版，第988页。
⑤ 参见［德］维尔纳·弗卢梅：《法律行为论》，迟颖译，法律出版社2013年版，第989、991页。
⑥ Vgl. BGH NJW 2002, 2325, 2327; BGH NJW-RR 2004, 1275, 1276; BGH NJW 2004, 2736, 2738.
⑦ Vgl. BGH NJW 2005, 2985, 2987.
⑧ Vgl. Förster, Stellvertretung-Grundstruktur und neuere Entwicklungen, Jura 2010, S. 356.

有意识地容忍（Duldungsbewusstsein）他人以自己的名义实施法律行为。①与之前的判决主要以相对人对权利外观的信赖来认定容忍代理的做法相比，该判决更为严格地认定容忍代理，有利于保护被代理人的利益。②

（三）表象代理

以《德国民法典》第170条至第172条的规定为基础提出的权利外观理论和相对人的信赖保护原则，除被类推适用于容忍代理之外，还被类推适用于表象代理。表象代理中，被代理人如若尽到足够的注意义务，例如对其雇员进行必要监管，就能够注意到他人以其名义实施法律行为并加以阻止，但却因过失而未能阻止，使相对人有理由相信被代理人知道且容忍代理行为。③最初，德国联邦最高法院以诚实信用原则为理论基础，将表象代理的适用从商事领域扩大到民事领域。④之后，德国联邦最高法院又以《德国民法典》第171条为制定法基础在民法领域普遍适用表象代理。⑤最终，德国司法判例和学界主流观点以权利外观理论为基础，将表象代理作为表见代理的类型之一予以适用。⑥

作为表见代理的类型之一，表象代理争议较大。例如，有学者认为，德国联邦最高法院司法判例关于"表象代理"的认定错误地援引了公认的法律原则。⑦另有学者认为，赋予"表象代理"中的相对人合同履行请求权的做法有违法律原则，因过失而不知道他人以自己名义实施法律行为的被代理人，仅应承担缔约过失责任，赔偿相对人信赖利益的损失，而不宜混淆意思表示理论与缔约过失理论这两个不同层面的问题。⑧甚至

---

① Vgl. Förster, Stellvertretung-Grundstruktur und neuere Entwicklungen, Jura 2010, S. 355; Lobinger, Anmerkung, JZ 2006, S. 1077.

② Vgl. Förster, Stellvertretung-Grundstruktur und neuere Entwicklungen, Jura 2010, S. 355, 358; Lobinger, Anmerkung, JZ 2006, S. 1077.

③ Vgl. BGH NJW 1981, 1728; 1991, 1225; BGH VersR 1992, 990, 991; BGH NJW 1998, 1854, 1855.

④ Vgl. NJW 1952, 217.

⑤ Vgl. LM § 167 BGB Nr. 4.

⑥ Vgl. BGHZ 102, 60, 64; BGH NJW 1997, 312; Larenz/Wolf, Allgemeiner Teil des Bürgerlichen Rechts, 9. Aufl., 2004, S. 893, 895.

⑦ 参见［德］维尔纳·弗卢梅：《法律行为论》，迟颖译，法律出版社2013年版，第995页；Bienert, Anscheinsvollmacht und Duldungsvollmacht, 1975, S. 93; Lüderitz, Prinzipien des Vertretungsrechts, Beitr. z. Deutschen und Israelitischen Privatrecht, 1977, S. 70 f.

⑧ Vgl. Medicus/Petersen, Allgemeiner Teil des BGB, 11. Aufl., 2016, S. 422 - 423; Lieb, Aufgedrängter Vertrauensschutz? Überlegung zur Möglichkeit des Verzichts auf Rechtsscheinschutz, insbesondere bei der Anscheinsvollmacht, FS Hübner, 1984, S. 591.

在持权利外观理论的学者中也有人认为,被代理人不应仅因过失引起了代理权表象就承担有权代理的法律后果,《德国民法典》第 171 条第 1 款和第 172 条第 1 款的规定不能被类推适用于被代理人仅因疏忽大意而不知他人以自己的名义实施法律行为的表象代理。[1]

持反对意见的学者认为,德国联邦最高法院[2]和学界错误地将德国帝国法院关于容忍代理的判决适用于本质上不同于其的表象代理;容忍代理属于基于法律行为的授权而产生的代理,而表象代理却与私法自治无关,所谓的"被代理人"并未基于自主决定形成法律关系,他根本不知道行为人作为其代理人实施法律行为,其所违反的仅为注意义务,即没有及时消除其所引起的代理权表象,仅需承担缔约过失责任,故不应将《德国民法典》第 171 条第 1 款和第 172 条第 1 款的规定类推适用于表象代理。[3]尤其是弗卢梅从法律行为理论出发否定表象代理,他认为,表象代理理论产生的主要原因是人们混淆了法律行为和具有法律上相关性的行为 (rechtlich relevantes Verhalten)。[4]法律行为是一种表意行为,它旨在通过形成法律行为规则来创设、变更或消灭法律关系,属于设权行为;而具有法律上相关性的行为不属于表意设权行为。[5]与容忍代理中被代理人明知他人以自己名义实施法律行为的情形有所不同的是,在表象代理中,尽管在"相对人"看来,被代理人之授权属于基于可推定行为作出的意思表示,但被代理人自己却并未意识到其行为具有被推定的意义,被代理人之作为或不作为的法律效果由法律秩序基于法律上的评价

---

[1] Vgl. Canaris, Die Vertrauenshaftung im deutschen Privatrecht, 1971, S. 48 ff., S. 191 ff.

[2] 德国联邦最高法院认为,表见代理是指,被代理人虽然根本不知道他人作为代理人为其实施行为,但若尽到应尽注意义务时本应知道或能够阻止该行为,而且,相对人基于诚实信用原则可以认为被代理人在尽到应尽注意义务时不会不知道行为人的行为,即被代理人容忍该行为的实施。Vgl. BGH, MDR 1953, 345 = LM § 167 Nr. 4; BGH LM § 167 Nr. 3, 8, 10, 11, 13, 14, 17, 21; LM § 164 Nr. 9, § 2032 Nr. 2; BGH 5, 111 ff., 116; BGH LM § 1357 Nr. 1; BGH, BB 1976, 902.

[3] 参见 [德] 维尔纳·弗卢梅:《法律行为论》,迟颖译,法律出版社 2013 年版,第 994~996 页; Vgl. Medicus/Petersen, Allgemeiner Teil des BGB, 11. Aufl., 2016, S. 422; Neuner, Allgemeiner Teil des Bürgerlichen Rechts, 13. Aufl., 2023, S. 652-653; Förster, Stellvertretung-Grundstruktur und neuere Entwicklungen, Jura 2010, S. 356.

[4] 参见 [德] 维尔纳·弗卢梅:《法律行为论》,迟颖译,法律出版社 2013 年版,第 997~998 页。

[5] 参见 [德] 维尔纳·弗卢梅:《法律行为论》,迟颖译,法律出版社 2013 年版,第 133~134 页。

所规定，而非基于被代理人的意思而发生。①进言之，法律行为的效力源于法律秩序对基于意思表示所形成法律关系之行为的认可；而具有法律上相关性的行为的法律效果基于法律的规定而产生。②

弗卢梅的观点值得赞同。代理授权行为属于法律行为，被代理人有意识地通过授予他人代理权来扩大其私法自治的范围，理应承担有权代理的法律后果；而在被代理人并无授权意识的情况下，不得违背被代理人的意思要求其承担有权代理的法律后果。在基于可推定行为授权的容忍代理中，被代理人在明知他人以自己名义实施代理行为时未提出异议，则意味着他有意识地允许他人实施代理行为，被代理人自然应当承担代理行为的法律后果，即实际履行或赔偿履行利益的损失。反之，在所谓的表象代理中，被代理人并未有意识地允许他人以自己的名义实施法律行为，仅因未履行注意义务导致他人以其名义实施法律行为，其违反注意义务的行为仅构成具有法律上相关性的行为，并不构成代理授权行为，被代理人应依据法律规定承担法律后果。而在民法中，法律行为规则不能因未履行注意义务而生效，被代理人未履行注意义务的，仅需依据缔约过失责任的规定赔偿信赖利益的损失，而无需实际履行或赔偿履行利益的损失。③进言之，在表象代理中，被代理人既未有意识地授予行为人代理权，亦未有意识地允许代理人以其名义实施法律行为，其违反注意义务的行为并不创设法律行为规则。尽管代理行为的相对人值得受保护，但也仅限于在私法自治的框架下进行，表象代理在被代理人并无授予代理权之效果意思的情况下要求其承担有权代理的法律后果，已经超出私法自治的范围，存在过度保护相对人而忽视被代理人私法自治之嫌，有待商榷。鉴于此，表象代理中的被代理人无需承认行为人以其名义所实施的法律行为的效力，而仅需依据法律的规定，对其违反注意义务而没有意识到他人以其名义实施法律行为之过失，承担缔约过失之信赖利益损害赔偿责任。

近年来，更多德国学者认识到表象代理与容忍代理的本质区别。首先，容忍代理中的被代理人明知他人以其名义实施代理行为而有意识地予以容忍，而表象代理中的被代理人根本没有意识到他人以其名义实施法

---

① 参见［德］维尔纳·弗卢梅：《法律行为论》，迟颖译，法律出版社2013年版，第87页；Vgl. Medicus/Petersen, Allgemeiner Teil des BGB, 11. Aufl., 2016, S. 422-423.
② 参见［德］维尔纳·弗卢梅：《法律行为论》，迟颖译，法律出版社2013年版，第87页。
③ 参见［德］维尔纳·弗卢梅：《法律行为论》，迟颖译，法律出版社2013年版，第996~997页；Vgl. Förster, Stellvertretung-Grundstruktur und neuere Entwicklungen, Jura 2010, S. 356.

律行为，即缺乏意思表示中的表示意识（Erklärungsbewustsein），缺乏受法律行为意思表示约束的意思，故仅需承担缔约过失责任。①其次，《德国民法典》第170条以下各条的适用以被代理人有意识地创设代理权的外观为要件，尤其是要求被代理人原则上"签发（Aushändigung）"授权书，而在表象代理中，"被代理人"并没有意识到他人以其名义实施法律行为，故谈不上"签发"授权书。②最后，德国联邦最高法院通过要求容忍代理以被代理人具有表示意识为必要，在构成要件上对容忍代理和表象代理予以明确区分，或许在不远的将来其亦会在法律后果上对容忍代理和表象代理予以区分，仅要求表象代理中根本不具备表示意识的被代理人赔偿信赖利益的损失。③

综上所述，德国法采纳抽象性原则，在私法自治的范畴内维护交易安全，表见代理作为例外规则所发挥的功能十分有限，尤其是表象代理制度备受争议。尽管德国通说认为，表见代理包括《德国民法典》第171条至第172条所规定的权限延续型表见代理和授权型表见代理、容忍代理和表象代理，但弗卢梅反对表见代理，他从法律行为的视角，将《德国民法典》第171条至第172条的规定和容忍代理认定为基于代理授权行为产生的代理权，并从私法自治的视角否定所谓的表象代理，在被代理人仅因过失违反注意义务而导致他人以自己名义实施法律行为的情形中，仅要求所谓的被代理人依缔约过失责任的规定赔偿信赖利益的损失。近年来，随着更多学者认识到表象代理与容忍代理的本质区别，以及德国联邦最高法院裁判立场的转变，表象代理的适用很可能会受到更为严格的限制。

二、我国法有因性原则下的表见代理之争

与德国法以抽象性原则保护交易安全的做法不同，我国法采纳有因

---

① Vgl. Medicus/Petersen, Allgemeiner Teil des BGB, 11. Aufl., 2016, S. 422-423; Neuner, Allgemeiner Teil des Bürgerlichen Rechts, 13. Aufl., 2023, S. 652-653; Lobinger, Rechtsgeschäftliche Verpflichtung und autonome Binding, 1999, S. 33 ff; Förster, Stellvertretung-Grundstruktur und neuere Entwicklungen, Jura 2010, S. 356; Schack, BGB-Allgemeiner Teil, 17. Aufl. 2023, S. 143; Lobinger, Anmerkung, JZ 2006, S. 1078; Lieb, Aufgedrängter Vertrauensschutz? Überlegung zur Möglichkeit des Verzichts auf Rechtsscheinschutz, insbesondere bei der Anscheinsvollmacht, FS Hübner, 1984, S. 583-584.

② Vgl. Neuner, Allgemeiner Teil des Bürgerlichen Rechts, 13. Aufl., 2023, S. 653.

③ Vgl. Förster, Stellvertretung-Grundstruktur und neuere Entwicklungen, Jura 2010, S. 356; Lobinger, Anmerkung, JZ 2006, S. 1078.

性原则。在有因性原则下，代理权的效力和范围与基础法律关系的效力和范围相同，相对人在与代理人实施法律行为时，不仅需要确认代理权的效力和范围，而且需要审查基础法律关系的效力和范围，但由于基础法律关系属于代理人和被代理人的内部关系，相对人一般难以探查其内容，被代理人极易通过主张代理行为因违反基础法律关系而构成无权代理来逃避其责任，相对人面临极高的无权代理风险。为维护交易安全，必须借助表见代理制度，使相对人可以通过证明自己不知且不应知代理人没有代理权来向被代理人主张有权代理。

我国学界关于表见代理的争议颇多。例如，表见代理概念的内涵和外延有多大？表见代理的理论基础是权利外观理论还是法律行为理论？《民法典》第172条规定的"没有代理权"应作何解释，它是否包含容忍代理和表象代理？如何理解"超越代理权"中的"代理权"，它指的是"基础法律关系"还是"代理权"本身？"代理权终止"后代理权对善意相对人继续有效的理论依据究竟是法律行为理论还是权利外观理论？表见代理的构成要件为何？究竟应采"单一要件说""双重要件说""新单一要件说"还是"新双重要件说"？"相对人有理由相信行为人有代理权"的举证责任应由相对人还是被代理人承担？表见代理仅限于被代理人曾经授权的情形还是应包括被代理人未曾授权但因过失引起授权表象的情形？下述将针对这些问题分别展开讨论。

（一）表见代理的概念之争

在有因性原则下，表见代理是指本属于无权代理，但因被代理人与无权代理人之间的关系，具有代理权的外观，致相对人相信无权代理人有代理权而与其为法律行为，法律使之发生与有权代理相同的法律效果，或者说是代理权表象责任。[1]学界对表见代理的内涵和外延存在不同理解。例如，有学者主张以私法自治理论和信赖保护原则为基础，将表见代理区分为狭义表见代理和广义表见代理；狭义表见代理指被代理人曾经授权的表见代理，广义表见代理则指被代理人未曾授权的表见代理，包括容忍代理。[2]该学者尝试以私法自治理论来解释被代理人曾经授权的表见代理类型的做法值得肯定，但他以信赖保护原则将容忍代理纳入所谓广义表见代理的做法有待商榷。本书认为，在容忍代理中，被代理人明知他人以自己的名义实施法律行为而未提出异议，实际上属有意识地

---

[1] 参见杨代雄：《法律行为论》，北京大学出版社2021年版，第568页。
[2] 参见徐涤宇：《代理制度如何贯彻私法自治〈民法总则〉代理制度评述》，载《中外法学》2017年第3期，第697页。

允许他人以其名义实施法律行为，是通过可推定行为作出的代理授权行为，并不属于信赖保护之范畴，不宜被纳入所谓的广义表见代理之中。此外，"广义表见代理"除包括容忍代理还包括哪些情形，持该观点的学者并未进一步论证。

另有观点认为，除《民法典》第 172 条关于表见代理的规定之外，《民法典》第 170 条第 2 款关于职权范围的限制不得对抗善意相对人的规定亦属于表见代理的特殊规则。①事实上，该规定中并无类似第 172 条的"相对人有理由相信"之表述，其内容从构成要件上看根本不同于表见代理，将其认定为表见代理规范不免牵强。如前述第三章所述，《民法典》第 170 条第 2 款所体现的是代理权抽象性原则：即使基础法律关系如公司章程或内部管理条例对职务代理人作出限制，该限制原则上也不会影响职务代理人对外实施法律行为的效力，只有当代理行为构成禁止代理权滥用时，即相对人与职务代理人恶意串通、相对人明知职务代理人违反内部限制或其违反内部限制的行为如此显见相对人不可能不知道时，法律行为的效力始受影响。

（二）表见代理的法理基础之争

1. 权利外观理论

如前所述，德国学界一般以权利外观理论来解释权限延续型表见代理和授权型表见代理（《德国民法典》第 170 条至第 173 条）、容忍代理和表象代理。依权利外观理论，有理由信赖特定外观者受到法律的保护，"外观"依其所信赖的内容产生相应的法律后果。但是，我们在借鉴比较法经验时，需要关注法律文化之差异，尽量采纳适合我国法律文化发展阶段的理论，而不宜一味盲从。②事实上，在德国私法发展史中，以权利外观理论为基础的信赖保护是在私法自治原则充分得到发展后对其作出的修正和补充，而在我国民法发展史中，私法自治原则始终未得到彻底贯彻，亟须大力弘扬。③

学界一般认为，《民法典》第 172 条关于表见代理的规定是权利外观理论的具体规则，在表见代理中，信赖保护代替代理权，成为法律行为

---

① 参见王利明主编：《中国民法典释评·合同编·通则》，中国人民大学出版社 2020 年版，第 421 页（朱虎执笔）。
② 参见迟颖、张金栋：《比较法学的学科危机与概念重构》，载高鸿钧主编：《中国比较法学：比较法治文化》（2015 年卷），中国政法大学出版社 2016 年版，第 269 页以下。
③ 参见迟颖：《法律行为之精髓——私法自治》，载《河北法学》2011 年第 1 期，第 2 页以下。

效力归属于被代理人的基础。①然而，权利外观理论是私法自治原则的例外和补充，是法律基于特定理由不得已才按照外观特别是对该外观的合理信赖赋予法律效果，应当慎重适用，避免鸠占鹊巢。②具体在代理关系中，依据私法自治原则，代理行为的法律后果之所以可以被归属于被代理人的正当性基础应当是代理权，权利外观理论何以能够代替代理权，在被代理人并未授权他人以自己名义实施法律行为的情况下，将无权代理的法律后果归属于被代理人，其正当性需要充分论证。事实上，在《民法典》的起草过程中，即有学者意识到，在表见代理的制度设计中，应尽量避免私法自治与信赖保护的价值冲突，避免因过度保护相对人的信赖而侵害被代理人的自由意志，要解决好究竟是将表见代理认定为有权代理还是仅赋予相对人信赖利益之损害赔偿请求权这一问题。③尽管信赖保护以交易安全为优先保护价值，但自由价值决不能被过度忽略。④合同以相对性为原则，不似物权及其公示那样具有对世性，因此权利外观理论的适用应受到严格限制，仅在两害相权取其轻、两利相权取其重的例外情况下，即相对人对外观有理由信赖时，才可以适用；在代理关系中，依私法自治及不得擅自干涉他人自由及事务的原则，任何人均不得未经授权径行以他人名义实施法律行为并将法律后果交由他人承受。⑤可见，以权利外观理论为依据的表见代理缺乏正当性基础，为防止权利外观理论的泛化侵蚀私法自治，应摒弃权利外观理论，适用法律行为理论来解释表见代理。

2. 法律行为理论

如前所述，德国法关于表见代理同样存在着私法自治和信赖保护的博弈。例如，弗卢梅认为，信赖保护理论虽然对20世纪的德国民法产生重要影响，但私法自治依然是德国民法的基石，⑥并从法律行为的视角解释《德国民法典》第170条至第173条的规定和容忍代理，拒绝承认表象代理，即被代理人没有意识到行为人以自己名义实施法律行为时，

---

① 参见张俊浩主编：《民法学原理》（修订第3版·上册），中国政法大学出版社2000年版，第331~332页；杨代雄：《法律行为论》，北京大学出版社2021年版，第491页；陈甦主编：《民法总则评注》（下册），法律出版社2017年版，第1226页（方新军执笔）。
② 参见崔建远：《论外观主义的运用边界》，载《清华法学》2019年第5期，第6页。
③ 参见谢鸿飞：《代理部分立法的基本理念和重要制度》，载《华东政法大学学报》2016年第5期，第65页。
④ 参见冉克平：《狭义无权代理人责任释论》，载《现代法学》2020年第2期，第48页。
⑤ 参见崔建远：《论外观主义的运用边界》，载《清华法学》2019年第5期，第6、12页。
⑥ 参见［德］维尔纳·弗卢梅：《法律行为论》，迟颖译，法律出版社2013年版，第17页。

即使相对人有理由相信代理人有代理权,被代理人也无需承担有权代理的法律后果,而仅需承担缔约过失责任。可见,弗卢梅以法律行为理论解构表见代理,将其纳入有权代理(有授权)和无权代理(无授权)的范畴。对于私法自治原则尚未得到彻底贯彻的我国法而言,弗卢梅在法律行为理论框架下以私法自治为原则对表见代理予以解构的做法更值得借鉴。

在我国学界,有学者尝试以弗卢梅的法律行为理论来论证表见代理的正当性。该学者认为,作为表见代理之基础的"代理权通知"发挥着类似于法律行为的作用,并尝试类推适用意思表示重大误解之规则,允许被代理人撤销"代理权通知"。①事实上,根据弗卢梅的法律行为理论,授权人作出代理权通知或公告或代理人出示授权书的,属于授予代理权的法律行为,代理人基于该通知、公告或授权书实施的代理行为构成有权代理,无需借助表见代理规则来肯定代理行为的效力。②该学者在一定程度上采纳了弗卢梅的观点,在尝试限定表见代理类型的同时掏空了表见代理的理论基础。

(三)表见代理的构成要件之争

表见代理的构成要件之争是学界最具争议的问题之一,除一元论与二元论之争外,新近有学者尝试以法律行为理论来限定表见代理的适用。

1. 一元论与二元论之争

关于表见代理的构成要件,学界主要有一元论和二元论之争。一元论认为,无论被代理人对权利外观的存在主观上是否有过错,只要相对人有理由相信行为人有代理权,无权代理人所实施的法律行为即构成表见代理,对被代理人生效;二元论认为,表见代理的构成要件还包括被代理人的过失或可归责性。《民法典》第172条延续了《合同法》第49条的规定,采纳了一元论。

(1)一元论

持一元论的学者认为,倘使以被代理人的过错作为其承担责任的条件,就必须对被代理人是否有过错进行调查取证,费时费力,不利于维护交易安全和效率。③该观点有待商榷,不能为追求交易安全和效率而牺牲被代理人的私法自治,使其对不可归责于自己的权利外观承担有权代

---

① 参见王浩:《"有理由相信行为人有代理权"之重构》,载《华东政法大学学报》2020年第4期,第188页。
② 参见[德]维尔纳·弗卢梅:《法律行为论》,迟颖译,法律出版社2013年版,第983页。
③ 参见章戈:《表见代理及其适用》,载《法学研究》1987年第6期,第9页。

理的法律后果。例如，在一元论下，行为人使用伪造的公章、合同书或授权书实施代理行为的，只要相对人有理由相信行为人有代理权，就构成表见代理，由被代理人承担有权代理的法律后果，严重违背被代理人的私法自治。在一元论的立法模式下，为保护被代理人的利益，法院不得不通过强行拟制相对人的过失来否定表见代理的成立。①例如，最高人民法院在一则伪造印章的案例中认为，代理人使用伪造的印章与相对人订立合同，形成代理权外观，但相对人将价金打入代理人所指定的账户而非合同所约定的账户，未尽到谨慎注意义务，存在过失，不符合"相对人主观上善意且无过失"的要求，故不构成表见代理。②该判决结果值得赞同，但以相对人未将价金打入合同约定账户为由认定相对人对代理权外观的信赖存在过失，不免有些牵强，因为相对人恰恰是基于对代理权外观的信赖而将价金打入代理人所指定的账户的。

《民法总则（草案）》前三次审议稿列明的相关条款中包含一个但书条款，将行为人伪造公章、合同书或授权委托书实施的代理行为排除在表见代理的适用范围之外。遗憾的是，由于争议较大，该但书条款最终未被立法者所采纳。持反对观点的学者认为，不应在立法上将上述情形"一刀切"地排除在表见代理之外，而应由法院综合考量个案情势作出裁判。③然而，这种一元论的规范模式赋予法官较大的自由裁量空间，会使本就饱受"他治"诟病的表见代理制度沦为更为危险的制度。④

(2) 二元论

持二元论的学者建议，表见代理的构成要件除应包括"相对人有理由相信"，还应包括"被代理人具有过失或可归责性"。⑤对此有双重要件

---

① 参见王浩：《"有理由相信行为人有代理权"之重构》，载《华东政法大学学报》2020年第4期，第182~183页。
② 参见最高人民法院［2013］民申字第828号民事裁定书。
③ 参见杨代雄：《结构·民事法律行为·代理——〈中华人民共和国民法总则（草案）〉存在的几个问题》，载《东方法学》2016年第5期，第136页；谢鸿飞：《代理部分立法的基本理念和重要制度》，载《华东政法大学学报》2016年第5期，第74页。
④ 参见杨芳：《〈合同法〉第49条（表见代理规则）评注》，载《法学家》2017年第6期，第167页。
⑤ 参见王利明：《民法总则新论》，法律出版社2023年版，第620~621页；朱庆育：《民法总论》（第2版），北京大学出版社2016年版，第369页；朱虎：《表见代理中的被代理人可归责性》，载《法学研究》2017年第2期，第63页；《民法典·民法总则专家建议稿（提交稿）》第168条第1款规定："因本人的原因致使善意相对人合理信赖无权代理人享有代理权的，该行为直接对本人发生效力。"

说、①新双重要件说、②新单一要件说、③风险分配说④和合理信赖说等理论。⑤持双重要件说的学者认为，应对"相对人有理由相信"之构成要件作限缩解释，法官在判断相对人是否"有理由"时，应以"本人于无权代理发生具有过失"及"本人与无权代理人之间存在某种特殊关系"为基本事实依据；此处的"过失"是指"本人应当预见自己的行为会使第三人误信代理人有代理权，但未能预见；或虽已预见，却未采取适当措施加以避免"。⑥另有学者认为，被代理人过错要件会导致表见代理制度名存实亡，故主张以相对人善意信赖行为人代理权外观与被代理人创设代理权外观的行为之间存在因果关系的要件来取代被代理人过错要件作

---

① 参见叶金强：《表见代理构成中的本人归责性要件——方法论角度的再思考》，载《法律科学（西北政法大学学报）》2010 年第 5 期，第 38 页以下，作者认为表见代理的构成以本人具有归责性为必要；王浩：《从日本债权法修正看表见代理制度中的本人归责要件问题》，载《北航法律评论》第 2012 年第 0 期，第 215 页以下，作者建议可以通过民法上有关意思表示瑕疵的规定来确定表见代理制度中的本人归责要件；徐涤宇：《代理制度如何贯彻私法自治〈民法总则〉代理制度评述》，载《中外法学》2017 年第 3 期，第 700 页；杨芳：《〈合同法〉第 49 条（表见代理规则）评注》，载《法学家》2017 年第 6 期，第 158 页。

② 参见罗瑶：《法国表见代理构成要件研究——兼评我国〈合同法〉第 49 条》，载《比较法研究》2011 年第 4 期，第 70 页，作者主张借鉴法国法之学说，以"代理权外观"和"相对人合理信赖"为认定表见代理的要件，以"关联性"替代"可归责性"，将之内化到"相对人合理信赖"要件中，并将其视为相对人是否能够产生合理信赖的"客观环境因素"。

③ 参见陈甦主编：《民法总则评注》（下册），法律出版社 2017 年版，第 1229~1230 页（方新军执笔），作者建议在判断相对人是否有理由相信行为人有代理权时，应该同时考虑被代理人的因素，运用动态体系论的思维方式以要素和动态力量来表述，由法官在具体案件中予以权衡；冉克平：《表见代理本人归责性要件的反思与重构》，载《法律科学（西北政法大学学报）》2016 年第 1 期，第 79 页，作者建议借鉴法国法上的表见代理理论，将本人与外观事实之间的关联性内置于相对人"合理信赖"的因素，以由此形成的"新单一要件说"来阐释我国现行表见代理的规范。

④ 参见朱虎：《表见代理中的被代理人可归责性》，载《法学研究》2017 年第 2 期，第 59 页以下；杨代雄：《容忍代理抑或默示授权——〈民法通则〉第 66 条第 1 款第 3 句解析》，载《政治与法律》2012 年第 4 期，第 126 页；杨代雄：《表见代理的特别构成要件》，载《法学》2013 年第 2 期，第 63 页，作者认为应当以风险原则为基础构建表见代理的特别构成要件。

⑤ 参见叶金强：《表见代理中信赖合理性的判断模式》，载《比较法研究》2014 年第 1 期，第 93 页，作者建议通过构建理性人标准、重构当事人所处的场景，进而来判断这样的理性人在所构建场景中，对相应的代理权外观是否会产生合理信赖。

⑥ 参见尹田：《我国新合同法中的表见代理制度评析》，载《现代法学》2000 年第 5 期，第 115 页；杨芳：《〈合同法〉第 49 条（表见代理规则）评注》，载《法学家》2017 年第 6 期，第 168 页。

为被代理人的可归责性内容。①亦有学者认为，应将"非归因于"被代理人之法律外观排除出"有理由相信"范围之外，此处的"归因于"并非指"过失"，而仅为被代理人违反不真正义务之结果。②持风险分配说的学者认为，构成表见代理不属于纯粹基于相对人信赖的客观责任，而仅限于被代理人有过错的情形，即表象由被代理人风险范围内的因素所导致，如基础法律关系被撤销、无效、不生效时被代理人未以恰当方式通知或公示的情形。③持合理信赖说的学者认为，应当以相对人是否相信或应当相信代理权的存续来认定，具体需在个案中依据相对人所处场景从理性人的视角作出判断。④事实上，在《民法典》的起草过程中，主张二元论的学者即支持上述《民法总则（草案）》中将伪造公章、合同书或授权委托书实施的法律行为排除在表见代理之外的但书条款，因为它至少可以适用例外的方式确认被代理人的可归责性是表见代理的构成要件，以便未来通过解释将可归责性确立为表见代理的构成要件。⑤遗憾的是，该但书条款最终未被纳入《民法典》第172条。

与一元论相比，二元论将被代理人的过失或可归责性作为表见代理的构成要件，可以在一定程度上限制表见代理的适用。但在我国法采纳有因性原则的情况下，表见代理的类型如此多样，如何针对各种不同类型的表见代理就"被代理人的过失"或"被代理人的可归责性"划定统一的标准，无疑是学说理论和实践面临的难题。《民法典》并未将被代理人的可归责性纳入表见代理的构成要件。虽然近年来，承认被代理人的可归责性为表见代理构成要件已逐渐成为司法实践的趋势，⑥但《民法典总则编解释》第28条的相关司法解释对这一问题仍采取回避态度，仅将证明相对人非为善意的举证责任转移给被代理人。

尽管持二元论的学者主张将被代理人的可归责性纳入表见代理的构成要件，但在被代理人仅因过失引发代理权表象时（表象代理）应否承

---

① 参见徐海燕：《表见代理构成要件的再思考：兼顾交易安全和意思自治的平衡视角》，载《法学论坛》2022年第3期，第47、57页。
② 参见朱庆育：《民法总论》（第2版），北京大学出版社2016年版，第370页。
③ 参见殷秋实：《论代理权授予与基础行为的联系》，载《现代法学》2016年第1期，第91~92页。
④ 参见叶金强：《表见代理中信赖合理性的判断模式》，载《比较法研究》2014年第1期，第94页。
⑤ 参见徐涤宇：《代理制度如何贯彻私法自治〈民法总则〉代理制度评述》，载《中外法学》2017年第3期，第699页。
⑥ 参见杨代雄：《法律行为论》，北京大学出版社2021年版，第574页。

担表见代理责任的问题上仍有分歧。

(3) 二元论下的表象代理之争

如前所述,虽然德国主流观点将表象代理纳入表见代理的类型之下,但少数学者以法律行为理论为基础否定表象代理。特别是弗卢梅,他认为在所谓的表象代理中,被代理人并没有意识到行为人以自己之名义实施法律行为,也就没有基于私法自治授予代理权,故无需承认所谓代理行为的效力,而仅需依据缔约过失责任的规定赔偿信赖利益的损失。

由于我国《民法典》第172条不以被代理人的可归责性为构成要件,表象代理的适用似乎并无障碍。但在司法实践中,最高人民法院早在1987年《关于在审理经济合同纠纷案件中具体适用经济合同法的若干问题的解答》(以下简称《经济纠纷规定》)第2条中,原则上已将盗用单位的介绍信、合同专用章或者盖有公章的空白合同书的情形排除在表见代理的范围之外。虽然该司法解释已经失效,但在司法裁判中,最高人民法院在印章或授权委托书被盗或被伪造、仅仅是"内部管理混乱,用人失察"等案件中,一般也排除表见代理的适用。[①]最高人民法院认为,加盖公司印章虽然具有公司意思表示的推定效力,但这种推定效力可以为相反的证据所推翻,如他人盗窃或者拾得公司印章后予以使用等,此时印章所表征的意思表示与公司的真实意思表示并不一致,故印章的意思表示推定效力应被否定。[②]由此可见,尽管立法上将表象代理作为表见代理的类型之一予以承认,但最高人民法院倾向于将被代理人因过失或保管不善而导致印章被盗或遗失的表象代理排除在表见代理的适用之外。

就学说理论而言,持二元论的学者关于是否应承认表象代理的问题存在争议。持肯定说的学者认为,只要存在代理权表象,就有适用表见代理规则的可能性,而不应仅限于被代理人为授权表示或授权通知引发代理权表象之情形。[③]在持否定说的学者之中又有三种观点:第一种观点建议采纳弗卢梅的观点,拒绝将被代理人违反注意义务的情形纳入表见代理的范围;[④]第二种观点建议兼顾私法自治原则,认为仅在被代理人积

---

① 参见最高人民法院 [2012] 民提字第35号民事判决书;最高人民法院 [2013] 民申字第828号民事裁定书。

② 参见最高人民法院 [2012] 民提字第35号民事判决书。

③ 参见杨代雄:《法律行为制度中的积极信赖保护 兼谈我国民法典总则制定中的几个问题》,载《中外法学》2015年第5期,第1160、1170页。

④ 参见朱庆育:《民法总论》(第2版),北京大学出版社2016年版,第369页;杨芳:《〈合同法〉第49条(表见代理规则)评注》,载《法学家》2017年第6期,第168页。

极参与授权时才可能成立表见代理，相对人之所以"有理由相信行为人有代理权"，是因为被代理人直接或间接、明示或默示地作出了代理权通知；①第三种观点建议将代理人使用被代理人遗失或被盗的公章、合同书或授权书实施的代理行为排除在表见代理之外，即被代理人仅因过失而引起代理权表象的，无需承担有权代理的法律后果。②

综上所述，表见代理构成要件二元论虽然在一定程度上限制了表见代理的适用，但就是否应承认表象代理尚有分歧。

2. 法律行为理论下的表见代理

有学者认为表见代理与法律行为理论密切相关，并以法律行为理论为依据，一方面将表见代理限定在"有代理权表象"的情形，另一方面排除相对人核实代理人与被代理人之间基础法律关系的义务。按照该学者的理论，"代理权表象"即指"客观上存在代理权通知"的情形，具体包括被代理人曾经表示行为人有代理权、行为人持有代理权凭证、被代理人明知行为人无权代理而未反对表示、被代理人将行为人置于某种通常伴有代理权的职位的情形；表见代理的构成要件除包括"客观上存在代理权通知"之外，不包含其他因素，即相对人一般无需再向被代理人进行核实。③该观点实质上是将被代理人的可归责性纳入表见代理的构成要件，而将"相对人善意无过失"排除在表见代理的构成要件之外。进言之，被代理人曾经发出"代理权通知"的，相对人原则上无需调查核实代理人与被代理人的内部关系。如前所述，该学者事实上采纳了代理权抽象性原则。

（四）表见代理的类型之争

如前所述，德国法以抽象性原则保护交易安全，表见代理仅具辅助性功能，且仅涉及代理权是否存续，而不涉及基础法律关系的效力和范围对代理权的效力和范围产生影响的问题。依德国主流观点，表见代理的类型主要有权限延续型表见代理和授权型表见代理（《德国民法典》第170条至第173条）、容忍代理和表象代理。我国法采有因性原则，主

---

① 参见徐涤宇：《代理制度如何贯彻私法自治〈民法总则〉代理制度评述》，载《中外法学》2017年第3期，第699页；王浩：《表见代理中的本人可归责性问题研究》，载《华东政法大学学报》2014年第3期，第114页。

② 参见朱虎：《表见代理中的被代理人可归责性》，载《法学研究》2017年第2期，第72页；马新彦：《民法总则代理立法研究》，载《法学家》2016年第5期，第132页；王利明：《民法总则新论》，法律出版社2023年版，第620~621页。

③ 参见王浩：《"有理由相信行为人有代理权"之重构》，载《华东政法大学学报》2020年第4期，第180页。

要以表见代理制度维护交易安全,故表见代理的类型较为多样,不仅涉及代理权本身存续的问题,还涉及代理权因基础法律关系的消灭而消灭、代理权的范围因基础法律关系受到限制而受到影响的问题。虽然《民法典》第 172 条规定了"行为人没有代理权、超越代理权或者代理权终止"等三种情形,但也仅是"无代理权"的现实表达,在法律适用上不具有区分功能。①仅从学理上看,表见代理的类型因表见代理的构成要件之不同而有所不同,详见下述。

1. 一元论下的表见代理类型

在我国法采纳一元论表见代理构成要件的情况下,表见代理的类型囊括"相对人有理由相信行为人有代理权的"所有情形,如授权型、权限逾越型、权限延续型、容忍代理、表象代理,甚至包括根本无法归因于被代理人的伪造授权书和印章等情形。如此宽泛的表见代理类型,既不利于被代理人利益维护(被代理人未授予代理权的情形),也不利于交易安全保护(被代理人授予代理权的情形)。司法实践中,关于表见代理的案例类型包括:无权代理人具有特定身份型;外部授权或外部告知而内部撤回或内部限缩型;持代理权凭证型;被代理人事后履行型;长期无权代理而被代理人未为反对型。②

2. 二元论下的表见代理类型

持二元论的学者将被代理人的过失、可归责性或可归因性纳入表见代理的构成要件。根据对被代理人可归责性要求之不同,表象代理和容忍代理或是被纳入表见代理之中,或是被排除于表见代理之外。

(1) 授权型、权限逾越型和权限延续型表见代理之类型划分

采有因性原则的学者,受日本法对表见代理类型划分的影响,将《民法典》第 172 条所规定的"没有代理权"从逻辑上限缩解释为授权型代理权欠缺,进而将表见代理划分为授权型、权限逾越型和权限延续型。③然而,日本法上的类型化的表见代理制度,在设计之初就缺乏通盘规划,各类型之间界限不明,存在重叠适用的现象,缺乏类型化的实义,

---

① 参见杨芳:《〈合同法〉第 49 条(表见代理规则)评注》,载《法学家》2017 年第 6 期,第 158 页。
② 参见杨芳:《〈合同法〉第 49 条(表见代理规则)评注》,载《法学家》2017 年第 6 期,第 164 页。
③ 参见叶金强:《表见代理构成中的本人归责性要件——方法论角度的再思考》,载《法律科学(西北政法大学学报)》2010 年第 5 期,第 43 页。

且其学说和判例实际在一定程度上突破了类型的限定性和强制性。①尽管如此，从采有因性原则的日本法对表见代理的类型化区分来看，该三种类型均属于被代理人曾经授权所导致相对人误认行为人具有代理权的情形，主要涉及代理权受基础法律关系的影响而产生的表见代理问题，与采纳抽象性原则的德国法上的表见代理有所不同。

(a) 容忍代理

被代理人虽知道他人以自己的名义实施法律行为但听之任之，是谓容忍代理。如前所述，德国主流观点以权利外观理论将容忍代理纳入表见代理的类型；而持法律行为理论的德国学者将容忍代理视为基于法律行为授权而产生的有权代理。

关于《民法通则》第66条第1款第3句②是否规定的是容忍代理，我国学界曾存在争议。一种观点认为该句规定的是容忍代理，其是一种特殊的表见代理，③并建议以权利外观保护为理论基础，在表见代理的框架内建构容忍代理的要件。④另一种观点认为，该规定的立法本意仅在于使"有过错"的被代理人承担责任，并不构成表见代理。⑤还有一种观点认为，"同意"属于被代理人对代理权的追认，无权代理因追认而成为有权代理，代理权自始存在，并不涉及表见代理的问题。⑥司法实务中，最高人民法院的判决并不统一，有的将容忍代理纳入表见代理的规范之下；⑦有的则将《民法通则》第66条第1款第3句认定为对无权代理的默示追认，并据此认为被代理人对代理人的无权代理行为未为否定表示

---

① 参见解亘:《论无权代理和表见代理的规范形态》,载《月旦民商法杂志》2017年第12期,第10~12页。
② 《民法通则》第66条第1款第3句规定:"本人知道他人以本人名义实施民事行为而不作否认表示的,视为同意。"
③ 参见朱虎:《表见代理中的被代理人可归责性》,载《法学研究》2017年第2期,第69页;杨代雄:《容忍代理抑或默示授权——〈民法通则〉第66条第1款第3句解析》,载《政治与法律》2012年第4期,第126页。
④ 参见杨代雄:《容忍代理抑或默示授权——〈民法通则〉第66条第1款第3句解析》,载《政治与法律》2012年第4期,第123~124、126页。
⑤ 参见梁慧星:《民法总论》(第6版),法律出版社2001年版,第233页。
⑥ 参见曾斌:《表见代理与狭义无权代理之区别初探》,载《警官教育论坛》2006年第1期,第48页。
⑦ 最高人民法院认为,代理人持有被代理人的公司印章以及其全程参与项目经营,且被代理人知情但未提出任何异议,相对人有理由相信代理人有权代理被代理人签署《协议书》,故成立表见代理。参见最高人民法院[2014]民四终字第35号民事判决书。

的，构成对该无权代理行为的追认，无权代理行为因被追认而生效。①在《民法典》的起草过程中，有学者建议将容忍代理纳入表见代理的规范之下，②但立法者并未明文规定容忍代理。

(b) 表象代理

如前所述，持二元论的学者就表象代理是否属于表见代理的类型之一存在争议。在《民法典》的起草过程中，反对将表象代理纳入表见代理类型的学者认为，不仅《民法总则（草案）》中将伪造公章、合同书或授权委托书实施的法律行为排除在表见代理之外的但书条款应予保留，而且还应在该但书条款中增加"代理人使用被代理人遗失或被盗的公章、合同书或授权委托书实施的代理行为"的情形。③根据该观点，被代理人并未授予代理权，仅因对公章、合同书或授权委托书等具有授权性质的文书保管不善或过失导致行为人无权代理的，无需承担表见代理的法律责任。

（2）授权型和权限延续型表见代理之类型划分

有学者依德国通说将表见代理划分为"授权表见"型和"代理权存续"型，并认为"超越代理权"属于"授权表见"型。④事实上，"超越代理权"型表见代理是代理权有因性原则下特有的表见代理类型，在采纳代理权范围抽象性原则的德国法中，根本不可能存在"超越代理权"之"授权表见"型表见代理，正如该学者在承认代理权的范围不受基础法律关系范围影响的前提下认为，违反内部约定之代理行为的效力不受影响，超越授权范围之代理行为始构成无权代理。⑤

该学者虽然赞同德国通说依据权利外观理论将《德国民法典》第170条至第173条认定为授权型和权限延续型表见代理的立场，但并未以权利外观理论为依据将容忍代理和表象代理纳入表见代理的类型之下，而是采纳了德国少数学者的观点，将容忍代理定性为默示授权，将表象代理排除于表见代理之外，并认为代理人使用拾得、盗窃或伪造的授权

---

① 参见最高人民法院［2016］民再字第76号民事判决书。
② 王利明执笔的《民法典·民法总则专家意见稿（征求建议稿）》第170条第2款谓："本人知道他人以代理人名义实施法律行为而不作否认表示的，适用前款规定。""前款"是关于表见代理的规定；杨立新执笔的《民法典·总则编（建议稿）》第169条第2款所谓的构成"表见代理"的理由之四是：被代理人知道他人以本人名义实施法律行为而不作否认表示的。
③ 参见马新彦：《民法总则代理立法研究》，载《法学家》2016年第5期，第132页。
④ 参见朱庆育：《民法总论》（第2版），北京大学出版社2016年版，第369页。
⑤ 参见朱庆育：《民法总论》（第2版），北京大学出版社2016年版，第346~347页。

书或盖有被代理人印章的空白合同书等实施代理行为的，不能构成表见代理。①

3. 法律行为理论之下的表见代理类型

如前所述，有学者以法律行为理论为基础将表见代理限定在"客观上存在代理权通知"的情形，即被代理人曾经表示行为人有代理权、行为人持有代理权凭证、被代理人明知行为人无权代理而不作反对表示、被代理人将行为人置于某种通常伴有代理权的职位的情形。②根据该观点，表见代理包括被代理人曾经表示行为人有代理权或行为人持有代理权凭证（印章、空白授权书、空白合同书等）的情形、容忍代理和默示授权的情形。进言之，持该观点的学者将表见代理的类型限定在被代理人曾经以明示或默示方式作出行为人具有代理权表示的情形。由法律行为理论之代理授权的视角观之，上述表见代理的类型似乎均可被纳入有权代理的范畴，即此处所谓的"代理权表象"实际并非仅仅是"表象"，而应当是代理权的授予，特别是行为人持有代理权凭证（印章、空白授权书、空白合同书等）的情形，授权书本身就是典型的代理权资格证书，而不仅仅是"代理权表象"。此外，"被代理人将行为人置于某种通常伴有代理权的职位的情形"亦不仅仅是"代理权表象"，而是构成代理权的默示授予。③如前所述，容忍代理亦属于基于可推定行为而默示授予的代理权。

（五）表见代理的举证责任之争

关于表见代理的举证责任问题，学界存在争议。有学者认为，包括德国法在内的大陆法系民法中的表见代理通常要求被代理人就相对人的恶意承担举证责任，而最高人民法院于 2009 年 7 月 7 日印发的《关于当前形势下审理民商事合同纠纷案件若干问题的指导意见》（以下简称《指导意见》）第 13 条却要求相对人就自己的善意承担举证责任，有失妥当，进而建议重新分配举证责任，由相对人证明存在代理权的表象，而由被代理人举证相对人在实施法律行为时知道或应当知道代理人欠缺代

---

① 参见朱庆育：《民法总论》（第 2 版），北京大学出版社 2016 年版，第 364~370 页。
② 参见王浩：《"有理由相信行为人有代理权"之重构》，载《华东政法大学学报》2020 年第 4 期，第 180 页；迟颖：《〈民法总则〉表见代理的类型化分析》，载《比较法研究》2018 年第 2 期，第 120 页以下。
③ 默示授权一般指通过授权人的行为或某种事实推断出的授予代理权的意思，具体包括职业授权、习惯授权和附带授权等。参见汪渊智：《代理法论》，北京大学出版社 2015 年版，第 135 页。

理权或超越代理权。①该观点有待商榷。事实上，该学者所引用的《德国民法典》第 173 条是德国法上权限延续型表见代理②的举证责任规则，被代理人主张相对人知道或应当知道代理权消灭的，应当承担举证责任；在德国法上，该举证责任规则并未被一般性地适用于所有表见代理的情形，在容忍代理和表象代理的情形中，相对人承担证明存在权利外观、信赖权利外观以及二者间的因果关系的责任，被代理人仅需举证自己不具有可归责性。③另有学者认为，在权限延续型表见代理中，应由被代理人举证相对人知道或应当知道代理权已经消灭，而不能一概要求相对人举证自己的善意。④该观点有待商榷，同为表见代理，为何仅权限延续型表见代理的举证责任由被代理人承担，该学者并未就其正当性予以充分论证。

还有学者尝试将表见代理限定在"客观上存在代理权通知"的情形，并认为"有理由相信行为人有代理权"，实际是指被代理人对外作出了旨在证明代理权存在的通知，相对人无须再对行为人是否有代理权进行调查核实，相对人的身份、交易方式和交易性质具有特殊性的情形除外；在这些特殊情形中，被代理人应证明相对人的恶意。⑤可见，该学者在所谓的授权型表见代理中，将举证责任转移给被代理人，由被代理人举证在特殊情形中相对人的恶意。事实上，该学者对举证责任的安排采纳了法律行为理论、抽象性原则和禁止代理权滥用规则。在法律行为理论下，该学者所谓的"代理权通知"构成代理授权行为，相对人无须核实代理人与被代理人之间的内部关系，构成禁止代理权滥用的除外。

综上所述，德国法以抽象性原则保护交易安全，表见代理的适用空间有限。弗卢梅以私法自治为理论基础，将被德国主流观点承认的延续型表见代理和授权型表见代理（《德国民法典》第 170 条至第 173 条）

---

① 参见杨代雄：《表见代理的特别构成要件》，载《法学》2013 年第 2 期，第 69~70 页；梁慧星：《〈民法总则〉重要条文的理解与适用》，载《四川大学学报（哲学社会科学版）》2017 年第 4 期，第 64 页；陈甦主编：《民法总则评注》（下册），法律出版社 2017 年版，第 1233~1234 页（方新军执笔）；罗瑶：《法国表见代理构成要件研究——兼评我国〈合同法〉第 49 条》，载《比较法研究》2011 年第 4 期，第 62 页。

② 本书采纳弗卢梅的观点，认为该规定属于代理权消灭后通知相对人之前代理权继续存在的规则。

③ Vgl. MüKoBGB/Schubert, 9. Aufl. 2021, BGB §167, Rn. 126; BGH WM 1960, 1326 (1329); BGHZ 17, 13 (19) = NJW 1955, 985.

④ 参见刘骏：《再论意定代理权授予之无因性》，载《交大法学》2020 年第 2 期，第 110 页。

⑤ 参见王浩：《"有理由相信行为人有代理权"之重构》，载《华东政法大学学报》2020 年第 4 期，第 178，182~183 页。

以及容忍代理，作为授权人以法律行为明示或默示授予代理权的情形，一并纳入法律行为理论框架下，同时将表象代理排除于有权代理之外，值得肯定。我国《民法典》第172条关于表见代理的规定过于概括，缺乏可操作性。而学界针对表见代理的概念、法理基础、构成要件、适用类型和举证责任均存在重大分歧。司法实践中，表见代理案例类型多样，难以形成统一的裁判标准，时常导致同案不同判。下述在分析论证表见代理之弊端的基础上，尝试以法律行为理论和抽象性原则对表见代理予以解构。

第二节 表见代理之弊

我国学界主流观点认为，有因性原则结合表见代理制度，可以平衡各方主体之间的利益，有效保护交易安全。[①]该观点有待商榷。事实上，在被代理人授予代理权的情形下，适用表见代理制度存在过度保护被代理人的私法自治而牺牲交易安全的问题；而在被代理人未授予代理权的情形下，适用表见代理制度则存在过度保护交易安全而牺牲被代理人私法自治的问题。下述分别就被代理人曾经授权和未曾授权两种情形来分析表见代理之弊。

一、被代理人授予代理权

（一）过度保护被代理人的利益

在有因性原则下，被代理人可以基础法律关系的瑕疵否定有权代理行为的效力，继而推卸本应承担的法律责任。就此而言，在有因性原则下，"自主决定"得到全面贯彻，"责任自负"被抛在脑后。然而，私法自治并非不受任何限制的"自主决定"，而是与"责任自负"相伴而生，即授权他人以自己的名义实施法律行为的被代理人，必须承认代理人在授权范围内所实施代理行为的效力，而不得以基础法律关系的瑕疵来否认代理行为的效力。退而言之，在代理中，被代理人利用代理人实施法律行为来扩大私法自治范围而获益，如若仍可以代理人违反基础法律关

---

① 参见冉克平：《代理授权行为无因性的反思与建构》，载《比较法研究》2014年第5期，第94页；陈自强：《代理权与经理权之间———民商合一与民商分立》，北京大学出版社2008年版，第93页；刘骏：《再论意定代理权授予之无因性》，载《交大法学》2020年第2期，第113页；谢鸿飞：《代理部分立法的基本理念和重要制度》，载《华东政法大学学报》2016年第5期，第68页。

系的限制为由否定代理人在代理权限内为其实施的代理行为的效力，则意味着无权代理的风险被转嫁给相对人和代理人，必然导致代理关系三方当事人之间利益的失衡，势必影响代理制度功能的发挥。

反之，在抽象性原则下，私法自治之"自主决定"和"责任自负"的两个面向得到兼顾。被代理人授权代理人为其实施代理行为，需自行承担代理人滥用代理权的风险。代理人在代理权限内实施法律行为违反基础法律关系的限制的，不影响代理行为的效力。

（二）不利于交易安全保护

在有因性原则下，代理权与基础法律关系的界限模糊，由于代理人在代理权限范围内所实施的代理行为还可能因违反基础法律关系的限制而构成无权代理，相对人不得不通过举证表见代理成立来向被代理人主张有权代理，不利于交易安全保护。

1. 相对人负有审查基础法律关系的义务

在有因性原则下，基础法律关系的范围即为代理权的范围。为避免无权代理之风险，相对人负有核实义务，且该义务不仅限于代理权的核实，而且包括基础法律关系的核实。相对人为举证代理权存续的外观，必须举证基础法律关系存续且未对代理人有所限制。由于基础法律关系的内部性，相对人必须投入大量的时间和精力展开调查，有碍交易效率和安全。

2. 相对人需举证表见代理成立

最高人民法院认为，较之善意取得中善意相对人无法得知原有权利人的存在，在表见代理中，行为人必须以被代理人的名义为代理行为，相对人至少知道被代理人的存在，获知行为人无权代理的信息成本低，相对人善意的要求程度应更高，故《民法典总则编解释》第 28 条中的"无过失"应指"无轻过失"。①这是否意味着，只要被代理人能够举证相对人未审查基础法律关系的存续和范围，相对人即为有过失，表见代理就不能成立？果真如此，表见代理岂不形同虚设？其交易安全保护之目的岂不落空？

按照《民法典总则编解释》第 28 条第 2 款前半句的规定，相对人应举证代理权外观的存在。在有因性原则下，代理权的效力和范围受基础法律关系效力和范围的影响，在授权人有授权的情形中，如外部授权、内部授权外部通知或向相对人出示授权书、容忍代理、代理人在代理权

---

① 参见贺荣主编，最高人民法院民法典贯彻实施工作领导小组编著：《最高人民法院民法典总则编司法解释理解与适用》，人民法院出版社 2022 年版，第 408 页。

限范围内所为代理行为违反基础法律关系限制或基础法律关系失效等情形，相对人为举证权利外观的存在还必须审查基础法律关系的效力和范围。反之，在法律行为理论下，代理人基于被代理人以明示或默示方式授予的代理权，如外部授权、内部授权外部通知、向相对人出示授权书和容忍代理等所实施的代理行为，均构成有权代理，相对人可以直接主张有权代理而无需举证表见代理成立。而在抽象性原则下，代理人只要是在代理权限范围内实施法律行为，相对人就可以直接要求被代理人承认代理行为的效力，基础法律关系是否存续、范围是否受限，在所不问。由此可见，根据法律行为理论和抽象性原则，在上述授权人有授权的情形中，相对人无需承担举证不能的风险。

综上所述，在有因性原则下，被代理人虽授予他人代理权，但仍可以基础法律关系的效力或范围瑕疵主张代理权的失效或范围受限，继而否定代理人在代理权限范围内所实施法律行为的效力，迫使相对人为避免无权代理的风险，在与代理人实施法律行为之前，必须审查基础法律关系的效力和范围，否则将无法举证表见代理成立。这种有因性原则和表见代理制度组合的保护模式，过度偏向于保护被代理人，将无权代理的风险转嫁给相对人和代理人，导致代理关系三方当事人之间利益的严重失衡。而法律行为理论和抽象性原则致力于在私法自治框架下维护交易安全，能够有效平衡被代理人、相对人和代理人之间的利益，确保代理制度功能的有效发挥。

二、被代理人未授予代理权

根据《民法典》第172条关于表见代理构成要件的宽泛规定，只要相对人有理由相信行为人有代理权，即使被代理人未曾授予代理权，也需要承认行为人以自己的名义所实施的代理行为的效力，即所谓的表象代理。例如，被代理人因管理不慎而导致公章、代理授权书或盖有公司印章的空白合同书被窃的，应履行行为人使用这些印章或文书所订立的合同。在此类所谓表象代理的情形中，要求被代理人承担有权代理的法律后果有违私法自治原则，不具有正当性。①这是因为，表象代理通过拟

---

① 参见徐涤宇：《代理制度如何贯彻私法自治〈民法总则〉代理制度评述》，载《中外法学》2017年第3期，第695页；[德] 维尔纳·弗卢梅：《法律行为论》，迟颖译，法律出版社2013年版，第994~996页；Vgl. Medicus/Petersen, Allgemeiner Teil des BGB, 11. Aufl., 2016, S. 422; Neuner, Allgemeiner Teil des Bürgerlichen Rechts, 13. Aufl., 2023, S. 652-653; Förster, Stellvertretung-Grundstruktur und neuere Entwicklungen, Jura 2010, S. 356.

制被代理人根本未曾表示的意思，仅基于相对人对代理权的信赖就强迫被代理人在根本未授予他人代理权的情况下承认行为人无代理权所实施法律行为的效力，不具备代理行为效力归属于被代理人这一本应具备的代理权之要件。

在以私法自治为基石的民法中，信赖保护原则终属例外，其过度适用会严重危及私法自治，尤其是在被代理人根本未予授权的情形中强迫其接受代理行为的法律后果。进言之，被代理人未授予代理权的，不能仅因相对人对代理权外观的信赖就违背被代理人的意愿将有权代理的法律效力强加于其，否则将使作为例外的信赖保护原则凌驾于私法自治原则之上。如前所述，信赖保护的范围通常仅限于信赖利益之损害的赔偿，而不能扩展到履行利益之损害赔偿甚或实际履行。具言之，被代理人未授予代理权，却因过失导致代理权存续之外观的，如被代理人对公章、代理授权书或盖有公司印章的空白合同书保管不善导致其被盗的，仅需依据缔约过失责任的规定向相对人承担信赖利益的损害赔偿责任，而无需依据表见代理的规定承担有权代理的法律后果。

在被代理人未予授权的情形中，代理人擅自以被代理人的名义实施法律行为的，具有可责性，理应承担无权代理责任。作为严格责任，无权代理责任足以为相对人提供周全保护。相对人仅需证明代理人无权代理即可向无权代理人主张实际履行或损害赔偿；无权代理人主张免责的，应证明相对人非为善意。在这种制度安排下，擅自代理他人的行为人应承担无权代理责任，因过失造成代理权存续假象的被代理人仅需向相对人承担缔约过失之信赖利益损害赔偿责任。如此制度设置，可以有效平衡被代理人、相对人和代理人三者之间的利益。

综上所述，我国法采纳代理权的有因性原则，代理行为极易因基础法律关系无效或受到限制而沦为无权代理，不得不频繁借助表见代理制度来维护交易安全。而表见代理的广泛适用，或是有害于交易安全保护或是不利于被代理人的私法自治。在所谓的授权型表见代理中，外部授权、交付授权书等具有授权意义文书的被代理人，本应依有权代理承担法律责任，但却可以主张无权代理，相对人必须通过证明表见代理成立来维护自己的利益，显然不利于交易安全保护；而在被代理人未予授权的情形中，却仅因相对人有理由相信代理人有代理权，被代理人就必须承担有权代理的法律后果，显然不利于被代理人的私法自治。这不免导致被代理人、相对人和代理人之间利益的严重失衡。为平衡三方利益，有必要在法律行为理论框架下，以代理权抽象性原则取代有因性原则，进而解构表见代理。

第三节　表见代理之解构

根据《民法典》第172条的规定，无论被代理人是否实际授予代理权，只要"相对人有理由相信行为人有代理权"就可能构成表见代理。表见代理的类型繁杂：授权型、权限逾越型、权限延续型、容忍代理、被代理人未授权但对代理权外观具有可归责性的表象代理，甚至还可能包括根本无法归因于被代理人的伪造授权书和印章等情形。表见代理的广泛适用模糊了有权代理和无权代理的界限。法院既可以不顾被代理人的私法自治而通过将无权代理认定为表见代理来要求被代理人承担有权代理的法律后果，又可以无视相对人的交易安全而通过将本为有权代理的行为认定为无权代理来要求相对人举证表见代理成立。为解决表见代理的泛用所造成的司法适用困境和学理争议，必须重新审视表见代理的具体类型并对其予以解构，以期划清有权代理和无权代理的界限。

一、表见代理解构之必要性

（一）解决司法适用困境之必然要求

宽泛的表见代理类型导致司法实践中表见代理的认定标准不统一，频现同案不同判的案例。为解决表见代理适用的问题，最高人民法院多次发布相关司法解释，但效果并不明显。例如，《指导意见》第13条规定："合同法第四十九条规定的表见代理制度不仅要求代理人的无权代理行为在客观上形成具有代理权的表象，而且要求相对人在主观上善意且无过失地相信行为人有代理权。合同相对人主张构成表见代理的，应当承担举证责任，不仅应当证明代理行为存在诸如合同书、公章、印鉴等有权代理的客观表象形式要素，而且应当证明其善意且无过失地相信行为人具有代理权。"根据该司法解释，相对人不仅应就代理权表象，而且应就自己的善意无过失承担举证责任，以严格认定表见代理的成立。最高人民法院在审理相关案件时，基本遵循该举证规则，极少数情况下要求被代理人承担证明不构成表见代理的举证责任。①

最高人民法院在2019年11月8日印发的《全国法院民商事审判工

---

① 参见杨芳：《〈合同法〉第49条（表见代理规则）评注》，载《法学家》2017年第6期，第174页。

作会议纪要》（以下简称《九民纪要》）中，针对《民法总则》第172条关于表见代理的规定指出，外观主义是为保护交易安全设置的例外规定，审判实务中要准确把握外观主义的适用边界，避免泛化和滥用。《民法典》颁行后，最高人民法院坚持认为相对人承担证明成立表见代理的举证责任。例如，最高人民法院在李某与新疆某建设工程有限公司等建设工程施工合同纠纷再审案中认为，相对人主张构成表见代理的，应当承担举证责任，不仅应当证明代理行为存在诸如合同书、公章、印鉴等有权代理的客观表象形式要素，而且应当证明其善意且无过失地相信行为人具有代理权。[①]匪夷所思的是，最高人民法院在2022年2月24日颁布的《民法典总则编解释》第28条中，反其道而行之，将表见代理的举证责任部分转移给被代理人，即被代理人应当举证相对人明知行为人没有代理权或因过失而不知行为人没有代理权。这一举证责任的倒置在法理上不无疑问，在司法适用上可能会进一步导致表见代理适用的混乱。为解决表见代理的司法适用困境，有必要另寻解决之道。

（二）学理争议解决之必然要求

为解决学理争议，已有学者尝试适用意思表示解释规则和法律行为理论来限制表见代理的适用。例如，有学者建议将"行为人没有代理权"之表见代理类型予以限缩解释，使其仅包括容忍代理；[②]另有学者认为，表见代理制度的基石是授权行为或其外观所赋予的代理权，其规范目的是以信赖原则适度纠正私法自治之偏差，故在解释《民法典》第172条时，应贯彻私法自治原则，将表见代理限定在被代理人曾有授权行为或授权表示的类型，以类型化的权利外观作为相对人合理信赖的认定标准；[③]亦有学者通过将风险归责原则具体化到不同的案例类型中，将被代理人是否具有可归责性作为表见代理的构成要件；被代理人在有授权表示的情形中具有可归责性的，应承担有权代理的法律后果；而在被代理人不具有可归责性但具有过错的情形中，被代理人应依据缔约过失责任或侵权责任的规定承担信赖利益的损害赔偿责任；[④]还有学者认为，"有理由相信行为人有代理权"，实际是指被代理人对外作出了旨在证明

[①] 参见最高人民法院[2021]民申2345号民事裁定书。
[②] 参见杨代雄：《容忍代理抑或默示授权——〈民法通则〉第66条第1款第3句解析》，载《政治与法律》2012年第4期，第126页。
[③] 参见徐涤宇：《代理制度如何贯彻私法自治〈民法总则〉代理制度评述》，载《中外法学》2017年第3期，第694~696页。
[④] 参见朱虎：《表见代理中的被代理人可归责性》，载《法学研究》2017年第2期，第73页。

代理权存在的通知，具体包括被代理人曾经表示行为人有代理权、行为人持有代理权凭证、被代理人明知行为人无权代理而不作反对表示、被代理人将行为人置于某种通常伴有代理权的职位，此类"代理权通知"发挥着类似于法律行为的功能，表见代理与法律行为理论密切相关。①上述学者均尝试从不同路径来限制表见代理，特别是最后一种观点以法律行为理论为基础限制表见代理，几乎将其等同于有权代理，实质上消解了表见代理。本书下述以法律行为理论为依据，以代理权抽象性原则取代有因性原则，进而解构表见代理各类型，并将其分别纳入有权代理、无权代理和缔约过失责任的范畴。

二、表见代理解构之可行性

（一）授权型表见代理之解构——有权代理

所谓的授权型表见代理，是指行为人虽然自始没有代理权，但由于被代理人明示或默示的行为致使相对人确信行为人有代理权而与之为法律行为，被代理人应当承担授权人之责的表见代理。②授权型表见代理具体又可被划分为下述类型：第一种类型为被代理人以直接或间接的意思表示，声明授予他人代理权，但事实上并未授予或虽授权但授权范围大于基础法律关系的约定；第二种类型为被代理人将其有代理权证明意义的文书、印鉴交与他人，他人凭此以被代理人名义实施法律行为；第三种类型为被代理人明知他人以自己名义实施法律行为而未作否认表示。有学者将上述三种情形纳入"客观上存在代理权通知"的情形，并援引弗卢梅的法律行为理论，认为表见代理中的"代理权通知"发挥着类似于法律行为的功能，几乎等同于代理授权之意思表示。③事实上，按照弗卢梅的法律行为理论，"代理权通知"即为基于法律行为授予代理权的意思表示，而不仅是单纯的宣示或告知，发通知者旨在赋予代理人代理资格，授权人表示自己正在授予代理权抑或已经授予代理权，并无任何差别。④

---

① 参见王浩：《"有理由相信行为人有代理权"之重构》，载《华东政法大学学报》2020年第4期，第178页以下。
② 参见张俊浩主编：《民法学原理》（修订第3版·上册），中国政法大学出版社2000年版，第328页。
③ 参见王浩：《"有理由相信行为人有代理权"之重构》，载《华东政法大学学报》2020年第4期，第188页。
④ 参见［德］维尔纳·弗卢梅：《法律行为论》，迟颖译，法律出版社2013年版，第983、985页。

1. 声明授予他人代理权，事实上并未授予

（1）向相对人作出授予他人代理权的意思表示，事实上并未授予

如前所述，《德国民法典》第 167 条第 1 款明确规定授予代理权的意思表示可以向相对人作出。梁慧星主编的《中国民法典草案建议稿附理由：总则编》第 162 条言："被代理人向代理人授予代理权，应当向代理人或者与代理人实施法律行为的相对人，以意思表示为之。"①遗憾的是，《民法典》并未采纳上述专家建议，没有明确规定代理授权意思表示的受领人可以是意欲与之实施法律行为的相对人。有学者以我国法不承认代理权外部授予为由，否认"被代理人曾经对外表示行为人有代理权"的行为构成代理授权行为，并将该本属于外部授权的情形纳入表见代理的范畴。②

我国《民法典》虽然没有明确规定授权人可以通过外部授权的方式授予代理权，但基于法无禁止即可为的私法自治原则，既然我国法允许代理权的内部授予，承认代理权的外部授予亦无障碍。③首先，代理授权行为是单方法律行为，不以被授权人的同意为必要；其次，授权人的目的仅在于赋予被授权人以其名义与相对人实施代理行为的资格，此目的既可以通过向被授权人授予代理权来实现，也可以通过向相对人授予代理权来实现，甚至向相对人表示授予代理权更能获得相对人的信赖。最后，即使认为法律因未明确规定外部授权而存在漏洞，也可以在法律行为理论的框架下适用真意保留制度进行漏洞填补，授权人向相对人作出代理授权之意思表示的，该意思表示到达相对人时生效，授权人不予授权的内心意思不影响其向相对人所作出的代理授权意思表示之效力。鉴于此，授权人向相对人作出授予他人代理权之意思表示的，属于基于法律行为的外部授权，代理人基于该外部授权所实施的代理行为对被代理人生效，相对人可直接依据外部授权表示向被代理人主张有权代理，而无需通过举证表见代理成立来向被代理人主张代理行为的效力，这既有利于交易安全保护，又不违背被代理人的意思自治。由此，在承认外部

---

① 梁慧星主编：《中国民法典草案建议稿附理由：总则编》，法律出版社 2013 年版，第 311~312 页。
② 参见王浩：《"有理由相信行为人有代理权"之重构》，载《华东政法大学学报》2020 年第 4 期，第 185 页；李文柱：《论表见代理》，载《甘肃政法学院学报》1998 年第 1 期，第 7 页。
③ 参见陈甦主编：《民法总则评注》（下册），法律出版社 2017 年版，第 1169 页（方新军执笔）。

授权的情形中，授权人向相对人表示授予他人代理权的，即使事实上并未授予，也构成代理授权。

(2) 以通知或公告公示授予他人代理权，事实上并未授予

我国学界一般认为，被代理人以通知或公告的方式向第三人或公众表示授予他人代理权，实际上并未授权的，构成表见代理。[①]如前所述，德国学界关于《德国民法典》第 171 条第 1 款[②]和第 172 条第 1 款[③]所规定的授权通知和交付授权书的行为究竟属于法律行为还是权利外观的问题存在争议。持权利外观理论的学者认为，单纯告知代理权授予的通知或公告仅是将存在代理权的法律事实予以公布，并不具有授予代理权的效果意思，不构成意思表示，但由于通知人或公告人以可归责的方式引起代理权授予的权利外观，因此应基于表见代理规则承认代理行为的效力。[④]持法律行为理论的学者则认为，正如《德国民法典立法理由书》所记载的那样："第 171 条所规定的通知不仅是单纯的宣示或告知"，[⑤]公示授予代理权之行为的目的在于授予代理资格；从本质上看，授权人表示自己正在授予代理权抑或已经授予代理权并无区别，即通知、公告或交付授权书构成授权行为。[⑥]

本书赞同从法律行为理论出发将通知或公告等代理权公示行为认定为授予代理权的意思表示，不论授权人实际上是否授予代理权，相对人均可以直接向被代理人主张有权代理。日本法虽然将代理权通知的情形纳入授权型表见代理，但也有日本学者认为，代理权通知取代实际的代理权授予，成为被代理人与相对人法律关系形成之基础。[⑦]该观点实质上

---

① 参见梁慧星：《民法总论》（第 6 版），法律出版社 2021 年版，第 242 页。
② 《德国民法典》第 171 条第 1 款规定："授权人以对第三人的特别通知或以公告发出授予他人代理权的通知的，该他人因该通知而于前一情形下对特定第三人，于后一情形下对任何第三人，有代理的权能。"
③ 《德国民法典》第 172 条第 1 款规定："授权人将授权书交付代理人，且代理人向第三人出示该授权书的，与授权人发出授予代理权的特别通知效果相同。"
④ Vgl. Larenz/Wolf, Allgemeiner Teil des Bürgerlichen Rechts, 9. Aufl., 2004, S. 889.
⑤ 此处弗卢梅引用了《德国民法典立法理由书》的相关阐述："基于生活常识和对意定代理权人意图的理性认识，该通知……不仅指明授权行为的事实，而且足以使第三人信赖相关人员享有代理权。"
⑥ 参见［德］维尔纳·弗卢梅：《法律行为论》，迟颖译，法律出版社 2013 年版，第 982~983 页。
⑦ 参见佐久間毅：「代理取引の保護法理」，有斐閣 2001 年版，第 102 页以下，第 210 页以下，转引自王浩：《表见代理中的本人可归责性问题研究》，载《华东政法大学学报》2014 年第 3 期，第 113 页，脚注 45。

将代理权通知等同于代理授权行为，代理权以特别通知或公告告知第三人的，授权人在向特定第三人通知的情形中相对于该第三人授予代理权，而在公告情形中相对于任何第三人授予代理权。作出通知或公告的人必须对自己通知或公告的内容负责，不得以自己并未授予代理权为由否定代理行为的效力。通知人或公告人在作出通知或公告时不具有授予代理权意思的，其内心意思并未表示出来，构成真意保留，并不影响其以通知或公告作出的代理权授予之意思表示的效力。

综上，按照法律行为理论，无论是向相对人作出授予他人代理权意思表示而实际上并未授权的情形，还是以通知或公告告知已经授予他人代理权而实际并未授权的情形，被代理人的行为都应被认定为代理授权之意思表示，相对人无需通过举证表见代理成立向被代理人主张有权代理的法律后果。

2. 将具有代理权证明意义的文书、印鉴交与他人，他人凭此实施代理行为

在实践中，存在着诸多行为人持空白授权书、合同专用章、加盖公章的空白合同书以及单位介绍信签署合同的行为。有学者将其认定为表见代理。① 在《民法典》的起草过程中，杨立新执笔的《民法典·总则编（建议稿）》第169条第2款第3项将"代理人持有本人公章、合同专用章、加盖印鉴的空白合同书、包含授权内容的介绍信，并向第三人出示上述印章或文书的行为"纳入表见代理的范畴。而最高人民法院曾在《经济纠纷规定》（已失效）第1条中明确规定，合同签订人用委托单位的合同专用章或者加盖公章的空白合同书、持有委托单位出具的介绍信签订合同的，应视为委托单位授予合同签订人代理权。② 《九民纪要》第41条第3款指出，代理人取得合法授权后，以被代理人名义签订的合同，应当由被代理人承担责任。被代理人以代理人事后已无代理权、加盖的是假章、所盖之章与备案公章不一致等为由否定合同效力的，人民

---

① 参见曹新明：《论表见代理》，载《法商研究（中南政法学院学报）》1998年第6期，第66页；李宇持不同观点，他认为，持有他人公章、合同书、营业执照、权属证书等，不足以表明持有人已被授予代理权，须与足以构成授予代理权外观的另一事实相结合，如授权委托书或任总经理等特定职务，才能构成代理权外观。参见李宇：《民法总则要义：规范释论与判解集注》，法律出版社2017年版，第821页。

② 《经济纠纷规定》（已失效）第1条规定："……（一）合同签订人用委托单位的合同专用章或者加盖公章的空白合同书签订合同的，应视为委托单位授予合同签订人代理权。委托单位对合同签订人签订的合同，应当承担责任。（二）合同签订人持有委托单位出具的介绍信签订合同的，应视为委托单位授予代理权……"

法院不予支持。最高人民法院在一则案例中亦认为，公司印章是公司人格的象征，交易文本上加盖了公司印章，便具有被推定为公司意思表示的法律效力，除非被相反证据推翻。①

空白授权书、合同专用章、加盖公章的空白合同书以及单位介绍信其实都属于授权书的特别形式，其占有人即为代理人。在德国法上，一般认为签发空白表示的行为属于向第三人宣示授予代理权之意思表示，例如将土地债务证书和经签署的债权让与契约同时交付他人者，不仅使该他人，而且使与之实施行为的任何第三人，一般性地意识到自己已经授予证书所有人自由处分该土地债务证书的资格。②如前所述，代理授权之法律行为不仅可以明示作出，也可以默示作出，正如登上有轨电车和将汽车停放在收费停车场的人通过自己的可推定行为创设法律关系那样，③将空白授权书、合同专用章、加盖公章的空白合同书和单位介绍信交付他人的，同样构成通过可推定行为授予他人代理权的行为，④并不涉及表见代理的问题。

综上，公章、合同专用章、加盖公章的空白合同书以及单位介绍信均属公司的重要文件，在某种程度上，这些印鉴和文书比授权书更具有授权的功能，将其交付他人本身就是一种代理授权，而不仅是"授权表象"。相对人可以直接向被代理人主张代理行为的效力，而无需借助表见代理规则，代理行为违反禁止代理权滥用规则的除外。

3. 容忍代理

如前所述，在德国法上，主张权利外观理论的学者将容忍代理纳入表见代理的范畴，而以法律行为理论为基础的学者则将容忍代理认定为基于可推定行为授权产生的有权代理。我国《民法典》虽未明文规定容忍代理，但一般认为，《民法典》第172条规定的表见代理的构成要件相当宽泛，足以涵盖容忍代理。最高人民法院虽然一般将容忍代理视为表见代理，但在有的判决中，针对容忍代理，却未要求其满足"相对人善意无过失"的构成要件，而是认为被代理人明知代理人以自己的名义实

---

① 参见最高人民法院［2012］民提字第35号民事判决书。
② Vgl. RG 81, 257 ff., 260; RG 138, 265 ff., 269; RG 105, 183 ff.
③ 参见［德］维尔纳·弗卢梅：《法律行为论》，迟颖译，法律出版社2013年版，第82、984页。
④ 有学者在论证公章的效力时认为，公章名义人以自己意思将公章交与他人使用，即具有授予他人代理权的法律效果。参见陈甦：《公章抗辩的类型与处理》，载《法学研究》2020年第3期，第58页。

施代理行为而未提出异议的，相对人即有理由相信代理人有代理权。①由此可见，容忍代理在构成要件上与表见代理有所不同。

我国学界一般以权利外观或信赖保护为理论基础，将容忍代理纳入表见代理的范畴。②但也有学者认为容忍代理是默示授权，被代理人应承担有权代理之责。③本书赞同后者的观点。在民法中，可以私法自治原则为基础，依据法律行为理论进行解释的，就无需借助违背私法自治原则的权利外观理论。依据私法自治原则，行为人需要对自己的意思自治行为承担相应的法律后果，此处的"行为"亦包括"不作为"。在容忍代理中，知道行为人以自己的名义实施法律行为的被代理人，如果不希望承担该行为的法律后果，就应当及时作出否认表示，其不作为构成代理授权之意思表示。换言之，被代理人明知他人以其名义实施法律行为而未提出异议的，构成有意识允许他人以其名义实施法律行为之授权。④进言之，从被代理人对行为人以其名义实施法律行为有意识地加以容忍的不作为之中，可以推断出被代理人有授予他人代理权的效果意思。由此可见，容忍代理属于基于可推定行为授予代理权的有权代理，而非基于权利外观理论产生的表见代理，相对人仅需举证被代理人明知代理人以其名义实施法律行为而未为反对表示即可以向被代理人主张代理行为的效力，无需举证表见代理成立。

本书认为，《民法通则》第66条第1款第3句是关于容忍代理的规定，它与无权代理规则并不矛盾。具言之，容忍代理发生在代理行为实施的过程中，被代理人知道他人以自己的名义实施法律行为而未提出异议，该沉默构成默示授权，意味着被代理人同意他人以其名义实施法律行为，故代理人所实施的法律行为自始构成有权代理。而根据无权代理规则，即《民法典》第171条第2款第1句和第2句的规定，在无权代理行为完成后，只有在相对人催告时，被代理人未在30日内作表示的，才构成拒绝追认；相对人未为催告的，被代理人的沉默不能被视为拒绝追认，善意相对人撤回意思表示之前，无权代理行为效力待定。相对人

---

① 参见最高人民法院［2014］民四终字第35号民事判决书。
② 参见朱虎：《表见代理中的被代理人可归责性》，载《法学研究》2017年第2期，第69页；王利明：《论民法典代理制度中的授权行为》，载《甘肃政法大学学报》2020年第5期，第9页；谢鸿飞：《代理部分立法的基本理念和重要制度》，载《华东政法大学学报》2016年第5期，第74页；杨代雄：《容忍代理抑或默示授权——〈民法通则〉第66条第1款第3句解析》，载《政治与法律》2012年第4期，第126页。
③ 参见朱庆育：《民法总论》（第2版），北京大学出版社2016年版，第364～366页。
④ 参见［德］维尔纳·弗卢梅：《法律行为论》，迟颖译，法律出版社2013年版，第988页。

举证被代理人知道代理人以其名义实施法律行为而未提出异议的，构成容忍代理。尽管《民法通则》第 66 条第 1 款第 3 句的规定未被纳入《民法典》之中，但最高人民法院可以通过司法解释将该规定作为有权代理规则纳入现行法体系。

综上所述，从法律行为的视角来看，授权人向相对人作出代理授权意思表示、通知或公告代理授权、将空白文书、印章等具有代理权证明意义的文书交与他人、明知他人以自己名义实施法律行为而未作反对表示的，均属于代理授权的意思表示，不构成表见代理，所谓的授权型表见代理并不成立。最高人民法院可以通过作出如下司法解释对此予以明确：代理授权之意思表示可以向代理人与之实施代理行为的相对人作出；通知或公告代理授权、将空白文书、印章等具有代理权证明意义的文书交与他人、明知他人以自己名义实施法律行为而未作反对表示者，授予代理权；代理人基于上述授权所实施的代理行为构成有权代理。

（二）权限延续型表见代理之解构——有权代理

《德国民法典》第 170 条、第 171 条第 2 款、第 172 条第 2 款和第 173 条规定，在代理权外部授予、以对第三人的特别通知或以公告方式发出授予他人代理权的通知、代理人向第三人出示授权书的情形中，在授权人将代理权的消灭通知第三人之前、授权人以授权通知发出之方式撤回授权之前、授权书被返还给授权人或被宣告无效之前，代理权相对于善意第三人持续有效。持权利外观理论的德国学者认为上述条款是关于表见代理的规定，而以法律行为理论为解释进路的学者却认为，它们所涉及的并非"自身"已经失效的代理权"被视为"继续有效，而是基于法律行为授予的代理权相对于善意第三人实际上继续有效。[①]此外，按照《德国民法典》第 173 条的规定，第三人明知或因过失而不知代理权已经失效的，被代理人无需承认代理人与相对人所实施法律行为的效力。被代理人主张无权代理的，应承担相应的举证责任。

在我国《民法典》的起草过程中，针对代理权的失效，梁慧星主编的《中国民法典草案建议稿附理由：总则编》第 174 条言：代理权变更或者消灭时，应当以适当方式通知第三人。因第三人下落不明而无法通知的，被代理人或者代理人应当将代理权变更或消灭的事实予以公告。未公告的，不得对抗第三人，但第三人在实施法律行为时知道或者应当

---

① 参见［德］维尔纳·弗卢梅：《法律行为论》，迟颖译，法律出版社 2013 年版，第 1024～1026 页；持类似观点的还有，Vgl. Bader, Duldungs- und Anscheinsvollmacht, 1979, S. 147.

知道代理权变更或者消灭的除外。遗憾的是，《民法典》的立法者并未采纳这一建议，而是将此种未使相对人知晓其失效的表见代理作为权限延续型表见代理纳入《民法典》第172条的规定。本书采纳法律行为理论的解释路径，以外部授权或内部授权外部通知方式授予的代理权被内部撤回后未及时通知相对人或未予公告或收回授权书的，代理权原则上存续，代理人基于该代理权所实施的代理行为原则上构成有权代理，第三人明知或应当知道代理权失效的除外。①

如前所述，持权利外观解释路径的学者在论及所谓权限延续型表见代理的举证责任时建议，不能一概要求相对人举证自己的善意，而应由被代理人举证相对人知道或应当知道代理权已经失效。②但同为表见代理，为何此种类型的表见代理应由被代理人承担举证责任，该学者未予论证。倘使按照本书的观点直接将其认定为有权代理，则相对人明知或因过失而不知道代理权已经失效的举证责任直接由被代理人承担，而无需作出上述违反举证原则的特殊安排。进言之，代理权虽被撤回但相对于善意相对人而言依然存续，被代理人主张无权代理的，应依据"谁主张，谁举证"的原则，举证相对人明知或因过失而不知道代理权的失效。

综上所述，最高人民法院可以法律行为理论为基础，借鉴《德国民法典》第170条至第173条的规定，通过司法解释明确下述："在外部授予代理权、以通知或公告告知授权他人代理权、出示授权证书等三种情形中，代理权失效的，在授权人将代理权的失效通知或公告告知相对人或收回代理证书之前，代理权持续有效，代理人基于该代理权所实施的代理行为构成有权代理，相对人明知或应当知道代理权已失效的除外。"

（三）权限逾越型表见代理——有权代理

在以代理权抽象性为基本原则的德国代理法中，不存在所谓的"权限逾越型表见代理"。根据抽象性原则，代理人在代理权限内违反基础法律关系的限制所实施的代理行为原则上为有权代理，违反禁止代理权滥用规则的除外；仅逾越代理权限自身范围所实施的代理行为构成无权代理，且不能因相对人的信赖而成立表见代理。

就我国法而言，一般认为，《民法典》第172条所规定的"超越代理权"即为"权限逾越型表见代理"。关于"权限逾越型表见代理"的概念，我国学界存在不同观点。第一种观点认为，它是指代理权嗣后被

---

① 参见谢鸿飞：《代理部分立法的基本理念和重要制度》，载《华东政法大学学报》2016年第5期，第68页。
② 参见刘骏：《再论意定代理权授予之无因性》，载《交大法学》2020年第2期，第110页。

限缩，但却存在足以令人信其未被限缩的外观而发生的表见代理；①第二种观点基于《民法通则》第 65 条第 3 款②的规定认为，它是指被代理人在授权书中未明确说明对代理权的限制，而善意相对人不知道代理权的限制而与代理人所为之法律行为，构成表见代理；③第三种观点认为，代理人于代理行为实施时仍拥有代理权，只是所实施的代理行为超越了代理权范围。④上述学者关于"权限逾越型表见代理"的定义主要针对代理权而言，即代理权受限制或代理权限范围不明确，代理人超越代理权范围实施法律行为，相对人信赖其为有权代理的，构成表见代理。事实上，此种意义上的"权限逾越型表见代理"根本不构成表见代理，而是有权代理。如前所述，代理权限范围不明确的，应依法律行为的客观解释原则，按照相对人在通常情况下对授权行为的理解来确定代理权的范围，不涉及表见代理的问题。而在代理权后来受到限制的情形中，若授权人未将代理权的限制告知相对人的，代理权的限制不对相对人生效，代理人依未受限制的代理权与相对人实施的代理行为，属于有权代理，不存在表见代理的问题；若授权人将代理权的限制告知相对人，代理权的限制对相对人生效，代理人违反代理权的限制与相对人实施的代理行为构成无权代理，亦不涉及表见代理的问题。

事实上，所谓的"权限逾越型表见代理"是代理权有因性原则下特有的法律制度。例如，采纳有因性原则的《日本民法典》第 110 条有类似规定⑤。在代理权有因性原则下，基础法律关系的范围就是代理权的

---

① 参见张俊浩主编：《民法学原理》（修订第 3 版·上册），中国政法大学出版社 2000 年版，第 330 页。

② 《民法通则》第 65 条第 3 款规定："委托书授权不明的，被代理人应当向第三人承担民事责任，代理人负连带责任。"

③ 参见李文柱：《论表见代理》，载《甘肃政法学院学报》1998 年第 1 期，第 8 页；章戈：《表见代理及其适用》，载《法学研究》1987 年第 6 期，第 10 页；谭玲：《论表见代理的定性及表象形态》，载《当代法学》2001 年第 1 期，第 24 页。梁慧星持不同观点，他认为该规定仅明确了被代理人应承担的过错责任，不构成表见代理规则，参见梁慧星：《民法总论》（第 2 版），法律出版社 2001 年版，第 233 页。

④ 参见梁慧星：《民法总论》（第 6 版），法律出版社 2021 年版，第 252 页；崔建远等编著：《民法总论》（第 3 版），清华大学出版社 2019 年版，第 257 页；徐海燕：《表见代理构成要件的再思考：兼顾交易安全和意思自治的平衡视角》，载《法学论坛》2022 年第 3 期，第 47 页；汪渊智：《我国合同法第四十九条的解释论》，载《政法论丛》2012 年第 5 期，第 95 页。

⑤ 《日本民法典》第 110 条明确规定：代理人实施其权限外的行为，如第三人有正当理由相信其有此权限时，被代理人应当承担与有权代理相同的责任。日本学界通说认为，该条规定的是越权型表见代理。

范围，代理人违反基础法律关系的义务限制的，构成越权代理，为维护相对人的交易安全，有必要适用"权限逾越型表见代理"，相对人可以通过举证自己不知道基础法律关系的限制来向被代理人主张表见代理成立。进言之，相对人如欲主张表见代理成立，不仅需要举证代理权的存在，而且需要证明自己不知道且不应当知道基础法律关系的限制，而这就意味着相对人负有审查代理人与被代理人之基础法律关系的义务，否则相对人将无法举证自己不知道且不应当知道基础法律关系的限制。例如，代理人具有概括代理权，但基础法律关系限制其不得签署金额为10万元以上的买卖合同。在有因性原则下，代理人在概括代理权限内违反基础法律关系的限制签署金额为15万元的买卖合同，构成无权代理。相对人如欲举证该无权代理构成"权限逾越型表见代理"，需在订立合同之前审查基础法律关系是否存在金额限制，否则无法举证自己不知道且不应当知道基础法律关系的限制，也就无法受到表见代理制度的保护。

在抽象性原则下，单纯的委托或职务上的指示尚不能限缩代理权的范围，代理人仅违背该等委托或指示但未逾越代理权范围的，虽需向被代理人承担损害赔偿责任，但并不必然意味着构成越权代理；代理行为只有逾越代理权范围，始构成越权代理。①进言之，代理人违反基础法律关系的限制所实施的代理行为原则上为有权代理，相对人只要能证明代理权存在就可以主张代理行为对被代理人生效，而无需关注代理行为是否违反基础法律关系的限制。被代理人以代理行为违反禁止代理权滥用规则为由主张代理行为无效的，应当证明相对人与代理人恶意串通或相对人明知代理权滥用或基于代理权滥用的显见性而不可能不知情。在上例中，依据抽象性原则，相对人无需审查代理人订立金额为15万元的买卖合同是否违反基础法律关系的限额，代理人在概括代理权限范围内违反基础法律关系关于10万元限额的约定所订立的买卖合同有效。被代理人如欲主张代理人违反10万元的基础法律关系限制所订立的金额为15万元的买卖合同因违反禁止代理权滥用规则而无效的，需要举证相对人与代理人恶意串通，或相对人知道代理人违反基础法律关系关于其只能签订10万元以下买卖合同的限制，或代理人违反基础法律关系的限制如此明显相对人不可能不知情。由此可见，抽象性原则直接保护交易安全，并无"权限逾越型表见代理"适用的空间。

---

① 参见［德］保尔·拉邦德:《依〈德国普通商法典〉缔结法律行为时的代理》，刘洋译，柯伟才校，载《苏州大学学报（法学版）》2021年第4期，第146、151页。

综上,"权限逾越型表见代理"是有因性原则下的特殊法律制度。在抽象性原则下,代理人在代理权限范围内逾越基础法律关系的限制所实施的代理行为构成有权代理,无需借助所谓"权限逾越型表见代理"来维护交易安全。逾越代理权限范围的代理行为构成无权代理,不能因相对人的信赖而成立所谓的"权限逾越型表见代理"。

(四)表象代理——无权代理

如前所述,根据《民法典》第172条的概括性规定,表见代理的适用仅以相对人有理由相信行为人有代理权为要件,被代理人是否可归责在所不问。然而,根据私法自治原则,行为人只能为自己创设法律关系,而代理人之所以能够通过自行实施代理行为来为被代理人创设法律关系的正当性基础是代理权。如若"被代理人"未授予行为人代理权,且不存在明知行为人以其名义实施法律行为而未提出异议的情事,则不能主张表见代理成立,并要求"被代理人"承认代理行为的效力。鉴于此,《民法典》第172条所规定的"没有代理权"的表见代理,并非笼统指行为人没有代理权。被代理人未以任何形式作出授权表示的,不构成有权代理,否则会导致被代理人的私法自治利益与相对人对代理权的信赖利益严重失衡。

有观点认为,表见代理应被限定在被代理人曾有授权行为或授权表示的类型。①另有观点认为,代理人使用拾得、盗窃或伪造的授权书或盖有伪造的被代理人印章的空白合同书等实施的代理行为,不构成表见代理。②在这类情形中,被代理人并不具备行为意思,即使存在保管上的过失,亦无需承担有权代理的法律后果。③根据上述学者的观点,被代理人未曾授权的,即代理人使用伪造的或被代理人遗失、被盗的代理授权书或盖有伪造的被代理人印章的空白合同书等具有代理授权性质的文书实施的代理行为,不构成表见代理。上述观点值得赞同。如前所述,代理授权书的生效以授权人有意识地向被授权人"发送"为必要,授权书或公章被伪造、遗

---

① 参见徐涤宇:《代理制度如何贯彻私法自治〈民法总则〉代理制度评述》,载《中外法学》2017年第3期,第694~696页。
② 参见朱庆育:《民法总论》(第2版),北京大学出版社2016年版,第364~370页;有学者持类似观点,认为在伪造、私刻公章的情形中,被代理人没有授权之意思,不能认定构成表见代理,否则人人将自危、惶惶不可终日。参见崔建远:《论外观主义的运用边界》,载《清华法学》2019年第5期,第12页。
③ 参见朱虎:《表见代理中的被代理人可归责性》,载《法学研究》2017年第2期,第70页;王浩:《表见代理中的本人可归责性问题研究》,载《华东政法大学学报》2014年第3期,第115页。

失或失窃的，不符合"发送"之要件，故代理人使用拾得、伪造或盗窃的授权书或盖有伪造的被代理人印章的空白合同书所实施的代理行为不能对被代理人生效。

代理是被代理人私法自治的延伸，被代理人的意思自然应得到充分尊重。在表象代理中，被代理人并未作出授权表示，代理权存在的表象仅因被代理人的过失所致，要求被代理人在没有授予他人代理权之意思的情况下承认无权代理行为的效力，违背私法自治原则。从法律行为的视角来看，代理授权行为是法律行为，法律行为是行为人有意识的行为，被代理人基于自己的代理授权行为而承担代理行为的法律后果，自不待言。但在表象代理中，被代理人缺乏授权意思表示之"行为意思"要件，并未授予代理权，故无需承担有权代理的法律后果。[1]被代理人因过失引起代理权表象的，仅需依缔约过失责任的规定赔偿相对人信赖利益的损失。[2]代理法应公平保护被代理人、相对人和代理人的利益，不得过度牺牲被代理人的利益来保护相对人的利益，否则被代理人将会为规避风险而怠于使用代理制度，不利于代理制度功能的发挥。[3]对此，最高人民法院可以作出如下司法解释予以明确："被代理人因过失违反注意义务导致行为人无权代理的，应当向相对人承担缔约过失之信赖利益损害赔偿责任。"

综上所述，由于有因性原则下的表见代理无法兼顾交易安全和私法自治，难以避免被代理人、相对人和代理人之间利益的失衡，势必影响代理制度功能的发挥。为彻底解决表见代理司法适用之困境，首先应以代理权抽象性原则取代有因性原则，否定所谓的"权限逾越型表见代理"；其次应以法律行为理论为基础解构表见代理的类型，将所谓的授权型表见代理、权限延续型表见代理和容忍代理等经由被代理人授权的类型纳入有权代理的范畴；最后应将所谓的表象代理纳入缔约过失责任的范畴，未曾授予代理权的所谓"被代理人"仅需承担缔约过失责任。唯其如此，才能在私法自治的框架下最大限度地平衡被代理人、相对人和

---

[1] 参见迟颖：《〈民法总则〉表见代理的类型化分析》，载《比较法研究》2018年第2期，第119页。

[2] 参见叶金强：《表见代理构成中的本人归责性要件——方法论角度的再思考》，载《法律科学（西北政法大学学报）》2010年第5期，第42页以下；杨芳：《〈合同法〉第49条（表见代理规则）评注》，载《法学家》2017年第6期，第170页。

[3] 参见王浩：《表见代理中的本人可归责性问题研究》，载《华东政法大学学报》2014年第3期，第109页。

代理人三方的利益，确保代理制度功能的发挥。

本章小结

德国法上的代理制度以代理权抽象性为基本原则，表见代理的适用空间有限，不存在所谓的权限逾越型表见代理。主张权利外观理论的德国主流观点认为，表见代理主要包括《德国民法典》第 170 条至第 173 条所规定的授权型表见代理和权限延续型表见代理、容忍代理和表象代理。而弗卢梅以私法自治为依据否定表见代理的独立价值，他以法律行为理论为基础将德国通说所谓的授权型表见代理、权限延续型表见代理和容忍代理纳入有权代理的范畴，而拒绝承认有悖私法自治原则的表象代理。

我国代理法采纳代理权的有因性原则，代理行为极易因基础法律关系无效或受到限制而构成无权代理，不得不借助表见代理制度来维护交易安全。有因性凸显被代理人私法自治之"自主决定"的面向，忽略被代理人私法自治之"责任自负"的面向，允许被代理人以基础法律关系的瑕疵为由拒绝承认代理人在代理权限内以其名义所实施的法律行为的效力，一边倒地保护被代理人的利益，置交易安全于不顾；为使无权代理转化为有权代理以保护相对人的信赖，不得不在私法自治的框架之外，寻求以权利外观理论为基础的表见代理的保护。《民法典》第 172 条的宽泛规定导致司法实践中普遍存在着同案不同判的现象，而学界关于表见代理的概念、类型、法理基础、构成要件和举证责任等更是存在较大分歧。此外，表见代理在具体适用中存在两方面的弊端：一方面，使未曾授予他人代理权的被代理人因代理权外观的存在而承担有权代理的法律后果，严重违背私法自治原则。另一方面，在被代理人确实授权的情形中，相对人仍须举证表见代理成立来向被代理人主张有权代理的法律后果，极其不利于维护交易安全。为解决表见代理的理论争议和适用问题，诸多学者尝试提出各种解决方案，最高人民法院也尝试颁布各种司法解释，但均收效甚微。

抽象性原则在私法自治的框架下维护交易安全，它不仅有利于促进交易效率和安全，而且符合私法自治之"自主决定"和"责任自负"的内涵。在抽象性原则下，相对人不负担审查代理人与被代理人之间基础法律关系的义务，代理人在代理权限范围内实施的代理行为即使违反基础法律关系的限制，原则上仍然是有权代理，相对人可以直接向被代理人主张有权代理的效力，违反禁止代理权滥用规则的除外。根据私法自治原则，授权他人以其名义实施法律行为的被代理人，必须承认代理人在授权范围内所实施的代理行为的效力，而不得以基础法律关系的瑕疵主张无权代理。就此而言，抽象性原则对交易安全的保护正是被代理人基于自主决定所应当承担的责任，并不违背私法自治原则，而是在私法自治框架下维护交易安全。基础法律关系变动的风险原则上由被代理人承担，被代理人举证代理行为违反禁止代理权滥用规则的，可以主张无权代理，拒绝承认代理行为的效力。与有因性原则下相对人负有审查基础法律关系的义务有所不同的是，禁止代理权滥用规则的适用仅以代理权滥用具有客观显见性为必要，相对人一般不负有审查基础法律关系的义务，且代理行为违反禁止代理权滥用规则的举证责任由被代理人承担，有利于维护交易安全和效率。

代理权抽象性原则可以在私法自治框架下充分保护相对人的交易安全，最大限度地实现被代理人、代理人以及相对人三方之间的利益平衡，确保代理制度实效性的发挥，且我国存在采纳抽象性原则的立法、司法和学理基础，尤其是《民法典合同编通则解释》第21条在很大程度上承认了抽象性原则与禁止代理权滥用规则。鉴于此，我国法应在弗卢梅的法律行为理论框架下，以抽象性原则取代有因性原则，进而解构表见代理，否定"权限逾越型表见代理"，将所谓的"授权型表见代理""权限终止型表见代理"和容忍代理一并纳入有权代理的范畴，将表象代理排除在有权代理之外，仅要求因过失而引起代理权表象的所谓被代理人向相对人承担缔约过失责任。

第八章

无权代理

德国学界一般认为，无权代理是指代理人无代理权或逾越代理权限范围而以他人名义实施的代理行为。[1]在德国法上，表见代理是基于权利外观产生的有权代理，而非无权代理，故不存在广义和狭义无权代理之分。在我国法上，一般认为，无权代理分为广义无权代理和狭义无权代理；广义无权代理是指行为人没有代理权而以他人名义实施代理行为，包括表见代理和狭义无权代理；而狭义无权代理则是指行为人既没有被代理人的实际授权，也没有足以使第三人善意误信其有代理权外观的代理。[2]如前所述，本书主张以抽象性原则建构代理制度，解构表见代理，将容忍代理认定为默示授权，纳入法律行为范畴，故代理行为或为有权代理，或为无权代理，不作广义无权代理与狭义无权代理之区分。

《民法典》第171条关于无权代理的规定主要继受了《合同法》第48条、第58条和《民法通则》第66条的规定，是结合我国司法实践和比较法上的经验作出的。根据《民法典》第171条第1款的规定，无权代理包括行为人没有代理权、超越代理权或代理权终止后实施的代理行为。该条所规定的三种无权代理类型，无论在构成要件、法律后果还是举证责任层面并无实质差异，故就规范适用而言似无必要作区分。[3]无权

---

[1] 参见［德］本德·吕特斯、阿斯特丽德·施塔德勒：《德国民法总论》（第18版），于馨淼、张姝译，法律出版社2017年版，第548页；［德］汉斯·布洛克斯、沃尔夫·迪特里希·瓦尔克：《德国民法总论》（第41版），张艳译，杨大可校，冯楚奇补译，中国人民大学出版社2019年版，第263页；［德］赫尔穆特·科勒：《德国民法总论》（第44版），刘洋译，北京大学出版社2022年版，第293页；［德］卡尔·拉伦茨：《德国民法通论》（下册），王晓晔等译，法律出版社2013年版，第872页。

[2] 参见王利明：《民法总则新论》，法律出版社2023年版，第599页。

[3] 参见解亘：《论无权代理和表见代理的规范形态》，载《月旦民商法杂志》2017年第12期，第8页。

代理是指行为人没有代理权或超越代理权以他人名义实施的代理行为。《民法典》第171条明确了无权代理行为的法律效力、被代理人的追认权、相对人的撤回权和催告权、无权代理责任、无权代理人与相对人的责任分担等问题。相较于《合同法》第58条和《民法通则》第66条，《民法典》第171条的规定更为明确具体，但仍有必要通过解释予以澄清，尤其需澄清《民法典》第171条第3款和第4款之间的关系这一不断困扰学界和司法实践的问题。

相较于表见代理，我国学界对无权代理的关注不够。本章拟追本溯源，借鉴德国法的相关学术成果和立法司法经验，在清晰界定《民法典》第171条第3款和第4款关于行为人无权代理所应承担法律责任的性质及其学理基础的同时，尝试从法教义学的层面对我国《民法典》第171条的规定作出妥洽解释，力求克服相关立法缺陷，为司法实践提供具有可操作性的解释适用之路径，从而助力建构以代理权抽象性理论为基础，以无权代理责任为主导，容忍代理为辅助的交易安全保护体系，实现被代理人、代理人和相对人之间的利益平衡，以期最大限度地发挥代理之制度功能。下述首先明确无权代理行为的效力，其次厘清无权代理责任的性质，再次明确无权代理责任的产生和免除，最后澄清无权代理责任的范围。

第一节　无权代理行为的效力

无权代理行为首先是代理行为，除欠缺代理权之外，无权代理行为需具备代理的所有特征。根据代理的构成要件，只有以他人名义并以代理人身份实施代理行为者才可能成为无权代理人，故无行为能力人、未明确表明以他人名义实施法律行为的人或未以代理人身份实施法律行为的人均不是代理人，其所实施的行为不构成代理行为，不属于无权代理的范畴；只有那些可代理的行为才涉及无权代理的问题，代理人以他人名义实施的不可代理的行为无效，不构成无权代理，与被代理人无关。[①]下述分别对无权代理人实施的单方法律行为和合同行为的效力具体展开分析论证。

一、无权代理人所实施单方法律行为的效力

单方法律行为一经到达相对人即生效力，相对人只能被动地受领无权代理人所作出的单方法律行为，不能阻却其效力。如若无权代理人实

---

① Vgl. Leenen/Häublein, BGB Allgemeiner Teil, 3. Aufl., 2021, S. 438.

施的单方法律行为的效力取决于被代理人的追认，则相对人将处于极为不确定的被动状态。为保护单方法律行为中相对人的利益，《德国民法典》第 180 条第 1 句明确规定，无权代理人实施的单方法律行为无效。①对于无效的单方法律行为，被代理人不能追认，如欲使单方法律行为生效，应重新为之。②尽管如此，根据《德国民法典》第 180 条第 2 句和第 3 句的规定，在下述三种例外情况下，无权代理人所实施的单方法律行为如同无权代理合同那样效力待定，由被代理人决定是否追认：③首先，授权书真假难辨或模糊不清的，相对人未依《德国民法典》第 174 条第 1 句及时提出异议或未拒绝受领意思表示的；④其次，相对人同意代理人无权代理的，例如相对人曾多次受领无权代理人的单方法律行为，允许其在未出示授权书的情况下实施单方法律行为；⑤最后，消极代理的情形中，受领单方法律行为的无权代理人同意表意人向其作出单方法律行为的。⑥

我国《民法典》没有关于无权代理人所实施的单方法律行为效力的规定。从《民法典》第 171 条第 1 款的文义来看，无权代理人所实施的单方法律行为与其所订立的合同一样取决于被代理人的追认。为维护单方法律行为中相对人的利益，有学者主张参考《德国民法典》第 180 条，规定无权代理人实施的单方法律行为原则上无效，例外情况下效力待定。⑦另有学者主张借鉴《德国民法典》第 174 条第 1 句、第 180 条第 2 句的规定赋予相对人拒绝权。⑧本书认为前一观点更具说服力。首先，

---

① Vgl. Brox/Walker, Allgemeiner Teil des BGB, 47. Aufl., 2023, S. 285; Neuner, Allgemeiner Teil des Bürgerlichen Rechts, 13. Aufl., 2023, S. 661.

② Vgl. MüKoBGB/Schubert, 9. Aufl. 2021, BGB § 174 Rn. 38; Medicus/Petersen, Allgemeiner Teil des BGB, 11. Aufl., 2016, S. 427.

③ 按照《德国民法典》第 180 条第 2 句和第 3 句的规定，单方法律行为中，相对人未就代理人所声称的代理权提出异议，或相对人同意代理人无权代理的，准用关于合同的规定；单方法律行为经无权代理人的同意而以其为相对人实施的，亦同。

④ Vgl. MüKoBGB/Schubert, 9. Aufl. 2021, BGB § 174 Rn. 38, 39; Neuner, Allgemeiner Teil des Bürgerlichen Rechts, 13. Aufl., 2023, S. 661; Medicus/Petersen, Allgemeiner Teil des BGB, 11. Aufl., 2016, S. 428.

⑤ Vgl. MüKoBGB/Schubert, 9. Aufl. 2021, BGB § 174 Rn. 37; Medicus/Petersen, Allgemeiner Teil des BGB, 11. Aufl., 2016, S. 428.

⑥ Vgl. Brox/Walker, Allgemeiner Teil des BGB, 47. Aufl., 2023, S. 285-286; Neuner, Allgemeiner Teil des Bürgerlichen Rechts, 13. Aufl., 2023, S. 661; Medicus/Petersen, Allgemeiner Teil des BGB, 11. Aufl., 2016, S. 428.

⑦ 参见朱庆育：《民法总论》（第 2 版），北京大学出版社 2016 年版，第 359~360 页。

⑧ 参见纪海龙：《〈合同法〉第 48 条（无权代理规则）评注》，载《法学家》2017 年第 4 期，第 159~160 页。

《德国民法典》第 174 条第 1 句的规定不能作为赋予相对人拒绝权的规范基础,该规定所针对的是代理人在实施单方法律行为时未向相对人明确告知代理权,相对人要求其出具代理授权书但未予出具的情形,相对人可以根据该规定不迟延地行使拒绝权,阻却单方法律行为的效力。①其次,《德国民法典》第 180 条第 2 句是该条第 1 句关于无权代理的单方法律行为无效的例外规定,不能被作为赋予相对人拒绝权的法律依据,它要求相对人对真假难辨或模糊不清的授权书提出异议或拒绝受领意思表示,相对人未提出异议或拒绝的,无权代理人的单方法律行为并非无效,而是如同无权代理合同那样效力待定。最后,按照我国《民法典》第 171 条第 1 款的规定,无权代理的单方法律行为一旦到达相对人即属于效力待定的法律行为,只能由被代理人追认,相对人并无可能拒绝。为避免相对人陷入如此不确定的法律状态,我国法应通过司法解释确立无权代理的单方法律行为无效之规则。

综上,为避免将相对人置于不确定的法律状态,无权代理人实施的单方法律行为原则上无效,被代理人不能追认。遗憾的是,我国《民法典》并未对单方法律行为的无权代理问题予以特别关注。为了填补漏洞,本书建议最高人民法院基于公平原则对《民法典》第 171 条第 1 款进行目的论限缩解释②:"无权代理人实施的单方法律行为无效。相对人未就代理人所声称的代理权提出异议,相对人同意代理人无权代理的,或消极代理中无权代理人同意受领的,单方法律行为效力待定,有待被代理人的追认。"

二、无权代理人所订立合同的效力

无权代理人所订立的合同效力待定(schwebend unwirksam),有待被代理人的追认。被代理人追认前,相对人可以催告被代理人追认,善意相对人可以撤回。

(一)合同因被代理人的追认而生效

被代理人认为无权代理人所订立的合同对其有利的,可以选择追认(Genehmigung)。《德国民法典》第 177 条第 1 款和我国《民法典》第 171 条第 1 款均规定了被代理人的追认权。共同代理中的一人单独行使代理权构成无权代理的,追认可以依据《民法典》第 171 条的规定由被

---

① Vgl. MüKoBGB/Schubert, 9. Aufl. 2021, BGB § 174 Rn. 38.
② 参见方新军:《无权代理的类型区分和法律责任——〈民法总则〉第 171 条评释》,载《法治现代化研究》2017 年第 2 期,第 51~52 页。

代理人或其他共同代理人共同作出。①

1. 追认的法律性质

德国法一般认为，追认属于事后授予代理权的行为。②我国学界关于追认的法律性质存在争议。有观点认为，它属于对法律行为本身的事后同意，不构成代理权的授予。③另有观点认为，追认是事后授予代理权的行为。④前一种观点有待商榷。特别是持该观点的学者认为，在被代理人对自己代理和双方代理进行追认的情形中，代理权本已存在，何谈代理权的事后授予。⑤事实上，如前所述，《民法典》第 168 条关于禁止自我行为的规定是对代理人的法定限制，代理人不具有实施自我行为的代理权，除非经被代理人事先同意或事后追认。就此而言，不论是事先同意还是事后追认，均构成被代理人允许代理人实施自我行为之代理授权。本书赞同后一种观点，认为追认属于事后授予代理权的行为。

2. 追认的行使

如上所述，追认属于事后授予代理权的行为，正如意思表示既可以明示也可以默示作出那样，追认亦可以明示或默示的方式作出。⑥追认应以被代理人知道或者应当知道代理人所订立的合同处于效力待定状态为前提，否则被代理人的追认因欠缺"追认"的效果意思而不构成意思表示。⑦我国《民法典》第 503 条是关于默示追认的规定。按照该规定，针对无权

---

① 《民法典总则编解释》第 25 条规定："数个委托代理人共同行使代理权，其中一人或者数人未与其他委托代理人协商，擅自行使代理权的，依据民法典第一百七十一条、第一百七十二条等规定处理。"

② 参见 [德] 维尔纳·弗卢梅：《法律行为论》，迟颖译，法律出版社 2013 年版，第 955 页；Brox/Walker, Allgemeiner Teil des BGB, 47. Aufl., 2023, S. 285; Neuner, Allgemeiner Teil des Bürgerlichen Rechts, 13. Aufl., 2023, S. 660.

③ 参见纪海龙：《〈合同法〉第 48 条（无权代理规则）评注》，载《法学家》2017 年第 4 期，第 163 页。

④ 参见徐涤宇：《代理制度如何贯彻私法自治〈民法总则〉代理制度评述》，载《中外法学》2017 年第 3 期，第 697 页；汪渊智：《代理法立法研究》，知识产权出版社 2020 年版，第 186~187 页。

⑤ 参见纪海龙：《〈合同法〉第 48 条（无权代理规则）评注》，载《法学家》2017 年第 4 期，第 163 页。

⑥ Vgl. Petersen, Vertretung ohne Vertretungsmacht, Jura 2010, S. 905; Förster, Stellvertretung-Grundstruktur und neuere Entwicklungen, Jura 2010, S. 357; Medicus/Petersen, Allgemeiner Teil des BGB, 11. Aufl., 2016, S. 426; 参见徐涤宇：《代理制度如何贯彻私法自治〈民法总则〉代理制度评述》，载《中外法学》2017 年第 3 期，第 697 页。

⑦ Vgl. Medicus/Petersen, Allgemeiner Teil des BGB, 11. Aufl., 2016, S. 426; Neuner, Allgemeiner Teil des Bürgerlichen Rechts, 13. Aufl., 2023, S. 659; Petersen, Vertretung ohne Vertretungsmacht, Jura 2010, S. 905.

代理人以被代理人的名义订立的合同，被代理人已经开始履行合同义务或者接受相对人履行的，视为对合同的追认。为确保被代理人的私法自治，该规定的适用应以被代理人知道或应当知道合同处于效力待定状态为要件。换言之，被代理人不知道合同的效力待定状态而进行的履行不构成对无权代理合同的追认。

依据《德国民法典》第182条第1款的规定，作为需受领的意思表示，追认既可以向代理人作出也可以向相对人作出。①我国《民法典》没有类似规定。《民法典总则编解释》第29条仅规定，被代理人依据《民法典》第171条的规定向相对人作出追认的意思表示的，应适用《民法典》第137条关于意思表示生效的规则。该司法解释并未明确追认是否可以向代理人作出。学界有观点认为，追认只能向相对人作出。②该观点有待商榷。在我国现行法下，代理权基于授权行为而非委托或雇佣合同产生。代理授权行为是被代理人作出事先同意代理人以自己名义实施法律行为的意思表示。如前所述，基于代理制度的特殊性，授予代理权的意思表示既可以向代理人也可以向相对人作出，而追认亦构成对代理人所实施代理行为的事后授权，故如同代理授权行为，追认既可向代理人也可向相对人作出。③

3. 基于相对人的催告而追认

相对人为避免长期处于不确定状态，可以催告（Aufforderung zur Genehmigung）被代理人在法定期间内追认。④法定追认期间为除斥期间，该期间届满被代理人未予追认的，视为拒绝追认，无权代理合同确定无效，被代理人在该期间届满之后所作出的追认无效。⑤无权代理合同一经追认即溯及合同订立时生效。⑥催告不以相对人的善意为必要，相对人即

---

① Vgl. Brox/Walker, Allgemeiner Teil des BGB, 47. Aufl., 2023, S. 285; Neuner, Allgemeiner Teil des Bürgerlichen Rechts, 13. Aufl., 2023, S. 659.

② 参见纪海龙：《〈合同法〉第48条（无权代理规则）评注》，载《法学家》2017年第4期，第164页；朱庆育主编：《中国民法典评注·条文选注》（第1册），中国民主法制出版社2021年版，第141页（纪海龙执笔）；方新军：《无权代理的类型区分和法律责任——〈民法总则〉第171条评释》，载《法治现代化研究》2017年第2期，第51页。

③ 参见崔建远等编著：《民法总论》（第3版），清华大学出版社2019年版，第261页。

④ Vgl. Brox/Walker, Allgemeiner Teil des BGB, 47. Aufl., 2023, S. 286; Neuner, Allgemeiner Teil des Bürgerlichen Rechts, 13. Aufl., 2023, S. 660; Medicus/Petersen, Allgemeiner Teil des BGB, 11. Aufl., 2016, S. 426.

⑤ Vgl. Brox/Walker, Allgemeiner Teil des BGB, 47. Aufl., 2023, S. 286; Neuner, Allgemeiner Teil des Bürgerlichen Rechts, 13. Aufl., 2023, S. 660.

⑥ Vgl. Brox/Walker, Allgemeiner Teil des BGB, 47. Aufl., 2023, S. 285-286; Neuner, Allgemeiner Teil des Bürgerlichen Rechts, 13. Aufl., 2023, S. 660.

使知道代理人无权代理，也可以催告被代理人追认。①

为维护相对人的利益并确保法律关系的清晰性，《德国民法典》第177条第2款第1句规定，相对人催告被代理人追认的，追认必须向相对人作出，被代理人收到催告之前向代理人作出的追认或拒绝追认的意思表示失去效力，代理行为恢复效力待定状态，被代理人可再次决定是否追认。②我国《民法典》第171条第2款并未规定相对人催告后被代理人追认的对象以及曾经向代理人所作追认的效力。为确保法律关系的清晰性，可以借鉴德国法的相关规定对《民法典》第171条第2款作出如下解释：被代理人收到相对人的催告后，其曾经相对于代理人作出的追认或拒绝追认的意思表示无效，应重新向相对人作出追认的意思表示。

根据《民法典》第171条第2款第2句的规定，被代理人必须自收到催告通知之日起30日内追认。有观点认为，该规定设定的30日应属任意期间，相对人可以通过设定合理期间来排除该规定的适用。③该观点有待商榷，相对人可能会设定过短的期间来迫使被代理人尽快追认，被代理人可能被迫在无法充分了解市场行情的情况下仓促追认，不利于其私法自治。本书主张适用法定期间，不允许相对人任意设定追认期间。然而，在资讯发达的现代社会，30日的追认期间过长，会使相对人长期处于不稳定的法律状态，不利于保护相对人，故可以参考借鉴《德国民法典》第177条第2款第2句关于被代理人应于收到催告后的两周内追认的规定，将我国法上的30日法定期间缩短至两周，当事人不能约定短于两周的追认期间。

（二）合同因被代理人拒绝追认而无效

按照《德国民法典》第177条第1款的规定，未经追认的无权代理合同无效，既不对被代理人生效，也不对无权代理人生效。④而我国《民

---

① Vgl. Neuner, Allgemeiner Teil des Bürgerlichen Rechts, 13. Aufl., 2023, S. 660.
② Vgl. Brox/Walker, Allgemeiner Teil des BGB, 47. Aufl., 2023, S. 286; Neuner, Allgemeiner Teil des Bürgerlichen Rechts, 13. Aufl., 2023, S. 660; Medicus/Petersen, Allgemeiner Teil des BGB, 11. Aufl., 2016, S. 427.
③ 参见纪海龙：《〈合同法〉第48条（无权代理规则）评注》，载《法学家》2017年第4期，第167页；方新军：《无权代理的类型区分和法律责任——〈民法总则〉第171条评释》，载《法治现代化研究》2017年第2期，第53页。
④ Vgl. Förster, Stellvertretung-Grundstruktur und neuere Entwicklungen, Jura 2010, S. 357-358; Lorenz, Grundlagen Stellvertretung, JuS 2010, S. 383-384; Petersen, Vertretung ohne Vertretungsmacht, Jura 2010, S. 906; Brox/Walker, Allgemeiner Teil des BGB, 47. Aufl., 2023, S. 287; Neuner, Allgemeiner Teil des Bürgerlichen Rechts, 13. Aufl., 2023, S. 663.

法典》第 171 条第 1 款仅规定，未经被代理人追认的无权代理行为对被代理人不生效力，并未明确规定是否会对无权代理人生效。

从立法史来看，我国《民法通则》第 66 条仅规定无权代理责任的承担，并未规定无权代理行为的效力。《合同法》第 48 条规定无权代理合同未经被代理人追认的，对被代理人不发生效力，由无权代理人承担责任。该规定并未明确规定无权代理合同是否会对无权代理人发生效力。值得肯定的是，《民法总则（草案）（三次审议稿）》第 175 条第 1 款明确建议未经被代理人追认的无权代理行为无效。根据该建议，未经追认的无权代理行为对被代理人和无权代理人均不生效力。但遗憾的是，该建议未被《民法典》立法者所采纳。《民法典》第 171 条第 1 款继受了《合同法》第 48 条，依然未明确无权代理行为是否会对无权代理人生效的问题。

司法实践中，有的法院判决无权代理合同对无权代理人生效，相对人可以将无权代理人作为合同当事人向其主张实际履行。①学界亦有类似观点，认为无权代理行为本身并非无效，仅不对被代理人发生效力而已，善意相对人主张法律行为有效的，应由无权代理人承担相应的法律后果；②合同未经被代理人追认的，并非当然无效，无权代理人有履约能力的，可以通过变更合同主体的方式成为合同当事人。③上述法院判决和学者观点有待商榷。首先，依据私法自治原则，代理是代理人以被代理人名义实施的法律行为，仅被代理人可以成为法律行为的当事人，即便在无权代理的情形中，合同因未被追认而不对被代理人生效的，也不能对无权代理人生效。④其次，相对人一般仅希望与被代理人形成法律关系，故不宜违背其意愿强迫其接受代理人成为合同当事人。⑤最后，无权代理责任为法定责任，它依据《民法典》第 171 条第 3 款产生，不以无权代理合同对代理人生效为必要。鉴于此，应当对《民法典》第 171 条第 1 款进行扩张解释，未经追认的无权代理行为无效，既不对被代理人也不对代理

---

① 山东省青岛市中级人民法院［2014］青民再终字第 169 号民事判决书；广东省湛江市中级人民法院［2021］粤 08 民终 1360 号民事判决书。
② 参见马新彦：《民法总则代理立法研究》，载《法学家》2016 年第 5 期，第 131 页。
③ 参见付翠英：《无权代理的内涵与效力分析——兼评〈合同法〉第 48 条》，载《法学论坛》2002 年第 3 期，第 70 页。
④ 参见纪海龙：《〈合同法〉第 48 条（无权代理规则）评注》，载《法学家》2017 年第 4 期，第 163 页。
⑤ Vgl. Förster, Stellvertretung-Grundstruktur und neuere Entwicklungen, Jura 2010, S. 357-358; Lorenz, Grundlagen Stellvertretung, JuS 2010, S. 383-384.

人生效。

(三) 合同因相对人撤回而无效

相对人行使催告权之后,被代理人是否追认仍不确定。为尽快确定法律关系,不知道代理人无权代理的相对人享有撤回权(Widerrufsrecht)。① 为此,《德国民法典》第 178 条和我国《民法典》第 171 条第 2 款第 3 句②均规定了相对人的撤回权。按照《德国民法典》第 178 条第 2 句的规定,撤回既可以向被代理人也可以向代理人作出。

1. 撤回权的主体

按照《德国民法典》第 178 条第 1 句的规定,明知代理人无代理权的相对人不享有撤回权。不同于德国法排除明知无权代理的相对人的撤回权的做法,我国《民法典》第 171 条第 2 款第 3 句从正面规定了善意相对人享有撤回权。

关于《民法典》第 171 条第 2 款第 3 句规定中的"善意",我国学界存在争议。有观点认为它是指相对人既不知道也不应当知道代理权的瑕疵;③另有观点认为它是指相对人不知道也非因重大过失而不知道代理人欠缺代理权;④也有观点认为它仅限于相对人不知道代理权瑕疵的情形。⑤前两种观点排除仅因过失而不知道代理权欠缺的相对人的撤回权,对相对人而言过于严苛。⑥首先,相对人一般无需审查代理权是否存续,故不能仅因其过失不知道代理权欠缺即剥夺其撤回权;其次,无权代理行为效力待定,为实现被代理人和相对人的利益平衡,法律并未因

---

① Vgl. Brox/Walker, Allgemeiner Teil des BGB, 47. Aufl., 2023, S. 286; Neuner, Allgemeiner Teil des Bürgerlichen Rechts, 13. Aufl., 2023, S. 660; Medicus/Petersen, Allgemeiner Teil des BGB, 11. Aufl., 2016, S. 427.

② 该条虽然使用了"撤销权"的概念,但实际上应当为"撤回权"。在民法概念体系之中,一般而言,"撤销权"行使的对象应当是已经生效的存在意思表示瑕疵的法律行为,而"撤回权"所针对的是尚未生效的法律行为,包括效力待定的法律行为。参见方新军:《无权代理的类型区分和法律责任——〈民法总则〉第 171 条评释》,载《法治现代化研究》2017 年第 2 期,第 53 页。

③ 参见纪海龙:《〈合同法〉第 48 条(无权代理规则)评注》,载《法学家》2017 年第 4 期,第 168 页;夏昊晗:《无权代理中相对人善意的判断标准》,载《法学》2018 年第 6 期,第 151 页。

④ 参见方新军:《无权代理的类型区分和法律责任——〈民法总则〉第 171 条评释》,载《法治现代化研究》2017 年第 2 期,第 53~54 页。

⑤ 参见冉克平:《狭义无权代理人责任释论》,载《现代法学》2020 年第 2 期,第 54 页。

⑥ Vgl. Kipp, Lehre von der Vertretung ohne Vertretungsmacht, Reichsgerichts-Festschrift, Bd. II, S. 288.

被代理人存在过失而排除其追认权，故亦不应仅因相对人存在过失而排除其撤回权。最后，虽然按照持上述第一种观点的学者的看法，因过失不知道代理权瑕疵的相对人被排除撤回权后尚可通过向代理人主张缔约过失责任来获得信赖利益损害赔偿的法律救济，①但合同因被代理人的追认而生效后，相对人必须承担合同履行义务，承受市场波动的风险，仅有信赖利益的损害赔偿通常难以弥补其因履行合同所遭受的损失。鉴于此，应将《民法典》第171条第2款第3句中所规定的"善意"解释为"非明知"，仅排除明知代理权瑕疵的相对人的撤回权。撤回权被排除的相对人，仍然可依《民法典》第171条第2款第1句催告被代理人追认。

2. 撤回的法律后果

无权代理行为因被撤回而无效。②关于相对人撤回无权代理行为之后是否可以向行为人主张无权代理责任的问题，德国通说认为，善意相对人于被代理人追认之前撤回无权代理行为的，应自行承担损失，不得向代理人主张无权代理责任，因为代理行为原本可能会在相对人行使撤回权之前因被代理人的追认而生效。③但我国学界对此存在争议，主要有肯定说④和否定说⑤两种观点。本书赞同否定说。理由如下：首先，撤回权的主要目的在于使相对人尽快结束不确定的法律状态，免于受到合同的拘束。⑥其次，相对人的利益已经通过撤回得到充分维护，再允许其主张无权代理责任未免有双重保护之嫌。再次，如果相对人不撤回，被代理人有

---

① 参见夏昊晗：《无权代理中相对人善意的判断标准》，载《法学》2018年第6期，第151页。

② Vgl. Brox/Walker, Allgemeiner Teil des BGB, 47. Aufl., 2023, S. 286; Medicus/Petersen, Allgemeiner Teil des BGB, 11. Aufl., 2016, S. 427;

③ Vgl. Neuner, Allgemeiner Teil des Bürgerlichen Rechts, 13. Aufl., 2023, S. 662; Brox/Walker, Allgemeiner Teil des BGB, 47. Aufl., 2023, S. 289; 参见［德］赫尔穆特·科勒：《德国民法总论》（第44版），刘洋译，北京大学出版社2022年版，第297页；［德］本德·吕特斯、阿斯特丽德·施塔德勒：《德国民法总论》（第18版），于馨淼、张姝译，法律出版社2017年版，第553页。

④ 参见杨代雄：《法律行为论》，北京大学出版社2021年版，第566页；方新军：《无权代理的类型区分和法律责任——〈民法总则〉第171条评释》，载《法治现代化研究》2017年第2期，第55页。

⑤ 参见冉克平：《狭义无权代理人责任释论》，载《现代法学》2020年第2期，第54页；张家勇：《论无权代理人赔偿责任的双层结构》，载《中国法学》2019年第3期，第140页；方新军：《无权代理的类型区分和法律责任——〈民法总则〉第171条评释》，载《法治现代化研究》2017年第2期，第55页。

⑥ 参见纪海龙：《〈合同法〉第48条（无权代理规则）评注》，载《法学家》2017年第4期，第173页。

可能追认，相对人可能并不会遭受损失。最后，相对人因撤回遭受损失的，可依缔约过失责任的规定向代理人或被代理人主张赔偿。①由此可见，相对人在被代理人追认之前撤回无权代理行为的，不得主张无权代理责任。

综上所述，无权代理人实施的单方法律行为无效，订立的合同效力待定。无权代理合同经被代理人追认而生效。相对人可以在被代理人追认之前催告，被代理人拒绝追认或在法定追认期间届满未予追认的，无权代理合同确定无效。善意相对人在被代理人追认之前撤回的，无权代理合同确定无效，无权代理人免于承担无权代理责任。《民法典》第171条第3款关于无权代理责任的规定模糊不清，亟待通过法教义学的解释予以完善，故本章下述首先以第二节澄清无权代理责任的性质，其后以第三节阐释无权代理责任的产生和免除，最后以第四节分析无权代理责任的范围。

第二节　无权代理责任之性质

一、关于无权代理责任性质的争议

德国学者曾形象地说："就无权代理责任而言，法律判断力被同情和恐惧所包围。"②之所以如此，主要是关于无权代理责任性质的问题争议颇多。回顾德国法发展的历史，我们可以发现这一问题曾经是德国普通法时期最具争议的问题之一。

（一）德国学界关于无权代理责任性质的争议

关于无权代理责任性质的问题，德国学界曾有侵权责任说和合同担保责任说两大主要学说。侵权责任说以无权代理人的过错为前提，且认为责任的范围仅以信赖利益的损害赔偿为限。《德国民法典》的立法者并未采纳侵权责任说，而是采纳了合同担保责任说，第一起草委员会和第二起草委员会均认为无权代理责任在一定程度上建立在默示担保许诺的基础之

---

① 请求权基础既可以是缔约过失责任，如《民法典》第157条第2句第1分句、《民法典》第500条第3种情形、《民法典》第171条第4款（参见夏昊晗：《无权代理中相对人善意的判断标准》，载《法学》2018年第6期，第151页)，也可以是侵权责任（参见汪渊智：《论无权代理人对第三人的责任》，载《暨南学报（哲学社会科学版）》2012年第2期，第30页）。

② Vgl. Mitteis, Lehr von der Stellvertretung, 1885, S. 169.

上。①但反对将无权代理责任定性为合同担保责任的学者认为,代理人在以他人名义实施行为时作出担保允诺的观点纯属拟制,该拟制与代理的基本原则相冲突,为保护代理人的利益,代理制度致力于避免代理人自己对代理行为承担责任;无权代理责任实际上仅是代理人因自己所声称的代理权引起相对人对代理行为有效性的正当信赖而就代理权的欠缺所承担的责任。②当前德国通说认为,无权代理责任属于法定担保责任(Garantiehaftung),代理人为法律行为时未表明他不享有代理权的,以他人名义为法律行为显然意味着他享有代理权,故代理人必须作为担保人,对其在以代理人身份为法律行为时所作出的关于代理权存续的声明承担责任。③

(二) 我国学界关于无权代理责任性质的争议

关于无权代理责任的性质,我国学界主要有下列几种观点:侵权责任说、④合同责任说、⑤缔约过失责任说、⑥法定特别责任说⑦和法定担保责任说。⑧本书赞同法定担保责任说。首先,无权代理责任不是侵权责任。侵权责任的成立原则上以无权代理人的过错为适用前提,没有过错的无权代理人无需承担责任,这种制度安排不利于保护善意信赖代理权的相对人。其次,无权代理责任亦不属于合同责任,如前所述,无权代理人不能因被代理人拒绝追认而成为其所实施的无权代理合同的当事人,代理人不能迫使相对人接受其成为合同相对人,相对人是以被代理人作为法律行为的当事人与代理人实施代理行为的,且代理人在以他人名义

---

① Vgl. Mot. I, 244 (Mugdan I, 488).
② Vgl. Hupka, Die Haftung des Vertreters ohne Vertretungsmacht, 1903, S. 87, 92.
③ 参见[德]维尔纳·弗卢梅:《法律行为论》,迟颖译,法律出版社2013年版,第956页;BGH NJW-RR 2005, 268; NJW 2000, 1407; Medicus/Petersen, Allgemeiner Teil des BGB, 11. Aufl., 2016, S. 429; Brox/Walker, Allgemeiner Teil des BGB, 47. Aufl., 2023, S. 287; Petersen, Vertretung ohne Vertretungsmacht, Jura 2010, S. 905.
④ 参见张金海:《论无权代理人责任》,载《月旦民商法杂志》2017年第3期,第77~78页。
⑤ 参见梁慧星:《民法总论》(第6版),法律出版社2021年版,第248页。该学者虽然认为无权代理责任属于法定特别责任,但同时认为无权代理人应当作为合同当事人承担法律责任,实质上采"合同责任说"。
⑥ 参见王利明:《民法总则新论》,法律出版社2023年版,第608页;付翠英:《无权代理的内涵与效力分析——兼评〈合同法〉第48条》,载《法学论坛》2002年第3期,第70页。
⑦ 参见汪渊智:《论无权代理人对第三人的责任》,载《暨南学报(哲学社会科学版)》2012年第2期,第27~28页。
⑧ 参见纪海龙:《〈合同法〉第48条(无权代理规则)评注》,载《法学家》2017年第4期,第170页;朱庆育:《民法总论》(第2版),北京大学出版社2016年版,第361页;赵秀梅:《〈民法典总则〉代理制度立法建议》,载《法律适用》2016年第8期,第58~59页。

实施法律行为时亦不具备自己承担代理行为法律后果的意思,故亦不能强迫代理人成为合同当事人。倘使认为无权代理责任是合同责任,则无异于要求无权代理人取代被代理人成为合同当事人,向相对人承担合同履行义务或因不履行而承担履行利益的损害赔偿,这种法律状况类似于间接代理中代理人直接向相对人承担法律责任的情形,对于直接代理中不知道自己无代理权的代理人而言过于严苛。由此可见,不宜将无权代理责任视为合同责任。再次,无权代理责任亦不应被定性为缔约过失责任,理由有二:其一,缔约过失责任以过失为要件,代理人无过失的,可以免责;其二,缔约过失责任仅限于信赖利益的损害赔偿,在无权代理人明知代理权欠缺而实施代理行为的情形中,信赖利益的损害赔偿不足以弥补相对人的损失。①最后,法定特别责任说过于笼统,仅强调无权代理责任为无过错责任,并未在法律性质上对无权代理责任进行明确,有待商榷。鉴于此,本书赞同采纳德国通说,认为无权代理责任为法定担保责任,不以代理人的过失为必要。

二、无权代理责任是无过失责任

(一) 德国立法和学说观点

《德国民法典》第179条所规定的无权代理责任体现了法定担保责任的意旨,为无过失责任。②按照该法典第179条第1款的规定,代理人不能证明其代理权的,原则上应按照相对人的选择实际履行或进行损害赔偿,除非合同经被代理人追认而对被代理人生效或因相对人的撤回而无效。而依据该条第2款的规定,代理人不知道代理权欠缺的,仅应赔偿相对人因信赖代理权所遭受的损害,该损害赔偿义务以履行利益为限。从第1款和第2款的顺序安排可以看出,第1款是原则,第2款是例外,原则上无权代理人应当实际履行或承担履行利益的损害赔偿责任;③但在例外情况下,无权代理人可以证明自己不知道亦不应当知道代理权欠缺的,仅需承担信赖利益的损害赔偿责任。可见,无权代理责任属于无过

---

① 参见赵秀梅:《〈民法典总则〉代理制度立法建议》,载《法律适用》2016年第8期,第58页。
② Vgl. Brox/Walker, Allgemeiner Teil des BGB, 47. Aufl., 2023, S. 287; Medicus/Petersen, Allgemeiner Teil des BGB, 11. Aufl., 2016, S. 429; Petersen, Vertretung ohne Vertretungsmacht, Jura 2010, S. 906.
③ 虽然法律未明确予以规定,但可以从该条第2款的规定中推论出第1款所规定的是履行利益的损害赔偿, Vgl. Medicus/Petersen, Allgemeiner Teil des BGB, 11. Aufl., 2016, S. 429.

失责任，无权代理人是否有过失不影响无权代理责任的成立，仅影响无权代理责任的范围。

尽管有德国学者认为，代理人既无从知晓也无法判断代理权欠缺的，例如代理授权行为因授权人授权时患有不为人知的精神错乱而无效的，无过失责任对于代理人而言未免过于苛刻。①但德国学界通说认为，无权代理责任是法定担保责任，不以代理人的过失为必要，即便代理人根本无从知悉授权人在授权时处于无行为能力状态，但较之于相对人，代理人与被代理人的关系一般而言更为密切，代理人更容易确认代理权的效力，故代理人不能免责。②德国主流观点值得赞同。为保护交易安全，确保因信赖代理人所声称的代理权而与其实施法律行为的相对人不至于因代理人事实上不具有代理权而遭受损害，同时为促使自称享有代理权但事实上并不具备代理权的代理人履行自己的担保义务，无权代理责任应为严格的法定担保责任，不能因代理人不知道或不应当知道欠缺代理权而免除其无权代理责任。

（二）我国立法和学说观点

从我国《民法典》第171条第3款的规定来看，立法者并未以代理人的主观过错为无权代理责任适用的前提，该规定表现出明显的担保责任或无过失责任的倾向。③然而，《民法典》第171条第4款规定，相对人知道或应当知道代理人无权代理的，代理人应承担过错责任，并与相对人按照各自的过错承担责任，这是否意味着无权代理责任是过失责任？本书认为，该条第4款规定的不是无权代理责任（详见下述），因此不影响我们根据该条第3款将无权代理责任定性为无过失责任。

我国学界主流观点认为，无权代理责任是严格的法定担保责任，不以代理人的过失为要件。④但少数观点认为，代理人无从知晓自己欠缺代理权而以他人名义实施代理行为的，无需承担无权代理责任，无权代理人的赔偿责任应以代理人的过失为要件。⑤该观点有待商榷。首先，无权

---

① 参见［德］维尔纳·弗卢梅：《法律行为论》，迟颖译，法律出版社2013年版，第963页。
② Vgl. Neuner, Allgemeiner Teil des Bürgerlichen Rechts, 13. Aufl., 2023, S. 662, 665; Medicus/Petersen, Allgemeiner Teil des BGB, 11. Aufl., 2016, S. 431.
③ 参见张家勇：《论无权代理人的损害赔偿责任——民法总则第171条第3、4款的解释》，载《人民法治》2017年第10期，第31页。
④ 参见郝丽燕：《论无权代理人的法律责任》，载《中国社会科学院研究生院学报》2018年第4期，第98页；梁慧星：《民法总论》（第6版），法律出版社2021年版，第249页；朱庆育：《民法总论》（第2版），北京大学出版社2016年版，第361~362页。
⑤ 参见殷秋实：《论无权代理人的赔偿责任》，载《法律适用》2016年第1期，第117页。

代理人与授权人的关系比相对人与授权人的关系更为密切,其更容易了解授权人的情况,怀疑自己是否具有代理权的代理人,应在以被代理人名义实施法律行为之前向被代理人确认其代理权的效力及范围,而不能要求与被代理人关系相对疏远的相对人付出大量时间和成本对其予以确认,即代理授权行为存在瑕疵的风险应由代理人而非相对人承担。①其次,以他人名义实施法律行为的代理人声称自己享有代理权,代理行为基于代理人的代理权声明而成立,善意相对人对代理人所声称代理权真实性的信赖值得法律保护。无权代理的风险由无权代理人引发,相对人处于被动接受状态,无权代理人理应承担无过失责任。②最后,在代理行为中,相对人所面对的是代理人,但被代理人却是法律行为的当事人,相对人所面临的风险高于其与被代理人直接实施法律行为的非代理的风险,故要求无权代理人承担无过失责任有利于督促代理人在实施代理行为之前审慎确认代理权的效力与范围。鉴于此,无权代理人的过失并不影响无权代理责任的成立,而仅影响无权代理责任的范围,详见下文关于无权代理责任范围的论述。

综上所述,以他人名义实施法律行为的代理人,即使无从知晓亦无法判断代理权的欠缺,也应对其所引起的相对人对代理权的信赖承担无权代理责任。无权代理责任属于法定担保责任,其成立不以代理人的过失为必要。在厘清无权代理责任的性质之后,下述将参考德国法中有关无权代理责任的理论和立法司法实践,重点论证无权代理责任的产生及其范围,尝试建构逻辑自洽的无权代理责任体系,消弭制度间的矛盾与冲突。

第三节 无权代理责任之产生与免除

私法自治原则要求,任何人不得在未经他人同意的情况下为其设定义务,代理人没有代理权而以被代理人之名义实施法律行为,被代理人

---

① 参见冉克平:《狭义无权代理人责任释论》,载《现代法学》2020年第2期,第49~50页;张金海:《论无权代理人责任》,载《月旦民商法杂志》2017年第3期,第83页;施天涛:《无权代理的概念及法律后果》,载《法律科学(西北政法学院学报)》1991年第1期,第52页。

② 参见纪海龙:《〈合同法〉第48条(无权代理规则)评注》,载《法学家》2017年第4期,第170页;谢鸿飞:《代理部分立法的基本理念和重要制度》,载《华东政法大学学报》2016年第5期,第72页。

拒绝追认的，相对人不得向被代理人主张权利，而只能向代理人主张无权代理责任。如上所述，代理人必须对其代理权声明的正确性承担法定担保责任。

一、无权代理责任之产生

如前所述，无权代理的单方法律行为无效，不涉及无权代理责任的问题。无权代理责任主要涉及无权代理人订立的合同。根据《德国民法典》第179条第1款和我国《民法典》第171条第3款，无权代理责任自被代理人拒绝追认无权代理行为之时产生。①

（一）代理人的代理权声明

代理人以明示或默示方式声明自己拥有代理权的，应当承担无权代理责任。相关人员在营业场所出售商品、餐馆服务员接受顾客点单、公司或企业的工作人员在工作场所对外实施法律行为，根据交易习惯均可以被视为代理权的默示授予。反之，代理人未声明自己拥有代理权的，无需承担无权代理责任。例如，代理人明确告知相对人自己没有代理权或代理行为的效力取决于被代理人追认的，无需承担无权代理责任。②为避免承担无权代理责任，代理人不确定自己是否具有代理权的，应当予以核实；无法核实的，应当告知相对人代理权存疑的事实，由相对人决定是否与其实施法律行为；相对人决定与其实施法律行为的，应自行承担代理行为无效的风险。③

（二）代理行为本身无瑕疵

作为法定担保责任，无权代理责任的产生仅限于代理行为因欠缺代理权而不能将其法律后果归属于被代理人的情形，即以代理行为自身无瑕疵为必要。若代理行为因违法或违反善良风俗而无效、因代理人无行为能力而无效或因欠缺形式要件而无效、因意思表示瑕疵被撤销而无效，则应直接适用关于法律行为无效或被撤销的法律规定，而不涉及无权代理责任的问题。④

---

① Vgl. Leenen/Häublein, BGB Allgemeiner Teil, 3. Aufl., 2021, S. 437.
② Vgl. Lorenz, Grundlagen Stellvertretung, JuS 2010, S. 384.
③ Vgl. Leenen/Häublein, BGB Allgemeiner Teil, 3. Aufl., 2021, S. 434.
④ 参见［德］维尔纳·弗卢梅:《法律行为论》，迟颖译，法律出版社2013年版，第957页; Vgl. Neuner, Allgemeiner Teil des Bürgerlichen Rechts, 13. Aufl., 2023, S. 662; Brox/Walker, Allgemeiner Teil des BGB, 47. Aufl., 2023, S. 289.

(三) 无权代理行为因被代理人拒绝追认而无效

无权代理责任的产生以代理行为因被代理人拒绝追认而无效为必要。①无权代理行为经追认对被代理人生效的，相对人实施法律行为的目的已经实现，不得再向无权代理人主张无权代理责任，自不待言。如前所述，相对人撤回无权代理行为的，直接终止无权代理行为效力待定之不确定状态，排除被代理人对无权代理行为予以追认的可能性，充分维护自身的利益，且不再信赖代理权的存续，故不得再向代理人主张无权代理责任。②

二、无权代理责任之免除

《德国民法典》第179条第3款规定了两种免除无权代理责任的情形：其一是相对人明知或应当知道代理人无代理权；其二是限制行为能力人未经法定代理人同意而无权代理。③我国《民法典》第171条第3款明确规定只有善意相对人可以主张无权代理责任，但同条第4款又规定知道或应当知道代理人无代理权的相对人应与代理人按照各自的过错承担责任。

(一) 无权代理责任因相对人知道或应当知道无权代理而免除

1. 无权代理责任的免除

《民法总则》生效之前，我国法律未规定无权代理责任的免除事由。司法实践中，相对人非为善意的，法院一般不会判决代理人免责。例如，最高人民法院在相对人应当知道代理人无代理权的情况下判决无权代理人继续履行。④而在另一则案例中，最高人民法院判决无权代理人和非为善意的相对人按各自的过错承担责任。⑤

在《民法典》的起草过程中，关于无权代理人的免责问题，梁慧星主编的《中国民法典草案建议稿附理由：总则编》第187条最后一句和杨立新执笔的《民法典·总则编（建议稿）》第168条第3款均建议，相对人知道或应当知道代理人无代理权的，无权代理人应予免责。值得肯定的是，《民法典》第171条第3款采纳了上述专家意见，规定只有善

---

① 参见纪海龙：《〈合同法〉第48条（无权代理规则）评注》，载《法学家》2017年第4期，第170页。
② Vgl. Neuner, Allgemeiner Teil des Bürgerlichen Rechts, 13. Aufl., 2023, S. 662; Brox/Walker, Allgemeiner Teil des BGB, 47. Aufl., 2023, S. 289.
③ Vgl. Neuner, Allgemeiner Teil des Bürgerlichen Rechts, 13. Aufl., 2023, S. 664.
④ 参见最高人民法院［2012］民提字第208号民事判决书。
⑤ 参见最高人民法院［2014］民提字第165号民事判决书。

意相对人可以向代理人主张无权代理责任。但《民法典》第 171 条第 4 款却规定，相对人非为善意的，应和代理人按照各自的过错承担责任。立法的不明确导致司法实践在很大程度上延续之前的判决：相对人为善意的，无权代理人被判实际履行①或进行损害赔偿；②相对人非为善意的，无权代理人和相对人通常被判按照各自的过错承担责任。③学界通说认为，相对人非为善意的，代理人免于承担无权代理责任。④通说观点值得赞同。法律关于无权代理责任的规定旨在保护相对人对代理权的信赖，相对人一旦知道代理人无权代理，就不存在值得受法律保护的信赖，理应免除代理人的无权代理责任。

2."应当知道"的认定

在德国法上，一般认为，对于代理人所声称的代理权，相对人原则上不负担核查义务，故在判断相对人是否"应当知道"代理权欠缺时，应予严格把握；只有当代理权显然存在问题时，相对人才应当因未予核查而构成"应当知道"代理权的欠缺。⑤

我国学界关于《民法典》第 171 条第 3 款中的"善意"的内涵存在争议。有观点认为，一般过失即可排除相对人的善意；⑥另有观点认为，

---

① 参见河北省沧州市中级人民法院［2021］冀 09 民终 7048 号民事判决书；福建省漳州市中级人民法院［2021］闽 06 民终 1829 号民事判决书；广东省广州市中级人民法院［2020］粤 01 民终 20376 号民事判决书。

② 参见北京市第一中级人民法院［2020］京 01 民终 6912 号民事判决书；广东省韶关市中级人民法院［2020］粤 02 民终 289 号民事判决书；河北省承德市中级人民法院［2020］冀 08 民终 911 号民事判决书。

③ 参见重庆市第四中级人民法院［2020］渝 04 民终 620 号民事判决书。

④ 参见谢鸿飞：《代理部分立法的基本理念和重要制度》，载《华东政法大学学报》2016 年第 5 期，第 71 页；汪渊智：《论无权代理人对第三人的责任》，载《暨南学报（哲学社会科学版）》2012 年第 2 期，第 30 页；方新军：《无权代理的类型区分和法律责任——〈民法总则〉第 171 条评释》，载《法治现代化研究》2017 年第 2 期，第 55 页；迟颖：《〈民法总则〉无权代理法律责任体系研究》，载《清华法学》2017 年第 3 期，第 122 页；殷秋实：《论无权代理人的赔偿责任》，载《法律适用》2016 年第 1 期，第 119 页；夏昊晗：《无权代理中相对人善意的判断标准》，载《法学》2018 年第 6 期，第 142~147 页。

⑤ Vgl. BGH NJW 2001, 2626; BGHZ 105, 283, 285f; BGH NJW 2000, 1407; RGZ 104, 191, 194; Leenen/Häublein, BGB Allgemeiner Teil, 3. Aufl., 2021, S. 438-439; Medicus/Petersen, Allgemeiner Teil des BGB, 11. Aufl., 2016, S. 431; Neuner, Allgemeiner Teil des Bürgerlichen Rechts, 13. Aufl., 2023, S. 664; Brox/Walker, Allgemeiner Teil des BGB, 47. Aufl., 2023, S. 288; Petersen, Vertretung ohne Vertretungsmacht, Jura 2010, S. 906.

⑥ 参见夏昊晗：《无权代理中相对人善意的判断标准》，载《法学》2018 年第 6 期，第 142~147 页。

只有"重大过失"才能排除相对人的善意。①前一种观点有待商榷。首先，该观点以《民法典》第 171 条第 3 款规定的无权代理责任对于代理人过重为由拒绝将相对人的善意限于"重大过失"，②偏离问题的重心。事实上，为解决无权代理责任过重的问题，应以无权代理人是否为善意加以区分：不知道自己无权代理的代理人仅需承担信赖利益的损害赔偿责任，而知道自己无权代理的代理人应实际履行或进行履行利益的损害赔偿。其次，该学者认为《民法典》第 171 条第 3 款和第 4 款已经给予相对人足够保护，即因一般过失而依该条第 3 款不得向代理人主张无权代理责任的相对人，还可依该条第 4 款向无权代理人主张损害赔偿。③该观点不足采纳。事实上，《民法典》第 171 条第 4 款属于例外规则（详见下述），不具普遍适用性，故难以保护仅因一般过失就被禁止向代理人主张无权代理责任的相对人。再次，该观点仅以司法实践中法院通常在相对人存在过失甚至重大过失的情形中未免除代理人的责任为由主张相对人的一般过失即足以免除代理人的无权代理责任的论据，不具有说服力。最后，正如上述德国通说所言，为维护交易安全与效率，相对人原则上不负担核查代理权存续的义务，只有当代理权的效力显属存疑时，相对人始负有确认义务。④若一概禁止仅因一般过失而不知道无权代理的相对人主张无权代理责任，则无异于要求相对人承担审查代理权存续的义务。鉴于此，本书赞同后一种观点，认为《民法典》第 171 条第 3 款中的"善意"应被解释为相对人"非明知且非因重大过失而不知"代理人无权代理。唯其如此，才能合理保护相对人对代理权的信赖，避免代理人通过主张相对人非为善意而轻易被免除无权代理责任。

---

① 参见冉克平：《狭义无权代理人责任释论》，载《现代法学》2020 年第 2 期，第 56 页；方新军：《无权代理的类型区分和法律责任——〈民法总则〉第 171 条评释》，载《法治现代化研究》2017 年第 2 期，第 55 页；迟颖：《〈民法总则〉无权代理法律责任体系研究》，载《清华法学》2017 年第 3 期，第 122 页；谢鸿飞：《代理部分立法的基本理念和重要制度》，载《华东政法大学学报》2016 年第 5 期，第 72 页；殷秋实：《论无权代理人的赔偿责任》，载《法律适用》2016 年第 1 期，第 119 页。

② 参见夏昊晗：《无权代理中相对人善意的判断标准》，载《法学》2018 年第 6 期，第 144 页。

③ 参见夏昊晗：《无权代理中相对人善意的判断标准》，载《法学》2018 年第 6 期，第 144~145 页。

④ Vgl. BGH NJW 2001, 2626; BGHZ 105, 283, 285f.; BGH NJW 2000, 1407; RGZ 104, 191, 194; Medicus/Petersen, Allgemeiner Teil des BGB, 11. Aufl., 2016, S. 431; Neuner, Allgemeiner Teil des Bürgerlichen Rechts, 13. Aufl., 2023, S. 664.

3. 免于承担无权代理责任的代理人之缔约过失责任

在德国法上，无权代理责任仅依《德国民法典》第179条的规定产生。由于代理人以被代理人的名义而非以自己的名义与相对人进行缔约谈判，在代理人和相对人之间并未形成缔约的特殊关系（Sonderbeziehung），故依《德国民法典》第179条第3款被免于承担无权代理责任的代理人，原则上也无需依《德国民法典》第280条第1款、第241条第2款及第311条第2款和第3款向相对人承担缔约过失责任，无权代理人基于其与相对人之间的单独约定使相对人对其产生特殊信赖或代理人对合同的订立具有直接经济利益的除外。①在我国法上，相对人知道或应当知道代理人无权代理的，代理人虽无需承担无权代理责任，但仍应依《民法典》第171条第4款与相对人按照各自的过错承担责任。学界关于该款规定的责任性质及其与该条第3款的适用关系存在争议。

（1）《民法典》第171条第4款规定的责任性质

关于《民法典》第171条第4款规定的责任性质问题，学界存在争议。

（a）无权代理责任

持该款规定的责任是无权代理责任的观点认为，《民法典》第171条第4款并未将相对人为恶意作为无权代理责任的免责事由，而是将其作为减轻无权代理责任的依据。②例如，有学者主张将《民法典》第171条第3款和第4款的规定相结合，以相对人是否为善意来建构无权代理损害赔偿责任的双重结构：善意相对人可向代理人主张履行利益的损害赔偿或信赖利益的损害赔偿，但均不得超过代理人有代理权时其本可由被代理人获得的利益；相对人明知或应知代理权欠缺的，代理人仅因过失而负信赖利益的赔偿责任，并应与相对人按照各自的过错承担责任。③该观点有待商榷。首先，无权代理责任是法定担保责任，旨在保护相对人对代理权存续的信赖，相对人一旦知道或因重大过失而不知道（以下统称"知道"）代理人无权代理，代理人即可免责，而不是仅被减轻无权

---

① Vgl. Neuner, Allgemeiner Teil des Bürgerlichen Rechts, 13. Aufl., 2023, S. 666.
② 参见冉克平：《狭义无权代理人责任释论》，载《现代法学》2020年第2期，第60页；张家勇：《论无权代理人赔偿责任的双层结构》，载《中国法学》2019年第3期，第123页以下；纪海龙：《〈合同法〉第48条（无权代理规则）评注》，载《法学家》2017年第4期，第172页；王利明：《民法总则新论》，法律出版社2023年版，第610页。
③ 参见张家勇：《论无权代理人赔偿责任的双层结构》，载《中国法学》2019年第3期，第123页以下；纪海龙：《〈合同法〉第48条（无权代理规则）评注》，载《法学家》2017年第4期，第172页。

代理责任。其次，无权代理责任是代理人应承担的法定担保责任，与代理人善意与否无关，其范围仅因代理人的主观苛责性大小而有所不同，详见下述。再次，《民法典》第171条第3款规定的是基于对代理权之信赖所产生的无权代理责任，其不以代理人的过失为必要；而《民法典》第171条第4款规定的是过失责任，其以《民法典》第157条和第500条的规定为请求权基础，故不宜将两款共同作为确定无权代理责任范围之基础。最后，按照《民法典》第171条第3款的规定，相对人知道代理权欠缺的，免除代理人的无权代理责任，故该条第4款不属于减轻代理人无权代理责任的规则，否则会与该第3款发生规范冲突。①

（b）代理人向相对人承担的侵权责任

持《民法典》第171条第4款规定的是代理人向相对人承担的侵权责任观点的学者中，有的认为，《民法典》第171条第4款与该条第3款相并列；前者涉及相对人恶意时的责任承担问题，后者则涉及相对人善意时的责任承担问题；②也有的认为，《民法典》第171条第4款规定的是代理法外部的侵权责任，而《民法典》第171条第3款规定的是代理法内部的无权代理责任。③按照该观点，相对人知道代理人无权代理的，代理人虽可免于承担无权代理责任，但仍应向相对人承担侵权责任，这无疑会加重代理人的责任，有过度保护相对人之嫌，有待商榷。

（c）代理人或相对人向被代理人承担的侵权责任

有学者认为，《民法典》第171条第4款是被代理人向代理人或相对人就其因无权代理所遭受的损害主张侵权责任的依据。④该观点有待商榷。一般而言，无权代理行为不利于被代理人的，被代理人会选择拒绝追认以规避损失，其一般不可能因代理行为无效而遭受损害，故侵权损害赔偿责任难以成立。退而言之，被代理人若因相对人与代理人恶意串通而遭受损害，一般可以依据《民法典》第164条第2款的规

---

① 参见马新彦：《民法总则代理立法研究》，载《法学家》2016年第5期，第132页；谢鸿飞：《代理部分立法的基本理念和重要制度》，载《华东政法大学学报》2016年第5期，第72页。
② 参见夏昊晗：《无权代理人对恶意相对人之责任》，载《比较法研究》2019年第5期，第157页。
③ 参见胡东海：《论职责违反型代理权滥用——以〈民法总则〉第164条第1款的解释为中心》，载《环球法律评论》2019年第2期，第129页。
④ 参见方新军：《无权代理的类型区分和法律责任——〈民法总则〉第171条评释》，载《法治现代化研究》2017年第2期，第57页。

定向代理人和相对人主张损害赔偿，而无需适用《民法典》第 171 条第 4 款。

(d) 缔约过失责任

持该款规定的责任是缔约过失责任的观点认为，为实现法律价值上的公正，相对人知道代理权欠缺的，不应完全免除代理人的责任，而应依据缔约过失责任减轻其责任；故《民法典》第 171 条第 3 款规定的是信赖责任；而《民法典》第 171 条第 4 款规定的是缔约过失责任，该两款存在竞合关系。①该观点有待进一步澄清。首先，该观点将不以过失为要件的无权代理责任和以过失为要件的缔约过失责任混为一谈。其次，代理人并未以自己的名义与相对人展开缔约谈判，故代理人与相对人之间不存在作为缔约过失责任基础的特别法律关系。最后，无权代理责任所保护的是善意相对人，如若允许知道代理人无权代理的相对人依缔约过失责任的规定向代理人主张损害赔偿，则免除代理人无权代理责任的规范目的势必落空。

(e) 本书观点

本书认为，立法者之所以规定《民法典》第 171 条第 4 款，主要是因为对无权代理责任的性质缺乏深刻认识。无权代理责任是法定担保责任，其制度目的在于保护相对人对代理权的信赖，并不以代理人的过失为必要。为平衡代理人和相对人的利益，相对人一旦知道代理人无权代理，就不存在值得受法律保护的信赖，他既不能向代理人主张无权代理责任，原则上也不能向代理人主张缔约过失责任，否则代理人免于承担无权代理责任的规范目的将落空。只有在代理人基于其与相对人之间的单独约定使相对人对其自身产生特殊信赖或代理人对合同的订立具有直接经济利益的特殊情形中，代理人才应如学者所建议的那样，依据《民法典》第 157 条第 2 句所确立的缔约过失责任原理②或依据《民法典》第 500 条的规定因恶意磋商或故意隐瞒与订立合同相关的重要事实或提供虚假情况而承担缔约过失责任，③并与相对人按照各自的过错承担损害

---

① 参见郝丽燕：《论无权代理人的法律责任》，载《中国社会科学院研究生院学报》2018 年第 4 期，第 103~104 页。
② 参见张家勇：《论无权代理人赔偿责任的双层结构》，载《中国法学》2019 年第 3 期，第 137 页。
③ 参见谢鸿飞：《代理部分立法的基本理念和重要制度》，载《华东政法大学学报》2016 年第 5 期，第 72 页；郝丽燕：《论无权代理人的法律责任》，载《中国社会科学院研究生院学报》2018 年第 4 期，第 109 页。

赔偿责任。①

(2)《民法典》第 171 条第 3 款和第 4 款的适用关系

从立法的体系性和经济性上来看，可以通过一般规则解决的问题，无需以特别法予以专门规定，《民法典》第 171 条第 4 款即属"特别法"。尽管如此，既然该规定已经存在，那就让它发挥提示法官的功能，避免法官在相对人恶意时一概免除代理人的责任。②但法官在具体适用时应充分认识《民法典》第 171 条第 4 款的性质，厘清其与《民法典》第 171 条第 3 款之间的关系。相对人善意的（不知道或因一般过失而不知道代理权欠缺），无权代理人需依据《民法典》第 171 条第 3 款的规定承担无权代理责任，此时不适用《民法典》第 171 条第 4 款关于责任分担的规定；相对人明知或因重大过失而不知道代理权欠缺，无权代理人免于承担无权代理责任的，引起相对人对其自身产生特殊信赖或对合同的订立具有直接经济利益的无权代理人，应依据《民法典》第 171 条第 4 款、第 157 条或第 500 条向相对人承担信赖利益的损害赔偿责任。

综上所述，相对人知道代理人无权代理的，被免于承担无权代理责任的代理人，原则上无需向相对人承担缔约过失责任，只有在代理人基于特殊约定使相对人对其自身产生特殊信赖或代理人对合同的订立具有直接经济利益的例外情况下，才有《民法典》第 171 条第 4 款的适用空间。

(二) 限制行为能力的代理人免于承担无权代理责任

如前所述，限制行为能力人可以作为代理人实施代理行为。为保护限制行为能力人，《德国民法典》第 179 条第 3 款第 2 句明确免除未经法

---

① 例如，在王 a 诉上海 B 公司等委托合同纠纷案中，上海市闵行区人民法院［2012］闵民一（民）初字第 8261 号民事判决书认为，B 公司的授权委托书因未经 E 公司全体股东签名而无效，B 公司的行为构成无权代理，股权转让协议无效，但相对人王 a 轻信 B 公司承诺，在没有全体股东授权的情况下签订股权转让协议的行为存在过错，因此应当对股权转让协议的无效承担一定过错责任，判决王 a 和 B 公司按照其过错程度大小就对方所支付的费用承担责任，但法院没有明确阐述判决的法律依据。在上述案例中，倘若法院能够查明 B 公司对股权转让具有直接经济利益或 B 公司单独与王 a 约定使王 a 对 B 公司产生特殊信赖，则法院可基于下述理由作出判决：相对人王 a 在应当知道代理权瑕疵的情况下签署股权转让协议，对代理权的存续不存在值得受保护的信赖，故 B 公司无需承担无权代理责任。但由于 B 公司明知其授权书未经 E 公司全体股东签署而仍以 E 公司名义与王 a 签署股权转让协议，且 B 公司对合同的签订具有直接经济利益或王 a 基于其对 B 公司的特殊信赖而签署股权转让协议，故判决 B 公司向相对人王 a 承担缔约过失责任，又由于王 a 因重大过失而不知 B 公司的授权书未经 E 公司全体股东签署，对股权转让协议无效亦有过失，遂判决王 a 和 B 公司按照其各自的过错承担责任。

② 参见夏昊晗：《无权代理人对恶意相对人之责任》，载《比较法研究》2019 年第 5 期，第 165~166 页。

定代理人同意实施代理行为的限制行为能力人的无权代理责任。①我国亦有学者建议,限制行为能力人实施无权代理行为的,其所作出的代理权声明因其欠缺行为能力而无效,作为无权代理人的限制行为能力人无需承担无权代理责任,该代理行为经其法定代理人同意的除外。②本书赞同该观点,建议最高人民法院通过司法解释明确免除限制行为能力人的无权代理责任。③

综上所述,无权代理责任为法定担保责任,其成立以代理人对代理权的声明和无权代理行为因被代理人拒绝追认而无效为前提。相对人明知或因重大过失而不知代理人无权代理的,或限制行为能力人未经其法定代理人同意而进行无权代理的,代理人无需承担无权代理责任,原则上亦无需承担缔约过失责任,但引起相对人对其自身产生特殊信赖或对合同的订立具有直接经济利益的无权代理人,应依据《民法典》第171条第4款基于缔约过失向相对人承担信赖利益的损害赔偿责任。

第四节 无权代理责任的范围

为维护被代理人的私法自治,代理人没有代理权而以他人名义实施的法律行为构成无权代理,未经被代理人追认的,无效。相对人既不知道也不应当知道代理权欠缺的,代理人应承担无权代理责任。无权代理责任范围的妥当设置关系着相对人与代理人之间的利益平衡。

一、德国法上无权代理责任的范围

如上所述,无权代理责任虽然为法定担保责任,不以代理人的过失为要件,但无权代理责任的范围却因无权代理人是否知道代理权的欠缺而有所不同。《德国民法典》第179条第1款规定,无权代理行为

---

① Vgl. Lorenz, Grundlagen Stellvertretung, JuS 2010, S. 384; Medicus/Petersen, Allgemeiner Teil des BGB, 11. Aufl., 2016, S. 431; Neuner, Allgemeiner Teil des Bürgerlichen Rechts, 13. Aufl., 2023, S. 664; Brox/Walker, Allgemeiner Teil des BGB, 47. Aufl., 2023, S. 288-289.
② 参见纪海龙:《〈合同法〉第48条(无权代理规则)评注》,载《法学家》2017年第4期,第173页;谢鸿飞:《代理部分立法的基本理念和重要制度》,载《华东政法大学学报》2016年第5期,第71页;汪渊智:《论无权代理人对第三人的责任》,载《暨南学报(哲学社会科学版)》2012年第2期,第30页。
③ 参见李永军主编:《中国民法典总则编草案建议稿及理由》(中国政法大学版),中国政法大学出版社2016年版,第319页(迟颖执笔);谢鸿飞:《代理部分立法的基本理念和重要制度》,载《华东政法大学学报》2016年第5期,第71页。

未经被代理人追认的，代理人应按相对人的选择进行实际履行或赔偿损害；第 2 款规定，代理人不知道自己无代理权的，仅应赔偿相对人因信赖代理权所遭受的损失，但以相对人于合同有效时本应获得的利益为限。《德国民法典》第 179 条第 1 款虽未明确以代理人明知代理权欠缺为要件，但从该条第 2 款可以反推出该要件。①无权代理人一般均应知道自己没有代理权，故《德国民法典》第 179 条第 1 款针对知道代理权欠缺的无权代理人规定了实际履行或履行利益的损害赔偿；而对于例外情况下不知道自己没有代理权的代理人，《德国民法典》第 179 条第 2 款规定了信赖利益的损害赔偿。②这种按无权代理人主观状态来区分无权代理责任范围的立法模式，可以最大限度地实现代理人与相对人之间的利益平衡。③

二、我国法上无权代理责任的范围

与《德国民法典》第 179 条以无权代理责任的特殊规范属性为进路的立法模式有所不同的是，我国《民法典》第 171 条关于无权代理责任的规定体现出综合性"规则体"的特征，它将无权代理作为引发责任的原因，以第 3 款（无权代理责任）和第 4 款（缔约过失责任或侵权责任）同时规定了不同性质的法律责任，④有待检讨。

（一）立法衍变与司法状况

下述主要针对我国法律关于无权代理责任规定的历史衍变和相关司法裁判进行分析。

1. 立法衍变

以德国、日本的民法典为蓝本的《大清民律草案》第 240 条规定，无权代理行为未经本人追认的，行为人对相对人负有履行或赔偿之责。《中华民国民法典》第 110 条规定，无代理权人，以他人之代理人名义所为之法律行为，对于善意相对人，负损害赔偿责任。《民法通则》第 66 条第 1 款和《合同法》第 48 条第 1 款均规定，没有代理权、超越代理权或者代理权终止后的行为，未经被代理人追认的，由行为人承担民事责

---

① Vgl. Medicus/Petersen, Allgemeiner Teil des BGB, 11. Aufl., 2016, S. 429.
② Vgl. Lorenz, Grundlagen Stellvertretung, JuS 2010, S. 384.
③ 参见谢鸿飞：《代理部分立法的基本理念和重要制度》，载《华东政法大学学报》2016 年第 5 期，第 72 页。
④ 参见张家勇：《论无权代理人赔偿责任的双层结构》，载《中国法学》2019 年第 3 期，第 142 页。

任。至于行为人承担何种民事责任，该两规定并未明确。相较而言，《民法典》第 171 条第 3 款关于无权代理责任范围的规定更为具体明确："行为人实施的行为未被追认的，善意相对人有权请求行为人履行债务或者就其受到的损害请求行为人赔偿。但是，赔偿的范围不得超过被代理人追认时相对人所能获得的利益。"

《民法典》第 171 条第 3 款所规定的无权代理责任不仅限于损害赔偿，而且包括实际履行。整体来看，该规定主要借鉴的是《德国民法典》第 179 条的规定，但又有所不同。一方面，该规定未按照代理人是否知道自己无代理权来区分无权代理责任的范围；另一方面，该规定未明确损害赔偿的具体范围究竟是履行利益抑或信赖利益。从该规定中的"赔偿的范围不得超过被代理人追认时相对人所能获得的利益"这一表述来看，该条所规定的损害赔偿似乎仅涉及信赖利益。倘使仅从行为的不法性来审视无权代理行为，信赖利益的损害赔偿大概足以补偿相对人的损失，然而，由于代理人在订立合同时就代理权的存续作出了承诺，倘若仅要求知道代理权欠缺的无权代理人赔偿信赖利益的损失，则不利于维护交易安全，最终将导致无人愿意与代理人实施法律行为；而要求代理人遵守其承诺，向相对人实际履行或赔偿履行利益的损失似乎更有利于维护交易安全。①

2. 司法状况

(1)《民法典》生效之前

《民法典》生效前，司法实务中，法院通常判决行为人实际履行。例如，在宁波某公司与浙江某公司等合同纠纷再审案中，最高人民法院判决代理人实际履行；②在广东省某公司与李某财产租赁合同纠纷上诉案中，广州市中级人民法院判决代理人实际履行租金支付义务；③在王某与陈某等买卖合同纠纷上诉案中，江苏省南通市中级人民法院判决代理人向相对人实际履行买卖合同价金支付义务。④在上述案件中，法院在作出实际履行判决时，并未将代理人是否知道或应当知道代理权欠缺作为考量因素，也未考虑相对人是否为善意，而是一刀切地要求代理人取

---

① 参见［德］维尔纳·弗卢梅：《法律行为论》，迟颖译，法律出版社 2013 年版，第 959 页；Medicus/Petersen, Allgemeiner Teil des BGB, 11. Aufl., 2016, S. 429; Neuner, Allgemeiner Teil des Bürgerlichen Rechts, 13. Aufl., 2023, S. 663; Brox/Walker, Allgemeiner Teil des BGB, 47. Aufl., 2023, S. 288.

② 参见最高人民法院［2012］民提字第 208 号民事判决书。

③ 参见广东省广州市中级人民法院［2006］穗中法民二终字第 1322 号民事判决书。

④ 参见江苏省南通市中级人民法院［2014］通中商终字第 00544 号民事判决书。

代被代理人进行实际履行。这种做法不利于保护不知道亦不应知道自己无权代理的代理人。

(2)《民法典》生效之后

《民法典》生效后,法院改变了之前主要判决实际履行的做法,有的法院判决代理人实际履行,①有的法院则判决代理人承担损害赔偿责任。②在判决代理人承担损害赔偿责任的案件中,有的法院判决代理人赔偿履行利益的损失,即支付违约赔偿金;③有的法院则判决代理人赔偿信赖利益的损失。④可见,司法判决仍然各异。

(二) 学理争议

1.《民法典》第 171 条生效之前的理论争议

《民法典》第 171 条生效之前,《合同法》第 48 条和《民法通则》第 66 条关于无权代理责任范围的规定模糊不清,学界争议较大。例如,针对《民法总则(草案)》第 151 条关于无权代理责任的规定,持无权代理行为可以对代理人生效观点的学者认为,关于"履行债务"和"损害赔偿"的选择权,实际上是对代理行为"有效"或"无效"的选择权;相对人选择前者的,由代理人履行代理行为;相对人选择后者的,由代理人赔偿其因代理行为无效所遭受的损失。⑤该观点有待商榷。如前所述,被代理人拒绝追认无权代理行为的,无权代理行为确定不生效,既不对被代理人生效也不对代理人生效。无权代理责任是法定担保责任,代理人依据法律的规定,而非依合同的约定承担实际履行责任或损害赔偿责任,故不能认为代理人基于有效的代理行为承担实际履行责任。

此外,关于实际履行、履行利益或信赖利益的损害赔偿等无权代理责任的适用问题,我国学界亦存在诸多争议。例如,有观点认为,无权代理责任仅限于信赖利益损害赔偿。⑥该观点有待商榷,倘使我们仅从行

---

① 参见河北省沧州市中级人民法院[2021]冀 09 民终 7048 号民事判决书;福建省漳州市中级人民法院[2021]闽 06 民终 1829 号民事判决书;广东省广州市中级人民法院[2020]粤 01 民终 20376 号民事判决书。
② 参见北京市第一中级人民法院[2020]京 01 民终 6912 号民事判决书;广东省韶关市中级人民法院[2020]粤 02 民终 289 号民事判决书;河北省承德市中级人民法院[2020]冀 08 民终 911 号民事判决书。
③ 参见北京市第一中级人民法院[2020]京 01 民终 6912 号民事判决书;广东省韶关市中级人民法院[2020]粤 02 民终 289 号民事判决书。
④ 参见河北省承德市中级人民法院[2020]冀 08 民终 911 号民事判决书。
⑤ 参见马新彦:《民法总则代理立法研究》,载《法学家》2016 年第 5 期,第 131 页。
⑥ 参见殷秋实:《论无权代理人的赔偿责任》,载《法律适用》2016 年第 1 期,第 120 页。

为的不法性来审视无权代理行为,对信赖利益的损害赔偿似乎足以弥补相对人的损失。然而,代理人在以他人名义订立合同时对代理权的存续作出承诺,代理人明知或应知没有代理权而以他人名义订立合同的,信赖利益的损害赔偿不足以弥补相对人的损失。①另有观点认为,无权代理责任不包括实际履行,仅限于损害赔偿;无过失的代理人需赔偿信赖利益的损失;有过失的代理人应赔偿履行利益的损失。②该观点不利于维护交易安全,根据该观点,相对人若无法举证其因无权代理行为遭受损失,则既不能向无权代理人主张损害赔偿也无法要求其实际履行。而持无权代理责任既包括实际履行又包括损害赔偿观点的学者中,有的学者认为,代理人应首先进行实际履行,无法实际履行的,才需承担损害赔偿责任;③而有的学者则认为,无权代理责任属于选择之债,代理人应按照相对人的选择实际履行或进行损害赔偿。④可见,关于实际履行与损害赔偿之间的关系以及损害赔偿的范围,学者们尚未达成一致意见。

2.《民法典》第 171 条生效之后的理论争议

《民法典》第 171 条第 3 款第 1 句规定,行为人实施的行为未被追认的,善意相对人有权请求行为人履行债务或者就其受到的损害请求行为人赔偿。该规定在一定程度上明确了无权代理责任的范围,值得赞同。但如前所述,立法者并未明确该规定中的损害赔偿是针对履行利益还是信赖利益,也没有按照代理人是否知道或应当知道代理权欠缺来进行区分。学界关于该规定中的"损害赔偿"范围存在争议。第一种观点认为,由于相对人可以选择主张实际履行和损害赔偿,而与实际履行相对应的是履行利益的损害赔偿,故《民法典》第 171 条第 3 款第 1 句所规定的损害赔偿仅限于履行利益。⑤该观点有待商榷,要求不知亦不应知自己没有代理权的代理人承担履行利益的损害赔偿过于严苛。第二种观点认为,要求无权代理人向相对人承担合同债务或违约责任既不符合私法自治原则,也不符合信赖保护原则,在法价值上也不具有正当性,因此

---

① 参见〔德〕维尔纳·弗卢梅:《法律行为论》,迟颖译,法律出版社 2013 年版,第 959 页。
② 参见赵秀梅:《〈民法典总则〉代理制度立法建议》,载《法律适用》2016 年第 8 期,第 59 页;汪渊智:《论无权代理人对第三人的责任》,载《暨南学报(哲学社会科学版)》2012 年第 2 期,第 29 页;张金海:《论无权代理人责任》,载《月旦民商法杂志》2017 年第 3 期,第 85~87 页。
③ 参见梁慧星:《民法总论》(第 2 版),法律出版社 2001 年版,第 238 页。
④ 参见马俊驹、余延满:《民法原论》(第 4 版),法律出版社 2010 年版,第 237 页。
⑤ 参见谢鸿飞:《代理部分立法的基本理念和重要制度》,载《华东政法大学学报》2016 年第 5 期,第 72 页;方新军:《无权代理的类型区分和法律责任——〈民法总则〉第 171 条评释》,载《法治现代化研究》2017 年第 2 期,第 56 页。

代理人仅应向相对人赔偿消极利益的损失,包括相对人因缔约而支出的费用以及丧失其他订约机会而遭受的损失,且相对人可以举证其因丧失其他订约机会而遭受损失的,该消极利益的损害赔偿与因合同有效而发生的履行利益损害赔偿并无实质差别。①该观点不利于保护相对人的利益和交易安全,有待商榷。一般而言,相对人难以举证其因丧失其他订约机会所遭受的损失,故消极利益损害赔偿的范围一般小于履行利益损害赔偿的范围,两者不可同日而语。第三种观点认为,《民法典》第171条第3款第1句规定的是信赖利益的损害赔偿,其范围不得超过履行利益。②根据该观点,相对人只能在实际履行和信赖利益损害赔偿责任之间选择,代理人不能履行的,相对人只能接受信赖利益的损害赔偿,如上所述,信赖利益的损害赔偿一般低于履行利益的损害赔偿,不足以弥补相对人的损失,而且将相对人的损害赔偿与代理人的履行能力挂钩,对相对人难谓公平。第四种观点认为,从比较法③上来看,《德国民法典》第179条的规定最值得借鉴,④故借鉴该规定以代理人是否知道自己欠缺代理权来确定无权代理责任的范围:代理人知道自己无代理权的,善意相对人有权请

---

① 参见杨代雄:《〈民法总则〉中的代理制度重大争议问题》,载《学术月刊》2017年第12期,第12页。

② 参见王利明:《民法总则新论》,法律出版社2023年版,第608页;杨代雄:《法律行为论》,北京大学出版社2021年版,第560页。

③ 在无权代理的情形中,《日本民法典》第117条赋予相对人选择要求无权代理人履行契约或承担损害赔偿责任的权利;《法国民法典》第1120条规定,无权代理人应承担损害赔偿责任;《意大利民法典》第1398条规定"无权代理或者超越代理权限缔结契约的人,要对缔约第三人因相信契约效力而没有过错所遭受的损失承担责任(参引1337、2043条)",而《意大利民法典》第1337条是关于缔约过失责任的规定,因此可以认为《意大利民法典》第1398条所规定的无权代理责任应当是缔约过失责任;《德国民法典》第179条按照代理人是否知道代理权欠缺的事实划分其责任范围:知道代理权欠缺的代理人应当按照相对人的选择或承担实际履行责任或履行利益损害赔偿责任;不知道代理权欠缺的代理人仅需承担信赖利益损害赔偿责任。

④ 参见冉克平:《狭义无权代理人责任释论》,载《现代法学》2020年第2期,第48页;郝丽燕:《论无权代理人的法律责任》,载《中国社会科学院研究生院学报》2018年第4期,第109页;陈甦主编:《民法总则评注》(下册),法律出版社2017年版,第1221页(方新军执笔);朱庆育:《民法总论》(第2版),北京大学出版社2016年版,第361页;崔建远等:《民法总论》(第2版),清华大学出版社2013年版,第251页;迟颖:《〈民法总则〉无权代理法律责任体系研究》,载《清华法学》2017年第3期,第123~128页;梁慧星主编的《中国民法典草案建议稿附理由:总则编》第187条实际上采纳了《德国民法典》第179条第1款和第2款的规定,具体内容为:"以代理人身份实施法律行为的行为人,如不能证明其有代理权,而被代理人拒绝追认的,相对人可以要求无权代理人履行义务或者承担损害赔偿责任。无权代理人不知自己无代理权的,在对相对人承担赔偿责任时,其赔偿额不超过相对人在法律行为有效时可以得到的利益。"

求代理人实际履行或赔偿履行利益的损失；代理人不知道自己无代理权的，善意相对人可主张信赖利益的损害赔偿，且赔偿范围不得超过履行利益的损害。本书赞同第四种观点。详见下述。

（三）按代理人是否有过失来确定无权代理责任的范围

尽管无权代理责任是法定担保责任，不以代理人的过失为适用前提，但无权代理责任范围的大小应依代理人是否有过失来确定。

1. 按代理人是否有过失来确定无权代理责任范围的必要性

无过失（不知亦不应知自己无代理权）的代理人所承担的责任，当较有过失（明知或应知自己无代理权）的代理人所承担的责任轻。①遗憾的是，我国《民法典》第171条第3款并未依代理人是否有过失来区分无权代理责任的范围，规定无论代理人是否知道代理权欠缺，善意相对人均可以向其主张实际履行或损害赔偿，这对于不知且不应知代理权欠缺的代理人而言未免过于严苛。②经与《德国民法典》第179条关于无权代理责任的规定进行比较发现，我国《民法典》第171条第3款第1句的规定似乎借鉴了《德国民法典》第179条第1款的规定（实际履行或损害赔偿）。《德国民法典》第179条第1款虽未明确规定与实际履行相并列的"损害赔偿"仅限履行利益，但从《德国民法典》第179条第2款关于不知亦不应知代理权欠缺的代理人仅需赔偿信赖利益损失的规定中，可以反推出《德国民法典》第179条第1款所规定的是履行利益的损害赔偿。而我国《民法典》第171条关于无权代理责任的规定，仅借鉴了《德国民法典》第179条第1款关于明知或应知代理权欠缺的代理人应实际履行或损害赔偿，并未借鉴《德国民法典》第179条第2款关于不知亦不应知代理权欠缺的代理人仅需赔偿信赖利益损失的规定，故不能如德国法那样基于《德国民法典》第179条第2款的规定反推出与实际履行相并列的是履行利益的损害赔偿。尽管如此，有学者建议将我国《民法典》第171条第3款的损害赔偿责任解释为因债务不履行而发生的损害赔偿责任，属于违约责任。③下述以法定担保责任为基础，借鉴

---

① 参见汪渊智：《代理法立法研究》，知识产权出版社2020年版，第218页；殷秋实持不同观点，他认为不应以代理人是否知道代理权欠缺为标准区分赔偿的范围，这是由于他将无权代理责任认定为过错责任，无过失的代理人不必承担责任，参见殷秋实：《论无权代理人的赔偿责任》，载《法律适用》2016年第1期，第120页。
② 参见杨代雄：《法律行为论》，北京大学出版社2021年版，第556页；马新彦：《民法总则代理立法研究》，载《法学家》2016年第5期，第131~132页。
③ 参见李宇：《民法总则要义：规范释论与判解集注》，法律出版社2017年版，第813页。

《德国民法典》第179条的规定，以代理人是否有过失来确定无权代理责任的范围。

2. 代理人明知或应知没有代理权而为代理行为

在德国法上，一般认为，相对人对代理人代理权声明的信赖，是其与代理人为法律行为的决定性因素。代理人明知或应知自己没有代理权而与相对人实施代理行为，被代理人拒绝追认的，代理人应按照相对人的选择实际履行（Erfüllung）或赔偿履行利益（Erfüllungsinteresse）的损失，置相对人于代理行为有效时其本应处的法律地位，代理行为无效的风险完全由代理人自行承担。①

我国学界通说虽主张无权代理人的实际履行责任和履行利益的损害赔偿责任，但学者们主要通过将无权代理责任认定为合同责任②来支持实际履行。如前所述，无权代理行为自被代理人拒绝追认时即失去效力，既不能对被代理人生效也不能对代理人生效，代理人并不能成为无权代理合同的当事人，故实际履行责任和履行利益的损害赔偿责任并非基于合同约定而产生。③进言之，无权代理责任是法定担保责任，实际履行责任和履行利益的损害赔偿责任依法产生。④

（1）实际履行

实际履行和履行利益损害赔偿均旨在弥补相对人与代理人实施法律行为本应获得、但因代理人缺乏代理权而未能获得的利益，既然履行利益的损害赔偿同样可以达到使相对人处于合同正常履行时其所应处状态的目的，是否仍有必要要求代理人实际履行？反对实际履行的学者中，有人认为，由于大陆法系和英美法系普遍要求无权代理人承担单一的损害赔偿责任，我国民法亦应当顺应这一发展趋势，仅要求代理人承担损害赔偿责任，而不必要求其实际履行；⑤而有人在将无权代理责任定性为侵权责任的基础上认为，无权代理责任应以金钱赔偿为基本形式，尤其

---

① Vgl. Neuner, Allgemeiner Teil des Bürgerlichen Rechts, 13. Aufl., 2023, S. 663; Leenen/Häublein, BGB Allgemeiner Teil, 3. Aufl., 2021, S. 438; Medicus/Petersen, Allgemeiner Teil des BGB, 11. Aufl., 2016, S. 429; Brox/Walker, Allgemeiner Teil des BGB, 47. Aufl., 2023, S. 287.
② 参见梁慧星：《民法总论》（第6版），法律出版社2021年版，第248页。
③ 参见杨代雄：《法律行为论》，北京大学出版社2021年版，第553页。
④ Vgl. Neuner, Allgemeiner Teil des Bürgerlichen Rechts, 13. Aufl., 2023, S. 663; Brox/Walker, Allgemeiner Teil des BGB, 47. Aufl., 2023, S. 287; Hupka, Die Haftung des Vertreters ohne Vertretungsmacht, 1903, S. 222; BGH NJW 1970, 241.
⑤ 参见汪渊智：《代理法立法研究》，知识产权出版社2020年版，第221页；赵秀梅：《〈民法典总则〉代理制度立法建议》，载《法律适用》2016年第8期，第59页。

是相对人在缔约时并未期待代理人履行合同，且实际履行也可能无效率，故要求代理人实际履行有违反诚实信用甚至存在恶意刁难之嫌；①还有人认为，应当对《民法典》第171条第3款所规定的实际履行予以严格解释，限制其适用。②上述观点有待商榷。首先，不能因单一损害赔偿责任模式被世界许多国家和地区的立法所采纳就认为其具有正当性；其次，不能因相对人在缔约时未期待代理人履行就剥夺其向代理人主张实际履行的选择权，相对人缔约的主要目的是希望合同能被实际履行，只有在实际履行不能的情况下，相对人才会退而求其次，接受履行利益的损害赔偿，故法律不宜越俎代庖，剥夺相对人的选择权；再次，由代理人履行也未必就无效率，事实上，在现代社会，被代理人通常会因为代理人的专业能力而授权其代理实施法律行为，代理人实际履行也可能更为高效；最后，《民法典》第171条第3款明确规定了相对人选择实际履行的权利，缘何要限制其适用？其正当性何在？

本书认为，尽管履行利益的损害赔偿足以弥补相对人的损失，相对人仍可以向代理人主张实际履行。主要原因在于，实际履行请求权可以避免相对人因无法举证其所遭受的损失而承担无法获得履行利益损害赔偿的风险。进言之，实际履行不以相对人的损失为必要，相对人在主张实际履行时无需证明自己的损失。而履行利益的损害赔偿以相对人因合同不履行而遭受损失为必要，相对人必须证明自己因代理行为无效所遭受的损失以及损失的金额，举证不能的，不能向代理人主张履行利益的损害赔偿。有鉴于此，因举证不能而无法主张履行利益损害赔偿的相对人，可以通过向代理人主张实际履行获得法律救济。

（2）履行利益的损害赔偿

因考虑到代理人的资质或财产状况并不希望其实际履行，或实际履行不足以补偿相对人损失的，相对人可以主张履行利益的损害赔偿。③首先，对于专属被代理人履行的行为，相对人不能选择实际履行，④主要包括仅被代理人能够提供的给付，例如所有权的转移；价值取决于被代理

---

① 参见张金海：《论无权代理人责任》，载《月旦民商法杂志》2017年第3期，第81页。
② 参见杨代雄：《法律行为论》，北京大学出版社2021年版，第554页。
③ Vgl. Neuner, Allgemeiner Teil des Bürgerlichen Rechts, 13. Aufl., 2023, S. 663; Medicus/Petersen, Allgemeiner Teil des BGB, 11. Aufl., 2016, S. 429; Brox/Walker, Allgemeiner Teil des BGB, 47. Aufl., 2023, S. 288.
④ Vgl. Neuner, Allgemeiner Teil des Bürgerlichen Rechts, 13. Aufl., 2023, S. 663; Medicus/Petersen, Allgemeiner Teil des BGB, 11. Aufl., 2016, S. 429.

人的给付，例如画像；以信赖关系为基础的给付，例如律师咨询服务等。①其次，实际履行不能的，相对人可向代理人主张履行利益的损害赔偿。最后，相对人的损失若大于被代理人在代理行为有效时本应进行的实际履行可获得的利益，实际履行可能无法弥补相对人所遭受的损失的，相对人一般倾向于选择主张履行利益的损害赔偿。

履行利益损害赔偿责任的成立以相对人因代理行为无效而遭受损失为前提。履行利益的损害赔偿属于金钱赔偿，旨在置相对人于代理行为对被代理人生效且得到正常履行时其所应处的状态。②履行利益不仅包括相对人在代理行为有效时本应获得的利益，例如给付与对待给付之间差额的损失，而且包括可得利益的损失，特别是依据所作准备和采取的措施非常有可能获得的利益，例如转卖标的物应获得的利益，亦可能包括相对人因代理行为无效所遭受的损失，例如相对人因无法履行与他人订立的合同必须向他人作出的损害赔偿，或为履行与他人订立的合同而以高价从其他卖方那里购买标的物所遭受的损失。③有法院判决，代理人无法继续履行的，应当支付违约赔偿金。④该判决中的违约赔偿金为合同正常履行时，善意相对人可预期获得的利益，相当于履行利益的损害赔偿。

就损害赔偿而言，若相对人的损失因其再次出售无权代理之标的而得到弥补的，代理人无需承担赔偿责任。例如，相对人将其价值120万元的房屋以130万元出售给被代理人，该代理行为因无权代理而无效后，相对人又将房屋以140万元的价格出售。该案中，虽然相对人因代理行为无效所遭受的履行利益的损失为10万元，但其再次出售房屋所获得的利益为20万元，相对人并未因代理行为无效而遭受任何损失，故代理人无需承担损害赔偿责任。

（3）相对人可选择主张实际履行或履行利益之损害赔偿

关于实际履行和履行利益损害赔偿之间的关系，有观点认为，相对人应首先向代理人主张实际履行，实际履行不能的，始得主张损害赔偿。⑤该

---

① 参见张金海：《论无权代理人责任》，载《月旦民商法杂志》2017年第3期，第80页。
② Vgl. Neuner, Allgemeiner Teil des Bürgerlichen Rechts, 13. Aufl., 2023, S. 663; Medicus/Petersen, Allgemeiner Teil des BGB, 11. Aufl., 2016, S. 429; Brox/Walker, Allgemeiner Teil des BGB, 47. Aufl., 2023, S. 287-288.
③ Vgl. Leenen/Häublein, BGB Allgemeiner Teil, 3. Aufl., 2021, S. 440; Willems, Ersatz von Vertretungsschäden und Begrenzung auf das Erfüllungsinteresse nach §122 und §179 Abs. 2 BGB, JuS 2015, S. 587-588.
④ 参见北京市第一中级人民法院［2020］京01民终6912号民事判决书。
⑤ 参见梁慧星：《民法总论》（第2版），法律出版社2001年版，第238页。

观点有待商榷。首先，与债务不履行的意定之债不同，无权代理责任是法定之债，履行利益的损害赔偿与实际履行相并列，善意相对人可以按照自己的意思自由选择，无需先行主张实际履行。①其次，若相对人不希望代理人实际履行，则先行主张实际履行的要求不免意味着强迫相对人接受代理人的实际履行，有违私法自治原则。②最后，实际履行的功能在于使相对人免于承担举证责任，就此而言，并非损害赔偿代替实际履行，而是实际履行替代损害赔偿。③鉴于此，为最大限度地保护善意相对人的利益，自应允许相对人自由选择，代理人应按照相对人的选择实际履行或赔偿损害。④由此可见，《民法典》第 171 条第 3 款所规定的无权代理责任属于选择之债。

选择权仅由善意相对人享有，代理人原则上无权选择。⑤根据《德国民法典》第 264 条第 2 款的规定，有选择权的债权人发生迟延的，债务人可以催告债权人在合理期限内行使选择权，选择权人在期限届满后仍未行使选择权的，选择权转移至债务人。我国《民法典》第 515 条第 2 款亦有类似规定。据此，相对人迟延行使选择权的，代理人可以催告其在合理期限内作出选择，期限届满，相对人仍未行使选择权的，选择权转移至无权代理人。享有选择权的相对人一旦选择主张实际履行，就不得再行主张履行利益的损害赔偿，反之亦然。

综上所述，代理人明知或应知自己没有代理权而实施代理行为的，应当按照善意相对人的选择实际履行或赔偿履行利益的损失。《民法典》第 171 条第 3 款既然借鉴了《德国民法典》第 179 条第 1 款的规定，理

---

① Vgl. Neuner, Allgemeiner Teil des Bürgerlichen Rechts, 13. Aufl., 2023, S. 663; Medicus/Petersen, Allgemeiner Teil des BGB, 11. Aufl., 2016, S. 429; Brox/Walker, Allgemeiner Teil des BGB, 47. Aufl., 2023, S. 288.

② 参见纪海龙：《〈合同法〉第 48 条（无权代理规则）评注》，载《法学家》2017 年第 4 期，第 171 页；马俊驹、余延满：《民法原论》（第 4 版），法律出版社 2010 年版，第 237 页。

③ 参见［德］保尔·拉邦德：《依〈德国普通商法典〉缔结法律行为时的代理》，刘洋译，柯伟才校，载《苏州大学学报（法学版）》2021 年第 4 期，第 156 页。

④ 参见冉克平：《狭义无权代理人责任释论》，载《现代法学》2020 年第 2 期，第 57 页；张家勇：《论无权代理人赔偿责任的双层结构》，载《中国法学》2019 年第 3 期，第 133 页；郝丽燕：《论无权代理人的法律责任》，载《中国社会科学院研究生院学报》2018 年第 4 期，第 106~107 页；谢鸿飞：《代理部分立法的基本理念和重要制度》，载《华东政法大学学报》2016 年第 5 期，第 69 页。

⑤ Vgl. Neuner, Allgemeiner Teil des Bürgerlichen Rechts, 13. Aufl., 2023, S. 663-664; Medicus/Petersen, Allgemeiner Teil des BGB, 11. Aufl., 2016, S. 429; Brox/Walker, Allgemeiner Teil des BGB, 47. Aufl., 2023, S. 287-288.

应再借鉴该条第 2 款的规定，即不知亦不应知自己无代理权的代理人仅需赔偿信赖利益的损失。①

3. 代理人既不知亦不应知自己没有代理权而为代理行为

既不知亦不应知代理权欠缺的代理人仅需依《德国民法典》第 179 条第 2 款的规定赔偿以履行利益为限的信赖利益之损害（Vertrauenschaden），赔偿相对人因相信代理权声明而遭受的损失，使相对人处于合同未成立时其所处的状态。②信赖利益的损害赔偿范围包括因代理行为无效所徒劳支出的费用、起诉被代理人败诉所支出的诉讼费、因无法履行与第三人签署的转售标的物之买卖合同而向第三人作出的损害赔偿或因丧失其他订约机会所失去的利益。③徒劳支出的费用包括为缔约支出的费用、为提出给付或受领对待给付支出的费用，如差旅费、包装费、邮寄费、为支付合同价金而贷款产生的利息等，这些费用通常会与合同被正常履行所获得的履行利益所冲抵。

（1）因丧失其他订约机会所失去的利益

关于相对人因丧失其他订约机会所失去的利益是否能够被作为信赖利益的损害向代理人主张的问题，有学者从侵权责任出发，认为只有责任人故意破坏他人订约机会的，权利人方可向其主张因丧失订约机会所失去的利益之损害的赔偿，而在无权代理中，代理人并没有破坏他人订约机会的故意，故相对人不能向代理人主张其因丧失其他订约机会所失去的利益之损害的赔偿，该风险应由相对人自行承担。④该观点有待商榷，如前所述，无权代理责任不属于侵权责任，而是法定担保责任，它所保护的是相对人对代理权的信赖，是否能够主张因丧失订约机会所失利益之损害的赔偿，不取决于代理人是否有破坏相对人与他人订约机会的故意，而取决于该损失是否因相对人信赖代理人有代理权所致。在相对人因与代理人实施法律行为而丧失其他订约机会的情形中，相对人正是基于对代理权的信赖才放弃与他人订约，故该损失可以被作为信赖利

---

① 参见杨代雄：《法律行为论》，北京大学出版社 2021 年版，第 556 页。
② Vgl. Leenen/Häublein, BGB Allgemeiner Teil, 3. Aufl., 2021, S. 439; Neuner, Allgemeiner Teil des Bürgerlichen Rechts, 13. Aufl., 2023, S. 664; Medicus/Petersen, Allgemeiner Teil des BGB, 11. Aufl., 2016, S. 430; Brox/Walker, Allgemeiner Teil des BGB, 47. Aufl., 2023, S. 288; Willems, Ersatz von Vertretungsschäden und Begrenzung auf das Erfüllungsinteresse nach § 122 und § 179 Abs. 2 BGB, JuS 2015, S. 587.
③ Vgl. Willems, Ersatz von Vertretungsschäden und Begrenzung auf das Erfüllungsinteresse nach § 122 und § 179 Abs. 2 BGB, JuS 2015, S. 587.
④ 参见张金海：《论无权代理人责任》，载《月旦民商法杂志》2017 年第 3 期，第 87 页。

益的损失向代理人主张。①

（2）信赖利益损害赔偿以履行利益为限

信赖利益损害赔偿的金额应以履行利益为限，相对人所获信赖利益的损害赔偿不应高于合同正常履行时其所能获得的利益，相对人应当自行承担其所支出的费用以及丧失与他人订约的机会所能获得的利益高于履行利益的风险，即相对人应自行承担其非理性决策的不利后果。②倘使允许相对人获得超出履行利益的信赖利益，则相对人将因此而获得其在订立合同时并没有合理期待的利益。鉴于此，相对人的信赖利益损害高于履行利益的，相对人最多只能主张履行利益的损害赔偿。

甲得知其女朋友乙打算购买新款笔记本电脑，误以为乙希望将其旧笔记本电脑出售，遂以乙的名义与同学丙订立买卖合同，以1000元的价格将乙的旧笔记本电脑（价值1200元）出售给丙。乙发现甲的无权代理行为后拒绝追认，丙遂向法院起诉乙履行买卖合同，为此合计支出诉讼费和交通费300元，丙在诉讼中未能举证乙的代理权。该案中，丙的信赖利益损失为300元。若买卖合同正常履行，丙将以1000元的价格取得价值为1200元的笔记本电脑，获得200元的履行利益。由于信赖利益的损害赔偿应以履行利益为限，丙的信赖利益损害赔偿请求仅为200元。

（四）代理人的抗辩

针对相对人的主张，代理人享有被代理人于代理行为生效时本应享有的所有权利，例如诉讼时效届满抗辩权、对待给付履行请求权、撤销权或解除权等，以避免相对人的法律地位优于无权代理行为经被代理人追认时其所应处的法律地位。③进言之，无权代理行为因被代理人拒绝追认而无效的，代理人可以通过向相对人主张代理行为的意思表示瑕疵来减轻自己的无权代理责任。

---

① Vgl. Willems, Ersatz von Vertretungsschäden und Begrenzung auf das Erfüllungsinteresse nach §122 und §179 Abs. 2 BGB, JuS 2015, S. 587.

② Vgl. Willems, Ersatz von Vertretungsschäden und Begrenzung auf das Erfüllungsinteresse nach §122 und §179 Abs. 2 BGB, JuS 2015, S. 588；参见杨代雄：《法律行为论》，北京大学出版社2021年版，第562页。

③ Vgl. MüKoBGB/Schubert, 9. Aufl. 2021, BGB §166 Rn. 18; Lorenz, Grundlagen Stellvertretung, JuS 2010, S. 384; Vgl. Neuner, Allgemeiner Teil des Bürgerlichen Rechts, 13. Aufl., 2023, S. 663; Medicus/Petersen, Allgemeiner Teil des BGB, 11. Aufl., 2016, S. 429; Leenen/Häublein, BGB Allgemeiner Teil, 3. Aufl., 2021, S. 439; Petersen, Vertretung ohne Vertretungsmacht, Jura 2010, S. 906.

相对人不能因代理行为无效而获得大于代理行为有效时其本应获得的利益，故被代理人履行不能的，代理人可以提出履行不能之抗辩。①倘若被代理人没有任何财产，即使代理行为对被代理人生效，被代理人也无法履行合同或赔偿履行利益的损失，此时相对人向代理人主张实际履行或履行利益损害赔偿的，代理人可以提出抗辩，拒绝承担无权代理责任。②无权代理责任是原本应对被代理人生效的合同责任之替代，相对人主张无权代理责任所获得的利益不应超出其依有效合同的履行本应获得的利益，否则必将意味着相对人无需承担其在合同有效时本应承担的被代理人履行不能之风险。换言之，代理人对被代理人的履约能力和资信状况不承担担保责任。③虽然法律对此未予明确规定，但似乎可以基于规范目的和诚实信用原则予以补充解释。④

　　综上所述，无权代理责任属于法定担保责任，其虽不以代理人的过失为成立要件，但责任范围应依据代理人是否有过失而有所不同。代理人明知或应知自己没有代理权的，应根据相对人的选择向其进行实际履行或承担履行利益的损害赔偿责任，使相对人处于代理行为有效时其本应处于的法律地位；代理人不知亦不应知代理权欠缺的，仅需赔偿相对人信赖利益的损失，包括徒劳支出的费用和因丧失订约机会所遭受的损失，信赖利益的损害赔偿应以履行利益为限。正如学者所言，我国与德国关于无权代理责任的立法的不同仅是表面上的，从解释论上可以得出两者大致相同的结论。⑤

---

① Vgl. OLG Hamm MDR 1993, 515; Petersen, Vertretung ohne Vertretungsmacht, Jura 2010, S. 906; 参见［德］维尔纳·弗卢梅：《法律行为论》，迟颖译，法律出版社 2013 年版，第 962 页; 持不同观点的学者认为，允许代理人以被代理人履行不能为理由进行抗辩，意味着要求相对人承担代理人履行不能和被代理人履行不能的双重风险，有待商榷，Vgl. Medicus/Petersen, Allgemeiner Teil des BGB, 11. Aufl., 2016, S. 429.
② 参见张家勇：《论无权代理人赔偿责任的双层结构》，载《中国法学》2019 年第 3 期，第 139 页；纪海龙：《〈合同法〉第 48 条（无权代理规则）评注》，载《法学家》2017 年第 4 期，第 163 页。
③ 参见汪渊智：《论无权代理人对第三人的责任》，载《暨南学报（哲学社会科学版）》2012 年第 2 期，第 29 页；张金海：《论无权代理人责任》，载《月旦民商法杂志》2017 年第 3 期，第 82 页。
④ 参见杨代雄：《法律行为论》，北京大学出版社 2021 年版，第 559 页。
⑤ 参见冉克平：《狭义无权代理人责任释论》，载《现代法学》2020 年第 2 期，第 59 页。

本章小结

无权代理行为的主体必须是代理人，无行为能力人、未明确表明以他人名义实施法律行为的行为人以及未以代理人身份实施法律行为的行为人均不属于代理人，其所实施的行为不构成代理行为，故根本不涉及无权代理的问题；无权代理的客体必须是可代理的行为，行为人以他人名义实施的不可代理的行为无效，不构成代理。无权代理人实施的单方法律行为原则上无效，不产生无权代理责任，相对人未就代理人的代理权提出异议或同意无权代理人实施单方法律行为的除外。

无权代理责任属于法定担保责任，不以代理人的过失为成立要件。无权代理责任产生于代理人对代理权的声明和无权代理行为因被代理人拒绝追认而无效。尽管无权代理责任的成立不以代理人的过失为要件，但其责任范围应依代理人是否知道代理权欠缺而有所不同。明知或应知自己没有代理权而以被代理人的名义实施法律行为的代理人，应依据相对人的选择实际履行或赔偿履行利益的损失。只有代理人具备履行能力，且合同履行并非专属被代理人的，才可以要求代理人实际履行。一般而言，涉及金钱之债或种类之债的，代理人具有履行能力。代理人不知且不应知代理权欠缺而以被代理人的名义实施法律行为的，仅需赔偿相对人信赖利益的损失。相对人明知或应知代理权欠缺的，代理人免于承担无权代理责任。

最高人民法院可以对《民法典》第171条第3款作出如下解释："被代理人拒绝追认的，对于明知或应知无代理权而以他人名义订立合同的代理人，相对人可以选择向其主张实际履行或履行利益损害赔偿；代理人不知亦不应知自己无权代理的，应当赔偿相对人因信赖代理权而遭受的损失，该损失不得超出履行利益。相对人明知或因重大过失而不知代理人无权代理的，代理人免于承担无权代理责任。代理人为限制民事行为能力人的，无需承担无权代理责任，但经法定代理人同意的除外。"相对人因明知或重大过失不知无权代理而不能依据《民法典》第171条第3款向代理人主张无权代理责任的，原则上亦不得向代理人主张缔约过失责任。只有当代理人基于其与相对人的约定引起相对人对其自身产生特殊信赖或代理人对合同的订立具有直接经济利益的，相对人才可以依据《民法典》第171条第4款向代理人主张信赖利益的损害赔偿。

我国司法实践之所以倾向于适用表见代理制度来维护交易安全，主要是因为法官们多认为被代理人比代理人更具有履约能力和损害赔偿能力。事实上，现代社会中，许多合同并非必须由被代理人亲自履行，代理人亦具有履约能力或损害赔偿能力。通过明确无权代理责任的性质和适用前提，依代理人是否知道代理权欠缺来确定无权代理责任的范围，可以有效保护相对人的交易安全，使其不必为维护交易安全而向被代理人主张代理行为的效力。①

---

① 参见谢鸿飞：《代理部分立法的基本理念和重要制度》，载《华东政法大学学报》2016年第5期，第72页。

第九章

复代理

《德国民法典》第 164 条以下未对复代理（Untervollmacht）予以特别规范。司法实践中，法院一般适用《德国民法典》总则编第 167 条关于意定代理授权的规定来规范复代理之授权行为，而适用第 179 条关于无权代理的规定来规范复代理之无权代理问题。而对于法律未规定的特殊问题，德国法院则在长期司法实践中逐渐形成了相应规则。[1]德国法严格区分代理与委托，仅代理中有复代理的问题，委托中不存在转委托的问题，故没有转委托的概念。反观我国法，虽然从立法体例上区分了代理与委托，但实质上并未将两者明确隔开，故不仅代理中有复代理，而且委托中也有转委托。立法者以《民法典》总则编第 169 条和合同编第 923 条分别规定了复代理和转委托，但该两条规定内容高度相似，主要涉及内部关系，并未规范复代理人对外所实施的代理行为的效力问题。[2]本章将以《民法典》第 169 条为核心，结合《民法典》第 162 条以下关于代理的规定，借鉴德国学说理论和实践经验，在明确界定复代理的概念并将其与转委托充分区分的基础上，重点对复任权和复代理之无权代理两个问题展开论述。

第一节　复代理概述

一、复代理之概念界定

在德国，复代理曾经被区分为两类：一类是代理人以被代理人名义指

---

[1] 《德国民法典》第 664 条规定："有疑义时，受托人不得将委托的执行转托给第三人。转托被许可的，受托人仅承担过错责任。"

[2] 参见杨代雄主编：《袖珍民法典评注》，中国民主法制出版社 2022 年版，第 147、789 页（任我行执笔）。

定复代理人、复代理人成为被代理人之代理人的直接复代理（unmittelbare Untervertretung）；另一类是代理人以自己的名义指定复代理人、复代理人成为主代理人的代理人的间接复代理（mittelbare Untervertretung）。①该分类的合理性遭到诸多质疑，所谓的间接复代理违反代理法的基本规则。②当今德国通说已放弃这一分类，复代理仅指直接复代理，即代理人以被代理人的名义指定复代理人、复代理人以被代理人的名义并为被代理人实施代理行为的代理。③复代理权的范围既可以小于代理权的范围，也可以等同于代理权的范围，除非被代理人另有指示，复代理权的范围一般不得大于代理权的范围。④

  关于复代理的概念，我国学界存在争议。第一种观点认为，复代理是指代理人为处理其权限内事务之全部或一部分，以自己的名义授权他人代理权之代理，复代理人在复代理权限范围内和代理人的代理权限范围内所为之行为，直接拘束被代理人和相对人。⑤按照该观点，复代理仅指上述德国法上的间接复代理。第二种观点认为，复代理既可由代理人以自己的名义授予，也可由代理人以被代理人的名义授予。⑥该观点中的前者相当于德国法上的间接复代理，后者相当于德国法上的直接复代理。第三种观点认为，代理人以自己的名义授予他人代理权，该他人以代理人的名义而未以被代理人的名义实施法律行为的，属于代理人为自己指定代理人的行为，实际上仅为一般的代理，不构成复代理；反之，代理人以自己的名义指定复代理人，复代理人以被代理人的名义实施法律行

---

① Vgl. BGHZ 32, 250; 68, 391; BGH BB 1963, 1193; Lorenz, Grundlagen Stellvertretung, JuS 2010, S. 385.

② Vgl. Medicus/Petersen, Allgemeiner Teil des BGB, 11. Aufl., 2016, S. 416; Neuner, Allgemeiner Teil des Bürgerlichen Rechts, 13. Aufl., 2023, S. 640; Petersen, Unmittelbare und mittelbare Stellvertretung, Jura 2003, S. 746; 参见 [德] 维尔纳·弗卢梅：《法律行为论》，迟颖译，法律出版社 2013 年版，第 999 页。

③ Vgl. Müko BGB/Schubert, 9. Aufl. 2021, BGB § 167 Rn. 82; Neuner, Allgemeiner Teil des Bürgerlichen Rechts, 13. Aufl., 2023, S. 639-640. 少数德国学者仍坚持直接复代理和间接复代理的分类。Vgl. Brox/Walker, Allgemeiner Teil des BGB, 47., Aufl. 2023, S. 263-264.

④ Vgl. Neuner, Allgemeiner Teil des Bürgerlichen Rechts, 13. Aufl., 2023, S. 639.

⑤ 参见梁慧星：《民法总论》（第 6 版），法律出版社 2021 年版，第 234 页；汪渊智：《论复代理》，载《苏州大学学报（法学版）》2018 年第 4 期，第 91 页；江帆：《代理法律制度研究》，中国法制出版社 2000 年版，第 119 页。

⑥ 参见陈甦主编：《民法总则评注》（下册），法律出版社 2017 年版，第 1199 页（方新军执笔）。

为的，构成复代理。①该观点虽然要求复代理人以被代理人的名义实施法律行为，但复代理权却由代理人以自己的名义授予。可见，我国学界一般认为复代理权是代理人以自己的名义授予的代理权。

事实上，代理人以自己名义为被代理人指定复代理人的行为既违反私法自治原则又违背代理法之基本原则。②一方面，根据私法自治原则，代理人不能授予复代理人实施不约束自己而约束被代理人的代理行为；另一方面，代理人以自己的名义授予他人代理权的行为，仅是代理人为自己指定代理人的授权行为，而非为被代理人指定复代理的授权行为，被授权人仅是代理人的代理人，其所实施的代理行为之法律后果应归属于代理人而不能归属于被代理人。被授权人以代理人的名义实施的代理行为之法律后果不能通过代理人"传递给"被代理人，所谓的代理人仅在"逻辑上的瞬间"成为复代理人所实施法律行为的被代理人，先予承担该法律行为之后果，之后再通过自我行为将该后果让与给被代理人的理论构建不能成立。③进言之，这一理论构建所涉及的是两个相互独立的代理关系，并不构成复代理。此外，即使被授权人以被代理人的名义实施法律行为，但由于其代理权是由代理人以自己的名义而非被代理人的名义授予，故其所实施法律行为的后果只能归属于代理人而非被代理人。司法实践中已有法院认为代理人以自己名义授予他人代理权的行为不构成复代理。④

依代理规则，代理权原则上只能由旨在承担代理行为后果的被代理人授予，但与其他法律行为一样，被代理人也可以授权代理人代理其授予他人复代理权，故复代理授权行为属于代理行为之一种，⑤应以显名为原则，即代理人应以被代理人的名义授予复代理权。⑥唯其如此，复代理行为的法律后果才可以归属于被代理人。

综上所述，私法自治原则禁止代理人以自己的名义授权他人实施约束被代理人的行为，故代理人以自己的名义授予他人代理权的，被授权人不论是以代理人的名义还是以被代理人的名义实施法律行为，均不能

---

① 参见王利明：《民法总则新论》，法律出版社2023年版，第574~575页。
② Vgl. Tuhr, Der Allgemeine Teil des BGB II, 2, S. 411, N. 231.
③ 参见朱庆育：《民法总论》（第2版），北京大学出版社2016年版，第348页。
④ 参见辽宁省葫芦岛市中级人民法院［2014］葫民终字第00611号民事判决书。
⑤ 参见陈甦主编：《民法总则评注》（下册），法律出版社2017年版，第1198页（方新军执笔）。
⑥ Vgl. Neuner, Allgemeiner Teil des Bürgerlichen Rechts, 13. Aufl., 2023, S. 640.

构成复代理。复代理仅指代理人以被代理人的名义指定复代理人，复代理人以被代理人的名义实施法律行为的代理。①为进一步厘清复代理的概念，尚需区分复代理与转委托。

二、复代理与转委托的区别

作为代理的一种，复代理独立于作为其基础法律关系的转委托。但我国立法和学理尚未明确区分复代理与转委托，致使司法实践中对二者的适用混乱，有的法院适用转委托，②而有的法院适用复代理。③

（一）实证法的规定

我国《民法典》总则编第169条规定了复代理，④合同编第923条规定了转委托。《民法典》第169条使用的是"代理人转委托第三人代理"之表述，由于我国法通常以"委托代理"指称"意定代理"，故该规定中的"转委托第三人代理"应被理解为"复代理"。而《民法典》合同编第923条使用的是"转委托"。由于《民法典》第169条和第923条规定的内容十分类似，几乎无法从立法上区分复代理与转委托。

（二）学理观点述评

我国学界主流观点并未明确区分复代理与转委托。例如，第一种观点认为，复代理又被称为转委托，是指代理人将其代理事项转而委托他人进行代理。⑤该观点将复代理等同于转委托。第二种观点认为，代理人与复代理人之间不是代理授权关系，而是委托合同关系，复代理人基于委托

---

① 参见陈甦主编：《民法总则评注》（下册），法律出版社2017年版，第1199页（方新军执笔）。持不同观点的学者认为，代理人以被代理人名义选任代理人的，属于代理人基于代理权所为之行为，而非基于复任权所为之行为，故不构成复代理，仅属于单纯的代理，被授权人直接成为被代理人的代理人，与代理人无关。参见尹田：《民法典总则之理论与立法研究》（第2版），法律出版社2018年版，第633页；汪渊智：《论复代理》，载《苏州大学学报（法学版）》2018年第4期，第91~92页。

② 例如，浙江省高级人民法院在中国外运浙江公司诉杭州兴华国际货运公司接受代理出运委托后货错装非目的港船致货损赔偿案中认为"杭州公司与货运公司之间的海上货运转委托合同关系成立"，此处法院使用的是"转委托"。参见最高人民法院中国应用法学研究所编：《人民法院案例选》（总第33辑），人民法院出版社2001年版，第323页。

③ 例如，在重庆市高级人民法院[2004]渝高法民终字第48号民事判决书中，重庆市高级人民法院在中国银行重庆市分行诉重庆川粤饮食服务有限公司、重庆市建设投资公司借款合同案中使用的是"复代理"。

④ 参见梁慧星：《民法总论》（第6版），法律出版社2021年版，第234页；王利明：《民法总则新论》，法律出版社2023年版，第574页；陈甦主编：《民法总则评注》（下册），法律出版社2017年版，第1193~1194页（方新军执笔）。

⑤ 参见尹田：《民法典总则之理论与立法研究》（第2版），法律出版社2018年版，第631~632页。

合同而取得代理权。①该观点混淆了代理与委托。第三种观点认为,由于复代理人所实施的法律行为与代理人亲自实施的法律行为同样对被代理人生效,故在复代理人与被代理人之间也会产生类似于代理人与被代理人之间的内部关系的关系。②该观点亦在一定程度上混淆了代理与委托,有待商榷。

(三) 本书观点

转委托和复代理分属两种不同的法律关系,两者本质上不同且互相独立。③转委托合同是委托人(代理人)与受托人(复代理人)之间的双方法律行为,规范的是代理人与复代理人之间的内部关系;而复代理权是复代理人依代理人的代理授权之单方法律行为所取得的以被代理人名义实施法律行为并将该法律行为的后果归属于被代理人的资格。

1. 复代理是复代理人与被代理人之间的代理关系

复代理人基于复代理权直接取得代理被代理人的资格,成为被代理人的代理人,复代理人以被代理人的名义实施的代理行为的效力直接归属于被代理人。复代理人与被代理人之间的关系是代理关系,两者之间并不存在基础法律关系。④复代理人在实施代理行为时给被代理人造成损失的,被代理人可以依据《民法典》第169条向代理人主张损害赔偿。复代理经被代理人同意的,代理人仅需依《民法典》第169条第2款就复代理人的选任和指示向被代理人承担责任;复代理未经被代理人同意的,代理人原则上需依《民法典》第169条第3款的规定就复代理人的行为向被代理人承担损害赔偿责任。代理人向被代理人承担损害赔偿责任后,可以就自己的损失依据其与复代理人之间的基础法律关系向复代理人追偿。

2. 转委托是复代理人与代理人之间的基础法律关系

复代理人直接代理被代理人,复代理人与代理人之间并不存在代理关系。复代理人在实施代理行为时,应遵循其与代理人之间的基础法律关系。事实上,若代理人与复代理人之间是委托关系,则无所谓"转委托",而只是一般的委托合同关系,对其应当适用《民法典》第929条关于委托合同的规定。根据该规定,在有偿委托合同中,转受托人需就自己的过错向转委托人承担损害赔偿责任;在无偿委托合同中,转受托人仅就自己的故意或重大过失向转委托人承担损害赔偿责任。由此可见,复代理人在实施代理行为时违反委托合同义务给代理人造成损失的,应

---

① 参见江帆:《代理法律制度研究》,中国法制出版社2000年版,第118~119页。
② 参见汪渊智:《论复代理》,载《苏州大学学报(法学版)》2018年第4期,第97~98页。
③ 参见陈甦主编:《民法总则评注》(下册),法律出版社2017年版,第1195页(方新军执笔)。
④ 参见汪渊智:《论复代理》,载《苏州大学学报(法学版)》2018年第4期,第97页。

基于委托合同向代理人承担损害赔偿责任，尤其是应赔偿代理人因依《民法典》第 169 条向被代理人承担损害赔偿责任所遭受的损失。为使被代理人能够直接向复代理人主张损害赔偿，应允许代理人将其基于《民法典》第 929 条所取得的对复代理人的损害赔偿请求权让与被代理人。

综上所述，复代理权基于复代理授权行为而产生。代理人与复代理人之间的基础法律关系是委托时，同样应严格区分代理与委托，双方之间形成一般的委托合同关系，而不存在所谓的"转委托"。

第二节　复任权

代理人基于被代理人的私法自治授权而获得以被代理人名义实施对被代理人生效的法律行为的资格。复代理行为的法律效力欲归属于被代理人，不仅要求复代理人从代理人处获得复代理权，而且要求代理人具有复任权，即被代理人同意代理人授权第三人进行复代理的权限。

一、德国法上的复任权

在德国法上，复代理经历了从被禁止到原则上获允许的过程。早期，由于代理权通常基于授权人对被授权人的人身信赖关系而授予，一般不允许复代理。近年来，随着社会日趋陌生人化的发展，代理关系的人身信赖性逐渐淡化，同时考虑到代理人可能会因突发情况而无法亲自实施代理行为，德国司法实践和学界通说承认代理人在特定情形中具有复任权，尤其是被代理人对于代理人亲自实施代理行为不存在特别利益的，可推定代理人具有复任权；法院一般通过对代理授权行为和代理权限范围进行解释来判断代理人是否具有复任权。[1]法定代理人原则上具有复任权，法律明确禁止[2]的除外。[3]具有法定代理人地位的机关代理人不具有复任权。[4]

---

[1] Vgl. Müko BGB/Schubert, 9. Aufl. 2021, BGB § 167 Rn. 80 ff; Neuner, Allgemeiner Teil des Bürgerlichen Rechts, 13. Aufl., 2023, S. 639; Brox/Walker, Allgemeiner Teil des BGB, 47. Aufl., 2023, S. 363.

[2] 例如，《德国民法典》第 1596 条第 2 款规定，关于承认父亲身份的意思表示，必须由法定代理人亲自作出，不得复代理；《德国民法典》第 1600a 条第 2、3 款禁止法定代理人通过复代理人作出撤销父亲身份的意思表示。

[3] Vgl. Medicus/Petersen, Allgemeiner Teil des BGB, 11. Aufl., 2016, S. 415; Neuner, Allgemeiner Teil des Bürgerlichen Rechts, 13. Aufl., 2023, S. 639.

[4] Vgl. Schmidt, Handelsrecht, 6. Aufl., 2014, S. 563-564.

《德国民法典》第 181 条关于禁止自我行为的规定同样适用于复任权。一方面，代理人不得通过指定复代理人与自己实施代理行为来规避该规定的适用；①另一方面，代理人依据该规定不得实施自我行为的，亦不得授权复代理人实施自我行为。②此外，《德国商法典》第 52 条第 2 款明确禁止经理人授权复代理。③

二、我国法上的复任权

（一）复任权的性质

有观点认为，复任权是代理人的权利，代理人可以基于自己所享有的复任权而不是被代理人授予其的代理权指定复代理。④该观点有待商榷。倘若认为复代理授权行为纯属代理人自己的行为，则根据代理权只能由旨在承担代理行为法律后果的被代理人授予之代理法基本原理，代理人应作为复代理中的"被代理人"承担复代理人所实施代理行为的法律后果，而不能将复代理人所实施法律行为的法律后果归属于被代理人。如前所述，代理人须经被代理人的授权才能以被代理人的名义为被代理人指定复代理人，复任权基于代理权而产生并以代理权的存在为前提，复任权不可能独立于代理权而存在。可见，复任权是被代理人授予代理人以被代理人的名义为其指定复代理人的资格，它并不是代理人自身的权利。

（二）复任权的适用

在我国法上，代理人原则上没有复任权。⑤按照《民法典》第 169 条的规定，复代理原则上应征得被代理人的事先同意或事后追认，情况紧急⑥为维护被代理人利益的除外。⑦该规定过于严苛，⑧它无法适应当今日

---

① Vgl. BGHZ 64, 72, 74.
② Vgl. Gerlach, Die Untervollmacht, 1967, S. 64.
③ Vgl. Neuner, Allgemeiner Teil des Bürgerlichen Rechts, 13. Aufl., 2023, S. 639.
④ 参见汪渊智：《论复代理》，载《苏州大学学报（法学版）》2018 年第 4 期，第 91、95 页；史尚宽：《民法总论》，中国政法大学出版社 2000 年版，第 564 页。
⑤ 参见王利明：《民法总则新论》，法律出版社 2023 年版，第 577 页。
⑥ 《民法典总则编解释》第 26 条规定，"紧急情况"是指由于急病、通讯联络中断、疫情防控等特殊原因，委托代理人自己不能办理代理事项，又不能与被代理人及时取得联系，如不及时转委托第三人代理，会给被代理人的利益造成损失或者扩大损失的情形。
⑦ 参见徐涤宇、张家勇主编：《〈中华人民共和国民法典〉评注》（精要版），中国人民大学出版社 2022 年版，第 168 页（胡东海执笔）；杨立新主编：《〈中华人民共和国民法典〉条文精释与实案全析》，中国人民大学出版社 2020 年版，第 522 页；黄薇主编：《中华人民共和国民法典总则编解读》，中国法制出版社 2020 年版，第 548 页。
⑧ 参见杨代雄：《法律行为论》，北京大学出版社 2021 年版，第 517 页。

渐陌生人化的社会大环境，也不能满足提高商事交往效率的需求，有必要借鉴上述德国法的理论和实践经验，通过对《民法典》第 169 条第 1 款予以目的论扩张解释来扩大代理人的复任权，①被代理人对代理人亲自实施代理行为没有特殊利益的，应允许代理人授权复代理。

尽管有学者以《民法典》将复代理规定在"委托代理"中且法定代理人应亲自履行法定代理职责为由否认法定代理人的复任权，②但学界通说承认法定代理人的复任权。③学界通说值得赞同。首先，法定代理多为概括代理，代理范围广泛，法定代理人因受时间、空间、精力或专业上的限制，通常无法亲自为被代理人实施法律行为，若不允许法定代理人授权复代理，则被代理人很可能会陷入无法参与法律生活的不利境地。其次，法定代理关系基于法律规定直接产生，不以人身信赖关系为基础，不存在复代理的障碍。最后，法定代理中被代理人虽可能因行为能力所限无法直接授予复任权，但复任权可以直接依法产生，例如，《日本民法典》第 105 条第 1 句明确规定了法定代理人的复任权。④

尽管我国法律并未明确规定法定代理人的复任权，但从《民法典》第 23 条、第 34 条、第 35 条和第 36 条规定的立法目的出发，结合《民法典总则编解释》第 13 条的规定，可以认为法定代理人可以授权复代理。其一，根据《民法典》第 23 条的规定，无民事行为能力人和限制民事行为能力人的监护人是其法定代理人，而《民法典》第 34 条和第 35 条进一步要求法定代理人应按照最有利于被代理人的原则实施代理行为。其二，从《民法典》第 36 条的立法目的来看，法定代理人在无法实施代理行为时应授权他人代为履行监护职责，否则将承担不利后果。其三，按照《民法典总则编解释》第 13 条的规定，监护人由于患病、外出务工等原因在一定期限内不能完全履行监护职责的，可将全部或者部分监护

---

① 参见陈甦主编：《民法总则评注》（下册），法律出版社 2017 年版，第 1196～1197 页（方新军执笔）。

② 参见王利明：《民法总则新论》，法律出版社 2023 年版，第 576 页；最高人民法院民法典贯彻实施工作领导小组主编：《中华人民共和国民法典总则编理解与适用》（上），人民法院出版社 2020 年版，第 845、846 页。

③ 参见杨代雄：《法律行为论》，北京大学出版社 2021 年版，第 516 页；梁慧星主编：《中国民法典草案建议稿附理由：总则编》，法律出版社 2013 年版，第 337 页；汪渊智：《论复代理》，载《苏州大学学报（法学版）》2018 年第 4 期，第 90、96 页；徐海燕：《复代理》，载《当代法学》2002 年第 8 期，第 47 页；陈甦主编：《民法总则评注》（下册），法律出版社 2017 年版，第 1193 页（方新军执笔）；尹田：《民法典总则之理论与立法研究》（第 2 版），法律出版社 2018 年版，第 608 页。

④ 参见汪渊智：《论复代理》，载《苏州大学学报（法学版）》2018 年第 4 期，第 96 页。

职责委托给他人。

综上所述，与授权人直接为代理人授予代理权的授权行为有所不同的是，复代理授权行为是代理人为被代理人而授予他人复代理权的行为，故复代理权的有效授予以复任权的存在为前提。法定代理人一般具有复任权。就意定代理而言，倘若基于解释可以认为被代理人对代理人亲自实施代理行为没有特殊利益，则可以认为代理人具有复任权。例如，概括代理中的代理人具有就特定事项授权他人复代理的复任权。①

（三）复任权的限制

1. 代理行为性质的限制

授权人基于对被授权人的特殊紧密关系或信赖关系而授予代理权的，应当推定授权人期待代理人亲自实施代理行为，代理人不具有复任权。例如，代理行为涉及翻译或法律咨询服务等特定劳务给付的，代理人一般不具有复任权。②此外，商事代理中的经理人因得到被代理人的特殊信赖而取得经理权，故没有复任权。在庞某与甲银行信用卡纠纷上诉案③中，被代理人基于对代理人的特殊信任而授予其代为办理信用卡的代理权，法院直接肯定了复代理的效力，并未审查代理人是否具有复任权，有待商榷。

2. 禁止自我行为的限制

《民法典》第 168 条关于禁止代理人实施自我行为的规定同样应适用于复代理。被代理人同意代理人指定复代理人，或代理人在紧急情况下未经被代理人的同意指定复代理人的，并不意味着代理人可以授权复代理人实施自我行为。此外，代理人不得为规避《民法典》第 168 条关于禁止自我行为的规定而为被代理人指定复代理人，并以自己的名义与被代理人的复代理人实施法律行为。这是因为，尽管该行为形式上不构成自我行为，但实质上存在着《民法典》第 168 条旨在规避的利益冲突风险。尽管如此，若被代理人直接指示复代理人，则不存在《民法典》第 168 条旨在避免的利益冲突风险，此时代理人的复任权不受限制。

---

① 参见重庆市高级人民法院［2004］渝高法民终字第 48 号民事判决书：重庆市高级人民法院在中国银行重庆市分行诉重庆川粤饮食服务有限公司、重庆市建设投资公司借款合同案中认为，在中国银行总行与中国银行重庆市分行所签订的总授权书中，中国银行总行授予中国银行重庆市分行转授权的资格，中国银行重庆市分行可以在被授予的权限范围内，对业务职能部门及下属地市分支行进一步转授权。据此，中国银行重庆市分行是有复任权的，其与中国银行重庆市分行江北支行签订转授权书实际上就是在行使其复任权。

② Vgl. Neuner, Allgemeiner Teil des Bürgerlichen Rechts, 13. Aufl., 2023, S. 639.

③ 参见内蒙古自治区呼和浩特市中级人民法院（2017）内 01 民终 2141 号民事判决书。

综上所述，复代理授权行为本质上是代理人实施的代理行为，代理人需具备复任权才能有效授权复代理。除非被代理人对代理人亲自实施法律行为具有特殊利益，否则应推定代理人具有复任权。

第三节　复代理之无权代理

复代理人获得复代理权后，即具有以被代理人名义实施法律行为并将其所实施的法律行为的效力归属于被代理人的资格。德国学界一般认为，复代理行为对被代理人生效的前提是代理权和复代理权同时存在。①我国《民法典》第169条未就复代理的无权代理问题予以特别规定，但由于复代理除额外涉及复任权之外，与一般代理并无本质区别，故可以适用《民法典》第171条来认定无权代理、确定无权代理行为的效力和明确无权代理的责任等问题。②

一、复代理无权代理的认定

根据《民法典》第171条的规定，代理人没有代理权而以被代理人的名义所实施的法律行为构成无权代理。有效复代理以代理权、复任权以及复代理权的存在为必要。在复代理人无权代理的认定中，主要涉及复任权和代理权的消灭是否影响复代理权这两个特殊问题。

（一）代理人没有复任权

如前所述，代理人授权复代理的行为属于代理行为，其效力以复任权的存在为必要。代理人有代理权的，并不必然具有复任权。代理人没有复任权而授权复代理的，复代理人并未取得复代理权，复代理行为构成无权代理。在上述庞某与甲银行信用卡纠纷上诉案中，被代理人基于对代理人的特殊信赖而授权其代为办理信用卡，经解释可以推定被代理人对代理人亲自实施法律行为具有特殊利益，代理人不得授权复代理，复代理人所实施的代理行为因代理人缺乏复任权而构成无权代理。

（二）代理权消灭

关于代理权的消灭是否会影响复代理权的问题，我国有学者认为，

---

① Vgl. Gerlach, Die Untervollmacht, 1967, S.78; ［德］卡尔·拉伦茨：《德国民法通论》（下册），王晓晔等译，法律出版社2003年版，第858~859页; ［德］汉斯·布洛克斯、沃尔夫·迪特里希·瓦尔克：《德国民法总论》（第41版），张艳译，杨大可校，冯楚奇补译，中国人民大学出版社2019年版，第245~246页; ［德］维尔纳·弗卢梅：《法律行为论》，迟颖译，法律出版社2013年版，第1000页。
② 参见尹田：《民法典总则之理论与立法研究》（第2版），法律出版社2018年版，第634页。

复代理基于代理人的代理授权行为而产生,该代理授权行为具有独立性和抽象性,复代理权并不依赖代理人的代理权而存续,故代理权消灭的,复代理权不受影响。①该观点有待商榷。如前所述,抽象性原则仅涉及代理权与基础法律关系之间的效力关系,并不涉及复代理权与代理权之间的效力关系。在复代理中,依抽象性原则,复代理权不受复代理授权人与复代理被授权人之间基础法律关系的效力和范围的影响。事实上,复代理权基于代理权而产生,代理权消灭的,复代理权亦消灭。②复代理人在代理权消灭后所实施的复代理行为构成无权代理。

综上所述,代理人欠缺代理权或复任权而授予复代理的、复代理权因代理权的消灭而消灭的,复代理行为构成无权代理。

二、复代理无权代理行为的效力

按照《民法典》第 171 条第 1 款的规定,无权代理行为效力待定,有待被代理人的追认。关于复代理中无权代理行为的追认问题,应区分以下两种情形:代理人依据被代理人授予的复任权在代理权的范围内授予复代理权,复代理行为因复代理人超越复代理权范围但未超越代理权范围而构成无权代理的,既可由代理人追认,也可由被代理人追认;③复代理行为因超越代理权范围、代理人没有复任权或代理权消灭而构成无权代理的,应由被代理人追认。理由在于,在前一种情形中,代理权和复任权不存在瑕疵且复代理人的行为仅超越复代理权的范围而未超越代理权的范围,代理人可以在代理权限范围内通过追认使复代理行为生效;而在后一种情形中,无权代理或因代理权的欠缺或因复任权的欠缺所致,或因复代理人超越代理权的范围所致,代理人无权追认,只能由被代理人追认。例如,在甲公司等诉乙公司租赁合同纠纷案中,法院认为,被代理人接受了第三人就案涉租赁事宜权利义务的移交,视为被代理人对案外人丙转委托代理人的追认,转委托代理行为有效。④该案中,法院承认了被代理人对因复任权缺失而构成无权代理的复代理行为的追认,值得赞同。

---

① 参见尹田:《民法典总则之理论与立法研究》(第 2 版),法律出版社 2018 年版,第 633 页。
② 参见汪渊智:《论复代理》,载《苏州大学学报(法学版)》2018 年第 4 期,第 97 页。
③ 参见汪渊智:《论复代理》,载《苏州大学学报(法学版)》2018 年第 4 期,第 99 页;尹田:《民法典总则之理论与立法研究》(第 2 版),法律出版社 2018 年版,第 635 页。
④ 参见湖北省恩施市人民法院[2017]鄂 2801 民初 4409 号民事判决书。

三、复代理无权代理的责任承担

我国学界关于复代理无权代理责任的讨论较少。在复代理的情形中，无权代理的责任主体究竟是复代理人还是代理人，抑或复代理人和代理人共同承担连带责任，需要在借鉴德国学理和实践经验的基础上进一步澄清。

（一）德国法

德国学界一般认为，同时包含本代理与复代理的代理构成多层代理关系（mehrstufige Vertretung）。①代理人的代理权和复任权无瑕疵，复代理行为仅因复代理人没有复代理权或逾越复代理权而构成无权代理的，仅复代理人应依据《德国民法典》第 179 条的规定承担无权代理责任，自不待言。②问题是，无权代理因代理人在授予复代理权时没有代理权或超越代理权所致的，无权代理责任是由代理人或复代理人承担，还是两者共同承担？德国学界一般认为，应以复代理人是否披露其复代理人身份及多层代理关系来确定无权代理之责任主体。③复代理人未公开自己复代理人身份的（verdeckte Untervertretung），相对人所信赖的仅是复代理权，并未对代理人的代理权产生信赖，④由复代理人向相对人承担无权代理责任；复代理人向相对人承担无权代理责任后，可以基于其与代理人之间的基础法律关系或缔约过失责任的规定向代理人主张损害赔偿。⑤复代理人向相对人披露自己基于代理人的授权而获得复代理权（offene Untervertretung）的，原则上应由代理人向相对人承担无权代理责任，复代理人知道代理人欠缺代理权的，应与代理人承担连带责任。⑥

（二）我国法

根据上述德国法的理论和实践经验，我国法在确定复代理无权代理

---

① Vgl. Neuner, Allgemeiner Teil des Bürgerlichen Rechts, 13. Aufl., 2023, S. 665.
② Vgl. Neuner, Allgemeiner Teil des Bürgerlichen Rechts, 13. Aufl., 2023, S. 665.
③ Vgl. Neuner, Allgemeiner Teil des Bürgerlichen Rechts, 13. Aufl., 2023, S. 665；Müko BGB/Schubert, 9. Aufl. 2021, BGB §167 Rn. 90；BeckOK BGB/Schäfer, 61. Ed. 2022, §179 Rn. 33 f.；BGHZ 32, 250 (254f.).
④ Vgl. Medicus/Petersen, Allgemeiner Teil des BGB, 11. Aufl., 2016, S. 432.
⑤ Vgl. Neuner, Allgemeiner Teil des Bürgerlichen Rechts, 13. Aufl., 2023, S. 666.
⑥ Vgl. Neuner, Allgemeiner Teil des Bürgerlichen Rechts, 13. Aufl., 2023, S. 665；Medicus/Petersen, Allgemeiner Teil des BGB, 11. Aufl., 2016, S. 432；Gerlach, Die Untervollmacht, 1967, S. 82；[德] 维尔纳·弗卢梅：《法律行为论》，迟颖译，法律出版社 2013 年版，第 1001 页。

之责任主体时，应至少区分两种情况：其一，复代理行为仅因复代理人无复代理权而构成无权代理；其二，复代理行为仅因代理人无代理权或无复任权而构成无权代理。

1. 复代理行为仅因复代理人无复代理权而构成无权代理

复代理行为仅因复代理人无复代理权而构成无权代理的，应当适用《民法典》第 171 条关于无权代理的规定，由复代理人对相对人承担无权代理责任。①复代理权因代理人的原因而无效的，复代理人可以根据其与代理人之间的基础法律关系请求损害赔偿，例如在委托合同的情形中，复代理人可以作为委托合同中的受托人依据《民法典》第 930 条的规定向作为委托人的代理人请求赔偿其在处理委托事务时所遭受的损失，即其因向相对人承担无权代理责任所遭受的损失。

2. 复代理行为仅因代理人无代理权或无复任权而构成无权代理

针对复代理行为仅因代理人无代理权或无复任权而构成无权代理的情形，有观点认为，应根据复代理人是否知道或者应当知道代理权的瑕疵来确定无权代理责任的承担，复代理人为善意的，应由代理人独自承担无权代理责任；复代理人非为善意的，应由复代理人与代理人共同承担无权代理责任。②该观点主张依据复代理人是否为善意来确定复代理无权代理的责任，值得赞同，但似乎可以参酌德国法的相关经验，将复代理之多层代理关系纳入考量范围，以复代理人是否披露自己的复代理人身份及多层代理关系之事实来确定无权代理责任为宜。③诚然，复代理人以被代理人的名义实施法律行为的，复代理人无需告知相对人多层代理的事实，亦无须披露代理人。然而，复代理人也可以选择告知相对人其复代理人身份，并同时披露代理人的身份。在复代理的多层代理关系中，以复代理人是否公开其复代理人身份为准来确定无权代理责任的做法，更有助于确认无权代理责任的主体，也更有利于保护相对人的交易安全。

（1）复代理人未公开其复代理人身份

复代理人未公开其复代理人身份的，应当对代理人代理权的存续承

---

① 参见汪渊智：《论复代理》，载《苏州大学学报（法学版）》2018 年第 4 期，第 98 页。
② 参见尹田：《民法典总则之理论与立法研究》（第 2 版），法律出版社 2018 年版，第 635 页。
③ 参见纪海龙：《〈合同法〉第 48 条（无权代理规则）评注》，载《法学家》2017 年第 4 期，第 170 页；王利明主编：《中国民法典释评·合同编·通则》，中国人民大学出版社 2020 年版，第 806 页（朱虎执笔）。持不同观点的学者认为，不论复代理人是否表明多层代理关系的存在，为保护相对人的信赖，均应由复代理人向相对人承担无权代理人责任。参见徐涤宇、张家勇主编：《〈中华人民共和国民法典〉评注》（精要版），中国人民大学出版社 2022 年版，第 168 页（胡东海执笔）。

担担保责任，向相对人承担无权代理责任。这是因为，相对人根本无从知晓代理人的存在，要求相对人追究其根本不知道的代理人的无权代理责任，对于相对人而言难免苛刻，不利于维护交易安全。复代理人向相对人承担无权代理责任后，可以基于其与代理人之间的基础法律关系或缔约过失责任的规定向代理人主张损害赔偿。例如，在庞某与某银行信用卡纠纷上诉案①中，复代理人并未披露其复代理人身份，因此复代理人应当向相对人银行承担无权代理责任，复代理人承担责任后，可以向代理人主张赔偿自己因承担无权代理责任所遭受的损失。

（2）复代理人公开其复代理人身份

（a）代理人欠缺代理权

复代理人向相对人披露其复代理人身份的，代理人应向相对人承担无权代理责任。在这种情形中，复代理人不仅使相对人相信其从代理人处获得复代理权，而且使相对人相信代理人拥有代理被代理人的代理权。而代理人则通过授予复代理权向相对人声明自己拥有代理权，相对人因信赖代理人的声明而与复代理人实施法律行为。进言之，代理人通过复代理人声明自己具备代理权并引起相对人的信赖，故应就相对人信赖的落空承担无权代理责任。由此可见，代理人在不具备代理权的情况下授予复代理权，使相对人相信其具有代理权，他对相对人的欺瞒构成其承担无权代理责任的基础。

（b）代理人欠缺复任权

无权代理因代理人没有复任权所致的，代理人承担责任的依据应当是《民法典》第169条第3款关于代理人擅自授予复代理权时应当承担责任的规定。但该规定语义模糊，需结合《民法典》第171条的规定展开解释。按照《民法典》第169条第3款第1分句的规定，代理人未经被代理人同意擅自授予他人复代理权的，代理人应对复代理人的行为承担责任。该规定并未明确规定代理人所承担责任的对象是相对人还是被代理人。如前所述，代理人擅自授权复代理的，复代理行为因构成无权代理而依据《民法典》第171条第1款的规定对被代理人不生效力，此时涉及无权代理责任承担的问题，因此将《民法典》第169条第3款第1分句中代理人承担责任的对象解释为相对人而非被代理人较为妥当，即代理人未经被代理人的同意授予他人复代理权的，应依据该规定向相对人承担无权代理责任，具体责任范围应依据《民法典》第171条第3

---

① 参见内蒙古自治区呼和浩特市中级人民法院［2017］内01民终2141号民事判决书。

款予以确定。

对于代理人欠缺代理权或复任权的情况，复代理人为善意的，无需承担无权代理责任；复代理人非为善意的，应与代理人承担连带责任。

综上所述，在判断无权代理责任主体时，应考虑到复代理的多层代理关系，区分复代理行为仅因复代理人无复代理权而构成无权代理与复代理行为仅因代理人无代理权或无复任权而构成无权代理两种情形。在第一种情形中，由复代理人单独向相对人承担无权代理责任；而在第二种情形中，又须区分复代理人是否公开其复代理人身份。未公开其复代理人身份的复代理人，应单独向相对人承担无权代理责任；复代理人公开其复代理人身份的，原则上应由代理人向相对人承担无权代理责任，知道或应当知道代理人无代理权或复任权的复代理人应承担连带责任。

本章小结

复代理是指代理人以被代理人的名义授予他人复代理权，复代理人以被代理人的名义所实施复代理行为的效力直接归属于被代理人的代理。代理人以自己的名义授予他人代理权的，不论该他人是以代理人的名义还是以被代理人的名义实施代理行为，均不构成复代理。

被代理人明确授予代理人复任权、通过解释可以认为被代理人对代理人亲自实施代理行为不具有特殊利益或情况紧急的，代理人可以授权复代理。依据《民法典》第168条，不得实施自我行为的代理人，亦不得以授予复代理权的方式规避法律对代理权作出的限制。同样地，不得实施自我行为的代理人，亦不具有授予复代理人实施自我行为的复任权。复代理人未获得代理人的授权、复代理权消灭或复代理人超越复代理权而进行复代理或代理人没有复任权而授予复代理权或代理权消灭的，复代理行为均可能构成无权代理。鉴于复代理的多层代理关系，在确定无权代理责任之主体时，应具体区分无权代理是因复代理人欠缺复代理权还是代理人欠缺代理权或复任权所致。欠缺复代理权的复代理人，应向相对人承担无权代理责任；代理人欠缺代理权或复任权的，应依据复代理人是否公开其身份来区分处理：复代理人未公开其身份的，复代理人应单独向相对人承担无权代理责任；复代理人公开其身份的，代理人应向相对人承担无权代理责任，知道或应当知道代理权或复任权欠缺的复代理人应承担连带责任。

第三编

法定代理

关于法定代理，《德国民法典》第 1629 条第 1 款规定，父母照护包括对子女的代理，父母原则上应共同代理子女；第 1789 条第 1 款第 1 句和第 2 款第 1 句规定，监护人有照顾被监护人的人身和财产的权利义务，尤其有代理被监护人的权利义务；第 1823 条规定，照管人在其职责范围内，在裁判上和裁判外代理被照管人；第 1358 条规定夫妻医疗救治事宜之代理。除此之外，《德国民法典》第四编关于父母照护、监护、法律上的照管、婚姻等相关部分针对法定代理的具体规则予以详细规定。

我国《民法典》总则编仅对法定代理作原则性规定，分则第五编"婚姻家庭"仅规定夫妻日常家事代理，并未就监护人的法定代理予以规范。按照《民法典》第 163 条第 2 款第 2 句的规定，法定代理人依照法律的规定行使代理权；第 23 条规定，无民事行为能力人、限制民事行为能力人的监护人是其法定代理人；第 35 条规定，监护人在实施法定代理时应以谋求被代理人的最佳利益和尊重被代理人的真实意愿为原则；第 1060 条第 1 款规定，夫妻一方因家庭日常生活需要而实施的民事法律行为，对夫妻双方发生效力，但是夫妻一方与相对人另有约定的除外。学界通说认为，法定代理之立法目的在于弥补自然人行为能力的不足，满足其实施法律行为的现实需求。①该观点可能主要针对未成年法定代理而形成，并未考虑到日常家事代理和成年法定代理的特殊性。事实上，日常家事代理的立法目的在于方便家庭生活，而协助决策模式下的成年法定代理之立法目的，亦非仅为弥补被代理人行为能力之不足，而应为积极协助虽然有疾患但原则上具有完全行为能力的成年人参与社会交往活动。②

我国学界关于代理制度的研究主要集中在意定代理，个别关于法定代理的研究散见于关于监护人对被监护人的财产进行管理的研究之中。立法的缺失和理论研究的匮乏，致使司法实践中一些法院在审理涉及法定代理的案件时捉襟见肘，时常面临无法可依的困境。本部分借鉴德国相关理论研究成果以及最新立法和司法实践经验，以我国《民法典》的相关规定为基础，主要针对未成年人和成年人的监护人的法定代理具体

---

① 参见尹田：《民法典总则之理论与立法研究》（第 2 版），法律出版社 2018 年版，第 599 页；王利明：《民法总则新论》，法律出版社 2023 年版，第 541 页。
② 参见陈甦主编：《民法总则评注》（上册），法律出版社 2017 年版，第 245 页（刘明执笔）。

展开,①包括法定代理的主体和客体范围、代理权的限制、法定代理权行使的原则以及无权法定代理的法律后果和责任承担。

---

① 由于不同类型的法定代理所遵循的法政策目的与法教义学的构建各不相同,难以统一深入分析与论证,故本部分不对夫妻日常家事代理和失踪人的财产代管等问题展开讨论。

第十章

法定代理的主体和客体范围

一般而言,根据私法自治原则,法律秩序仅承认行为人基于"自己的意愿"为自己实施的法律行为,而不承认基于"自己的意愿"为他人实施法律行为的合法性。[①]代理是代理人基于自己的意思为他人形成法律关系的行为,并不当然符合私法自治原则,其正当性基础需额外论证。如前所述,意定代理的正当性基础在于意定代理权产生于被代理人自己的私法自治授权行为;而在法定代理中,代理权依法产生,并非基于被代理人私法自治的授权而产生,属于法定代理人对被代理人的"他主决定",其正当性基础需要特别论证。未成年人的监护人之法定代理的正当性基础在于弥补未成年人的行为能力,使其能够参与法律生活,同时保护心智尚不成熟、缺乏辨识能力和判断能力的未成年人,就此无需赘述。下述直接针对未成年法定代理的主体和客体范围予以展开。

第一节 未成年法定代理的主体和客体范围

一、主体范围

德国法采纳"父母照护"与"监护"相分离的小监护模式,将未成年法定代理区分为父母的法定代理和监护人的法定代理。在立法上,《德国民法典》第 1629 条规定了父母的法定代理,第 1789 条规定了监护人的法定代理。这种区分规范的立法模式考虑到了亲子关系的特殊性,值得赞同。一般而言,父母因血缘关系而比任何人或机构都更为关注子女的最佳利益,而监护人则既可以是父母之外的其他亲属,也可以是其他组织或个人,他们与被监护人之间缺乏直接的血缘关系,这导致未成年

[①] 参见 [德] 维尔纳·弗卢梅:《法律行为论》,迟颖译,法律出版社 2013 年版,第 8 页。

人的利益遭到损害的可能性较大。基于这一区别，德国法对父母法定代理的规范采宽松政策，而对父母之外的监护人的要求则相对严格。

在我国《民法典》的起草过程中，学界呼吁借鉴德国法的模式，区分父母照护与监护，摒弃以监护替代父母照护的做法，采纳未成年人"父母照护+监护"的立法模式。①但遗憾的是，该建议并未被《民法典》的立法者所采纳。《民法典》采纳了父母照护与监护统一的"大监护"立法模式，不区分父母照护与监护。根据《民法典》第27条的规定，未成年人的监护人首先是父母，父母死亡或丧失监护能力的，由其他近亲属担任监护人，或由愿意担任监护人的个人或组织，经有关机构同意后担任监护人。据此，未成年人的法定代理人首先是其父母，父母死亡或丧失监护能力的，由父母之外的监护人担任法定代理人。

尽管《民法典》采纳了大监护的概念，不区分父母对子女的照顾和监护人对未成年人的监护，但这并不影响我们在未成年法定代理具体制度设计上参考德国法的规范原则，即对父母法定代理的规范采纳较为宽松的政策，而对父母之外监护人的法定代理的规范采纳较为严格的政策。换言之，就法定代理的规范而言，父母作为法定代理人时，应以信任父母会维护子女的最佳利益为理念基础，而对父母之外的监护人则应以不信任监护人会维护被监护人的最佳利益为理念基础。②

二、客体范围

根据《民法典》第161条第2款和第18条至第20条的规定，未成年人的监护人的法定代理权为概括代理权，包括除具有高度人身性质的民事法律行为和限制民事行为能力的未成年人依法可以独立实施的民事法律行为之外的所有民事法律行为。

（一）具有高度人身性质的法律行为

法定代理人主要代理未成年人实施财产性质的法律行为，原则上不得代理未成年人实施具有高度人身性质的法律行为，如结婚、离婚、收养、立遗嘱等，③但法律另有规定的除外，例如《德国民法典》第2229

---

① 参见杨立新：《〈民法总则〉制定与我国监护制度之完善》，载《法学家》2016年第1期，第97、100页。
② 参见夏吟兰：《民法典未成年人监护立法体例辩思》，载《法学家》2018年第4期，第7页。
③ 参见彭诚信、李贝：《现代监护理念下监护与行为能力关系的重构》，载《法学研究》2019年第4期，第77页。

条第1款允许满16周岁的未成年人立遗嘱。我国《民法典》虽然没有类似规定，但按照《民法典》第18条第2款的规定，满16周岁的未成年人以自己的劳动收入为主要生活来源的，被视为成年人，可以有效订立遗嘱。据此，尚未以自己的劳动收入为主要生活来源的满16周岁的未成年人不能有效订立遗嘱。

(二) 未成年人可以独立实施的法律行为

1. 完全行为能力的未成年人可以独立实施的法律行为

《民法典》第18条第2款规定，以自己的劳动收入为主要生活来源的16周岁以上的未成年人被视为完全民事行为能力人。该规定中的"视为"属于法律上不可推翻的推定，等同于"即是"。[①]据此，以自己的劳动收入为主要生活来源的16周岁以上的未成年人即为完全行为能力人，可以独立实施任何法律行为，无需法定代理人的代理。本书认为，法律行为的核心是意思表示，行为能力本质上是独立实施法律行为的意思能力，完全行为能力拟制制度以经济能力作为判断未成年人行为能力的标准，有违行为能力的本质，不利于保护未成年人。[②]《德国民法典》仅规定了有限劳动成年制度。按照该法典第112条和第113条的规定，未成年人经法定代理人授权而独立从事营业或提供劳务的，在其被授权从事营业或提供劳务范围内的事项上具有完全行为能力，无需法定代理人的代理，但在其他领域仍为限制行为能力人，需由法定代理人代理。德国法的有限劳动成年制度值得我国法借鉴，不能因未成年人具有经济能力就排除法律应当对其进行的必要保护。

此外，我国法关于劳动成年制度的法律规定会导致满16周岁的未成年人遗嘱能力的不平等。依据《民法典》第18条第2款的规定，以自己的劳动收入为主要生活来源的16周岁以上的未成年人为完全民事行为能力人，可以独立实施所有民事法律行为，包括立遗嘱。而根据《民法典》第1143条第1款的规定，限制民事行为能力的未成年人不能有效立遗嘱。据此，满16周岁但不以自己的劳动收入为主要生活来源的限制行为能力的未成年人不能有效立遗嘱。这种以是否具有经济能力来判断满16周岁的未成年人是否具有遗嘱能力的做法有违平等原则。例如，满16周岁的富二代甲身患不治之症，但由于他并不以自己的劳动收入为主要生活来源，便不得通过立遗嘱按照自己的意愿对其财产进行死因处分，

---

① 参见王利明：《民法总则新论》，法律出版社2023年版，第206页。
② 参见陈甦主编：《民法总则评注》（上册），法律出版社2017年版，第116页（朱广新执笔）。

而只能按照法定继承分配遗产。在德国法上,《德国民法典》第 2229 条第 1 款允许所有满 16 周岁的未成年人立遗嘱,而不以其是否具有经济能力来进行区分,符合平等原则,值得赞同。

2. 限制行为能力的未成年人可以独立实施的法律行为

(1) 德国法

按照《德国民法典》第 107 条的规定,已满 7 周岁的未成年人为限制行为能力人,需经法定代理人的同意始得实施法律行为,实施使其纯获法律上利益的法律行为除外。根据该规定,限制行为能力的未成年人可以独立实施使其纯获法律上利益的法律行为。首先,未成年人为非承担义务的一方的单务负担行为,属于使其纯获法律上利益的行为,例如未成年人可以独立接受赠与。其次,以未成年人为受益人的处分行为,属于使其纯获法律上利益的行为。最后,未成年人可以独立实施那些既不给其带来法律上的利益,也不给其带来法律上不利益的中性行为,例如意定代理行为。这是因为,代理人不必承担代理行为的法律后果,且《德国民法典》第 179 条第 3 款第 2 句免除了未成年人的代理人的无权代理责任。

除上述使未成年人纯获法律上利益以外的法律行为,未成年人需经法定代理人的同意始得实施。《德国民法典》第 110 条的"零用钱条款"(Taschengeldparagraph) 是法定代理人授予同意的一种特殊形式。①该条款的适用必须满足两个前提:第一,"零用钱"必须是由法定代理人或第三人经法定代理人的同意而为特定目的或为供未成年人自由支配所给予的;第二,未成年人已使用"零用钱"完全履行给付义务。尽管如此,即使是供未成年人自由支配的金钱,有疑义时,其也仅能被未成年人用以实施那些与自身教育目的相符合的法律行为。②

(2) 我国法

按照我国《民法典》第 19 条第 2 分句的规定,8 周岁以上的未成年人可以独立实施纯获利益的民事法律行为或者与其年龄、智力相适应的民事法律行为。

(a) "纯获利益"的法律行为

按照《民法典》第 19 条第 2 分句第 1 种情形的规定,8 周岁以上的

---

① Vgl. MüKoBGB/Spickhoff, 9. Aufl. 2021, BGB § 110 Rn. 1-7;参见 [德] 赫尔穆特·科勒:《德国民法总论》(第 44 版),刘洋译,北京大学出版社 2022 年版,第 238 页。

② 参见 [德] 赫尔穆特·科勒:《德国民法总论》(第 44 版),刘洋译,北京大学出版社 2022 年版,第 240 页。

未成年人可以独立实施使其"纯获利益"的民事法律行为,此类行为无需法定代理。如前所述,该规定中的"纯获利益"应当被限缩解释为"纯获法律上利益"。①如果以不确定的经济利益为判断标准,法官将难以准确判断法律行为是否使行为人"纯获利益"。"纯获法律上利益"属于抽象标准,法官判案时,仅需判断被代理人的权利是否增加或义务是否减轻,而无需对被代理人是否获得经济利益作出判断,有利于维护法律的稳定性。②鉴于中性行为,如意定代理,既不会给未成年人带来法律上的不利益,也不会给其带来法律上的利益,在解释上可以被纳入使未成年人"纯获法律上利益"的法律行为。

(b) 与限制行为能力未成年人的年龄、智力相适应的法律行为

与《德国民法典》第110条零用钱条款不同的是,我国《民法典》第19条第2分句第2种情形规定,8周岁以上的未成年人可以独立实施与其年龄、智力相适应的民事法律行为。该规定旨在赋予8周岁以上的未成年人一定的行为自由,使其可以独立实施与日常生活相关联的法律行为,例如乘坐交通工具、购买学习用品和零食等行为。所谓"年龄、智力相适应",是指未成年人能够认识该类法律行为的性质、理解其内容与后果及辨识相关风险。③根据《民法典总则编解释》第5条的规定,人民法院可以从限制民事行为能力人所实施的民事法律行为与其生活相关联的程度,限制民事行为能力人的智力、精神健康状况能否理解其行为并预见相应的后果,以及标的、数量、价款或者报酬等方面,来认定限制民事行为能力人实施的民事法律行为是否与其年龄、智力、精神健康状况相适应。据此,法官在判断限制行为能力人所实施的法律行为是否与其年龄、智力相适应时,应结合具体交易的场景。④然而,为实现保护未成年人的立法目的,法官在适用该规定时应尽可能作出有利于未成年人的解释。⑤非与未成年人年龄、智力相适应的法律行为,仍需由法定代理人代理实施或者经法定代理人事先同意或事后追认。

综上所述,在我国法中,以自己的劳动收入为主要生活来源的16周

---

① 参见陈甦主编:《民法总则评注》(上册),法律出版社2017年版,第133页(朱广新执笔)。
② 参见朱庆育:《民法总论》(第2版),北京大学出版社2016年版,第252页。
③ 参见陈甦主编:《民法总则评注》(上册),法律出版社2017年版,第133页(朱广新执笔)。
④ 参见王利明:《民法总则新论》,法律出版社2023年版,第207页。
⑤ 参见朱庆育:《民法总论》(第2版),北京大学出版社2016年版,第254~255页。

岁以上的未成年人被视为成年人，可以独立实施任何法律行为，无需法定代理。除此之外的 8 周岁以上的未成年人只能实施使其纯获法律上利益（包括中性行为，如意定代理）或与其年龄、智力相适应的法律行为，其余法律行为需由法定代理人代理，或者经法定代理人事先同意或追认，但具有高度人身性质的法律行为原则上不在此限。而 8 周岁以下的未成年人不能有效实施任何法律行为，原则上应由法定代理人代理，具有高度人身性质的法律行为亦不得代理。

（三）未成年人的监护人之法定代理范围的限制

儿童福利权是儿童在生存、发展的过程中，因其作为人的尊严而从国家、社会和家庭获得保障或服务，以满足其基本生存、提高生活质量之需求的基本权利。国家应当通过立法、司法、行政、社会协同、国际合作等方式来履行儿童福利国家义务。[①]就民法而言，由于监护人与未成年人之间的不平等关系，处于弱势一方的未成年人仅凭自己的力量不足以维护其利益，因此需要国家的保护性干预，以防止处于强势地位的法定代理人滥用其代理权侵害其利益。[②]鉴于此，《民法典》第 35 条第 1 款第 2 句规定，监护人除为维护被监护人利益外，不得处分被监护人的财产。

由于《民法典》第 35 条第 1 款第 2 句仅为概括性规定，司法实践中法院只能就个案作出价值判断。这种基于价值衡量进行个案判断的做法赋予法官过大的自由裁量权，极易导致同案不同判。例如，有的法院认为，父母以自己出资购买但登记在未成年人名下的房产为其作为股东的公司提供担保的，不能当然认定损害未成年人的利益。[③]而有的法院则认为，法定代理人为非关联企业提供担保而以未成年人的名义签署房产抵押合同的行为，并非有利于未成年人。[④]学界关于如何判断法定代理行为是否有利于未成年人的问题亦存在争议。有观点认为，应当综合个案具体情况来判断法定代理行为是否有利于未成年人。例如，因未成年人的教育、医疗急需资金而对未成年人的财产进行抵押的，可以认为该法定

[①] 参见吴鹏飞：《儿童福利权国家义务论》，载《法学论坛》2015 年第 5 期，第 32、38 页。
[②] 参见徐国栋：《论民事屈从关系——以菲尔麦命题为中心》，载《中国法学》2011 年第 5 期，第 172、173 页。
[③] 参见江苏省苏州市中级人民法院［2014］苏中商初字第 0118 号民事判决书。
[④] 参见上海市第一中级人民法院［2017］沪 01 民终 13419 号民事判决书。

代理行为有利于未成年人。①另有观点认为，应以有偿或无偿为标准来判断法定代理人所实施的行为是否有利于未成年人。②该观点有待商榷，据此，法定代理人只能代理未成年人无偿取得财产，而所有有偿取得财产的代理行为均将被认定为不利于未成年人而无效，这既不利于维护交易安全，也会导致未成年人无法通过法定代理参与法律交往。还有观点认为，相对人仅需对法定代理人所实施的行为是否有利于未成年人进行形式审查，而无需对法定代理行为是否实际有利于未成年人作出准确判断。③该观点虽然减轻了相对人的举证责任，但在实践中难以操作，经济利益的判断不仅受当事人主观判断的影响，而且受市场供需情况的左右，不确定性较大。鉴于此，本书下述将在法定代理权限制的章节，从解释论的视角，对《民法典》第35条第1款第2句的概括性规定予以类型化，明确禁止法定代理人实施存在利益冲突风险的法律行为类型，并针对会影响未成年人重大利益的法律行为引入法院批准机制。

第二节 成年法定代理的主体和客体范围

监护职责的主要内容是代理被代理人实施法律行为，成年监护的问题即法定代理的问题。在我国法上，监护与行为能力挂钩存在两方面的问题：一方面，严重限制法定代理的主体适用范围，即许多未经行为能力欠缺宣告的老年人或残疾人因无法获得法定代理的保护而遭受重大损失，例如，许多老人自行参与所谓的"养老投资"而遭受财产损失，甚至流离失所；另一方面，被宣告为无民事行为能力或限制民事行为能力的成年人，依据《民法典》第21条至第24条的规定面临被全面法定代理的情况，被代理人的自主决定因法定代理的设定被严重限制甚至剥夺，被代理人因此被隔离于社会生活之外，几乎陷入"民事死亡"状态。值得肯定的是，《民法典》第35条第3款第2句和第3款第1句后半句的规定体现了有限代理的原则。下述将以有限代理为原则确定成年法定代理的主体和客体范围。

---

① 参见夏昊晗：《父母以其未成年子女房产设定抵押行为的效力——最高人民法院相关判决评析》，载《法学评论》2018年第5期，第194页。
② 参见夏吟兰、蒋月、薛宁兰：《21世纪婚姻家庭关系新规制——新婚姻法解说与研究》，中国检察出版社2001年版，第315~316页。
③ 参见陈甦主编：《民法总则评注》（上册），法律出版社2017年版，第261~262页（刘明执笔）。

一、成年法定代理的正当性基础

与未成年人不同,成年人虽然因疾患而不能或部分不能处理自己的事务,[①]但仍然在一定程度上具有自主决定能力,而法定代理在对成年人施以保护的同时限制其自主决定,故成年法定代理的设定应具备正当性基础。

(一) 国家对成年人的保护

自主决定是指个体根据自己的意愿自由地实施行为,自我负责地制定行为的法律、规范和准则,[②]旨在实现行为人的自由意志。自主决定的需要是人内在的生活目标,它能确保人们的幸福感并由此促进社会的发展。而私法自治是自主决定的一部分,它是指个体基于自己的意思为自己形成法律关系。[③]私法自治的实现以个体具有自主决定能力为前提。然而,患有疾病的成年人在不同程度上欠缺自主决定的能力,需要国家的特别保护,[④]即通过为成年人设立监护,赋予监护人法定代理权来补充其自主决定能力的欠缺,使其可以真正实现私法自治。

为保护欠缺自主决定能力的成年人,国家主要通过立法和司法介入,对法定代理的设定、法定代理权的范围和法定代理权的行使予以规范和监督。为此,德国设立专门的照管法院,负责为成年人指定法定代理人(照管人),并以立法的形式明确列举禁止法定代理的行为和须经法院批准的法定代理行为。在我国,国家公权力对成年人保护的介入非常有限,立法上关于成年法定代理仅有原则性的规定,司法上没有专司成年人保护事宜的法庭,尚无法满足我国老龄化社会的需求,有必要适当参考德国法上的经验,结合我国实际情况,适度强化国家公权力对欠缺自主决定能力的成年人的保护力度。[⑤]尽管如此,为平衡成年人的自主决定与国家保护之间的关系,公权力的介入应以必要性为原则,并充分尊重成年

---

① 梁慧星在其主编的《中国民法典草案建议稿附理由:总则编》中,将所有因精神障碍、智力障碍以及身体障碍而致意思能力不足的成年人统称为"成年障碍者"。参见梁慧星主编:《中国民法典草案建议稿附理由:总则编》,法律出版社 2013 年版,第 80 页。本书赞同这种不以行为能力宣告为前提对成年人予以保护的观点,但为避免歧视性称谓,本书直接以"成年人"指代此类需要保护的特殊人群。
② Vgl. Brockhaus-Enzyklopädie, 21. Aufl., 2006, XX 87.
③ 参见 [德] 维尔纳·弗卢梅:《法律行为论》,迟颖译,法律出版社 2013 年版,第 1 页。
④ 根据《宪法》第 45 条的规定,国家有义务对老年人和残障人士进行扶助和保护。
⑤ 参见焦少林:《欠缺行为能力成年人保护制度的观念更新与重构》,载《政法论坛》2005 年第 3 期,第 165 页。

人的自主决定。

(二) 尊重成年人的自主决定

尊重成年人的自主决定，应将公权力的保护限定在必要范围内。在德国法上，为避免过度限制成年人的自主决定，照管法院一般根据成年人的具体情况，在法定代理的设定和法定代理范围的确定上，以必要性为原则。具言之，法院只能基于成年人保护的必要才可以按照成年人的意愿为其设定法定代理，且成年人的行为能力原则上不会因法定代理的设定而被限制或剥夺。在必要性原则下，法定代理以有限代理为原则，即法定代理人一般应首先协助被代理人进行自主决定，只有在被代理人无法自主决定时，才可以为维护其利益而代理其实施法律行为。

值得肯定的是，我国《民法典》第35条第3款在一定程度上体现了法定代理的必要性原则。该规定考虑到成年人残存的认知能力和判断能力，最大限度地允许成年人自主实施法律行为，在一定程度上采纳了有限法定代理的原则。按照《民法典》第35条第3款的规定，对于成年人可以自行实施的民事法律行为，法定代理人不得干预；而对于与成年人的智力、精神健康状况相适应的民事法律行为，法定代理人应予保障和协助。但《民法典》第21条至第24条仍然采纳了全面代理原则，按照该规定，成年人依据其辨识能力而被区分为无民事行为能力人和限制民事行为能力人，无行为能力人不能有效实施任何法律行为，而限制行为能力人只能实施使其纯获利益的法律行为以及与其智力和精神状况相适应的法律行为，其余法律行为均需由法定代理人代理。就此而言，为彻底贯彻法定代理的必要性原则，在具体制度构建上，需要通过解释来协调《民法典》第35条第3款和《民法典》第21条至第24条之间的规范冲突。

综上所述，法定代理的正当性在于国家对成年人的特殊保护和尊重成年人的自主决定。国家为履行保护义务而为欠缺自主决定能力的成年人设定法定代理，但法定代理的设定同时构成对当事人行为自由的干预。为防御公权力过度限制私法自治，充分尊重成年人的自主决定，法定代理的设定及法定代理的范围应以必要性为原则。为确保法定代理具有正当性，应以必要性为原则确定法定代理的主体和客体范围。

二、成年法定代理的主体范围

与未成年人因年龄因素而直接成为未成年法定代理中的被代理人有所不同的是，由于成年人的疾患具有渐进性和波动性的特征，为确保国家保护义务的履行和尊重成年人自主决定之间的平衡，应根据成年人的具体情况,以必要性为原则,在个案中审慎权衡是否应为成年人设定法定代理。

(一)立法现状

基于联合国《残疾人权利公约》第12条所倡导的"法律能力人人平等原则",世界上许多国家均已废除行为能力欠缺宣告制度,且实现了成年法定代理与行为能力的脱钩。德国亦于1992年废除禁治产制度,以法律上的照管取代成年监护和保佐。《德国民法典》第1814条规定,所有因疾患而部分或全部不能处理自身法律事务的成年人,无论是否具有行为能力,原则上都可以主动向法院申请法律上的照管,并向法院推荐照管人(法定代理人)的人选,而法院原则上应根据成年人的具体情况,按照其意愿,以必要性为原则为其指定照管人(法定代理人)。德国法对成年人的保护不以行为能力的欠缺为必要,照管法院原则上根据成年人的申请以必要性为原则为其指定照管人(法定代理人)。可见,德国法上成年法定代理中的被代理人可以是所有因疾患而部分或全部不能处理自身法律事务的成年人,而不以成年人无行为能力欠缺宣告为必要。

作为联合国《残疾人权利公约》的成员国,我国亦有义务贯彻《残疾人权利公约》第12条的规定,废除行为能力欠缺宣告制度。但遗憾的是,我国《民法典》仍然保留该制度,且法定代理的设定以成年人被依法宣告为无民事行为能力人或限制民事行为能力人为前提。这种与成年人行为能力相关联的成年法定代理制度存在两方面的问题:一方面,法定代理以全面代理为原则,只要成年人被法院宣告为限制行为能力人或无行为能力人,其法定代理人即依法获得法定代理权,代理无行为能力的成年人实施所有法律行为,代理限制行为能力的成年人实施其依法不得独立实施的法律行为,并不考虑成年人剩余意思能力等具体情况。另一方面,法定代理的设定以成年人被宣告为无行为能力人或限制行为能力人为必要,那些虽不能处理自己事务但尚未被宣告为无行为能力或限制行为能力的成年人,无法获得法定代理的协助与支持。下述以德国法为比较,检视我国法定代理与行为能力挂钩所导致的对成年人保护过度和保护不足的问题,并以法定代理与行为能力脱钩为导向论证法定代理设定的原则。

(二)废除行为能力欠缺宣告制度的必要性

1. 全面代理过度限制成年人的自主决定

按照《民法典》第23条、第24条和第28条的规定,法院依成年人的利害关系人或有关组织的申请将不能辨认或者不能完全辨认自己行为的成年人宣告为无民事行为能力人或限制民事行为能力人之后，具有监护资格的人成为法定代理人。一般认为，监护关系一经发生，法定代理权即行产生，无须再借助其他任何行为或程序。①而依据《民法典》第21条和第22条的规定，被宣告为无民事行为能力的成年人由其法定代理人代理实施法律行为，而被宣告为限制民事行为能力的成年人由其法定代理人代理实施大部分法律行为，使其纯获利益的民事法律行为或者与其智力和精神健康状况相适应的民事法律行为除外。但由于成年人的辨识能力减弱或丧失的过程较为漫长且不稳定，而且个体差异较大，通常无法明确判断其是完全无辨识能力还是仅部分无辨识能力，司法实践中面临着如何区分"不能辨认"与"不能完全辨认"自己行为的成年人的难题，②经常会因难以决断而倾向于将成年人直接宣告为无行为能力人。③这一做法否定了限制行为能力和无行为能力的区别，致使限制行为能力人尚存的部分行为能力被完全剥夺，像无行为能力人那样被迫接受全面代理。④有学者建议放弃对成年人作无行为能力和限制行为能力的区分，⑤甚至废除既有的行为能力认定制度，回归意思能力的个案审查。⑥

2. 对未经行为能力欠缺宣告的成年人的保护不足

相较于《民法通则》第13条和第17条将成年法定代理仅适用于民事行为能力欠缺的精神病人的规定，《民法典》第21条和第22条将成年法定代理扩大适用于所有民事行为能力欠缺的成年人，值得肯定。但由于法定

---

① 参见尹田：《民法典总则之理论与立法研究》（第2版），法律出版社2018年版，第598~599页。
② 参见蔡伟雄等：《精神病人民事行为能力评定相关问题的探讨》，载《中国司法鉴定》2003年第2期，第39页。
③ 参见杜生一：《成年监护决定范式的现代转型：从替代到协助》，载《北方法学》2018年第6期，第138页。
④ 参见李霞：《成年监护制度的现代转向》，载《中国法学》2015年第2期，第204页。
⑤ 参见朱庆育：《民法总论》（第2版），北京大学出版社2016年版，第245页；孙建江：《成年人行为能力欠缺制度研究——兼论我国民事制度之完善》，载《法学》2003年第2期，第54页；王俊杰等：《精神障碍者民事行为能力两分法的理论依据》，载《法律与医学杂志》2002年第4期，第244页。
⑥ 参见李国强：《论行为能力制度和新型成年监护制度的协调——兼评〈中华人民共和国民法总则〉的制度安排》，载《法律科学（西北政法大学学报）》2017年第3期，第131页以下；孙建江：《成年人行为能力欠缺制度研究——兼论我国民事制度之完善》，载《法学》2003年第2期，第54页；王竹青：《论成年人监护制度的最新发展：支持决策》，载《法学杂志》2018年第3期，第85~86页；孙犀铭：《民法典成年监护制度的体系效益与融贯性实现》，载《山东大学学报（哲学社会科学版）》2021年第2期，第123页。

代理的设定仍然以成年人被宣告为无行为能力人或限制行为能力人为必要，能够受到法定代理保护的成年人的范围仍然十分有限。换言之，那些尚未被依法宣告为无行为能力或限制行为能力的成年人，即使因疾患无法自行实施法律行为，也不能按照自己的意愿申请法定代理的保护。鉴于此，有学者建议经由解释论路径来实现监护与行为能力的部分脱钩，①或通过扩大限制行为能力人的范围和为限制行为能力人保留较大的意思自治空间来达到完善成年监护制度的目的，将所有需要特殊照顾的成年人纳入监护范围。②但这种解释论的路径并不能使法定代理彻底脱离行为能力的藩篱，成年人如需得到法定代理的保护，仍需首先经由行为能力欠缺宣告。

综上，我国现行法关于法定代理与成年人行为能力挂钩的制度，不仅严重限制被宣告为无行为能力或限制行为能力的成年人的自主决定，而且无法保护那些虽未经无行为能力或限制行为能力宣告但确实不能处理自己事务的成年人。鉴于此，有必要使法定代理与行为能力脱钩。

（三）行为能力欠缺宣告制度废除后法定代理的设定

1. 法定代理的设定与行为能力脱钩

在我国法上，法定代理的设定应与行为能力脱钩。③首先，为贯彻"法律能力人人平等原则"，我国应从立法上彻底废除行为能力欠缺宣告制度。其次，对于成年人自然无行为能力的认定，法院应采纳严格标准，在"法律规范要求与医学事实依据之间的目光流转"中作出判断，既不能仅依赖医学鉴定，也不能仅依据法律概念，而是应从法律概念的具体化层面对医学鉴定进行全面评价后作出判断，④即结合成年人的精神状况与意思能力，判断成年人是否因精神障碍而无法理解自己所作出意思表示的意义并按照该意思实施法律行为。最后，推定成年人为完全行为能力人。相关立法规定，这些完全行为能力人因疾患或高龄而需要特殊照顾的，可以就特定事务直接向法院提出申请为其设定法定代理，不再需要首先作出行为能力欠缺的认定。法定代理设定后，法定代

---

① 参见孙犀铭：《民法典语境下成年监护改革的拐点与转进》，载《法学家》2018年第4期，第23页。

② 参见陈甦主编：《民法总则评注》（上册），法律出版社2017年版，第202~203页（刘明执笔）；满洪杰：《积极老龄化理念下民法典成年监护规范解释论》，载《当代法学》2022年第5期，第59页。

③ 参见杨震：《民法总则"自然人"立法研究》，载《法学家》2016年第5期，第26页；彭诚信、李贝：《现代监护理念下监护与行为能力关系的重构》，载《法学研究》2019年第4期，第76页。

④ Vgl. MüKoBGB/Spickhoff, 9. Aufl. 2021, BGB § 104, Rn. 42.

理人应以有限代理为原则，依据《民法典》第35条第3款第2句的规定，不得代理成年人实施其有能力独立实施的民事法律行为；对于成年人不能独立实施的涉及其重大法益的民事法律行为，法定代理人可以保障并协助其实施。具体建构详见下述。

2. 法定代理的设定应以尊重成年人的真实意愿为原则

在德国法上，为尊重成年人的自主决定，法院原则上只能按照成年人的申请为其选任法定代理人，其他个人和组织没有申请权。在我国现行法中，法定代理的设定申请实质上由成年人的利害关系人或有关组织向法院提出，成年人无权自行申请。①为尊重成年人的自主决定，我国法应允许成年人自行申请法定代理的设定，法院原则上应按成年人的申请启动法定代理，②只有在成年人因疾患无法自行提起申请的例外情况下，法院才可以按照有关组织的建议，在不违背成年人意愿的情况下依职权为其选任法定代理人。

法院在确定法定代理人的人选时亦应尊重成年人的意愿。《德国民法典》第1816条第2款和第1814条第2款规定，法院在确定法定代理人人选时原则上应尊重成年人关于具体人选的建议，对于能够自主决定的成年人，不得违背其自由意志为其选任法定代理人。据此，具备自由决定能力的成年人拒绝为其选任法定代理人的，不得为其选任法定代理人。③可见，法定代理人的选任应充分尊重成年人的意愿。在我国法上，可以参考《民法典》第30条第2句关于协议确定监护人应当尊重被监护人的真实意愿的规定，以及《民法典》第31条第2款关于有关部门和法院在监护人的确定发生争议时应按照被监护人真实意愿指定监护人的规定，要求法院按照成年人的意愿为其选任法定代理人。具体而言，成年人就选任或不选任特定人员为其法定代理人提出建议的，法院应予尊重，除非有悖成年人的利益；成年人未建议具体人选的，法院应考虑血缘关系或其他密切联系以及是否存在利益冲突风险等综合因素为其选任法定代理人。

---

① 按照我国《民法典》第22条至第24条以及第28条的规定，成年人的法定代理人是其法定监护人，而法定监护随着无民事行为能力或限制民事行为能力的宣告而自动启动，故申请无民事行为能力或限制民事行为能力宣告者，即成年人的利害关系人或者有关组织，可以被视为启动法定代理的申请人。

② 参见焦少林：《欠缺行为能力成年人保护制度的观念更新与重构》，载《政法论坛》2005年第3期，第165页。

③ Vgl. MüKoBGB/Schneider, 9. Aufl. 2024, BGB § 1814, Rn. 40.

由于法定代理的特殊人身信赖关系，应优先由可以亲自实施代理行为的自然人担任，只有在没有自然人时，才可以选任不具有利益冲突的组织担任法定代理人。按照《德国民法典》第1816条第4款至第6款的规定，那些与被照管人没有亲属关系或私人关系的个人，只有在与照管社团或主管机关依法签署承诺后才可以被指定为义务照管人，只有在没有上述愿意担任义务照管人的自然人时，法院才可以为成年人选任职业照管人，但与成年人居住的养老院或治疗机构有隶属关系或其他密切关系的人不得被指定为照管人。我国《民法典》第28条规定，在成年人没有亲属的情况下，个人和组织经有关部门同意即可担任法定代理人，并未明确规定这些个人和组织担任法定代理人的具体条件。本书认为，为避免利益冲突风险，与成年人所居住的养老院或治疗机构有隶属关系或其他密切关系的人不得担任法定代理人，因为这些机构负责人的配偶或近亲属，可能会优先考虑其亲属的利益而忽略被代理人的利益。随着社会结构从家庭向个人的变迁，成年监护不仅是一种家族事务，而且逐渐走向社会，越来越多地呈现社会化、专业化、职业化的特点，这必然导致职业监护人的出现，① 具体可以通过解释将其纳入《民法典》第28条所规定的"其他愿意担任监护人的个人或者组织"。② 尽管如此，法院在选任监护人作为法定代理人时，应当优先选任能够亲自履行监护职责的、与被监护人有亲属关系的自然人，或者经被监护人居住地的居委会、村委会或民政部门同意的、其他愿意担任照管人的个人或组织，但不得选任与成年人居住的养老院或治疗机构有隶属关系或其他密切关系的人为监护人。③

从上述立法论上的建构可见，我国法院原则上应当尊重成年人的自主决定，按照其申请选任法定代理人，在特定情况下可以依职权选任，但不得违背具有自主决定能力的成年人的意愿。关于法定代理人的人选，法院原则上应当按照成年人的意愿优先选择能够亲自实施法定代理行为的自然人担任。

---

① 参见满洪杰：《关于〈民法总则（草案）〉成年监护制度三个基本问题》，载《法学论坛》2017年第1期，第41页。
② 参见满洪杰：《〈民法总则〉监护设立制度解释论纲》，载《法学论坛》2018年第3期，第54页。
③ 参见满洪杰：《关于〈民法总则（草案）〉成年监护制度三个基本问题》，载《法学论坛》2017年第1期，第42页。

3. 法定代理的设定应以必要性为原则

为协助成年人恢复精神健康并实现生活的正常化，成年法定代理应以必要性为原则。①若成年人通过自行选任值得信赖的意定代理人，并约定由该意定代理人在其不能自主决定时代理其实施法律行为，则原则上应优先适用意定代理，无需再行设定法定代理。为尊重当事人的自主决定，《德国民法典》第1814条第3款规定，若意定代理人或其他辅助人所提供的帮助可以满足成年人的需要，则没有必要设定法定代理。只有当意定代理人不愿意或不能够实施代理行为或因相对人不愿意与意定代理人实施法律行为，致使成年人的重要事务无法得到妥善处理时，才有必要为其设定法定代理。在我国法上，若成年人已依据《民法典》第33条的规定为自己设定意定监护，则没必要为其设定法定代理。②

综上所述，我国法应废除违背"法律能力人人平等原则"的行为能力欠缺宣告制度，推定成年人为完全行为能力人，除非成年人因持续处于病态精神障碍状态无法自主决定而被法院按照严格标准个案认定为自然无行为能力。法定代理不以成年人欠缺行为能力为必要，法定代理的设定原则上亦不影响成年人的行为能力。成年人只要患有不能自行处理事务的疾病，就可以申请法院为其设定法定代理人，法院应尊重成年人的意愿，以必要性为原则为其指定法定代理人。如此一来，法定代理的适用范围扩及所有需要获得法定代理保护的成年人，有利于推动"法律能力人人平等原则"的贯彻。

三、成年法定代理的客体范围

由于成年人丧失自主决定能力过程的渐进性和不稳定性，为避免过度限制，应按照其自主决定能力丧失程度之不同来确定法定代理的必要范围。按照《德国民法典》第1815条第1款和第1823条的规定，法定代理范围的确定以必要性为原则。③即便是因长期患有影响其自主决定的精神疾病而被法院个案认定为自然无行为能力的成年人，也可以独立实施即时清结的低价值日常法律行为；对于完全行为能力的成年人，法定

---

① 参见李霞：《协助决定取代成年监护替代决定——兼论民法典婚姻家庭编监护与协助的增设》，载《法学研究》2019年第1期，第114页；彭诚信、李贝：《现代监护理念下监护与行为能力关系的重构》，载《法学研究》2019年第4期，第77页。

② 参见李霞：《意定监护制度论纲》，载《法学》2011年第4期，第125页；陈甦主编：《民法总则评注》（上册），法律出版社2017年版，第235页（刘明执笔）。

③ Vgl. MüKoBGB/Schneider, 9. Aufl. 2024, BGB § 1815, Rn. 1.

代理仅限于"同意保留"事项，即法院为避免成年人人身或财产的重大损失而要求成年人实施特定法律行为时需征得法定代理人的同意。①

我国有学者认为，根据《民法通则》第 13 条和第 14 条的规定，法定代理人可以代理被代理人实施各类法律行为，②包括婚姻的订立和解除、签署侵害性的人身医疗合同（如绝育、堕胎和器官移植）和人身保险合同等。③该观点有待商榷。这是因为，根据代理法原理，对于具有高度人身性质的法律行为既不得意定代理也不得法定代理，诸如结婚、离婚和订立遗嘱等身份行为应被排除在法定代理范围之外。尽管已排除具有高度人身性质的法律行为，《民法典》第 21 条和第 22 条依然以全面法定代理为原则，有过度限制成年人的自主决定之嫌，应对其予以限制。④值得肯定的是，《民法典》第 35 条第 3 款第 2 句和第 3 款第 1 句后半句蕴含了必要性原则。⑤按照必要性原则的要求，法定代理应以有限代理为原则。

（一）法定代理以有限代理为原则

按照《民法典》第 35 条第 3 款第 2 句和第 3 款第 1 句后半句的规定，成年人有能力独立实施的民事法律行为，无需由法定代理人代理；对于成年人所实施的与其智力、精神健康状况相适应的民事法律行为，法定代理人应予保障并协助，不得径行代理。

1. 成年人有能力独立实施的法律行为

在德国法上，完全行为能力的成年人除"同意保留"的法律行为之外，可以独立实施任何法律行为；甚至自然无行为能力的成年人也可以依据《德国民法典》第 105a 条的规定，独立实施不会严重危及其法益的低价值日常法律行为。在我国法上，按照《民法典》第 21 条和第 144 条的规定，无民事行为能力人不能有效实施任何法律行为，必须由法定代理人全面代理。

临床医学实践证明，即便是无行为能力人，其对一些日常生活行为

---

① Vgl. MüKoBGB/Schneider, 9. Aufl. 2024, BGB § 1825, Rn. 12–16.
② 参见杨立新：《我国老年监护制度的立法突破及相关问题》，载《法学研究》2013 年第 2 期，第 123 页。
③ 参见李霞：《成年监护制度的现代转向》，载《中国法学》2015 年第 2 期，第 204 页。
④ 参见彭诚信、李贝：《现代监护理念下监护与行为能力关系的重构》，载《法学研究》2019 年第 4 期，第 77 页。
⑤ 参见彭诚信、李贝：《现代监护理念下监护与行为能力关系的重构》，载《法学研究》2019 年第 4 期，第 79 页；孙犀铭：《民法典语境下成年监护改革的拐点与转进》，载《法学家》2018 年第 4 期，第 32 页。

也具有意思能力，能够作出意思表示，而并非完全无能力，医学上确认的某些症状，并不必然影响其独立实施法律行为的能力，①因此应当在一定限度内为自然无行为能力的被照管人保留自由空间，确保被照管人的自主决定最大化，将他主决定限制在必要范围内。《德国民法典》第105a条规定，成年无行为能力人所订立的低价值日常生活合同一经履行即被视为有效，除非该合同对无行为能力的成年人构成重大危险，该条被称为"被照管人的零用钱条款"，它既可以使成年无行为能力人在一定程度上参与日常生活，提高参与法律交往的能力，又可以对其进行法律上的保护。②根据德国通说，"被照管人的零用钱条款"的适用条件如下：首先，在判断"低价值"时，不应以当事人之间的经济关系为基准，而应以平均价格和收入情况为基准；其次，"低价值"的日常生活合同应以现金结算，信用消费通常不符合"低价值"这一条件；再次，对无行为能力人人身、财产具有重大危险的情形除外，例如涉及无行为能力人的生命、身体、健康、自由、人格等人身利益的行为，以及涉及无行为能力人的所有权、占有、知识产权等经济利益的行为；最后，"低价值"的日常生活合同于无瑕疵地履行完毕时生效。③该制度安排符合生活常理，允许无行为能力的成年人实施无危险的行为，确保其能够在意思能力内满足日常生活需要，实现一定的社会交往自由，值得我国法借鉴。

  本书认为，为便利无行为能力人的日常生活，我国法律应承认无行为能力人已经履行完毕的低价值日常生活行为的法律效力，例如购买食品、衣物、报刊、乘坐交通工具、邮寄信件包裹或理发等日常行为。最高人民法院可以《民法典》第35条第3款第2句的规定（对被监护人有能力独立处理的事务，监护人不得干涉）为依据，对《民法典》第144条予以限缩解释，原则上认可无行为能力的成年人业已完全履行的低价值日常生活合同的效力，除非该合同对其构成重大危险，同时对《民法典》第21条进行限缩解释，将无行为能力人可以独立实施的日常法律行为排除在法定代理之外。唯其如此，无行为能力成年人的自主决定才能获得充分保障。

---

① 参见蔡伟雄等：《精神病人民事行为能力评定相关问题的探讨》，载《中国司法鉴定》2003年第2期，第39页。

② Vgl. MüKoBGB/Spickhoff, 9. Aufl. 2021, BGB § 105a Rn. 1.

③ Vgl. MüKoBGB/Spickhoff, 9. Aufl. 2021, BGB § 105a Rn. 10-21.

2. 成年人需法定代理人保障并协助实施的法律行为

在德国法上，成年人被推定为完全行为能力人，享有充分的自主决定，但法院会针对可能严重危及成年人重大人身或财产利益的特定行为，要求法定代理人通过授予"同意"的方式协助被代理人实施，此即德国法上的"同意保留"制度。按照《德国民法典》第1825条的规定，照管法院可以基于防止被照管人人身或财产的重大危险之必要，命令被照管人在实施特定行为时应获得照管人的同意。德国法上的"同意保留"制度符合成年人保护的必要性原则，既不会过度限制完全行为能力的成年人的自主决定，又能对其进行必要的保护，值得我国借鉴。[①]

(1) 德国法上的"同意保留"

"同意保留"旨在协助被代理人实现自我决定。由法定代理人为被代理人提供充分信息，使被代理人在充分了解事实情况的基础上形成自己的意思，并实施法律行为。只要拟实施的法律行为不违背被代理人的利益，法定代理人就应当尊重被代理人的意愿，同意其独立实施该法律行为。虽然从形式上看，"同意保留"构成对被代理人的"他治"，但实际上却为被代理人提供了必要保护，能确保被代理人在法定代理人的协助下实现自我并发展自我。"同意保留"以必要性为原则，只有当被代理人在意思形成和意思控制方面存在缺陷时，法院才能命令被代理人在实施特定可能严重危及其人身和财产安全的法律行为时征得法定代理人的同意。

(a) 客体适用范围

根据《德国民法典》第1825条的规定，"同意保留"仅限于为避免被代理人人身或财产之重大危险的必要范围内，具体涵盖生命、健康和其他重要人格权以及被代理人用以维持生计和履行义务所必需的财产。法院在权衡是否作出"同意保留"判决时，应当遵守必要性原则，充分权衡被代理人的自主决定自由与其权益遭受严重损害风险之间的关系。只有当被代理人的权益遭受严重损害的风险远远高于其自主决定所受限制时，才能作出"同意保留"判决。为避免过度干预被代理人的自主决定，"同意保留"仅限于特定法律行为，如被代理人无偿承担债法上的义务、实施其他使自己陷入经济困境的行为或严重影响自主决定而作出有损自身利益的意思表示。尽管如此，"同意保留"不得禁止被代理人

---

① 参见李霞：《协助决定取代成年监护替代决定——兼论民法典婚姻家庭编监护与协助的增设》，载《法学研究》2019年第1期，第115页。

按照自己的意愿享用其财产和收入，特别是不得为保护被代理人家人未来将获得家庭财产的利益或债权人将获得的清偿利益而限制被代理人处置自己财产的自由。成年人在申请"同意保留"时应提交专家鉴定意见供法院参考。专家鉴定意见应具体阐述被代理人所面临风险的具体类型和影响范围，充分证明被代理人的疾病与"同意保留"规避风险之间的关联性。

"同意保留"适用的例外有三种情况。首先，与法定代理一样，"同意保留"不适用于具有高度人身性质的法律行为，《德国民法典》第1825条第2款明确将婚姻缔结和设立遗嘱的行为排除于"同意保留"的范围之外。其次，《德国民法典》第1825条第3款第1句将纯获法律上利益的行为排除在"同意保留"范围之外。即使成年人根据法院的"同意保留"命令在实施特定类型法律行为时需征得法定代理人的同意，但如果该法律行为仅使成年人纯获法律上的利益，则他仍然可以独立实施。最后，不适用于日常生活中的琐细行为。《德国民法典》第1825条第3款第2句原则上将日常生活上琐细的意思表示排除在"同意保留"范围之外，除非法院另有命令。日常生活琐细的事务包括购买生活用品、清洁用品、电影票等。

(b) 成年人未经同意所实施的属于"同意保留"的法律行为的效力

就"同意保留"的法律行为而言，成年人在实施其时的法律地位类似于限制行为能力人，可以准用法律关于限制行为能力人的相关规定。按照《德国民法典》第1825条第1款第3句和第108条以下的规定，成年人违反"同意保留"命令且未经法定代理人同意所实施的法律行为效力待定，被代理人可予以追认。法定代理人应自收到相对人的催告后两周内予以追认，否则视为拒绝追认；法定代理人追认之前，善意相对人可以通知的方式撤回法律行为。可见，法定代理人不仅可以通过事先授予同意，也可以通过事后追认的方式协助成年人实施属于"同意保留"的法律行为。

(2) 我国法采纳"同意保留"的具体路径

我国《民法典》第35条第3款第1句后半句规定，监护人应保障并协助被监护人实施与其智力、精神健康状况相适应的民事法律行为。该规定可以作为"同意保留"纳入我国法的制定法依据。①在废除行为能力

---

① 参见彭诚信、李贝：《现代监护理念下监护与行为能力关系的重构》，载《法学研究》2019年第4期，第79页。

欠缺宣告制度后，具有完全行为能力的成年人可以独立实施除"同意保留"之外的大部分法律行为，而不仅限于限制行为能力人依据《民法典》第22条的规定可以独立实施的使其纯获利益的或者与其智力、精神状况相适应的法律行为。为最大限度地确保成年人的自主决定，法定代理应限定在必要范围内，即法院所认定的需要征得法定代理人同意始得实施的严重危及被监护人重大人身或财产利益的行为，不包括涉及婚姻缔结、死因处分等具有高度人身性质的行为、使成年人纯获法律上利益的行为和涉及日常生活琐细事务的行为。由此可见，完全行为能力的成年人虽然可能受到"同意保留"的限制，但原则上可以独立实施法律行为，其自主决定空间比限制行为能力人大。

有观点认为，成年人未经法定代理人同意所实施的属"同意保留"的法律行为可撤销。[①]该观点有待商榷，可撤销法律行为意味着法律行为生效，成年人只能通过撤销消灭其效力，不符合"同意保留"保护成年人利益之立法目的。如前所述，"同意保留"中成年人的法律地位类似于限制行为能力人，我国法似乎可以借鉴德国法将关于限制行为能力的规定准用于"同意保留"情形的做法，将《民法典》第145条关于限制行为能力人的规定准用于判定成年人违背"同意保留"所实施法律行为之效力。进言之，成年人违背"同意保留"所实施的法律行为效力待定，经法定代理人追认而生效；法定代理人应自收到相对人的催告通知后30日内予以追认，否则视为拒绝追认；法定代理人追认之前，善意相对人可以通知的方式撤回法律行为。由此可见，成年法定代理之客体范围的确定以必要性为原则。除日常生活中的低价值法律行为之外，法定代理人对个案认定的无行为能力的成年人原则上应为全面代理，而对于完全行为能力的成年人，仅需按照法院的命令，针对属于"同意保留"的特定法律行为授予同意。

(二) 法定代理权范围的确定以必要性为原则

多层次、差异化的法定代理权范围，可以确保成年人的自主决定。成年法定代理原则上为特别代理或种类代理，只有当成年人因病患或障碍无法处理自己事务时，才例外地允许概括代理。关于涉及人身健康的事项，法院在确定法定代理的必要范围时，需根据当事人的具体生活情况来确定，必须针对每一事项说明法定代理之必要性。仅需针对某一事

---

① 参见李霞：《协助决定取代成年监护替代决定——兼论民法典婚姻家庭编监护与协助的增设》，载《法学研究》2019年第1期，第115页。

项进行法定代理的,就不得就全部事项进行法定代理。例如,对于长期住院且生活的唯一内容是受到医疗照顾的成年人,不得进行概括代理,而只能对其进行与医疗相关的种类代理。同样地,对于医疗合同、住院合同、医院运送合同、医药购买合同、医疗保险合同的签署、医疗知情同意的授予等涉及健康管理的事项,法定代理亦应以必要性为原则,倘使仅需针对神经病理方面的健康进行法定代理,就不得针对全部健康事项进行法定代理。①关于财产性质的事项,同样应遵循必要性原则。由于财产性法律行为的范围难以具体界定,不宜过度限制财产事项的法定代理权范围。②如果当事人没有财产且未来没有获得财产的可能性,原则上没有必要为其选任法定代理人。

综上所述,为保护成年人的自主决定空间,法定代理权应被限定在必要范围内,对于成年人可以独立实施的法律行为,无需法定代理;对于成年人需要法定代理人协助实施的法律行为,法定代理人应协助其实施,而不得径行代理。对于完全行为能力的成年人,只有经法院个案认定属于"同意保留"的法律行为,法定代理人才能通过授予同意的方式保障并协助其实施。对于经法院认定为自然无行为能力的成年人,除日常生活中即时清结的低价值法律行为之外,其余法律行为原则上应由法定代理人代理。

本章小结

为保护无行为能力和限制行为能力的未成年人,原则上应由法定代理人代理其实施法律行为,使8周岁以上的未成年人纯获法律上利益或与其年龄、智力相适应的法律行为除外。虽然我国《民法典》采纳了大监护的概念,不区分父母对子女的照顾和监护人对未成年人的监护,但这并不影响我们在未成年法定代理的具体制度设计上,对父母采取宽松政策,而对父母之外的监护人采取严格政策。

就成年法定代理而言,为贯彻国际公约所倡导的"法律能力人人平等原则",我国法应借鉴德国法的做法,废除行为能力欠缺宣告制度,使成年法定代理与行为能力脱钩,即成年法定代理的设定不以成年人欠缺行为能力为必要,成年人的行为能力也不会因法定代理的设定而受到限

---

① Vgl. MüKoBGB/Schneider, 9. Aufl. 2024, BGB § 1815, Rn. 18.
② Vgl. MüKoBGB/Schneider, 9. Aufl. 2024, BGB § 1815, Rn. 10–11.

制或剥夺。为尊重成年人的剩余意思能力，满足其对法定代理不同程度的需求，我国成年法定代理亦应以必要性为原则。具言之，法定代理的范围应根据成年人的具体情况和现实需求来设定，法定代理人的选任和法定代理行为的实施应最大限度地尊重成年人的意愿，以保障成年人的自主决定空间，使其可以像正常人那样参与社会交往。按照必要性原则的要求，法定代理以有限代理为原则。完全行为能力的成年人原则上可以独立实施法律行为，仅被法院个案认定属于"同意保留"范围内的法律行为，由法定代理人通过授予同意的方式来保障并协助其实施。被法院个案认定的自然无行为能力的成年人原则上应由法定代理人代理实施法律行为，仅在例外情况下可以独立实施日常生活中的即时清结的低价值法律行为。

为避免法定代理人损害被代理人的利益，《民法典》第35条第1款第2句禁止法定代理人非为维护被代理人的利益而处分其财产。该规定一刀切地禁止法定代理人实施不利于被代理人的法律行为，可能导致被代理人无法通过法定代理参与法律活动，影响法定代理制度功能的发挥。

第十一章

法定代理权的法定限制

第一节 法定限制之目的及其实现路径

一、法定限制之目的

罗马法中并无现代意义的代理制度，监护人一般以自己的名义为被监护人实施法律行为。监护人以被监护人名义实施法律行为时恶意损害被监护人财产利益的，该法律行为对被监护人不生效力，无论相对人是否知道或应当知道监护人的恶意。① 该原则虽然最大限度地维护了被监护人的利益，但不利于保护交易安全，致使无人愿意与为被监护人订立合同的监护人进行交易，被监护人因此无法参与法律交往。德国帝国法院延续了罗马法的上述原则，判决监护人恶意损害被监护人财产的行为一律无效，相对人是否知道监护人的恶意在所不问。② 《德国民法典》的立法者放弃了罗马法的原则和帝国法院的判决。根据《德国民法典立法理由书》的记载，相较于避免监护人恶意损害被监护人财产的风险，交易安全和被监护人能够被有效代理的利益更值得保护；但为保护被监护人的利益，可以规定特定重要的法律行为必须获得监护法院或监护监督人的批准。③ 据此，《德国民法典》亲属编以列举的方式对法定代理权作出法定限制，明确规定了禁止法定代理的行为和须经法院批准的行为。

---

① Vgl. 1.7 § 3 D. *pro empt.* 41, 4.
② Vgl. RG. 15, 197 ff.
③ Vgl. Motiv 4, 1086.

二、法定限制目的之实现路径

（一）德国法为保护被代理人的利益以列举的方式限制法定代理权

《德国民法典》第1629条和第1789条以下各条规定了父母和监护人作为法定代理人不得代理未成年人实施的法律行为和须经法院批准始得代理的法律行为。《德国民法典》第1824条以下各条规定了照管人作为法定代理人不得代理成年人实施的法律行为和须经法院批准始得代理的法律行为。这种明文禁止法定代理人代理实施损害被代理人利益之行为的规定和明文要求法定代理人在实施特定风险较大的法律行为时须经法院批准的规定，构成法定代理权的法定限制，确保法定代理权的范围清晰可辨，有利于保护被代理人的利益和交易安全。

（二）我国法为保护被代理人的利益而限制法定代理权的路径

1.《民法典》第35条第1款第1句和该条第2款与第3款

我国《民法典》第35条第1款第1句要求监护人履行监护职责时应谋求被监护人的最佳利益，同条第2款和第3款还要求监护职责的履行应尊重被监护人的真实意愿。关于上述规定的法律性质以及违反其所实施的法定代理行为的效力问题，《民法典》并未予以明确规定，学界就此存在争议。例如，有些学者认为此类规定构成对法定代理权的限制，①违反此类规定所实施的代理行为构成无权代理。②而另有学者认为，此类规定属于对监护人的内部限制，违反此类规定所实施的代理行为仅构成不履行职责的行为，相对人明知代理人违反职责或代理人违反职责对相对人具有显见性的，构成代理权滥用。③最高人民法院的观点亦不统一。例如，最高人民法院在［2014］民申308号民事裁定书中认为，《民法典》第35条第1款第1句之立法目的在于督促法定代理人依法履行监护职责，而非否定法定代理行为的效力，故法定代理人与相对人所订立的

---

① 参见陈甦主编：《民法总则评注》（上册），法律出版社2017年版，第262页（刘明执笔）；尹田：《民法典总则之理论与立法研究》（第2版），法律出版社2018年版，第607页。
② 参见刘征峰：《意定监护中的基础关系与授权关系》，载《法商研究》2022年第5期，第196页；朱晓喆：《意定监护与信托协同应用的法理基础——以受托人的管理权限和义务为重点》，载《环球法律评论》2020年第5期，第71页；朱广新：《代理制度中自我交易规则的适用范围》，载《法学》2022年第9期，第127页。
③ 参见胡东海：《论职责违反型代理权滥用——以〈民法总则〉第164条第1款的解释为中心》，载《环球法律评论》2019年第2期，第121、124页。

违背被代理人利益的合同有效。①而在另外两则案例中，最高人民法院却认为，法定代理人代理被代理人签署抵押合同的行为构成无权代理。②

本书赞同监护职责内部限制说。若将《民法典》第 35 条第 1 款第 1 句和该条第 2 款与第 3 款的规定认定为对代理权的法定限制，则类似于上述罗马法的规定和德国帝国法院的判决，法定代理人违反上述规定所实施的代理行为构成无权代理，交易安全将受到严重威胁，相对人则会为避免承担无权代理的风险而拒绝与法定代理人实施法律行为，法定代理制度的立法目的势必落空。由于相对人一般难以判断法定代理行为是否符合被代理人的最佳利益或真实意愿，为维护交易安全，上述规定应属于法律对监护人履行监护职责的内部限制。法定代理人违反上述规定所实施的法律行为原则上有效，构成禁止代理权滥用的除外。

2. 《民法典》第 35 条第 1 款第 2 句

《民法典》第 35 条第 1 款第 2 句的规定可以追溯至《民法通则》第 18 条第 1 款的规定，它明确禁止监护人实施不利于被监护人的法律行为。有观点认为，该规定明确的是法律赋予监护人处分被监护人财产的概括代理权，监护人在行使代理权时应以"为维护被监护人利益"为限。③该观点虽值赞同，但"为维护被监护人利益"为限的标准仍然不确定。司法实践和学说理论均对如何判断法律行为是否有利于被代理人存在争议。例如，司法实践中，有的法院认为，父母以其出资购买但登记在未成年人名下的房产为自己作为股东的公司提供担保的，不能当然认定损害未成年人的利益。④而有的法院则认为，法定代理人为非关联企业提供担保而以未成年人的名义签署房产抵押合同的行为，并非有利于未成年人。⑤

学界关于如何判断法定代理行为是否有利于被代理人也持不同观点。第一种观点认为，应当综合个案具体情况来判断法定代理行为是否有利于被代理人，例如为了被代理人的教育、医疗急需资金而对其财产进行

---

① 参见最高人民法院［2014］民申 308 号民事裁定书；另见浙江省嘉兴市中级人民法院［2016］浙 04 民终 1531 号民事判决书。

② 参见最高人民法院［2016］民申 2472 号民事裁定书、最高人民法院［2015］民申 766 号民事裁定书。

③ 参见黄美玲：《民法典框架下监护人处分被监护人财产的规范构造》，载《政法论坛》2024 年第 2 期，第 157 页。

④ 参见江苏省苏州市中级人民法院［2014］苏中商初字第 0118 号民事判决书。

⑤ 参见上海市第一中级人民法院［2017］沪 01 民终 13419 号民事判决书。

抵押时，可以认为法定代理有利于被代理人。①该观点的弊端在于赋予法官过大的自由裁量权，极易导致上述同案不同判的情况。第二种观点认为，应以有偿或无偿作为判断法定代理人所实施的行为是否有利于被代理人的基准。②按照该观点，法定代理人只能代理实施被代理人无需承担义务的单务法律行为，而不能代理实施双务法律行为。若果真如此，法定代理权将受到严重限制，被监护人几乎无法通过法定代理参与法律活动，法定代理制度形同虚设。第三种观点认为，相对人仅需对法定代理行为是否有利于被代理人进行形式审查，而无需对法定代理行为是否实际有利于被代理人作出准确判断。③该观点虽值赞同，但不具有可操作性。这是因为，经济利益的判断不仅受到当事人主观判断的影响，而且受到市场行情波动的左右，不确定性较大，相对人一般难以从形式上判断法定代理行为是否有利于被代理人。第四种观点认为，应引入日本法的"利益相反"概念，以利益相反和代理权滥用作为判断的基准。④第五种观点认为应以《民法典》第35条为基础进行体系化的解释。⑤第四种和第五种观点为《民法典》第35条第1款第2句的解释适用指明了方向，但需要进一步具体化。

本书认为，《民法典》第35条第1款第2句属于对法定代理权的法定限制，为维护交易安全，使相对人有明确的预期，有必要借鉴德国法关于禁止代理的法律行为类型和须经法院批准的法律行为类型的列举式规定，对法定代理人不得实施的代理行为和须经法院批准始得实施的代理行为进行类型化。具体而言，从解释论的视角，针对不同法律行为对被代理人可能产生的影响，明确禁止代理人实施特定明显不利于被代理人的法律行为类型，同时针对会影响被代理人重大利益的法律行为引入法院批准机制，以便相对人在与法定代理人实施法律行为时可以知道禁止法定代理的行为和须经法院批准的法定代理行为。

---

① 参见夏昊晗：《父母以其未成年子女房产设定抵押行为的效力——最高人民法院相关判决评析》，载《法学评论》2018年第5期，第194页。
② 参见夏吟兰、蒋月、薛宁兰：《21世纪婚姻家庭关系新规制——新婚姻法解说与研究》，中国检察出版社2001年版，第315~316页。
③ 参见陈甦主编：《民法总则评注》（上册），法律出版社2017年版，第261~262页（刘明执笔）。
④ 参见解亘：《论监护关系中不当财产管理行为的救济——兼论"利益相反"之概念的必要性》，载《比较法研究》2017年第1期，第153~155页。
⑤ 参见朱广新：《论监护人处分被监护人财产的法律效果》，载《当代法学》2020年第1期，第18~19页。

第二节　禁止法定代理的行为

在罗马法中，监护人的监护权受到限制，例如监护人不得以被监护人的名义赠与、①不得释放奴隶，②除为被监护人取得贷款之外，监护人不得在被监护人的财产上设定质权。③就德国法而言，为保护被代理人的利益，除《德国民法典》第181条关于禁止自我行为的规定之外，《德国民法典》亲属编第1641条、第1798条、第1789条和第1824条明确禁止法定代理人实施特定明显存在利益冲突风险的法律行为，法定代理人违反上述禁止性规定所实施的代理行为构成无权代理。④就我国法而言，除《民法典》第168条关于禁止法定代理人实施自我行为的规定和第35条第1款第2句关于禁止监护人实施不利于被监护人的法律行为之外，未见其他禁止法定代理的具体规定。

一、禁止法定代理的行为类型

（一）禁止自我行为

法定代理人的自我行为与意定代理人的自我行为均存在利益冲突之风险，故《德国民法典》第1824条第2款规定，该法典第181条关于禁止自我行为的规定同样适用于法定代理，但专为履行债务和使被代理人纯获法律上利益的除外。⑤我国法律虽未就此作出明确规定，但有学者认为，《民法典》第168条关于意定代理人不得实施"自我行为"的限制，原则上可以适用于法定代理。⑥本书赞同该观点，《民法典》第168条是对代理权的法定限制，旨在维护被代理人的利益。法定代理中被代理人缺乏自我保护能力，更应适用代理权的法定限制规则，以此来保护被代理人的利益不致因代理人的自我行为而受损。只要法定代理人实施自我行为，不

---

① Vgl. Diocl. C. 5, 37, 16.
② Vgl. Pomponius D. 40, 1, 13.
③ Vgl. Paul. D. 13, 7, 16 pr.
④ Vgl. Herberger, Die gesetzliche Vertretung des Kindes durch die Eltern – Grundsätze und Ausnahmen, JA 2023, S. 450.
⑤ Vgl. Herberger, Die gesetzliche Vertretung des Kindes durch die Eltern – Grundsätze und Ausnahmen, JA 2023, S. 450.
⑥ 参见杨代雄：《法律行为论》，北京大学出版社2021年版，第530页；解亘：《论监护关系中不当财产管理行为的救济——兼论"利益相反"之概念的必要性》，载《比较法研究》2017年第1期，第153~155页。

论个案中被代理人的利益是否实际遭受损害，原则上均应适用《民法典》第 168 条的规定予以禁止，但使被代理人纯获法律上利益或专为履行债务的行为除外。

（二）禁止与自己的配偶或直系亲属实施代理行为

不仅法定代理人的自我行为存在着抽象利益冲突风险，法定代理人代理被代理人与其配偶或直系亲属所实施的法律行为，同样存在损害被代理人利益的抽象利益冲突风险。为避免该抽象利益冲突风险，《德国民法典》第 1824 条第 1 款第 1 项（针对成年人的法定代理）和第 1789 条第 2 款第 1 句（针对未成年人的法定代理）明确规定，法定代理人原则上不得代理被代理人与自己的配偶或直系亲属实施法律行为，专为履行债务和使被代理人纯获法律利益的行为除外。[①]从构成要件上可以看出，该规定的适用不以存在具体的利益冲突风险为必要，只要相对人是法定代理人的配偶或直系亲属，法定代理人原则上就不得代理被代理人实施法律行为。

在法定代理中，由于被代理人无法保护自己，法定代理人可能会优先考虑其配偶或直系亲属的利益，而损害被代理人的利益，因此法律应禁止法定代理人代理被代理人与其配偶或直系亲属实施法律行为。在我国法上，针对法定代理人代理被代理人与其配偶和直系亲属实施的法律行为，可以类推适用旨在避免此类抽象利益冲突风险的《民法典》第 168 条。同样地，应将不存在利益冲突风险的专为履行债务的行为和使被代理人纯获法律上利益的行为排除在禁止之外。进言之，法定代理人可以按照被代理人的遗嘱代理其向自己的配偶或直系亲属履行遗赠义务。该规定中的配偶以婚姻的存在为必要，离异者不在此限。法定代理人代理被代理人与其旁系血亲或姻亲所实施的法律行为亦不在此限。在被代理人与法定代理人的配偶或直系亲属处于法律行为的同一方时，并不存在利益冲突的风险，法定代理人可以代理其实施法律行为。

（三）禁止赠与代理行为

为避免法定代理人将未成年人的财产无偿赠与他人而损害未成年人的利益，《德国民法典》第 1641 条和第 1798 条第 3 款原则上禁止父母和监护人代理实施赠与行为，除非赠与合乎道德义务或基本礼仪。据此，法定代理人仅在合乎道德义务或基于礼仪考量时可以代理未成年人实施

[①] Vgl. Herberger, Die gesetzliche Vertretung des Kindes durch die Eltern – Grundsätze und Ausnahmen, JA 2023, S. 449–450.

赠与行为，但也只能在必要的限度内实施赠与，超出必要限度的赠与将因减损未成年人的财产权益而被禁止。合乎道德义务或基本礼仪的行为主要是指，按照未成年人生活环境中的道德观念，未成年人的声誉会因其不实施赠与而受到负面影响，①例如，未成年人在其亲属陷于困境时应当实施赠与，除非该赠与危及未成年人自身利益。在判断赠与是否符合道义或礼仪时，不宜仅以赠与的价值为标准，只要赠与不会实质性影响未成年人的生活水准或显著减损其财产即可，个案中价值较高的赠与亦符合道义或礼仪。②

对于成年人的法定代理人的赠与行为，《德国民法典》第1854条第8项将其纳入须经法院批准的行为类型中。本书认为，如此安排不利于保护成年人被代理人的利益，我国法应禁止成年人的法定代理人代理实施赠与。唯一与未成年人的法定代理人赠与行为的禁止有所不同的是，成年人的法定代理人可以按照被代理人的意愿，代理实施不违背其利益且符合其生活水平的赠与，例如赠与生日礼物和发放新年压岁红包等。

（四）禁止债权让与、设定担保或消灭、减少担保的代理行为

为维护被代理人的利益，避免其丧失债权或无法实现债权，《德国民法典》第1824条第1款第2项和第1789条第2款第1句明确规定，法定代理人不得代理签署让与被代理人对自己所享有的以质权、抵押权或保证所担保的债权，或者签署对此类债权设定负担的合同，或者签署消灭或减少上述担保的合同。③

二、法定代理人实施禁止法定代理的行为的效力和责任

在罗马法中，为维护被监护人的利益，监护人违反监护权的法定限制，以被监护人的名义为赠与、释放奴隶、在被监护人的财产上设定质押（除为被监护人贷款）的，该财产处分行为无效。④在德国法上，未成年人的法定代理人违反《德国民法典》第1798条第3款关于赠与禁止的规定所实施的代理行为，因违反该法典第134条关于违反禁止性法律规定的法律行为无效的规定而无效，未成年人成年后也不能通过追认使其

---

① Vgl. MüKoBGB/Kroll-Ludwigs, 9. Aufl. 2024, BGB § 1798, Rn. 54.
② Vgl. MüKoBGB/Kroll-Ludwigs, 9. Aufl. 2024, BGB § 1798, Rn. 54.
③ Vgl. Herberger, Die gesetzliche Vertretung des Kindes durch die Eltern – Grundsätze und Ausnahmen, JA 2023, S. 450.
④ Vgl. Kipp, Lehre von der Vertretung ohne Vertretungsmacht, Reichsgerichts-Festschrift, Bd. II, S. 275.

生效。①而法定代理人违反《德国民法典》第1824条的规定，与自己的配偶或直系亲属所实施的代理行为和实施的债权让与、设定担保或消灭、减少担保的代理行为，构成无权代理，无权代理的单方法律行为无效，无权代理合同效力待定，所涉及的事项不属于"同意保留"范围的，有行为能力的成年人可自行实施。②在我国法上，对于法定代理人与自己的配偶或直系亲属所实施的代理行为和法定代理人实施的债权让与、设定担保或消灭、减少担保的代理行为，可以类推适用《民法典》第168条和第171条的相关规定，有行为能力的被代理人可以追认无权代理合同，属于"同意保留"的法律行为除外；无权代理的单方法律行为无效。为充分维护被监护人的利益，在我国法上，不仅未成年人的法定代理人，而且成年人的法定代理人，违反赠与禁止所实施的代理行为，均应依据《民法典》第153条第1款的规定被认定为无效，且不得被追认。

在罗马法中，为维护交易安全，监护人违反禁止性规定所实施的财产处分行为无效的，由作为行为当事人的监护人向相对人承担履行义务或履行利益的损害赔偿责任。③本书认为，通过对我国《民法典》第35条第1款第2句的类型化解释，以法律明文列举上述几种禁止法定代理人实施的法律行为类型的，相对人不可能不知道法定代理权的法定限制，因此原则上不值受到保护。具言之，被代理人未予追认的，相对人不能依据《民法典》第171条的规定向法定代理人主张无权代理责任，而只能在法定代理人违反《民法典》第500条关于缔约过失责任的规定的情况下，向其主张损害赔偿。

第三节　须经法院批准的法定代理行为

虽然监护关系属于私法范畴，但被监护人多不具备足够的辨识能力来监督监护人的法定代理行为，亟须受到国家机关或公共机构的监督。为履行国家保护义务，《德国民法典》第1643条、第1799条和第1848条至第1854条明确规定了法定代理人须经法院批准的代理行为。我国亦有学者认为，为维护被监护人的利益，应采纳作为国家监督机制重要手段之一的法院批准制度，要求法定代理人在代理实施对被代理人权利影响较大的特定

---

① Vgl. MüKoBGB/Kroll-Ludwigs, 9. Aufl. 2024, BGB § 1798, Rn. 52.

② Vgl. MüKoBGB/Schneider, 9. Aufl. 2024, BGB § 1824, Rn. 26; Herberger, Die gesetzliche Vertretung des Kindes durch die Eltern – Grundsätze und Ausnahmen, JA 2023, S. 448-449.

③ Vgl. Kipp, Lehre von der Vertretung ohne Vertretungsmacht, Reichsgerichts-Festschrift, Bd. II, S. 275.

法律行为之前获得法院的批准。①该观点值得赞同，具体可以通过对《民法典》第 35 条第 1 款第 2 句进行类型化解释，列举须经法院批准的法定代理行为。

一、须经法院批准的法定代理行为类型

（一）涉及不动产的法律行为

鉴于不动产涉及被监护人的重大财产权利，法定代理人仅于获得法院批准后始得代理与其有关的法律行为。《德国民法典》第 1850 条规定，法定代理人在实施涉及被代理人的不动产的法律行为时须征得法院的批准，例如就不动产订立所有权或使用权转让合同、设定或转让担保物权的合同、债权让与或债务免除合同等。②

如前所述，在我国司法实践中，关于监护人处分不动产是否有利于被监护人的判断标准问题，法院存在不同观点。有的法院认为，以被监护人的房产提供担保的行为并不必然损害被监护人的利益；③而有的法院则认为，法定代理人以被监护人的房产为担保签署的抵押合同并非有利于被监护人。④此外，有些司法判决并未充分虑及被监护人的利益，使得法定代理人可以轻易规避《民法典》第 35 条第 1 款第 2 句关于禁止法定代理人除为维护被监护人利益不得处分其财产的法律规定。例如，有的法院判决被监护人所订立的不动产买卖合同因法定代理人的代理⑤或追认而生效；⑥也有法院认为法定代理人全程陪同参与即可补足被监护人行为能

---

① 参见朱广新：《论监护人处分被监护人财产的法律效果》，载《当代法学》2020 年第 1 期，第 15、19 页。
② Vgl. Herberger, Die gesetzliche Vertretung des Kindes durch die Eltern – Grundsätze und Ausnahmen, JA 2023, S. 448.
③ 参见江苏省苏州市中级人民法院 [2014] 苏中商初字第 0118 号民事判决书。
④ 参见上海市第一中级人民法院 [2017] 沪 01 民终 13419 号民事判决书。
⑤ 参见四川省南充市中级人民法院 [2016] 川 13 民终 2325 号民事判决书。
⑥ 参见最高人民法院 [2013] 民申字第 344 号民事裁定书；江苏省徐州市中级人民法院 [2020] 苏 03 民终 4284 号民事判决书；北京市高级人民法院 [2021] 京民申 1317 号民事裁定书；北京市第二中级人民法院 [2015] 二中民终字第 11855 号民事判决书；北京市第一中级人民法院 [2018] 京 01 民终 1568 号民事判决书、北京市第三中级人民法院 [2019] 京 03 民终 10783 号民事判决书、北京市第二中级人民法院 [2019] 京 02 民终 7093 号民事判决书、北京市第二中级人民法院 [2021] 京 02 民终 16064 号民事判决书、北京市第一中级人民法院 [2021] 京 01 民终 3350 号民事判决书、辽宁省大连市中级人民法院 [2021] 辽 02 民终 2929 号民事判决书、江苏省连云港市中级人民法院 [2020] 苏 07 民申 56 号民事判决书和天津市第二中级人民法院 [2019] 津 02 民终 270 号民事判决书，上述法院皆认为限制行为能力人所实施的不动产买卖合同及其补充协议经法定代理人的追认始生效力。

力之不足并因此承认其法律行为的效力；①甚至还有法院认为限制行为能力的共有人对不动产所进行的处分经其他共有人实际履行即生效力。②为维护被监护人与不动产相关的重大财产权利，法定代理人在代理涉及被监护人不动产的法律行为时，须征得法院的事先批准。法院的事前介入也有助于避免许多不必要的争讼。

（二）风险较高的法律行为

须征得法院批准的法律行为还包括那些风险较高或长期约束被代理人的法律行为。

1. 成年人的法定代理人实施的风险较高的法律行为

《德国民法典》第1848条至第1854条明确规定了成年法律照管下法定代理人须经法院批准实施的法律行为。例如，使用被代理人投资账户之外的账户进行的投资行为（第1848条）、处分债权和有价证券的行为（第1849条）、涉及继承的行为（第1851条）、商事行为和公司法上的行为（第1852条）、签订长期拘束被代理人的合同（第1853条）、处分被代理人全部财产的行为（第1854条第1项）、利用被代理人的信用进行的贷款行为（第1854条第2项）、发行无记名证券、负担票据债务或承担其他以背书转让之证券债务的行为（第1854条第3项）、使被代理人承担他人债务的行为（第1854条第4项）或提供保证的行为（第1854条第5项）、消灭或减少对被代理人债权担保的行为（第1854条第7项）、赠与行为，与被代理人生活水平相当或日常的赠与除外（第1854条第8项）。

在北京市第三中级人民法院判决的一则案例中，限制行为能力的被代理人向银行借款50万元用于消费，法院判决借款合同因未经法定代理人追认而无效，被代理人需返还借款本金并赔偿银行利息损失。③根据该判决，被代理人在合同无效的情况下仍需承担损害赔偿责任，这对被代理人十分不利。倘使要求此类高风险的借款合同须经法院批准始得生效，则法院可以在审查被代理人借款的必要性和用途后拒绝批准，从而避免被代理人在无法充分理解合同相关风险和义务的情况下签署于其不利的借款合同。为维护成年被代理人的利益，成年人的法定代理人须经法院批准的高风险行为和长期拘束被代理人的行为应当包括：使用被代理人

---

① 参见上海市第二中级人民法院［2017］沪02民申406号民事裁定书。
② 参见内蒙古自治区赤峰市中级人民法院［2020］内04民终3904号民事判决书。
③ 参见北京市第三中级人民法院［2021］京03民终5026号民事判决书。

投资账户之外的账户进行的投资行为、处分债权和有价证券的行为、涉及继承的行为、商事行为、签订长期拘束被代理人的合同、处分被代理人全部财产的行为、利用被代理人的信用进行贷款的行为、使被代理人承担他人债务的行为或为他人债务提供保证的行为、消灭或减少对被代理人债权担保的行为。

2. 未成年人的法定代理人实施的风险较高的法律行为

由于未成年人与监护人之间的关系与亲子关系相比,在亲密程度、依赖关系、身份关系和法律上的权利义务关系上较为疏远,未成年的监护人在进行法定代理时,应受到比父母法定代理时更为严格的限制和监督。鉴于此,《德国民法典》第1799条规定,除第1853条第1句第1项和第1854条第8项的规定之外,未成年人的监护人在代理实施上述第1848条至第1854条第1项至第7项的法律行为时,应征得法院的批准。而按照《德国民法典》第1643条的规定,父母作为法定代理人时,除第1853条第1句第2项和第1854条第6项至第8项的规定之外,仅在代理实施上述第1851条至第1854条第1项至第5项所规定的高风险法律行为时需经法院的批准。

我国法在未成年监护上虽然采纳大监护模式,但同样可以借鉴德国法的上述规定,本着对父母宽松而对父母以外的监护人严格的原则,对父母和其他监护人须经法院批准的法律行为类型予以区分。父母需经法院批准的风险较高的代理行为包括：涉及继承的行为、商事行为、签订长期拘束被代理人的合同、处分被代理人全部财产的行为、利用被代理人的信用进行贷款的行为、使被代理人承担他人债务的行为或提供保证的行为。就父母之外的监护人而言,除上述须经法院批准的风险较高的行为之外,下述行为同样须经法院批准：使用被代理人投资账户之外的账户进行的投资行为、处分债权和有价证券的行为。

综上所述,为避免法定代理人实施不利于被代理人的法律行为,应当对《民法典》第35条第1款第2句进行类型化解释,原则上禁止法定代理人实施自我行为、禁止法定代理人代理实施与其配偶或直系亲属之间的法律行为、禁止法定代理人代理实施赠与行为、禁止法定代理人代理实施转让以被代理人为担保权人的债权或设定担保的行为或消灭、减少担保的行为。须经法院批准的行为包括涉及不动产的行为、风险较高和长期约束被监护人的法律行为。

二、未经法院批准的法定代理行为的效力与责任

法定代理人未经法院批准的代理行为构成无权代理,其效力因所实

施的法律行为是单方法律行为或合同行为而有所不同。鉴于我国法律就此未予规定，下文主要借鉴德国法的相关规定予以展开。

（一）法定代理行为的效力

1. 单方法律行为

鉴于单方法律行为的特殊性，无权代理人作出的意思表示一经到达相对人即生效，相对人仅能被动地受领表意人作出的意思表示，而无法对意思表示的效力施加任何影响，若单方法律行为的效力取决于法院的追认，则相对人将陷入更为不确定的被动地位，故法定代理人未经法院批准所实施的单方法律行为无效，不能因法院的追认而生效。①《德国民法典》第1858条第1款就此予以明确规定。②该规定旨在避免置相对人于不确定的状态，有利于维护交易安全，值得我国法律借鉴。

2. 合同行为

按照《德国民法典》第1856条第1款的规定，法定代理人未经法院批准所订立的合同效力待定，取决于法院的事后批准，批准通知到达合同相对人时自始生效。《德国民法典》第1856条第2款规定，相对人催告法定代理人要求其告知法院是否批准的，法定代理人应在收到催告后两个月内告知相对人法院的批准，否则视为法院拒绝批准，合同不生效力。③在成年法定代理中，《德国民法典》第1856条第3款规定，照管被取消或终止的，追认无需法院作出，而是由被代理人自行作出。在未成年法定代理中，《德国民法典》第1644条第3款第2句和第1800条第2款第2句明确规定，未成年人在请求法院批准期间成年的，其追认即可以使法定代理行为生效，而无需法院予以追认。④

（二）法定代理行为未经法院追认的责任承担

法定代理行为未经法院或被代理人追认的，无效。由于须经法院批

---

① Vgl. Herberger, Die gesetzliche Vertretung des Kindes durch die Eltern – Grundsätze und Ausnahmen, JA 2023, S. 448. 参见［德］迪特尔·施瓦布：《德国家庭法》，王葆莳译，法律出版社2010年版，第332页。

② 《德国民法典》第1831条第1句规定："法定代理人未经家事法院批准所实施的单方法律行为不生效力。"

③ Vgl. Herberger, Die gesetzliche Vertretung des Kindes durch die Eltern – Grundsätze und Ausnahmen, JA 2023, S. 448. 《德国民法典》第1829条规定："监护人未经家事法院的必要批准而订立的合同，其效力取决于家事法院的事后批准。另一方催告监护人发出关于家事法院是否已给予批准的通知的，批准通知需于收到催告后四周内发出，否则视为拒绝追认。被监护人成年的，其追认取代家事法院的批准。"

④ Vgl. Herberger, Die gesetzliche Vertretung des Kindes durch die Eltern – Grundsätze und Ausnahmen, JA 2023, S. 448.

准的法律行为由法律明确规定，相对人不可能不知道法律的明确规定，因此相对人不能依据《民法典》第 171 条的规定向法定代理人主张无权代理责任，而只能在法定代理人违反《民法典》第 500 条关于缔约过失责任的规定时，向其主张损害赔偿。

综上所述，为维护被监护人的利益和交易安全，法定代理权的限制应由法律明文规定。法定代理权的限制因代理行为所涉及的风险不同，分为禁止的法定代理和须经法院批准的法定代理。法定代理人违反禁止性规定所实施的代理行为与未经法院的批准代理实施的法律行为均构成无权代理；单方法律行为无效，合同效力待定。无权代理行为因未被追认而无效的，由于相对人不可能不知道法定代理人违反法律明文规定的代理权法定限制，无权代理人无需向相对人承担无权代理责任，仅可能承担缔约过失责任。

本章小结

法定代理权依法产生，被监护人一般无法像意定代理授权人那样限制代理权的范围。为保护被监护人的利益，法律应当明确对法定代理权作出法定限制，例如规定禁止法定代理的行为和须经法院批准的法定代理行为。然而，我国《民法典》第 35 条第 1 款第 2 句仅概括性地禁止法定代理人实施不利于被监护人的法律行为，而未作类型化的区分。如若一概否定不利于被监护人的法定代理行为的效力，不仅会严重危及交易安全，而且会影响法定代理制度功能的发挥，导致被监护人无法通过法定代理参与法律交往。上述以德国法相关立法经验为借鉴，对《民法典》第 35 条第 1 款第 2 句进行类型化解释，明确提出法定代理人不得实施的法律行为包括：自我行为、与其配偶或直系亲属之间的法律行为、赠与行为、转让以被代理人为担保权人的债权或设定担保的行为或消灭、减少担保的行为；须经法院批准的行为包括涉及不动产的行为、风险较高和长期约束被监护人的法律行为。除违反赠与禁止的法定代理行为无效之外，法定代理人违反上述代理权法定限制所实施的法律行为构成无权代理，单方法律行为无效，合同效力待定。为维护相对人的交易安全，除上述基于对《民法典》第 35 条第 1 款第 2 句的解释得出的对代理权法定限制的类型之外，其余不符合被监护人最佳利益的代理行为均为有权代理，代理权滥用的风险原则上由被代理人承担，违反禁止代理权滥用规则的除外。

第十二章

违反监护职责的法定代理行为

《民法典》第 35 条第 1 款第 1 句要求监护人履行监护职责时应谋求被监护人的最佳利益,而第 35 条第 2 款和第 3 款则要求尊重被监护人的真实意愿。关于这些规定的法律性质以及违反它们所实施的法定代理行为的效力问题,制定法并未予以明确规定,学界存在争议,司法判例亦不统一。本章在对"谋求最佳利益"和"尊重真实意愿"这两项监护职责履行原则进行分析的基础上,具体论证法定代理人违反该两项原则所实施的法定代理行为的效力问题。

第一节 监护人履行监护职责的原则

一、未成年人的监护人履行监护职责的原则

《儿童权利公约》第 3 条规定了儿童利益最大化原则,第 12 条规定了尊重未成年人意思的原则。为贯彻该两项原则,《德国民法典》第 1627 条和第 1790 条第 1 款规定,父母或监护人在对未成年人进行照顾或监护时,应以谋求其最佳利益为原则;第 1626 条第 2 款和第 1790 条第 2 款规定,父母或监护人应考虑未成年人在特定成长阶段所具备的能力,与未成年人就特定事宜进行协商并尽可能取得一致。在我国法上,《民法典》第 35 条第 1 款第 1 句和第 2 款规定,监护人在履行监护职责时,应当以最有利于被监护人为原则,在作出与被监护人利益有关的决定时,应根据被监护人的年龄和智力状况,尊重被监护人的真实意愿。按照该规定,监护人在履行监护职责时,应确保未成年人的利益最大化,而在涉及未成年人利益时,应当征求其意见,并根据其年龄、社会经验、认

知能力和判断能力等，尊重其真实意愿。①

为落实国家保障儿童福利权之义务的制度设计，应当以儿童的最佳利益为首要考虑。然而，未成年人虽因年龄、智力的原因而不具备完全行为能力，原则上不能有效实施法律行为，但作为权利能力主体，其自主决定亦应得到尊重。尤其是监护人实施涉及未成年人人身关系的行为，如子女身份的确认、子女抚养、父母离婚时直接抚养方的确定、父母探望权以及子女教育、医疗、家庭生活等涉及子女重大利益的行为时，应征求8周岁以上未成年子女的意见，而不能直接以自己的意志取而代之。②为此，《民法典》第1084条第3款规定，法院在离婚诉讼中，作出未成年人抚养权归属判决之前，应当尊重8岁以上未成年人的真实意愿。《民法典》第1104条第2句规定："收养八周岁以上未成年人的，应当征得被收养人的同意。"然而，由于未成年人的心智尚不成熟，缺乏辨认和判断能力，很可能会拒绝实质上有利于自己的行为，倘若完全遵从未成年人的真实意愿，法定代理行为未必符合其最佳利益。鉴于此，在尊重未成年人的真实意愿会违背其最佳利益时，监护人不能盲从未成年人的意愿，而应当为谋求其最佳利益实施代理行为。③

二、成年人的监护人履行监护职责的原则

随着人口老龄化趋势的不断加强，如何保护老年人的权益，已成为世界各国共同面临的重要议题。为实现国际社会通行的"老年人生活平常化"和"充分发挥老年人的残余能力"等新型人权保护理念，许多国家以"尊重当事人的自主决定"作为其改革成年监护制度的首要指导方针，纷纷废除传统家长主义的替代决策模式，改采以尊重成年人自主决定为基本原则的协助决策模式。在成年人保护的替代决策模式下，监护人可以无视被监护人的真实意愿，仅按照其所认为的符合被监护人最佳利益的原则作出决策；而在协助决策模式下，监护人应尊重被监护人的真实意愿，协助被监护人作出决定，而不是直接由监护人依据自己的意愿

---

① 参见李适时主编：《中华人民共和国民法总则释义》，法律出版社2017年版，第104页。
② 参见朱晓峰：《抚养纠纷中未成年人最大利益原则的评估准则》，载《法律科学（西北政法大学学报）》2020年第6期，第96页。
③ 参见朱广新：《论监护人处分被监护人财产的法律效果》，载《当代法学》2020年第1期，第27页。

代替被监护人作出符合其最佳利益的决定。①

德国法为贯彻国际公约所倡导的"法律能力人人平等原则"和成年人保护的协助决策模式，对其成年照管制度进行了大规模的改革，2023年1月1日修订生效的《德国民法典》将改革的成果予以法典化。该法典第1821条第2款和第3款规定，照管人在照管被照管人的事务时，应当使被照管人能够在其能力范围内，按照其自己的意愿安排生活；照管人原则上应当在法律上协助被照管人实现其意愿，该意愿严重危及被照管人的人身或财产利益且被照管人因疾患或障碍无法认识到该风险或被照管人意愿的实现超出照管人能力范围的情形除外。从上述规定可以看出，在德国法上，照管人在实施照管事务时，以尊重被照管人的意愿为原则。

（一）我国法确立以尊重成年人的真实意愿为优先原则的必要性

《民法典》第35条第1款第1句要求监护人遵循谋求被监护人最佳利益的原则，而第3款第1句前半句要求监护人最大限度地尊重被监护人的真实意愿。关于该两项原则适用优先性的问题，《民法典》并未明确规定。学界就此存在争议，有观点认为，成年监护制度旨在保护被监护人，应以被监护人利益最大化作为监护人履职时考虑的首要原则；②另有观点认为，真实意愿处于核心地位，应当首先考察被监护人的意愿，之后再综合客观因素考察被监护人的意愿是否符合其最佳利益，存在冲突时本人最佳利益原则优先适用；③还有观点认为，尊重被监护人的真实意愿原则优先于本人最佳利益原则适用，只要被监护人明确表达"这是我想做的"，监护人就应当尊重；④亦有观点认为，只有在监护人穷尽一切手段都无法获知本人意愿和本人决定会导致其自身或他人严重伤害的情况下，本人最佳利益原则才能优先适用。⑤本书赞同最后一种观点。

与未成年人的监护人以谋求未成年人的最佳利益为首要原则有所不

---

① 参见孙犀铭：《民法典成年监护制度的体系效益与融贯性实现》，载《山东大学学报（哲学社会科学版）》2021年第2期，第126页。
② 参见李世刚：《〈民法总则〉关于"监护"规定的释评》，载《法律适用》2017年第9期，第19页。
③ 彭诚信、李贝：《现代监护理念下监护与行为能力关系的重构》，载《法学研究》2019年第4期，第74页。
④ 参见王竹青：《论成年人监护制度的最新发展：支持决策》，载《法学杂志》2018年第3期，第81页。
⑤ 参见董思远：《协助决定范式下意定监护制度改革新径路》，载《河北法学》2022年第3期，第133页。

同的是，成年人的监护人应优先尊重被代理人的真实意愿。①首先，以监护人的决策为中心的最佳利益原则会使监护人过于注重保护被监护人的财产利益而忽略其人身利益，极易引发代理权滥用的风险。②其次，与未成年人随着年龄的增长而不断趋于成熟的过程有所不同，成年人的精神健康状况之恢复或意思能力的增强大多会经历缓慢的发展过程，为使其精神健康得到不断改善直至恢复，法定代理人应根据被代理人的实际情况，协助其形成自己的意愿，而不是主观武断地按照自己的意愿作出所谓符合被代理人最佳利益的决策。最后，为在我国实现替代决策模式到协助决策模式的彻底转换，有必要借鉴德国法的最新立法经验，尊重成年人的自主决定。

由于《民法典》第 35 条第 3 款第 1 句前半句仅适用于成年监护（特别法），而《民法典》第 35 条第 1 款第 1 句既适用于成年监护也适用于未成年监护（一般法），基于特别法优先于一般法的原则，《民法典》第 35 条第 3 款第 1 句前半句具有优先适用性。由此可见，成年人的监护人在履行监护职责时应优先"尊重成年人的真实意愿"。

（二）探求被监护人真实意愿的路径

尊重被监护人的真实意愿，是指充分尊重并利用被监护人的认知判断能力，允许其自主决定与自身生活密切相关的事项，最大限度地尊重其作为"人"的基本权利。③自主形成真实意愿的前提是经过理性选择后的自愿，监护人应设法探求成年人的意愿，必要时应协助被监护人形成真实意愿。《民法典》第 35 条第 3 款第 1 句虽然确立了尊重被代理人真实意愿的原则，但并未回答如何探求被代理人真实意愿的问题。有观点认为，监护人在实施法定代理时应询问成年人的意见并了解其愿望；④另有观点认

---

① 参见迟颖：《成年法定监护中被监护人的真实意愿——〈民法典〉第 35 条第 3 款解释论》，载《清华法学》2023 年第 2 期，第 103 页；李霞：《协助决定取代成年监护替代决定——兼论民法典婚姻家庭编监护与协助的增设》，载《法学研究》2019 年第 1 期，第 116 页；王竹青：《论成年人监护制度的最新发展：支持决策》，载《法学杂志》2018 年第 3 期，第 81 页；孙犀铭：《民法典成年监护制度的体系效益与融贯性实现》，载《山东大学学报（哲学社会科学版）》2021 年第 2 期，第 126 页。

② 参见李霞：《协助决定取代成年监护替代决定——兼论民法典婚姻家庭编监护与协助的增设》，载《法学研究》2019 年第 1 期，第 107 页。

③ 参见李适时主编：《中华人民共和国民法总则释义》，法律出版社 2017 年版，第 103 页。

④ 参见李霞：《协助决定取代成年监护替代决定——兼论民法典婚姻家庭编监护与协助的增设》，载《法学研究》2019 年第 1 期，第 115 页。

为，监护人应当在提供必要信息的基础上探知被监护人的意愿。①上述观点值得赞同。首先，监护人应尊重被监护人曾经表达的意愿，被监护人改变其之前意愿的除外；为了解被监护人的最新意愿，监护人应与被监护人保持定期接触。②其次，监护人应当为被监护人提供必要信息，协助被监护人在理性选择的基础上形成真实意愿。③监护人应尽可能多收集信息，尤其在实施重大交易之前应寻求专业意见，例如向律师咨询交易可能涉及的法律风险，或向会计师咨询交易的相关税费等；而在涉及被监护人生命健康的重大医疗措施、绝育或剥夺自由的安置等重要人身权时，监护人应向被监护人详细告知具体情况和自己的意见以及拟采取的措施，以确保其能够在充分掌握必要信息的基础上形成符合实际的意愿。复次，遵循被监护人真实意愿将违背其最佳利益的，监护人在实施法律行为之前，应当充分告知被监护人相关风险，以及为达至相同目的还可以采取的其他措施，例如风险较小或损失较小的方法。最后，监护人尽最大努力后仍然无法确定被监护人真实意愿的，应设法推定其可能具有的意愿。为此，监护人可以参酌被监护人之前曾经表达的意愿、被监护人的信仰、世界观、价值观或通过询问其近亲属和朋友来推定其在特定情形中可能形成的意愿。④只有在既无法探知被监护人的真实意愿也无法推定被监护人可能形成的意愿时，监护人始得遵循谋求被监护人最佳利益原则来实施代理行为。

问题是，当尊重被代理人真实意愿将危及其更高法益或使其未来生活陷入困境时，监护人是否可以拒绝按照被监护人的真实意愿实施代理行为，转而优先考虑其最佳利益呢？

（三）尊重被监护人真实意愿的例外

尊重成年人的自主决定，是否意味着监护人可以像学者⑤所建议的那样，无论被监护人作出的决策是否符合其最佳利益，只要被监护人明确表达"这是我想做的"，监护人即可置其利益于不顾而完全尊重其意愿吗？答案显然是否定的。虽然被监护人的意愿通常符合其最佳利益，

---

① 参见王竹青：《论成年人监护制度的最新发展：支持决策》，载《法学杂志》2018 年第 3 期，第 81 页。
② Vgl. Schwab, Familienrecht, 30. Aufl., 2022, Rn. 1206.
③ 参见王竹青：《论成年人监护制度的最新发展：支持决策》，载《法学杂志》2018 年第 3 期，第 81 页。
④ Vgl. Schwab, Familienrecht, 30. Aufl., 2022, Rn. 1207.
⑤ 参见王竹青：《论成年人监护制度的最新发展：支持决策》，载《法学杂志》2018 年第 3 期，第 81 页。

且监护人有义务尊重被监护人的意愿，但基于不应迫使监护人协助被监护人损害其自身利益的原则，应例外地为维护被监护人的最佳利益而违背其意愿。①进言之，被监护人恰恰是因为疾患而不能处理那些需要代理的法律事务，也同样会因为疾患而缺乏形成理性意愿的能力，此时应优先适用谋求监护人的最佳利益原则。

首先，被监护人作出正确判断的能力受到疾患的影响越大，越可能形成不符合其最佳利益的意愿，该意愿也越不可能基于其自主决定所形成，因此不能优先尊重其主观意愿而应谋求其最佳利益。②进言之，被监护人在欠缺理性自主决定能力的情况下所形成的愿望未必是其真实愿望，尤其是当满足被代理人的意愿会损害其更高法益（例如生命、健康和其他基本人格权），或被监护人的生活将因监护人按照其意愿进行财产处置而陷入困境甚至危及其未来生计而被监护人未意识到相应风险的，监护人应为保护成年人更高法益而违背其意愿。③其次，被监护人即使知道代理行为将危及其生命、健康等重大人身权或财产权，但却无法抗拒的，监护人可以违背被监护人的真实意愿。④尽管如此，值得注意的是，对于病患或年迈的被监护人而言，财产的保值和增值并不必然符合其最佳利益，可能允许其在经济能力范围内按照自己的意愿享受生活才符合其最佳利益。换言之，只要被监护人的财产和收入足以维持其离世前的生活，监护人即不得以危及被监护人的财产为由拒绝满足其真实意愿。最后，为保护其自身利益，也为避免危及第三人利益或公众利益，监护人可以拒绝按照被监护人的意愿实施对于监护人而言属于不能合理期待的行为。⑤例如，监护人可以拒绝实施被监护人所要求的可能危及第三人利益

---

① Vgl. v. Sachsen-Gessaphe, Der Betreuer als gesetzlicher Vertreter für eingeschränkt Selbstbestimmungsfähige, 1999, S. 208.

② Vgl. v. Sachsen-Gessaphe, Der Betreuer als gesetzlicher Vertreter für eingeschränkt Selbstbestimmungsfähige, 1999, S. 211-212.

③ 参见迟颖：《成年法定监护中被监护人的真实意愿——〈民法典〉第 35 条第 3 款解释论》，载《清华法学》2023 年第 2 期，第 104 页；鲁晓明：《〈民法典〉实施背景下意定监护功能异化之矫正》，载《浙江工商大学学报》2023 年第 1 期，第 78~79 页；陈嘉白：《民法典体系下协助决定与替代决定的择优实现》，载《当代法学》2021 年第 3 期，第 25 页；李霞、陈迪：《从〈残疾人权利公约〉看我国新成年监护制度》，载《法治研究》2019 年第 6 期，第 54 页。

④ Vgl. Dodegge, Vom Wohl des Betroffenen zu dessen Wünschen und Willen-neue Maßstäbe für die Betreuertätigkeit, FamRZ 2022, S. 846.

⑤ Vgl. Dodegge, Vom Wohl des Betroffenen zu dessen Wünschen und Willen-neue Maßstäbe für die Betreuertätigkeit, FamRZ 2022, S. 847.

或公共利益的违法行为，或者拒绝与第三人开展自始就知道不会有任何结果的谈判等。

综上所述，为实现从替代决策模式到协助决策模式的彻底转换，我国成年监护职责的履行应充分尊重被监护人的自主决定，优先尊重被监护人的真实意愿。只有在无法探知被监护人真实意愿或可推定意愿的情况下，监护人才可以为被监护人的最佳利益实施代理行为。为确定被代理人的真实意愿，监护人应与被监护人保持定期接触并为其提供足够的信息，便于其在充分了解具体情况的基础上形成真实意愿。在尊重被监护人的真实意愿将危及其重大人身权或财产权、使其未来生活陷入困境或危及第三人或公共利益的情况下，监护人可以例外地违背被监护人的真实意愿实施代理行为。

第二节　违背监护职责的法定代理行为之效力

如上所述，按照《德国民法典》第1821条第2款的规定，照管人在进行照管时，应当尊重被照管人的真实意愿。照管人尊重被照管人意愿的义务属于照管人对被照管人负有的内部义务，并未限制照管人对外与相对人实施法律行为的代理权。[1]换言之，在德国法上，以维护交易安全为宗旨的代理权抽象性原则同样适用于法定代理，法定代理权与法定代理人依据内部关系所承担的义务有所区别。[2]法定代理人违背被照管人的意愿实施的代理行为原则上对被照管人生效，违反禁止代理权滥用规则的除外。

关于《民法典》第35条第1款第1句、第2款和第3款的法律性质，以及违反该规定所实施的法定代理行为的效力，制定法未予明确规定，司法判决存在分歧。例如，最高人民法院在［2014］民申308号民事裁定书中认为，要求监护人为被监护人最佳利益履行监护职责之立法目的在于督促法定代理人依法履行监护职责，而非否定法定代理行为的效力，因此法定代理人与相对人所订立的违背被代理人利益的合同有效。[3]而在另外两则案例中，最高人民法院则认为，法定代理人代理被代

---

[1] Vgl. BT-Drucksache 19/24445, S. 250, 258.
[2] Vgl. Staudinger/Schilken, 2019, vor § 164, Rn. 34.
[3] 参见最高人民法院［2014］民申308号民事裁定书、浙江省嘉兴市中级人民法院［2016］浙04民终1531号民事判决书。

理人签署抵押合同的行为构成无权代理。①学界就此亦存在争议。有学者认为，上述规定构成对法定代理权本身的限制，②超越该限制的代理行为构成无权代理；③而另有学者认为，上述规定属于对监护人的内部限制，监护人违反它们实施代理行为的，属于不履行监护职责的行为，相对人明知监护人违反职责或监护人显然违反职责且相对人不可能不知道的，构成代理权滥用。④本书认为，《民法典》第 35 条第 1 款第 1 句、第 2 款和第 3 款规定的是监护人履行监护职责时应当遵循的原则，属于作为监护人的法定代理人在实施代理行为时应当向作为被监护人的被代理人履行的内部义务。依据代理权抽象性原则，法定代理行为的效力原则上不因代理人违背被代理人的真实意愿或最佳利益而受到影响，违反禁止代理权滥用规则的除外。

一、监护职责是对法定代理人的内部限制

一般认为，监护是对无民事行为能力人和限制民事行为能力人的人身、财产及其他合法权益进行监督和保护的法律制度。⑤按照《民法典》第 23 条和第 34 条第 1 款的规定，监护人的主要职责是代理被监护人实施民事法律行为，即法定代理。根据代理规则，监护人在代理被监护人实施法律行为时，可以基于自己的意思为被代理人实施对被代理人生效的法律行为，法定代理对于被代理人而言构成"他治"。因此，只有当法定代理人履行他基于监护关系对被代理人所负担的义务时，该"他治"才可能具有正当性。然而，法定代理不仅涉及代理人和被代理人之间的监护关系，还涉及相对人的交易安全。若要求相对人在与法定代理人实施法律行为之前必须确认法定代理人对被代理人的监护义务，则相对人很可能会拒绝与法定代理人实施法律行为，法定代理制度将形同

---

① 参见最高人民法院［2016］民申 2472 号民事裁定书；最高人民法院［2015］民申 766 号民事裁定书。
② 参见陈甦主编：《民法总则评注》（上册），法律出版社 2017 年版，第 262 页（刘明执笔）；尹田：《民法典总则之理论与立法研究》（第 2 版），法律出版社 2018 年版，第 607 页。
③ 参见刘征峰：《意定监护中的基础关系与授权关系》，载《法商研究》2022 年第 5 期，第 196 页；朱晓喆：《意定监护与信托协同应用的法理基础——以受托人的管理权限和义务为重点》，载《环球法律评论》2020 年第 5 期，第 71 页；朱广新：《代理制度中自我交易规则的适用范围》，载《法学》2022 年第 9 期，第 127 页。
④ 参见胡东海：《论职责违反型代理权滥用——以〈民法总则〉第 164 条第 1 款的解释为中心》，载《环球法律评论》2019 年第 2 期，第 121、124 页。
⑤ 参见佟柔主编：《中国民法》，法律出版社 1990 年版，第 75 页。

虚设。

　　监护涉及监护人与被监护人双方之间的法律关系，仅需平衡监护人与被监护人之间的利益。而法定代理行为所涉及的是被代理人、代理人与相对人三者之间的法律关系，需要平衡被代理人的自主决定、相对人的交易安全和法定代理人的自由决策等三方利益。根据《民法典》第35条第1款第1句、第2款和第3款关于监护职责履行原则的规定，监护人作为法定代理人实施代理行为时，应谋求被代理人的最佳利益，尊重被代理人的真实意愿。如若将上述规定视为对法定代理权本身的限制，则不符合被代理人的最佳利益或真实意愿的法律行为均构成无权代理。由于相对人一般难以判断法定代理行为是否符合被代理人的最佳利益或真实意愿，势必危及交易安全，相对人多会拒绝与法定代理人实施法律行为，法定代理制度的功能无从实现。从保护交易安全的需求来看，法定代理与意定代理并无不同，代理权抽象性原则同样应适用于法定代理。根据代理权抽象性原则，《民法典》第35条第1款第1句、第2款和第3款规定的是监护人对被监护人负担的内部义务，而不是对法定代理权自身范围的限制。

　　综上，法定代理权独立于监护义务，法定代理权的效力和范围原则上不受监护义务的限制。法定代理人违反监护义务与相对人实施代理行为的，应依据《民法典》第34条第3款的规定，向被监护人承担法律责任。

二、违背监护职责的法定代理行为原则上有效

　　如上所述，为维护交易安全，法定代理必须独立于监护关系对监护人的义务拘束，就此而言，法定代理与意定代理并无不同。①根据代理权抽象性原则，监护是法定代理的基础法律关系，它仅调整监护人与被监护人之间的内部关系；而法定代理权赋予代理人以被监护人名义实施法律行为的资格，涉及法定代理人以被代理人名义对外实施法律行为效力的问题，调整的是法定代理人与相对人之间的外部关系。进言之，相对人在与代理人实施法律行为时，仅需关注法定代理人是否拥有代理权及法定代理权的范围。只要法定代理人是以被代理人的名义并是在法定代理权限内实施法律行为，该法律行为的后果原则上就及于被代理人。一言以蔽之，考虑到相对人的交易安全，同时也为确保法定代理制度功能的发挥，法定代理权应尽可能具有明确可辨的界限，而不应受到相对人

---

① 参见［德］维尔纳·弗卢梅：《法律行为论》，迟颖译，法律出版社2013年版，第945页。

不易获知的监护关系之限制的影响。

在与法定代理人实施法律行为时，相对人原则上无需探究法定代理人是否违反监护义务，例如法定代理行为是否违背被代理人的真实意愿或是否符合其最佳利益，而仅需确认法定代理人是否超越法定代理权限实施法律行为，例如法定代理人所实施的代理行为是否属于经类型化解释的《民法典》第35条第1款第2句所涵盖的禁止法定代理的行为或须经法院批准的法律行为。只要法定代理人未超越法定代理权限范围，即使法定代理人违反其依据监护关系所承担的义务，法定代理行为原则上也生效，违反禁止代理权滥用规则的除外。例如，法定代理人与相对人恶意串通违背被代理人的真实意愿或最佳利益实施代理行为，或法定代理人明显违背被代理人的真实意愿或最佳利益且相对人明知或不可能不知情的，违反禁止代理权滥用规则，此时应突破代理权抽象性原则，被代理人可以拒绝追认法定代理行为的效力。

本章小结

法定代理人在履行监护职责时，除不得实施前述以《民法典》第35条第1款第2句的规定为基础通过类型化所列举的禁止法定代理的行为和须经法院批准始得实施的影响被代理人重大人身权和财产权的法律行为之外，尚应遵循《民法典》第35条第1款第1句、第2款和第3款关于监护职责履行原则的规定，即为谋求被监护人的最佳利益或尊重被监护人的真实意愿而实施代理行为。尽管相对人应当知道法律关于监护职责履行原则的规定，但通常难以判断法定代理行为是否符合被代理人的最佳利益或真实意愿，因此为维护交易安全，不应将《民法典》第35条第1款第1句、第2款和第3款的规定视为对法定代理权本身的限制，而应将其视为监护关系对法定代理人的义务约束。根据代理权抽象性原则，法定代理人违背被代理人的真实意愿或最佳利益所实施的代理行为原则上有效，构成禁止代理权滥用的除外。代理权滥用的风险原则上应由被代理人承担，代理行为对被代理人生效，被代理人仅可以依据《民法典》第34条的规定向法定代理人追究其因履行代理行为所遭受的损失。唯其如此，相对人的交易安全才能受到保护，法定代理的制度价值也才能充分发挥，而被代理人的利益也不会因此而受到重大影响。法定代理行为违反禁止代理权滥用规则的，被代理人可以拒绝承认法定代理行为的效力。

第四编

商事领域之特别代理

一般认为，商事代理是指基于法律的规定、合同的约定或商业习惯而取得代理权者，代理商主体为营业行为，其法律后果归属于商主体的商事法律制度，包括职务代理和非职务代理。①主张民商分立的学者建议，关于商事代理的特殊规则，可以在《公司法》修订时增设经理权和代办权规范，如经理权的分配与登记规则；而对于非营利法人从事辅助性营利活动时的经理权，应在《民法典》中予以一般性规定。②但立法者并未采纳该建议，而是以民商合一为立法体例，将作为商事代理的职务代理制度和法定代表人制度均规定在《民法典》之中，在第七章关于"代理"的规定中，以第170条规范职务代理，而在第三章关于"法人"的规定中，以第61条对法定代表行为予以规范。③

德国法采纳民商分立体例，在《德国民法典》第26条规定了具有法定代理地位的机关代理；④而在《德国商法典》第48条以下各条规定了性质上属于意定代理的经理权、代办权和店员权等商事代理。⑤下述以德国法的机关代理、⑥经理权和代办权为比较对象，分别就我国法中职务代理和法定代表人制度的概念、类型、代理权与代表权的范围和限制、无权代理的效力和责任等核心问题予以具体展开。此外，在法定代表行为和职务代理行为中，同样会因自我行为引起利益冲突的抽象风险，如何协调《民法典》第168条关于禁止自我行为的规定和《公司法》第182条关于禁止董事、监事和高级管理人员实施自我行为的规定，是"商事代理权的特别限制"一章需要重点解决的问题。

---

① 参见肖海军：《商事代理立法模式的比较与选择》，载《比较法研究》2006年第1期，第67、71页。

② 参见谢鸿飞：《代理部分立法的基本理念和重要制度》，载《华东政法大学学报》2016年第5期，第66页；陈甦主编：《民法总则评注》（下册），法律出版社2017年版，第1207页（方新军执笔）；冉克平：《论商事职务代理及其体系构造》，载《法商研究》2021年第1期，第139页。

③ 参见李适时主编：《中华人民共和国民法总则释义》，法律出版社2017年版，第527页；昝强龙：《双重路径借鉴下我国"职务代理"规则的体系构建——以〈民法典〉第170条为起点》，载《法学家》2023年第6期，第150页；刘骏：《"职务代理"独立性之质疑》，载《财经法学》2023年第2期，第183页。

④ Vgl. Schmidt, Handelsrecht, 6. Aufl., 2014, S. 563; Neuner, Allgemeiner Teil des Bürgerlichen Rechts, 13. Aufl., 2023, S. 192;

⑤ Vgl. Münchener Kommentar zum HGB, 4. Aufl., 2016, § 48 Rn. 57.

⑥ 《德国民法典》第26条第1款第2句第2分句规定，董事会（机关代理）具有法定代理人的地位。德国法的"机关代理制度"类似于我国的"法定代表人制度"。

第十三章

商事领域之特别意定代理——职务代理

一般认为,《民法典》第170条将大陆法系国家的商事代理制度予以法典化,但由于立法者既没有考虑到职务代理权范围的商法限制,也没有考虑到如何通过商事登记制度来公示职务代理权以保护交易安全等具体问题,致使该条存在"商化不足"的问题。①为克服《民法典》第170条欠缺商事代理类型化思维的弊病,②同时解决现行法关于职务代理规定"商化不足"的问题,有学者建议参考借鉴德国法关于经理权和代办权等商事代理的商法特别规定,结合我国司法实践,在对职务代理进行类型化的基础上对职务代理权进行法定限制,并建立完备的商事登记制度,详细规定公开的方式和登记的效力。③该建议不仅有利于促进商事交易安全,而且有助于提高商事交易效率,深值赞同。本章以《德国商法典》第48条以下各条的规定为借鉴,从商事规范的层面,对我国《民法典》第170条所规定的职务代理予以类型化分析。首先,澄清职务代理的性质、概念和类型;其次,以经理权和代办权作为职务代理的类型来分析职务代理权的产生;再次,论证逾越职务代理权限的职务代理行为之效力与责任;最后,分析论证违反职权限制的职务代理行为之效力与责任。

---

① 参见杨秋宇:《融贯民商:职务代理的构造逻辑与规范表达——〈民法总则〉第170条释评》,载《法律科学(西北政法大学学报)》2020年第1期,第106页;张谷:《对当前民法典编纂的反思》,载《华东政法大学学报》2016年第1期,第5页。
② 参见张谷:《从民商关系角度谈〈民法总则〉的理解与适用》,载《中国应用法学》2017年第4期,第156页。
③ 参见尹飞:《体系化视角下的意定代理权来源》,载《法学研究》2016年第6期,第64页。持不同观点的学者认为职务代理没有独立存在的必要性,可被"默示授权"和"表见代理"所取代。参见刘骏:《"职务代理"独立性之质疑》,载《财经法学》2023年第2期,第191页。该观点缺乏对职务代理之商事代理本质的认识,有待商榷。

第一节 职务代理的概念、性质和类型

一、职务代理的概念

《民法典》施行前，学界通说将《民法通则》第43条认定为职务代理，并认为职务代理是指根据代理人所担任的职务而产生的代理，即执行法人或非法人组织工作任务的人员，就其职权范围内的事项，以法人或者非法人组织的名义实施的法律行为，无需法人或者非法人组织的特别授权，即对法人或非法人组织发生效力。①当时的司法实践并不承认职务代理，而是将该规定视为表见代理。②

《民法总则》颁行后，有学者认为其第170条是关于"职务行为"的规定。③该观点有待商榷，"职务行为"的概念模糊了法定代表人代表法人所实施的法律行为和其他工作人员以法人名义所实施的法律行为之间的区别。另有学者主张采纳"职权代理"的概念，理由是"职权"和"职务"均基于组织体内部的"委托授权"行为产生，而"职权"在理论上具备外部性。④本书认为，"职权代理"将职务代理权与代理人的职权混为一谈，不足采纳。还有学者认为，职务代理是指在公司、企业经营过程中，具有劳动法律关系的社会组织职员，在其职务范围内对外从事具有持续性、连续性的商事活动，产生的法律后果依法由社会组织承担的一种制度。⑤按照该观点，职务代理人既无需经特别授权，也无需以社会组织的名义实施法律行为，只要其与社会组织具有劳动关系即可构成职务代理。该观点有待商榷。如前所述，根据私法自治原则，代理行为的法律后果之所以可以被归属于被代理人的正当性基础在于代理人基

---

① 参见江平、张佩霖编著：《民法教程》，中国政法大学出版社1986年版，第95页；张佩霖主编：《中国民法》（修订本），中国政法大学出版社1994年版，第170页。
② 参见杨秋宇：《融贯民商：职务代理的构造逻辑与规范表达——〈民法总则〉第170条释评》，载《法律科学（西北政法大学学报）》2020年第1期，第104页。
③ 参见张新宝：《〈中华人民共和国民法总则〉释义》，中国人民大学出版社2017年版，第366页；汪晓华：《民事职务行为司法判定的逻辑理路——兼论〈中华人民共和国民法总则〉第61条、第170条之体系安排》，载《河北法学》2019年第3期，第112页，该学者认为职务行为包括法定代表人、负责人的职务行为，另一类是工作人员的职务行为。
④ 参见聂卫锋：《职权代理的规范理路与法律表达——〈民法总则〉第170条评析》，载《北方法学》2018年第2期，第55页。
⑤ 参见冉克平、瞿燕妮：《论我国的商事职务代理制度及其完善——兼析〈民法总则〉第170条》，载《湖北警官学院学报》2019年第4期，第67页。

于被代理人的授权,以被代理人的名义实施法律行为,职务代理亦不例外。司法实践中,多数法院认为,职务代理人除具备工作人员的身份外,尚需经商主体授权并以商主体之名义实施法律行为。①据此,职务代理应指作为商主体工作人员的职务代理人经商主体授权并以商主体②的名义所实施的法律行为之后果归属于商主体的商事代理。

二、职务代理的性质

(一) 职务代理是商事代理

《德国商法典》第五章所规定的经理权和代办权由商主体授予,属于商事代理权。③我国学界就职务代理是否为商事代理存在争议。持否定说的学者认为,我国《民法典》第 61 条和第 170 条将法定代表人和非法定代表人的职务代理进行二元区分处理,并未将职务代理作为商事代理予以规范,④甚至有学者质疑《民法典》第 170 条独立存在的价值,建议将职务代理交由普通代理法中的意定代理和表见代理予以规范。⑤而持肯定说的学者认为,职务代理是我国《民法典》民商合一体例的具体体现,本质上是商事代理。⑥本书赞同肯定说。首先,从概念上来看,商事代理是基于法律的规定、合同的约定或商业习惯,由取得代理权的代理人代理商主体所为营业行为,其法律后果归属于商主体的一种法律制度,职务代理符合商事代理的定义。⑦其次,从授权主体来看,《民法典》第 170 条虽规定职务代理的授权人是法人或非法人组织,但从立法

---

① 参见四川省德阳市中级人民法院〔2020〕川 06 民再 13 号民事判决书;山东省青岛市中级人民法院〔2020〕鲁 02 民终 6426 号民事判决书;江西省九江市中级人民法院〔2020〕赣 04 民终 1090 号民事判决书;四川省雅安市中级人民法院〔2019〕川 18 民终 123 号民事判决书;浙江省金华市中级人民法院〔2013〕浙金商终字第 364 号民事判决书。

② 在《民法典》民商合一的体例下,职务代理为商事代理,故本书下述主要使用"商主体"或"被代理人"的概念来指代"法人或非法人组织"。

③ Vgl. Schmidt, Handelsrecht, 6. Aufl., 2014, S. 566.

④ 参见蒋大兴、王首杰:《论民法总则对商事代理的调整——比较法与规范分析的逻辑》,载《广东社会科学》2016 年第 1 期,第 231 页;昝强龙:《双重路径借鉴下我国"职务代理"规则的体系构建——以〈民法典〉第 170 条为起点》,载《法学家》2023 年第 6 期,第 148~149 页。

⑤ 参见聂卫锋:《职权代理的规范理路与法律表达——〈民法总则〉第 170 条评析》,载《北方法学》2018 年第 2 期,第 64 页;刘骏:《"职务代理"独立性之质疑》,载《财经法学》2023 年第 2 期,第 183 页。

⑥ 参见冉克平:《论商事职务代理及其体系构造》,载《法商研究》2021 年第 1 期,第 140 页。

⑦ 参见肖海军:《商事代理立法模式的比较与选择》,载《比较法研究》2006 年第 1 期,第 67 页。

目的上看应将其限缩解释为从事商事经营的法人或非法人组织。①最后，虽然商事代理还包括非职务代理，即非为商主体内部人员的代理人所为之代理，如代理商之代理，但基于商主体内部的特定职务、职位、岗位所进行的代理同属于商事代理。②可见，职务代理是商事代理。

（二）职务代理是意定代理

在德国法上，作为商事代理的经理权和代办权均属于意定代理权。③虽然《德国商法典》第49条第2款④对经理权的范围作出法定限制，但该限制的目的仅在于维护交易安全，确保相对人明确知悉经理权的范围，⑤而不能因此便认为经理权在性质上是法定代理权，它仍属于基于法律行为授予的意定代理权。⑥关于职务代理的法律性质，我国学界存在争议，有法定说、意定说、结合说⑦三种观点。

1. 学理争议

"法定说"认为，职务代理属于法定代理，应将其置于"法人"章节，使其与关于法人机构和权利分配的其他规范形成统一整体。⑧"结合说"认为，职务代理同时包含意定代理和法定代理因素；⑨法定代理因素是指职务代理的权限范围由法律直接规定，而意定代理因素是指职务代理权由商主体基于意思自治而授予。⑩《民法典》的立法者采纳"意定说"，将职务代理作为一种特殊的意定代理规定在"委托代理"

---

① 参见张谷：《从民商关系角度谈〈民法总则〉的理解与适用》，载《中国应用法学》2017年第4期，第155页。
② 参见肖海军：《商事代理立法模式的比较与选择》，载《比较法研究》2006年第1期，第71页。
③ Vgl. Oetker, Handelsrecht, 7. Aufl., 2015, S. 124; Brox/Henssler, Handelsrecht, 23. Aufl., 2020, S. 117.
④ 《德国商法典》第49条第2款规定："经理人未经特别授权不得实施土地让与行为或在土地上设定负担的行为。"
⑤ Vgl. Drexl/Mentzel, Handelsrechtliche Besonderheiten der Stellvertretung (Teil I), Jura 2002/5, S. 289; Schmidt, Handelsrecht, 6. Aufl., 2014, S. 567.
⑥ Vgl. Schmidt, Handelsrecht, 6. Aufl., 2014, S. 566; Oetker, Handelsrecht, 7. Aufl., 2015, S. 124; Brox/Henssler, Handelsrecht, 23. Aufl., 2020, S. 117.
⑦ 参见杨秋宇：《融贯民商：职务代理的构造逻辑与规范表达——〈民法总则〉第170条释评》，载《法律科学（西北政法大学学报）》2020年第1期，第102页。
⑧ 参见谢鸿飞：《代理部分立法的基本理念和重要制度》，载《华东政法大学学报》2016年第5期，第66页。
⑨ 参见赵万一主编：《公司经理与经理权》，法律出版社2013年版，第61页。
⑩ 参见杨秋宇：《融贯民商：职务代理的构造逻辑与规范表达——〈民法总则〉第170条释评》，载《法律科学（西北政法大学学报）》2020年第1期，第102页。

一节之中。①

2. 述评

"法定说"有待商榷。职务代理不属于法定代理。法定代理通常指依法产生的代理，例如法定代表人的代表权依据《民法典》第 61 条第 1 款的规定而产生。②与之不同的是，职务代理并非基于《民法典》第 170 条的规定产生，而是基于授权人的授权而产生，故立法者并未将其作为法定代理规定在《民法典》第三章关于"法人"的规定之中。此外，"结合说"亦不值赞同。即使经理权范围法定，亦不能因此认为职务代理具有法定代理因素。对职务代理权作出法定限制的目的仅在于维护交易安全和提高交易效率，使相对人无需审查即可知道职务代理权的范围，故不宜仅因职务代理权受到法定限制即认为职务代理包含法定代理因素。

有持"意定说"的学者认为，在商事活动中，法律直接规定的代理权在基本逻辑和功能上与代理权授予具有一致性，为维护交易安全，作为特殊意定代理权的职务代理权应在类型化的基础上由法律直接规定。③该观点模糊了法定代理与意定代理的区别，有待进一步澄清。事实上，基于团体自治原则，商主体有权按照自己的意思来决定是否授予职务代理权以及授权对象，④而无需法律越俎代庖。诚然，为维护交易安全，作为特殊意定代理权的职务代理权之范围可由法律作出限制，但即便如此，也并不意味着职务代理权依法产生。

本书认为，职务代理本质上是意定代理，是特殊的意定代理。职务代理授权人可以按照自己的意思决定职务代理的人选。虽然商事代理权的范围因维护交易安全之故而受到法定限制，但它仍然属于意定代理权。作为特殊的意定代理，职务代理与普通意定代理的不同之处体现在两个方面。一方面，职务代理中的代理人是被代理人组织体的内部成员，而普通意定代理中的代理人、被代理人均属于法律地位独立的主体；另一方面，为维护交易安全，作为职务代理权类型之一的经理权应予登记公示，即经理人的姓名应在登记机关予以登记，并在企业信息公示平台予

---

① 参见王利明：《民法总则新论》，法律出版社 2023 年版，第 548 页；李适时主编：《中华人民共和国民法总则释义》，法律出版社 2017 年版，第 528 页；尹飞：《体系化视角下的意定代理权来源》，载《法学研究》2016 年第 6 期，第 54、64 页。

② 参见刘俊海：《现代公司法》（第 3 版），法律出版社 2015 年版，第 612 页。

③ 参见尹飞：《体系化视角下的意定代理权来源》，载《法学研究》2016 年第 6 期，第 54、64 页。

④ 参见刘骏：《"职务代理"独立性之质疑》，载《财经法学》2023 年第 2 期，第 180 页。

以公示,①而普通意定代理权的授予无需公示。尽管与普通意定代理有所区别,职务代理本质上依然是意定代理。

综上,职务代理本质上是商事意定代理。由于《民法典》第170条关于职务代理的规定过于概括,无法满足商事活动对交易安全和效率的要求,下述主要借鉴《德国商法典》第48条以下各条关于经理权和代办权的规定,对我国法的职务代理进行类型化分析。

三、职务代理的类型

职务代理的类型化不仅是团体自治的内在需求,亦是维护交易安全的重要方式,故大陆法系国家一般采纳类型化的立法技术来规范职务代理。②类型化有两方面的优势。一方面,它有助于有效保障交易安全和提高交易效率,商事交易相对人不必全面审查职务代理的种类及其特殊性;③另一方面,它构成对职务代理权的限制,有利于维护被代理人的利益。

(一) 我国法中职务代理的类型

《民法典》第170条并未对职务代理的类型进行规定,仅规定职务代理人应当是"执行法人或者非法人组织工作任务的人员"。关于公司法上的"公司经理"是否当然具有代理权的问题,我国学者持不同观点。有学者认为,公司经理在不同的法律关系中具有不同的法律性质和地位,例如他可以是公司的机关、公司的代表、公司的雇员或公司的代理人。④另有学者认为,公司经理仅具有对内管理公司的职能,并不具备对外代理公司的代理权;经理对外代理公司,须由董事会单独授予代理权。⑤司法实践中,各法院的观点亦不统一。例如,有法院认为,公司总经理未

---

① 参见蒋大兴、王首杰:《论民法总则对商事代理的调整——比较法与规范分析的逻辑》,载《广东社会科学》2016年第1期,第232页。

② 参见徐深澄:《〈民法总则〉职务代理规则的体系化阐释——以契合团体自治兼顾交易安全为轴心》,载《法学家》2019年第2期,第102~105页。

③ Vgl. Münchener Kommentar zum HGB, 4. Aufl., 2016, vor § 48 Rn. 33;陈自强:《代理权与经理权之间——民商合一与民商分立》,北京大学出版社2008年版,第131页。

④ 参见王保树、钱玉林:《经理法律地位之比较研究》,载《法学评论》2002年第2期,第41页。

⑤ 参见冉克平:《论商事职务代理及其体系构造》,载《法商研究》2021年第1期,第140页;刘骏:《"职务代理"独立性之质疑》,载《财经法学》2023年第2期,第190页;张舫、李先映:《论商法中的经理权》,载《河北法学》2007年第5期,第96页;甘培忠:《公司代理制度论略》,载《中国法学》1997年第6期,第73页;范健、蒋大兴:《公司经理权法律问题比较研究——兼及我国公司立法之检讨》,载《南京大学学报(哲学·人文科学·社会科学)》1998年第3期,第147页。

经授权签署的工程《备忘录》和《联系函》无效，①而最高人民法院则认为，经理具有代理权，依据公司章程规定负责管理公司日常经营活动的公司总经理，以公司名义对外签订的合同对公司生效。②最高人民法院的上述判决明显背离《公司法》第74条第2款第1句的规定。按照该规定，公司经理需经公司章程或董事会的特别授权才可以代理公司。③例如，依据《公司法》第10条的规定，公司经理经公司章程的授权可以担任法定代表人，具有代表公司对外实施民事法律行为的代表权。由此可见，公司经理并不当然具有代理权。

为弥补我国单一法定代表人制度之不足，有学者建议通过改革法定代表人制度，采纳双法定代表人制度，将经理确认为公司的法定代表人；④另有学者建议，可以商法上的经理权来阐释合伙企业业务执行人、公司法定代表人的权限。⑤诚然，为提高商事交易效率，我国法亟须增设经理权制度来补充单一的法定代表人制度，但为明确法定代表行为与职务代理行为的界限，不宜混淆经理权与法定代表权。本书认为，为满足实践需要，弥补我国单一法定代表人制度之不足，可以借鉴德国的商事代理制度，将我国法上的职务代理类型化为经理权和代办权，允许商主体授予其所信任的公司经理经理权或代办权。

（二）德国法中的经理权、代办权和店员权及其借鉴意义

回顾德国商事代理的立法史可以发现，1861年《德国普通商法典》所规定的商事职务代理权仅包括代办权。为满足现代商事交易的需求，现行《德国商法典》按照代理人在商主体中的职务地位不同，将商事职务代理权进一步类型化为经理权、代办权及店员权。

1. 经理权

经理权（Prokura）是权限范围法定的特殊商事意定代理权。⑥经理人（Prokurist）的权限宽泛，几乎可以代理商主体实施各类法律行为，因其与商主体的业主之间的特殊信任关系，经理人几乎成为商主体的业

---

① 参见陕西省高级人民法院［2022］陕民终33号民事判决书。
② 参见最高人民法院［2021］最高法知民终1656号民事判决书。
③ 《公司法》第74条第2款第1句规定："经理对董事会负责，根据公司章程的规定或者董事会的授权行使职权"。
④ 参见赵旭东：《再思公司经理的法律定位与制度设计》，载《法律科学（西北政法大学学报）》2021年第3期，第36页以下。
⑤ 参见刘骏：《"职务代理"独立性之质疑》，载《财经法学》2023年第2期，第189页。
⑥ Vgl. Brox/Henssler, Handelsrecht, 23. Aufl., 2020, S. 117; Oetker, Handelsrecht, 7. Aufl., 2015, S. 124; Teichmann, Handelsrecht, 4. Aufl., 2023, S. 227.

主的替身,①经理权具有高度人身性。②为确保商事交易安全和效率,相对人一般无需履行繁琐的程序来确认经理权的范围,经理权的范围法定,③对经理权的意定限制不对相对人生效。④相对人对经理权范围的信赖原则上受到保护,构成禁止代理权滥用的除外。⑤只要被授予经理权,经理人在法定权限范围内就可以代理商主体有效实施任何类型的法律行为,包括非属商主体惯常经营范围的行为,以及与商主体惯常经营性行为完全不相关的行为。基于商主体的高度人身性,经理权不得转让。⑥经理权的不可转让性也包括经理人不得授予权限范围相当于经理权的复代理权。⑦为避免商主体因授予他人经理权而丧失商事经营权,《德国商法典》第52条第1款规定了经理权的可撤回性。⑧该规定为强行性规定,当事人不得以法律行为排除其适用。⑨

作为意定代理权的经理权具有抽象性。⑩按照代理权抽象性原则,经理权独立于经理人与商主体之间的基础法律关系(通常为劳动关系),经理权的范围和效力原则上不受基础法律关系效力和范围的影响。⑪经理权所涉及的是商主体与相对人之间的外部关系,而基础法律关系所涉及的是商主体与经理人之间的内部关系。在外部关系上,经理人是商主体

---

① Vgl. Schmidt, Handelsrecht, 6. Aufl., 2014, S. 573; Hofmann, Der Prokurist, 7. Aufl., 1996, S. 13; Teichmann, Handelsrecht, 4. Aufl., 2023, S. 226.

② Vgl. Teichmann, Handelsrecht, 4. Aufl., 2023, S. 240.

③ Vgl. Brox/Henssler, Handelsrecht, 23. Aufl., 2020, S. 118; Schmidt, Handelsrecht, 6. Aufl., 2014, S. 566.《德国商法典》第49条规定了经理权的法定范围,除不动产的让与和设定负担之外,涵盖商主体营业经营所产生的诉讼上和诉讼外的一切种类的行为和法律行为。

④ Vgl. Teichmann, Handelsrecht, 4. Aufl., 2023, S. 228, 250.《德国商法典》第50条第1款规定:"经理权范围的限制对相对人无效。"

⑤ Vgl. Schmidt, Handelsrecht, 6. Aufl., 2014, S. 576; Oetker, Handelsrecht, 7. Aufl., 2015, S. 125; Teichmann, Handelsrecht, 4. Aufl., 2023, S. 228.

⑥ Vgl. Jung, Handelsrecht, 12. Aufl., 2019, S. 166.《德国商法典》第52条第2款规定:"经理权不得转让。"

⑦ Vgl. Münchener Kommentar zum HGB, 4. Aufl., 2016, §52 Rn. 21.

⑧ Vgl. Teichmann, Handelsrecht, 4. Aufl., 2023, S. 274.《德国商法典》第52条第1款规定:"无论基于何种法律关系授予,经理权可以被随时撤回,但约定的报酬不受影响。"

⑨ Vgl. Teichmann, Handelsrecht, 4. Aufl., 2023, S. 274.

⑩ Vgl. Brox/Henssler, Handelsrecht, 23. Aufl., 2020, S. 118; Schmidt, Handelsrecht, 6. Aufl., 2014, S. 566; Oetker, Handelsrecht, 7. Aufl., 2015, S. 124; Jung, Handelsrecht, 12. Aufl., 2019, S. 164.

⑪ Vgl. Münchener Kommentar zum HGB, 4. Aufl., 2016, §48 Rn. 57; Teichmann, Handelsrecht, 4. Aufl., 2023, S. 251; Schmidt, Handelsrecht, 6. Aufl., 2014, S. 572; Oetker, Handelsrecht, 7. Aufl., 2015, S. 125.

的代理人；而在内部关系上，经理人通常是商主体的履行辅助人。①

在我国法中，可以向公司的董事会成员及高级管理人员或非法人组织的负责人和高级管理人员授予经理权，使其可以对外代理商主体实施法律行为。

2. 代办权

如上所述，经理权的范围广泛，及于商事营业中的一切必要行为，如此宽泛的经理权虽然有利于维护交易安全，但对于商主体而言风险较高。为控制商主体的风险，法律秩序应当允许商主体按照自身业务需要授予仅涉及惯常经营范围的商事意定代理权，即代办权（Handlungsvollmacht）。②代办权是商主体在经营过程中所授予的不属于经理权的商事意定代理权，③它是经理权和民事意定代理权的中间形式。④为确保法律关系的清晰性，代办权人不能同时是商主体的业主或者法定代理人、机关代理人或经理人。⑤《德国商法典》第54条第1款规定，代办权指经理权之外的全面经营营业、实施特定种类营业行为或特定营业行为的权限，其范围及于商主体惯常经营性行为所涉及的相关营业、特定种类营业或特别营业行为。根据该规定，代办权可以被划分为概括代办权、种类代办权和特别代办权。⑥与经理权不同的是，代办权无需进行商业登记。⑦

作为意定代理权，代办权与经理权一样，均独立于基础法律关系。但与经理权有所不同的是，代办权的范围并非法定，即商主体可以对代办权作出意定限制。⑧虽然《德国商法典》第54条第1款和第2款规定了代办权的范围，但由于代办权被划分为概括代办权、种类代办权和特别代办权，该规定仅为相对人依据代办权的类型判断代办权通常应当具备的范围提供参考。依据《德国商法典》第54条第3款的规定，商主体

---

① Vgl. Oetker, Handelsrecht, 7. Aufl., 2015, S. 124-125.
② Vgl. Brox/Henssler, Handelsrecht, 23. Aufl., 2020, S. 130.
③ Vgl. Oetker, Handelsrecht, 7. Aufl., 2015, S. 141; Brox/Henssler, Handelsrecht, 23. Aufl., 2020, S. 130.
④ Vgl. Jung, Handelsrecht, 12. Aufl., 2019, S. 176.
⑤ Vgl. Jung, Handelsrecht, 12. Aufl., 2019, S. 176; Teichmann, Handelsrecht, 4. Aufl., 2023, S. 281.
⑥ Vgl. Oetker, Handelsrecht, 7. Aufl., 2015, S. 143; Brox/Henssler, Handelsrecht, 23. Aufl., 2020, S. 132-133.
⑦ Vgl. Teichmann, Handelsrecht, 4. Aufl., 2023, S. 281-282; Oetker, Handelsrecht, 7. Aufl., 2015, S. 141.
⑧ Vgl. Oetker, Handelsrecht, 7. Aufl., 2015, S. 141; Brox/Henssler, Handelsrecht, 23. Aufl., 2020, S. 131; Jung, Handelsrecht, 12. Aufl., 2019, S. 178; Teichmann, Handelsrecht, 4. Aufl., 2023, S. 288-289.

对代办权的范围作出特别限制的，该限制对知道或应当知道的相对人有效。①该规定允许商主体对代办权作出意定限制。代办权与经理权一样可以被随时撤回。②关于代办权的撤回没有类似《德国商法典》第52条第1款的规定，商主体可以通过法律行为放弃撤回权。③鉴于代办权不似经理权那样具有高度的人身信任关系，代办权可以转让。④

有德国学者认为，《德国商法典》所规定的代办权类似于《德国民法典》第167条以下规定的意定代理权，并无太多独特之处。⑤我国也有学者认为，德国法上的代办权属意定代理权的范畴，不值借鉴。⑥本书认为，我国法应当借鉴代办权。首先，代办权的范围及于商主体的惯常经营性行为，是非常重要的商事代理制度。其次，我国意定代理的规则供给有限，借鉴德国法上的代办权来对职务代理进行类型化确有必要。最后，在我国实践中，已经存在着代办权的具体形式，如商主体下设的各种分管经理的权利，如销售经理、项目经理等。⑦

3. 店员权

关于店员权（Ladenvollmacht），《德国商法典》第56条规定："受雇于商店或公开卖场的人有权进行在此类商店或卖场通常情况下进行的出售和受领。"关于该规定的规范性质，德国学界存在争议：第一种观点认为，该规定属于信赖保护的权利外观责任，店员的行为构成表见代理；⑧第二种观点认为，为经营商店雇佣店员的人以其行为对外宣示该店员经授权而进行"出售和受领"，是基于法律行为作出的授权，属于容忍代理，而非权利外观责任；⑨第三种观点认为，该规定所涉及的是不容推翻

---

① Vgl. Oetker, Handelsrecht, 7. Aufl., 2015, S. 141; Jung, Handelsrecht, 12. Aufl., 2019, S. 178; Schmidt, Handelsrecht, 6. Aufl., 2014, S. 598.
② Vgl. Brox/Henssler, Handelsrecht, 23. Aufl., 2020, S. 135.
③ Vgl. Teichmann, Handelsrecht, 4. Aufl., 2023, S. 291; Oetker, Handelsrecht, 7. Aufl., 2015, S. 142; Schmidt, Handelsrecht, 6. Aufl., 2014, S. 598.
④ Vgl. Brox/Henssler, Handelsrecht, 23. Aufl., 2020, S. 131; Teichmann, Handelsrecht, 4. Aufl., 2023, S. 280.
⑤ 参见［德］C. W. 卡纳里斯：《德国商法》，杨继译，法律出版社2006年版，第384页。
⑥ 参见刘骏：《"职务代理"独立性之质疑》，载《财经法学》2023年第2期，第191页。
⑦ 参见冉克平、瞿燕妮：《论我国的商事职务代理制度及其完善——兼析〈民法总则〉第170条》，载《湖北警官学院学报》2019年第4期，第73页。
⑧ 参见［德］C. W. 卡纳里斯：《德国商法》，杨继译，法律出版社2006年版，第398~399页；Oetker, Handelsrecht, 7. Aufl., 2015, S. 145; Brox/Henssler, Handelsrecht, 23. Aufl., 2020, S. 139; Jung, Handelsrecht, 12. Aufl., 2019, S. 181.
⑨ 参见［德］维尔纳·弗卢梅：《法律行为论》，迟颖译，法律出版社2013年版，第989、994页。

的店员的意定代理权之推定；①第四种观点认为，该规定旨在维护交易安全，具有双重功能（Doppelfunktion），分别包括推定授权和表见代理。②从规范适用上来看，店员权的适用范围较广，且授权主体不限于商主体，被授权人亦不限于与商主体存在劳动关系的工作人员。③由此可见，店员权的商事代理属性并不明显，在民商合一的我国法上，没有必要从商事代理的视角对其予以特殊规范，可以直接对其适用民法关于意定代理的法律规则，④故本书不拟将其作为职务代理的特殊类型予以探讨。

综上所述，为维护商事交易的效率与安全，我国法应以德国法的经理权和代办权为借鉴，通过解释论的方法将《民法典》第170条所规定的职务代理类型化为经理权和代办权。

第二节　职务代理权的产生

《德国商法典》第48条第1款明确规定，经理权由商主体的业主或其法定代理人授予。德国法采纳"区分说"，经理权和代办权均独立并抽象于作为基础法律关系的劳动合同或雇佣合同。⑤我国立法没有类似《德国商法典》第48条第1款的规定。司法实践中，有的法院依"一体说"作出判决，⑥而有的法院则以"区分说"为理论基础作出判决。⑦学界就此存在争议。"一体说"认为，职务代理权依据职务代理人所担任

---

① Vgl. Teichmann, Handelsrecht, 4. Aufl., 2023, S. 293.
② Vgl. Schmidt, Handelsrecht, 6. Aufl., 2014, S. 606.
③ Vgl. Teichmann, Handelsrecht, 4. Aufl., 2023, S. 293-294.
④ 参见刘骏：《"职务代理"独立性之质疑》，载《财经法学》2023年第2期，第191页。
⑤ Vgl. Münchener Kommentar zum HGB, 4. Aufl., 2016, §48 Rn. 57; Teichmann, Handelsrecht, 4. Aufl., 2023, S. 251; Schmidt, Handelsrecht, 6. Aufl., 2014, S. 572.
⑥ 例如，有法院置商主体的意思于不顾，在商主体并未授权其工作人员刘某签署租赁合同的情况下，将刘某的行为认定为职务代理，判决商主体支付租金。参见上海市第一中级人民法院［2020］沪01民终9270号民事判决书。浙江省绍兴市中级人民法院在［2020］浙06民终4467号民事判决书中亦认为，职务代理人从事其职务范围内的代理行为，无需法人之特别授权或经法人事后追认。类似的还有北京市第三中级人民法院［2021］京03民终12505号民事判决书和天津市第三中级人民法院［2021］津03民终5108号民事判决书。
⑦ 例如，有法院认为员工订立的买卖合同必须经公司授权或追认始生效力，参见北京市第二中级人民法院［2022］京02民终6863号民事判决书。类似的还有四川省德阳市中级人民法院［2020］川06民再13号民事判决书；山东省青岛市中级人民法院［2020］鲁02民终6426号民事判决书；四川省南充市中级人民法院［2018］川13民终2436号民事判决书；山东省聊城市中级人民法院［2018］鲁15民终3272号民事判决书；陕西省高级人民法院［2022］陕民终33号民事判决书。

的职务而产生，无须特别授予。①"区分说"认为，工作人员担任某一职务，形成的是与团体的内部关系，是雇佣合同的内容，并不必然产生职务代理权，职务代理权是被代理人单方授权行为的结果。②本书赞同"区分说"。一方面，在"一体说"下，职务代理权与职权界限不明，相对人很难仅依据"职权"来准确判定代理权的效力及范围，不利于维护交易安全。③另一方面，商主体的团体自治原则要求，以商主体名义为其实施法律行为的代理人必须拥有商主体的授权，否则缺乏代理商主体实施法律行为的正当性。鉴于此，基于维护商主体的团体自治利益和交易安全之必要，应明确区分职务代理权和职权，职务代理权并不直接依职权而产生，而是基于商主体的特别授权产生。

一、职务代理权的授权人和被授权人

（一）职务代理权的授权人

在德国法上，《德国商法典》第五章所规定的经理权和代办权的授权主体必须是商主体，包括从事商事经营的主体或虽不从事商事经营，但经商业登记的企业。④而按照我国《民法典》第170条的规定，职务代理的授权人应当是法人或非法人组织。学界关于该规定的适用范围存在争议。有学者认为，该规定中的"法人"范围过于宽泛，建议最高人民法院通过司法解释来建立职务代理与商事营业经营的关联性。⑤另有学者认为，从《民法典》第170条的文义上来看，它不仅可以适用于营利性商事代理，而且可以适用于非商事组织人员执行工作任务的行为。⑥本书认为，应将职务代理的适用限定在从事商事经营的组织，包括营利性法人、特别法人中的城乡合作经济组织法人、农村集体经济组织法人、非

---

① 参见冉克平：《论商事职务代理及其体系构造》，载《法商研究》2021年第1期，第141页。
② 参见许德风：《意思与信赖之间的代理授权行为》，载《清华法学》2020年第3期，第40页；徐深澄：《〈民法总则〉职务代理规则的体系化阐释——以契合团体自治兼顾交易安全为轴心》，载《法学家》2019年第2期，第101页；刘骏：《"职务代理"独立性之质疑》，载《财经法学》2023年第2期，第180页。
③ 参见尹飞：《体系化视角下的意定代理权来源》，载《法学研究》2016年第6期，第60页。
④ Vgl. Münchener Kommentar zum HGB, 4. Aufl., 2016, §48 Rn.1; Oetker, Handelsrecht, 7. Aufl., 2015, S. 125-126.
⑤ 参见张谷：《从民商关系角度谈〈民法总则〉的理解与适用》，载《中国应用法学》2017年第4期，第155页。
⑥ 参见昝强龙：《双重路径借鉴下我国"职务代理"规则的体系构建——以〈民法典〉第170条为起点》，载《法学家》2023年第6期，第149页。

法人组织中的个人独资企业和合伙企业以及从事与其目的相关的商事经营的非营利性组织。①对于不从事商事经营的组织，并无必要适用职务代理，法定代表人制度和普通意定代理制度即可满足它们从事私法活动的需求。

鉴于经理权的权限范围十分宽泛，对商主体的经营具有重要影响，《德国民法典》第48条第1款明确规定，经理权只能由商主体的业主（Inhaber des Handelsgewerbes）或由非完全行为能力的商主体的业主的法定代理人（Gesetzlicher Vertreter des Inhaber des Handelsgewerbes）亲自授予，不得由经理人代理授予。②代办权的范围相对有限，风险可控，故代办权不仅可由商主体的业主或其法定代理人授予，而且可由经理人或代办人代理授予。③

（二）职务代理权的被授权人

在德国法上，经理权和代办权的被授权人是商主体的内部人员，不得授予外部人员，例如律师或经纪人。④按照我国《民法典》第170条的规定，职务代理人应当为执行法人或者非法人组织工作任务的人员。立法者认为，该规定中的工作人员包括除法定代表人之外的商主体的正式职工和劳务派遣人员。⑤有观点认为，职务代理关系应扩及于组织外成员之间的雇佣、委托、承揽、单独授权等关系。⑥该观点有待商榷，它混淆了职务代理与一般意定代理之间的区别，职务代理中经理权的授予需要明示且登记，而代办权的授予通常以向内部工作人员分配任务或授予职位的方式完成，在不存在劳动关系的情况下，相对人很难推定行为人具有代办权。司法实践中，虽有法院将分包商认定为职务代理人，⑦但多数

---

① 参见金锦萍：《论作为商主体的非营利法人》，载《法治研究》2021年第3期，第65~66页；施鸿鹏：《商法的祛魅 经由企业经营组织建构商事法律关系》，载《中外法学》2022年第3期，第818页。

② Vgl. Brox/Henssler, Handelsrecht, 23. Aufl., 2020, S. 119; Schmidt, Handelsrecht, 6. Aufl., 2014, S. 570; Oetker, Handelsrecht, 7. Aufl., 2015, S. 124; Jung, Handelsrecht, 12. Aufl., 2019, S. 165; Teichmann, Handelsrecht, 4. Aufl., 2023, S. 245.

③ Vgl. Teichmann, Handelsrecht, 4. Aufl., 2023, S. 279-280; Oetker, Handelsrecht, 7. Aufl., 2015, S. 141.

④ Vgl. Münchener Kommentar zum HGB, 4. Aufl., 2016, §54 Rn. 14; Oetker, Handelsrecht, 7. Aufl., 2015, S. 145; Teichmann, Handelsrecht, 4. Aufl., 2023, S. 226.

⑤ 参见李适时主编：《中华人民共和国民法总则释义》，法律出版社2017年版，第527页。

⑥ 参见訾强龙：《双重路径借鉴下我国"职务代理"规则的体系构建——以〈民法典〉第170条为起点》，载《法学家》2023年第6期，第150页。

⑦ 参见上海市第一中级人民法院［2020］沪01民终9270号民事判决书。

法院认为，职务代理的构成以代理人和被代理人之间存在劳动关系为前提。①本书认为，职务代理中的工作人员通常需与商主体之间具有劳动关系或雇佣关系，②独立从业的律师、经纪人或分包商不能成为职务代理人。

另外，为确保代理关系的清晰性和避免多层代理，德国法明确在法人组织中，机关代理人不能被授予经理权。③就我国法而言，法人组织中的职务代理人应仅限于法定代表人之外的"其他工作人员"。④在不适用法定代表人制度的非法人组织中，事务执行人应为职务代理人，代理非法人组织实施法律行为。⑤

综上所述，职务代理的授权人是商主体，而被授权人是商主体的内部工作人员（法人组织中的法定代表人除外）。

二、职务代理权的授予

有学者认为，我国法上的职务代理权几乎等于苏俄民法中的"因代理人所处之环境而可得出其被授权"，可以默示授予。⑥该观点未区分经理权和代办权，有待进一步澄清。

（一）经理权的授予

1. 经理人必须是自然人

经理权具有高度人身属性，基于对自然人的信任而授予，故经理人

---

① 参见山东省青岛市中级人民法院［2020］鲁02民终9352号民事判决书；四川省德阳市中级人民法院［2020］川06民再13号民事判决书；山东省青岛市中级人民法院［2020］鲁02民终6426号民事判决书；江西省九江市中级人民法院［2020］赣04民终1090号民事判决书。

② 尽管职务代理并不限于劳动关系或雇佣关系，商主体可以授予其配偶经理权，但职务代理通常以劳动关系或雇佣关系的存在为基础法律关系。参见尹飞：《体系化视角下的意定代理权来源》，载《法学研究》2016年第6期，第60页。

③ Vgl. Oetker, Handelsrecht, 7. Aufl., 2015, S. 128.

④ 参见王利明：《民法总则新论》，法律出版社2023年版，第570页；聂卫锋：《职权代理的规范理路与法律表达——〈民法总则〉第170条评析》，载《北方法学》2018年第2期，第60页。

⑤ 参见陈甦主编：《民法总则评注》（下册），法律出版社2017年版，第1207页（方新军执笔）。有学者持不同观点，认为职务代理不适用于非法人组织的负责人，参见昝强龙：《双重路径借鉴下我国"职务代理"规则的体系构建——以〈民法典〉第170条为起点》，载《法学家》2023年第6期，第150页；刘骏：《"职务代理"独立性之质疑》，载《财经法学》2023年第2期，第183页。该观点有待商榷，非法人组织与法人不同，不宜适用法定代表人制度，因此非法人组织的负责人应为职务代理人。

⑥ 参见刘骏：《"职务代理"独立性之质疑》，载《财经法学》2023年第2期，第181页。

只能是自然人，而不能是管理人员不时发生变动的法人组织。①如若将经理权授予法人组织，则实施经理权的很可能是商主体的业主无法选任的甚至根本不认识的管理人员。②经理权的被授权人不能是商主体的业主或机关代理人，否则经理权的授予将失去意义，尤其是同时为商主体的业主的经理人无法"以他人名义"实施法律行为。③

2. 经理权必须明示授予

如前所述，民法中意定代理权的授予既可以明示授予，也可以默示授予。经理权必须明示授予，这不仅因为经理权之权限范围较为宽泛且对商主体具有重大影响，而且因为商事活动对法律关系清晰性的要求较高。④为此，《德国商法典》第48条第1款规定："经理权只能由商主体的业主或其法定代理人以明示意思表示授予。"正如任何意定代理权的授予那样，授予经理权的意思表示属于单方需受领的意思表示。⑤除不得附条件或附期限外，⑥关于意思表示的规则应当适用于经理权授权表示。尽管如此，为维护交易安全，经理权本身不因附条件或附期限而无效，而是可以作为未附条件或未附期限的经理权生效。⑦

鉴于经理权必须明示授予，德国司法实践不承认容忍经理权。⑧德国司法实践中，授予经理权的意思表示必须明确具体，有疑义的，只能认为是代办权的授予。⑨与意定代理权一样，经理权既可以内部授予，也可

---

① Vgl. Schmidt, Handelsrecht, 6. Aufl., 2014, S. 568; Oetker, Handelsrecht, 7. Aufl., 2015, S. 127; Jung, Handelsrecht, 12. Aufl., 2019, S. 166; Teichmann, Handelsrecht, 4. Aufl., 2023, S. 240.

② Vgl. Teichmann, Handelsrecht, 4. Aufl., 2023, S. 240.

③ Vgl. Teichmann, Handelsrecht, 4. Aufl., 2023, S. 240–241; Schmidt, Handelsrecht, 6. Aufl., 2014, S. 568–569.

④ Vgl. Schmidt, Handelsrecht, 6. Aufl., 2014, S. 571; Honsell, Die Besonderheiten der handelsrechtlichen Stellvertretung, JA 1984 Heft 1, S. 19; Brox/Henssler, Handelsrecht, 23. Aufl., 2020, S. 119; Oetker, Handelsrecht, 7. Aufl., 2015, S. 129.

⑤ Vgl. Honsell, Die Besonderheiten der handelsrechtlichen Stellvertretung, JA 1984, S. 18.

⑥ Vgl. Hofmann, Der Prokurist, 7. Aufl., 1996, S. 94.

⑦ Vgl. Münchener Kommentar zum HGB, 4. Aufl., 2016, §48 Rn. 51; Teichmann, Handelsrecht, 4. Aufl., 2023, S. 244.

⑧ Vgl. Münchener Kommentar zum HGB, 4. Aufl., 2016, §48 Rn. 46, 53; Brox/Henssler, Handelsrecht, 23. Aufl., 2020, S. 120; Oetker, Handelsrecht, 7. Aufl., 2015, S. 129; Jung, Handelsrecht, 12. Aufl., 2019, S. 165; Schmidt, Handelsrecht, 6. Aufl., 2014, S. 571.

⑨ Vgl. BGH, Urteil vom 18. 1. 1956, BB 1956, S. 481 Nr. 902; Oetker, Handelsrecht, 7. Aufl., 2015, S. 126; Teichmann, Handelsrecht, 4. Aufl., 2023, S. 249.

以向相对人或以公告的方式外部授予。①就我国法而言，经理权应当可以依据章程或内部决议而产生。②

3. 经理权的商业登记

在德国法中，经理权是唯一需要登记的意定代理权。③《德国商法典》第 53 条第 1 款第 1 句明确规定，经理权的授予应当予以登记。该规定旨在向相对人明示经理人的身份及经理权的范围，有利于维护交易安全。然而，经理权一经授予即行生效，登记不是经理权的生效要件，登记仅具有宣示效力。④商业登记以公开为原则，任何人均可以查阅登记簿。登记簿上所记载的事项具有公信力，可以确保商事法律关系的清晰性，使得相对人可以信赖经理权的存续，⑤故我国法应借鉴《德国商法典》第 8 条以下关于商事登记的规定，构建配套的商事登记制度，将经理权的授予作为登记事项予以登记公示，使其具有公信力，⑥以解决实践中职务代理之代理人混乱、有害交易之透明度等问题。

4. 共同经理权

由于经理权的权限范围往往比经理人实际上能够实施法律行为的范围宽泛，经理人滥用经理权的风险较高，为避免经理人滥用经理权，《德国商法典》第 48 条第 2 款⑦明确规定了共同经理权（Gesamtprokura），对经理权的行使方式作出限制。⑧值得注意的是，共同经理权仅要求经理人与其他经理人共同实施代理行为，并不构成对经理权范围的限制。⑨共

---

① Vgl. Brox/Henssler, Handelsrecht, 23. Aufl., 2020, S. 119; Teichmann, Handelsrecht, 4. Aufl., 2023, S. 245-246.

② 参见陈甦主编：《民法总则评注》（下册），法律出版社 2017 年版，第 1206 页（方新军执笔）。

③ Vgl. Hofmann, Der Prokurist, 7. Aufl., 1996, S. 45.

④ Vgl. Honsell, Die Besonderheiten der handelsrechtlichen Stellvertretung, JA 1984, S. 19; Brox/Henssler, Handelsrecht, 23. Aufl., 2020, S. 120; Oetker, Handelsrecht, 7. Aufl., 2015, S. 129-130; Jung, Handelsrecht, 12. Aufl., 2019, S. 167; Teichmann, Handelsrecht, 4. Aufl., 2023, S. 247.

⑤ 参见尹飞：《体系化视角下的意定代理权来源》，载《法学研究》2016 年第 6 期，第 69 页；张谷：《从民商关系角度谈〈民法总则〉的理解与适用》，载《中国应用法学》2017 年第 4 期，第 156 页。

⑥ 参见冉克平：《论商事职务代理及其体系构造》，载《法商研究》2021 年第 1 期，第 142 页；冉克平、瞿燕妮：《论我国的商事职务代理制度及其完善——兼析〈民法总则〉第 170 条》，载《湖北警官学院学报》2019 年第 4 期，第 73 页。

⑦ 《德国商法典》第 48 条第 2 款规定："经理权可以向数人共同授予（共同经理权）。"

⑧ Vgl. Honsell, Die Besonderheiten der handelsrechtlichen Stellvertretung, JA 1984, S. 20; Oetker, Handelsrecht, 7. Aufl., 2015, S. 135; Jung, Handelsrecht, 12. Aufl., 2019, S. 172-173.

⑨ Vgl. Oetker, Handelsrecht, 7. Aufl., 2015, S. 135; Teichmann, Handelsrecht, 4. Aufl., 2023, S. 258.

同实施代理行为并不意味着各经理人同时或以同一种方式实施法律行为。①共同经理人未与其他经理人共同实施代理行为的，代理行为构成无权代理，其他共同经理人可予追认。②在德国商事实践中，共同经理制度得到广泛适用。③我国《民法典》第166条规定了共同代理制度，为降低经理人滥用经理权的风险，该规定同样应适用于经理权。

综上，经理权是由商主体的业主或其法定代理人向商主体内部人员以明示方式所授予的商事意定代理权。

（二）代办权的授予

代办权人既可以是自然人，也可以是法人组织。④为确保法律关系的清晰性，代办权人不能同时是商主体的业主或者法定代理人、机关代理人或经理人。⑤

在德国法上，代办权的授予无需采用特定形式，既可以明示授予，也可以默示授予。⑥商主体分配某项通常需要代办权才能完成的任务给其内部工作人员时，构成代办权的默示授予，⑦例如，收银员具有收款之代办权，而销售代办人具有销售权。德国司法实践通常将基于所任职位推定授予代办权的情形视为默示授权。⑧由于代办人的数量多于经理人，商主体对代办人选任的可控性不强，更应关注对商主体的保护，故代办权无需商业登记。⑨代办权既可由商主体的业主或其法定代理人授予，也可由经理人或代办权人授予。⑩

---

① Vgl. Jung, Handelsrecht, 12. Aufl., 2019, S. 173.
② Vgl. Oetker, Handelsrecht, 7. Aufl., 2015, S. 135.
③ Vgl. Münchner Kommentar zum HGB, 4. Aufl., 2016, §48 Rn. 71.
④ Vgl. Teichmann, Handelsrecht, 4. Aufl., 2023, S. 280; Jung, Handelsrecht, 12. Aufl., 2019, S. 178; Brox/Henssler, Handelsrecht, 23. Aufl., 2020, S. 132.
⑤ Vgl. Jung, Handelsrecht, 12. Aufl., 2019, S. 176; Teichmann, Handelsrecht, 4. Aufl., 2023, S. 281.
⑥ Vgl. Münchener Kommentar zum HGB, 4. Aufl., 2016, §54 Rn. 35; Brox/Henssler, Handelsrecht, 23. Aufl., 2020, S. 132; Jung, Handelsrecht, 12. Aufl., 2019, S. 177; Oetker, Handelsrecht, 7. Aufl., 2015, S. 141; Teichmann, Handelsrecht, 4. Aufl., 2023, S. 281.
⑦ Vgl. BGH NJW 2014, 2790（2788）; BGH NJW 2015, 2584, 2588; Jung, Handelsrecht, 12. Aufl., 2019, S. 177.
⑧ Vgl. RGZ 50, 75（76）; 90, 299（300）; 102, 295; 118, 234（240 f.）; RG Recht 1923, Nr. 1026; LZ 1926, Sp. 925 f.
⑨ Vgl. Brox/Henssler, Handelsrecht, 23. Aufl., 2020, S. 132; Oetker, Handelsrecht, 7. Aufl., 2015, S. 141.
⑩ Vgl. Teichmann, Handelsrecht, 4. Aufl., 2023, S. 279-280; Brox/Henssler, Handelsrecht, 23. Aufl., 2020, S. 131; Oetker, Handelsrecht, 7. Aufl., 2015, S. 141.

综上，经理权和代办权的授予有所不同：经理权必须由商主体的业主或其法定代理人授予，而代办权既可由商主体的业主或其法定代理人授予，也可由机关代理人、经理人或代办权人授予；经理权必须以明示方式授予并进行商业登记，而代办权既可明示授予亦可默示授予，且无需进行商业登记。

三、职务代理权的行使以"显名性"为必要

如前所述，代理的"显名性"原则要求代理人以被代理人的名义实施代理行为，以确保法律关系的清晰性和维护交易安全。在德国法上，"显名性"原则适用于经理权，即商事代理中的经理人必须以被代理人的名义实施法律行为。①然而，倘若代理行为在经营场所发生且明显非为私人事务、行为人穿着商主体的制服、使用商主体的信头纸或名片，行为人虽未以商主体的名义实施代理行为，但仍可认为其与商主体的经营相关，可将其行为认定为职务代理。②

我国《民法典》第 170 条第 1 款明确规定职务代理人应以法人或非法人组织的名义实施民事法律行为。该规定可予以扩张解释，使其不仅包括职务代理人明确以法人与非法人组织名义实施代理行为的情形，而且包括那些依据事实情形可以推定职务代理人以法人或非法人组织名义实施代理行为的情形，例如在经营场所所作出的代理行为。司法实践中，有法院以职务代理人未以被代理人的名义收取价金为由，否认职务代理的成立。③此类判决过度强调职务代理的"显名性"要求，不利于维护交易安全，有待商榷。事实上，只要代理人是在经营场所内收取价金，即使并未明确以法人或非法人组织的名义收取，也应当将价金收取行为认定为职务代理。

第三节　逾越职务代理权范围之代理行为的效力和法律责任

关于职务代理人的越权代理行为的效力问题，我国立法目前模糊不

---

① Vgl. Hofmann, Der Prokurist, 7. Aufl., 1996, S. 99, 101; Oetker, Handelsrecht, 7. Aufl., 2015, S. 122; Jung, Handelsrecht, 12. Aufl., 2019, S. 167-168.

② Vgl. Förster, Stellvertretung-Grundstruktur und neuere Entwicklungen, Jura 2010, S. 352; Oetker, Handelsrecht, 7. Aufl., 2015, S. 122.

③ 参见四川省德阳市中级人民法院［2020］川 06 民再 13 号民事判决书；四川省广安市中级人民法院［2020］川 16 民终 406 号民事判决书。

清，并未明确区分逾越职务代理权和违反内部职权限制的职务代理行为的效力。《民法通则》第43条规定，职务代理越权行为有效。最高人民法院于1993年印发的《全国经济审判工作座谈会纪要》（以下简称《经济审判纪要》，已失效）第5条第1项第2段指出，法人原则上无需对职务代理人的越权行为承担责任，除非法人追认、容忍越权行为或授权不明，从而引起权利外观且相对人非明知该职务代理人越权实施行为。《合同法》的立法者认为，职务代理行为属于代理的一种，①《合同法》第48条关于无权代理的规定应适用于越权职务代理行为，原则上对被代理人不生效力，除非法人追认或满足表见代理的构成要件。按照《民法典》第170条第1款的规定，职务代理人在职权范围内所实施的职务代理行为对法人或非法人组织发生效力；而按照《民法典》第170条第2款的规定，法人或非法人组织对职务代理人职权范围的限制，不得对抗善意相对人。

由于立法的模糊性，司法实践中，法院在认定越权职务代理的效力时缺乏明确、统一的标准，导致同案不同判的现象屡见不鲜。②例如，有法院认为，相对人对职务代理人的授权书或任命书负有审查义务，未履行该义务的相对人非为善意，越权行为不构成表见代理；③另有法院认为，相对人没有义务严格审查职务代理权或职权，只要相对人为善意，商主体就必须承认所谓的"职务代理行为"的效力；④还有法院认为，相对人仅在对职务代理权限有疑义时才须向被代理人询问，相对人未经询问即相信职务代理人有打折权的，主观上存在过失，越权职务代理行为不生效力。⑤上述司法判决主要以相对人是否履行审查义务来判断越权职务代理行为的效力，而没有区分职务代理人所逾越的是职务代理权的法定限制还是意定限制，抑或违反的仅是法人或非法人组织对职务代理人的内部职权限制，不利于维护商事交易的安全和效率。为区分职务代理行为违反职务代理权的限制和违反内部职权限制的不同效力，《民法典合

---

① 参见肖峋、魏耀荣、郑淑娜：《中华人民共和国合同法释论（总则）》，中国法制出版社1999年版，第197~198页。
② 参见汪晓华：《民事职务行为司法判定的逻辑理路——兼论〈中华人民共和国民法总则〉第61条、第170条之体系安排》，载《河北法学》2019年第3期，第110~111页。
③ 参见浙江省金华市中级人民法院［2013］浙金商终字第364号民事判决书；四川省德阳市中级人民法院［2020］川06民终1059号民事判决书。
④ 参见山东省高级人民法院［2022］鲁民申1184号民事裁定书。
⑤ 参见浙江省宁波市中级人民法院［2011］浙甬商终字第25号民事判决书；四川省南充市中级人民法院［2018］川13民终2436号民事判决书；最高人民法院［2019］最高法民终843号民事判决书。

同编通则解释》第 21 条第 1 款和第 3 款对其分别作出规定。本节主要以《民法典》第 170 条第 1 款①和《民法典合同编通则解释》第 21 条第 1 款和第 2 款关于职务代理权范围的规定为基础，在明确区分经理权和代办权法定限制和意定限制的前提下，分析论证违反法定限制和意定限制之职务代理行为的效力。关于职务代理人违反内部职权限制所实施职务代理行为的效力和责任问题，将在下述第四节中予以论证。

一、逾越职务代理权范围的代理行为的效力

（一）逾越职务代理权法定限制之代理行为的效力

为维护商主体的利益，保障交易安全，《德国商法典》第 49 条第 2 款和第 54 条第 2 款分别对经理权和代办权作出法定限制。该法定限制不仅使相对人能够信赖经理人和代办人可以有效实施除法定限制之外的代理行为，而且经理人和代办权人亦无需担忧自己在经理权和代办权范围内所实施的行为构成无权代理。②我国《民法典》第 170 条没有类似规定，有学者建议最高人民法院可在将职务代理权类型化为经理权和代办权的基础上通过司法解释分别限定其范围。③《民法典合同编通则解释》第 21 条第 2 款对职务代理权作出法定限制，在一定程度上回应了上述建议。④但遗憾的是，该司法解释并未对职务代理权予以类型化区分。本书下述在对经理权和代办权进行类型化区分的基础上，借鉴德国法的相关规定，对《民法典合同编通则解释》第 21 条第 2 款的规定予以具体化。

1. 经理权的法定限制

（1）德国法上经理权的法定限制

在德国法上，经理权虽为意定代理权，但其范围非由授权人确定，

---

① 基于上述职务代理权和职权的区分，本书认为，《民法典》第 170 条第 2 款是关于职务代理人违反职权限制所实施职务代理行为效力的规定，详见下述第四节。
② Vgl. Honsell, Die Besonderheiten der handelsrechtlichen Stellvertretung, JA 1984, S. 21.
③ 参见尹飞：《体系化视角下的意定代理权来源》，载《法学研究》2016 年第 6 期，第 55 页；聂卫锋：《职权代理的规范理路与法律表达——〈民法总则〉第 170 条评析》，载《北方法学》2018 年第 2 期，第 62、64 页。
④ 《民法典合同编通则解释》第 21 条第 2 款规定："合同所涉事项有下列情形之一的，人民法院应当认定法人、非法人组织的工作人员在订立合同时超越其职权范围：（一）依法应当由法人、非法人组织的权力机构或者决策机构决议的事项；（二）依法应当由法人、非法人组织的执行机构决定的事项；（三）依法应当由法定代表人、负责人代表法人、非法人组织实施的事项；（四）不属于通常情形下依其职权可以处理的事项。"

而是由法律明文规定。①为满足商事交易对安全和效率的要求,《德国商法典》第49条第1款规定,经理人可以实施各类经营性行为,而不仅限于商主体所属行业的惯常经营性行为。据此,经理权的范围十分宽泛。②然而,经理权毕竟只是意定代理权,故经理人只能代理实施与商主体经营性行为相关的业务,而不得代理实施与经营性行为无关的变更商主体经营目的或经营结构的基本性业务(Grundlagengeschäfte),③如新设商主体、确定或变更商主体的组织形式和名称、修订章程、增资、减资、解散、指定清算人、合并、分立以及特定资产的出让等业务。这些基本性业务直接影响到商主体的存续和发展,并涉及商主体的业主自身的利益,故应由商主体的业主或其法定代理人在充分考虑到自身利益的情况下亲自作出,而不能由仅考虑商主体利益的经理人予以代理。④例如,有限责任公司的经理人不得因为不喜欢公司的名称而擅自代理公司申请名称变更,也不得擅自变更公司的组织形式,如将有限责任公司变更为股份有限公司。此外,鉴于经理权的人身属性,经理权只能由商主体的业主或其法定代理人亲自授予,而不能由经理人授予,故经理人既不得代理商主体授予他人经理权,⑤也不具有授予他人复代理权的复任权。⑥

此外,为维护商主体的重大财产权利,《德国商法典》第49条第2款禁止经理人代理商主体实施出让土地或在土地上设定负担的行为,经商主体特别授权的除外。⑦该规定构成对经理权的法定限制,即使相对人在不知道也不应当知道该法定限制的情况下与经理人实施出让土地或在

---

① Vgl. Brox/Henssler, Handelsrecht, 23. Aufl., 2020, S. 118; Oetker, Handelsrecht, 7. Aufl., 2015, S. 132。《德国商法典》第49条规定:"经理权包括实施与营业经营相关的诉讼上和诉讼外的所有行为和法律行为的权限。对于土地的让与和设定负担,经理人仅于获得特别授权时始得实施此类行为。"

② Vgl. Honsell, Die Besonderheiten der handelsrechtlichen Stellvertretung, JA 1984, S. 20; Oetker, Handelsrecht, 7. Aufl., 2015, S. 132; Brox/Henssler, Handelsrecht, 23. Aufl., 2020, S. 120; Brox/Henssler, Handelsrecht, 23. Aufl., 2020, S. 123; Jung, Handelsrecht, 12. Aufl., 2019, S. 168.

③ Vgl. Schmidt, Handelsrecht, 6. Aufl., 2014, S. 573 - 574; Münchener Kommentar zum HGB, 4. Aufl., 2016, §49 Rn. 5; Hofmann, Der Prokurist, 7. Aufl., 1996, S. 69; Oetker, Handelsrecht, 7. Aufl., 2015, S. 133; Brox/Henssler, Handelsrecht, 23. Aufl., 2020, S. 123; Jung, Handelsrecht, 12. Aufl., 2019, S. 169; Teichmann, Handelsrecht, 4. Aufl., 2023, S. 271-272.

④ Vgl. Münchener Kommentar zum HGB, 4. Aufl., 2016, §49 Rn. 8, 24.

⑤ Vgl. Oetker, Handelsrecht, 7. Aufl., 2015, S. 133; Brox/Henssler, Handelsrecht, 23. Aufl., 2020, S. 123.

⑥ Vgl. Hofmann, Der Prokurist, 7. Aufl., 1996, S. 14.

⑦ Vgl. Jung, Handelsrecht, 12. Aufl., 2019, S. 169; Oetker, Handelsrecht, 7. Aufl., 2015, S. 134.

土地上设定负担的行为，代理行为也构成无权代理。①土地通常是商主体的核心资产，一般具有不可替代性，为避免作为商主体经营基础的核心资产旁落他人，仅商主体对其具有处分权，经理人未经特别授权不得出让土地或在土地上设定负担。商主体通过特别授权的方式授权经理人出让土地或在土地上设定负担的，该特别授权需明示并予以登记。②该特别授权在性质上仍属于经理权的授予，因此只能由商主体的业主或其法定代理人作出授权表示。③

（2）我国法上经理权的法定限制

如前所述，为弥补我国法单一法定代表人制度之不足，经理权的范围不仅限于商主体的惯常经营性行为，而且应当涵盖法定代表人依法可以实施的大部分经营性行为。鉴于此，经理权仅应受到两方面的法定限制：其一是《民法典合同编通则解释》第21条第2款第1项所规定的"依法应由法人、非法人组织的权力机构或者决策机构决议的事项"，相当于德国法上不得由经理人实施的、与经营性行为无关的、变更商主体经营目的或经营结构的基本性业务，如商主体的合并、分立、解散、清算或商主体形式的变更、增加或者减少商主体的注册资本等业务；其二是不得代理处分危及商主体存续的重大资产，如转让土地使用权或建筑物所有权或者针对建筑物和土地使用权设定抵押权。对于上述法律行为，经理人只有经商主体特别授权始得实施。鉴于此，最高人民法院可以在将职务代理权类型化为经理权和代办权的基础上，通过司法解释对经理权明确作出上述法定限制。

2. 代办权的法定限制

（1）德国法上代办权的法定限制

在德国法上，代办权的范围窄于经理权的范围。除不得代理上述经理人不得代理的法律行为之外，④代办权人只能按照代办权的类型代理商主体实施其所属行业的惯常经营性行为（Gewöhnlichen）。依据《德国商法典》第54条第1款的规定，代办权可以分为概括代办权（Generalhandlungsvollmacht）、种类代办权（Arthandlungsvollmacht）和特定代办权（Spezialhandlungsvollmacht）等三种类型。概括代办权的范围较广，包括商主体的所有惯常经营性行为，与经理权的权限范围大致相同，故亦被

---

① Vgl. Teichmann, Handelsrecht, 4. Aufl., 2023, S. 270.
② Vgl. Münchener Kommentar zum HGB, 4. Aufl., 2016, §49 Rn. 56.
③ Vgl. Hofmann, Der Prokurist, 7. Aufl., 1996, S. 79.
④ Vgl. Oetker, Handelsrecht, 7. Aufl., 2015, S. 143.

称为"小经理权"。①种类代办权包括行业内从事某一类交易所涉及的所有惯常经营性行为。特定代办权通常仅涉及就行业惯常经营性行为达成某一特定附加协议的代办权。②判断惯常经营性行为的具体标准如下：商主体所属行业的惯例、商主体的规模、合同的标的、合同订立的地点、劳动分工、交易的经济效益和财务影响以及对商主体产生何种约束等因素。③不属于惯常经营性行为的主要包括：以偷税为目的的行为、签订长期排他性合同、种类异常和形式异常的付款声明、为与其无业务关系的企业提供担保、解除劳动合同等行为。④

此外，《德国商法典》第54条第2款对代办权的范围作出法定限制。⑤按照该规定，代办权人只有经特别授权才能代理出让土地或在土地上设定负担，承担票据债务、借贷或进行诉讼。对于这些格外重要或风险极高的法律行为，商主体应受到特别保护。据此，未经特别授权，代办权人不得出让土地或在土地上设定负担，承担票据债务、借贷或进行诉讼。

（2）我国法上代办权的法定限制

如前所述，代办权限于商主体的惯常经营性行为，故《民法典合同编通则解释》第21条第2款对职务代理权范围的法定限制适用于代办权，尤其是该款第4项将职务代理权限定在职务代理人按照其所被授予的工作职责通常所具有的权限范围内。除此之外，本书认为，最高人民法院还可以通过司法解释的方式明确对代办权作出法定限制：代办权人未经特别授权的，不得代理商主体实施转让土地使用权或建筑物所有权、针对建筑物和土地使用权设定抵押权的行为、承担票据债务、为他人提供担保、进行借贷等风险较高的法律行为。

3. 违反法定限制的职务代理行为构成无权代理

在德国法上，经理人未经特别授权违反《德国商法典》第49条第2

---

① Vgl. Honsell, Die Besonderheiten der handelsrechtlichen Stellvertretung, JA 1984, S. 21; Oetker, Handelsrecht, 7. Aufl., 2015, S. 143; Teichmann, Handelsrecht, 4. Aufl., 2023, S. 228.

② 《德国商法典》第54条第1款规定："未经授予经理权而有权经营营业或有权实施属于营业的一定种类的行为或有权实施属于营业的特定行为的，代理权及于由经营此种营业或实施此种行为通常所产生的一切行为和法律行为。"

③ Vgl. Münchener Kommentar zum HGB, 4. Aufl., 2016, §54 Rn. 29; Schmidt, Handelsrecht, 6. Aufl., 2014, S. 592-593; Honsell, Die Besonderheiten der handelsrechtlichen Stellvertretung, JA 1984, S. 22; Brox/Henssler, Handelsrecht, 23. Aufl., 2020, S. 132-133; Jung, Handelsrecht, 12. Aufl., 2019, S. 178; Teichmann, Handelsrecht, 4. Aufl., 2023, S. 282-283.

④ Vgl. Münchener Kommentar zum HGB, 4. Aufl., 2016, §54 Rn. 33.

⑤ Vgl. Schmidt, Handelsrecht, 6. Aufl., 2014, S. 598; Teichmann, Handelsrecht, 4. Aufl., 2023, S. 290.

款的规定代理商主体实施的出让土地或在土地上设定负担的法律行为，构成无权代理。①相对人即使为善意，即相信经理人有权出让土地，该法定限制也对相对人生效，代理行为也构成无权代理。②代办权人未经特别授权而代理商主体实施其依据《德国商法典》第 54 条第 2 款不得实施的法律行为，构成无权代理。③对于无权代理行为，商主体可以依据《德国民法典》第 177 条的规定予以追认。

我国《民法典》第 170 条并未对职务代理权作出法定限制，当然也未就违反法定限制的代理行为的效力作出规定。为弥补立法的不足，《民法典合同编通则解释》第 21 条第 1 款规定，法人、非法人组织的工作人员就超越其职权范围的事项以法人、非法人组织的名义订立合同，相对人主张该合同对法人、非法人组织发生效力并由其承担违约责任的，人民法院不予支持；但是，法人、非法人组织有过错的，人民法院可以参照《民法典》第 157 条的规定判决其承担相应的赔偿责任；前述情形构成表见代理的，人民法院应当依据《民法典》第 172 条的规定处理。根据该款第 1 句的规定，职务代理人超越该条第 2 款的法定范围所实施的代理行为无效，故相对人无法向商主体主张违约责任，但可以依据该款第 2 句前半段的规定参照《民法典》第 157 条关于法律行为无效的规则向有过错的商主体主张损害赔偿，或依据该款第 2 句后半段的规定，在构成表见代理的情况下按照《民法典》第 172 条的规定向商主体主张有权代理。总体来看，该司法解释未能充分适用代理规则来解决越权职务代理的问题，存在过度保护交易安全和职务代理人的利益而未能充分考虑商主体利益的问题。

我国学界关于职务代理人违反职务代理权法定限制所实施代理行为效力的问题存在争议。有观点认为，其效力取决于相对人是否为善意；④而另有观点认为，逾越职务代理权法定限制所实施的代理行为非经被代理人追认对其不生效力，相对人是否为善意在所不问。⑤后一观点值得赞同。

---

① Vgl. Münchener Kommentar zum HGB, 4. Aufl., 2016, §49 Rn. 64; Hofmann, Der Prokurist, 7. Aufl., 1996, S. 99.
② Vgl. Teichmann, Handelsrecht, 4. Aufl., 2023, S. 270.
③ Vgl. Teichmann, Handelsrecht, 4. Aufl., 2023, S. 292.
④ 参见冉克平：《论商事职务代理及其体系构造》，载《法商研究》2021 年第 1 期，第 143 页。
⑤ 参见朱广新：《职务代理权行使超越职权限制的效果归属》，载《环球法律评论》2024 年第 4 期，第 87~88 页；汪晓华：《民事职务行为司法判定的逻辑理路——兼论〈中华人民共和国民法总则〉第 61 条、第 170 条之体系安排》，载《河北法学》2019 年第 3 期，第 116 页。

理由如下：首先，前一观点以相对人是否为善意来判断无权代理行为的效力，误将《民法典》第170条第2款关于职务代理人违反内部限制的规则适用于逾越职务代理权法定限制的无权代理行为，①不利于保护商主体的利益；其次，应推定相对人知道职务代理权的法定限制，不允许相对人以不知道法定限制为由向商主体主张越权职务代理行为的效力；②最后，我国法可以借鉴上述德国法的经验，适用无权代理的规则来规范越权职务代理行为的效力，即逾越职务代理权法定限制的职务代理行为构成无权代理，商主体可依《民法典》第171条的规定予以追认。

在明确了越权职务代理行为构成无权代理之后，为平衡商主体、相对人和职务代理人之间的利益，有必要适用代理规则对《民法典合同编通则解释》第21条第1款提出完善建议。首先，经理人或代办人未经特别授权而以商主体的名义实施其依法不得实施的法律行为的，构成无权代理，效力待定，商主体可以依据《民法典》第171条的规定予以追认。③其次，在本书上述将职务代理权类型化为经理权和代办权后，经理权和代办权具有较为明确的法定范围，推定相对人知道该法定范围，越权代理行为因相对人知道职务代理人越权而无法构成表见代理，④故《民法典合同编通则解释》第21条第1款第2句后半段关于越权职务代理行为可能构成表见代理的规定有待商榷。⑤最后，商主体拒绝追认的，越权职务代理行为无效，若越权是因商主体对职务代理人疏于管理等原因所致，相对人可以依据该款第2句前半段的规定参照《民法典》第157条关于民事法

---

① 最高人民法院以《民法典合同编通则解释》第21条第1款和第3款明确区分了职务代理人违反法定限制和内部限制所实施代理行为的法律效力，该条第1款并不是对《民法典》第170条第2款的解释，而是针对违反法定限制的职务代理行为效力的规定，其适用并不以相对人的善意为前提。
② 参见朱广新：《职务代理权行使超越职权限制的效果归属》，载《环球法律评论》2024年第4期，第87页；冉克平、瞿燕妮：《论我国的商事职务代理制度及其完善——兼析〈民法总则〉第170条》，载《湖北警官学院学报》2019年第4期，第71页。
③ 参见朱广新：《职务代理权行使超越职权限制的效果归属》，载《环球法律评论》2024年第4期，第87~88页。
④ 参见昝强龙：《双重路径借鉴下我国"职务代理"规则的体系构建——以〈民法典〉第170条为起点》，载《法学家》2023年第6期，第159页。
⑤ 持不同观点的学者认为，职务代理人虽未经授权但向相对人提供或出示特别授权证明且相对人产生合理信赖的，该无权职务代理行为可以构成表见代理。参见朱广新：《职务代理权行使超越职权限制的效果归属》，载《环球法律评论》2024年第4期，第88页。按照本书的观点，职务代理人出示特别授权证明的，原则上构成有权代理，无需借助表见代理规则，商主体可以依据禁止代理权滥用规则来否定代理行为的效力，详见前述论证。

律行为无效的规定向有过错的商主体主张损害赔偿。

(二) 逾越职务代理权意定限制之代理行为的效力

1. 逾越经理权意定限制之代理行为的效力

根据私法自治原则，授权人一般可以基于自己的意思对代理权作出意定限制，但经理权的范围法定，为满足维护交易安全和效率之要求，商主体不得对经理权的范围作出意定限制。经理权的范围法定属于法律的强行性规定，商主体不得基于法律行为限制经理权的范围，经理权的意定限制（如限定经理人实施法律行为的类型、时间、地点等）对相对人无效。①为此，《德国商法典》第 50 条第 1 款明确规定，对经理权范围的限制无效，经理权的范围不受影响，视为未受限制。②即使经理权的意定限制被登记在登记簿上，该意定限制也不发生外部效力，即经理权范围的意定限制对相对人"无效"。③这是因为，意定限制是商主体自治的集中体现，个性化较强，如若允许商主体对经理权任意进行限制，就会迫使交易相对人在订约之前，针对不同的商主体以不同方式展开调查；更为关键的是，即便已审慎注意，交易相对人也无法完全保证其结果的正确性，更不能完全规避风险，这明显有违保障交易迅捷与安全的要求。④

由于对经理权的意定限制不生效力，经理人违反意定限制所实施的代理行为构成有权代理，与相对人是否善意无关，构成禁止代理权滥用的除外。⑤

2. 逾越代办权意定限制之代理行为的效力

与经理权不同，代办权的范围并非法定，可以由商主体自主确定。⑥商主体在外部关系上有效对代办权作出意定限制的，例如通过向相对人发出通知的方式对代办权作出意定限制的，代办权人违反该意定限制所实施的代理行为构成无权代理，由商主体依据《德国民法典》第 177 条

---

① Vgl. Oetker, Handelsrecht, 7. Aufl., 2015, S. 135; Brox/Henssler, Handelsrecht, 23. Aufl., 2020, S. 120.

② Vgl. Münchener Kommentar zum HGB, 4. Aufl., 2016, §50 Rn. 1; Teichmann, Handelsrecht, 4. Aufl., 2023, S. 227.

③ Vgl. Münchener Kommentar zum HGB, 4. Aufl., 2016, §50 Rn. 6.

④ 参见张双根：《公司章程"对外效力"问题辨析——对若干基本概念的厘清》，载《清华法学》2023 年第 5 期，第 140~141 页。

⑤ Vgl. Teichmann, Handelsrecht, 4. Aufl., 2023, S. 227.

⑥ Vgl. Oetker, Handelsrecht, 7. Aufl., 2015, S. 143; Brox/Henssler, Handelsrecht, 23. Aufl., 2020, S. 132-134; Jung, Handelsrecht, 12. Aufl., 2019, S. 178.

的规定决定是否追认。①例如，商主体甲向供应商发出通知，代办人乙只能采购生活用品，乙未经特别授权而采购生产设备的，构成无权代理，由甲决定是否对乙的行为予以追认。

综上所述，按照我国《民法典》第171条的规定，经理人和代办人超出其法定权限范围实施的代理行为构成无权代理，效力待定，由商主体决定是否追认。商主体对经理权的意定限制无效，经理人逾越经理权意定限制所实施的代理行为有效，与相对人是否善意无关。商主体对代办权的意定限制有效，代办权人逾越代办权意定限制所实施的代理行为效力待定，由商主体决定是否予以追认。

二、逾越职务代理权范围的法律责任

（一）逾越职务代理权法定限制的法律责任

职务代理人逾越职务代理权的法定限制所实施的无权代理行为经商主体追认而生效的，由商主体向相对人履行，相对人并没有损失，故不涉及损害赔偿的问题。商主体一般会在无权代理行为对自己有利的情形下予以追认，商主体一般不会因向相对人履行而遭受损失，故不涉及向无权职务代理人主张损害赔偿的问题。商主体拒绝追认逾越职务代理权法定限制的职务代理行为的，越权职务代理行为无效。关于经理权和代办权的法定限制，推定相对人知道，法律无需对相对人予以特别保护，故越权职务代理人免于承担无权代理责任。如若逾越职务代理权法定限制的职务代理行为是因商主体对职务代理人疏于管理等原因所致，相对人可以依据《民法典合同编通则解释》第21条第1款第2句前半段的规定参照《民法典》第157条关于民事法律行为无效的规定向有过错的商主体主张损害赔偿。②

（二）逾越职务代理权意定限制的法律责任

如前所述，经理权的意定限制对相对人不生效力；经理人违反经理权的意定限制所实施的代理行为对商主体有效。商主体因向相对人履行而遭受损失的，可以依据其与经理人之间的基础法律关系向经理人主张损害赔偿。

代办人违反代办权的意定限制所实施的代理行为构成无权代理，由商主体决定是否追认。商主体追认的，代理行为有效，由商主体向相对

---

① Vgl. Teichmann, Handelsrecht, 4. Aufl., 2023, S. 289.
② 参见最高人民法院民事审判第二庭、研究室编著：《最高人民法院民法典合同编通则司法解释理解与适用》，人民法院出版社2023年版，第261~262页。

人履行，不存在损害赔偿的问题。商主体拒绝追认的，代理行为无效，由代办人依据《民法典》第171条的规定向相对人承担无权代理责任；如若逾越代办权意定限制的职务代理行为是因商主体对代办人疏于管理等原因所致，相对人还可以依据《民法典》第157条关于民事法律行为无效的规定向有过错的商主体主张损害赔偿。

第四节　违反职权限制的职务代理行为之效力和法律责任

在意定代理中，委托人通常会通过委托合同等基础法律关系对代理人作出内部限制。作为特殊的意定代理，商主体亦会通过劳动合同等基础法律关系或内部规章制度，要求职务代理人在行使职务代理权时履行特定义务。例如，商主体通过内部规章或流程规定，职务代理人不得实施某种类型的法律行为，或仅能实施特定金额以下的法律行为，或必须遵循特定流程。这种通过劳动合同或内部规章等基础法律关系对职务代理人职权的限制仅涉及职务代理人对内相对于商主体"可以"为特定法律行为，而上述职务代理权的法定限制或意定限制所涉及的是职务代理人在与相对人的对外关系上"能够"实施法律行为的范围。相较于职务代理权的法定限制或意定限制，对职务代理人职权的限制具有内部性，相对人一般难以知悉。若要求相对人承担审查职权限制的义务，必将严重影响商事交易安全和交易效率。为避免基础法律关系对代理人的内部限制影响对外关系中代理权的范围，德国学者拉邦德以商事代理对交易安全与效率的要求为切入点提出代理权抽象性原则。①根据该原则，职务代理人违反职权限制实施代理行为的风险原则上应由商主体承担，违反禁止代理权滥用规则的除外。②如本书前述第三章所述，《民法典》第170条第2款和《民法典合同编通则解释》第21条第3款蕴含了代理权抽象性原则。本节下述将在区分职权与职务代理权的基础上，适用代理权抽象性原则和禁止代理权滥用规则来分析论证违反职权限制的职务代理行为的效力和责任。

---

① Vgl. Laband, Die Stellvertretung bei dem Abschluß von Rechtsgeschäften nach dem allgemeinen Deutschen Handelsgesetzbuch, ZHR 10（1866）, S. 183 ff; Drexl/Mentzel, Handelsrechtliche Besonderheiten der Stellvertretung（Teil I）, Jura 2002, S. 290.
② Vgl. Schmidt, Handelsrecht, 6. Aufl., 2014, S. 583-584; Teichmann, Handelsrecht, 4. Aufl., 2023, S. 262.

一、职权与职务代理权的区分

在德国法上，代理权抽象性原则同样适用于经理权；根据该原则，应对外部代理关系和内部基础法律关系予以明确区分，外部代理关系中的经理权与基础法律关系相互分离且效力各自独立。[1]我国学界有观点虽然认为《民法典》第 170 条第 2 款的法理基础是代理权独立性，[2]但却没有明确区分职务代理权和基础法律关系，而是认为商主体能够证明相对人知道商主体对"职权范围"所作限制的，职务代理人违反该限制所实施的职务代理行为构成无权代理。[3]事实上，在职务代理中适用代理权抽象性原则的前提是明确区分职务代理权和职权，而不宜笼统适用"职权范围"的概念。具体而言，职务代理权是职务代理人以商主体名义对外实施法律行为的资格，属于对外关系；而职权则是指商主体依据劳动合同等基础法律关系相对于商主体承受的义务拘束，属于对内关系。

值得肯定的是，《民法典合同编通则解释》第 21 条虽然在形式上统一适用了"职权范围"的概念，但该条第 1 款和第 3 款对违反"职权范围"的职务代理行为的效力分别作出不同规定，实质上是对"职务代理权"和"职权"作出了区分。如上所述，该条第 2 款所规定的是职务代理权的范围（职务代理权的法定限制），而该条第 1 款所规定的是职务代理人逾越该法定限制所实施的职务代理行为原则上因构成无权代理而无效的法律效力，[4]故该两款规定中的"职权范围"应被理解为"职务代理权范围"。反之，根据《民法典合同编通则解释》第 21 条第 3 款的规定，职务代理人未超越该条第 2 款所规定的"职权范围"（职务代理权范围），但超越法人、非法人组织对职务代理人职权范围的限制的，职务代理行为原则上有效，法人、非法人组织举证证明相对人知道或者应当知道该限制的除外。如前所述，该款实际上是对《民法典》第 170 条第 2 款的

---

[1] Vgl. Teichmann, Handelsrecht, 4. Aufl., 2023, S. 262.
[2] 该观点虽然使用了"代理权独立性"的概念，但其内涵与"代理权抽象性"并无本质区别。例如，该观点认为，授权行为相对于基础法律关系具有独立性，代理人"可以"在代理权范围内为被代理人有效实施其依据基础法律关系本不"应该"实施的代理行为；在职务代理中，为减少交易成本和保护交易安全，应承认代理权的独立性。参见朱广新：《职务代理权行使超越职权限制的效果归属》，载《环球法律评论》2024 年第 4 期，第 80 页。
[3] 参见朱广新：《职务代理权行使超越职权限制的效果归属》，载《环球法律评论》2024 年第 4 期，第 74~75、78、83 页。
[4] 参见朱广新：《职务代理权行使超越职权限制的效果归属》，载《环球法律评论》2024 年第 4 期，第 87 页。

解释，体现了代理权抽象性原则和禁止代理权滥用规则，故该款中"法人或者非法人组织对执行其工作任务的人员职权范围的限制"可以被理解为商主体通过基础法律关系对职务代理人"职权"的内部限制。根据代理权抽象性原则，职务代理人违反基础法律关系内部限制所实施的代理行为原则上有效，这与《民法典合同编通则解释》第21条第3款和《民法典》第170条第2款关于职务代理行为原则上有效的规定相一致。

综上，基于对外关系中"职务代理权"和对内关系中"职权"的区分，可以发现《民法典合同编通则解释》第21条第1款是关于职务代理行为逾越"职务代理权"的法律效力的规定，而该条第3款主要涉及职务代理人违反内部"职权"所实施职务代理行为的效力问题。下述主要通过对《民法典合同编通则解释》第21条第3款和《民法典》第170条第2款进行解释来分析论证违反职权限制所实施的职务代理行为的效力和责任问题。

二、违反职权限制的职务代理行为的效力

在德国法上，根据代理权抽象性原则，经理人违反内部限制实施代理行为的风险应由被代理人承担，相对人原则上没有义务审查经理人是否受到基础法律关系的限制；经理人违反基础法律关系的限制所实施的代理行为原则上有效。①然而，在例外情况下，若经理人的代理行为违反禁止代理权滥用规则，相对人不值得被保护，则应依据诚实信用原则通过对代理权抽象性原则予以限制来保护被代理人的利益，②故经理人违反禁止代理权滥用规则所实施的代理行为被视为无权代理。③

（一）原则上有效

如上所述，根据代理权抽象性原则，职权限制原则上不产生对外效力。职权限制属于商主体的内部规则，对于相对人而言构成"黑箱"，相对人通常无从知悉亦无法审查，原则上不应要求相对人承担审查义务，否则影响职务代理制度功能的发挥。④从实证法来看，《民法典》第170

---

① Vgl. Teichmann, Handelsrecht, 4. Aufl., 2023, S. 262; Schmidt, Handelsrecht, 6. Aufl., 2014, S. 583-584.
② Vgl. Teichmann, Handelsrecht, 4. Aufl., 2023, S. 262-264; Schmidt, Handelsrecht, 6. Aufl., 2014, S. 584-585.
③ Vgl. Münchener Kommentar zum HGB, 4. Aufl., 2016, §50 Rn. 16.
④ 参见冉克平：《论商事职务代理及其体系构造》，载《法商研究》2021年第1期，第148页；杨秋宇：《融贯民商：职务代理的构造逻辑与规范表达——〈民法总则〉第170条释评》，载《法律科学（西北政法大学学报）》2020年第1期，第108页；朱广新：《职务代理权行使超越职权限制的效果归属》，载《环球法律评论》2024年第4期，第80页。

条第 2 款规定，商主体对职务代理人职权的内部限制，不得对抗善意相对人。该规定中的"不得对抗"可以被解释为"有效"，即职务代理人违反职权限制实施的代理行为原则上有效。①司法实践中，亦有法院判决认为商主体关于房屋销售的具体办理流程属于具体业务要求和内部管理规定，不能苛责相对人对其予以审查。②按照《民法典合同编通则解释》第 21 条第 3 款第 1 句的规定，职务代理人违反职权限制的，相对人可以向商主体主张违约责任。该规定虽然未明确规定违反职权限制的职务代理行为有效，但违约责任的适用一般以职务代理行为有效为前提。

综上，我国立法和司法实践以及学界均承认职务代理人违反职权限制所实施的职务代理行为原则上有效。

(二) 例外情况下效力待定

按照《民法典》第 170 条第 2 款的规定，法人或者非法人组织对执行其工作任务的人员职权范围的限制，不得对抗善意相对人。《民法典合同编通则解释》第 21 条第 3 款第 2 句对上述规定予以明确，即由商主体举证相对人知道或应当知道职务代理人违反职权限制。下述在对《民法典》第 170 条第 2 款进行学理分析的基础上对其进行目的论限缩解释。

1. 《民法典》第 170 条第 2 款的学理分析

关于《民法典》第 170 条第 2 款的规范性质，我国学界存在争议，例如，有学者认为它属于表见代理规则，即职务代理人违反职权限制实施的职务代理行为构成越权代理，相对人善意的，越权职务代理行为根据该规定生效。③另有学者认为，该规定蕴含着职权范围限制得以对抗恶意相对人的教义，商主体能够证明相对人为恶意的，职务代理人超越被代理人在代理权范围内向代理权施加的限制所实施的职务代理行为构成越权代理，不对商主体发生效力。④前者的观点虽然承认《民法典》第 170 条第 2 款所涉及的是职务代理人违反职权限制的问题，但却以代理

---

① 参见朱广新：《职务代理权行使超越职权限制的效果归属》，载《环球法律评论》2024 年第 4 期，第 76 页；迟颖：《职务代理权的类型化研究——〈民法典〉第 170 条解释论》，载《法商研究》2023 年第 1 期，第 156 页。
② 参见贵州省遵义市中级人民法院［2020］黔 03 民终 2886 号民事判决书；安徽省淮南市中级人民法院［2019］皖 04 民终 497 号民事判决书；河南省济源市中级人民法院［2012］济中民三终字第 206 号民事判决书。
③ 参见杨代雄：《法律行为论》，北京大学出版社 2021 年版，第 504 页。
④ 参见朱广新：《职务代理权行使超越职权限制的效果归属》，载《环球法律评论》2024 年第 4 期，第 82 页。

权有因性原则为基础而认为违反职权限制的职务代理行为构成越权代理，并借助表见代理来承认其效力，不利于维护交易安全。①而后者的观点以代理权独立性原则（实质上是代理权抽象性原则）为基础，原则上承认职务代理人超越"被代理人在代理权范围内向代理权施加的限制"所实施的职务代理行为的效力，值得赞同，但却并未明确"被代理人在代理权范围内向代理权施加的限制"事实上即为"内部职权限制"，并因此认为职务代理人超越"被代理人在代理权范围内向代理权施加的限制"所实施的职务代理行为在相对人为恶意时构成"越权代理"，对商主体不生效力，有待商榷。

上述两种观点比较而言，本书更倾向于支持后者的观点，但需要进一步澄清。首先，在上述区分"职权"和"职务代理权"的基础上，本书认为后者观点中的"被代理人在代理权范围内向代理权施加的限制"实际上是商主体对职务代理人的职权作出的内部限制。根据代理权抽象性原则，职务代理人在代理权限范围内违反职权限制所实施的代理行为属于有权代理，不能如该观点所认为的那样因相对人为恶意而构成越权代理。其次，由于职权限制的内部性，为维护交易安全，相对人原则上并不负担审查职务代理人的职权是否受到限制以及受到何种限制的义务，而要求相对人为善意则意味着相对人只有在尽到审查义务后才能主张自己不应当知道职权限制，不利于维护交易安全。再次，为维护交易安全，只有在职务代理人违反职权限制构成禁止代理权滥用的三种例外情形中，才可以限制代理权抽象性原则的适用，否定职务代理行为的效力。②最后，职务代理人在代理权限范围内违反职权限制所实施的职务代理行为即使违反禁止代理权滥用规则，也属于有权代理，仅为保护被代理人的利益而依据诚实信用原则将其视为无权代理，类推适用关于无权代理的规则，由商主体决定是否追认，并非如上述观点所认为的那样直接构成越权代理。由此可见，只有在职务代理人违反职权限制的行为违反禁止代理权滥用规则的情况下，才能例外地排除代理权抽象性原则的适用，将职务代理行为视为无权代理。

2.《民法典》第170条第2款的解释

有观点认为，商主体举证相对人知道或应当知道职务代理权的行使

---

① 参见朱广新：《职务代理权行使超越职权限制的效果归属》，载《环球法律评论》2024年第4期，第83~84页。
② 参见汪晓华：《民事职务行为司法判定的逻辑理路——兼论〈中华人民共和国民法总则〉第61条、第170条之体系安排》，载《河北法学》2019年第3期，第114页。

超越其职权范围限制的，代理权的独立性应受到限制，职务代理人的越权行为应被当作无权代理看待。①此外，为充分发挥《民法典》第170条第2款保障商事交易安全和效率的制度功能，另有观点建议将《民法典》第170条第2款中的"善意"限定在相对人主观上不存在故意或重大过失的情形，相对人因一般过失而不知道职权限制的，不影响善意的认定。②但即便如此，相对人仍有义务审查职务代理人的职权是否受到内部限制，否则难以举证自己没有重大过失。为使相对人免于审查义务，应采纳客观标准来限制代理权抽象性原则的适用，为此可以借鉴德国法上的禁止代理权滥用规则来对《民法典》第170条第2款作出目的论限缩解释，将该规定的适用限于构成禁止代理权滥用的三种情形，即相对人与职务代理人恶意串通，相对人明知职务代理人违反职权限制或职务代理人违反职权限制的行为具有"客观显见性"等情形。

如前所述，除相对人与职务代理人恶意串通的情形之外，禁止代理权滥用还包括职务代理人客观上违反内部职权的限制且相对人明知该代理权滥用或代理权滥用的客观显见性足以使相对人知道代理权滥用的情形。例如，若商主体将职权限制通知相对人，相对人明知经理人违反职权限制但仍与其实施代理行为，则职务代理人的行为违反禁止代理权滥用规则。此外，相对人虽然并不明知职权限制，但从交易性质、金额或交易习惯等方面来看，职务代理人显然违反职权限制，理性相对人不可能不对其产生合理怀疑的，代理权滥用即具有客观显见性，相对人应对职务代理人的职权是否受到限制的情况进行审查和询问，否则应承担代理行为效力待定的风险。③例如，甲艺术品收藏公司将其经理人乙的经理权限定在10 000欧元以下。经理人乙喜欢逛迪厅并有吸毒的癖好，经常陷入经济窘境。某天晚上，乙在迪厅结识了艺术鉴赏家丙，丙得知乙是甲公司的经理人和乙所面临的经济窘境。为了摆脱经济困境，乙将甲公司一件价值55 000欧元的藏品以15 000欧元的价格出售给丙，并要求丙将货款转入其私人账户，丙知道该藏品的价值并欣然接受，甲拒绝承认

---

① 参见朱广新：《职务代理权行使超越职权限制的效果归属》，载《环球法律评论》2024年第4期，第80~81页。

② 参见陈甦主编：《民法总则评注》（下册），法律出版社2017年版，第1208页（方新军执笔）；昝强龙：《双重路径借鉴下我国"职务代理"规则的体系构建——以〈民法典〉第170条为起点》，载《法学家》2023年第6期，第159页。

③ 参见冉克平：《论商事职务代理及其体系构造》，载《法商研究》2021年第1期，第150页。

乙的代理行为。该案中，虽然甲公司对经理权的限制不具有对外效力，但经理人乙以明显低价出售藏品的行为显然违背被代理人的利益，经理人乙的代理权滥用行为具有客观显见性，作为艺术鉴赏家的丙本应对乙的经理权范围产生怀疑并向甲公司确认，但却没有这样做，故乙与丙之间的法律行为因违反禁止代理权滥用规则而构成无权代理，因甲公司拒绝追认而不能对甲公司发生效力。①

如前所述，证明职务代理行为违反禁止代理权滥用规则的举证责任由商主体承担。就举证责任规则来看，《民法典合同编通则解释》第3款第2句所规定的"由作为被代理人的法人举证"的规则，与举证违反禁止代理权滥用规则的内容相一致。但依据该规则，相对人仍负有审查职务代理人的职权是否受到限制的义务，故亦有必要对其作出与《民法典》第170条第2款相同的目的论限缩解释，将其限定在违反禁止代理权滥用规则的情形。商主体需举证职务代理行为违反禁止代理权滥用规则的，应类推适用《民法典》第171条关于无权代理的规定，自主决定是否追认职务代理行为；拒绝追认的，违反禁止代理权滥用规则的职务代理行为无效。

综上所述，商主体对职务代理人职权的限制，涉及商主体的内部治理，一般不宜公开，相对人难以掌握此类信息，为维护交易安全，原则上不产生外部效力，故违反职权限制的职务代理行为原则上有效，但违反禁止代理权滥用规则的职务代理行为例外地被视为无权代理行为，由商主体决定是否追认。

三、违反职权限制的法律责任

在德国法上，依据代理权抽象性原则，经理人违反基础法律关系的限制所实施的代理行为原则上有效，经理人仅需依据《德国民法典》第280条第1款的规定向被代理人承担损害赔偿责任。②经理人违反基础法律关系的限制所实施的代理行为因违反禁止代理权滥用规则而无效的，由于在禁止代理权滥用的情形中，相对人或是与代理人恶意串通，或是明知经理人滥用代理权，或是滥用代理权的行为具有客观显见性而不可能不知道代理权滥用，故可以类推适用《德国民法典》第179条第3款

---

① Vgl. Fischinger/Junge, Grundfälle zur handelsrechtlichen Stellvertretung, JuS 2021, S. 398.
② Vgl. Teichmann, Handelsrecht, 4. Aufl., 2023, S. 262; Schmidt, Handelsrecht, 6. Aufl., 2014, S. 583-584.

的规定，经理人因相对人非为善意而免于承担无权代理责任。[1]

在我国法上，职务代理人违反职权限制所实施的代理行为有效的，商主体应向相对人履行；商主体向相对人履行义务而遭受损失的，可以追究职务代理人的违约责任，或可以按照《民法典合同编通则解释》第21条第4款的规定，向有故意或者有重大过失的职务代理人进行追偿。然而，该司法解释将责任主体限于有故意或重大过失的职务代理人的做法有待商榷，为督促职务代理人遵守职权限制并避免职务代理人滥用代理权，应当对该规定作出目的论扩张解释，将具有轻过失的职务代理人纳入其规范之中。鉴于此，商主体可以依据基础法律关系的约定或经上述目的论扩张解释后的《民法典合同编通则解释》第21条第4款向职务代理人主张损害赔偿。

职务代理行为违反禁止代理权滥用规则且商主体拒绝对其予以追认的，因相对人与代理人恶意串通，或明知职务代理人滥用代理权，或滥用代理权的行为具有客观显见性而不可能不知道该滥用，职务代理人无需依据《民法典》第171条第3款的规定承担无权代理责任。有观点认为，此时恶意相对人依然可以依据《民法典》第171条第4款的规定向有过错的职务代理人主张损害赔偿。[2]如本书第八章所述，只有在职务代理人基于其与相对人之间的单独约定使相对人对其自身产生特殊信赖或职务代理人对合同的订立具有直接经济利益的特殊情形中，才可以适用《民法典》第171条第4款的规定。

本章小结

职务代理是指商主体内部工作人员（法定代表人除外）在职务代理权限范围内，以商主体名义实施商事法律行为，其后果由商主体承担的商事意定代理。职务代理是商事意定代理，它既不同于法定代表人制度，也不同于普通意定代理制度。职务代理的类型化不仅是团体自治的内在需求，而且是促进交易安全的重要方式，故本章借鉴《德国商法典》的相关规定，将《民法典》第170条所规定的职务代理类型化为经理权和代办权。

---

[1] Vgl. Schmidt, Handelsrecht, 6. Aufl., 2014, S.585; Teichmann, Handelsrecht, 4. Aufl., 2023, S.268.

[2] 参见朱广新：《职务代理权行使超越职权限制的效果归属》，载《环球法律评论》2024年第4期，第78页。

经理权是由商主体的业主或其法定代理人向商主体内部工作人员以明示方式授予的、需经登记的商事意定代理权。经理权的范围广泛，涉及商事经营中的一切必要行为，并不限于商主体所属行业的惯常经营性行为。经理权范围法定，除法定限制之外，对经理权的意定限制以及对经理人职权的内部限制原则上不影响经理权的范围，违反禁止代理权滥用规则的除外。为保护商主体的利益，经理权的行使应以共同实施代理行为为原则。经理权可随时无理由撤回且不可转让。代办权既可以由商主体的业主或其法定代理人也可以由机关代理人、经理人或代办人向商主体的内部人员授予。代办权不仅可以明示授予，也可以默示授予。代办权人只能实施商主体所属行业的惯常经营性行为。代办权的范围虽非法定，但受到法定限制。

经理权和代办权的法定限制，不仅有利于维护被代理人的利益，而且有利于促成交易、保障交易结果的确定性和可预见性。经理权的意定限制无效，但代办权可以进行意定限制。经理人逾越经理权的法定限制，或者代办人逾越代办权的法定限制或意定限制所实施的代理行为构成无权代理，应当适用《民法典》第171条关于无权代理效力的规定。商主体拒绝追认的，违反职务代理权限制的代理行为无效，不能构成表见代理。职务代理行为因违反法定限制而无效的，相对人因知道职务代理权的法定限制而非为善意，无需受到特殊保护，职务代理人免于承担无权代理责任。职务代理行为因违反代办权的意定限制而无效的，代办权人应依据《民法典》第171条的规定向相对人承担无权代理责任。商主体对职务代理人的监管存在过错的，应依据《民法典》第157条的规定赔偿相对人的信赖利益损害。

职务代理权具有抽象性，职务代理权与职权相互分离且效力各自独立。为维护交易安全和提高交易效率，相对人没有义务审查职务代理人的职权是否受到内部限制，也无需举证自己为善意。根据代理权抽象性原则和禁止代理权滥用规则，职务代理人违反职权限制所实施的代理行为原则上有效，违反禁止代理权滥用规则（职务代理人与相对人恶意串通损害商主体利益，或相对人明知职务代理人滥用代理权，或代理权滥用如此显见相对人不可能不知道）的除外。《民法典》第170条第2款并非表见代理的特殊规范，而是蕴含了代理权抽象性原则和禁止代理权滥用规则。从《民法典合同编通则解释》第21条第3款可以发现，职务代理人超越职务代理权范围实施的违反职权限制的代理行为原则上有效，由商主体向相对人履行。商主体因向相对人履行而遭受损失的，可以依据经目的论扩大解释后的《民法典合同编通则解释》第 21 条第 4 款的规定向有过错的职务代理人追偿。职务代理行为违反禁止代理权滥用规则且商主体拒绝追认的,职务代理人免于承担无权代理责任,但使相对人对其自身产生特殊信赖或对合同的订立具有直接经济利益的职务代理人,应依据《民法典》第 171 条第 4 款的规定与相对人按照各自的过错承担责任。

第十四章

商事领域之特别法定代理
——法定代表人制度

在德国法上，社团董事会以法人名义实施法律行为，一般被称为"机关代理（organschaftliche Vertretung）"。作为独立的主体，机关代理人具有法定代理人的地位，其所实施的法律行为的法律后果依代理法的相关规定归属于法人。[①]我国法采纳法人"实在说"，法人的机关为法定代表人，法定代表人代表法人实施的法律行为直接被视为法人自己的行为，法律后果由法人承担。

按照我国《民法典》第 61 条第 2 款的规定，法定代表人以法人名义从事的法律行为，其法律后果由法人承受。而该条第 3 款规定，法人章程或者法人权力机构对法定代表人代表权的限制，不得对抗善意相对人。《公司法》第 15 条（原《公司法》第 16 条）第 1 款前半句规定，公司向其他企业投资或者为他人提供担保，按照公司章程的规定，由董事会或者股东会决议。关于《公司法》第 15 条的法律性质问题，尤其是法定代表人越权担保的效力问题，长期困扰着我国学界和司法实践。解决这一问题的关键在于明确区分代表权的法定限制与法定代表人的职权限制，厘清《民法典》第 61 条第 2 款和第 3 款的适用关系。[②]《民法典合同编通则解释》第 20 条第 1 款和第 2 款分别针对法人超越法律、行政法规对代表权的限制和超越法人章程或法人权力机构对代表权限制所实施代表行为的效力作出不同规定，初步区分了法律、行政法规对代表权所作法定限制和法人章程或法人权力机构对代表权所作限制效力之不同，在一

[①] Vgl. Bork, Allgemeiner Teil des Bürgerlichen Gesetzbuchs, 4. Aufl., 2016, S. 564.《德国民法典》第 26 条第 1 款第 2 句第 1 分句规定，社团董事会在裁判上和裁判外代理（vertreten）社团，该条第 1 款第 2 句第 2 分句进一步规定，社团董事会具有"法定代理人的地位"。

[②] 参见邹海林：《公司代表越权担保的制度逻辑解析——以公司法第 16 条第 1 款为中心》，载《法学研究》2019 年第 5 期，第 75 页；迟颖：《法定代表人越权行为的效力与责任承担——〈民法典〉第 61 条第 2、3 款解释论》，载《清华法学》2021 年第 4 期，第 121 页以下。

定程度上厘清了《民法典》第 61 条第 2 款和第 3 款的适用关系，具有重要的理论价值和实践意义。

为便于《民法典合同编通则解释》第 20 条第 1 款和第 2 款的具体适用，有必要从学理上澄清该两款规定的法律性质和理论基础及其与《公司法》第 11 条和第 15 条、《民法典》第 61 条第 2 款和第 3 款以及第 504 条和第 505 条的适用关系等问题，故本章将在澄清法定代表人制度之"代理"属性的基础上，适用代理法原理，尤其是代理权抽象性原则，严格区分对外关系中的法定代表权与对内关系中的法定代表人的职权，结合《民法典》第 61 条第 2 款和第 3 款以及《公司法》第 15 条的规定，重点对《民法典合同编通则解释》第 20 条第 1 款和第 2 款作出学理解释，分析论证法定代表人超越代表权的法定限制和违反职权限制所实施法律行为的效力与责任承担。

第一节　法定代表人制度之"代理"属性

一、我国法上的代表说与代理说之辨

我国《民法典》采纳法人"实在说"，学界通说相应采纳法人机关"代表说"。尽管如此，在解决法定代表人越权行为效力的问题上，学界对"实在说"和"代表说"提出种种质疑。例如，有观点认为，法人"实在说"的缺陷在于它没有虑及法人和自然人的区别，将法人机关的行为等同于法人的行为，可能导致法人机关从事的任何越权行为均由法人负责，于法人十分不利；[1]也有观点认为，作为代表理论之基础的人格一体化理论无法解决法定代表人越权和代表权滥用的问题，必须将法定代表人的人格与法人的人格相区分，并采纳代理相关理论来解决这些问题；[2]另有学者认为，"代表说"在法人人格、法定代表人人格同一的主张上背离了"实证法"区分两者人格的体系基础，故"代表说"在解决越权代表问题时只能回归到与"实证法"相契合的代理理论；[3]还有观点认为，代表理论中的人格上的同一性无法得到贯彻，代表制度缺乏理

---

[1] 参见王利明：《民法总则新论》，法律出版社 2023 年版，第 271 页。
[2] 参见殷秋实：《法定代表人的内涵界定与制度定位》，载《法学》2017 年第 2 期，第 18 页。
[3] 参见李洪健：《论公司法定代表人的制度功能与定位修正》，载《中国矿业大学学报（社会科学版）》2019 年第 4 期，第 41 页。

论基础，无法实质区分代表和代理；①甚至有观点认为，鉴于我国对法人过度管制的现实，在规范法人团体性要件和确认法人类型法定原则时应以"实在说"为基础，而在法人对外活动的代理方面应以"拟制说"为基础；②"拟制说"与"实在说"之争解决的是法人的本质问题，而"代表说"与"代理说"指向法人的对外行为，解决的是法定代表人实施行为的效力归属问题，不应将其混淆，采纳"实在说"并不意味着必然采纳"代表说"，故应摒弃不利于法人之利益的"代表说"，改采"代理说"。③鉴于上述争议，有必要追本溯源。

二、德国法上的"机关代理"

法人"拟制说"和法人"实在说"的争议在德国法上仅停留在理论之中，对法人机关以法人名义对外实施法律行为的性质并不具有决定性意义。④事实上，"机关代理"的概念自相矛盾，若认为"法人机关"的行为是社团自身的行为，则不存在"代理"中将他人之行为归属于自己的典型特征，也就无法从"机关理论"中得出符合教义学的结论。⑤称"法人机关"的行为是法人自身的行为，更多是一种比喻，就法律适用而言，"法人机关"与法人之间的关系，与代理人和被代理人之间的关系并无不同。⑥不论采纳法人"实在说"还是法人"拟制说"的学者，均同意将《德国民法典》第164条以下各条关于代理的规定适用于以法人名义对外实施的行为，⑦即便是类推适用。⑧

---

① 参见殷秋实：《法定代表人的内涵界定与制度定位》，载《法学》2017年第2期，第16页。
② 参见谢鸿飞：《论民法典法人性质的定位——法律历史社会学与法教义学分析》，载《中外法学》2015年第6期，第1528页。
③ 参见蔡立东、孙发：《重估"代表说"》，载《法制与社会发展》2000年第6期，第30~31页。
④ Vgl. Bork, Allgemeiner Teil des Bürgerlichen Gesetzbuchs, 4. Aufl., 2016, S. 564.
⑤ Vgl. Beuthien, Gibt es eine organschaftliche Stellvertretung, NJW 1999, S. 1144; Schmidt, Handelsrecht, 6. Aufl., 2014, S. 563.
⑥ Vgl. Bork, Allgemeiner Teil des Bürgerlichen Gesetzbuchs, 4. Aufl., 2016, S. 564; Beuthien, Gibt es eine organschaftliche Stellvertretung, NJW 1999, S. 1144; Flume, Allgemeiner Teil des Bürgerlichen Rechts Bd. 1. Teil 2. Die juristische Person, 1983, S. 358.
⑦ Vgl. Schmidt, Handelsrecht, 6. Aufl., 2014, S. 563; Rüthers/Stadler, Allgemeiner Teil des BGB, 18. Aufl., 2014, S. 240; Bork, Allgemeiner Teil des Bürgerlichen Gesetzbuchs, 4. Aufl., 2016, S. 562-563; Neuner, Allgemeiner Teil des Bürgerlichen Rechts, 13. Aufl., 2023, S. 192.
⑧ 参见［德］福·博伊庭：《论〈德国民法典〉中的代理理论》，邵建东译，载《南京大学法律评论》1998年第2期，第93页。

三、本书观点

本书认为，设置法定代表人制度的主要目的在于使法人能够对外实施法律行为。虽然"代表说"秉持"代表人的行为就是法人的行为"的观点，但不能否认的是，法定代表人和作为法定代表人担当人的自然人实际上相互分离。在对外实施法律行为时，"代表说"亦需妥善处理法人、法定代表人和相对人之间的三方关系，这与代理法律关系并无不同。①即使采纳"实在说"，也并不意味着必须以"代表说"来解释法定代表人对外实施法律行为的性质，亦可以"代理说"为解释依据。鉴于此，本书下述运用代理法原理，特别是代理权抽象性原则、禁止代理权滥用规则和无权代理理论来分析论证法定代表人超越代表权的法定限制和违反职权限制所实施法律行为的效力与责任承担。

第二节 代表权的法定限制与法定代表人职权的限制

关于法定代表人逾越各类限制所实施法律行为的效力和责任问题，始终都是困扰我国立法、司法和学界的核心问题之一。《民法典》施行之前，越权行为在我国立法上大致经历了有效到原则上无效、再到原则上有效的发展过程。②由于缺乏明确、统一的效力判断标准，司法实践中屡见同案不同判的现象。③《民法典》第61条第2款规定："法定代表人以法人名义从事的民事活动，其法律后果由法人承受。"《民法典》第61条第3款规定："法人章程或者法人权力机构对法定代表人代表权的限制，不得对抗善意相对人。"《民法典合同编通则解释》第20条第

---

① 参见谢冰清：《论越权代表行为的效果归属与责任承担——以法释〔2023〕13号第20条为中心》，载《法学家》2024年第4期，第126~127页。
② 按照《民法通则》第43条的规定，企业法人对它的法定代表人和其他工作人员的经营活动，承担民事责任。为限定法人的责任范围，《经济审判纪要》（已失效）第5条第1项第2段指出，法人仅对其工作人员在职权范围内或授权范围内所实施的民事法律行为承担责任，原则上不对工作人员的越权行为承担责任，但法人追认或容忍越权行为或授权不明从而引起权利表象且相对人非明知该工作人员越权实施行为的除外。《合同法》第50条规定："法人或者其他组织的法定代表人、负责人超越权限订立的合同，除相对人知道或者应当知道其超越权限的以外，该代表行为有效。"
③ 参见邹海林：《公司代表越权担保的制度逻辑解析——以公司法第16条第1款为中心》，载《法学研究》2019年第5期，第65页；汪晓华：《民事职务行为司法判定的逻辑理路——兼论〈中华人民共和国民法总则〉第61条、第170条之体系安排》，载《河北法学》2019年第3期，第110~111页。

1款和第2款分别规定了法定代表人超越"法律、行政法规对代表权的限制"和违反"法人、非法人组织的章程或权力机构的限制"所实施法律行为的效力；《民法典》第504条规定了法定代表人超越"权限"所实施代表行为的效力；《民法典》第505条规定了法定代表人超越"经营范围"所实施民事法律行为的效力；《公司法》第11条第2款规定了法定代表人违反公司章程或者股东会对法定代表人"职权"的限制所实施民事法律行为的效力。

一般认为，法定代表人的代表权和业务执行权均为概括的、不受限制的权利。①诚然，为维护交易安全，法定代表权应为概括代理权，原则上不受限制，但为维护法人的利益，法律、行政法规会对代表权作出法定限制，如《公司法》第15条第1款前半句要求法定代表人在向其他企业投资或者为他人提供担保之前应获得公司董事会或者股东会的特别授权。法定代表人超越代表权法定限制所实施的法律行为效力如何，是否构成越权代表？善意相对人是否可以主张表见代表？法人在内部治理中，也会通过法人章程、法人权力机构的决议、任命书或劳动合同等对代表权作出意定限制或对法定代表人的业务执行权作出限制。法定代表人未超越代表权限但违反法人对代表权的意定限制或业务执行权的限制所实施的法律行为是否构成越权代表？相对人是否可以向法人主张法定代表人代表法人所为法律行为的效力？此外，法人的经营范围同样构成对法定代表人的限制，法定代表人超越法人经营范围实施代表行为的，法人是否可以代表行为超越经营范围向相对人主张越权代表？

法律、行政法规对代表权的限制是对代表权的法定限制，超越该法定限制的代表行为构成无权代表，应适用无权代理的规则。法人对代表权的意定限制和对法定代表人业务执行权的限制以及法人经营范围对法定代表人的限制均构成对法定代表人职权的限制。②对于法定代表人在代表权限范围内违反职权限制所实施的法律行为，应适用代理权抽象性原则和禁止代理权滥用规则。下述适用代理法相关原理，分别针对法定代表人逾越"代表权的法定限制"和违反"法定代表人职权的限制"所实

---

① 参见朱广新：《法定代表人的越权代表行为》，载《中外法学》2012年第3期，第497页。
② 在上述关于职务代理的论证中，本书区分了"职务代理权"（对外代理被代理人的权限）与"职权"（对内依基础法律关系享有的权限），为确保术语的统一，在法定代表中同样区分"法定代表权"（对外代表法人的权限）与"职权"（对内依基础法律关系享有的权限）。有学者将其区分为"代表权的法定限制"和"代表权的约定限制"，并认为约定限制包括法人经营范围的限制。参见朱广新：《法定代表人的越权代表行为》，载《中外法学》2012年第3期，第500页。

施法律行为的不同法律后果予以分析论证,并对《民法典合同编通则解释》第20条第1款(法律和行政法规对法定代表权的法定限制)和第2款(法人章程和法人权力机构对法定代表人的限制)进行学理解释。

一、代表权的法定限制

(一)代表权法定限制的意涵

为维护交易安全,代表权是一种概括性的、且原则上不受限制的权利。[①]然而,拥有不受限制的法定代表权的法定代表人极易利用其代表权为自己谋求利益而牺牲法人的利益,甚至可能危及法人的存续,故法律与行政法规对代表权作出法定限制,如《民法典》第168条关于自我行为的禁止[②]和《公司法》第15条对法定代表人以公司名义投资或担保的限制。[③]从目的性解释来看,《公司法》第15条的立法目的在于"引导公司对担保行为作出科学决策,保证公司行为的恰当性、避免风险",维护公司利益。[④]该规定禁止法定代表人在未经特别授权的情况下为他人提供担保,法律和行政法规对法定代表人代表权的限制自然应为相对人所明知,相对人不得以不知道或不应当知道该法定限制为由提出抗辩,法定代表人违反该法定限制所为代表行为的效力原则上不能归属于法人。[⑤]

[①] 参见朱广新:《论法人与非法人组织制度中的善意相对人保护》,载《法治研究》2017年第3期,第37页。

[②] 参见朱广新:《代理制度中自我交易规则的适用范围》,载《法学》2022年第9期,第130页。由于法定代表人实施自我行为的情形与职务代理人实施自我行为的情形区别不大,此处不予赘述。

[③] 参见高圣平:《再论公司法定代表人越权担保的法律效力》,载《现代法学》2021年第6期,第19页;高圣平、范佳慧:《公司法定代表人越权担保效力判断的解释基础——基于最高人民法院裁判分歧的分析和展开》,载《比较法研究》2019年第1期,第77、78页;杨代雄:《越权代表中的法人责任》,载《比较法研究》2020年第4期,第49页;蒋大兴:《公司组织意思表示之特殊构造——不完全代表/代理与公司内部决议之外部效力》,载《比较法研究》2020年第3期,第16页;张学文:《董事越权代表公司法律问题研究》,载《中国法学》2000年第3期,第105页;王建文:《〈民法典〉框架下公司代表越权担保裁判规则的解释论》,载《法学论坛》2022年第5期,第31页。

[④] 参见安建主编:《中华人民共和国公司法释义》,法律出版社2005年版,第37页。

[⑤] 参见杨代雄:《〈民法总则〉中的代理制度重大争议问题》,载《学术月刊》2017年第12期,第8页;蔡立东:《论法定代表人的法律地位》,载《法学论坛》2017年第4期,第23页。持不同观点的学者认为,不论相对人是否有恶意,公司均应对公司代表以公司名义为他人担保的行为承担责任;相对人恶意的,公司依法取得对抗相对人请求公司承担责任的权利,即拒绝给付抗辩权。参见邹海林:《公司代表越权担保的制度逻辑解析——以公司法第16条第1款为中心》,载《法学研究》2019年第5期,第74~75页。

《九民纪要》第 17 条第 1、2 句明确指出："为防止法定代表人随意代表公司为他人提供担保给公司造成损失，损害中小股东利益，《公司法》第 15 条对法定代表人的代表权进行了限制。根据该条的规定，担保行为不是法定代表人所能单独决定的事项，而必须以公司股东（大）会、董事会等公司机关的决议作为授权的基础和来源。"这一解读值得赞同，它明确规定法定代表人不具有代表公司对外担保的权限，但遗憾的是，《九民纪要》第 17 条第 3 句建议法院适用《合同法》第 50 条的规定来判断法定代表人越权担保行为的效力。《民法典合同编通则解释》第 20 条第 1 款和第 2 款明确区分了法定代表人违反代表权法定限制和违反非法定限制所实施代表行为的效力。根据该条第 1 款的规定，除《公司法》第 15 条所禁止的担保行为之外，①凡是法律、行政法规对法定代表权的限制，②包括法律规定的限制经营、特许经营以及法律、行政法规规定的禁止经营，均构成对代表权的法定限制，法定代表人未取得授权或许可而以法人名义所订立的合同，原则上对法人不生效力。

（二）违反代表权法定限制所为法定代表行为的法律后果

1. 关于违反代表权法定限制的法律规定

关于法定代表人对外担保的问题，我国立法经历了从禁止到有条件允许（经法人章程或法人权力机构同意）的发展过程。关于法定代表人违反《公司法》第 15 条（原《公司法》第 16 条）第 1 款的规定订立担保合同的效力问题，我国司法实践和学界展开广泛讨论，形成了"无效论""有效论""效力待定论"和"抗辩权论"等多种理论。特别是持抗辩权解释路径的观点认为，法定代表人越权订立的担保合同依照《民法典》第 61 条归属于公司；相对人恶意的，公司依据《民法典》第 61 条第 3 款的规定取得抗辩权。③根据该观点，公司需承担越权担保合同的效力，仅可通过举证相对人"知道或应当知道"法定代表人越权担保提出抗辩权。该观点存在过度保护交易安全、严重危及公司利益之嫌，有待商榷。

---

① 有学者建议在修订《公司法》时，应当将公司处分核心资产、出让等决策权限与公司对外担保予以整合规定。但遗憾的是，该建议未被新修订的《公司法》采纳。参见甘培忠、马丽艳：《公司对外担保制度的规范逻辑解析——从〈公司法〉第 16 条属性认识展开》，载《法律适用》2021 年第 3 期，第 59 页。

② 例如，《公司法》第 135 条规定："上市公司在一年内购买、出售重大资产或者向他人提供担保的金额超过公司资产总额百分之三十的，应当由股东会作出决议，并经出席会议的股东所持表决权的三分之二以上通过。"

③ 参见邹海林：《公司代表越权担保的制度逻辑解析——以公司法第 16 条第 1 款为中心》，载《法学研究》2019 年第 5 期，第 75 页。

(1)《九民纪要》第 17 条与《民法典担保制度解释》第 7 条

原《公司法》第 16 条并未规定法定代表人未经公司权力机构决议所订立担保合同的效力。《九民纪要》第 17 条第 3 句明确指出："法定代表人未经授权擅自为他人提供担保的，构成越权代表，人民法院应当根据《合同法》第 50 条关于法定代表人越权代表的规定，区分订立合同时债权人是否善意分别认定合同效力：债权人善意的，合同有效；反之，合同无效。"《九民纪要》第 18 条进一步指出，债权人的"善意"，是指债权人不知道或者不应当知道法定代表人超越权限订立担保合同。在公司对外担保（为公司股东或者实际控制人以外的人提供非关联担保）的情况下，根据《民法典》第 61 条第 3 款关于"法人章程或者法人权力机构对法定代表人代表权的限制，不得对抗善意相对人"的规定，只要债权人能够证明其在订立担保合同时对董事会或者股东（大）会的决议进行了审查，同意决议的人数及签字人员符合公司章程的规定，就应当认定其构成善意，但公司能够证明债权人明知公司章程对决议机关有明确规定的除外。

最高人民法院《关于适用〈中华人民共和国民法典〉有关担保制度的解释》（以下简称《民法典担保制度解释》）①第 7 条亦有类似规定，有所不同的是，该解释明确规定对于法定代表人的越权担保行为应当适用《民法典》第 61 条和第 504 条的规定。②这一规定未明确区分代表权的法定限制与法定代表人的职权限制，③将本应适用于法定代表人违反职权限制的法律规定，即《民法典》第 61 条第 3 款和第 504 条不恰当地适用于判断法定代表人违反法定限制所为代表行为的效力，④不利于维护法人的利益。

(2)《民法典合同编通则解释》第 20 条第 1 款

《民法典》第 61 条第 2 款规定："法定代表人以法人名义从事的民事活动，其法律后果由法人承受。"然而，并非所有代表行为均对法人生效，原则上只有那些法定代表人未违反代表权法定限制所实施的法律行

---

① 鉴于《九民纪要》与《民法典担保制度解释》关于公司法定代表人越权担保行为效力的规定十分类似，下文主要以 2020 年颁布的《民法典担保制度解释》为主展开论证。

② 《民法典》第 504 条和《民法典》第 61 条第 3 款的表述虽然与《合同法》第 50 条的表述略有不同，但从效力判断上并无本质区别。

③ 有观点认为，法定代表人代表法人的权限，对内称作职权，对外称作代表权，并未对两者作出实质区分。参见朱广新：《论法人与非法人组织制度中的善意相对人保护》，载《法治研究》2017 年第 3 期，第 37 页。

④ 参见高圣平：《再论公司法定代表人越权担保的法律效力》，载《现代法学》2021 年第 6 期，第 20 页。

为才会对法人生效。①按照《民法典合同编通则解释》第 20 条第 1 款的规定，违反代表权法定限制的代表行为原则上无效，该规定实质上是对《民法典》第 61 条第 2 款进行了目的论限缩解释，即并非所有法定代表人以法人名义所为法律行为均对法人生效。

2. 违反代表权法定限制的法律后果

（1）不构成表见代表

按照《民法典合同编通则解释》第 20 条第 1 款第 2 句的规定，相对人尽到合理审查义务，构成表见代表的，应依据《民法典》第 504 条的规定处理。②本书不赞同该观点。如前第七章所述，本书坚持在法律行为理论下保护交易安全。根据法律行为理论，在法定代表行为中，法人章程或法人权力机构对法定代表人的特别授权失效而未及时通知相对人的，法定代表人基于该特别授权所实施的法律行为原则上构成有权代表，对法人生效，法人举证相对人知道法定代表人越权代表的除外。如前所述，被代理人仅因过失而引起代理权表象的，无需承担有权代理的法律后果，只需基于缔约过失向相对人承担信赖利益的损害赔偿责任。同样地，法人因疏于管理而引起授权表象的，亦仅需承担缔约过失的信赖损害赔偿责任，而不能因相对人的善意（履行合理审查义务）而依表见代表承担有权代表的法律后果。法律或行政法规之所以要求法定代表人须获得法人章程或法人权力机构的授权始得实施特定法律行为（如《公司法》第 15 条的担保行为）之立法目的在于禁止法定代表人未经特别授权实施危及法人存续和发展的特定行为，若越权代表行为因相对人尽到合理审查义务就可以构成表见代表，则该立法目的势必落空。

（2）构成无权代表

按照《民法典合同编通则解释》第 20 条第 1 款第 1 句的规定，法定代表人违反代表权的法定限制订立合同的，未尽合理审查义务的相对人主张该合同对法人发生效力的，人民法院不予支持。该规定以相对人非善意，即未尽到合理审查义务作为代表行为无效的前提，有待商榷。事实上，无权代理仅以代理人无代理权而以他人名义实施法律行为作为适用

---

① 参见高圣平：《再论公司法定代表人越权担保的法律效力》，载《现代法学》2021 年第 6 期，第 20 页。

② 参见王利明：《论越权代表中相对人的合理审查义务 以〈合同编解释〉第 20 条为中心》，载《中外法学》2024 年第 1 期，第 101 页；杨代雄：《越权代表中的法人责任》，载《比较法研究》2020 年第 4 期，第 48 页；刘俊海：《公司法定代表人越权签署的担保合同效力规则的反思与重构》，载《中国法学》2020 年第 5 期，第 235 页。

前提，与相对人是否善意、是否履行合理审查义务无关。换言之，只要法定代表人未经法人章程或法人权力机构特别授权而实施法律或行政法规禁止其实施的法律行为，法定代表行为就构成无权代表，相对人是否善意、是否履行合理审查义务在所不问。相对人的善意仅对其是否可以向代理人主张无权代理责任具有决定性影响。即使法律明确规定法人的某一项交易应由章程或权力机构特别授权，相对人也没有义务确认法定代表人是否实际获得相关授权，①未取得法人章程或法人权力机构特别授权的越权代表行为不能仅因相对人善意，即履行合理审查义务而成为有权代表。

（3）无权代表行为效力待定

越权代表行为构成无权代表，应适用《民法典》第171条关于无权代理的规定。②按照《民法典》第171条第1款的规定，代理人无代理权而以他人名义实施的代理行为构成无权代理，未经被代理人追认的，对被代理人不生效力。据此，无权代表行为并非直接无效，而是效力待定。③关于无权代表行为是否可以被追认的问题，学界存在否定说和肯定说两种观点。持否定说的学者认为，由于我国法定代表人制度的特殊性，原则上仅法定代表人有权代表公司，如果无权代表如无权代理那样效力待定，法定代表人一般会代表法人对自己所作出的无权代表予以追认，法人的利益无法得到保护，故无权代表行为应属无效，不能被追认。④持肯定说的学者认为，为维护各方当事人的利益，法定代表人无代表权订立的合同应被视为效力待定的合同，公司可以依据无权代理的规定予以

---

① 参见朱广新：《法定代表人的越权代表行为》，载《中外法学》2012年第3期，第501~502页；李建华、许中缘：《表见代表及其适用——兼评〈合同法〉第50条》，载《法律科学（西北政法学院学报）》2000年第6期，第76页；石一峰：《商事表见代表责任的类型与适用》，载《法律科学（西北政法大学学报）》2017年第6期，第143页。

② 参见高圣平：《再论公司法定代表人越权担保的法律效力》，载《现代法学》2021年第6期，第33页；杨代雄：《越权代表中的法人责任》，载《比较法研究》2020年第4期，第45~46页。持不同观点的学者认为，不能类推适用《民法典》第171条的规定来认定无权代表行为的效力。王利明：《论越权代表中相对人的合理审查义务 以〈合同编解释〉第20条为中心》，载《中外法学》2024年第1期，第103页。

③ 参见高圣平：《再论公司法定代表人越权担保的法律效力》，载《现代法学》2021年第6期，第23页；王利明：《论越权代表中相对人的合理审查义务 以〈合同编解释〉第20条为中心》，载《中外法学》2024年第1期，第101页；谢冰清：《论越权代表行为的效果归属与责任承担——以法释〔2023〕13号第20条为中心》，载《法学家》2024年第4期，第121页。持不同观点的学者认为，除非法律或章程另有规定，越权担保合同一概无效。参见刘俊海：《公司法定代表人越权签署的担保合同效力规则的反思与重构》，载《中国法学》2020年第5期，第241~242页。

④ 参见陈甦主编：《民法总则评注》（上册），法律出版社2017年版，第424页（徐涤宇执笔）。

追认。①本书赞同肯定说。否定说直接判定无权代表行为无效，并不一定符合公司的团体自治精神。既然法人可以通过章程或权力机构的决议事先授权法定代表人实施法律行为（如《公司法》第15条），也同样可以通过章程或权力机构的决议追认（事后授权）效力待定的无权代表行为的效力。法人追认的，无权代表行为生效，法人应向相对人履行，相对人并无损失，不存在损害赔偿的问题。

(4) 无权代表行为未经追认之法律责任

法人拒绝追认的，无权代表行为确定无效，涉及法定代表人与法人是否应向相对人承担无权代理责任或损害赔偿责任的问题。

（a）法定代表人的责任

按照《民法典》第171条第3款的规定，无权代理行为未被追认的，善意相对人可以向代理人主张无权代理责任。该规定的适用以相对人的善意为前提。在代表权法定限制的情形中，法律和行政法规的规定具有对外性，推定相对人知道法律和行政法规对法定代表权的法定限制，②相对人因不知道法定代表人须经特别授权而对此未予确认的，至少构成重大过失，不能依据《民法典》第171条第3款的规定向法定代表人主张无权代理责任。反之，对法定代表人的特别授权尽到合理审查义务的善意相对人，可以依据《民法典》第171条第3款的规定向法定代表人主张无权代理责任。③关于是否应类推适用《民法典》第171条第4款的问题，有观点认为法定代表人应与非为善意的相对人按照各自的过错承担责任。④该观点有待商榷，如本书前述第八章所论证，《民法典》第171条第4款在规范性质上不属于无权代理责任的规定，其适用仅限于无权代理人在缔约过程中引起相对人对其自身产生特殊信赖或无权代理人对合同的订立具有直接经济利益的情形，而不能要求法定代表人在任何情况下均向非为善意的相对人承担损害赔偿责任。

（b）法人的责任

无权代表行为因未被法人追认而无效的，非善意相对人是否可以向

---

① 参见张学文：《董事越权代表公司法律问题研究》，载《中国法学》2000年第3期，第110页。

② 参见蒋大兴：《公司组织意思表示之特殊构造——不完全代表/代理与公司内部决议之外部效力》，载《比较法研究》2020年第3期，第16页。

③ 参见刘俊海：《公司法定代表人越权签署的担保合同效力规则的反思与重构》，载《中国法学》2020年第5期，第239~240页。

④ 参见谢冰清：《论越权代表行为的效果归属与责任承担——以法释〔2023〕13号第20条为中心》，载《法学家》2024年第4期，第128页。

法人主张损害赔偿责任？按照《民法典合同编通则解释》第 20 条第 1 款第 1 句后半句的规定，未尽合理审查义务的相对人可以参照《民法典》第 157 条的规定向法人主张损害赔偿。类似规定还有《民法典担保制度解释》第 7 条第 1 款第 2 项和第 17 条第 1 款第 1 项，法定代表人越权订立担保合同的，非善意的相对人可以向有过错的公司主张损害赔偿。关于上述规定，学界存在分歧。有观点认为，法定代表人的越权担保行为不对公司生效的，公司无需向相对人承担责任；①而另有观点认为，越权代表行为不能归属于法人的，法人需就其过错，向相对人承担侵权损害赔偿责任。②本书认为，相对人非为善意的，不能因越权代表行为无效而向法人主张损害赔偿。③法律原则上仅保护善意相对人。如前所述，法人因过失而引起授权表象的，善意相对人可以基于缔约过失责任的规定向法人主张信赖利益的损害赔偿。鉴于此，仅善意相对人可以依据《民法典》第 157 条的规定向有过失的法人主张损害赔偿。

综上所述，法定代表人制度与代理制度具有同质性，故可依无权代理的相关规定来判断法定代表人超越代表权法定限制所实施无权代表行为的效力。无权代表行为不能因相对人尽到合理审查义务而构成表见代表。鉴于此，可将《民法典合同编通则解释》第 20 条第 1 款修改为：法律、行政法规为限制法人的法定代表人或者非法人组织的负责人的代表权，规定合同所涉事项应当由法人、非法人组织的权力机构或者决策机构决议，或者应当由法人、非法人组织的执行机构决定，法定代表人、负责人未取得授权而以法人、非法人组织的名义订立的无权代表合同效力待定，由法人决定是否追认。法人拒绝追认的，无权代表行为无效。尽到合理审查义务的善意相对人可以依据《民法典》第 171 条第 3 款的规定向法定代表人主张无权代理责任；未尽合理审查义务的非善意相对

---

① 参见刘俊海：《公司法定代表人越权签署的担保合同效力规则的反思与重构》，载《中国法学》2020 年第 5 期，第 240 页；高圣平：《再论公司法定代表人越权担保的法律效力》，载《现代法学》2021 年第 6 期，第 31~33 页；甘培忠、马丽艳：《公司对外担保制度的规范逻辑解析——从〈公司法〉第 16 条属性认识展开》，载《法律适用》2021 年第 3 期，第 59 页；王建文：《〈民法典〉框架下公司代表越权担保裁判规则的解释论》，载《法学论坛》2022 年第 5 期，第 31 页。

② 参见杨代雄：《越权代表中的法人责任》，载《比较法研究》2020 年第 4 期，第 47 页；谢冰清：《论越权代表行为的效果归属与责任承担——以法释〔2023〕13 号第 20 条为中心》，载《法学家》2024 年第 4 期，第 128 页。

③ 《九民纪要》第 20 条第 2 句指出："公司举证证明债权人明知法定代表人超越权限或者机关决议系伪造或者变造，债权人请求公司承担合同无效后的民事责任的，人民法院不予支持。"

人不得向法定代表人主张无权代理责任，但在缔约过程中引起相对人对其自身产生特殊信赖或自身对合同的订立具有直接经济利益的无权代表人应当依据《民法典》第171条第4款的规定向相对人承担损害赔偿责任。法人章程或法人权力机构对法定代表人的特别授权失效而未及时通知相对人的，法定代表人基于该特别授权所实施的法律行为原则上构成有权代表，法人举证相对人知道法定代表人越权代表的除外。法人未授权但因过失引起授权表象的，应当依据《民法典》第157条的规定向善意相对人承担缔约过失之信赖损害赔偿责任。

二、法定代表人职权之限制

如前所述，《民法典合同编通则解释》第20条第1款规定了法定代表人超越法律、行政法规对代表权自身所作法定限制所为代表行为的问题，而该条第2款所规定的是法定代表行为违反法人章程或法人权力机构对代表权所作限制的问题。从《民法典合同编通则解释》第20条第2款的文义来看，它似乎是关于法定代表权意定限制的规定。①然而，作为特殊商事代理权的法定代表权，像经理权那样，为维护交易安全，不宜受到意定限制。换言之，法定代表权的意定限制不具有对外效力，仅对内生效，构成法人对法定代表人的内部限制。除通过章程或权力机构对法定代表人作出限制之外，法人还可能以其他方式，例如通过劳动合同对法定代表人的业务执行权进行限制。此外，法定代表人还会受到法人经营范围的限制。为明确区分《民法典合同编通则解释》第20条第1款关于代表权法定限制的规定和该条第2款的规定，本书旨在通过下述解释，将法人对法定代表人业务执行权的限制、法人通过章程或权力机构的决议对法定代表权作出的意定限制、法人经营范围对法定代表人的限制等内部限制统称为对法定代表人职权的限制，并将其纳入《民法典合同编通则解释》第20条第2款的适用范围。

（一）法定代表人职权限制的类型

1. 代表权的意定限制

根据代理法原理，代理权既可以受到法定限制，如《民法典》第168条禁止自我行为的法定限制，也可以受到意定限制，即授权人可以依据私法自治原则确定代理权的范围。但为维护交易安全，特定商事代

---

① 参见王利明：《论越权代表中相对人的合理审查义务 以〈合同编解释〉第20条为中心》，载《中外法学》2024年第1期，第97页；谢冰清：《论越权代表行为的效果归属与责任承担——以法释〔2023〕13号第20条为中心》，载《法学家》2024年第4期，第119页。

理权不宜受到意定限制。如前所述，在德国法上，经理权不受意定限制。此外，德国公司法上的机关代理亦不受意定限制，①例如，《德国股份公司法》第 82 条规定："董事会的代理权限不受限制。在与公司的关系中，董事会成员有义务在有关股份公司的规定范围内遵守由章程、监事会、股东大会以及董事会和监事会的业务规章所确定的对于业务执行权限的限制。"《德国有限责任公司法》第 37 条第 2 款规定："对管理董事代理公司的权限所作的限制，对第三人不发生法律效力。尤其适用于下述几种情况：仅将代理权的行使限制在某一或某些特定业务范围内；规定仅在一定情况，一定时间或一定地点行使代理权；规定个别行为需经股东或公司某一机关的同意。"由此可见，为维护商事交易安全，德国公司法上的机关代理权不能受到意定限制，凸显了法律对商事代理交易安全的特殊保护。②

我国学界一般认为，代表权的意定限制是指法人章程、董事会决议、股东会或股东大会决议对代表权所作的特别限制，③故《民法典》第 61 条第 3 款是对代表权的意定限制，④《民法典合同编通则解释》第 20 条第 2 款亦是对代表权的意定限制。⑤该观点有待商榷。如上所述，为维护交易安全，经理权不受意定限制，对经理权的意定限制仅在授权人与被授

---

① 而德国民法上的社团董事会的机关代理权可以受到限制。《德国民法典》第 26 条第 1 款第 3 句和第 64 条规定，董事会代理权的范围可以通过具有对抗第三人效力的章程加以限制，该限制应当在社团登记簿上予以登记。该规定允许法人根据自己的意思对机关代理权作出限制，符合团体自治原则，同时为满足交易安全和效率的要求，法人机关代理权的限制必须进行登记才能对抗相对人。Vgl. Neuner, Allgemeiner Teil des Bürgerlichen Rechts, 13. Aufl., 2023, S. 193-194.
② 参见张双根：《公司章程"对外效力"问题辨析——对若干基本概念的厘清》，载《清华法学》2023 年第 5 期，第 139~141 页。
③ 参见朱广新：《法定代表人的越权代表行为》，载《中外法学》2012 年第 3 期，第 500 页；王利明：《论越权代表中相对人的合理审查义务 以〈合同编解释〉第 20 条为中心》，载《中外法学》2024 年第 1 期，第 90 页。
④ 参见石宏主编：《中华人民共和国民法总则条文说明、立法理由及相关规定》，北京大学出版社 2017 年版，第 132 页；杨代雄：《越权代表中的法人责任》，载《比较法研究》2020 年第 4 期，第 50 页；杨代雄：《〈民法总则〉中的代理制度重大争议问题》，载《学术月刊》2017 年第 12 期，第 8 页；甘培忠、马丽艳：《公司对外担保制度的规范逻辑解析——从〈公司法〉第 16 条属性认识展开》，载《法律适用》2021 年第 3 期，第 56 页；类似观点参见朱庆育：《民法总论》（第 2 版），北京大学出版社 2016 年版，第 472 页，该学者认为《合同法》第 50 条所规定的被超越的"权限"是以法人名义与他人订立合同的代理权。
⑤ 参见王利明：《论越权代表中相对人的合理审查义务 以〈合同编解释〉第 20 条为中心〉》，载《中外法学》2024 年第 1 期，第 97 页；谢冰清：《论越权代表行为的效果归属与责任承担——以法释〔2023〕13 号第 20 条为中心》，载《法学家》2024 年第 4 期，第 119 页。

权人之间产生内部效力,相当于内部基础法律关系对经理人职权的限制,不构成对经理权自身的限制。同样地,作为特殊商事代理权的法定代表权亦不能受到意定限制,故法人章程或法人权力机构对代表权的限制应被视为法人对法定代表人的内部限制,是法定代表人对法人应当履行的义务,属于法人内部治理的问题,不具有外部效力。学界一般通过对相对人的善意推定来确保意定限制不发生外部效力,而仅在相对人为恶意的例外情况下,使其发生外部效力。①鉴于此,将《民法典合同编通则解释》第20条第2款理解为法人对法定代表人职权的内部限制似乎更为妥当。

2. 业务执行权的限制

在德国法上,由于法人机关代理具有法定代理人的法律地位,代理法基本理论通常被适用于机关代理,特别是代理权抽象性原则和禁止代理权滥用规则被适用于机关代理,以平衡法人与相对人之间的利益。②根据该理论,作为机关代理的社团董事会,其代理权基于《德国民法典》第26条的规定产生,其业务执行权基于董事会各成员与社团之间的法律关系而产生。董事的对外代理权和对内业务执行权相互独立。法人对董事业务执行权的限制仅具有内部效力,原则上不直接对相对人生效。董事在其代理权限内违反业务执行权或董事会决议的限制对外实施的代理行为,其效力原则上不会因违反业务执行权的限制而受到影响,违反禁止代理权滥用规则的除外。③

在我国法上,法定代表人的代表权基于《民法典》第61条第1款的规定而产生,法定代表人的业务执行权基于法人的章程、决议、任命书或劳动合同而产生。为避免法定代表人的权限过大危及法人的存续,法定代表人业务执行权的范围一般会小于法定代表权,即法定代表人对外"可以"代表法人实施法律行为的代表权的范围要大于其对内"应当"向法人履行的义务。法人对法定代表人业务执行权的此类限制,相当于意定代理中委托人通过委托合同等基础法律关系对受托人的限制。如上所述,法定代表行为具有代理的属性,代理权抽象性原则和禁止代理权

---

① 参见杨代雄:《越权代表中的法人责任》,载《比较法研究》2020年第4期,第50页;谢冰清:《论越权代表行为的效果归属与责任承担——以法释〔2023〕13号第20条为中心》,载《法学家》2024年第4期,第119页。

② Vgl. Bork, Allgemeiner Teil des Bürgerlichen Gesetzbuchs, 4. Aufl., 2016, S. 613-614; Flume, Allgemeiner Teil des Bürgerlichen Rechts Bd. 1. Teil 2. Die juristische Person, 1983, S. 370.

③ Vgl. Flume, Allgemeiner Teil des Bürgerlichen Rechts Bd. 1. Teil 2. Die juristische Person, 1983, S. 373; Larenz/Wolf, Allgemeiner Teil des Bürgerlichen Rechts, 9. Aufl., 2004, S. 192.

滥用规则可以被适用于法定代表人代表法人所为之法律行为。据此，法定代表人在代表权限范围内违反业务执行权限制所实施的代表行为原则上有效，违反禁止代理权滥用规则的除外。具言之，为维护商事交易安全和确保商事交易效率，相对人一般没有义务审查法定代表人在实施代表行为时是否违反其业务执行权的限制，相对人与法定代表人恶意串通、相对人明知法定代表人滥用代表权、法定代表人明显滥用代表权且相对人不可能不知道的除外。

结合《民法典合同编通则解释》第20条第1款关于法定代表人超越代表权法定限制所实施的代表行为原则上无效的规定，应当将《民法典合同编通则解释》第20条第2款和《民法典》第61条第3款中的章程或决议对"代表权的限制"解释为对"法定代表人业务执行权的限制"，并将《民法典》第504条所规定的"权限"相应限缩解释为"业务执行权"。①"业务执行权限制"是指法定代表人在以法人名义实施法律行为时应当依据内部关系对法人履行的义务，相当于代理人在实施代理行为时应当依据基础法律关系对被代理人履行的义务。依据代理权抽象性原则，业务执行权的限制原则上不具有对外效力。

3. 经营范围的限制

在德国法上，董事超越社团目的范围所实施的法律行为的效力原则上不受影响，只有当董事实施的行为明显超出此等限制且相对人不可能不知时，才可视其为无权代理行为，例如以资助贫困艺术家为目的事业的社团董事，只能向陷入贫困的艺术家、其亲属或未亡人提供资助，而不能向上述人员之外的其他人员提供资助，否则该董事的行为明显超出社团的目的事业，构成无权代理。②董事的行为虽未明显超出社团的目的事业，但相对人明知董事超出目的事业，或董事的行为客观上显然超出社团的目的事业，相对人不可能不知道的，董事的行为构成禁止代理权滥用，适用禁止代理权滥用规则。③可见，德国法以代理权抽象性原则和

---

① 持类似观点的学者建议将《民法典》第504条规定中的"权限"解释为"职权"；所谓"职权"，是法人组织机构内部分权、制衡的产物；它运行于法人内部，并以职责的面目对法人内部人员发生约束力；法人执行机构的职权及其限制属公司内部限制，第三人难以知晓。参见朱广新：《法定代表人的越权代表行为》，载《中外法学》2012年第3期，第496~497页。

② Vgl. Larenz/Wolf, Allgemeiner Teil des Bürgerlichen Rechts, 9. Aufl., 2004, S. 191; Neuner, Allgemeiner Teil des Bürgerlichen Rechts, 13. Aufl., 2023, S. 194.

③ Vgl. Flume, Allgemeiner Teil des Bürgerlichen Rechts Bd. 1. Teil 2. Die juristische Person, 1983, S. 370-376; Larenz/Wolf, Allgemeiner Teil des Bürgerlichen Rechts, 9. Aufl., 2004, S. 191; Neuner, Allgemeiner Teil des Bürgerlichen Rechts, 13. Aufl., 2023, S. 194.

禁止代理权滥用规则来解决董事超越社团目的事业所为行为的问题。

在我国法上，经营范围是法人经营能力的外部表现，可以确定法人机关对外代表权的范围，也是法人对于交易相对人和国家管理机关的一种制度化的承诺。①经营范围的规范经历了从严格管控到逐步放开的过程。早期，超越经营范围所订立的合同经常会被认定为无效。②之后，最高人民法院《关于适用〈中华人民共和国合同法〉若干问题的解释（一）》（已失效）第10条规定："当事人超越经营范围订立合同，人民法院不因此认定合同无效。但违反国家限制经营、特许经营以及法律、行政法规禁止经营规定的除外。"当前，《民法典》第505条规定："当事人超越经营范围订立的合同的效力，应当依照本法第一编第六章第三节和本编的有关规定确定，不得仅以超越经营范围确认合同无效。"其中"不得仅以超越经营范围确认合同无效"，是指仅超越经营范围的合同不能被认定为无效合同。尽管该规定并未明确那些违反国家限制经营、特许经营以及法律、行政法规禁止经营的规定所订立合同的效力，但这些超越法律关于特殊行业经营范围规定所订立的合同因违法而无效。③

关于法人经营范围是否构成对代表权限制的问题，学界存在争议。有观点认为，它构成《民法典》第61条第3款意义上的对法定代表人之代表权的限制，④法定代表人超越经营范围实施的法律行为可以构成表见代表。⑤而另有观点认为，经营范围并不当然构成对代表权的限制，超越经营范围并不必然构成越权代表。⑥本书赞同后一观点。除国家限制经营、特许经营以及法律、行政法规禁止经营的规定构成对法定代表权的

---

① 参见童列春：《论商事经营能力的形成》，载《甘肃政法学院学报》2013年第3期，第77页。
② 参见黄薇主编：《中华人民共和国民法典释义及适用指南》（中册），中国民主法制出版社2020年版，第766页。
③ 参见王利明主编：《中国民法典释评·合同编·通则》，中国人民大学出版社2020年版，第440页（朱虎执笔）。
④ 参见陈甦主编：《民法总则评注》（上册），法律出版社2017年版，第424页（徐涤宇执笔）；梁慧星：《民法总论》（第6版），法律出版社2021年版，第134~135页；朱庆育：《民法总论》（第2版），北京大学出版社2016年版，第473页。
⑤ 参见徐海燕：《表见代理构成要件的再思考：兼顾交易安全和意思自治的平衡视角》，载《法学论坛》2022年第3期，第58页；石一峰：《商事表见代表责任的类型与适用》，载《法律科学（西北政法大学学报）》2017年第6期，第142页。
⑥ 参见谢鸿飞、朱广新主编：《民法典评注：合同编·典型合同与准合同》（1），中国法制出版社2020年版，第331页（耿林执笔）。

法定限制之外，其他法人经营范围不构成对代表权的法定限制。按照《民法典》第505条的指引，应当适用《民法典》第504条的规定来判断法定代表人超越经营范围所实施代表行为的效力，即经营范围对法定代表人的限制原则上不具有对外效力。基于上述对《民法典》第504条和第61条第3款以及《民法典合同编通则解释》第20条第2款的解释，法人经营范围对法定代表人的限制应当被视为法人对法定代表人业务执行权的限制，属于法人对法定代表人职权限制的一种类型。①唯其如此，《民法典》第505条维护交易安全之立法目的②方可实现。

综上，为统一法定代表人违反法人内部限制所为代表行为的效力，本书借鉴《公司法》第11条第2款所使用的"职权"这一术语，将法人通过章程或权力机构决议对法定代表权作出的意定限制、法人通过劳动合同等其他基础法律关系对法定代表人业务执行权的限制、法人经营范围对法定代表人的限制等统一纳入"法定代表人职权之限制"，具体涵盖"代表权的意定限制""法定代表人业务执行权的限制"和"法人经营范围的限制"。对于法定代表人超越"法定代表人职权之限制"所为代表行为的效力，应统一适用经下述解释后的《民法典合同编通则解释》第20条第2款。

（二）法定代表人违反职权限制实施代表行为的法律后果

在德国法上，根据代理权抽象性原则，相对人没有义务审查法人的内部关系，仅于相对人明知董事违背董事会内部决议或董事客观上违背董事会内部决议的行为具有显见性时，机关代理才可能因违反禁止代理权滥用规则而不生效力。③

1. 违反职权限制所实施的法定代表行为原则上有效

《民法典合同编通则解释》第20条第2款是对《民法典》第61条

---

① 参见朱广新：《法定代表人的越权代表行为》，载《中外法学》2012年第3期，第499页；李建华、许中缘：《表见代表及其适用——兼评〈合同法〉第50条》，载《法律科学（西北政法学院学报）》2000年第6期，第76页。

② 参见最高人民法院民法典贯彻实施工作领导小组主编：《中华人民共和国民法典合同编理解与适用》，人民法院出版社2020年版，第322页；黄薇主编：《中华人民共和国民法典释义及适用指南》（中册），中国民主法制出版社2020年版，第766页；谢鸿飞、朱广新主编：《民法典评注：合同编·典型合同与准合同》（1），中国法制出版社2020年版，第337、340页（耿林执笔）；石一峰：《商事表见代表责任的类型与适用》，载《法律科学（西北政法大学学报）》2017年第6期，第142页。

③ Vgl. Flume, Allgemeiner Teil des Bürgerlichen Rechts Bd. 1. Teil 2. Die juristische Person, 1983, S. 373; Larenz/Wolf, Allgemeiner Teil des Bürgerlichen Rechts, 9. Aufl., 2004, S. 192.

第3款的解释。①根据《民法典合同编通则解释》第20条第2款第1句的规定，法定代表人未超越代表权法定限制，仅超越法人章程或法人权力机构对代表权的限制的，其代表行为原则上有效。②该规定体现了代理权抽象性原则。③从法定代表行为的效力来看，《民法典合同编通则解释》第20条第2款与《民法典》第504条并无不同，只是在适用前提上，该司法解释的规定明确适用于法定代表人未超越代表权法定限制但超越法人章程或法人权力机构对代表权作出的限制（本书所主张的法定代表人的职权限制）的情形，而《民法典》第504条适用于"法定代表人超越权限订立合同"的情形。鉴于《民法典合同编通则解释》第20条第1款专门规定了法定代表人超越代表权法定限制所实施代表行为的效力问题，故可以依据《民法典合同编通则解释》第20条第2款的规定将《民法典》第504条的适用限缩在法定代表人超越职权限制但未超越代表权法定限制订立合同的情形。据此，法定代表人超越职权限制但未超越代表权法定限制所订立的合同原则上有效。例如，法人通过内部决议将法定代表人对外订立合同的标的额限定在1000万元，该限制属于对法定代表人职权的限制，法定代表人违反该限制订立标的额为1200万元的合同原则上有效，相对人可以向法人主张履行。

综上，根据《民法典合同编通则解释》第20条第2款的规定，法定

---

① 参见谢冰清：《论越权代表行为的效果归属与责任承担——以法释〔2023〕13号第20条为中心》，载《法学家》2024年第4期，第121页。

② 参见谢冰清：《论越权代表行为的效果归属与责任承担——以法释〔2023〕13号第20条为中心》，载《法学家》2024年第4期，第121页。

③ 持不同观点的学者认为，《民法典》第504条（《合同法》第50条）是关于表见代表的规定。参见徐涤宇、张家勇主编：《〈中华人民共和国民法典〉评注》（精要版），中国人民大学出版社2022年版，第548页（张家勇执笔）；杨代雄主编：《袖珍民法典评注》，中国民主法制出版社2022年版，第145页（杨代雄执笔）；李建华、许中缘：《表见代表及其适用——兼评〈合同法〉第50条》，载《法律科学》2000年第6期，第76页。朱广新、邹海林和刘骏认为该规定不属于表见代表的规定，而是法人内部关系与外部关系的区分理论；表见代表是一个伪概念。参见朱广新：《法定代表人的越权代表行为》，载《中外法学》2012年第3期，第494页；邹海林：《公司代表越权担保的制度逻辑解析——以公司法第16条第1款为中心》，载《法学研究》2019年第5期，第81页；刘骏：《再论意定代理权授予之无因性》，载《交大法学》2020年第2期，第112、113页。刘骏认为，在涉及法定代表人和经理人等的商事代理中，授权行为无因性（即本书的代理权抽象性原则）具有解释力，特别是《民法典》第61条第3款和第504条（《合同法》第50条）不属于表见代表的规定，适用授权行为无因性对其解释更为合理，即代表权的内部限制不可对抗相对人，相对人对内部限制的简单知情并不当然属于恶意，只有在相对人显然知道代理权的行使损害被代理人的利益时才构成代理权滥用。

代表人在代表权限内违反职权限制所实施的代表行为原则上有效。

2. 违反禁止代理权滥用规则的代表行为构成无权代表

（1）"知道或应当知道"应被限缩为"禁止代理权滥用"

根据《民法典合同编通则解释》第 20 条第 2 款第 2 句的规定，相对人负有审查法定代表人的职权是否受到限制的义务，这不符合维护商事交易效率和安全的要求，故有学者建议，"不应当知道"应限于因重大过失而不知道。①问题是，即便采纳该学者的观点，相对人仍有义务核查法人的内部关系，势必限缩法定代表人违反职权限制所实施法律行为有效的范围，②事实上，由于法人对法定代表人的职权限制具有内部性，相对人一般不应负有审查义务。为彻底免除相对人审查法人内部关系的义务，有必要采纳禁止代理权滥用的"客观显见性"之标准，将《民法典合同编通则解释》第 20 条第 2 款第 2 句的规定限定在法定代表行为违反禁止代理权滥用规则的情形。③

如前所述，禁止代理权滥用是指法定代表人客观上违反职权之限制，且相对人明知该滥用或该滥用的客观显见性足以使相对人知道该滥用的情形。按照该客观显见性标准，相对人原则上没有义务审查法定代表人的职权是否受到限制，因此不存在过失问题。只有当代表权的滥用在客观上具有显见性时，相对人才有义务审查并确认法定代表人的职权范围。

（2）违反禁止代理权滥用规则的代表行为效力待定

关于法定代表人违反职权限制且相对人非为善意时法定代表行为的效力问题，我国学界存在争议。有观点认为，应当区分不同情形认定法定代表行为的效力：相对人与法定代表人恶意串通损害法人利益的，该代表行为依据《民法典》第 154 条的规定无效；相对人虽知道法定代表人没有代表权但并未与法定代表人恶意串通的，该代表行为效力待定，

---

① 参见朱广新：《法定代表人的越权代表行为》，载《中外法学》2012 年第 3 期，第 484 页。

② 参见吴越：《法定代表人越权担保行为效力再审——以民法总则第 61 条第三款为分析基点》，载《政法论坛》2017 年第 5 期，第 102~103 页。

③ 参见朱广新：《法定代表人的越权代表行为》，载《中外法学》2012 年第 3 期，第 502 页；持不同观点的学者认为，在涉及重大交易的情形下，相对人已经知道或应当知道法定代表人超越法人章程或法人权力机构限制的，负有合理审查义务，参见王利明：《论越权代表中相对人的合理审查义务 以〈合同编解释〉第 20 条为中心》，载《中外法学》2024 年第 1 期，第 94、100 页，根据该观点，"相对人应当知道"限制的，即负有合理审查义务，这实际上仍要求相对人审查法人对法定代表人的内部限制，不利于维护交易安全。

由法人最终决定是否追认。①另有观点认为，相对人非为善意的，越权代表行为效力待定。②后一种观点值得赞同。一方面，区分恶意串通与非恶意串通情形的做法不具有实际意义，应由法人决定是否承认法定代表人违反职权限制所实施代表行为的效力。另一方面，效力待定模式相对于无效模式更具灵活性且有利于促成交易；它赋予法人追认权，而非保护恶意相对人，从体系上看，效力待定模式与无权代理制度相协调。③在本书上述将"知道或应当知道"限缩在禁止代理权滥用之后，对于违反禁止代理权滥用规则的代表行为，可以类推适用《民法典》第171条关于无权代理的规定，效力待定。

综上，为统一法定代表人违反职权限制所为代表行为的效力，本书建议将《民法典合同编通则解释》第20条第2款适用于法定代表人违反代表权意定限制、违反业务执行权的限制、违反法人经营范围的限制等三种职权限制实施的代表行为。法定代表人违反职权限制所为代表行为原则上有效，仅在法人举证法定代表行为违反禁止代理权滥用规则的例外情形中效力待定。

3. 违反职权限制的责任承担

（1）法定代表行为有效时的法律责任

如前所述，违反职权限制的法定代表行为有效的，由法人向相对人履行，相对人并无损失，法人无需向相对人承担损害赔偿责任。法人因向相对人履行遭受损失的，可以向法定代表人主张损害赔偿。在德国法上，《德国民法典》第27条第3款明确规定，董事超越业务执行权或董事会决议的行为违反其对社团所承担义务的，应当依据该法典第664条以下关于委托合同的规定对社团进行损害赔偿。该规定明确了违反业务执行权的董事对社团的损害赔偿义务。在我国法上，法人因向相对人履行法定代表人违反职权限制所实施的法律行为而遭受损失的，可以依据

---

① 参见王利明：《论越权代表中相对人的合理审查义务 以〈合同编解释〉第20条为中心》，载《中外法学》2024年第1期，第102页；李俊：《论代理规则对代表行为的类推适用——对〈合同法〉第五十条有关规定之思考》，载《西南民族大学学报（人文社科版）》2006年第4期，第101页。

② 参见高圣平、范佳慧：《公司法定代表人越权担保效力判断的解释基础——基于最高人民法院裁判分歧的分析和展开》，载《比较法研究》2019年第1期，第83页；朱广新：《法定代表人的越权代表行为》，载《中外法学》2012年第3期，第494页；王建文：《〈民法典〉框架下公司代表越权担保裁判规则的解释论》，载《法学论坛》2022年第5期，第31页。

③ 参见朱广新：《法定代表人的越权代表行为》，载《中外法学》2012年第3期，第493~494页。

《民法典合同编通则解释》第 20 条第 3 款第 1 句的规定,向有过错的法定代表人追偿。

(2) 法定代表行为无效时的法律责任

法人拒绝追认违反禁止代理权滥用规则的法定代表行为的,该法定代表行为无效。在违反禁止代理权滥用规则的情形中,相对人与法定代表人恶意串通,或明知法定代表人滥用代表权,或者代表权滥用具有客观显见性,相对人非为善意,依照《民法典》第 171 条第 3 款的规定,法定代表人免于承担无权代理责任。法定代表人基于其与相对人之间的单独约定使相对人对其自身产生特殊信赖或法定代表人对法律行为的实施具有直接经济利益的,应依据《民法典》第 171 条第 4 款的规定赔偿相对人的损失。

综上所述,为维护交易安全,法定代表人在代表权限范围内违反职权限制实施的代表行为原则上有效,仅于违反禁止代理权滥用规则的例外情形中效力待定。法人因向相对人履行而遭受损失的,可以依据《民法典合同编通则解释》第 20 条第 3 款第 1 句的规定向有过错的法定代表人追偿。本书建议将《民法典合同编通则解释》第 20 条第 2 款修订为:合同所涉事项未超越法律、行政法规规定的法定代表人或者负责人的代表权限,但是违反法人、非法人组织的章程或者权力机构等对法定代表人职权的限制,相对人主张该合同对法人、非法人组织发生效力并由其承担违约责任的,人民法院依法予以支持。但是,法人、非法人组织举证证明相对人与法定代表人恶意串通、明知法定代表人滥用代表权、法定代表权滥用具有客观显见性的,法定代表行为效力待定。法人拒绝追认的,法定代表行为无效,引起相对人对其本人产生信赖或对法律行为的实施具有直接经济利益的法定代表人,应依据《民法典》第 171 条第 4 款的规定向相对人承担赔偿责任。

本章小结

从构成要件和法律后果归属上来看,法定代表人以法人名义实施的法律行为与代理并无本质区别,法定代表人具有法定代理人的法律地位,故代理法基本原理,尤其是无权代理规则、代理权抽象性原则和禁止代理权滥用规则可以被适用于法定代表行为。

根据代理权抽象性原则,外部关系中的代表权和内部关系中的职权相互分离。《民法典合同编通则解释》第 20 条第 1 款可以被解释为对代表权的法定限制，而该条第 2 款可以被解释为对法定代表人职权的限制。代表权的法定限制主要指法律、行政法规对代表权自身的限制，如《民法典》第 168 条关于自我行为的限制和《公司法》第 15 条关于越权担保的限制。法定代表人的职权限制则主要包括法人通过章程、权力机构决议和任命书对法定代表人的意定限制、在劳动合同等其他基础法律关系中对法定代表人业务执行权的限制以及法人经营范围对法定代表人的限制。

为维护法人的利益，法律、行政法规对代表权作出法定限制，要求法定代表人在实施特定危及法人存续和发展的法律行为时应获得法人的特别授权。法人章程或法人权力机构对法定代表人的特别授权失效而未及时通知相对人的，法定代表人基于该特别授权所实施的法律行为原则上构成有权代表，法人举证相对人知道法定代表人越权代表的除外。法人未授权但因过失引起授权表象的，应当依据《民法典》第 157 条的规定向善意相对人承担缔约过失之信赖损害赔偿责任。法定代表人未经法人特别授权而实施此类法律行为的，构成无权代表，应适用无权代理的规则。法人拒绝追认的，无权代表行为无效，尽到合理审查义务的相对人可以依据《民法典》第 171 条第 3 款的规定向法定代表人主张无权代理责任；未尽合理审查义务的相对人不得向法定代表人主张无权代理责任，但在缔约过程中引起相对人对其自身产生特殊信赖或自身对合同的订立具有直接经济利益的无权代表人应当依据《民法典》第 171 条第 4 款的规定向相对人承担损害赔偿责任。

根据代理权抽象性原则，违反职权限制的法定代表行为依据《民法典合同编通则解释》第 20 条第 2 款的规定原则上有效，违反禁止代理权滥用规则的除外。法定代表行为有效的，法人向相对人负有履行义务。法人因向相对人履行而遭受损失的，可以依据《民法典合同编通则解释》第 20 条第 3 款的规定向法定代表人追偿。法定代表行为因违反禁止代理权滥用规则且未经法人追认而无效的，法定代表人因相对人非为善意而无需承担无权代理责任。法定代表人基于与相对人之间的单独约定使相对人对其自身产生特殊信赖或法定代表人对法律行为的实施具有直接经济利益的，应依据《民法典》第 171 条第 4 款赔偿相对人的损失。

第十五章

商事代理权之特别限制——董事自我行为之禁止

董事自我行为是指董事、监事、高级管理人员作为公司的代理人在代理公司实施法律行为时,以公司名义与自己或自己所代理的第三方实施的代理行为。①原《公司法》(2018年修正)第148条第1款第4项规定,董事、高级管理人员不得违反公司章程的规定或者未经股东会、股东大会同意,与本公司订立合同或者进行交易。由于该规则过于概括,在司法裁判中难以为法官所用,其条文功能的发挥受到影响,有学者呼吁,公司法改革时,应从裁判法的视角深入理解其逻辑结构,明确一条完整的法律规范必须包含特定的适用前提和法律效果,以保证公司法规范逻辑结构的完整。②2023年新修订的《公司法》在一定程度上回应了上述学者的呼吁,以独立的法律条文取代原《公司法》第148条第1款第4项的规定。《公司法》第182条第1款规定:"董事、监事、高级管理人员,直接或者间接与本公司订立合同或者进行交易,应当就与订立合同或者进行交易有关的事项向董事会或者股东会报告,并按照公司章程的规定经董事会或者股东会决议通过。"该条第2款规定:"董事、监事、高级管理人员的近亲属,董事、监事、高级管理人员或者其近亲属直接或者间接控制的企业,以及与董事、监事、高级管理人员有其他关联关系的关联人,与公司订立合同或者进行交易,适用前款规定。"与原

---

① 持不同观点的学者认为,"自我交易"(self dealing transaction)是指公司的董事或高管及其关联人员实施或推动实施的、含有其个人利益而与公司有利益冲突的交易。参见伍坚、刘慈航:《论自我交易与关联交易之制度统合——以〈公司法〉修订为契机》,载陈洁主编:《商法界论集》(第11卷),中国金融出版社2023年版,第75页。该观点借鉴英美法的概念,混淆自我交易和关联交易,没有意识到"自我交易"属于董事代理公司与自己实施的代理行为,应依代理规则对其予以规范。

② 参见薛波:《论公司法改革中商法思维的引入和运用》,载《北方法学》2017年第1期,第85页。

《公司法》第 148 条第 1 款第 4 项的规定相比，《公司法》第 182 条扩大了董事自我行为的主体适用范围，排除了公司通过章程授权董事实施自我行为的可能性，赋予董事会批准董事自我行为的权限。这些修订虽然明确了董事自我行为的主体适用范围和批准程序，但董事自我行为的适用前提和法律后果依然不甚明确，董事自我行为和关联交易的界限仍有待厘清。鉴于此，本章在辨析董事自我行为与关联交易之间区别的基础上，明确禁止董事自我行为规则的适用范围和例外，以及违反禁止董事自我行为的规定所实施自我行为的法律后果。

第一节 董事自我行为与关联交易辨析

如前所述，为避免自我行为这种代理方式所存在的抽象利益冲突风险，《民法典》第 168 条关于禁止代理人实施自我行为规定的适用不以被代理人的利益实际受损为必要。同样地，《公司法》关于禁止董事自我行为的规定所禁止的也只是自我行为这种交易形式，亦不以实际损害公司利益为必要。①但在司法实践中，法院关于是否应以公司利益实际受到损害作为判断禁止董事自我行为的标准存在严重分歧。究其原因，很可能是混淆了董事自我行为与关联交易。

一、董事自我行为与关联交易之混淆

司法实践中，法院常常因混淆董事的自我行为与关联交易，而以公司利益受损作为判决禁止董事自我行为的前提。例如，最高人民法院曾认为，赵某与其任董事的甲公司之间签署合同的自我行为并不损害甲公司的利益，因此有效。②而在另一则案例中，最高人民法院仅以自我行为是否获得章程授权或经股东会同意为准来判断其效力，并未考虑其是否实际损害公司利益。③在我国学界，亦有许多学者混淆董事自我行为与关

---

① 参见刘俊海：《现代公司法》（第 3 版），法律出版社 2015 年版，第 628 页。
② 参见最高人民法院 [2013] 民提字第 98 号民事判决书、最高人民法院 [2016] 最高法民申 1951 号民事裁定书：最高人民法院认为，《公司法》（注：2013 年版）第 148 条第 1 款第 4 项并未明确规定违反该项规定的合同无效，即违反该项规定并不必然导致案涉协议无效，王某的认购行为没有损害公司其他股东及公司债权人的利益，因此原审法院认定案涉协议有效并无不当。
③ 参见最高人民法院 [2018] 最高法民申 3825 号民事裁定书：最高人民法院裁定认为，《房屋转让协议》和《债权债务转移协议》未经公司股东会作出合法决议，也不属于公司章程规定允许的行为，原判决认定上述协议无效并无不当。

联交易。例如，有学者认为，董事自我行为是关联交易的一种特殊形式，指董事在其所任职公司实施或打算实施的交易中，是对方当事人或在对方当事人中拥有特定的利益。①另有学者认为，董事自我行为是董事与公司间利益冲突的典型形式，是基于董事所处的特定地位及其所持有的控制权而产生的、极易引发损害公司利益的不公正后果的特殊关联交易。②还有学者认为，关联交易是指公司与公司控股股东、实际控制人、董事、监事、高级管理人员之间发生的、可能导致公司利益转移的行为。③根据该宽泛定义，董事自我行为属于关联交易的一种类型。《公司法》第182条第2款将上述司法实践和学说理论对自我行为和关联交易的混淆纳入制定法之中。根据其规定，与董事具有关联关系的人，与公司订立的合同或进行的交易，同样适用《公司法》第182条第1款关于禁止董事自我行为的规定。

二、董事自我行为与关联交易之区别

有学者认为，关联交易规则脱胎于董事自我行为规则，因此应当将两者统一规范。④值得赞同的是，《公司法》坚持了制度分设原则，于第22条规定了关联交易，而于第182条规范了董事自我行为。事实上，董事自我行为与关联交易本质上是不同的。董事自我行为是指"作为公司的代理人在代表公司进行活动时以公司的名义同自己订立契约、转让、受让公司的财产、雇佣自己为公司服务"；⑤而关联交易是指"关联企业或关联人之间形成的交易行为，其特殊性在于交易主体之间存在着一定程度的控制关系；它通常是指某一特定公司或其附属公司与其关联企业或关联人之间形成的交易"。⑥

（一）适用范围之不同

将董事自我行为认定为关联交易特殊情形的学者认为，从适用主体

---

① 有学者认为，关联交易包括两类：一类是各关联主体与公司之间的自我行为；另一类是可能导致利益转移的其他交易形式，例如共同董事、管理报酬和公司机会以及同业竞争等情形。参见施天涛、杜晶：《我国公司法上关联交易的皈依及其法律规制——一个利益冲突交易法则的中国版本》，载《中国法学》2007年第6期，第128页。
② 参见胡晓静：《论董事自我交易的法律规制》，载《当代法学》2010年第6期，第64页。
③ 参见叶林、卓婳：《关联交易的公司法规制：类型化与程序审查》，载《法律适用》2024年第2期，第31页。
④ 参见伍坚、刘慈航：《论自我交易与关联交易之制度统合——以〈公司法〉修订为契机》，载陈洁主编：《商法界论集》（第11卷），中国金融出版社2023年版，第72页。
⑤ 参见张民安：《现代英美董事法律地位研究》（第2版），法律出版社2007年版，第339页。
⑥ 参见董安生等：《关联交易法律控制问题研究》，中国政法大学出版社2012年版，第86页。

和所禁止的行为来看，原《公司法》第 21 条包含了该法第 148 条第 1 款第 4 项的内容。①也有学者主张，应当取消关联交易和董事自我行为的区分，控股股东、实际控制人同样需要承担信义义务，同样应受到董事自我行为相关规则的规范。②上述观点均混淆了关联交易和董事自我行为在适用范围上的区别，有待商榷。事实上，《公司法》第 22 条所规定的关联交易是指公司的控股股东、实际控制人、董事、监事和高级管理人员，利用关联关系③实施的损害公司利益的行为。而《公司法》第 182 条禁止董事自我行为规范的适用主体为董事、监事或高级管理人员，其所禁止的是董事等与本公司订立合同或进行交易的行为。可见，《公司法》第 182 条并未将控股股东和实际控制人纳入其规范范围。进言之，董事自我行为只能由那些能够代理公司订立合同或进行交易者实施，控股股东和实际控制人不具备代理权，不能代理公司实施法律行为，其与公司所实施的法律行为仅构成关联交易，该关联交易损害公司利益的，应适用《公司法》第 22 条的规定，而非《公司法》第 182 条的规定。诚然，当控股股东和实际控制人依据《公司法》第 180 条第 3 款和第 192 条成为"事实董事"时，亦有必要适用《公司法》第 182 条的相关规定。但这并不意味着控股股东和实际控制人一概要承担信义义务。司法实践中，法院在判断是否构成董事自我行为时，大多以主体是否得到正式委任为标准，并未考虑实际权利的行使人。④

（二）构成要件之不同

有观点主张将关联交易和董事自我行为统合为利益冲突交易。⑤该观点忽略了董事自我行为与关联交易构成要件之不同。董事自我行为因身份上的同一性而存在利益冲突之风险，不论公司的利益是否因其实际受

---

① 参见胡晓静：《论董事自我交易的法律规制》，载《当代法学》2010 年第 6 期，第 65 页。
② 参见伍坚、刘慈航：《论自我交易与关联交易之制度统合——以〈公司法〉修订为契机》，载陈洁主编：《商法界论集》（第 11 卷），中国金融出版社 2023 年版，第 75 页。
③ 《公司法》第 265 条第 4 项规定："关联关系，是指公司控股股东、实际控制人、董事、监事、高级管理人员与其直接或者间接控制的企业之间的关系，以及可能导致公司利益转移的其他关系。但是，国家控股的企业之间不仅因为同受国家控股而具有关联关系。"
④ 例如，内蒙古自治区通辽市中级人民法院［2016］内 05 民终 2152 号民事判决书：法院认为，王某亨不是公司的高级管理人员，因此不适用《公司法》（2013 年修正）第 148 条第 1 款第 4 项关于禁止董事自我行为的规定。类似的还有安徽省来安县人民法院［2015］来民二初字第 00350 号民事判决书：法院判决三名被告属于公司董事和高级管理人员，因此并未适用《公司法》（2013 年修正）第 148 条第 1 款第 4 项的规定。
⑤ 参见王湘淳：《论我国利益冲突交易的统一综合调整》，载《法学家》2024 年第 1 期，第 171 页。

到损害,其均为《公司法》第 182 条第 1 款①所禁止。进言之,禁止董事自我行为仅以董事自己与自己实施代理行为作为构成要件,并不以公司利益遭受损害为要件。而在关联交易中,仅存在具有一定程度上的控制关系的关联企业或关联人之间进行的法律行为,交易当事人没有身份上的同一性,不像董事自我行为那样存在利益冲突的风险,因此只有在公司利益实际遭受损害时,才产生《公司法》22 条所规定的损害赔偿责任。

(三)法律后果之不同

即便是将董事自我行为认定为关联交易的特殊情形的学者也认为,两者在法律后果上有所不同。"②《公司法》关于禁止董事自我行为的规定是对董事代理权的法定限制,旨在规避董事自我行为的潜在利益冲突风险。根据原《公司法》第 148 条第 1 款第 4 项的规定,董事不得违反公司章程的规定或者未经股东会、股东大会同意,与本公司订立合同或者进行交易。《公司法》第 182 条第 1 款虽然并未明文规定董事不得实施自我行为,但仍然要求董事实施自我行为时应向董事会或股东会报告,并征得董事会或股东会的批准,③且按照《公司法》第 186 条的规定,董事违反第 182 条的规定实施自我行为的,应将其所得上缴公司。可见,立法者原则上禁止董事自我行为,仅在经公司董事会或股东会批准的情况下才例外地允许,违反禁止性规定的法律后果是上缴违法所得。与董事自我行为不同,关联交易并不涉及身份同一性所具有的利益冲突风险,因此《公司法》第 22 条并未一般性地禁止关联交易。④按照《公司法》第 22 条第 2 款的规定,关联交易主体违反该条第 1 款的规定而给公司造成损失的,应当承担赔偿责任。一般认为,《公司法》第 22 条第 2 款规定的责任的性质是侵权责任,⑤损害公司利益的关联交易方应向公司承担损害赔偿责任。

综上所述,禁止董事自我行为与关联交易在适用范围、构成要件和

---

① 《公司法》第 182 条第 2 款将特定关联交易纳入董事自我行为的禁止范围,对此须予以目的论限缩。

② 参见胡晓静:《论董事自我交易的法律规制》,载《当代法学》2010 年第 6 期,第 65 页。

③ 参见赵旭东主编:《新公司法条文释解》,法律出版社 2024 年版,第 395~396 页。

④ 参见叶林、卓嫄:《关联交易的公司法规制:类型化与程序审查》,载《法律适用》2024 年第 2 期,第 28 页;赵旭东主编:《新公司法条文释解》,法律出版社 2024 年版,第 50 页。

⑤ 参见叶林、卓嫄:《关联交易的公司法规制:类型化与程序审查》,载《法律适用》2024 年第 2 期,第 41 页。

法律后果上各不相同，不宜将两者混为一谈。

第二节 禁止董事自我行为规则之适用与例外

如上所述，董事自我行为天然存在着利益冲突之风险，不论公司利益实际是否受损，原则上均应被禁止，不存在利益冲突风险的自我行为除外。此外，基于对公司团体自治的尊重，应当允许公司以授权或批准的方式允许董事实施自我行为。下述对禁止董事自我行为规则的适用范围和例外情形具体展开。

一、禁止董事自我行为规则的适用范围

（一）德国法

在德国法上，有限责任公司的董事经章程授权或股东会同意可以实施自我行为，而不是由董事会批准。这是因为，董事会成员在长期合作中形成密切关系，若由董事会批准某一董事与公司进行自我行为，董事会的判断势必会因这层密切关系的存在而受到影响。①此外，根据《德国股份公司法》第112条的规定，股份公司的董事不得从事自我行为，由监事会代理公司与董事进行交易。该规定属于强行性规定，其效力不能被公司章程排除，即公司章程不得剥夺或限制监事会的这一代理权。②由此可见，德国法为规避董事自我行为的固有风险，完全禁止股份公司的董事实施自我行为；必要时，只能由监事会代理公司与董事实施法律行为。

（二）我国法

1. 有限责任公司和股份有限公司

我国法并未像德国法那样对有限责任公司和股份有限公司的董事自我行为进行区别规范，而是由《公司法》第182条统一予以规范。这一制度设置并未考虑到有限责任公司和股份有限公司对公司自治的不同需求以及董事自我行为对于两种不同类型公司之风险不同。我国《公司法》中的有限责任公司多为封闭型公司，它们并不像股份有限公司那样存在所有权与经营权分离的现象，且在实践中经常会呈现股东（会）与董事（会）重合的现象，因此有限责任公司的治理结构应以公司契约论

---

① Vgl. Grigoleit/Tomasic, Kommentar zum AktG § 112, 2. Aufl. 2013, Rn. 1.
② Vgl. Habersack, Kommentar zum AktG § 112, 5. Aufl. 2019, Rn. 3.

为基础，尊重公司自治，在更高程度上满足股东意思自治的需求，①而股份有限公司的公司自治应当受到更为严格的限制。在公司规范设计中，立法者应当根据公司类型和事项性质的不同来设定自治性或强行性规范。例如，有限责任公司与发起设立的股份有限公司，由于其封闭性、人合性的特质，应充分尊重股东协议、公司章程的自治性安排；而募集设立的股份有限公司，因其公开性和股票市场的流动性，在权限和义务设置上，应以强行性规范为主。②然而，按照《公司法》第182条的规定，股份有限公司的董事同样可以在获得公司批准的情况下实施自我行为。这种未能依照公司类型作出差异化处理的公司治理机制缺乏灵活性。③

2. 董事、监事和高级管理人员

按照原《公司法》第148条第1款第4项的规定，禁止董事自我行为法律规范的适用主体是董事和高级管理人员。有学者建议，该规定的适用范围过于狭窄，为避免董事以他人之名行自我行为之实来规避法律，应对该规定进行目的论扩张解释，④使其不仅包括董事与公司之间的自我行为，而且包括董事关联人（与董事存在某种可能影响交易之公正性的关联关系的个人或企业）与公司之间进行的交易。⑤上述建议为《公司法》第182条第2款所采纳。根据该规定，董事关联人与公司所实施的法律行为，虽然不具有身份同一性，也被纳入董事自我行为之列，受到禁止。《公司法》第182条第2款将董事为规避身份同一性而指定复代理

---

① 参见乔宝杰：《对我国有限责任公司治理结构的反思》，载《政治与法律》2011年第8期，第114~117页。
② 参见薛波：《论公司法改革中商法思维的引入和运用》，载《北方法学》2017年第1期，第82页。
③ 参见赵万一、赵吟：《中国自治型公司法的理论证成及制度实现》，载《中国社会科学》2015年第12期，第169页。
④ 参见孙英：《论董事自我交易的法律规制——以〈公司法〉第149条的适用与完善为核心展开》，载《法学》2010年第6期，第118页。
⑤ 有学者认为，董事关联人应当包括以下三类：董事的近亲属及与其共同生活的人、董事或上一类关联人控制的商事组织、其他与董事存在经济利益关系的个人或组织。参见胡晓静：《论董事自我交易的法律规制》，载《当代法学》2010年第6期，第64~66页；杨辉：《论董事的抵触利益交易》，载《中外法学》1997年第3期，第54页。吴广海认为，自我行为的主体应当包括董事、监事、高级管理人员和实际控制人。参见吴广海：《董事与公司交易的相关法律问题研究》，载《政治与法律》2005年第1期，第49页。邓峰认为，公司的监事、清算人、非董事的控制股东与公司进行的交易也应当适用董事与公司进行交易的特别规则。参见邓峰：《公司利益缺失下的利益冲突规则——基于法律文本和实践的反思》，载《法学家》2009年第4期，第83页；朱晓娟：《股份有限公司董事"恶"之法律抑制》，载《政法论坛》2004年第5期，第53页。

人或为自己指定代理人的情形纳入禁止范围虽然值得肯定，但该规定同时禁止董事未以规避身份同一性为目的实施并不损害公司利益的关联交易，这种将禁止自我行为的规范适用于不存在身份同一性的关联交易的做法，不仅有悖《公司法》第 22 条原则上允许关联交易的立法目的，而且会导致禁止董事自我行为规范的滥用。鉴于此，下述对《公司法》第 182 条第 2 款的规定进行目的论限缩解释，将其限定于董事为规避身份同一性而指定复代理人或为自己指定代理人并代理公司与其实施法律行为的情形。

3. 董事与复代理人或董事自己的代理人实施的代理行为

为规避身份同一性，董事可能会为公司指定复代理人或为自己指定代理人并与其实施法律行为。董事为公司指定复代理人的，董事以自己的名义作出意思表示，复代理人以公司名义作出意思表示；董事为自己指定代理人的，董事以公司名义作出意思表示，而董事的代理人以董事的名义作出意思表示。在这两种情形中，从形式上看，董事都仅作为合同的一方当事人出现，并未作为表意人和受领人同时出现在缔约双方，不符合禁止董事自我行为法律规范所要求的身份同一性之构成要件，但代理行为实质上基于董事的意思所实施，因为不论是复代理人还是董事自己的代理人，均受到董事的控制。鉴于此，德国学界普遍认为，有限责任公司董事指定复代理人并与其进行交易的，同样存在利益冲突之风险，应被作为自我行为予以禁止。①

在我国法上，为规避《公司法》第 182 条第 1 款所要求的身份同一性，董事指定《公司法》第 182 条第 2 款所列举的第三人为其代理人或公司的复代理人，并代理公司与其实施代理行为的，事实上构成身份同一性，无论公司利益是否受到损害，均应适用《公司法》第 182 条第 1 款关于禁止董事自我行为的规定。反之，董事并不以规避《公司法》第 182 条第 1 款的身份同一性为目的，代理公司与该条第 2 款所列举的人员进行交易的，不适用《公司法》第 182 条第 1 款的规定，而只能适用《公司法》第 22 条关于关联交易的规定，损害赔偿以公司利益实际遭受损害为必要。由此可见，为规避身份同一性的风险，《公司法》第 182 条第 2 款的适用应被限缩为实质上存在身份同一性的情形，即该款所列举的人员被指定为复代理人或董事的代理人的情形。

4. 双方代理

关于禁止董事自我行为的规范是否适用于《公司法》董事同时代理

---

① Vgl. Wisskirchen/Kuhn, Kommentar zum GmbHG § 35, 40. Aufl. 2019, Rn. 84.

两家公司实施法律行为的情形，我国司法实践和学界存在争议。否定说认为，董事自我行为仅限于董事代理公司与自己进行交易的情形。①肯定说认为，董事自我行为也包括董事同时代理公司和第三人实施的法律行为。②本书赞同肯定说。原因在于，双方代理与自己代理相同，均属于董事自己与自己实施法律行为的情形，所不同的仅仅是在双方代理中董事所代理的是另一家公司而已。

综上，我国《公司法》第 182 条不加区分地适用于有限责任公司和股份有限公司，不利于保护股份有限公司股东的利益，最高人民法院应通过司法解释禁止股份有限公司董事的自我行为，同时规定由监事会代理公司与董事实施法律行为。《公司法》第 182 条第 1 款所禁止的行为包括公司董事、监事和高级管理人员等具有代理权者与自己实施的法律行为，而不包括他们与第三人实施的法律行为。为避免违背《公司法》第 22 条的立法目的，应当对《公司法》第 182 条第 2 款进行目的论限缩解释，仅禁止董事以规避身份同一性为目的而将该第 2 款所列举的人员或与其没有关联关系的其他人员指定为复代理人或自己的代理人并与其实施法律行为的情形。董事未以规避身份同一性为目的而与《公司法》第 182 条第 2 款所列举的人员实施的法律行为，不适用《公司法》第 182 条第 1 款的规定，仅在符合《公司法》第 22 条规定的情况下，由关联交易的当事人向公司承担损害赔偿责任。《公司法》第 182 条的规定同样适用于董事同时代理两家公司实施的自我行为。

二、禁止董事自我行为的例外

董事自我行为是一把"双刃剑"，它能引发"损公肥私"的道德风险，违背公平正义；同时也能降低企业的交易成本，提高公司的运营效

---

① 参见张民安：《现代英美董事法律地位研究》（第 2 版），法律出版社 2007 年版，第 339 页；内蒙古自治区呼和浩特市中级人民法院［2015］呼商初字第 00032 号民事判决书。

② 参见何永哲：《董事自己代表和双方代表与公司交易行为之禁止探讨》，载《中国司法》2001 年第 10 期，第 49 页；［韩］李哲松：《韩国公司法》，吴日焕译，中国政法大学出版社 2000 年版，第 505 页。参见福建省宁化县人民法院［2017］闽 0424 民初 1028 号民事判决书。类似的还有江苏省无锡市中级人民法院［2007］锡民二终字第 304 号民事判决书（法院认为刘某星同为锡海酒店和紫勋公司的法定代表人和执行董事，故锡海酒店和紫勋公司签订《咨询管理合同》实为自我行为，损害了锡海酒店的合法权益。因上诉人未能举证证明该交易已经过锡海酒店股东会同意，故《咨询管理合同》无效），以及山西省晋城市中级人民法院［2021］晋 05 民终 149 号民事裁判书。

率。①现代公司法对董事自我行为的规范比较合理,并不认为董事与公司之间的一切自我行为均为无效,②尤其是无利益冲突风险之董事自我行为。此外,根据公司自治原则,公司内部权利义务的配置、经营业务的开展等,均可授权公司在不违反法律法规的前提下通过章程约定或股东会、董事会决议进行自主安排。③

(一) 无利益冲突风险之董事自我行为

如前所述,《公司法》第182条的立法目的在于规避董事自我行为固有之利益冲突风险。在不存在利益冲突风险的例外情况下,自应允许董事实施自我行为。

1. 债务履行的法律行为

债务履行不涉及利益冲突问题。履行的内容既已确定,行为人无需作出利益权衡,自然不存在利益冲突风险。此处的"债务"既包括公司对董事负担的债务,也包括董事对公司负担的债务。在德国法中,董事为自己发工资或报销费用的行为属于典型的自我行为。④在我国司法实践中,法院在判决时亦未禁止董事履行债务的自我行为。例如,最高人民法院第一巡回法庭在长沙某公司等诉邬某纠纷案中认为,田某作为公司的法定代表人所签署的《权益保障承诺书》仅承诺公司将按照《资产重组协议》的约定履行合同,不属于订立合同或进行交易的行为,并未违反《公司法》第148条第1款第4项(现为《公司法》第182条第1款)的规定。⑤该裁定从结果上值得赞同。但法院若意识到承诺书的签署属于履行合同债务的行为,则应判决承诺书的签署行为不存在利益冲突之风险,无需对其适用《公司法》第148条第1款第4项(现为《公司法》第182条第1款)的规定。可见,董事在债务履行时无需进行利益权衡,因此不可能存在利益冲突之风险,不必适用《公司法》第182条对其予以禁止。

2. 纯获法律上利益的法律行为

在使公司纯获法律上利益的自我行为中,公司并不因此而负担义务,

---

① 参见孙英:《论董事自我交易的法律规制——以〈公司法〉第149条的适用与完善为核心展开》,载《法学》2010年第6期,第117页。
② 参见张民安:《公司法上的利益平衡》,北京大学出版社2003年版,第404页。
③ 参见赵万一、赵吟:《中国自治型公司法的理论证成及制度实现》,载《中国社会科学》2015年第12期,第157页。
④ Vgl. Stephan/Tieves, Kommentar zum GmbHG § 35, 3. Aufl. 2019, Rn. 177.
⑤ 参见最高人民法院[2017]最高法民申3126号民事裁定书。

禁止性法律旨在避免的利益冲突风险显然不存在，故无需对公司予以特别保护。①例如，董事在向公司无息、低息或等息贷款、对公司债务无条件保证、②向公司捐赠或以公司作为受赠人而与公司签署赠与合同时进行自我行为的，不适用《公司法》第182条的规定。司法实践中也曾有过类似判决。例如，有法院认为，董事、高级管理人员与公司订立的合同，如属于使公司纯获利益的交易行为，不影响合同的效力。③

如前所述，由于经济利益的不确定性，不宜以是否损害公司的经济利益为标准判断，而应依据是否使公司"纯获法律上利益"这一抽象标准来判断董事自我行为的效力，否则危及法律的稳定性。具体而言，法官判案时，原则上仅需判断公司的财产是否增加，而无需对公司是否获得经济利益作出判断。例外的是，在董事向公司低息或等息贷款的情形中，虽然公司需要支付利息，但董事的行为不属于使公司纯获法律上利益的行为，考虑到如果公司从其他渠道获得贷款亦需要至少支付与银行贷款利息相等的利息，因此在董事向公司低息或等息贷款时，公司并不负有额外法律义务，同样应属"纯获法律上利益"的情形。反之，董事所实施的虽然在经济上有利于公司，但其目的却在于投机或制造抵销机会等非使公司纯获法律上利益的自我行为应被禁止。

综上，在适用《公司法》第182条时，法院不仅应考虑自我行为这一外在形式，而且应考虑该规定旨在避免利益冲突风险的立法目的，对其进行目的论限缩解释，原则上应允许债务履行和使公司纯获法律上利益这两类不存在利益冲突风险的董事自我行为。

（二）经公司同意之董事自我行为

"宪政理论关注决策的过程和结构，而不是决策的结果。民主体制强调的是人民参与决策的权利和过程，由此作出的最终决策，无论其内容

---

① Vgl. Stephan/Tieves, Kommentar zum GmbHG § 35, 3. Aufl. 2019, Rn. 178.
② 参见吴广海：《董事与公司交易的相关法律问题研究》，载《政治与法律》2005年第1期，第49页。
③ 参见浙江省金华市中级人民法院［2017］浙07民终4970号民事判决书："徐某明向家天下房产公司出借借款，并不涉及家天下房产公司的主营业务，不仅未与家天下房产公司的利益发生冲突，反而为家天下房产公司的经营发展提供了资金上的支持，其约定的月利率2%亦在我国法律允许的限额内，并且家天下房产公司数次核对借款金额予以对账确认并签字盖章，家天下房产公司与徐某明签订了房屋抵偿借款协议书、房屋买卖合同并进行备案，可见家天下房产公司对借款行为予以认可，故该借款不属于公司法第一百四十八条规定的禁止自我行为，而属于合法有效的借贷行为，应予以保护。"尽管该案中公司需要支付月利率2%，但如法院所述，该利率亦在我国法律允许范围内，如果公司从其他渠道贷款，同样需要支付利息，故可以将此类行为视为纯获法律上利益的行为。

愚蠢或英明，都具有合法性和正当性。公司宪政论着重强调公司的决策过程，希望通过程序正义实现实质正义。"①按照我国《公司法》第182条的规定，董事实施自我行为时，应向董事会或股东会报告，并按照公司章程的规定经董事会或者股东会决议通过。该规定体现了尊重公司自治的精神。

1. 公司章程的授权

《德国有限责任公司法》允许有限责任公司通过章程排除禁止自我行为法律规定的适用。②就我国法而言，学界关于是否应当允许章程授权董事实施自我行为的问题存在争议。肯定说认为，应当允许公司章程授权董事实施自我行为；③否定说认为，章程的概括性批准易导致权利滥用，无法保证董事自我行为的公正性，故不得以章程概括授权董事实施自我行为。④

本书认为，应当区分股份有限公司和有限责任公司。为控制董事自我行为的风险，维护股份有限公司股东的利益，股份有限公司不得通过章程授权董事实施自我行为；而对于所有权和控制权统一的有限责任公司，应当尊重公司自治，允许公司通过章程授权董事实施自我行为。首先，公司自治要求，对基于公司的自由意志所从事的各种内外部行为均给予全面的合法性确认。⑤其次，公司章程是公司运营的基本规则，由于它"自治法"的地位，应当优先于法律和行政法规适用。⑥换言之，为强化章程自治，凡不涉及外部第三人的，皆是自治事项，由公司章程调整。⑦最后，原《公司法》第148条第1款第4项允许公司章程授权董事

---

① 参见［美］弗兰克·H. 伊斯特布鲁克等：《公司法的逻辑》，黄辉编译，法律出版社2016年版，前言部分第12页。
② Vgl. Stephan/Tieves, Kommentar zum GmbHG § 35, 3. Aufl. 2019, Rn. 183.
③ 参见孙英：《论董事自我交易的法律规制——以〈公司法〉第149条的适用与完善为核心展开》，载《法学》2010年第6期，第119页。
④ 参见胡晓静：《论董事自我交易的法律规制》，载《当代法学》2010年第6期，第67页；吴广海：《董事与公司交易的相关法律问题研究》，载《政治与法律》2005年第1期，第50页；朱晓娟：《股份有限公司董事"恶"之法律抑制》，载《政法论坛》2004年第5期，第53页。
⑤ 参见赵万一、赵吟：《中国自治型公司法的理论证成及制度实现》，载《中国社会科学》2015年第12期，第157页。
⑥ 参见王保树：《从法条的公司法到实践的公司法》，载《法学研究》2006年第6期，第27页。
⑦ 参见薛波：《论公司法改革中商法思维的引入和运用》，载《北方法学》2017年第1期，第80页。

实施自我行为,①《公司法》第 182 条虽然删除了原《公司法》第 148 条第 1 款第 4 项关于允许公司章程授权董事实施自我行为的规定,但从公司自治原则和原《公司法》第 148 条第 1 款第 4 项允许公司章程授权董事实施自我行为的规定来看,即使《公司法》第 182 条对此保持沉默,也应将其视为对有限责任公司的赋权性规则,②准许有限责任公司通过章程授权董事实施自我行为,公司基于对董事的信任而愿意承担董事自我行为风险的,法律不宜过多干预。但是,即使对于有限责任公司,董事自我行为的准许,也应被控制在一定范围内,完全排除董事的信义义务,会放大公司章程作为"长期合同"的不完备性,③最低限度的忠实义务和善管注意义务是信义义务不可削减之核心。④

2. 董事会或股东会同意

《公司法》第 182 条第 1 款规定:"董事、监事、高级管理人员,直接或者间接与本公司订立合同或者进行交易,应当就与订立合同或者进行交易有关的事项向董事会或者股东会报告,并按照公司章程的规定经董事会或者股东会决议通过。"有学者认为,若公司章程未规定董事自我行为须经董事会或股东会决议,则董事履行向董事会或股东会报告的义务即可实施自我行为。⑤该观点有待商榷。事实上,《公司法》第 182 条第 1 款只是扩充董事会为同意权的公司机关,即使公司章程未规定董事自我行为须经董事会或股东会决议,该行为亦须经股东会或董事会批准。⑥

(1) 事先允许

按照原《公司法》第 148 条的规定,股东会是批准董事实施自我行为的公司机关。但学者们多建议增加董事会作为批准机关。例如,有学

---

① 参见王保树:《从法条的公司法到实践的公司法》,载《法学研究》2006 年第 6 期,第 27 页。
② 有学者认为,包含"依照公司章程的规定"词句的法条,一般情况下属于赋权性规则。参见罗培新:《公司法强制性与任意性边界之厘定:一个法理分析框架》,载《中国法学》2007 年第 4 期,第 79 页。
③ 参见罗培新:《公司法强制性与任意性边界之厘定:一个法理分析框架》,载《中国法学》2007 年第 4 期,第 74~81 页。
④ 参见赵廉慧:《论信义义务的法律性质》,载《北大法律评论》2020 年第 1 期,第 62~86 页。
⑤ 参见伍坚、刘慈航:《论自我交易与关联交易之制度统合——以〈公司法〉修订为契机》,载陈洁主编:《商法界论集》(第 11 卷),中国金融出版社 2023 年版,第 72 页。
⑥ 参见赵旭东主编:《新公司法条文释解》,法律出版社 2024 年版,第 395~396 页。

者建议，基于追求效率与维护公司利益的双重需要，有限责任公司董事的自我行为应由董事会批准。①另有学者建议，一般性的董事自我行为应交由董事会批准，而对公司产生重大影响的特定交易或契约签订应交由股东会批准。②《公司法》第182条第1款采纳了上述学者的建议，将董事会作为批准董事自我行为的公司机关之一。本书认为，由于董事会成员之间的关系通常较为密切，董事可能会碍于面子不得不批准其同事实施的自我行为；而股东会代表着公司的利益，会从公司整体利益的层面权衡董事的自我行为，相对客观地作出同意或不同意董事自我行为的决定。鉴于此，建议公司在章程中规定涉及公司重大利益的董事自我行为应由股东会决议，以规避董事会决议可能存在的利益冲突风险。

（2）事后追认

《公司法》第182条并未明确规定批准机关是否可以通过事后追认的方式同意董事的自我行为。有学者认为，除事先批准之外，批准机关亦可通过事后追认的方式同意董事的自我行为。③特别是当公司急需的资金或原材料不能从市场上获取或因产品销售的激烈竞争而存在丧失市场份额的风险，且公司批准机关来不及批准董事自我行为或因出现公司僵局无法进行批准时，董事向公司贷款、供应原材料或购买公司产品能帮助公司渡过难关。④司法实践中，亦有法院肯定批准机关通过事后追认承认董事自我行为效力的案例。例如，在某小贷公司与邓某民间借贷纠纷案中，最高人民法院认为，某小贷公司履行其与邓某的借款合同的行为，构成对某小贷公司董事长邓某所进行的自我行为的确认。⑤再如，在代甲与代乙、郑某等买卖合同纠纷案中，法院认为，虽然《混凝土买卖合同》未经批准机关同意，但其中一名股东已在合同上签字且与另一股

---

① 参见孙英：《论董事自我交易的法律规制——以〈公司法〉第149条的适用与完善为核心展开》，载《法学》2010年第6期，第119页。
② 参见胡晓静：《论董事自我交易的法律规制》，载《当代法学》2010年第6期，第67页；吴广海：《董事与公司交易的相关法律问题研究》，载《政治与法律》2005年第1期，第50页；杨辉：《论董事的抵触利益交易》，载《中外法学》1997年第3期，第55页。
③ 参见孙英：《论董事自我交易的法律规制——以〈公司法〉第149条的适用与完善为核心展开》，载《法学》2010年第6期，第121页；吴广海：《董事与公司交易的相关法律问题研究》，载《政治与法律》2005年第1期，第51页。
④ 参见杨辉：《论董事的抵触利益交易》，载《中外法学》1997年第3期，第54页；王林清：《公司纠纷裁判思路与规范释解》（第2版·下），法律出版社2017年版，第948页。
⑤ 参见最高人民法院［2018］最高法民申3119号民事裁定书。虽然最高人民法院使用了"关联交易"，实际上所适用的却是原《公司法》第148条第1款第4项的规定。

东在庭审中认可了董事通过自我行为订立合同的行为,故上述合同有效。①本书认为,可以借鉴《民法典》第 168 条关于被代理人可以通过事后追认同意代理人所实施自我行为的规定,对《公司法》第 182 条进行扩大解释,允许批准机关通过事后追认同意董事的自我行为。既然批准机关可以事先允许董事实施自我行为,没有理由不允许其事后追认董事的自我行为。在追认的情形中,批准机关基于对董事自我行为内容的了解而作出决议,利益冲突的风险几乎为零。

综上,法律规范董事自我行为的主要目的是降低董事自我行为损害公司利益的风险,维护公司利益。根据公司团体自治精神,法律允许公司根据自己的判断,通过章程授权或批准机关事先批准或事后追认来允许董事实施自我行为。然而,有学者认为,经董事会或股东会批准的董事自我行为仍然不一定有效,只是证明交易有失公平的举证责任转由原告承担。②另有学者认为,对于董事基于章程的授权或批准机关同意所实施的自我行为,法院还应予以实质公平审查。③

3. 无须实质公平审查

实质公平审查是英美法赋予法官对包括董事自我行为和关联交易在内的"利益冲突交易"进行公平性审查的制度。主张借鉴该制度的学者不恰当地将董事自我行为等同于美国法上的利益冲突交易,并建议直接借鉴《美国示范公司法》对利益冲突交易的定义来界定董事自我行为:"董事自我行为是指董事、高级管理人员在为公司实施行为时知道他或者其关联人是该交易的另一方当事人或者与该交易存在经济利益或者与该交易存在密切关联,并且使人们有理由相信该种利益的存在将会对该董

---

① 参见西藏自治区拉萨市中级人民法院 [2017] 藏 01 民终 666 号民事判决书;法院认为,"被告代某与原告签订合同时虽未经股东会、股东大会同意,但原告提交的《混凝土买卖合同》中有原告的法定代表人(股东之一)和被告代某(股东之一)签字确认,被告郑某昌在庭审中也认可原告与被告代某签订《混凝土买卖合同》时其是知情也是同意的,原告与被告代某签订《混凝土买卖合同》时其公司股东一共三名(原告的法定代表人、被告代某、被告郑某昌),经庭审查明,三名股东对该行为都是认可并同意的,故一审法院认定原告与被告代某签订的《混凝土买卖合同》有效"。

② 参见伍坚、刘慈航:《论自我交易与关联交易之制度统合——以〈公司法〉修订为契机》,载陈洁主编:《商法界论集》(第 11 卷),中国金融出版社 2023 年版,第 77~78 页。

③ 参见胡晓静:《论董事自我交易的法律规制》,载《当代法学》2010 年第 6 期,第 68 页;孙英:《论董事自我交易的法律规制——以〈公司法〉第 149 条的适用与完善为核心展开》,载《法学》2010 年第 6 期,第 119 页;施天涛、杜晶:《我国公司法上关联交易的皈依及其法律规制——一个利益冲突交易法则的中国版本》,载《中国法学》2007 年第 6 期,第 128 页。

事、高级管理人员的判断产生影响。"①该概念混淆了董事自我行为与关联交易这两项不同的法律制度。如前所述，董事自我行为与关联交易在适用范围、构成要件和法律后果上存在诸多不同，不宜将两者混淆，也不宜将英美法上主要适用于关联交易的实质公平审查制度适用于我国法上的董事自我行为。

即使在美国，近年来基于对公司自治的尊重和交易安全的考虑，实质公平审查制度的适用范围也受到成文法的限制，例如《特拉华州普通公司法》不再将实质公平审查作为判断利益冲突交易效力的必要条件。对于经无利害关系董事或股东批准的交易仅适用商业判断规则，而无须由法院进行实质公平审查。②美国学者亦认为，公司机关的批准本身，并不意味着交易一定会增进股东的福利，批准机关可能因信息不足而无法作出理性判断，也可能由于情面、投机心理或集体选择困境而予以批准，但这些成本或者错误的风险亦不必然高于法律运作的成本和错误率。③公司是自己利益的最佳判断者，法院的任务应当仅限于依法裁判，不能也不应承担判断法律行为是否有利于当事人的任务。近年来，我国《公司法》亦以尊重公司自治为导向，要求法律充分尊重公司的自由意志，满足公司团体自治的要求，最大限度地激发公司的活力和创造力。而实质公平审查制度违背公司自治原则，与我国公司法的改革方向背道而驰，因此该制度不足为我国公司法借鉴。

综上所述，根据《公司法》第182条的规定，禁止董事自我行为规则主要适用于公司的董事、监事和高级管理人员与自己实施的自己代理和双方代理行为，以及上述人员为规避身份同一性而为公司指定复代理人或为自己指定代理人并与其实施的代理行为，原则上不涉及公司控股股东或实际控制人所实施的法律行为。董事可以实施不存在利益冲突风险的自我行为，如债务履行或使公司纯获法律上利益的法律行为。基于公司自治原则，公司可以通过章程授权或经由批准机关决议批准董事实施自我行为。对于经公司授权或批准的董事自我行为，属于公司的商业决定，应予尊重，无须法院的实质公平审查。

---

① 参见施天涛：《公司法论》（第4版），法律出版社2018年版，第435页。
② 参见徐文彬等译：《特拉华州普通公司法》（最新全译本），中国法制出版社2010年版，第44~45页。
③ 参见［美］弗兰克·伊斯特布鲁克、丹尼尔·费希尔：《公司法的经济结构》（中译本第2版），罗培新、张建伟译，北京大学出版社2014年版，第105页。

第三节　董事违反禁止自我行为规定的法律后果

　　关于董事违反规定实施自我行为的法律后果，《公司法》第 186 条继受了原《公司法》第 148 条第 2 款的规定，仅规定了所谓的"归入权"。"归入权"的行使意味着公司必须首先承认自我行为的效力，其后才可以要求因实施自我行为而获益的董事向公司上缴其所获得的收益，这种具有惩罚性质的规定①在私法上缺乏正当性基础，且不一定符合公司自治或公司利益。正如学者所言，所谓的"归入权"不过是对董事获得的积极利益的没收而已，并不涉及外部关系，而法律需要调整的利益冲突，常常涉及外部关系，②即董事所实施自我行为的效力问题。而关于董事违反《公司法》第 182 条的规定所实施的自我行为的效力问题，《公司法》未予规定。这种模糊不清的立法状况已经导致司法实践中不同法院作出不同的判决，在有效与无效之间摇摆不定。最高人民法院在甲公司、乙公司与赵某、丙公司商品房预售合同纠纷再审案③和丁公司与王某房屋买卖合同纠纷再审案④两案中，认为董事自我行为未损害公司利益，均有效；而在胡甲等与胡乙等合同纠纷再审案中，认定未经章程授权亦未征得股东会同意的董事自我行为无效。⑤就地方法院的判决而言，有的法院认为关于董事自我行为的规定属于强行性规定，违反强行性规定的董事自我行为无效；⑥而有的法院则认为该规定属于公司内部的管理性规

---

① 参见许德风：《道德与合同之间的信义义务——基于法教义学与社科法学的观察》，载《中国法律评论》2021 年第 5 期，第 151 页；在英美法上，返还获利具有惩罚性，参见徐化耿：《信义义务的一般理论及其在中国法上的展开》，载《中外法学》2020 年第 6 期，第 1591 页。
② 参见邓峰：《公司利益缺失下的利益冲突规则——基于法律文本和实践的反思》，载《法学家》2009 年第 4 期，第 86 页。
③ 参见最高人民法院［2013］民提字第 98 号民事判决书。
④ 参见最高人民法院［2016］最高法民申 1951 号民事裁定书。
⑤ 参见最高人民法院［2018］最高法民申 3825 号民事裁定书。
⑥ 参见山东省济南市中级人民法院［2018］鲁 01 民终 5758 号民事判决书；重庆市第五中级人民法院［2018］渝 05 民终 3785 号民事判决书；江苏省扬州市中级人民法院［2018］苏 10 民终 2183 号民事判决书；北京市高级人民法院［2017］京民终 348 号民事判决书；辽宁省大连市中级人民法院［2018］辽 02 民终 1637 号民事判决书；新疆维吾尔自治区昌吉回族自治州中级人民法院［2019］新 23 民终 583 号民事判决书。

定，不具有强制效力，违反该规定并不影响董事自我行为的效力。① 关于董事自我行为的效力问题，学界存在有效说、可撤销说、无效说、效力待定说等不同学说。下述尝试结合《民法典》第 168 条和第 171 条的规定，在确定董事自我行为法律效力的基础上明确董事违反《公司法》第 182 条应当承担的法律责任。

一、董事自我行为的法律效力

（一）有效说

有效说认为，违反《公司法》规定的董事自我行为仅产生董事的内部责任，为维护交易安全，自我行为应为有效。② 有法院认为，原《公司法》第 148 条第 1 款第 4 项属于管理强制性规定，违反该规定订立的合同有效。③《公司法》第 186 条关于董事应将其实施自我行为的所得上缴公司的规定，似乎采纳了有效说。在有效说下，公司只能承认董事所实施自我行为的效力，享有对董事的"归入权"，而不能主张董事自我行为无效，从而丧失对此类行为最重要的救济方式，不能有效规避董事自我行为给公司带来的抽象风险。

（二）可撤销说

有学者主张，董事自我行为可撤销。④ 与有效说一样，可撤销说主要旨在保护交易安全，并不利于公司，公司必须在法定撤销期间通过诉讼或仲裁向董事主张撤销，难以实现禁止董事自我行为规避利益冲突风险的立法目的，⑤ 有待商榷。

（三）无效说

无效说认为，《公司法》关于禁止董事自我行为的规定属于法律的

---

① 参见湖北省黄冈市中级人民法院［2017］鄂 11 民终 2428 号民事判决书；广西壮族自治区防城港市中级人民法院［2018］桂 06 民终 10 号民事判决书；江苏省南通市中级人民法院［2018］苏 06 民终 2166 号民事判决书。

② 参见王保树：《从法条的公司法到实践的公司法》，载《法学研究》2006 年第 6 期，第 25 页；伍坚、刘慈航：《论自我交易与关联交易之制度统合——以〈公司法〉修订为契机》，载陈洁主编：《商法界论集》（第 11 卷），中国金融出版社 2023 年版，第 81 页。

③ 参见北京市第二中级人民法院［2022］京 02 民终 14362 号民事判决书。

④ 参见孙英：《论董事自我交易的法律规制——以〈公司法〉第 149 条的适用与完善为核心展开》，载《法学》2010 年第 6 期，第 119 页；胡晓静：《论董事自我交易的法律规制》，载《当代法学》2010 年第 6 期，第 68 页；董安生、陈洁：《不公平关联交易合同的可撤销性问题研究》，载《法学杂志》2009 年第 2 期，第 57 页。

⑤ 参见何永哲：《董事自己代表和双方代表与公司交易行为之禁止探讨》，载《中国司法》2001 年第 10 期，第 50 页。

强行性规定，董事未履行法定程序所实施的自我行为因违反该强行性规定而无效。①该学说将禁止董事自我行为的规定认定为强行性规定的观点有待商榷。从比较法上来看，各国对公司的营利行为多采取鼓励和容忍的态度，禁止以法律判断取代公司的经营判断，故法律一般不轻易否定公司行为的效力。②如前所述，《公司法》第 182 条不属于强行性规定，而是可以被公司章程排除适用的任意性规定，违反该任意性规定的自我行为并不必然无效。③

（四）效力待定说

持效力待定说的学者认为，董事是否可以进行自我行为属于代理权之有无问题，其行为并非当然无效。④效力待定说值得赞同。首先，效力待定说为公司追认董事的自我行为预留了空间，充分尊重了公司自治。其次，既然公司可以通过事先同意授予董事实施自我行为的权限，允许公司对董事自我行为予以事后追认，自无不可。虽然《公司法》第 182 条并未明确规定公司的追认权，但公司可以依据《民法典》第 168 条的规定行使追认权。最后，公司通常会在充分知悉并权衡利弊的基础上作出是否追认的决定，利益冲突的风险被排除。

如前所述，关于禁止自我行为的规定是对代理权的法定限制，董事未按照《公司法》第 182 条的规定履行法定程序征得公司同意所实施的自我行为，构成无权代理，效力待定。在《公司法》没有特别规定的情况下，对于董事的自我行为可以适用《民法典》第 171 条关于无权代理的规定。按照该规定，公司可以在权衡利弊的基础上选择是否追认。在前述甲公司、乙公司与赵某、丙公司商品房预售合同纠纷再审案和丁公司与王某房屋买卖合同纠纷再审案中，由于公司并未追认董事的自我行为，法院不应再以自我行为未损害公司利益为由承认其效力，而应当像在胡甲等与胡乙等合同纠纷再审案中那样，认定董事的自我行为无效。唯其如此，法院才能确保同案同判。

综上，董事违反《公司法》第 182 条的规定实施的自我行为构成无

---

① 参见石少侠：《公司法》，吉林人民出版社 1994 年版，第 243 页；吴广海：《董事与公司交易的相关法律问题研究》，载《政治与法律》2005 年第 1 期，第 52 页。
② 参见赵万一、赵吟：《中国自治型公司法的理论证成及制度实现》，载《中国社会科学》2015 年第 12 期，第 163 页。
③ 参见王保树：《从法条的公司法到实践的公司法》，载《法学研究》2006 年第 6 期，第 25 页。
④ 参见何永哲：《董事自己代表和双方代表与公司交易行为之禁止探讨》，载《中国司法》2001 年第 10 期，第 50 页。

权代理，效力待定，由公司决定是否追认。《公司法》第 186 条关于"归入权"的规定仅以董事自我行为的生效为前提，且具有惩罚性质，并未全面规范董事自我行为的责任承担问题。下述尝试澄清董事未经允许实施自我行为时应承担的责任。

二、董事自我行为的责任承担

如上所述，关于董事违反《公司法》第 182 条的规定应当承担责任的问题，《公司法》的规定不够充分。事实上，在采纳效力待定说的情况下，董事的责任因公司是否追认自我行为而有所不同。公司追认董事自我行为的，该行为对公司生效，双方当事人具有履行义务，并不涉及损害赔偿或收入上缴公司的问题。公司拒绝追认的，董事自我行为无效，董事并没有收入，同样不涉及收入上缴公司的问题。此外，董事自我行为已经履行的，当事人应当依据《民法典》第 157 条的规定返还财产。由于董事自我行为中，董事属于该法律行为的双方当事人，并不存在需要保护的善意相对人，故《民法典》第 171 条关于无权代理责任的规定不适用。

本章小结

董事自我行为和关联交易的适用范围、构成要件和法律后果有所不同，不宜将董事自我行为视为关联交易的一种特殊形式，而应当将其作为独立的制度予以建构和适用。《公司法》第 182 条关于禁止董事自我行为的规定是对董事代理权的法定限制，其立法目的在于避免董事自我行为中的利益冲突风险，其适用仅以董事自我行为未经公司允许为要件，与公司利益是否实际受损无关。禁止董事自我行为法律规则的适用范围限于公司董事、监事和高级管理人员所实施的自己代理和双方代理，以及上述人员为规避身份同一性而为公司指定复代理人或为自己指定代理人并与其实施的代理行为，原则上不包括控股股东或实际控制人所实施的法律行为。对《公司法》第 182 条第 1 款的规定应作目的论限缩解释，无需禁止不存在利益冲突风险的董事自我行为，即债务履行和使公司纯获法律上利益的法律行为。在董事自我行为的问题上，公司法上的程序正义足以实现实质正义。只要公司通过章程授权董事实施自我行为或公司批准机关以事先批准或事后追认的方式同意董事实施的自我行为，董事的自我行为即为有效，这是对公司自治的充分尊重，无需借鉴美国法上的实质公平审查制度对其实质公平予以审查。未经章程授权或批准同意的董事自我行为构成无权代理，效力待定，由公司决定是否予以追认。无论公司是否追认董事的自我行为，均不存在"归入权"的问题。

参考文献

一、中文著作

1. 陈自强：《代理权与经理权之间——民商合一与民商分立》，北京大学出版社 2008 年版。
2. 董安生等：《关联交易法律控制问题研究》，中国政法大学出版社 2012 年版。
3. 江帆：《代理法律制度研究》，中国法制出版社 2000 年版。
4. 蒋月：《夫妻的权利与义务》，法律出版社 2001 年版。
5. 汪渊智：《代理法论》，北京大学出版社 2015 年版。
6. 汪渊智：《代理法立法研究》，知识产权出版社 2020 年版。
7. 夏吟兰、蒋月、薛宁兰：《21 世纪婚姻家庭关系新规制：新婚姻法解说与研究》，中国检察出版社 2001 年版。
8. 尹田：《民法典总则之理论与立法研究》（第 2 版），法律出版社 2018 年版。
9. 赵万一主编：《公司经理与经理权》，法律出版社 2013 年版。
10. 张民安：《公司法上的利益平衡》，北京大学出版社 2003 年版。
11. 张民安：《现代英美董事法律地位研究》（第 2 版），法律出版社 2007 年版。
12. ［英］洛克：《人类理解论》（上册），关文运译，商务印书馆 1959 年版。
13. ［美］弗兰克·伊斯特布鲁克、丹尼尔·费希尔：《公司法的经济结构》（中译本第 2 版），罗培新、张建伟译，北京大学出版社 2014 年版。
14. ［美］弗兰克·H. 伊斯特布鲁克等：《公司法的逻辑》，黄辉编译，法律出版社 2016 年版。

二、中文教材

1. 陈聪富：《民法总则》（第 4 版），元照出版有限公司 2022 年版。
2. 陈华彬：《民法总则》，中国政法大学出版社 2017 年版。
3. 崔建远等编著：《民法总论》（第 3 版），清华大学出版社 2019 年版。
4. 韩世远：《合同法总论》（第 4 版），法律出版社 2018 年版。
5. 洪逊欣：《中国民法总则》，三民书局 1979 年版。
6. 胡长清：《中国民法总论》，中国政法大学出版社 1997 年版。

7. 黄立:《民法总则》(第 2 版),元照出版公司 1999 年版。
8. 江平、张佩霖编著:《民法教程》,中国政法大学出版社 1986 年版。
9. 李永军:《民法典总则论》,中国法制出版社 2022 年版。
10. 梁慧星:《民法总论》(第 2 版),法律出版社 2001 年版。
11. 梁慧星:《民法总论》(第 5 版),法律出版社 2017 年版。
12. 梁慧星:《民法总论》(第 6 版),法律出版社 2021 年版。
13. 林诚二:《民法债编各论》(中),中国人民大学出版社 2007 年版。
14. 刘俊海:《现代公司法》(第 3 版),法律出版社 2015 年版。
15. 龙卫球:《民法总论》(第 2 版),中国法制出版社 2002 年版。
16. 马俊驹、余延满:《民法原论》(第 4 版),法律出版社 2010 年版。
17. 梅仲协:《民法要义》,中国政法大学出版社 1998 年版。
18. 施启扬:《民法总则》(修订第 8 版),中国法制出版社 2010 年版。
19. 施天涛:《公司法论》(第 4 版),法律出版社 2018 年版。
20. 石少侠:《公司法》,吉林人民出版社 1994 年版。
21. 史尚宽:《民法总论》,中国政法大学出版社 2000 年版。
22. 佟柔主编:《中国民法》,法律出版社 1990 年版。
23. 王利明:《民法总则新论》,法律出版社 2023 年版。
24. 王泽鉴:《债法原理》(第 2 版),北京大学出版社 2013 年版。
25. 王泽鉴:《债法原理》(第 2 版重排版),北京大学出版社 2022 年版。
26. 杨代雄:《法律行为论》,北京大学出版社 2021 年版。
27. 杨代雄:《民法总论》,北京大学出版社 2022 年版。
28. 杨立新:《中国民法总则研究》(下卷),中国人民大学出版社 2017 年版。
29. 余延满:《亲属法原论》,法律出版社 2007 年版。
30. 张俊浩主编:《民法学原理》(修订第 3 版·上册),中国政法大学出版社 2000 年版。
31. 张佩霖主编:《中国民法》(修订本),中国政法大学出版社 1994 年版。
32. 张卫平:《民事诉讼法》(第 6 版),法律出版社 2023 年版。
33. 郑冠宇:《民法总则》,瑞兴图书股份有限公司 2018 年版。
34. 朱庆育:《民法总论》(第 2 版),北京大学出版社 2016 年版。
35. [德]汉斯·布洛克斯、沃尔夫·迪特里希·瓦尔克:《德国民法总论》(第 41 版),张艳译,杨大可校,冯楚奇补译,中国人民大学出版社 2019 年版。
36. [德]C.W. 卡纳里斯:《德国商法》,杨继译,法律出版社 2006 年版。
37. [德]埃尔温·多伊奇、汉斯−于尔根·阿伦斯:《德国侵权法:侵权行为、损害赔偿及痛苦抚慰金》(第 6 版),叶名怡、温大军译,刘志阳校,傅宇校译,中国人民大学出版社 2022 年版。
38. [德]维尔纳·弗卢梅:《法律行为论》,迟颖译,法律出版社 2013 年版。
39. [德]马克斯·卡泽尔、罗尔夫·克努特尔:《罗马私法》,田士永译,法律出版社 2018 年版。

40. ［德］赫尔穆特·科勒：《德国民法总论》（第 44 版），刘洋译，北京大学出版社 2022 年版。

41. ［德］卡尔·拉伦茨：《德国民法通论》（下册），王晓晔等译，法律出版社 2003 年版。

42. ［德］本德·吕特斯、阿斯特丽德·施塔德勒：《德国民法总论》（第 18 版），于馨淼、张姝译，法律出版社 2017 年版。

43. ［德］迪特尔·梅迪库斯：《德国民法总论》，邵建东译，法律出版社 2000 年版。

44. ［德］罗森贝克、施瓦布、戈特瓦尔德：《德国民事诉讼法》，李大雪译，中国法制出版社 2007 年版。

45. ［德］迪尔克·罗歇尔德斯：《德国债法总论》（第 7 版），沈小军、张金海译，沈小军校，中国人民大学出版社 2014 年版。

46. ［德］迪特尔·施瓦布：《德国家庭法》，王葆莳译，法律出版社 2010 年版。

47. ［韩］李哲松：《韩国公司法》，吴日焕译，中国政法大学出版社 2000 年版。

三、中文立法资料及法律释义和评注等

1. 安建主编：《中华人民共和国公司法释义》，法律出版社 2005 年版。
2. 陈甦主编：《民法总则评注》（上册），法律出版社 2017 年版。
3. 陈甦主编：《民法总则评注》（下册），法律出版社 2017 年版。
4. 贺荣主编，最高人民法院民法典贯彻实施工作领导小组编著：《最高人民法院民法典总则编司法解释理解与适用》，人民法院出版社 2022 年版。
5. 黄薇主编：《中华人民共和国民法典总则编释义》，法律出版社 2020 年版。
6. 黄薇主编：《中华人民共和国民法典婚姻家庭编释义》，法律出版社 2020 年版。
7. 李适时主编：《中华人民共和国民法总则释义》，法律出版社 2017 年版。
8. 李永军主编：《中国民法典总则编草案建议稿及理由》（中国政法大学版），中国政法大学出版社 2016 年版。
9. 李永军主编：《中华人民共和国民法总则精释与适用》，中国民主法制出版社 2017 年版。
10. 李宇：《民法总则要义：规范释论与判解集注》，法律出版社 2017 年版。
11. 梁慧星主编：《中国民法典草案建议稿附理由：总则编》，法律出版社 2013 年版。
12. 石宏主编：《中华人民共和国民法总则条文说明、立法理由及相关规定》，北京大学出版社 2017 年版。
13. 王利明主编：《中华人民共和国民法总则详解：法条内容/法条释义/历史沿革与比较法/其他相关问题/典型案例》，中国法制出版社 2017 年版。
14. 王利明主编：《中国民法典释评·合同编·通则》，中国人民大学出版社 2020 年版。
15. 王林清：《公司纠纷裁判思路与规范释解》（第 2 版·下），法律出版社 2017

年版。

16. 肖峋、魏耀荣、郑淑娜：《中华人民共和国合同法释论》（总则），中国法制出版社 1999 年版。
17. 谢鸿飞、朱广新主编：《民法典评注：合同编·典型合同与准合同》（4），中国法制出版社 2020 年版。
18. 徐涤宇、张家勇主编：《〈中华人民共和国民法典〉评注》（精要版），中国人民大学出版社 2022 年版。
19. 徐文彬等译：《特拉华州普通公司法》（最新全译本），中国法制出版社 2010 年版。
20. 薛宁兰、谢鸿飞主编：《民法典评注：婚姻家庭编》，中国法制出版社 2020 年版。
21. 杨代雄主编：《袖珍民法典评注》，中国民主法制出版社 2022 年版。
22. 杨立新主编：《中华人民共和国民法总则要义与案例解读》，中国法制出版社 2017 年版。
23. 杨立新主编：《〈中华人民共和国民法典〉条文精释与实案全析》，中国人民大学出版社 2020 年版。
24. 张新宝：《〈中华人民共和国民法总则〉释义》，中国人民大学出版社 2017 年版。
25. 赵旭东主编：《新公司法条文释解》，法律出版社 2024 年版。
26. 谢鸿飞、朱广新主编：《民法典评注：合同编·典型合同与准合同》（1），中国法制出版社 2020 年版。
27. 朱庆育主编：《中国民法典评注·条文选注》（第 1 册），中国民主法制出版社 2021 年版。
28. 《民法总则立法背景与观点全集》编写组编：《民法总则立法背景与观点全集》，法律出版社 2017 年版。
29. 最高人民法院中国应用法学研究所编：《人民法院案例选》（总第 33 辑），人民法院出版社 2001 年版。
30. 最高人民法院民法典贯彻实施工作领导小组主编：《中华人民共和国民法典总则编理解与适用》，人民法院出版社 2020 年版。
31. 最高人民法院民法典贯彻实施工作领导小组主编：《中华人民共和国民法典合同编理解与适用》，人民法院出版社 2020 年版。
32. 最高人民法院民法典贯彻实施工作领导小组主编：《中华人民共和国民法典婚姻家庭编继承编理解与适用》，人民法院出版社 2020 年版。
33. 最高人民法院民事审判第二庭、研究室编著：《最高人民法院民法典合同编通则司法解释理解与适用》，人民法院出版社 2023 年版。

四、中文论文

1. 蔡立东：《论法定代表人的法律地位》，载《法学论坛》2017 年第 4 期。
2. 蔡立东、孙发：《重估"代表说"》，载《法制与社会发展》2000 年第 6 期。
3. 蔡伟雄等：《精神病人民事行为能力评定相关问题的探讨》，载《中国司法鉴定》

2003 年第 2 期。

4. 曹新明：《论表见代理》，载《法商研究（中南政法学院学报）》1998 年第 6 期。

5. 陈华彬：《论我国民法总则法律行为制度的构建——兼议〈民法总则草案〉（征求意见稿）的相关规定》，载《政治与法律》2016 年第 7 期。

6. 陈华彬：《论意定代理权的授予行为》，载《比较法研究》2017 年第 2 期。

7. 陈嘉白：《民法典体系下协助决定与替代决定的择优实现》，载《当代法学》2021 年第 3 期。

8. 陈甦：《公章抗辩的类型与处理》，载《法学研究》2020 年第 3 期。

9. 迟颖：《法律行为之精髓——私法自治》，载《河北法学》2011 年第 1 期。

10. 迟颖、张金栋：《比较法学的学科危机与概念重构》，载高鸿钧主编：《中国比较法学：比较法治文化》（2015 年卷），中国政法大学出版社 2016 年版。

11. 迟颖：《意定代理授权行为无因性解析》，载《法学》2017 年第 1 期。

12. 迟颖：《〈民法总则〉无权代理法律责任体系研究》，载《清华法学》2017 年第 3 期。

13. 迟颖：《〈民法总则〉表见代理的类型化分析》，载《比较法研究》2018 年第 2 期。

14. 迟颖：《自我行为中的利益冲突及其规制——〈民法总则〉第 168 条解释论》，载《河北法学》2019 年第 10 期。

15. 迟颖：《代理授权无因性视角下的复代理——兼评〈民法典〉第 169 条》，载《法学》2020 年第 11 期。

16. 迟颖：《德国法上的禁止代理权滥用理论及其对我国代理法的启示——兼评〈民法典〉第 164 条》，载《河北法学》2020 年第 11 期。

17. 迟颖：《有限责任公司董事自我交易制度建构与司法适用》，载《法学家》2021 年第 3 期。

18. 迟颖：《法定代表人越权行为的效力与责任承担——〈民法典〉第 61 条第 2、3 款解释论》，载《清华法学》2021 年第 4 期。

19. 迟颖：《未成年人监护人违反法定限制之法定代理的效力——〈民法典〉第 35 条第 1 款解释论》，载《法学》2022 年第 9 期。

20. 迟颖：《职务代理权的类型化研究——〈民法典〉第 170 条解释论》，载《法商研究》2023 年第 1 期。

21. 迟颖：《成年法定监护中被监护人的真实意愿——〈民法典〉第 35 条第 3 款解释论》，载《清华法学》2023 年第 2 期。

22. 崔建远：《论外观主义的运用边界》，载《清华法学》2019 年第 5 期。

23. 崔拴林：《论意定代理授权行为的取消——兼释〈民法总则〉第 173 条第 2 项前半句》，载《法学家》2019 年第 2 期。

24. 邓峰：《公司利益缺失下的利益冲突规则——基于法律文本和实践的反思》，载《法学家》2009 年第 4 期。

25. 邓海峰：《代理授权行为法律地位辨析》，载《法学》2002年第8期。
26. 丁启明：《德国民事诉讼中的强制律师代理制度评析》，载《司法改革论评》2015年第1期。
27. 董安生、陈洁：《不公平关联交易合同的可撤销性问题研究》，载《法学杂志》2009年第2期。
28. 董思远：《协助决定范式下意定监护制度改革新径路》，载《河北法学》2022年第3期。
29. 杜生一：《成年监护决定范式的现代转型：从替代到协助》，载《北方法学》2018年第6期。
30. 范健、蒋大兴：《公司经理权法律问题比较研究——兼及我国公司立法之检讨》，载《南京大学学报（哲学·人文科学·社会科学）》1998年第3期。
31. 范李瑛：《论代理权授予行为的独立性和无因性》，载《烟台大学学报（哲学社会科学版）》2003年第2期。
32. 范愉：《当代中国法律职业化路径选择——一个比较法社会学的研究》，载《北方法学》2007年第2期。
33. 方新军：《无权代理的类型区分和法律责任——〈民法总则〉第171条评释》，载《法治现代化研究》2017年第2期。
34. 方新军：《〈民法总则〉第162条的体系意义和规范意义》，载《法治研究》2017年第3期。
35. 方新军：《民法典编纂视野下合同法第402条、第403条的存废》，载《法学研究》2019年第1期。
36. 付翠英：《无权代理的内涵与效力分析——兼评〈合同法〉第48条》，载《法学论坛》2002年第3期。
37. 甘培忠：《公司代理制度论略》，载《中国法学》1997年第6期。
38. 甘培忠、马丽艳：《公司对外担保制度的规范逻辑解析——从〈公司法〉第16条属性认识展开》，载《法律适用》2021年第3期。
39. 高圣平、范佳慧：《公司法定代表人越权担保效力判断的解释基础——基于最高人民法院裁判分歧的分析和展开》，载《比较法研究》2019年第1期。
40. 高圣平：《再论公司法定代表人越权担保的法律效力》，载《现代法学》2021年第6期。
41. 葛云松：《委托代理授权不明问题研究——评民法通则第65条第3款》，载《法学》2001年第12期。
42. 耿林、崔建远：《未来民法总则如何对待间接代理》，载《吉林大学社会科学学报》2016年第3期。
43. 耿林、崔建远：《民法总则应当如何设计代理制度》，载《法律适用》2016年第5期。
44. 郝丽燕：《论无权代理人的法律责任》，载《中国社会科学院研究生院学报》

2018 年第 4 期。

45. 何永哲：《董事自己代表和双方代表与公司交易行为之禁止探讨》，载《中国司法》2001 年第 10 期。

46. 贺剑：《〈民法典〉第 1060 条（日常家事代理）评注》，载《南京大学学报（哲学·人文科学·社会科学）》2021 年第 4 期。

47. 胡东海：《论职责违反型代理权滥用——以〈民法总则〉第 164 条第 1 款的解释为中心》，载《环球法律评论》2019 年第 2 期。

48. 胡东海：《论恶意串通型代理权滥用》，载《法商研究》2019 年第 5 期。

49. 胡东海：《〈民法典〉第 926 条（间接代理）评注》，载《苏州大学学报（法学版）》2021 年第 2 期。

50. 胡晓静：《论董事自我交易的法律规制》，载《当代法学》2010 年第 6 期。

51. 黄美玲：《民法典框架下监护人处分被监护人财产的规范构造》，载《政法论坛》2024 年第 2 期。

52. 纪海龙：《走下神坛的"意思"论意思表示与风险归责》，载《中外法学》2016 年第 3 期。

53. 纪海龙：《〈合同法〉第 48 条（无权代理规则）评注》，载《法学家》2017 年第 4 期。

54. 纪海龙：《现代商法的特征与中国民法典的编纂》，载王洪亮等主编：《中德私法研究（15）：民商合一与分立》，北京大学出版社 2017 年版。

55. 蒋大兴：《公司组织意思表示之特殊构造——不完全代表/代理与公司内部决议之外部效力》，载《比较法研究》2020 年第 3 期。

56. 蒋大兴、王首杰：《论民法总则对商事代理的调整——比较法与规范分析的逻辑》，载《广东社会科学》2016 年第 1 期。

57. 焦少林：《欠缺行为能力成年人保护制度的观念更新与重构》，载《政法论坛》2005 年第 3 期。

58. 金锦萍：《论作为商主体的非营利法人》，载《法治研究》2021 年第 3 期。

59. 李国强：《论行为能力制度和新型成年监护制度的协调——兼评〈中华人民共和国民法总则〉的制度安排》，载《法律科学（西北政法大学学报）》2017 年第 3 期。

60. 李洪健：《论公司法定代表人的制度功能与定位修正》，载《中国矿业大学学报（社会科学版）》2019 年第 4 期。

61. 李洪祥：《论日常家事代理权视角下的夫妻共同债务构成》，载《当代法学》2020 年第 5 期。

62. 李建华、许中缘：《表见代表及其适用——兼评〈合同法〉第 50 条》，载《法律科学（西北政法学院学报）》2000 年第 6 期。

63. 李俊：《论代理规则对代表行为的类推适用——对〈合同法〉第五十条有关规定之思考》，载《西南民族大学学报（人文社科版）》2006 年第 4 期。

64. 李世刚：《〈民法总则〉关于"监护"规定的释评》，载《法律适用》2017年第9期。
65. 李文柱：《论表见代理》，载《甘肃政法学院学报》1998年第1期。
66. 李霞：《成年监护制度的现代转向》，载《中国法学》2015年第2期。
67. 李霞：《协助决定取代成年监护替代决定——兼论民法典婚姻家庭编监护与协助的增设》，载《法学研究》2019年第1期。
68. 李霞：《意定监护制度论纲》，载《法学》2011年第4期。
69. 李霞、陈迪：《从〈残疾人权利公约〉看我国新成年监护制度》，载《法治研究》2019年第6期。
70. 李欣：《意定监护的中国实践与制度完善》，载《现代法学》2021年第2期。
71. 刘得宽：《成年"监护"法之检讨与改革》，载《政大法学评论》1999年第62期。
72. 刘贵祥：《关于金融民商事审判工作中的理念、机制和法律适用问题》，载《法律适用》2023年第1期。
73. 刘骏：《法国新债法的代理制度与我国民法总则代理之比较》，载《交大法学》2017年第2期。
74. 刘骏：《再论意定代理权授予之无因性》，载《交大法学》2020年第2期。
75. 刘骏：《"职务代理"独立性之质疑》，载《财经法学》2023年第2期。
76. 刘俊海：《公司法定代表人越权签署的担保合同效力规则的反思与重构》，载《中国法学》2020年第5期。
77. 刘征峰：《意定监护中的基础关系与授权关系》，载《法商研究》2022年第5期。
78. 梁慧星：《〈民法总则〉重要条文的理解与适用》，载《四川大学学报（哲学社会科学版）》2017年第4期。
79. 鲁晓明：《〈民法典〉实施背景下意定监护功能异化之矫正》，载《浙江工商大学学报》2023年第1期。
80. 罗培新：《公司法强制性与任意性边界之厘定：一个法理分析框架》，载《中国法学》2007年第4期。
81. 罗瑶：《法国表见代理构成要件研究——兼评我国〈合同法〉第49条》，载《比较法研究》2011年第4期。
82. 马新彦：《民法总则代理立法研究》，载《法学家》2016年第5期。
83. 马忆南、杨朝：《日常家事代理权研究》，载《法学家》2000年第4期。
84. 满洪杰：《关于〈民法总则（草案）〉成年监护制度三个基本问题》，载《法学论坛》2017年第1期。
85. 满洪杰：《〈民法总则〉监护设立制度解释论纲》，载《法学论坛》2018年第3期。
86. 满洪杰：《积极老龄化理念下民法典成年监护规范解释论》，载《当代法学》2022年第5期。

87. 茅少伟：《民法典的规则供给与规范配置 基于〈民法总则〉的观察与批评》，载《中外法学》2018年第1期。
88. 聂卫锋：《职权代理的规范理路与法律表达——〈民法总则〉第170条评析》，载《北方法学》2018年第2期。
89. 彭诚信、李贝：《现代监护理念下监护与行为能力关系的重构》，载《法学研究》2019年第4期。
90. 其木提：《论行纪合同委托人的取回权》，载《环球法律评论》2005年第1期。
91. 乔宝杰：《对我国有限责任公司治理结构的反思》，载《政治与法律》2011年第8期。
92. 冉克平：《代理授权行为无因性的反思与建构》，载《比较法研究》2014年第5期。
93. 冉克平：《表见代理本人归责性要件的反思与重构》，载《法律科学（西北政法大学学报）》2016年第1期。
94. 冉克平：《狭义无权代理人责任释论》，载《现代法学》2020年第2期。
95. 冉克平：《论商事职务代理及其体系构造》，载《法商研究》2021年第1期。
96. 冉克平、瞿燕妮：《论我国的商事职务代理制度及其完善——兼析〈民法总则〉第170条》，载《湖北警官学院学报》2019年第4期。
97. 尚连杰：《意定代理权授予错误的效果论》，载《比较法研究》2021年第3期。
98. 施鸿鹏：《商法的祛魅 经由企业经营组织建构商事法律关系》，载《中外法学》2022年第3期。
99. 施天涛：《无权代理的概念及法律后果》，载《法律科学（西北政法学院学报）》1991年第1期。
100. 施天涛、杜晶：《我国公司法上关联交易的皈依及其法律规制——一个利益冲突交易法则的中国版本》，载《中国法学》2007年第6期。
101. 石一峰：《商事表见代表责任的类型与适用》，载《法律科学（西北政法大学学报）》2017年第6期。
102. 史浩明：《论夫妻日常家事代理权》，载《政治与法律》2005年第3期。
103. 苏志强：《民事诉讼律师强制代理：当事人主义诉讼模式的一种修正机制》，载《政治与法律》2019年第12期。
104. 孙建：《对代理法中若干问题的探讨》，载《南开学报》2000年第1期。
105. 孙建江：《成年人行为能力欠缺制度研究——兼论我国民事制度之完善》，载《法学》2003年第2期。
106. 孙犀铭：《民法典语境下成年监护改革的拐点与转进》，载《法学家》2018年第4期。
107. 孙犀铭：《民法典成年监护制度的体系效益与融贯性实现》，载《山东大学学报（哲学社会科学版）》2021年第2期。
108. 孙英：《论董事自我交易的法律规制——以〈公司法〉第149条的适用与完善为

核心展开》，载《法学》2010 年第 6 期。

109. 谭玲：《论表见代理的定性及表象形态》，载《当代法学》2001 年第 1 期。
110. 童列春：《论商事经营能力的形成》，载《甘肃政法学院学报》2013 年第 3 期。
111. 万方：《我国意定监护制度的体系设计》，载《法律适用》2023 年第 4 期。
112. 汪晓华：《民事职务行为司法判定的逻辑理路——兼论〈中华人民共和国民法总则〉第 61 条、第 170 条之体系安排》，载《河北法学》2019 年第 3 期。
113. 汪渊智：《论复代理》，载《苏州大学学报（法学版）》2018 年第 4 期。
114. 汪渊智：《论代理权的授予行为》，载《山西大学学报（哲学社会科学版）》2015 年第 6 期。
115. 汪渊智：《论无权代理人对第三人的责任》，载《暨南学报（哲学社会科学版）》2012 年第 2 期。
116. 汪渊智：《论代理权的撤回》，载《山西大学学报〈哲学社会科学版〉》2019 年第 1 期。
117. 汪渊智：《我国〈合同法〉第四十九条的解释论》，载《政法论丛》2012 年第 5 期。
118. 王保树：《从法条的公司法到实践的公司法》，载《法学研究》2006 年第 6 期。
119. 王保树、钱玉林：《经理法律地位之比较研究》，载《法学评论》2002 年第 2 期。
120. 王福华：《指定特别诉讼代理人制度的实践理性》，载《法学论坛》2014 年第 6 期。
121. 王浩：《从日本债权法修正看表见代理制度中的本人归责要件问题》，载《北航法律评论》2012 年第 0 期。
122. 王浩：《表见代理中的本人可归责性问题研究》，载《华东政法大学学报》2014 年第 3 期。
123. 王浩：《论代理的本质 以代理权授予时的意思瑕疵问题为契机》，载《中外法学》2018 年第 3 期。
124. 王浩：《"有理由相信行为人有代理权"之重构》，载《华东政法大学学报》2020 年第 4 期。
125. 王浩：《论"代理权滥用法理"之滥用》，载《南京大学学报（哲学·人文科学·社会科学）》2021 年第 3 期。
126. 王建文：《〈民法典〉框架下公司代表越权担保裁判规则的解释论》，载《法学论坛》2022 年第 5 期。
127. 王俊杰等：《精神障碍者民事行为能力两分法的理论依据》，载《法律与医学杂志》2002 年第 4 期。
128. 王利明：《论民法典代理制度中的授权行为》，载《甘肃政法大学学报》2020 年第 5 期。

129. 王利明：《体系化视角下的恶意串通规则》，载《法律科学（西北政法大学学报）》2024年第1期。

130. 王利明：《论越权代表中相对人的合理审查义务 以〈合同编解释〉第20条为中心》，载《中外法学》2024年第1期。

131. 王湘淳：《论我国利益冲突交易的统一综合调整》，载《法学家》2024年第1期。

132. 王战涛：《日常家事代理之批判》，载《法学家》2019年第3期。

133. 王竹青：《论成年人监护制度的最新发展：支持决策》，载《法学杂志》2018年第3期。

134. 吴广海：《董事与公司交易的相关法律问题研究》，载《政治与法律》2005年第1期。

135. 吴鹏飞：《儿童福利权国家义务论》，载《法学论坛》2015年第5期。

136. 吴越：《法定代表人越权担保行为效力再审——以民法总则第61条第三款为分析基点》，载《政法论坛》2017年第5期。

137. 吴香香：《滥用代理权所订契约之效力》，载王洪亮等主编：《中德私法研究（15）：民商合一与分立》，北京大学出版社2017年版。

138. 伍坚、刘慈航：《论自我交易与关联交易之制度统合——以〈公司法〉修订为契机》，载陈洁主编：《商法界论集》（第11卷），中国金融出版社2023年版。

139. 夏昊晗：《父母以其未成年子女房产设定抵押行为的效力——最高人民法院相关判决评析》，载《法学评论》2018年第5期。

140. 夏昊晗：《无权代理中相对人善意的判断标准》，载《法学》2018年第6期。

141. 夏昊晗：《无权代理人对恶意相对人之责任》，载《比较法研究》2019年第5期。

142. 夏吟兰：《民法典未成年人监护立法体例辩思》，载《法学家》2018年第4期。

143. 肖海军：《商事代理立法模式的比较与选择》，载《比较法研究》2006年第1期。

144. 熊玉梅：《论交易安全视野下的夫妻日常家事代理权》，载《法学杂志》2011年第3期。

145. 解亘：《论监护关系中不当财产管理行为的救济——兼论"利益相反"之概念的必要性》，载《比较法研究》2017年第1期。

146. 解亘：《论无权代理和表见代理的规范形态》，载《月旦民商法杂志》2017年第12期。

147. 谢冰清：《论越权代表行为的效果归属与责任承担——以法释［2023］13号第20条为中心》，载《法学家》2024年第4期。

148. 谢鸿飞：《论民法典法人性质的定位 法律历史社会学与法教义学分析》，载《中外法学》2015年第6期。

149. 谢鸿飞：《代理部分立法的基本理念和重要制度》，载《华东政法大学学报》

2016 年第 5 期。

150. 薛波：《论公司法改革中商法思维的引入和运用》，载《北方法学》2017 年第 1 期。

151. 徐涤宇：《代理制度如何贯彻私法自治〈民法总则〉代理制度评述》，载《中外法学》2017 年第 3 期。

152. 徐桂芹：《完善流浪儿童民事诉讼代理人制度的构想》，载《法学论坛》2012 年第 6 期。

153. 徐国栋：《论民事屈从关系——以菲尔麦命题为中心》，载《中国法学》2011 年第 5 期。

154. 徐海燕：《复代理》，载《当代法学》2002 年第 8 期。

155. 徐海燕：《间接代理制度法理阐释与规则解释》，载《社会科学》2021 年第 4 期。

156. 徐海燕：《表见代理构成要件的再思考：兼顾交易安全和意思自治的平衡视角》，载《法学论坛》2022 年第 3 期。

157. 徐化耿：《信义义务的一般理论及其在中国法上的展开》，载《中外法学》2020 年第 6 期。

158. 徐深澄：《〈民法总则〉职务代理规则的体系化阐释——以契合团体自治兼顾交易安全为轴心》，载《法学家》2019 年第 2 期。

159. 许德风：《意思与信赖之间的代理授权行为》，载《清华法学》2020 年第 3 期。

160. 许德风：《道德与合同之间的信义义务——基于法教义学与社科法学的观察》，载《中国法律评论》2021 年第 5 期。

161. 许尚豪：《公民代理民事诉讼的法理反思及制度完善》，载《法学论坛》2017 年第 4 期。

162. 杨代雄：《容忍代理抑或默示授权——〈民法通则〉第 66 条第 1 款第 3 句解析》，载《政治与法律》2012 年第 4 期。

163. 杨代雄：《表见代理的特别构成要件》，载《法学》2013 年第 2 期。

164. 杨代雄：《法律行为制度中的积极信赖保护 兼谈我国民法典总则制定中的几个问题》，载《中外法学》2016 年第 5 期。

165. 杨代雄：《结构·民事法律行为·代理——〈中华人民共和国民法总则（草案）〉存在的几个问题》，载《东方法学》2016 年第 5 期。

166. 杨代雄：《〈民法总则〉中的代理制度重大争议问题》，载《学术月刊》2017 年第 12 期。

167. 杨代雄：《越权代表中的法人责任》，载《比较法研究》2020 年第 4 期。

168. 杨芳：《〈合同法〉第 49 条（表见代理规则）评注》，载《法学家》2017 年第 6 期。

169. 杨辉：《论董事的抵触利益交易》，载《中外法学》1997 年第 3 期。

170. 杨晋玲：《夫妻日常家务代理权探析》，载《现代法学》2001 年第 2 期。

171. 杨立新：《我国老年监护制度的立法突破及相关问题》，载《法学研究》2013 年第 2 期。
172. 杨立新：《〈民法总则〉制定与我国监护制度之完善》，载《法学家》2016 年第 1 期。
173. 杨秋宇：《融贯民商：职务代理的构造逻辑与规范表达——〈民法总则〉第 170 条释评》，载《法律科学（西北政法大学学报）》2020 年第 1 期。
174. 杨震：《民法总则"自然人"立法研究》，载《法学家》2016 年第 5 期。
175. 叶金强：《论代理权授予行为的有因构造》，载《政法论坛》2010 年第 1 期。
176. 叶金强：《表见代理构成中的本人归责性要件——方法论角度的再思考》，载《法律科学（西北政法大学学报）》2010 年第 5 期。
177. 叶金强：《表见代理中信赖合理性的判断模式》，载《比较法研究》2014 年第 1 期。
178. 叶金强：《旅游纠纷中的连带责任——以"焦建军与中山国旅等旅游侵权纠纷案"为参照》，载《法学》2015 年第 2 期。
179. 叶林、卓嫄：《关联交易的公司法规制：类型化与程序审查》，载《法律适用》2024 年第 2 期。
180. 殷秋实：《论无权代理人的赔偿责任》，载《法律适用》2016 年第 1 期。
181. 殷秋实：《论代理权授予与基础行为的联系》，载《现代法学》2016 年第 1 期。
182. 殷秋实：《法定代表人的内涵界定与制度定位》，载《法学》2017 年第 2 期。
183. 殷秋实：《论代理人和相对人恶意串通》，载《法商研究》2020 年第 3 期。
184. 尹飞：《代理：体系整合与概念梳理——以公开原则为中心》，载《法学家》2011 年第 2 期。
185. 尹飞：《论我国民法典中代理制度的类型与体系地位》，载《法学杂志》2015 年第 9 期。
186. 尹飞：《体系化视角下的意定代理权来源》，载《法学研究》2016 年第 6 期。
187. 尹田：《民事代理之显名主义及其发展》，载《清华法学》2010 年第 4 期。
188. 尹田：《论代理制度的独立性——从一种法技术运用的角度》，载《北方法学》2010 年第 5 期。
189. 尹田：《我国新合同法中的表见代理制度评析》，载《现代法学》2000 年第 5 期。
190. 于程远：《从风险规避到实质保护——目的论视角下对自我交易规则的重新建构》，载《政法论坛》2018 年第 2 期。
191. 昝强龙：《双重路径借鉴下我国"职务代理"规则的体系构建——以〈民法典〉第 170 条为起点》，载《法学家》2023 年第 6 期。
192. 赵万一、赵吟：《中国自治型公司法的理论证成及制度实现》，载《中国社会科学》2015 年第 12 期。
193. 赵举秀：《家事审判方式改革的方向与路径》，载《当代法学》2017 年第 4 期。

194. 赵廉慧：《论信义义务的法律性质》，载《北大法律评论》2020 年第 1 期。
195. 赵秀梅：《〈民法典总则〉代理制度立法建议》，载《法律适用》2016 年第 8 期。
196. 赵旭东：《再思公司经理的法律定位与制度设计》，载《法律科学（西北政法大学学报）》2021 年第 3 期。
197. 邹海林：《公司代表越权担保的制度逻辑解析——以公司法第 16 条第 1 款为中心》，载《法学研究》2019 年第 5 期。
198. 章戈：《表见代理及其适用》，载《法学研究》1987 年第 6 期。
199. 张舫、李先映：《论商法中的经理权》，载《河北法学》2007 年第 5 期。
200. 张谷：《对当前民法典编纂的反思》，载《华东政法大学学报》2016 年第 1 期。
201. 张谷：《从民商关系角度谈〈民法总则〉的理解与适用》，载《中国应用法学》2017 年第 4 期。
202. 张家勇：《论无权代理人的损害赔偿责任——民法总则第 171 条第 3、4 款的解释》，载《人民法治》2017 年第 10 期。
203. 张家勇：《论无权代理人赔偿责任的双层结构》，载《中国法学》2019 年第 3 期。
204. 张金海：《论无权代理人责任》，载《月旦民商法杂志》2017 年第 3 期。
205. 张平华：《恶意串通法律规范的合理性》，载《中国法学》2017 年第 4 期。
206. 张双根：《公司章程"对外效力"问题辨析——对若干基本概念的厘清》，载《清华法学》2023 年第 5 期。
207. 张学文：《董事越权代表公司法律问题研究》，载《中国法学》2000 年第 3 期。
208. 曾斌：《表见代理与狭义无权代理之区别初探》，载《警官教育论坛》2006 年第 1 期。
209. 曾大鹏：《民法典编纂中商事代理的制度构造》，载《法学》2017 年第 8 期。
210. 朱广新：《法定代表人的越权代表行为》，载《中外法学》2012 年第 3 期。
211. 朱广新：《论法人与非法人组织制度中的善意相对人保护》，载《法治研究》2017 年第 3 期。
212. 朱广新：《恶意串通行为无效规定的体系地位与规范构造》，载《法学》2018 年第 7 期。
213. 朱广新：《论监护人处分被监护人财产的法律效果》，载《当代法学》2020 年第 1 期。
214. 朱广新：《代理制度中自我交易规则的适用范围》，载《法学》2022 年第 9 期。
215. 朱广新：《职务代理权行使超越职权限制的效果归属》，载《环球法律评论》2024 年第 4 期。
216. 朱虎：《表见代理中的被代理人可归责性》，载《法学研究》2017 年第 2 期。
217. 朱建农：《论民法上恶意串通行为之效力》，载《当代法学》2007 年第 6 期。
218. 朱晓峰：《抚养纠纷中未成年人最大利益原则的评估准则》，载《法律科学（西北政法大学学报）》2020 年第 6 期。

219. 朱晓娟：《股份有限公司董事"恶"之法律抑制》，载《政法论坛》2004年第5期。

220. 朱晓喆：《意定监护与信托协同应用的法理基础——以受托人的管理权限和义务为重点》，载《环球法律评论》2020年第5期。

221. 吴光侠、高晓力：《〈瑞士嘉吉国际公司诉福建金石制油有限公司等确认合同无效纠纷案〉的理解与参照——恶意串通逃债的行为无效》，载《人民司法》2015年第18期。

222. ［德］福·博伊庭：《论〈德国民法典〉中的代理理论》，邵建东译，载《南京大学法律评论》1998年第2期。

223. ［德］保尔·拉邦德：《依〈德国普通商法典〉缔结法律行为时的代理》，刘洋译，柯伟才校，载《苏州大学学报（法学版）》2021年第4期。

五、德文文献

1. Altmeppen, Holger, Disponibilität des Rechtsscheins, 1993.

2. Bader, Peter, Duldungs- und Anscheinsvollmacht: zur Entwicklung in der Rechtsprechung der Zivilgerichte und zur dogmatischen Einordnung, 1979.

3. Beck'scher Online-Kommentar zum Bürgerlichen Recht, 61. Ed. 2022.

4. Beuthien, Volker, Gibt es eine organschaftliche Stellvertretung, NJW 1999.

5. ders., Zur Wissenszurechnung nach § 166 BGB - § 166 II BGB ausweiten - § 166 I BGB klarer ordnen, NJW1999.

6. ders., Gilt im Stellvertretungsrecht ein Abstraktionsgrundsatz? Zum Verhältnis von Auftrag, Amt und Vollmacht, Festgabe aus der Wissenschaft - 50 Jahre BGH, Band 1 2000.

7. Bienert, Gunter, „Anscheinsvollmacht" und „Duldungsvollmacht": Kritik der Rechtsprechung und ihrer Grundlagen, 1975.

8. Blomeyer, Wolfgang, Die teleologische Korrektur des § 181 BGB, AcP 172.

9. Bork, Reinhard, Allgemeiner Teil des Bürgerlichen Gesetzbuchs, 4. Aufl., 2016.

10. Brox, Hans/Henssler, Martin, Handelsrecht, 23. Aufl., 2020.

11. Brox, Hans/Walker, Wolf-Dietrich, Allgemeiner Teil des BGB, 47. Aufl., 2023.

12. Brockhaus-Enzyklopädie, 21. Aufl., 2006.

13. Buchka, Hermann, Die Lehre von der Stellvertretung bei Eingehung von Verträgen, 1. Aufl., 1852.

14. Canaris, Claus-Wilhelm, Die Vertrauenshaftung im deutschen Privatrecht, 1971.

15. Dernburg, Heinrich, Pandekten, Bd. I: Allgemeiner Teil und dingliche Rechte, 1884.

16. Dölle, Hans, Juristische Entdeckungen, Festvortrag am 42. Deutsche Juristentag, JZ 1957.

17. Dodegge, Georg, Vom Wohl des Betroffenen zu dessen Wünschen und Willen - neue Maßstäbe für die Betreuertätigkeit, FamRZ 2022.

18. Drexl, Josef/Mentzel, Tobias, Handelsrechtliche Besonderheiten der Stellvertretung (Teil I), Jura 2002.
19. Enneccerus, Ludwig/Nipperdey, Hans Carl, Allgemeiner Teil des Bürgerlichen Rechts, 15. Aufl., 1960.
20. Festner, Stephan, Interessenkonflikte im deutschen und englischen Vertretungsrecht, 2006.
21. Fischer, Robert, Der Missbrauch der Vertretungsmacht, auch unter Berücksichtigung der Handelsgesellschaften, FS Schilling (1973).
22. Fischinger, Philipp/Junge, Lara, Grundfälle zur handelsrechtlichen Stellvertretung, JuS 2021.
23. Flume, Werner, Allgemeiner Teil des Bürgerlichen Rechts Bd. 1. Teil 2. Die juristische Person, 1983.
24. Förster, Christian, Stellvertretung-Grundstruktur und neuere Entwicklungen, Jura 2010.
25. Frotz, Gerhard, Verkehrsschutz im Vertretungsrecht: zugleich ein Beitrag zur sozialen Verantwortung als Korrelat privatautonomer Gestaltungsfreiheit, 1972.
26. Gerlach, Johann Wilhelm, Die Untervollmacht, 1967.
27. Grigoleit Kommentar zumAktiengesetz, 2. Aufl., 2013.
28. Habersack Kommentar zum Aktiengesetz, 5. Aufl., 2019.
29. Harder, Manfred, Das Selbstkontrahieren mit Hilfe eines Untervertreters, AcP 170.
30. Herberger, Marie, Die gesetzliche Vertretung des Kindes durch die Eltern – Grundsätze und Ausnahmen, JA 2023.
31. Himmen, Andreas Alexander, Der stellvertretungsrechtliche Abstraktionsgrundsatz, JA 2016.
32. Hofmann, Klaus, Der Prokurist, 7. Aufl., 1996.
33. Honsell, Heinrich, Das Insichgeschäft nach § 181 BGB: Grundfragen und Anwendungsbereich, JA 1977.
34. Honsell, Thomas, Die Besonderheiten der handelsrechtlichen Stellvertretung, JA 1984.
35. Hupka, Josef, Die Vollmacht: eine civilistische Untersuchung mit besonderer Berücksichtigung des deutschen bürgerlichen Gesetzbuchs, 1900.
36. ders., Die Haftung des Vertreters ohne Vertretungsmacht: ein Beitrag zur Lehre von der Vertretung in Rechtsgeschäften, 1903.
37. Hübner, Ulrich, Interessenkonflikt und Vertretungsmacht: eine Untersuchung zur funktionalen Präzisierung des § 181 BGB, 1977.
38. Jauernig, Othmar, Bürgerliches Gesetzbuch, 19. Aufl., 2023.
39. Jung, Peter, Handelsrecht, 12. Aufl., 2019.
40. Kipp, Theodor, Lehre von der Vertretung ohne Vertretungsmacht, Reichsgerichts-Festschrift, Bd. II.
41. Klingbeil, Stefan, Stellvertretung als allgemeines Rechtsinstitut-Zu Theorie, Dogmatik und Reichweite des Repräsentationsprinzips, ZfPW 2020.

42. Kneisel, Katharina, Rechtsscheinhaftung im BGB und HGB – mehr Schein als Sein, JA 2010.
43. Kötz, Hein, Europäisches Vertragsrecht, 2. Aufl., 2015.
44. Laband, Paul, Die Stellvertretung bei dem Abschluß von Rechtsgeschäften nach dem allgemeinen Deutschen Handelsgesetzbuch, ZHR 10 (1866).
45. Larenz, Karl, Methodenlehre der Rechtswissenschaft, 6. Aufl., 1990.
46. Larenz, Karl/Wolf, Manfred, Allgemeiner Teil des Bürgerlichen Rechts, 9. Aufl., 2004.
47. Leenen, Detlef/Häublein, Martin, BGB Allgemeiner Teil, 3. Aufl., 2021.
48. Lenel, Otto, Stellvertretung und Vollmacht, JherJb. 36.
49. Lieb, Manfred, Aufgedrängter Vertrauensschutz? Überlegung zur Möglichkeit des Verzichts auf Rechtsscheinschutz, insbesondere bei der Anscheinsvollmacht, FS Hübner, 1984.
50. Lieder, Jan, Missbrauch der Vertretungsmacht und Kollusion, JuS 2014.
51. ders., Trennung und Abstraktion im Recht der Stellvertretung, JuS 2014.
52. Lobinger, Thomas, Rechtsgeschäftliche Verpflichtung und autonome Binding, 1999.
53. ders., Anmerkung, JZ 2006.
54. Lorenz, Stephan, Grundlagen Stellvertretung, JuS 2010.
55. ders., Grundwissen – Zivilrecht: Die Vollmacht, JuS 2010.
56. Löhnig, Martin, Einführung in das Zivilrecht, 21. Aufl., 2023.
57. Lüderitz, Alexander, Prinzipien des Vertretungsrechts, Beitr. z. Deutschen und Israelitischen Privatrecht, 1977.
58. Lüke, Gerhard, Grundsätzliche Veränderungen im Familienrecht durch das 1. EheRG, AcP 178.
59. Medicus, Dieter/Petersen, Jens, Allgemeiner Teil des BGB, 11. Aufl., 2016.
60. Metzing, Alexander, Das Erlöschen von rechtsgeschäftlicher Vertretungsmacht und Rechtsscheinvollmacht, JA 2018.
61. Mitteis, Ludwig, Die Lehre von der Stellvertretung nach römischem Recht mit Berücksichtigung des österreichischen Rechts, Neudr. d. Ausg. Wien 1885.
62. Müller-Freienfels, Wolfram, Die Vertretung beim Rechtsgeschäft, 1955.
63. Münchener Kommentar zum BGB, 9. Aufl., 2021.
64. Münchener Kommentar zum GmbHG, 3. Aufl., 2019.
65. Münchener Kommentar zum HGB, 4. Aufl., 2016.
66. Neuner, Jörg, Allgemeiner Teil des Bürgerlichen Rechts, 13. Aufl., 2023.
67. Oetker, Hartmut, Handelsrecht, 7. Aufl., 2015.
68. Ott, Christoph, Wissenszurechnung im Zivilrecht, JA 2021.
69. Pawlowski, Hans-Martin, Die gewillkürte Stellvertretung, JZ 1996.
70. Petersen, Jens, Unmittelbare und mittelbare Stellvertretung, Jura 2003.
71. ders., Das Offenkundigkeitsprinzip bei der Stellvertretung, Jura 2010.

72. ders. , Vertretung ohne Vertretungsmacht, Jura 2010.
73. Puchta, Georg Friedrich , Vorlesungen über das heutige römische Recht, Bd. I, 6 Aufl. , 1862.
74. Rehberg, Markus , Das Rechtfertigungsprinzip, 2014.
75. Roth, Günter , Missbrauch der Vertretungsmacht durch den GmbH – Geschäftsführer, ZGR 1985.
76. Rüthers, Bernd /Stadler, Astrid , Allgemeiner Teil des BGB, 18. Aufl. 2014.
77. v. Sachsen-Gessaphe, Karl August Prinz , Der Betreuer als gesetzlicher Vertreter für eingeschränkt Selbstbestimmungsfähige, 1999.
78. Savigny, Friedrich Carl von , Das Obligationenrecht als Teil des heutigen römischen Rechts, Bd. II, 1853.
79. Schack, Haimo , BGB-Allgemeiner Teil, 17. Aufl. , 2023.
80. Schilken, Eberhard , Aktuelle Fragen zum Missbrauch der Vertretungsmacht, FS Becker-Eberhard, 2022.
81. Schmidt, Karsten , Handelsrecht, 6. Auflage, 2014.
82. Scholz, Philipp , Missbrauch der Vertretungsmacht, Insichgeschäft und Erfüllung einer Verbindlichkeit Zum Verhältnis von Missbrauch der Vertretungsmacht und § 181 BGB, ZfPW 2019.
83. Schubert, Werner , Die Einschränkung des Anwendungsbereichs des § 181 BGB bei Insichgeschäften, WM 1978.
84. Schwab, Dieter , Familienrecht, 30. Aufl. , 2022.
85. Staudinger, Julius von (Begr.), Staudingers Kommentar zum Bürgerlichen Gesetzbuch mit Einführungsgesetz und Nebengesetzen, 1978/2019.
86. Stephan Kommentar zum GmbHG, 3. Aufl. 2019.
87. Stöhr, Alexander , Rechtsscheinhaftung nach § 172 Abs. 1 BGB, JuS 2009.
88. Stüßer, Rolf , Die Anfechtung der Vollmacht nach bürgerlichem Recht und Handelsrecht, 1986.
89. Tank, Gerhard , Der Missbrauch von Vertretungsmacht und Verfügungsbefugnis, NJW 1969.
90. Teichmann, Artur , Handelsrecht, 4. Aufl. , 2023.
91. Thiele, Wolfgang , Die Zustimmungen in der Lehre vom Rechtsgeschäft, 1966.
92. Thöl, Heinrich , Handelsrecht, Bd. I, 6. Aufl. , 1879.
93. Vedder, Karl Christian , Missbrauch der Vertretungsmacht: der Schutz der Selbstbestimmung durch die Anfechtbarkeit vorsätzlich interessenwidriger Vertretergeschäfte, 2007.
94. ders. , Neues zum Missbrauch der Vertretungsmacht-Vorsatzerfordernis, Anfechtbarkeit, negatives Interesse, JZ 2008.
95. Tuhr, Andreas von , Der Allgemeine Teil des Deutschen Bürgerlichen Rechts: Zweiter Band, Zweite Hälfte: Die rechtserheblichen Tatsachen, insbesondere das Rechtsgeschäft, 2013.
96. Wellspacher, Moriz , Das Vertrauen auf äußere Tatbestände im bürgerlichen Recht, 1906.

97. Willems, Constantin, Ersatz von Vertretungsschäden und Begrenzung auf das Erfüllungsinteresse nach §122 und §179 Abs. 2 BGB, JuS 2015.
98. Windscheid, Bernhand, Lehrbuch des Pandektenrechts, Band I, 5. Aufl., 1879.
99. Wisskirchen Kommentar zum GmbHG, 40. Aufl., 2019.

后 记

自 2005 年开始为中国政法大学中德法学院的同学们讲授德国民法时起，笔者即发现，与德国法对代理制度的详尽研究相比，我国法的相关研究较为贫乏，遂萌生研究代理制度的念头。其后，在翻译弗卢梅（Werner Flume）教授的鸿篇巨著《法律行为论》（Das Rechtsgeschäft）①的"代理与意定代理权"一章时，先生关于"表见代理"和"表象代理"的批判性论证令笔者深深折服，更加坚定了深入研究代理制度的信念。2008 年笔者在德国访学期间，就中德代理法律制度比较研究的可行性问题，求教于恩师孟文理（Ulrich Manthe）教授。在得到先生首肯之后，笔者收集整理了当时可以收集到的所有德文文献。2015 年开始就代理制度的具体问题展开研究，相继发表学术论文 11 篇。2020 年荣获的国家社会科学基金后期资助项目成功立项后，笔者采纳法律移植性的嵌入式研究方法，开始对中德代理法律制度展开比较法视野下的体系性研究，致力于将代理制度下的具体问题按照逻辑关系——纳入法律行为理论框架之中予以解决。

代理涉及被代理人、代理人和相对人三方之间的法律关系，其复杂性不言而喻。表见代理问题便为典例：我国学界关于表见代理的概念、类型、法理基础、构成要件和举证责任等存在诸多争议，立法的概括性规定致使同案不同判的司法裁判屡现。为解决表见代理的理论争议和适用问题，诸多学者尝试提出各种解决方案，最高人民法院颁布多部司法解释，但收效甚微。为从根本上解决问题，最大限度地平衡被

---

① ［德］维尔纳·弗卢梅：《法律行为论》，迟颖译，法律出版社 2013 年版。

代理人、代理人和相对人之间的利益，确保代理制度实效性的发挥，本书基于对中德两国代理法具体制度的比较研究，建议我国法借鉴德国法的经验，采纳以私法自治为理论基础的代理权抽象性原则来维护交易安全，并通过建构禁止代理权滥用规则来克服抽象性原则的弊端；解构以权利外观为理论基础的表见代理，并将其纳入法律行为理论框架之中，摒弃表象代理，以缔约过失责任取而代之；建构无权代理责任在交易安全保护中的核心地位。该体系性建构有助于充分贯彻私法自治原则，与最高人民法院《民法典合同编通则解释》第20条和第21条的精神不谋而合。

此外，本书将代理制度作为法律行为的代理予以研究，运用弗卢梅的法律行为理论对我国代理相关立法、司法和学理予以批判性检讨，并竭尽全力深入地展开研究，以期针对具体法律问题提出富有解释力的新理论，为最高人民法院通过司法解释弥补我国代理法的缺失与漏洞提供理论依据，亦为我国方兴未艾的代理制度研究提供比较法的知识和视野。本书旨在阐释以一般民事意定代理为核心的代理制度与原理。基于体系完整性之考量，法定代理与商事代理两部分内容亦一并纳入本书；唯囿于篇幅，仅针对职务代理的类型化、职务代理权和职权的区分，法定代理权和监护职责的区分等核心问题予以展开。笔者后续将在系统研究的基础上，另以学术论文和专著等形式呈现研究成果。

本书得以顺利出版，感谢国家社会科学基金的后期资助，特别感谢各位匿名评审专家的肯定和宝贵意见。感谢中国政法大学出版社丁春晖先生的精心编辑。感谢恩师孟文理教授将笔者引入学术研究的殿堂，使笔者得以在风光旖旎的德国小城帕绍尽情领略法学思辨的乐趣；感谢弗卢梅教授的《法律行为论》，先生不仅以精辟严谨的论证和幽默诙谐的表述，将私法自治之精神深深烙入笔者的思维体系，而且以"大胆挑战权威、小心立论求证"的创新精神，鼓舞笔者不拘泥于理论和实践对实证法的理解，而是立足于更为合理的利益衡量与价值评判，以从德国法中获得的启示为基础，在中国法的语境下展开独立思考和扎实论证，积极寻求更为合理的法学解决路径，努力建构体系上融贯的代理法律制度。感谢"圆桌读书会"各位同学的支持，尤其是杨尹东、陈重锦、徐烨韬、邓燊、陶一淳、陈奇山、黎泓玥、陈丹丹等同学在交流讨论、文稿校订和文献检索等方面给予笔者的鼎力协助。最后也是最重要的，感谢家人的充分理解和大力支持，他们是我最大的动力和底气。

迟颖

2025 年 6 月

于蓟门桥畔/小月河边